# 대학연의

## 리더십을 말하다

하

서울대학교 행정대학원 국가리더십연구센터 국가리더십연구총서 3

# 대학연의: 리더십을 말하다 하


초판 1쇄 발행 2018년 7월 15일
초판 2쇄 발행 2019년 11월 20일

지은이 진덕수
편집자 김병섭
역주자 정재훈 오항녕 정호훈 김광일
펴낸이 오세정
펴낸곳 서울대학교출판문화원

출판등록 제15-3호

주소 08826 서울 관악구 관악로 1
대표전화 02-880-5252 | 팩스 02-889-0785
도서 주문 02-889-4424, 02-880-7995
이메일 snubook@snu.ac.kr
홈페이지 www.snupress.com

ISBN 978-89-521-1733-5 94350
978-89-521-1641-3 세트

서울대학교 행정대학원 국가리더십연구센터
국가리더십연구총서 ❸

리더십을
말하다

# 대학연의 大學衍義

## 하

진덕수 지음
김병섭 편집 | 정재훈 · 오항녕 · 정호훈 · 김광일 역주

서울대학교출판문화원

# 머리말

어떻게 하면,

국민들이 바라는 나라를 만들 수 있을까?

어떻게 하면,

전 세계가 부러워하는 국가를 만들 수 있을까?

어떻게 하면,

그런 모범적인 국가를 만들 수 있을까?

서울대학교 행정대학원 국가리더십연구센터는 우리나라가 이러한 '모범국가'[1]로 발전하고 성숙하는 데 기여하기 위해서 2013년 3월 설립되

1 '모범국가'의 건설은 2013년 창설된 서울대학교 국가리더십연구센터의 설립 목적이다. 국민들이 바라는 '나라다운 나라'를 지칭하는 용어로 '이상국가'를 생각할 수 있다. 그런데 이상국가는 첫째, 인류가 꿈꾸는 낙원이라는 의미는 있으나 동시에 실제 존재하지 않는 유토피아(utopia)의 의미가 강하다. 둘째, 실재하는 것을 가정하는 경우에도 시대와 공간을 뛰어넘어 존재하는 이상향의 의미가 강하다. 셋째, 현실에 뿌리를 두지 않고 이상을 지나치게 추구하는 경향이 강하여 디스토피아(dystopia)로 갈 위험성이 있다. 우리가 바라는 '나라다운 나라'의 모습은 '동시대를 살아가는 전 세계 사람들이 꿈꾸고 부러워하는 행복국가'이다. 유발 하라리가 『호모데우스』(2017)에서 지적한 것처럼, 과학기술과 생산수단의 변화로 사람의 수명, 건강과 물질적 풍요 등이 시대에 따라 달라지고 이에 따라 바람직한 국가의 모습도 또한 달라진다. 이렇게 바람직한 국가의 모습이 달라지기는 하나 각 시대마다 많은 나라의 국민들로부터 모범으로 여겨지는 국가가

었다. 어떤 조직, 어떤 사회, 어떤 국가의 흥망과 성쇠는 지도자에 달려 있다고 해도 과언이 아니다. 한 나라가 모범국가로 발전하는 과정의 핵심은 국가의 지도자이다. 국가지도자의 비전과 역량에 따라 모범국가로 나아가기도 하고, 형편없는 국가로 머물러 있거나 또는 추락하기도 한다. 그들이 무엇을 시대적 과제로 인지하고 국가의 비전으로 설정하며, 이것을 달성하는 과정에서 어떻게 국민의 지지를 확보하면서 동시에 여러 가지 어려움과 저항을 극복하는지에 따라 모범국가로 나아갈 수도 있고 그렇지 않을 수도 있다. 그것도 한 세대가 아니라 세대를 이어 가면서 국가지도자들이 각 시대의 국가적 과제를 어떻게 설정하고 이를 추진하는지가 중요하다. 다음, 그리고 그다음 세대를 책임지는 국가의 지도자들이 계속해서 보다 나은 국가에 대한 비전을 설계하고 이를 잘 성취할 수 있는 지혜를 가진다면, 우리나라는 그야말로 전 세계가 부러워하는 모범국가로 우뚝 설 수 있을 것이다.

국가리더십연구센터는 바로 그러한 지혜의 원천이 역사에 있다고 보고, 역사 속의 국가의 지도자들이 어떤 국가를 비전으로 설계하였고, 이것을 달성하는 과정에서 여러 가지 어려움과 저항을 어떻게 극복할 수 있었는지를 잘 학습하고 이를 미래의 지도자들에게 전수하여, 지금부터 70년 뒤, 그리고 그로부터 다시 70년 뒤에는 우리가 광복70년

---

있기 마련이다. 실재하지 않는 유토피아가 아니라 세계인으로부터 부러움을 받는 나라이다. 이러한 나라들도 내부적으로 그리고 대외적으로 갈등과 불만이 없는 것은 아니다. 다만 그 문제를 상대적으로 더 잘 해결하여 국민들이 더 많이 행복을 누리는 나라이다. 이러한 나라를 지칭하는 용어로 '모범국가'를 사용하고자 한다. 이와 유사한 개념을 선각자들이 사용한 것을 최근 알게 되었다. 개념에 대한 정의가 되어 있지는 않지만, 이승만 대통령은 '민주적 모범국가'라는 용어를 사용하였고(김광웅, 2017: 47), 박세일 교수(2017)도 국가의 발전 목표로 '세계 모범국가'로 설정하고 있다.

동안 이룩해 왔던 것보다 더 많은 발전을 이룩하여 그야말로 전 세계가 부러워하는 모범국가로 우뚝 서는 데 기여하고자 한다.

이를 위한 사업의 하나로 2013년 가을 학기 모범국가를 설계하고 운영한 세종대왕의 리더십을 공부하였다. 이 과정에서 세종대왕이 한글, 국방, 경제, 과학기술 등 광범위한 분야에서 뛰어난 업적을 남긴 그야말로 위대한 성군인데, 백성을 늘 중심에 두고 국정을 민주적으로 운영하면서 이러한 업적을 남긴 것을 학습하였다.

세종대왕은 어떻게 혁신적인 국가의 비전을 설계할 수 있었고 또 어떻게 해서 그 비전을 실현할 수 있었을까? 그의 주위에 뛰어난 학자, 과학자, 장군, 경세가 등이 많이 포진하여 그의 비전을 실현하는 데 이바지하였는데, 세종은 어떻게 그런 사람들을 알아보고 중용하여 그들의 능력을 발휘하게 할 수 있었을까? 변화와 개혁을 하려면 어떤 나라나 저항과 갈등이 있기 마련인데 그것을 어떻게 극복하고 성과를 낼 수 있었을까?

이러한 의문에 대한 답을 찾는 과정에서 얻은 하나의 실마리는 그가 '나라다운 나라'를 만드는 길, 즉 치세(治世)에 관한 학문을 치열하게 했다는 것과 신하들과 학문을 하던 경연에서 핵심적인 교과서로 다루었던 책이 바로 『대학연의』였다는 것이다.

세종대왕뿐만 아니라 조선 태조는 『대학연의』 보기를 좋아하여 밤중에 이르도록 자지 않았으며 그 뒤 조선의 역대 왕들도 『대학연의』를 필독서로 여겼다는 것을 알게 되었다. 때문에 '나라다운 나라'를 이끄는 국가지도자들의 리더십을 이해하고 학습하려면 『대학연의』를 읽고 오늘날에도 여전히 적실성 있는 메시지를 주는지를 파악할 필요가 있었다. 그런데 조선시대에 『대학연의』보다 덜 주목을 받았던 또 다른 제왕학 교재인 『정관정요』는 번역본이 더러 있었으나, 『대학연의』는 그 중요도에도 불구하고 2013년 당시에는 제대로 된 번역본 하나 없었다. 이에 국가리더십연구센터는 모범국가로 이끄는 리더십을 제시하기 위해서는 이 책을 번역하기로 결정하였다.

『대학연의』의 번역은 정재훈, 오항녕, 정호훈, 김광일 네 분의 교수가 맡아 주기로 하였고, 각각 차례대로 권1～14, 권15～27, 권28～35, 권36～43을 책임 역주하기로 하였다. 그리고 번역은 규장각한국학연구원 소장 『대학연의』를 교재로 하되, 사고전서에 수록된 『대학연의』를 참고하여 원문을 교감하는 방식으로 진행되었다. 『대학연의』의 초벌 번역이 이루어진 2014년 가을 학기에, 번역을 보다 충실히 하는 차원에서 해당 주제 전문가로부터 논평과 자문을 구하는 세미나를 다

| 일시 | 발표자 | 제목 | 토론자 |
|---|---|---|---|
| 2014. 9.18. | 정재훈 | 『대학연의(大學衍義)』 등장의 역사적 배경과 구조 | 이범학(국민대학교 교수)<br>김문식(단국대학교 교수) |
| 2014. 9.25. | 김광일 | 왕도와 패도: 『대학연의』 권1～권14의 구조와 내용 | 강문식(서울대학교 규장각한국학연구원 교수)<br>장현근(용인대학교 교수) |
| 2014. 10.2. | 오항녕 | 군자(君子)와 소인(小人): 『대학연의』 권15～권24 | 한형조(한국학중앙연구원)<br>박홍규(고려대학교 교수) |
| 2014. 10.16. | 오항녕 | 치체(治體)와 민정(民情): 『대학연의』 권25～권27 | 미야지마 히로시(성균관대학교)<br>이정철(한국국학진흥원) |
| 2014. 10.23. | 정호훈 | 성의(誠意)와 정심(正心): 『대학연의』 권28～권35 | 이봉규(인하대학교 교수)<br>민병희(홍익대학교 교수) |
| 2014. 10.30. | 김광일 | 황후와 환관: 『대학연의』 권36～권40 | 윤정분(덕성여자대학교 교수)<br>오수창(서울대학교 교수) |
| 2014. 11.6. | 정호훈 | 세자(世子)와 외척(外戚): 『대학연의』 권41～권43 | 오종록(성신여자대학교 교수),<br>김종섭(서울시립대학교 교수) |
| 2014. 11.13. | 정재훈 | 『대학연의(大學衍義)』와 조선 | 김인호(광운대학교 교수) |

음과 같이 개최하였다. 번역팀이 각자 역주를 맡은 부분을 발표하는 것을 원칙으로 하되, 다른 역자가 맡은 부분을 서로 나누어 발표하기도 하였다. 이는 번역팀 상호간 『대학연의』를 바라보는 시각과 내용에 대한 공유를 확대하는 차원에서 시도되었다.

세미나 토론자로 참여하여 귀한 말씀을 해 준 논평자분들께 이 자리를 빌려 깊은 감사의 말씀을 드린다. 세미나에서 유익한 논평이 많이 제시되었는데 이것들 중 반영할 것은 반영하여 2015년 6월 제1차 번역본이 완성되었다. 이 제1차 번역본을 토대로 하여 『대학연의』 전체에 대한 이해를 돕는 포럼이 개최되었다. 2015년 6월 25일에는 '대학연의에 대한 인문학적 이해와 해석'라는 제목으로 정재훈(경북대학교) 교수가, 2015년 7월 2일 '사회과학자의 시각에서 본 대학연의'라는 제목으로 김병섭·임채원(서울대학교) 교수가 각각 발표를 하고 토론이 이어졌다.

이 포럼이 끝나고 난 다음부터 『대학연의』 제1차 번역본을 대상으로, 편집자가 독자의 관점에서 책을 읽고 질의하고 의논하는 과정이 전개되었다. 즉 전공자가 보기에는 이해가 될 수 있는 것이라 해도 편집자와 같은 일반 독자가 읽기에 이해되지 않는 부분은 이해가 안 된다고 하고, 문장을 바꾸면 이해가 좀 더 용이할 것 같은 부분은 또 그대로 의견을 제시하였다. 독자로서 제시된 의견의 수용 여부는 전적으로 번역팀이 결정하였다. 번역팀이 일부 수용한 경우도 있고, 또 편집자가 무지를 깨달은 경우도 있었다. 이러한 소통의 시간이 거의 1년여 소요되었기 때문에 2016년 6월경 이를 마무리하였다.

이 과정에서 저자의 뜻을 원문에 가깝게 번역하는 일과 독자의 가독성을 높이는 일, 이 두 가지의 조화가 결코 쉬운 일이 아니어서 참으로 어렵고도 어려운 일임을 알게 되었다. 책의 본문을 보면 알겠지만, 어느 정도 지식이 있는 사람들은 책의 내용을 보다 더 깊이 있게 연구할 수 있도록 원전을 밝혀 두었고, 책에 등장하는 수많은 사람들과 사건들을 초보자도 쉽게 이해할 수 있도록 주석을 자세히 달아 두었다. 이렇게 어려운 작업을 훌륭하게 해 준 번역팀 네 분 교수님들의 역량과 헌신에 이 자리를 빌려서 정말 깊은 감사를 드리고자 한다.

번역이 완성되고 난 다음, 『대학연의』의 내용을 총괄적으로 소개하는 서론 작업이 시작되었다. 서론 작업은 편집자의 능력 부족으로 많은 시간이 소요되었다. 먼저, 국내에서 출간된 『대학연의』 관련 논문을 거의 빠뜨리지 않고 읽었다. 일단 관련된 논문이 많지 않았다. 있는 논문들도 『대학연의』가 조선에 전달되는 과정에 대한 소개가 많았다. 내용을 소개하는 논문들은 『대학연의』를 일종의 수기(修己) 또는 수신(修身)에 관한 책으로 이해하는 경우가 많았다. 참고문헌을 『대학연의』로 한정하지 않고 『대학』으로 넓혀서 살펴보니, 수기로 이해하는 것에 아쉬움을 느끼는 사람들은, 여기에서 한 걸음 더 나아가, 수기와 치인(治人)의 관계에 관심을 보이고 있었다. 그러나 수기(修己)와 치인(治人)을 통해서 이루고자 하는 바로 그 '나라다운 나라'에 대한 관심을 보인 논문은 찾기가 쉽지 않았다. 그래서 아예, 이상사회, 이상국가, 나라다운 나라, 치세, 난세 등의 단어를 사용하여 광범위하게 논문과 책을 찾았다.

이 과정에서 유학이 그 어떤 학문이나 어떤 선각자보다 치열하고 또 지속적으로 이상사회와 모범국가에 대한 천착을 한 것을 알게 되었다. 특히 『대학』은 '대학의 길이 밝은 덕을 밝히고 백성을 아끼며 지극한 선을 이루는 데 있다[大學之道, 在明明德, 在親民, 在止於至善]'고 하여, 성인이 되고 지도자가 되어 학문을 하는 까닭이 '지어지선(止於至善)' 즉 지극히 좋은 곳에 머물러 있기 위함이라는 것을 분명하게 하고 있다. 『대학연의』도 그냥 수기에 관한 책이 아니라 이상사회와 모범국가의 모습을 그리고 있는데, 그것을 '평천하(平天下)'라는 개념 속에서 설명하고 있다. 소위 태평성세, 태평성대라는 말로 표현되는 '평천하(平天下)'는 행복국가이다. 국민의 행복은 전쟁과 재난이 없는 평화국가, 사람과 사람 간의 관계가 따뜻하고 사랑스러운 포용국가, 그리고 국민 한 사람 한 사람이 본성에 충실하여 마음이 평안한 나라에서 이루어진다고 한다. 그리고 또 한 사람 한 사람이 본성에 충실하여 도를 실천할 때 사람과 사람 간의 관계가 화평하고 통합이 잘 되며, 또 그러한 상태가 될 때 국가의 힘도 강해지고 진정한 평화를 누릴 수 있다는 것을 보여 준다. 국가, 사회, 개인의 행복과 평화가 서로 분리되어 있는 것이 아니라 밀접히 연계되어 있는 바로 그런 세상을 평천하(平天下)라고 한다. 그리고 이러한 상태가 잠깐이 아니라 오랫동안 유지되는 그런 상태를 일러 지극히 좋은 곳에 '머물러' 있다['止'於至善]고 한다.

『대학연의』는 한 나라를 나라다운 나라, 평천하 또는 지어지선의 상태로 이끄는 리더십을 소개한다. 서양의 수없이 많은 리더십이론은 사람을 다루어 목표 상태로 이끄는 방법과 기예를 소개하는데, 『대학연의』는 그에 앞서 더불어 함께 나라를 끌고 갈 인재를 분별하는 것을 우선적으로 다룬다. 사람을 다루는 것보다 사람을 알아보는 것을 시간적으로 우선하고 중요도 측면에서도 더 많은 비중을 둔다. 군자와 소인, 현자와 불초(不肖)를 알아보고 분별하는 것을 올바른 리더십의 첫째로 보고 이를 강조하고 또 강조하고 있다. 그리고 그다음 천하의 인재를 중용하는 법을 소개한다. 아니 현자를 중용하는 법을 소개하는 것이라기보다는 그렇지 않은 소인이나 불초가 중용되지 않도록 할 것을 강조하고 있다는 하는 것이 정확한 표현이다. 즉 가까운 친인척, 정치적으로 도움을 준 사람, 지근거리에서 밤낮으로 수발하는 비서들이 중용되거나 국정을 좌지우지하면 큰 일 난다고 강조한다. 권력자 주위에 있는 사람들이 어떤 식으로 국정을 파괴하는지 그리고 이를 막기 위해서 어떤 대책을 강구해야 하는지 『대학연의』가 제시하고 있는데, 이를 좀 더 분석적으로 살펴볼 수 있도록 김광일 교수가 쓴 「제가의 요체: 공적 체계를 통한 사적 권력의 억제」라는 논문을 하권 말미에 배치하였다. 끝으로 『대학연의』는 오늘날의 리더십이론에 해당하는 것도 소개하고 있다. 즉, 거래적 리더십, 변혁적 리더십, 섬김의 리더십, 팔로어십, 윤리적 리더십, 진성리더십 등을 모두 소개하고 있다. 『대학연의』가 이 모든 리더십의 과정에 핵심적으로 소개하는 개념은 바로 친민(親民), 즉 사람을 아끼고 사람으로 대하는 것이다.

『대학연의』는 나라다운 나라의 상태, 또 이것으로 이끄는 리더십에 각각 최선의 상태가 있다고 한다. 이러한 최선의 상태로 가려고 노력하는 사람들의 태도를 성의정심이라고 한다. 정성을 다하지 않고 이루어지는 일은 세상에 아무 것도 없고, 특히 최선의 상태로 가기 위해서는 지극한 정성이 필요하다는 말이다. 그런데 이러한 성의정심의 상태를 유지하기가 쉽지 않다. 권력을 가지고 경륜이 붙게 되면 교만하고 방자하게 되며, 성과가 나타나고 사람들이 인정하게 되면 게을러지고 방탕하게 된다. 『대학연의』는 따라서 지도자란 늘 두려워하고 겸손하며[崇敬畏], 게으름과 욕심을 삼가는[戒逸欲] 자세를 가질 것을 강력하게 권한다. 즉 밝은 덕을 밝혀서[明明德], 육체가 지시하는 대로 살지 말 것을 권하고 있다고 하겠다.

이상이 『대학연의』를 읽고 배운 것이다. 『대학』이 말하는 명명덕(明明德), 친민(親民), 지어지선(止於至善), 이 세 가지가 서로 분리되어 있는 것도 아니고 어느 하나만 특별히 강조하고 있는 것도 아니라는 것을 『대학연의』는 말하고 있다. 각각의 의미와 그 연계성을 알게 되면서 이 책이 왜 역대 제왕들의 필독서가 되었는지를 깨닫게 되었다. 이들 간의 관계를 중심으로 서론을 작성했으니 관심 있는 분들은 서론과 본문을 함께 읽어 보면 그 연계성을 보다 더 잘 이해할 수 있을 것이라 여겨진다. 또 책이 전하는 핵심적인 메시지를 보다 용이하게 파악할 수 있도록 각 권마다 제일 앞에 한 페이지짜리 요약문을 만들어 두었다. 네 분의 번역자가 각 권을 읽으면서 핵심적인 메시지로 본 것을 요약해서 두었기 때문에 이것을 읽으면 책의 대강을 알 수 있도록 책을 편집하였다. 그리고 또 이 책이 중국과 조선에서 어느 정도 비중을 가지고 읽혔는지를 알 수 있도록 정재훈 교수가 쓴 해제 「중국의 제왕학과 조선의 정치사상: 『대학연의』를 중심으로」를 상권 말미에 붙여 두었다. 본문을 읽고 해제를 읽은 다음 다시 본문을 읽으면 『대학연의』를 조선의 지식인들이 왜 그렇게 비중을 두어서 읽었는지를 알 수 있을 것이다.

끝으로, 책을 완성하는 데 도움을 준 임채원 경희대학교 교수에게 감사를 표하고자 한다. 임교수는 국가리더십연구센터 연구원으로 재직하면서 『대학연의』 관련 세미나와 포럼을 조직하고 진행하는 등의 큰 역할을 수행하였다. 뿐만 아니라 이 책의 표지 배경 그림에 경복궁 사정전의 운룡도를 사용하자는 아이디어를 제공하고 문화재청 경복궁관리소에 연락하여 직접 이미지를 구해 주는 노고를 아끼지 않았다. 또한 서울대학교출판문화원의 최유식 선생은 『대학연의』에 나오는 방대한 양의 한자 원문과 주석을 일일이 확인하고 또 등장인물을 소개하는 역할을 수행하였다. 두 분에게 특별한 감사를 표하는 바이다.

김병섭

# 차례

## 하권

## 상권

## 중권

# 일러두기

1. 이 책의 번역 저본은 규장각한국학연구원 소장 『진서산독서기을집상대학연의(眞西山讀書記乙集上大學衍義)』(奎中505)이다.
2. 사고전서(四庫全書)에 수록된 『진서산독서기을집상대학연의(眞西山讀書記乙集上大學衍義)』를 참고하여 원문을 교감하였다.
3. 번역 저본은 크게 경전(經傳)과 사서(史書)에서 발췌한 본문, 본문에 대한 해설, '신안(臣按)'으로 표시된 진덕수의 의견으로 구성되어 있다. 본문과 해설은 번역문 하단에 원문을 부기하고, 진덕수의 의견은 번역문만 제시하였다.
4. 원문은 읽기 쉽도록 표점하였으며, 한국고전번역원 표점 지침(2013)을 준용하였다.
5. 진덕수의 원주(原註)는 원문의 끝에 모아서 제시하고 번역하되, 불가피하면 번역문의 중간에 —……—로 표시하였다.
6. 번역은 진덕수의 원주(原註)를 최대한 반영하였으며, 그러므로 현재 통용되는 해석과는 차이가 있을 수 있다.
7. 번역문은 한글 쓰기를 원칙으로 하되, 필요하면 한글(한자)로 병기하였다.
8. 책은 『 』, 편장은 「 」으로 표시하였다.
9. 책의 이해를 돕기 위하여, 권별로 간단한 해설을 작성하여 각 권의 첫머리에 붙이고, 상권과 하권 말미에 해제를 실었다.
10. 하권 끝에 진덕수 연보를 싣고, 『대학연의』의 번역과 연구에 필요한 참고문헌을 간단히 제시하였다.
11. 인명·지명·서명·고유명사는 우리나라 한자음을 따랐다.
12. 전한 황제의 연표는 方詩銘, 『中國歷史紀年表』, 上海: 上海人民出版社, 2007에 근거하였다.
13. 참여자들이 책임지고 분담한 업무는 다음과 같다.
    편집 및 서론: 김병섭
    권1～권14 책임 역주: 정재훈
    권15～권27 책임 역주: 오항녕
    권28～권35 책임 역주: 정호훈
    권36～권43 책임 역주: 김광일

# 제가의 요체 1
# [齊家之要一]

## 배필을 중요하게 여김[重妃匹]

대학연의 권36~37

# 대학연의 권36

권36은 「배필을 중요하게 여김[重妃匹]」의 첫 번째 내용으로서 황후 선정의 원칙과 그와 관련된 역사적 경험에 대해서 논의하고 있다.

우선 『시경』 「주남(周南)·관저(關雎)」를 인용하여 군주가 배필을 맞이하는 대원칙을 제시한다. 「주남·관저」는 『시경』의 첫머리에 나오는 시인데, 역대로 '후비(后妃)의 덕'을 노래한 것으로 해석하였다. 다음으로 『시경』 「문왕지십(文王之什)」의 「대명(大明)」과 「사제(思齊)」를 인용하여 태임(太任)과 태사(太姒)의 고사를 설명한다. 태임은 주(周)나라 문왕(文王)의 어머니이고 태사는 문왕의 후비인데, 역대로 요조숙녀의 역사적 실례이자 현모양처(賢母良妻)의 원형으로서 존숭을 받았다. 또한 역사서에서 한(漢)나라 현종(顯宗)의 후비인 명덕황후(明德皇后) 마씨(馬氏)와 당(唐)나라 태종(太宗)의 후비인 문덕황후(文德皇后) 장손씨(長孫氏)의 행실과 일화를 소개하면서 이상적인 후비의 모습으로 제시한다. 이상적인 후비의 모습과 대비되는 인물이 한나라 무제(武帝) 때의 위후(衛后)와 성제(成帝) 때의 조후(趙后)다. 이 둘은 모두 미모와 기예로 군주의 마음을 사로잡아 황후에 올랐다가, 세월이 흘러 미모가 쇠하자 버림을 받고 결국 자살로 삶을 마감한다는 공통점이 있다. 진덕수는 권36의 뒷부분에 송(宋)나라 범조우(范祖禹)가 원우(元祐) 5년(1090)에 올린 「후비의 선정을 논의하며 태황태후에게 올리는 소[論立后上太皇太后疏]」의 전문(全文)을 인용하여, 군주의 개인적 감정에 의해 황후를 선정하였을 때 국가에 미치는 해악을 지적하고 유가적(儒家的) 원칙에 따른 후비 선정을 주장한다.

## 비빈을 선정하는 원칙을 신중하게 세움[謹選立之道]

『시경(詩經)』「주남(周南·관저(關雎)」편은 후비(后妃)의 덕을 노래하였다.

"구욱구욱 물수리 강 가운데 섬에서 우노니,
아리땁고 정숙한 아가씨 대장부의 좋은 배필이라네.
들쑥날쑥 마름풀을 이리저리 헤치며 뜯노라니,
아리땁고 정숙한 아가씨를 자나 깨나 그리네.
그리어도 얻지 못해 자나 깨나 생각하노니,
그리움이 가이없어 밤새 이리 뒤척 저리 뒤척.
들쑥날쑥 마름풀을 여기저기 가려 뜯어,
아리땁고 정숙한 아가씨와 금슬(琴瑟)을 즐기네.
들쑥날쑥 마름풀을 여기저기 잘 뜯어서 바치고,
아리땁고 정숙한 아가씨와 풍악을 울리며 즐기네."

「關雎」, 后妃之德也. "關關雎鳩, 在河之洲, 窈窕淑女, 君子好逑. 參差荇菜, 左右流之, 窈窕淑女, 寤寐求之. 求之不得, 寤寐思服, 悠哉悠哉, 輾轉反側. 參差荇菜, 左右采之, 窈窕淑女, 琴瑟友之. 參差荇菜, 左右芼之, 窈窕淑女, 鐘鼓樂之."

—「관저(關雎)」는 『시경』 삼백 편의 첫 편이다. '관관저구(關關雎鳩)'의 관관(關關)은 서로 화답하는 소리다. 저구(雎鳩)는 왕구(王鳩)라고도 부르는데, 정이 간절하고 도타우면서 암수의 구별이 있어서 예의가 바른 새다. '재하지주(在河之洲)'의 주(洲)는 물 가운데 섬이다. '요조숙녀(窈窕淑女)'의 요조(窈窕)는 유순하고 품위가 있다[幽閒]는 뜻이고, 숙(淑)은 훌륭하다[善]는 의미다. '군자호구(君子好逑)'의 호(好)도 훌륭하다[善]는 뜻이며, 구(逑)는 배우자다. '참치행채(參差荇菜)'의 참치(參差)는 길고 짧아 가지런

하지 않은 모양이다. 행(荇)은 접여(接餘)라고도 부른다. '좌우유지(左右流之)'의 좌우(左右)는 정해진 방향이 없음을 말하고, 유(流)는 물의 흐름을 따라서 마름풀을 뜯는 것이다. '오매사복(寤寐思服)'의 복(服)은 그리워하다[懷]는 뜻과 같다. '유재유재(悠哉悠哉)'의 유(悠)는 멀다[長]는 뜻이다. '전전반측(輾轉反側)'은 누워도 편치 않다는 의미다. '좌우채지(左右采之)'의 채(采)는 취하여서 고르는 것이다. '좌우모지(左右芼之)'의 모(芼)는 익혀서 올리는 것이다. ―

한(漢)나라 광형(匡衡)[1]이 말하였다.

"군주가 배필을 맞이하는 때는 백성을 태어나게 하는 시작이며 만 가지 복의 근원이다. 혼인의 예(禮)가 바르게 된 이후에야 만물(萬物)이 생장하고 천명(天命)이 온전하게 된다. 공자(孔子)가 『시(詩)』를 논하면서 「관저(關雎)」를 처음으로 한 것은 임금이 백성의 부모라는 것을 강조한 것이다. 후부인(后夫人)의 행실이 천지(天地)에 걸맞지 않는다면 신령(神靈)의 통치를 받들어 만물의 마땅함을 다스릴 수 없다.

그러므로 『시경』의 「관저」에서 '아리땁고 정숙한 아가씨는 대장부의 좋은 배필[窈窕淑女, 君子好逑]'이라고 한 것은 후비가 정숙(貞淑)하여 지조를 달리하지 않고, 정욕(情欲)의 감정이 용모(容貌)에 끼어들지 않으며, 사사로운 뜻이 행실에 영향을 미치지 않기 때문이다. 그러해야만 지존(至尊)의 배필이

1 전한(前漢)의 학자이자 정치가로 자(字)는 치규(稚圭)다. 후창(後蒼)을 좇아 『제시(齊詩)』를 배웠고, 문학에 능하였으며 『시(詩)』에 정통하였다. 광록훈(光祿勳)과 어사대부(御史大夫)를 역임하였다. 사단(師丹)과 복리(伏理), 만창(滿昌) 등에게 학문을 전수하여 광씨제시학(匡氏齊詩學)을 개창하였다.

되어 종묘의 주인이 될 수 있다.

이것이 바로 올바른 기강의 으뜸이요, 왕교(王敎)의 실마리다. 태고 이래 하(夏)·상(商)·주(周) 삼대(三代)가 흥하고 망함이 이것에 말미암지 않은 적이 없었다."

漢匡衡曰: "妃匹之際, 生民之始, 萬福之原. 婚姻之禮正, 然後品物遂而天命全. 孔子論『詩』以「關雎」爲始, 言太上者民之父母, 后夫人之行不侔乎天地, 則無以奉神靈之統而理萬物之宜. 故『詩』曰: '窈窕淑女, 君子好逑.' 言能致其貞淑, 不貳其操. 情欲之感, 無介於容儀; 宴私之意, 不移於動靜. 夫然後可以配至尊而爲宗廟主. 此綱紀之首, 王教之端也. 自上世以來, 三代興廢, 未有不由此者也."

— 태상(太上)은 임금을 말하는 것이다.

반고(班固)가 말하였다.

"『역경(易經)』에서 「건괘(乾卦)」와 「곤괘(坤卦)」가 근본이고 『시경』에서 「관저(關雎)」가 으뜸인 이유는 부부의 만남이 사람의 도리[人道] 가운데 큰 실마리이기 때문이다."

班固曰: "『易』基「乾」、「坤」, 『詩』首「關雎」, 夫婦之際, 人道之大端也."

『시경』 「대서(大序)」에서 말하였다.

"「주남(周南)」·「소남(召南)」은 처음을 바로잡는 도리이며, 왕이 백성을 교화하는 기본이다. 그러므로 「관저(關雎)」는 기꺼이 아리땁고 정숙한 아가씨를 찾아서 군자에게 짝지어 주고자 하는 것이다."

『詩』「大序」曰: "「周南」、「召南」, 正始之道, 王化之基, 是以「關雎」樂得淑女以配君子."

남송(南宋)의 주희(朱熹)가 말하였다.

"주(周) 문왕(文王)은 나면서부터 성스러운 덕성[聖德]이 있었으며, 또한 성녀(聖女) 사씨(姒氏)를 얻어 짝으로 삼았다. 궁중의 사람들이 사씨(姒氏)가 처음 시집올 때에 매우 유순하고 품위가 있으며[幽閒] 정조 있고 조용한[貞靜] 덕이 있음을 보았기 때문에 이 시를 지었다. 저 꾸욱꾸욱 우는 물수리가 강 가운데 섬에서 서로 함께 화답하는 것처럼, 이 아리땁고 정숙한 아가씨는 군자의 좋은 짝이 아니겠는가! 서로 더불어 화락하고 공경함이 또한 물수리의 정과 같이 간절하고 두터우면서도 구별이 있음을 말한 것이다.

두 번째 장에서는 그러한 여인을 아직 구하지 못한 상황을 묘사하고 있다. 좌우 일정한 방향 없이 흘러가는 저 들쑥날쑥한 마름풀[荇菜]을 뜯는 것처럼, 아리땁고 정숙한 아가씨를 자나 깨나 잊지 못하고서 구해야 한다. 그러한 덕을 갖춘 여인이 세상에 항상 있는 것이 아니니, 결국 구하지 못하면 군자에게 짝지어서 훌륭한 내치(內治)를 이룰 방법이 없다. 그렇기 때문에 시에서는 이처럼 깊게 근심하고 그리워하며 스스로 그칠 수 없다고 말하고 있다.

마지막 장은 지금 비로소 그러한 배필을 구한 상황이다. 저 들쑥날쑥한 마름풀을 이미 얻었다면 마땅히 골라서 정성스럽게 삶아 올려야 하는 것처럼, 이 아리땁고 정숙한 아가씨를 이미 구하였다면 마땅히 친애(親愛)하며 즐거워해야 할 것이다. 대개 그러한 덕을 갖춘 여인은 세상에 항상 존재하는 것이 아닌 상황에서, 다행히도 훌륭한 여인을 얻었다면 군자에게 짝지어서 내치(內治)를 이룰 수 있다. 그러므로 기쁘고 즐거우며 높이고 받드는 뜻을 이와 같이 묘사한 것이다."

朱熹曰: "周之文王, 生有聖德, 又得聖女姒氏以爲之配. 宮中之人, 於其始至, 見其有幽間貞靜之德, 故作是詩. 言彼關關然之雎鳩, 則相與和鳴於河洲之上矣. 此窈窕之淑女, 則豈非君子之善匹乎? 言其相與和樂而恭敬, 亦若雎鳩之情摯而有別也. 二章本其未得而言. 彼參差之荇菜, 則當左右無方以流之矣; 此窈窕之淑女, 則當寤寐不忘以求之矣. 蓋此人此德, 世不常有, 求之不得, 則無以配君子而成其內治之美. 故其憂思之深不能自已至於如此也. 末章據今始得而言. 彼參差之荇菜, 旣得之, 則當采擇而亨芼之矣; 此窈窕之淑女, 旣得之, 則當親愛而娛樂之矣. 蓋此人此德, 世不常有, 幸而得之, 則有以配君子而成內治. 故其喜樂尊奉之意又如此云."

여조겸(呂祖謙)이 말하였다.

"후비의 덕은 곤덕(坤德, 땅의 덕. 대지가 만물을 생육하는 힘)이다. '구욱구욱 물수리 강 가운데 섬에서 우노니'라는 말은 그러한 곤덕을 형용하고 있다. '아리땁고 정숙한 아가씨는 대장부의 좋은 배필'이라고 한 것은 훌륭한 왕의 좋은 배필을 감탄하며 읊조린 것이다. 오직 천하의 지극한 고요함[至靜]만이 천하의 지극한 굳셈[至健]과 짝할 수 있다. 이것이 바로 천변만화(千變萬化)의 근원이다. 그러니 아직 얻지 못하였다면 어찌 근심하지 않을 수 있겠는가? 또 이미 얻었다면 어찌 즐거워하지 않을 수 있겠는가? '그리움이 가이없어 밤새 이리 뒤척 저리 뒤척'이라는 것은 근심함이 그 원칙을 벗어나지 않는다는 의미다. '금슬(琴瑟)을 즐기네'와 '풍악을 울리며 즐기네'는 즐거움이 그 원칙을 벗어나지 않는 뜻이다. 이른바 '즐거우면서도 지나치지 않고 슬프면서도 상하게 하지 않는다'[2]는 것이다. '우(友)' 또한 '함께 즐기다[樂]'는 뜻이다. 종과 북은 때에 맞추어 연주해야 하지만 거문고와 비파는 항상 곁에 두어야 하는 것이다. 마치 친구의 사귐과 같다는 의미로 '우(友)'라고 한 것이다.

呂祖謙曰: "后妃之德, 坤德也. '關關雎鳩, 在河之洲', 擬諸形容者也. '窈窕淑女, 君子好逑', 詠歎其眞王者之良匹也. 唯天下之至靜, 爲能配天下之至健也. 萬化之原, 一本諸此. 未得之也, 如之何而勿憂; 旣得之矣, 如之何而勿樂也. '悠哉悠哉, 輾轉反側', 憂之不過其則也; '琴瑟友之'、'鐘鼓樂之', 樂之不過其則也. 所謂'樂而不淫, 哀而不傷'者也. '友'亦'樂'也, 鐘鼓有時而奏, 琴瑟無時而不在側, 若朋友然, 故曰'友'."

**신은 이렇게 생각합니다.** '관저(關雎)'의 뜻은 여러 학자들이

2 『논어』「팔일(八佾)」에 나오는 말이다. 원문은 "樂而不淫, 哀而不傷"이다.

풀이하였으나, 오직 성군(聖君)만이 그 즐거움을 실제로 누릴 수 있습니다. 이것이 바로 이른바 처음을 바로잡는 도리[正始之道]이며 왕이 백성을 교화하는 기본[王化之基]이라는 사실은 너무나 명확하여 의심할 바가 없습니다.

『시경』「문왕지습(文王之什)·대명(大明)」 2장에서 노래하였다.

"지(摯)나라 임(任)씨네 둘째딸 태임(大任)이 은(殷)나라에서
주(周)나라 왕계(王季)에게 시집을 왔다네.
주나라의 주부(主婦)가 되어
왕계님과 함께 덕을 행하셨는데,
이 태임이 임신을 하여 문왕(文王)을 낳으셨네."

4장에서 노래하였다.

"하늘이 세상을 살피시어 명을 내리셨네.
문왕께서 일을 시작하실 때
흡수(洽水)의 북쪽 위수(渭水) 가에
하늘이 배필을 마련하셨네."

5장에서 노래하였다.

"큰 나라에 따님이 계셨는데, 하늘의 소녀 같으셨네.
길일을 가려 예식 날을 정하고
위수 가로 나가 친히 신부 맞으셨는데,
배를 이어 다리 놓으시니 그 빛이 매우 밝았네."

6장에서 노래하였다.

"하늘에서 명을 내리사 문왕에게 명하길

주나라 경사에서 다스리도록 하셨네.

태임의 일을 이을 여인으로

신(莘)나라의 장녀가 시집오시어 무왕을 낳으셨네.

하늘이 보호하고 돕고 천명을 내리시어

거대한 상(商)나라를 치게 하기 위함이었네."

「大明」之二章曰: "摯仲氏任, 自彼殷商, 來嫁于周, 曰嬪于京. 乃及王季, 維德之行." "大任有身, 生此文王." 四章曰: "天監在下, 有命旣集. 文王初載, 天作之合. 在洽之陽, 在渭之涘." 五章曰, "大邦有子, 俔天之妹. 文定厥祥, 親迎于渭. 造舟爲梁, 不顯其光." 六章曰: "有命自天, 命此文王. 于周于京, 纘女維莘. 長子維行, 篤生武王. 保右命爾, 燮伐大商."

—'지중씨임(摯仲氏任)'의 지(摯)는 나라 이름이고, 중(仲)은 둘째 딸이다. 임(任)은 지(摯)나라의 성(姓)이다. '자피은상(自彼殷商), 내가우주(來嫁于周)'에서 지(摯)나라가 은(殷)의 제후국이었기 때문에 은나라에서 주나라로 시집을 왔다고 말한 것이다. '왈빈우경(曰嬪于京)'의 경(京)은 주(周)의 도읍이다. '태임유신(大任有身)'의 신(身)은 임신한 것이다. '재흡지양(在洽之陽), 재위지사(在渭之涘)'는 흡수(洽水)의 북쪽 위수(渭水) 가로서 신(莘)나라가 있는 곳이다. 태사(大姒)는 신나라의 따님이었다. '견천지매(俔天之妹)'의 견(俔)은 '비유하다'는 뜻이다. '문정궐상(文定厥祥)'의 문(文)은 예(禮)이며, 상(祥)은 길일의 뜻이다. '불현기광(不顯其光)'의 불현(不顯)은 현(顯)과 같다. '찬녀유신(纘女維莘)'의 찬(纘)은 '잇다[繼]'는 뜻으로, 태임(大任)을 이은 일을 말하는 것이다. '장자유행(長子維行)'의 장자(長子)는 장녀를 말하며, 행(行)은 '시집갔다[嫁]'는 뜻이다. '섭벌대상(燮伐大商)'의 섭(燮)은 '응하다[和]', '따르다[順]'는 뜻이다.—

**신은 이렇게 생각합니다.** 이 시는 주(周) 왕실의 가세(家世)에 어질고 명석한 군주가 있어 그 덕이 하늘에 합치되니, 하늘이 그에게 어질고 현명한 배필을 주어 성군의 자손을 낳아서 정벌의 공을 이루었음을 말하고 있습니다. 처음에는 태임(大任)이 지(摯)나라에서 시집와서 주나라 왕계(王季)의 아내가 되어 서로 더불어 덕을 닦으니, 이에 문왕(文王)을 낳으셨습니다. 다음으로 태사(大姒)가 신(莘)나라에서 와서 문왕의 아내가 되어 서로 함께 덕을 닦으니, 이에 무왕(武王)을 낳으셨습니다.

그 시에서 "하늘이 세상을 살피시어 명을 내리셨네. 문왕께서 일을 시작하실 때 하늘이 배필을 마련하셨네."라고 하였는데, 하늘이 세상을 살피시니 명이 이미 주나라에 모였으며 그 때문에 문왕의 초년에 그 짝을 고요히 정해 주셨다는 뜻입니다.

"하늘의 소녀 같으셨네."라는 것은 태사의 덕이 하늘의 뜻을 이었음을 말합니다. "길일을 가려 예식 날을 정하고 위수 가로 나가 친히 신부 맞으셨는데 배를 이어 다리 놓으시니 그 빛이 매우 밝았네."라고 하였는데, 점을 쳐서 길일을 얻어 빙례(聘禮)를 행하여 정혼(定婚)하였고, 빙례를 치루고 나서 다시 친영(親迎)하여 혼례를 이루었다는 것을 의미합니다. 배로 다리를 만드는 것은 여기에서 시작된 것입니다. 그 예가 성대하였기 때문에 그 빛이 밝은 것입니다.

"하늘에서 명을 내리사 문왕에게 명하길 주나라 경사에서 다스리도록 하셨네. 태임의 일을 이을 여인으로 신(莘)나라의 장녀가 시집오시어."라고 하였는데, 문왕이 주 왕실을 부흥하고 신나라의 딸이 태임을 이은 일은 하늘이 명한 것이지 사람이 할 수 있는 것이 아니라는 말입니다. "무왕을 낳으셨다. 하늘이 보호하고 돕고 천명을 내리시어 거대한 상(商)나라를 치게 하기 위함이었네."라고 노래하였는데, 주나라를 도와 무왕을 낳게 하고 결국 천명(天命)에 따라 상(商)을 정벌한 것은 진정 하늘이 도운 것이지 사람이 억지로 할 수 있는 것이 아니라는 의미입니다.

주나라가 정벌의 공을 이룬 것을 살펴보면 무왕이라는 성스러운 아들이 있었기 때문입니다. 주나라가 성스러운 아들을 낳은 것을 살펴보면 현명한 왕후가 있었기 때문입니다. 현명한 왕후가 있었던 것은 또한 왕계와 문왕이 덕을 닦아 하늘을 감동시켰기 때문입니다. 주나라의 흥함이 어찌 우연이겠습니까!

『시경』의 「문왕지습(文王之什)·사제(思齊)」는 문왕(文王)이 위대한[聖] 까닭을 노래하였다. 그 1장에서 말하였다.

"거룩하신 태임께서 문왕의 어머님이시니,
시어머님 태강께 효도하시며 왕실의 주부 노릇 하셨는데,
태사께서도 아름다운 명성 이어 많은 아들 낳으셨네."

「思齊」, 文王所以聖也. 其一章曰: "思齊大任, 文王之母. 思媚周姜, 京室之婦. 大姒嗣徽音, 則百斯男."

—'사제(思齊)'는 「대아(大雅)」의 편명이다. '사제태임(思齊大任)'의 사(思)는 어조사이고, 제(齊)는 '장엄하고 공경스럽다[莊敬]'는 뜻이다. '사미주강(思媚周姜)'의 강(姜)은 대왕의 비인 태강(太姜)을 가리킨다. 미(媚)는 '순종하다[順]'는 뜻이다. '태사사휘음(大姒嗣徽音)'의 휘(徽)는 '아름답다[美]'는 뜻이다.—

남송(南宋)의 주희(朱熹)가 말하였다.

"이 시는 문왕이 갖춘 덕의 근원을 탐구하여 노래한 것이다. 장엄하고 공경스러운 태임은 바로 문왕의 어머님인데, 시어머님인 주강(周姜)에게 순종하면서 주 왕실의 주부노릇을 잘하였다. 태사에 이르러 또한 태임의 미덕에 대한 명성을 이어 자손을 많이 낳으셨다. 위로는 현명한 어머님이 있어 빠르게 공을 이룰 수 있었고, 안으로는 어진 부인이 있어 깊게 도울 수 있었다."

朱熹曰: "此詩歌文王之德, 而推本之. 曰此莊敬之大任, 乃文王之母, 實能媚于周姜, 而稱其爲周室之婦. 至於大姒, 又能繼大任美德之音, 而子孫衆多. 上有聖母, 所以成之者速, 內有賢妃, 所以助之者深."

한(漢) 현종(顯宗)의 명덕황후(明德皇后) 마씨(馬氏)는 복파장군(伏波將軍) 마원(馬援)의 딸이다.[3] 나이 13세에 태자궁에 들어왔다. 위로 음 황후(陰皇后)를 모시거나 옆으로 같은 지위의 사람을 접대할 때 예절을 잘 갖추었으니 위아래가 편안해졌다.

현종이 즉위하여 귀인(貴人)이 되었다. 이때 명덕황후 돌아가신 어머니[前母] 아우의 딸인 가씨(賈氏)도 또한 후궁으로 선발되어 궁으로 들어와 숙종(肅宗)을 낳았다. 황제는 마 황후에게 자식이 없으므로 숙종을 양육하게 하였다. 마 황후는 "사람이 반드시

3 명덕황후 마씨의 사적은 『후한서』 권10상에서 발췌하여 인용하고 있다. 여기서부터 22쪽까지는 저본에서 연결되어 있으나 사건 시점별로 편의상 나누어 놓았다.

스스로 자식을 낳아야만 하는 것은 아니니, 다만 사랑으로 기르는 것을 다하지 못할까 염려될 뿐이다."라고 하면서, 마음을 다하여 잘 돌보고 사랑으로 기르니 애쓰고 고생하는 것이 직접 낳은 것보다 더하였다. 숙종 역시 천성적으로 효성이 두터웠고 은혜를 아는 성품이었기 때문에, 모자간의 자애와 사랑은 시종 티끌만큼의 틈도 없었다. 황후는 항상 황제의 후사가 많지 않음을 마음으로 근심하고 탄식하여 주위의 사람을 후궁으로 천거하면서도, 정성을 다하지 못하는 것만을 걱정하였다. 후궁 중에서 나아가 황제를 모신 이가 있으면 매번 그 노고를 다독이면서 거두어들였다. 여러 번 총애를 받은 후궁의 경우 항상 더욱 후하게 대우해 주었다.

영평(永平) 3년 봄에 유사(有司)가 장추궁(長秋宮, 황후)을 세울 것을 아뢰었는데, 황제가 아무 언급이 없었다. 황태후가 "마귀인(馬貴人)의 덕은 후궁들 중에서 으뜸이니, 황후의 자리에 가장 적합하다"고 말하니, 마침내 마씨를 황후로 세워 궁위(宮闈)의 질서를 바로잡았다.

마 황후는 더욱 겸손하고 조심하였다. 『역경(易經)』을 암송할 수 있었고, 『춘추(春秋)』와 『초사(楚辭)』 읽는 것을 좋아하였으며, 특히 『주관(周官)』과 동중서(董仲舒)의 책을 자주 읽었다. 항상 거친 비단옷을 입고, 치마에는 마름선을 두르지 않았다. 황후는 매번 황제가 원유(苑囿)가 있는 낙양의 이궁(離宮, 별궁)으로 행차할 적마다 이슬과 안개로 감기에 들까 걱정하니, 말이 간절하고 빈틈이 없어 황제가 자세히 살핀 후 받아들이는 경우가 많았다.

漢顯宗明德馬皇后, 伏波將軍援之女. 年十三入太子宮, 奉承陰后, 傍接同列, 禮則修備, 上下安之. 顯宗卽位, 以爲貴人. 時后前母姊子賈氏亦以選入, 生肅宗. 帝以后無子, 令養之. 謂曰: "人未必當自生子, 但患愛養不至耳." 后於是盡心撫育, 勞瘁過於所生. 肅宗孝性淳篤, 恩性天至, 母子慈愛, 始終無纖芥之間. 后常以皇嗣未廣, 每懷憂歎, 薦達左右, 若恐不及. 後宮有進見者, 每加慰納. 若數所寵引, 輒增隆遇. 永平三年春, 有司奏立長秋宮, 帝未有所言. 皇太后曰: "馬貴人德冠後宮, 卽其人也." 遂立爲皇后. 旣正位宮闈, 愈自謙肅. 能誦『易』, 好讀『春秋』『楚辭』, 尤善『周官』董仲舒書. 常衣大練, 裙不加緣. 帝嘗幸苑囿離宮, 后輒以風邪露霧爲戒, 辭意款備, 多見詳擇.

—'음후(陰后)'는 광무후(光武后)다. '장추궁(長秋宮)'은 황후의 궁명(宮名)이다.—

이때 초왕(楚王) 유영(劉英)의 모반사건과 관련한 옥사가 몇 해 동안 끊이지 않았는데, 죄수들이 서로 죄를 입증하기 위해 끌어들이니 연루되어 체포된 자가 매우 많았다. 황후는 그중 많은 경우가 지나치다고 걱정하여, 기회를 보아 황제에게 측은한 마음을 전하였다. 황제가 느끼고 깨닫는 것이 있어 밤에 일어나 이리저리 고민하다가 받아들이니 마침내 많은 사람이 너그럽게 용서받았다.

당시 여러 장수들이 상주(上奏)한 일과 공경(公卿)들이 논의하여도 결론내리기 어려운 것들을 황제가 여러 번 황후에게 살펴보게 하였다. 황후가 그때마다 항상 뜻과 이치에 맞게 분석하니 각각 실정에 꼭 들어맞았다. 매번 황제를 모시는 중에 빈번히 정사를 언급하여 국사에 큰 도움을 주었지만, 일찍이 집안의 사사로운 용무를 부탁하는 일은 없었다. 이에 총애와 존중이 날로 두터워져 처음부터 끝까지 시들지 않았다.

時楚獄連年不斷, 囚相證引, 坐繫者甚衆. 后慮其多濫, 乘間言及, 惻然. 帝感悟之, 夜起彷徨, 爲思所納, 卒多有所降宥. 時諸將奏事及公卿較議難平者, 帝數以試后. 後輒分解趣理, 各得其情. 每於侍執之際, 輒言及政事, 多所毗補, 而未嘗以家私幹. 欲寵敬日隆, 始終無衰.

숙종(肅宗)이 즉위하자[4] 마 황후를 높여 황태후라 했다. 황태후는 직접 『현종기거주(顯宗起居注)』를 썼다. 또한 오빠 마방(馬防)의 관직인 참의약사(參醫藥事)를 삭탈하게 했다. 숙종이 청하여 말했다.

"황문랑(黃門郎, 황제를 가까이에서 모시는 신하)인 외삼촌은 일년여 동안 아침저녁으로 현종(顯宗)을 공양하였습니다. 이미 칭찬하거나 우대함도 없었으며 또 부지런히 수고한 공을 『현종기거주』에 기록하지도 않았는데, 관직을 삭탈하는 것은 도리어 과한 것이 아닙니까?"

황태후가 답하였다.

"나는 후세에 선제(先帝)께서 후궁의 집안을 자주 친애하셨다는 말을 듣게 하고 싶지 않습니다. 그래서 기록하지 않은 것입니다."

及肅宗卽位, 尊后曰皇太后, 自撰『顯宗起居注』, 削去兄防參醫藥事. 帝請曰: "黃門舅旦[5]夕供養且一年, 旣無褒異, 又不錄勤勞, 無乃過乎?" 太后曰: "吾不欲令後世聞先帝數親後宮之家, 故不著也."

—'마방(馬防)'은 마 태후의 오빠다. 일찍이 현종(顯宗)의 병을 수발하였다.—

4 영평(永平) 18년(AD 75)의 일이다.

5 저본에는 조선 태조의 피휘여서 '朝'로 되어 있지만 원래의 '旦'으로 바로잡는다.

건초(建初) 원년(76), 숙종이 여러 외삼촌들에게 작위를 내려 주려 하였으나 황태후가 허락하지 않았다. 이듬해 여름, 큰 가뭄이 들었는데 언사자(言事者)[6]들이 외척을 봉하지 않았기 때문이라고 하였다. 유사(有司)들이 이에 근거하여 마땅히 옛 법을 따라야 한다고 상주하였다. 황태후가 조서를 내려 말하였다.

"언사자(言事者)들은 짐에게 아첨하여 복을 구하고자 하는 것일 뿐이다. 옛날에 왕씨(王氏, 한나라 성제 때 외척) 형제 다섯이 같은 날 모두 함께 제후로 봉해졌다.[7] 그때 누런 안개가 사방을 막는 일이 생겼는데, 단비가 내려 이 일에 감응하였다는 말은 듣지 못했다. 또한 전분(田蚡)[8]과 두영(竇嬰)[9]은 총애를 받아 귀해지자 방자해져서 가문이 기울어 망하는 화를 당하였던 사실이 후세에 전한다. 그러므로 선제께서 외숙들을 방비하고 삼가하여 그들을 중추가 되는 기관[樞機]에 지위를 주지 않은 것이다. 또한 여러 자식들을 봉할 때 초국(楚國), 회양국(淮陽國)의 여러 나라들을 반으로 나누도록 하면서, 항상 '나의 자식들이 선제[光武帝]의 자

---

6 고대 군왕에게 나아가 간언하거나 정사에 대해 의론하던 사람이다.

7 한나라 성제 때 황태후의 오빠다. 동생인 왕담(王譚), 왕상(王商), 왕입(王立), 왕근(王根), 왕봉시(王逢時)를 한꺼번에 제후에 봉하였다.

8 전한 내사(內史) 장릉(長陵) 사람으로 무제(武帝)의 총애를 받아 태위(太尉)를 거쳐 승상(丞相)이 되었다. 미천할 때 두영(竇嬰)을 섬겼는데, 출세하고 두영이 세력을 잃자 무고하여 두영과 관부(灌夫)를 살해하였다. 외척으로 두 태후(竇太后)에 의해 파직되었지만 그녀가 죽은 뒤 복직되어 무제의 유학 장려 정책에 크게 기여하였다.

9 전한 신도(信都) 관진(觀津) 사람으로 자는 왕손(王孫)이고, 문제(文帝) 두 황후(竇皇后)의 조카다. 무제(武帝) 초에 승상(丞相)에 임명되었다가 사직하였는데, 나중에 전분(田蚡)과 사이가 나빠져 그의 모함을 받아 살해당하였다.

식들과 같을 수는 없다'라고 하셨다.

지금 유사(有司)들은 왜 마씨(馬氏)를 음씨(陰氏)와 비교하고자 하는가? 내가 천하의 어머니가 되어 몸은 거친 비단 옷을 입고 음식은 입에 맞는 것을 구하지 않으며, 무명옷만을 입고 향낭장식을 달지 않은 자들을 좌우에 두면서 몸소 아랫사람의 모범이 되고자 하였다. 외척들이 이러한 모습을 보고 마땅히 애를 써서 스스로 조심해야 하는데, 단지 비웃으며 태후가 본래 검소한 것을 좋아한다고 말할 뿐이다.

일전에 탁룡문(濯龍門)을 지나면서 친정[外家]에 문안하는 사람들을 보았는데, 수레는 흐르는 물과 같이 이어졌고 말은 헤엄치는 용과 같이 끊이지 않았으며, 노복들이 초록색 팔토시를 차고 옷깃과 소매가 매우 희었다. 고개를 돌려 나의 수레꾼을 바라보니 행색이 그들보다 훨씬 미치지 못하였다. 내가 그들을 성내어 꾸짖지 않고 다만 세용(歲用, 세비)을 끊기만 한 것은 조용히 그 마음에서 부끄러워하기를 바랐기 때문이다.

그러나 외척들은 나태하여 나라를 근심하는 마음이 없었으며 집안에 대한 생각을 잊었다. 신하를 아는 것은 군주만한 이가 없는데, 하물며 친족은 어떻겠는가? 내 어찌 위로는 선제(先帝)의 뜻을 저버리고 아래로는 선인(先人)의 덕을 어그러뜨리며, 서경(西京, 전한) 패망의 화를 다시 답습할 수 있겠는가?"

결국 외척의 봉작을 결코 허락하지 않았다.

建初元年, 欲封爵諸舅, 太后不聽. 明年夏, 大旱, 言事者以爲不封外戚之故, 有司因此上奏, 宜依舊典. 太后詔曰: "凡言事者欲媚朕以要福耳. 昔王氏五侯同日俱封, 其時黃霧四塞, 不聞澍雨之應. 又田蚡竇嬰, 寵貴橫恣, 傾覆之禍, 爲世所傳. 故先帝防愼舅氏, 不令在樞機之位. 諸子之封, 裁令半楚、淮陽諸國, 常謂'我子不當與先帝子等'. 今有司奈何欲以馬氏比陰氏乎? 吾爲天下母, 而身服大練, 食不求甘, 左右但着帛布, 無香薰之飾者, 欲身率下也. 以爲外親見之, 當傷心自勅, 但笑言太后素好儉. 前過濯龍門, 上見外家問起居者, 車如流水, 馬如游龍, 倉頭衣綠褠領袖正白, 顧視御者, 不及遠矣. 故不加譴怒, 但絶歲用而已, 冀以默愧其心, 而猶懈怠, 無憂國忘家之慮. 知臣莫若君, 況親屬乎? 吾豈可上負先帝之旨, 下虧先人之德, 重襲西京敗亡之禍哉!" 固不許.

— '전분(田蚡)'과 '두영(竇嬰)'은 모두 무제(武帝)때의 외척이다.

장제(章帝)가 조서를 살펴보고 슬피 탄식하며 다시 거듭 청하여 말하였다.

"한나라가 생겨난 이래, 외삼촌들이 제후에 봉해지는 것은 황자가 왕이 되는 것과 같았습니다. 태후께서 진실로 겸허함을 지키실 수는 있으나, 왜 신으로 하여금 홀로 세 삼촌에게 은혜를 베풀지 못하게 하십니까?"

태후가 답하여 말하였다.

"내가 거듭 생각하여 양쪽 모두 좋은 것을 생각하였습니다. 어찌 한갓 겸양의 명예를 얻고자 황제로 하여금 외가에 은택을 베풀지 않는다는 혐의를 받게 하겠습니까? 옛날에 두 태후(竇太后)가 왕 황후(王皇后)의 형제를 봉하고자 하였는데, 승상 조후(條侯)가 고조(高祖)와 맺었던 '군공(軍功)이 없거나 유씨(劉氏)가 아니면 제후가 될 수 없다'는 맹약을 상기시켰습니다. 지금 마씨들은 나라에 공이 없는데 어찌 음(陰) 황후나 곽(郭) 황후와 같이 중흥의 공이 있는 황후들과 같을 수 있겠습니까? 부귀한 집을 보면 항상 녹봉과 지위가 중복되어 있는데, 두 번 과실을 맺는 나무는 오히려 그 뿌리가 반드시 상하게 됩니다. 내가 충분히 헤아린 것이니 의심하지 마십시오."

帝省詔悲歎, 復重請曰: "漢興, 舅氏之封侯, 猶皇子之爲王也. 太后誠存謙虛, 奈何令臣獨不加恩三舅乎?" 太后報曰: "吾反覆思之, 思令兩善. 豈徒欲獲謙讓之名, 而使帝受不外施之嫌哉? 昔竇太后, 欲封王皇后之兄, 丞相條侯, 言受高祖約, '無軍功, 非劉氏不侯.' 今馬氏無功於國, 豈得與陰郭中興之后等耶? 常觀富貴之家, 祿位重疊, 猶再實之木, 其根必傷. 吾計之熟矣, 勿有疑也."

—'두 태후(竇太后)'는 경제(景帝)의 황후이며 무제(武帝)의 어머니다. '왕 황후(王皇后)'는 무제(武帝)의 황후다. 승상 조후(條侯)는 주아부(周亞夫)이다. 음 황후(陰皇后)와 곽 황후(郭皇后)는 모두 광무제(光武帝)의 황후다.—

이전에 태부인(太夫人, 황태후의 어머니)을 장사지내고 봉분을 조금 높게 올렸는데 황태후가 그것에 대하여 지적하자 오빠인 마요(馬廖) 등이 즉시 봉분을 깎아서 줄였다. 그 외의 친척들 중에 겸손하고 평소 의(義)를 행하는 자가 있으면 항상 따뜻한 말을 해 주고 직위를 상으로 내렸다. 만일 조금이라도 잘못이 있으면 먼저 엄격한 얼굴빛을 보여 준 후에 꾸짖음을 더하였다. 또한 수레와 복장을 아름답게 꾸미며 규범과 법도에 맞게 하지 않는 자가 있으면, 곧 속적(屬籍, 호적)을 끊고 고향으로 돌려보냈다.

이에 안팎에서 하나같이 감복하여 이를 따랐으며. 여러 집안에서 영평(永平, 현종의 연호) 시기보다 갑절이나 조심하였다. 황태후는 이에 직실(織室)을 설치하여 탁룡궁(濯龍宮) 안에 누에 치는 방을 두고 수시로 가서 그것을 살펴보는 것을 즐거움으로 삼았다. 항상 장제와 더불어 아침저녁으로 정사를 말하고 여러 소왕(小王)들을 가르쳤으며, 경서(經書)에 대해 논의하고 일상적인 이야기를 나누면서 종일토록 화목하게 지냈다.

初, 太夫人葬, 起墳微高, 太后以爲言, 兄廖等卽時減削. 其外親有謙素義行者, 輒假借溫言, 賞位. 如有纖芥, 則先見嚴恪之色, 然後加譴. 其美車服不軌法度者, 便絶屬籍, 遣歸田里. 於是內外從化, 被服如一. 諸家惶恐, 倍於永平時. 乃置織室, 蚕於濯龍中, 數往觀視, 以爲娛樂. 常與帝旦[10]夕言道政事及教授諸小王, 論語經書, 述敍平生, 雍和終日.

—영평(永平)은 현종(顯宗)의 연호다. 탁룡(濯龍)은 궁명이다.—

**신은 이렇게 생각합니다**. 명덕황후 마씨가 다른 사람들보다 현명한 까닭은 다섯 가지입니다.

첫째, 숙종을 직접 낳은 것은 아니지만 진심으로 돌보며 양육하였으니, 이는 자신의 사사로움을 잊은 것입니다. 둘째, 황제의 후사가 많지 않음을 근심하여 주위의 사람을 후궁으로 천거하며 미치지 못할까만을 두려워하였으니, 이는 투기가 없는 것입니다. 셋째, 황제가 매번 원유(苑囿)로 행차할 적에 항상 이슬과 안개로 인해 감기가 들 것을 걱정하였으며, 초왕(楚王) 유영(劉英)과 관련한 옥

---

10 저본에는 조선 태조의 피휘여서 '朝'로 되어 있지만 원래의 '旦'으로 바로잡는다.

사에서는 그 억울함을 기회를 틈타 개진(開陳)함으로써 황제가 깨달아서 많은 사람들을 용서하게 하였으니, 이는 보좌를 잘한 것입니다. 넷째, 몸소 거친 옷을 입었으니, 이는 절약과 검소함을 우선으로 한 것입니다. 다섯째, 마씨의 봉작(封爵)을 삭감하였으니, 이는 외가를 사사로이 돌보지 않은 것입니다.

이 다섯 가지로 전한(前漢)과 후한(後漢)을 통틀어 가장 어진 황후가 될 수 있었으며, 후세에도 마 황후에 미칠 만한 경우가 없었습니다. 그 근본을 따져 보면, 마 황후가 학문을 알았으며 독서를 좋아하였기 때문입니다. 이러하니 어찌 황후가 학문을 궁구하지 않을 수 있겠습니까?

당(唐) 태종(太宗) 문덕왕후(文德王后) 장손씨(長孫氏)는 수나라 우효위장군(右驍衛將軍) 장손성(長孫晟)의 딸이다.[11] 그림으로 그린 전기[圖傳]를 좋아하였으며, 고금의 선악을 보고 스스로 거울로 삼았으며 엄숙히 예법을 받들었다. 장손성이 태종에게 장손황후를 시집보낼 때 은태자(隱太子, 이건성)와 태종 사이에 틈과 다툼이 이미 깊었는데, 황후는 마음을 다하여 고조를 효도로 섬기고 여러 비들을 삼가며 받들어서 서로 벌어진 틈을 줄여 나갔다.

현무문의 변[玄武門之變] 이후 갑자기 황후가 되었으나 성품이 검소하여 의복과 거마(車馬)를 더 갖추지 못하게 하였다. 더욱

11 문덕황후 장손씨의 사적은 『신당서』 권76에서 발췌하여 인용하고 있다.

열심히 책을 읽어서, 화장을 하거나 머리를 빗는 등 외모를 치장하는 일에 신경 쓰지 않는 경우도 적지 않았다. 황제와 더불어 이야기를 할 때 혹시나 천하의 일이 언급되면 "암탉이 새벽에 우는 일을 맡게 되면 집안이 다한다고 합니다. 그래서야 되겠습니까?"라고 말하며 사양하였는데, 황제가 억지로 황후의 생각을 물어도 끝내 대답하지 않았다.

후에 조정에서 죄를 입은 자가 있었는데 황제가 노하여 포박하여 다스렸다. 황후는 황제의 마음이 풀릴 때까지 기다렸다가 천천히 이치에 맞도록 설명하여 끝내 억울한 벌을 받지 않도록 하였다. 빈(嬪)이 예장공주(豫章公主)를 낳고서 죽자 자신이 직접 낳은 자식처럼 키웠다. 시첩이나 시중드는 사람이 병들거나 아프면 항상 본인이 먹던 약을 주었으니, 아랫사람은 황후의 인자한 성품에 마음 깊이 감동하였다.

황후의 오빠 장손무기(長孫無忌)는 황제가 아직 자리에 오르기 전에 사귀어 태종의 황위등극에 공적이 있었다. 태종은 장손무기로 하여금 침실 안에 출입할 수 있게 하여 자신을 이끌어서 정치를 돕도록 하였다. 이에 황후가 진실로 불가하다고 이르면서 기회를 틈타 말하였다.

"신첩은 몸을 자궁(紫宮, 황제의 궁궐)에 의탁하여 존귀함이 이미 극에 달하였습니다. 저희 친정이 조정에서 더욱 권력을 갖는 것을 원치 않습니다. 한나라의 상관씨(上官氏)와 곽씨(霍氏)의 일을 경계로 삼아야 할 것입니다."

하지만 황제가 듣지 않았다. 후에 몰래 오빠에게 사양하도록 하니, 황제가 부득이하여 들어주었다. 황후가 그제야 얼굴에 기쁘하는 빛을 보였다.

태자(太子) 승건(承乾)의 유모가 동궁(東宮, 태자가 거처하는 궁)의 집기를 늘려 줄 것을 청하자 황후가 말하였다.

"태자는 덕과 명예가 없음을 근심해야 하거늘, 집기를 어찌하여 청하는가?"

황후가 구성궁(九成宮) 행차에 따라갔다가 병에 걸렸다. 때마침 시소(柴紹) 등이 급변을 일으키자 황제가 출병하였는데, 황후가 병든 몸을 수레에 싣고 뒤를 따랐다. 궁의 유사가 군대에 따르지 말 것을 청하였으나, 황후가 거절하며 말하였다.

"황제가 떨면서 놀라고 있는데, 내가 편안할 수 있겠는가?"

병이 더 악화되자, 태자가 대사면을 거행하고 도인(道人)을 불러서 재앙을 막는 굿을 청하고자 하였다. 황후가 말하였다.

"죽고 사는 것은 천명(天命)에 달려 있는 것이지, 인력으로 어찌 할 수 있는 것이 아니다. 만약 복을 닦아 생명을 연장할 수 있다면 내가 악한 일을 행하지 않으면 된다. 그런데 선한 일을 행하여도 효과가 없다면 내가 오히려 무엇을 할 수 있겠는가? 또한 사면령은 나라의 큰일이고, 불교와 도교는 이방(異方)의 가르침일 뿐이니 모두 위에서 하지 않는 것인데, 어찌 마땅히 나 때문에 천하의 법을 어지럽힐 수 있겠는가?"

당시에 방현령(房玄齡)이 작은 잘못을 저질러 면직당하자 황후가 말하였다.

"방현령과 폐하는 등극하시기 이전부터 오랜 친구였으니, 큰 이유가 아니라면 버릴 수 없습니다. 또한 신첩의 집안은 황제의 은택으로 높은 자리에 올랐습니다. 덕(德) 없이 녹을 받으면 쉽게 화를 입을 수 있으니, 요직에 앉게 하지 마십시오. 외척이라는 지위로 조정의 부탁을 받들면 족합니다. 신첩은 태어나서 시대에 유익함이 없었으니, 죽어서도 후한 장례를 치루지 마십시오."

또한 황제에게 충신을 받아들여 간언(諫言)을 용납하고, 모함하는 참소를 받아들이지 말며, 사냥이나 부역을 줄인다면 죽어도 한이 없을 것이라고 청하였다.

唐太宗文德長孫后, 隋右驍衛將軍晟女. 喜圖傳, 視古今善惡以自鑒, 矜尙禮法. 晟以女太宗時, 隱太子釁鬩已構, 后內盡孝事高祖, 謹承諸妃, 消釋嫌隙. 俄爲皇后, 性約素, 服御取給則止. 益觀書, 雖容櫛不少廢. 與帝言, 或及天下事, 辭曰: "牝雞司晨, 家之窮也, 可乎?" 帝固要之, 訖不對. 後廷有被罪者, 帝怒, 詔繩治, 俟意解, 徐爲開理, 終不令有寃; 下嬪生豫章公主而死, 后視如所生; 媵侍疾病, 輟所御飮藥資之. 下懷其仁. 兄無忌, 於帝本布衣交, 以佐命爲元功, 出入臥內, 帝將引以輔政, 后固謂不可, 乘間曰: "妾託體紫宮, 尊貴已極, 不願私親更據權於朝. 漢之官霍, 可以爲戒." 帝不聽. 後密諭令牢讓, 帝不獲已, 乃聽, 后喜見顔間. 太子承乾乳媼請增東宮什器, 后曰: "太子患無德與名, 器何請爲?" 從幸九成宮, 方屬疾, 會柴紹等急變聞, 帝甲而起, 後輿疾以從, 宮司諫止, 后曰: "上震驚, 吾可自安?" 疾稍亟, 太子欲請大赦, 汎度道人, 祓塞災會, 后曰: "死生有命, 非人力所支. 若脩福可延, 吾不爲惡; 使爲善無效, 我尙何求? 且赦令, 國大事, 佛老異方敎耳, 皆上所不爲, 豈宜以吾亂天下法!" 時房玄齡小譴就第, 后曰: "玄齡陛下布衣舊, 非大故, 不可棄. 妾家以恩澤進, 無德而祿, 易以取禍, 無屬樞柄, 以外戚奉朝請足矣. 妾生無益於時, 死不可以厚葬." 又請帝納忠容諫, 勿受讒, 省遊畋作役, 死無恨.

—관(官)은 상관씨(上官氏)를 말하는 것으로 소제(昭帝)의 황후다. 곽씨(霍氏)의 일은 뒤에 보인다.—

황후가 일찍이 옛날 부인들의 일을 채록하여 『여칙(女則)』 10편을 지었다. 또한 한나라의 마 황후가 외척을 막지 못하여 외척으로 하여금 정치에 참여하게 한 것에 대해 비판하였으며,[12] 그 거마(車馬)의 사치스러움을 경계하였다. 이는 장손 황후가 근원적인 것을 깨우치며 작은 일까지 근심하고 항상 조심하였다는 사실을 보여 준다. 자신이 편집한 『여칙』에 대해서도 말하였다.

"내가 스스로를 단속하기 위해서 쓴 것이므로 책에 조리가 없다. 황제로 하여금 그것을 보시지 말게 하라."

황후가 죽고 난 후 궁사(宮司)가 그 책에 대해 말하니, 황제가 그것을 보고 슬퍼하며 여러 신하들에게 보이며 이르렀다.

"황후의 이 책은 후대에 물려주어 활용할 만한 것이다. 내 어찌 천명(天命)을 알지 못해 정을 끊겠는가? 생각해 보면 안으로 나의 좋은 조력자를 잃었으니 슬픔이 그치지 않는구나!"

后嘗采古婦人事著『女則』十篇, 又爲論斥漢之馬后不能檢抑外家, 使與政事, 乃戒其車馬之侈, 此謂開本源, 恤末事. 常誡守者: "吾以自檢, 故書無條理, 勿令至尊見之." 及崩, 宮司以聞, 帝爲之慟. 示羣臣曰: "后此書可用垂後, 我豈不通天命而割情乎? 顧內失吾良佐, 哀不可已耳!"

그전에 장락공주(長樂公主)는 황후가 낳은 딸이어서 황제가 특별히 아꼈다.[13] 장락공주가 시집갈 때, 황제가 담당부서에 명하여

---

12 한나라 마 황후는 외척을 제후로 봉하는 것을 막았지만 그 오빠 마방(馬防)과 마광(馬光)은 황문랑을 맡아 황제의 측근에서 정사에 관여한 바 있다.

혼수품을 영가공주(永嘉公主)보다 두 배를 보내도록 하였다. 이에 위징(魏徵)이 간하여 말하였다.

"옛날 한나라 명제가 황자를 봉하고자 하였는데, 이르기를 '나의 아들을 어찌 선제의 아들과 비할 수 있겠는가'라고 하면서 초(楚)와 회양(淮陽) 땅의 반만을 다스리도록 하였습니다. 지금 공주의 예물을 장공주보다 배가 되도록 보내니, 이는 명제의 뜻과 다르지 않습니까?"

황제가 그 말이 옳다고 여겼다. 궁으로 들어와 황후에게도 말해 주었다. 황후가 감탄하며 말하였다.

"신첩은 폐하께서 위징을 매우 중히 여긴다는 것을 자주 들었으나, 그 까닭은 알지 못하였습니다. 지금 올바른 예의를 끌어와 군주의 마음을 가라앉히는 것을 보니, 바로 진실로 사직(社稷)을 보존할 신하임을 알 수 있습니다. 신첩이 폐하와 결발(結髮, 상투를 틀거나 쪽을 짐)하고 부부가 되어 승은(承恩)을 입고 있지만 매번 말할 때마다 예를 다하여 안색을 먼저 살피는 이유는 감히 폐하의 위엄을 가벼이 범할 수 없어서였습니다. 그런데 위징은 부부보다 훨씬 소원한 관계인 신하의 신분으로 이와 같이 직언을 하였으니, 폐하께서 따르지 않을 수 없겠습니다."

그리고 내시를 보내 돈과 옷감을 위징에게 하사하며 말하였다.

"공이 강직하다는 소문은 들었지만, 바로 지금에서야 직접 보았습니다. 그러므로 공에게 상을 내립니다. 공은 장차 항상 이

13 이하 위징의 간언과 관련된 고사는 『자치통감』 권194에 보인다.

마음을 지켜 변치 않도록 하십시오."

일찍이 황제가 조회를 끝내고 노하면서 말하였다.

"이 늙은이를 반드시 죽일 것이다!"

황후가 누구를 말하는 것인지 물으니, 황제가 답하였다.

"위징이 매번 조정에서 나를 모욕한다."

황후가 물러나와, 조복(朝服)을 갖추어 입고 뜰에 섰다. 황제가 놀라 그 까닭을 물으니, 황후가 답하였다.

"신첩은 군주가 현명하면 신하가 곧다고 들었습니다. 지금 위징이 곧은 것은 폐하가 현명하기 때문입니다. 신첩이 감히 경하드리지 않을 수 있겠습니까?"

황제가 그제야 화를 풀고 기뻐하였다.

初, 長樂公主將出降, 上以皇后所生, 特愛之. 勅有司資送倍於永嘉公主. 魏徵諫曰: "昔漢明帝欲封皇子, 曰: '我子豈得與先帝子比?' 皆令半楚淮陽. 今資送公主倍於長主, 得無異明帝之意乎?" 上然其言. 入告皇后, 后歎息曰: "妾亟聞陛下稱重魏徵, 不知其故. 今觀其引禮義以抑人主之情, 乃知眞社稷之臣也! 妾與陛下結髮爲夫婦, 曲承恩禮, 每言必先候顔色, 不敢輕犯威嚴, 況以人臣之疎遠, 乃能抗言如是, 陛下不可不從也." 因請遣中使齎錢絹以賜徵. 且曰: "聞公正直, 乃今見之, 故以相賞. 公且常秉此心, 勿轉移也." 上嘗罷朝, 怒曰: "會須殺此田舍翁!" 后問爲誰, 上曰: "魏徵每廷辱我." 后退, 具朝服立於庭, 上驚問其故, 后曰: "妾聞主明臣直, 今魏徵直, 由陛下之明故也, 妾敢不賀?" 上乃悅.

—영가공주(永嘉公主)는 고조(高祖)의 여식이다.—

**신은 이렇게 생각합니다.** 문덕왕후(文德王后) 장손씨(長孫氏)의 현명함은 그 행동과 일이 모두 후세의 본보기가 될 만합니다.

태종이 위징에게 노하였을 때, 황후가 은근히 용서의 단초를 열지 않았으면 위징은 죄를 면할 수 없었을 것입니다. 황후가 군주를 위해 덕을 쌓은 것을 이루 헤아릴 수 있겠습니까? 한 마디 말로 죽음 직전에 처한 올바른 신하를 보호하여 태종이 잘못을 저지르지 않게 하였으니, 비록 옛날의 현명한 황후라도 어찌 이것을 넘어설 수 있겠습니까? 아, 우러러볼 만합니다! 아, 우러러볼 만합니다!

—여기까지는 모두 덕 있는 황후의 사례를 들었다.—

한(漢) 무제(武帝) 때의 위후(衛后)는 자(字)가 자부(子夫)다. 출생이 미천하여 원래 평양공주(平陽公主)의 가기(歌妓)였다. 한 무제가 평양부(平陽府)에 잠시 머무를 때 평양공주는 황제에게 미녀들을 소개하였는데, 무제는 별로 좋아하지 않았다. 술자리에서 가기(歌妓)들을 들여보내자 무제는 위자부만이 마음에 들었다. 무제가 일어나서 옷을 갈아입을 때 위자부가 시중을 들었고 결국 황제의 은총을 입게 되었다. 그리하여 평양공주는 위자부를 궁에 들여보내었다. 위자부는 임신을 하게 되어 존중과 총애를 받았다. 그 오빠 위장군(衛長君)과 남동생 위청(衛青)을 불러 시중으로 삼았으며, 원삭(元朔) 원년(BC 128)에 아들 유거(劉據)를 낳아 황후가 되었다. 나중에 미모가 쇠하자 모함을 받아 자살하였다.

漢武帝衛后字子夫, 生微也. 爲平陽主謳者. 武帝過平陽主, 主見所侍美人, 帝不說. 旣飮, 謳者進, 帝獨說子夫. 帝起更衣, 子夫侍尙衣, 得幸. 主因送入宮. 后有身, 尊寵. 召其兄衛長君弟青侍中. 元朔元年生男據, 遂立爲皇后.

後色衰, 遭巫蠱事, 自殺.

—평양공주는 한 무제의 누나다.—

한(漢) 성제(成帝) 때의 조후(趙后)는 원래 장안궁(長安宮)의 궁녀였다. 성인이 된 이후에는 양아공주(陽阿公主)의 집에 배속되어 춤과 노래를 배워 '비연(飛燕)'으로 불리게 되었다. 성제가 몰래 궁 밖으로 나와 양아공주 집에 들렀을 때 잔치를 벌였다. 황제가 조비연을 보고 마음에 들어 궁으로 들였고, 결국 조비연은 황제에게 큰 은총을 받았다. 조비연의 여동생 또한 궁으로 불러들여 모두 첩여(婕妤)로 삼아 총애하니 귀하기가 다른 후궁과 비교할 수 없었다. 허 황후(許皇后)를 폐위한 것도 조 첩여를 세우기 위해서였다.

황태후는 조비연의 출생이 미천한 것을 못마땅하게 여겨 그러한 조치에 반대하였다. 황태후의 조카인 순우장(淳于長)이 시중(侍中)이었는데, 여러 차례 황제의 의견을 전한 끝에 간신히 태후의 허락을 받았다. 황제는 첩여의 아비를 성양후(成陽侯)로 삼았다. 간의대부(諫議大夫) 유보(劉輔)[14]가 다음과 같은 글을 올렸다.

"무왕(武王)과 주공(周公)은 하늘을 받들고 땅에 순응하여 물고기와 까마귀의 상서로움을 누린 상황에서도 군신이 모두 두려

14 한(漢)나라 광무제(光武帝)의 둘째 아들로 시호는 헌(獻)이다. 경서(經書)를 좋아하여 『경씨역(京氏易)』, 『효경(孝經)』 등을 해설하고 『오경론(五經論)』을 지었다.

워하고 서로 긴장하여 조심하였습니다. 하물며 지금과 같이 후사를 잇는 복을 누리지 못하고 누차 천재지변을 겪는 상황이라면 더욱 경계해야 합니다. 비록 밤낮으로 스스로 책망하고 과오를 고쳐 나가며 천명을 두려워하고 선조들의 업적을 기리고 계시더라도, 덕 있는 집안을 신중하게 선택하고 얌전한 규수를 꼼꼼히 살펴 후비를 선정하시는 것이 중요합니다. 그렇게 해야만 종묘를 잇고 천지신명에 따르며 천하가 바라는 바에 부응할 수 있습니다. 세상 사람들은 지금 후사를 잇는 복이 너무 늦지 않을까 걱정하고 있습니다.

지금 폐하께서는 욕정에 끌리시어 비천한 여인을 천하의 어머니로 삼으려고 합니다. 이는 하늘을 두려워하지 않고 세상 사람들에게 부끄럽게 생각하지 않으신 것이니, 미혹됨이 이보다 큰 것은 없습니다. '썩은 나무는 기둥이 될 수 없고 비천한 여인은 안주인이 될 수 없다'는 속담이 있습니다."

성제가 이 글을 받아 보고 시어사(侍御史)를 시켜 재빨리 유보를 잡아들여 후궁에 가두고 비밀리에 옥사를 벌였다. 몇 개월이 지난 후 조비연을 황후로 삼았다. 조비연이 총애를 잃은 후에는 동생인 소의(昭儀) 조합덕(趙合德)만이 황제의 은총을 받았다. 조비연은 나중에 황실의 후사를 잇지 못하여 종묘를 위태롭게 한 것을 이유로 효성황후(孝成皇后)로 강등되었다 다시 서인(庶人)으로 폐위되자 자살하였다.

成帝趙后, 本長安宮人. 壯, 屬陽阿主家, 學歌舞, 號曰'飛燕'. 成帝微行出, 過陽阿主, 作樂. 上見飛燕悅之, 召入宮, 大幸. 有女弟復召入, 俱爲婕妤, 貴傾後宮. 許后之廢也, 上欲立趙婕妤. 皇太后嫌其所出微甚, 難之. 太后姊子淳于長爲侍中, 數往來傳語, 得太后指, 上封婕妤父爲成陽侯. 諫大夫劉輔上書, 以爲"武王周公承順天地, 以饗魚烏之瑞, 然猶君臣祗懼, 動色相戒, 況於季世, 不蒙繼嗣之福, 屢受威怒之異. 雖夙夜自責, 改過易行, 畏天命, 念祖業, 妙選有德之世, 考卜窈窕之女以承宗廟, 順神祇心, 塞天下望, 子孫之祥猶恐晩暮. 今乃觸情縱欲, 傾於卑賤之女, 欲以母天下, 不畏於天, 不愧於人, 惑莫大焉! 里語曰: '腐木不可以爲柱, 卑人不可以爲主.'" 書奏, 上使侍御史攸縛輔, 繫掖庭祕獄. 後月餘, 立婕妤爲皇后. 寵少衰, 而弟昭儀絶幸. 後以殘滅繼嗣, 危宗廟, 貶爲孝成皇后, 又廢爲庶人, 自殺.

**신은 이렇게 생각합니다**. 앞의 두 황후의 경우, 한 명은 가기(歌妓)였다가 황후가 되었고 다른 한 명은 노래를 부르다가 황후가 되었습니다. 원래 출신이 올바르지 않았으니 아름답게 마무리를 할 수 있었겠습니까? 고금에 미모가 출중하여 간택된 황후가 한둘이 아니지만 다만 두 가지 일을 기록하여 미래의 거울로 삼고자 합니다. 그 밖의 사례는 자세히 기록하여 말하지 않겠습니다.

**또한 신은 이렇게 생각합니다**. 한나라에서 황후를 미색으로 선발하는 경우 이외에 친분 때문에 선발한 경우도 있었습니다. 효혜황후(孝惠皇后) 장씨(張氏)는 선평후(宣平侯) 장오(張敖)의 딸입니다. 장오는 황제의 손윗누이인 노원공주(魯元公主)에게 장가들었는데, 여 태후(呂太后)가 그들을 중시하여 공주의 딸을 황제에게 짝지어서 황후가 되도록 하였습니다. 그리고 아들을 낳게 하고자 하였으나 갖은 방법에도 끝내 아들이 없자, 마침내 황후에게 거짓으로 임신한 것처럼 꾸미게 하고 후궁 미인의 아들을 취하여 황후의 아들이라 속이고 아이의 생모를 죽여 그 데려온 아들을 태자로 세웠습니다. 후에 여씨가 죽자, 황후는 폐위되고 북궁(北宮)에 유폐되었습니다.

무제(武帝)의 진 황후(陳皇后)는 장공주(長公主) 표(嫖, 무제의 고모)의 딸입니다. 예전 무제가 태자였을 때, 장공주는 권력을 행사하여 무제에게 자신의 딸을 취하여 비(妃)로 삼도록 하였습니다. 무제가 즉위하자 10년 동안 총애를 한 몸에 받으며 교만하게 심한 횡포를 부렸습니다. 하지만 아들이 생기지 않았습니다. 후에 무제의 총애를 회복하기 위해 무당을 불러 굿을 하였다가 장문궁(長門宮)에 유폐되었습니다.

성제(成帝)의 허 황후(許皇后)는 평은후(平恩侯) 허가(許嘉)의 딸입니다. 원제(元帝)는 어머니인 공애황후(恭哀皇后)가 황후의 자리에 오른 지 얼마 안 되어 곽(霍)씨에게 독살당한 것을 가슴 아파하였기 때문에 같은 성씨인 허가의 딸을 선택하여 태자에게 짝지어 주었습니다. 성제가 즉위하자 황후가 되었습니다. 항상 황제에게 총애를 받았고 그로 인해 후궁들을 드물게 찾게 되었습니다. 시간이 흘러 총애가 점차 쇠퇴하자 굿을 하며 기도를 올리고 후궁들을 저주하여, 소대궁(昭臺宮)에 유폐되었습니다.—공애황후 독살사건은 뒤에 자세히 나온다.—

앞에서 말한 세 황후는 옛 인연에 기대어 황후가 되었습니다. 본래 황제의 친척이 되어 영광을 높이고자 한 것이나 그 총애를 믿고서 교만방자해지니, 다만 재앙을 재촉한 것이었습니다. 이는 덕이 아닌 친분을 기준으로 황후를 간택하였기 때문입니다.

후한(後漢) 환제(桓帝)의 양후(梁后) 또한 그러한 경우입니다.

양씨 집안에는 순렬황후(順烈皇后)부터 양후까지 모두 두 명의 황후가 있었습니다. 양후는 순렬황후의 동생이었습니다. 당시에 태후가 정권을 잡고 태후의 오빠인 양기(梁冀)가 조정을 장악하였기 때문에 양후는 홀로 황제의 은총을 받을 수 있었습니다. 형제자매의 권세에 기대어 방자함이 극에 달하고 사치가 도를 넘었습니다. 태후가 죽자 황제의 은총도 점차로 쇠하여졌습니다. 양후는 아들이 없었으므로 몰래 시기와 원망을 품고서 궁인들이 아기를 낳아 기를 때마다 손을 쓰니 온전한 아이를 찾기가 극히 드물었습니다. 양후는 죽은 후에 양기가 주살되자 귀인(貴人)으로 추탈(追奪)되었습니다.—순렬황후는 순제(順帝)의 황후다.—

진(晉)의 양씨 집안에 이르러서는 두 명의 황후가 있었는데, 그 화가 더욱 극렬하였음이 뒤의 외척의 일 중에서 보입니다.

친분으로 황후를 간택하는 것 이외에 또한 비빈(妃嬪) 중에서 황후를 선택하는 경우도 있었습니다. 문제(文帝) 원년(元年)에 유사(有司)가 황후를 세울 것을 청하였습니다. 박 태후(薄太后)가 "제후들은 모두 성(姓)이 같아야 한다"며 태자의 생모를 황후로 세우니, 그가 바로 두씨(竇氏)입니다. 옛날에 천자와 제후들은 모두 대국에서 아내를 맞아들였으며 그 나라는 동생과 조카딸을 따라 보냈습니다. 정비(正妃)가 죽으면 차비(次妃)가 대신 내부의 일을 행하니 후사(後嗣)가 있다고 해서 후부인(后夫人)의 지위에 올리는 경우는 없었습니다. 이 때문에 제(齊) 환공(桓公)이 규구의 맹약[葵丘之盟]에서 "첩(妾)을 처(妻)로 삼지 말 것"이라고 규정하였던 것입니다.

노(魯) 애공(哀公)이 서자인 형(荊)의 어머니를 사랑하여 장차 부인으로 삼고자 하여,[15] 종인(宗人, 예관) 흔하(釁夏)를 시켜 적당한 예를 올리게 하였습니다. 그런데 흔하는 "그런 예법은 없습니다."라고 답하였습니다. 애공이 노하여 말하였습니다.

"너는 종사의 관원이고, 부인을 세우는 것은 나라의 큰 예인데, 어찌하여 없다고 하는가?"

흔하가 답하였습니다.

"주공(周公)과 무공(武公)은 설(薛)나라에서 부인을 맞아들였고, 효공(孝公)과 혜공(惠公)은 상(商)나라에서 부인을 맞았으며, 환공(桓公) 이하는 제나라에서 부인을 맞이하였으니, 이러한 예라면 있습니다. 그러나 만약 첩을 부인으로 삼는 일이라면 본디 그러한 예가 없습니다."

춘추시대에 규구의 맹약을 지키지 않는 일이 많았으나 종인(宗人)인 흔하만이 홀로 그 예를 지켰던 것입니다.—상(商)은 송(宋)이다.—

한(漢) 문제(文帝) 이후부터 군주의 뜻이 향하는 바를 따르고 다시 의론하는 일이 없었습니다. 위(魏) 문제(文帝) 조비(曹丕)가 장차 곽 귀빈(郭貴賓)을 황후로 세우고자 할 때, 중랑(中郞)인 잔잠(棧潛)이 그것을 비판하였습니다. 당(唐) 현종(玄宗)이 장차 무 혜비(武惠妃)를 황후로 세우려 할 때, 어사(御史) 반호례(潘好禮)가 그것에 대해 비판하였습니다. 수천 년 사이에 이 예를 지킨 자는 오직 이 두 신하뿐이었습니다. 나머지는 오직 군주의 뜻이 하고자 하는 바대로 하며 장차 그것에 익숙해져서 일상적인 것으로 여겼으니, 다

15 노나라 애공과 흔하(釁夏)의 대화는 『춘추좌씨전』 권60에 보인다. 애공이 애첩을 왕비로 삼으려 하자 흔하가 노나라 주공(周公)과 무공(武公) 이하 선대(先代) 왕의 전례를 들어 반대하였다.

시 그것을 의론하는 자가 없었습니다. 아! 예의 잘못됨이 오래되었습니다. 바라옵건대 진실로 제왕의 배필을 중요하게 여기시고 풍화(風化)의 근본을 바로잡으소서!

이상은 '비빈을 선정하는 원칙을 신중하게 세움[謹選立之道]'에 대해 논하였습니다.

**신은 이렇게 생각합니다.** 원우(元祐) 연간에 급사중 겸 시독(給事中兼侍讀) 범조우(范祖禹)가 선인성렬황후(宣仁聖烈皇后)[16]에게 상소하였습니다.[17]

"신이 엎드려 어명을 받들어 한림학사(翰林學士), 어사중승(御史中丞), 양성급사(兩省給舍), 예부(禮部), 태상시(太常寺)와 더불어 『황제납후육례(皇帝納后六禮)』를 상세히 논의하였습니다. 신이 엎드려 생각건대, 황제가 황후를 맞아들이는 일은 바로 국가의 큰일이고 만세(萬歲)의 근본이며 하늘의 복록과 깊은 관련이 있고 백성을 교화할 때 우선해야 하는 것입니다. 이 때문에 예부터 성왕(聖王)이 매우 중시하였습니다.

지금 폐하께서 마땅히 먼저 알아야 할 것으로 네 가지가 있으니 삼가지 않을 수 없습니다. 신이 삼가 상고시기를 헤아려보고 후세를 참고하여, 폐하를 위하여 모두 조사하여 상세히 진술하겠습니다. 첫째는 문벌[族姓]이고, 둘째는 여인의 덕행[女德]이며, 셋째는 예를

16 북송 영종(英宗)의 황후로서, 1085년부터 1093년까지 대리청정 하였다.

17 원우(元祐) 5년(1090) 11월 19일에 올린 상소로 『범태사집(范太史集)』 권20에 「논립후상태황태후소(論立后上太皇太后疏)」라는 제목으로 수록되어 있다.

융숭히 하는 것[隆禮]이고, 넷째는 널리 의논하는 것[博議]입니다.

우선 이른바 문벌[族姓]이라는 것에 대해 말씀드리겠습니다. 옛날의 제왕들이 혼인하는 상대방은 반드시 대국제후이니, 성왕(聖王)의 자손이거나 공훈이 있는 어진 사람의 후예였으며, 그렇지 않으면 생구지국(甥舅之國, 성이 다른 제후국)과 하였습니다. 미천한 자를 지존과 짝하게 하지 않으니, 그렇게 해야 하늘의 복록이 성대하고 자손이 번창한다고 신은 들었습니다.

옛날에 황제(黃帝)는 서릉씨(西陵氏)의 딸에게 장가들었는데, 그 딸이 바로 누조(嫘祖)입니다. 누조는 황제의 정비가 되었으며 그 자손은 모두 천하를 소유하였으니, 오제(五帝) 삼대(三代)가 모두 황제의 후손입니다. 순(舜)은 요임금의 두 따님을 아내로 맞이하였는데, 두 따님이 규예(潙汭)[18]로 이강(釐降)[19]하여 마침내 순임금이 천하를 소유하게 되었습니다. 우임금은 도산(塗山)에게 장가들어 계(啓)를 낳았고, 천하가 계에게 귀속되어 그 자손들이 나라를 다스린 것이 470여 년입니다. 성탕(成湯)은 유신씨(有莘氏)에게 장가들었는데, 그 자손이 천하를 소유한 것이 600여 년입니다.

주(周)의 선조인 후직(后稷)은 강원(姜嫄)에게서 태어났으며, 세상의 현비(賢妃)를 맞이하였습니다. 태왕(太王)은 태강(太姜)에게 장가들어 왕계(王季)를 낳았고, 왕계는 태임(太任)에게 장가들어 문왕(文王)을 낳았으며, 문왕은 태사(太姒)에게 장가들었으니, 그 예(禮)가 더욱 성하였습니다. 『시경(詩經)』「문왕지습(文王之什)·대명

18 순임금이 거처하던 위수(潙水)의 물가로서, 요임금의 두 딸이 순임금에게 시집간 곳.
19 황제의 딸이 제후에게 시집가는 것.

(大明)」에서는 '길일을 가려 예식날 정하고, 위수가로 나가 친히 신부 맞으셨네. 배 이어 다리 놓으시니 그 빛이 매우 밝았네.[文定厥祥, 親迎於渭. 造舟爲梁, 不顯其光.]'라고 노래하였는데, 예부터 혼례 중에 문왕(文王)의 성대함만 같은 것이 없습니다. 태강(太姜)은 염제(炎帝)의 후손이고, 태임(太任)은 태호(太昊)의 후손이며, 태사(太姒)는 대우(大禹)의 후손입니다. 태사는 아들 열을 낳았는데 무왕(武王)과 주공(周公)은 성인(聖人)이고, 나머지 아들들은 모두 제후로서 명성이 있었습니다. 주(周)의 자손이 천하에 두루 퍼져 있는 것은 태사의 덕입니다.

시인(詩人)들이 문왕의 위대함[聖]을 찬미할 때 그 본원을 태임(太任)에서 찾습니다. 『시경(詩經)』「문왕지습(文王之什)·사제(思齊)」에서 '거룩하신 태임께서 문왕의 어머님이시니, 시어머님 태강께 효도하시며 왕실의 주부 노릇 하셨는데, 태사께서 그 위에 아름다운 명성 이어 많은 아들 낳으셨네.[思齊大任, 文王之母. 思媚周姜, 京室之婦. 大姒嗣徽音, 則百斯男.]'라고 하였으며, 또 '당신 부인에게 바르게 대하시고 형제들을 바르게 이끌어 집안과 나라를 다스리셨네.[刑于寡妻, 至於兄弟, 以禦於家邦.]'라고 하였습니다. 이는 문왕의 교화가 집에서부터 시작하여 나라로 미쳐 마침내 천하에까지 이르렀음을 말하는 것입니다. 『시경(詩經)』「주남(周南)·관저(關雎)」에서는 후비(后妃)의 덕이 인륜의 시작이며 천하를 교화하는 것이라고 노래하며, 태임과 태사를 찬미하고 있습니다. 무왕(武王) 역시 강씨(姜氏)에게 장가들어 성왕(成王)을 낳았습니다. 주(周)가 20여 대(代), 800여 년 동안 천하를 소유한 그 근본은 여기에 있습니다. 그러므로 문벌[族姓]을 귀하게 여기지 않을 수 없는 것입니다.

둘째, 여인의 덕행[女德]에 대해 신은 이렇게 들었습니다. 삼대(三代)가 흥할 적에는 모두 현명한 후비(后妃)가 있었고, 망할 적에는 모두 애첩[嬖女]이 있었습니다. 하(夏)가 흥하게 된 것은 도산(塗山) 때문이고, 망하게 된 것은 말희(妺喜)[20] 때문입니다. 상(商)이 흥하게 된 것은 유융(有娀) 때문이고, 망하게 된 것은 달기(妲己) 때문입니다. 주(周)가 흥하게 된 것은 강원(姜嫄) 때문이고, 망하게 된 것은 포사(褒姒) 때문입니다. 이것은 모두 성현(聖賢)들이 기록한 것으로 『시경』과 『서경』에 실려 있는 바이니, 후세에까지 내려오며 오래도록 귀감이 되고 있는 것입니다.

진한(秦漢) 이후로 혼인이 대부분 바르지 않아 취할 만한 본보기가 없습니다. 오직 후한(後漢) 현종(顯宗)의 명덕황후(明德皇后) 마씨(馬氏)와 당(唐) 태종(太宗)의 문덕왕후(文德王后) 장손씨(長孫氏)만이 후비의 덕을 갖추고 있으며, 공훈이 있는 어진 집안의 출신입니다. 그 이외에는 모두 어그러지고 어지러우니 경계해야 할 뿐입니다.

삼가 생각건대 본조(本朝, 송나라)의 태조황제 이후로 가풍이 바르고 인륜이 밝아 대대로 위대한 황후가 있는 것은 내덕(內德)의 도움입니다. 삼대 이후로 본조의 가법과 같은 적이 없었습니다. 황제의 성덕(聖德)이 밝고 빼어나며 예질(睿質, 왕세자의 기질)이 순수하여, 하늘이 아래를 굽어 살피시어 성녀(聖女)를 낳아서 황가(皇家)를 도운 것입니다.

바라옵건대 폐하께서 멀리는 상고시대를 살피시고 가까이는

---

20 저본인 조선본에는 '매희(妹喜)'로 나오고 있지만 『국어(國語)』와 『진어(晉語)』에는 '말희(妺喜)'로 나온다. 말희(妺喜)가 맞기에 교감한다.

후세를 생각하시며, 위로는 천지종묘를 받드시고 아래로는 만세자손을 위한 계책을 도모하소서. 정숙하고 얌전한 짝을 간택해서 만국(萬國)의 어머니로서 위의를 갖추어 육궁(六宮, 황후의 궁정 및 부인 이하의 다섯 궁실)을 바르게 해야 할 것이니, 덕이 없이 누가 그것을 감당할 수 있겠습니까?

하지만 규문(閨門) 안에 있는 여인의 덕은 겉으로 드러나 보일 수 없으니, 반드시 문벌을 보고 조상을 살피며 그 가풍을 살펴 여러 가지 일들을 참조하면 알 수 있습니다. 옛날 한나라 초에 대신들이 논의하여 고제(高帝)의 장남인 제왕(齊王) 유양(劉襄)을 황제로 세우고자 하였으나, 모두 반대하며 말하였습니다.

'제왕(齊王)의 어머니 집안은 외숙인 사균(駟鈞)이 악하고 흉포합니다. 제왕이 황제가 된다면 호랑이에게 관을 씌어 주는 것과 같습니다. 대왕(代王)은 어머니 집안이 박씨(薄氏)이고, 군자(君子)이며 장자(長者)입니다.'

이에 대왕(代王)을 황제로 옹립하였으니, 바로 문제(文帝)입니다. 문제가 한(漢)의 현명한 왕이었던 것은 또한 그 어머니 집안이 인(仁)하고 선(善)하였던 까닭입니다. 그러므로 여자의 덕행을 우선으로 하지 않을 수 없는 것입니다.

셋째, 예를 융숭히 하는 것[隆禮]에 대해 신은 이렇게 들었습니다. 천자(天子)와 후비(后妃)는 마치 하늘과 땅, 해와 달, 양과 음과 같아서 서로를 필요로 한 이후에야 이루어지는 것입니다. 공자(孔子)가 노(魯) 애공(哀公)에게 말하였습니다.

'옛날부터 정치를 한다는 것은 사람 사랑하는 것을 크게 여겼으며, 사람 사랑하는 것을 다스리는 방법은 예를 크게 여겼으며,

예를 다스리는 방법은 공경함을 크게 여겼으며, 공경의 지극함은 임금의 혼인[大昏]을 크게 여겼으니, 임금의 혼인은 공경함의 지극한 것입니다. 임금의 혼인이 이미 공경함의 지극한 것이라면, 면복(冕服)을 갖추고서 친히 맞아들여 후비를 친애해야 합니다.'

애공이 '면복을 갖추고서 친히 맞아들이는 것은 너무 과한 것이 아닙니까?'라고 묻자 공자가 얼굴빛을 고치며 대답하였습니다.

'성(姓)이 다른 두 나라의 좋은 점을 합하여 옛 성인의 뒤를 이어서 천지·종묘·사직의 주인이 되는 것입니다. 군주께서는 어찌 너무 과하다고 하십니까?'

이는 애공의 말을 매우 그르다고 여긴 것입니다. 신이 지금 여러 관리들과 더불어 토론하고 강의하였는데, 모두 선왕의 예를 간략히 하고 그 마땅함을 참조하여 지나치게 성대하게 하지 말자고 주장합니다. 하지만 원컨대 폐하께서는 제 말씀을 의심하지 마십시오. 진언(進言)하는 자들은 반드시 '천자는 지존으로 천하에 대적할 사람이 없으므로, 부부의 예를 행해야만 하는 것은 아닙니다.'라고 할 것입니다.

신이 『예기』를 삼가 살펴보니, 관례와 혼례는 오직 선비의 예[士禮]만 있고 천자제후의 예는 없습니다. 그러므로 삼대(三代) 이후로 오직 선비의 예로써 미루어 거슬러 올라가서 천자제후의 예를 행하였습니다. 아마도 성인(成人)이 부부가 되는 것은 천자부터 선비에 이르기까지 동일하기 때문일 것입니다.

신이 들으니 특히 친왕종실(親王宗室)들이 처를 맞이할 때 제체(齊體)[21]의 예와 공경하면서 친하게 여기는 의(義)가 없다고 합니다. 천하에 어찌 배우자 없이 홀로 존귀한 자가 있겠습니까? 비루하고 사특한 예에 대해 말씀드리자면, 혹은 오랑캐의 습속이 섞이고 혹은 길거리의 풍속이 익숙해져서 아래로는 사족(士族)부터 위로는 궁궐에까지 흘러들어 온 것입니다. 이를 대해 언급하는 자가 있거든 원컨대 폐하께서 일체 막고 끊어 내시어 기본을 바르게 하시고 천하의 모범이 되십시오. 이 때문에 예를 융숭히 하지 않을 수 없는 것입니다.

넷째, 널리 의논하는 것[博議]에 대해 신은 이렇게 들었습니다. 옛날 천자가 그 후비(后妃)를 맞이할 때에 상공(上公)이 맞이하고 제후가 주관하였으니, 그러므로 『춘추(春秋)』에서 '제공(祭公)[22]이 노(魯)나라로 왔다. 드디어 왕후(王后)를 기(紀)에서 맞이하였다'[23]고 기록한 것입니다. 무릇 나라에 큰 일이 있으면 대신들이 미리 알지 않을 수 없는 것입니다.

옛날 자성광헌(慈聖光獻) 황후(皇后)를 세울 때 여의간(呂夷簡)이 그 논의를 주관하였는데, 그 조서(詔書)에는 '재상이 첨부한 말을 볼 것'이라고 하였고, 책서에는 '종실의 어른과 나라의 대신이 조정에서 의논하였다'고 기록하였습니다. 이보다 앞서 다상(茶商) 진(陳)씨의 딸 역시 황후의 후보로 올랐는데, 왕증(王曾)과 송수(宋綬)가 처음 반대하였고 그 의견에 따르는 자들이 많아 결국 진씨를 폐하였습니다. 인종(仁宗)이 위대하신 까닭은 이처럼 다수의 의견에 따를 수 있었기 때문입니다. '이는 폐하 집안의 일로서 다른 사람들이 참견할 수 없습니다.'라고 말하는 사람이 반드시 있을 것입

---

21 등위와 품격을 같게 하여 동등하게 대우하는 동급의 몸이라는 의미로 주로 부부를 뜻한다.

22 제후로서 천자의 삼공(三公) 중 한 사람이다.

23 『춘추(春秋)』 환공(桓公) 8년조.

니다. 자고로 군주를 잘못 이끈 자들 가운데 그런 말을 하는 사람이 많습니다. 천자는 사해(四海)가 모두 자신의 집안이니, 궁중 밖의 일 가운데 어느 것이 폐하의 집안 일이 아니겠습니까? 이 때문에 대신들이 참여하지 못할 일이 없는 것입니다.

또한 폐하께서 집정(執政)을 한 명 임용하고 측근을 한 명 발탁하실 때도 반드시 천하 사람들의 희망에 부응하려 하시는데, 하물며 황후를 세워 천하의 어머니로 삼으실 때는 어떠하겠습니까? 신은 폐하께서 어느 날 갑자기 조서를 내리시어 아무개를 황후로 삼겠다고 말씀하실까 두렵습니다. 대신들이 설사 자신의 의견이 있다고 하더라도 적극적으로 의론할 수 없기 때문입니다.

지금 폐하께서 황후를 간택하실 적에는 우선 그 성씨를 내보이시고 대신들에게 자문을 구하는 것이 가장 중요합니다. 만약 폐하의 성스러운 뜻을 이미 정하셨고 여러 대신들의 의견도 모두 같다면, 점을 쳐서 천지신명이 모두 바라는 바인지 확인하십시오. 그렇게 하신다면 천하의 사람들이 모두 동의할 것입니다. 이렇게 널리 의견을 구하셔야 합니다.

신은 다행히도 시강(侍講)을 맡고 있습니다. 그 직분은 제왕의 일을 살펴 성덕에 보탬이 되어야 하는 것이기 때문에, 감히 제가 들은 바를 바칩니다. 신이 아둔한 충정을 다하여 바라옵건대 폐하께서 궁중의 위치를 바로 잡으소서. 사해의 모든 집안이 경축할 것이니, 이는 종묘와 사직의 큰 복입니다."

여기까지가 범조우의 상소입니다. 신이 생각하기에 자고로 황후의 간택을 논하는 글 가운데 이보다 더 잘 갖추어진 것은 없습니다. 그리하여 여기에 수록하오니 황후간택의 원칙으로 삼으시옵소서.

# 대학연의 권37

권37은 권36에 이어서 '배필을 중요하게 여김[重妃匹]'의 내용을 다루면서 '비빈의 바로잡고 경계하는 의견을 경청함[賴規警之益]', '정실과 첩의 구분을 명확하게 함[明嫡媵之辨]', '황후를 쉽게 폐위하고 삭탈하는 잘못을 멈춤[懲廢奪之失]'이라는 항목을 설정하고 있다. '비빈의 바로잡고 경계하는 의견을 경청함[賴規警之益]'에서는 주(周) 선왕(宣王)의 강후(姜后), 제(齊) 애공(哀公)의 진현비(陳賢妃), 초(楚) 장왕(莊王)의 번희(樊姬), 한(漢) 성제(成帝)의 반첩여(班捷妤), 당(唐) 태종(太宗)의 서혜(徐惠) 등 군주의 잘못된 태도와 실정을 비판하였던 후비와 후궁의 사례를 소개하고 있다. 진덕수가 생각하는 어진 후비의 역할이란 실제 정치에 간여하지 않으면서 유가적 이념에 바탕하여 군주를 비판하고 설득하는 것이다. '정실과 첩의 구분을 명확하게 함[明嫡媵之辨]'에서는 후비와 후궁 사이의 위상에 대해서 논의하고 있다. 진덕수는 『춘추좌씨전』에 나오는 신유(辛有)의 간언, 위(衛) 장공(莊公)의 후비 장강(莊姜)의 이야기, 한(漢) 문제(文帝)의 애첩 신(愼)의 고사에서 알 수 있는 것처럼, 후비와 후궁의 역할과 위상을 명확하게 하지 않으면 국가적 혼란이 발생할 수 있다고 경고한다. '황후를 쉽게 폐위하고 삭탈하는 잘못을 멈춤[懲廢奪之失]'에서는 정실인 후비를 결국 폐출하고 후궁을 후비로 삼았을 때 생기는 문제에 대해서 서술하고 있다. 당(唐) 고종(高宗)이 무조(武曌)를 총애하여 왕 황후(王皇后)와 소 숙비(蕭淑妃)를 폐출하였다가 무조가 주(周)나라의 황제로 등극하는 결과를 초래하였다. 이를 통해 진덕수는 후비를 쉽게 폐위하면 나라와 정권이 패망할 수 있다고 경고한다.

## 비빈의 바로잡고 경계하는 의견을 경청함[賴規警之益]

주(周) 선왕(宣王)의 강후(姜后)는 어질고 덕이 있었다.[1] 예(禮)가 아닌 일은 입에 올리지 않았고, 예에 맞지 않은 행동거지도 전혀 없었다. 한 번은 선왕이 일찍 잠자리에 들고 늦게 일어난 적이 있었는데, 강후가 한참 동안 침소에서 나오지 않았다. 그러다 비녀와 귀걸이를 풀고 방에서 영항(永巷, 궁녀들이 다니던 좁고 긴 길)으로 나와 죄를 청하며, 시녀를 통해 선왕에게 말을 전하도록 하였다.

"제가 부덕하여 어젯밤 음란한 마음을 드러내었던 듯합니다. 그리하여 임금께서 예를 잃은 채 조정에 늦게 납시게 함으로써, 군주가 색(色)을 좋아하여 덕(德)을 잊은 것으로 보이게 하였습니다. 대저 색을 좋아하면 반드시 사치를 좋아하게 되고, 사치를 좋아하면 반드시 즐거움만 탐닉하게 됩니다. 군주가 즐거움을 탐닉하면 국사에 혼란이 일어나게 되니, 만약 혼란의 근원을 궁구해 보면 바로 제게서 시작한 것입니다. 임금께서 어떤 벌을 주시더라도 달게 받겠습니다."

선왕이 말하였다.

"과인이 부덕하였으니 참으로 과인의 잘못이다. 잘못이 과인에게서 시작하였으니, 부인의 죄는 없다."

---

1 강후의 고사는 유향(劉向)이 지은 『열녀전(列女傳)』의 내용으로서, 『의례경전통해(儀禮經傳通解)』에서 재인용하고 있다.

결국 강후를 돌려보낸 후, 정사(政事)를 성실히 돌보며 일찍 조정으로 나와 늦게 퇴정하였다. 이후 문왕(文王)과 무왕(武王)의 자취를 이어 주나라 부흥을 이루어 내었으니, 마침내 중흥의 성군으로 이름을 떨쳐 주(周) 세종(世宗)이 되었다.

周宣姜后賢而有德. 事, 非禮不言; 行, 非禮不動. 宣王嘗早臥晏起, 后夫人不出於房. 姜后旣出, 乃脫簪珥, 待罪於永巷, 使其傅母通言於王曰: "妾不才, 妾之淫心見矣, 至使君王失禮而晏朝, 以見君王之樂色而忘德也. 夫苟樂色必好奢, 好奢必窮樂. 窮樂者, 亂之所興也. 原亂之興, 從婢子起, 敢請罪, 唯君王命." 王曰: "寡人不德, 寔自過. 過從寡人起, 非夫人罪也." 遂復姜后, 而勤於政事, 早朝晏退. 繼文武之迹, 興周室之業, 卒成中興之名, 爲周世宗.

**신은 이렇게 생각합니다.** 선왕이 문왕과 무왕의 업적을 다시 일으킬 수 있었던 것은 강후의 어짊에서 비롯하였으니, 강후는 마치 문왕의 어머니인 태임(太任)과 무왕의 어머니 태사(太姒)의 역할을 하였다고 할 수 있습니다.

옛날에 후비가 임금의 침소에 들었을 때는, 첫닭이 울면 태사(太師)가 침전 계단 아래서 닭이 울었음을 아뢰고, 후비는 방에서 패옥(佩玉)을 울리며 떠나는 인사를 올리며, 침소의 문을 지키는 내관은 딱따기를 쳐서 문을 열고 닫겠다는 뜻을 고합니다[告辟]. 이렇듯 옛날에는 아침에 일찍 일어나는 것을 모두 닭 울음소리로 기준을 삼았습니다.

선왕은 주나라의 힘을 회복하고 혼란함을 안정시켜야 하는 상황에서 일찍 잠자리에 들고 늦게 일어났던 일을 되돌아보게 되었으니, 이는 모두 강후가 선왕을 일깨웠기 때문입니다. 선왕은 이때부터 정사를 성실하게 돌보았고, 주나라는 이로써 다시 흥성할 수 있었습니다. 이러한 예를 보면 내조의 이로움이 어찌 적다고 할 수 있겠습니까?—태사(太師)는 음악을 관장하는 관리[樂官]다. 벽(辟)은 열고 닫는다[闢辟]는 뜻이다.—

『시경(詩經)』의 「제풍(齊風)·계명(鷄鳴)」은 어진 후비(后妃)를 그리워하는 내용이다. 제(齊) 애공(哀公)이 여색에 빠져 정사를 돌보지 않았는데, 이 때문에 현숙한 진현비(陳賢妃)가 애공에게 밤낮으로 올바른 정사의 방법을 일깨웠다. 이 시에서 말하고 있다.

"닭이 울었으니 조정에는 신하들이 모두 모였겠지요.
닭 울음이 아니라 파리소리가 아니겠소.
동녘이 밝았으니 조정에는 신하들이 많이 들었겠지요.
동녘이 밝은 것이 아니라 달이 밝게 뜬 것이 아니겠소.
벌레들이 윙윙거리며 날고 있으니,
저 역시 님과 함께 단꿈을 꾸고 싶습니다.
하지만 백관(百官)들이 모두 모였다가 헛걸음으로 돌아갈 테니
저 때문에 님께서 미움을 사면 아니 되옵니다."

「齊·雞鳴」, 思賢妃也. 哀公荒淫怠慢, 故陳賢妃貞女, 夙夜警戒相成之道焉. "雞既鳴矣, 朝既盈矣. 匪雞則鳴, 蒼蠅之聲. 東方明矣, 朝既昌矣. 匪東方則明, 月出之光. 蟲飛薨薨, 甘與子同夢. 會且歸矣, 無庶予子憎."

—'조기영의(朝旣盈矣)'는 조정에 모인 사람들이 이미 꽉 들어찼다는 말이다. 창(昌)은 풍성하다는 뜻이다. 훙훙(薨薨)은 많다는 뜻이다.—

**신은 이렇게 생각합니다**. 이 시는 대체로 옛날의 어진 후비와 바른 아내를 그리워하는 내용으로서, 이를 통해 그 임금이 게을러 정사를 돌보지 않음을 경계하고 있습니다.

후비가 "닭이 울었으니 조정에는 신하들이 모두 모였다."라고 하니, 군주는 "귀를 기울여 들어 보니 닭 울음이 아니라 파리소리인 듯하다."라고 대꾸하였습니다. 후비가 "동녘이 밝았으니 조정에 모인 백관이 많을 것이다."라고 하자, 군주는 "자세히 살펴보니, 동녘이 밝은 것이 아니라 달이 밝게 뜬 듯하다."라고 대답하였습니다. 어진 후비와 바른 아내는 그 마음이 경(敬)에 깃들어 있기 때문에, 군주의 침소에 들 경우에도 때에 맞추어 일찍 일어나지 못해 임금이 조정에 늦게 납시게 될까 항상 걱정합니다. 때문에 비슷한 상황에 빗대어 이 시를 지은 것입니다.

"벌레들이 윙윙거리며 날고 있다."라는 것은 이제 곧 날이 밝을 때라는 의미입니다. 어찌 후비 역시 임금님과 함께 누워서 단꿈을 꾸고 싶지 않겠습니까? 하지만 조정에 모여 있는 여러 신하들 역시 돌아가 집안일을 돌보고 싶고 때에 맞추어 퇴청하길 바랄 것이라는 점을 떠올리고 저와 임금님을 미워하지 않게 하라고 권계합니다. 다른 사람들의 사정을 헤아려 자신의 바램만을 좇지 않으니, 어질고 바르지 않다면 어찌 이렇게 할 수 있겠습니까?

범조우[2]가 이렇게 말을 하였습니다.

"성인(聖人)은 천지음양의 이치를 따라 만물의 상황을 살핀다.

날이 밝으면 움직이고 어두워지면 쉬니, 그래서 닭의 울음소리로 일찍 일어나는 기준을 삼는다. 이 때문에 벌레들이 윙윙거리며 나는 때가 되면, 홀로 있으면서 정사에 태만하지 않기 위해 잠자리에서 일어난다. 군자가 수신(修身)할 때는 일이 있다고 일찍 일어나거나 일이 없다고 늦게 일어나지 않는다. 일어나고 쉬는 것이 모두 천지의 이치에 따르니, 이것이 바로 항상됨을 유지하는 방법이다."

초(楚)나라 번희(樊姬)는 장왕(莊王)의 부인이다.[3] 장왕은 즉위 초년에 들짐승과 날짐승 사냥을 너무 좋아하였다. 번희가 간언해도 사냥을 멈추지 않자, 결국 번희는 3년 동안 들짐승과 날짐승 고기를 먹지 않으니 비로소 장왕이 회개하였다.

楚樊姬者, 莊王之夫人. 莊王初卽位, 好狩獵畢弋. 樊姬諫不止, 乃不食禽獸之肉三年而王改.

제(齊)나라 위희(衛姬)는 환공(桓公)의 부인이다.[4] 환공이 음탕한 음악[淫樂]에 빠지자 위희는 정(鄭)나라와 위(衛)나라의 음악을

2 1041~1098. 자는 순보(淳甫), 몽득(夢得)이며, 성도(成都) 화양(華陽) 사람이다. 북송(北宋) 때의 유명한 사학가로 사마광(司馬光)을 도와 『자치통감(資治通鑑)』을 편수하였으며, 『당감(唐鑑)』 12권, 『제학(帝學)』 8권, 『인종정전(仁宗政典)』 6권 등을 저술하였다.

3 번희의 고사는 사마광(司馬光)의 『가범(家範)』에서 인용하고 있다.

4 위희의 고사는 유향(劉向)의 『열녀전』에서 인용하고 있다.

듣지 않았다.

齊衛姬者, 桓公夫人. 公好淫樂, 衛姬爲不聽鄭、衛之聲.

한나라 성제(成帝)는 후원(後園)에서 놀 때면 항상 반 첩여(班婕妤)[5]를 황제가 타는 수레에 함께 태우려고 하였다.[6] 반 첩여가 거절하며 말하였다.

"옛날의 책과 그림을 살펴보면, 어질고 훌륭한 군주의 곁에는 명신(名臣)이 있고, 하(夏)나라·상(商)나라·주(周)나라 삼대의 마지막 군주들만이 총애하는 여인들과 함께 있습니다. 지금 만약 저와 함께 수레를 타신다면 삼대의 마지막 군주들과 비슷하지 않을 수 있겠습니까?"

성제가 그 말이 옳다고 여겨 그만두었다. 태후가 그 이야기를 듣고 기뻐하며 말하였다.

"옛날에 번희가 있었다면, 지금은 반 첩여가 있구나."

漢成帝游於後庭, 嘗欲與班婕妤同輦載. 婕妤辭曰: "觀古圖畫, 賢聖之君皆有名臣在側. 三代末主, 迺有嬖女. 今欲同輦, 得無近似之乎?" 上善其言而止. 太后聞之, 喜曰: "古有樊姬, 今有班婕妤."

---

5 BC 48~AD 2. 한나라 성제(成帝)의 후궁으로서, 여러 편의 부(賦)를 지은 유명한 작가이기도 하다. 반황(班況)의 딸이자, 반초(班超), 반고(班固), 반소(班昭)의 고모할머니였지만, 정작 본인의 이름은 알려져 있지 않다. 성제 즉위 후 소사(少使)로 입궁한 후 성제의 총애를 받아 첩여(婕妤)에 오른다. 첩여란 한대(漢代) 비빈(妃嬪)의 작위 중 하나다.

6 반 첩여의 고사는 『한서(漢書)』 권97하에서 인용하고 있다.

당(唐) 태종(太宗)의 현비(賢妃)로 서혜(徐惠)가 있다.[7] 정관(貞觀) 말년에는 여러 차례 군사를 일으켜 변방의 이민족을 토벌하고 황궁도 조금씩 확장하여 백성들의 고초와 원성이 늘어갔다. 서혜가 이러한 상황에서 상서를 올려 신랄하게 비판하였다.

"동쪽으로는 요해(遼海)까지 진출하고 서쪽으로는 곤륜산(崑崙山)까지 정벌을 떠나니, 병사와 군마가 피로에 지쳐 쓰러지고, 배로 운반하던 군량도 모두 물에 떠내려가 가라앉았습니다. 제한된 농민들을 농사일에서 빼내어 그 끝을 알 수 없는 구렁텅이에 몰아넣고 있습니다. 아직 남아 있는 백성들을 또 소집하려 하시지만 이미 훈련된 군사들조차 끊임없이 장사지내는 상황입니다. 그러므로 땅을 넓히는 정책은 지속적인 안정을 보장하는 통치술이 아니며, 백성들의 고달픔은 나라가 뒤집어질 위험이 커졌다는 증표입니다."

또 이런 비판도 하였다.

"취미궁(翠微宮)과 옥화궁(玉華宮)과 같은 궁전은 비록 산과 물이 가까워 건축에 드는 고생이 덜하긴 하지만, 백성 가운데 선발되어 건설에 투입된 일꾼들의 입장에서 보면 고되지 않다고 할 수 없습니다. 도(道)가 있는 군주는 편안함으로써 남을 편안하게 하고, 도가 없는 군주는 즐거움으로써 자신을 즐겁게 합니다."

이렇게 말하기도 하였다.

"교묘한 기술(궁전을 짓는 사업을 가리킴)은 나라를 찍어내는 도

7 서혜의 고사는 『신당서(新唐書)』 권76에서 인용하고 있다.

끼이며, 아름다운 진주(珍珠)와 보옥(寶玉)은 마음을 어지럽히는 짐독(酖毒)입니다. 그리므로 화려하고 아름답게 꾸민 것들을 멀리하지 않을 수 없습니다. 업적이 커지면 마음이 교만해지고, 상황이 안정되면 몸이 게을러지는 법입니다."

서혜의 날카롭고 정곡을 찌르는 비판이 대체로 이러하였다. 태종은 그 말이 훌륭하다고 여겨서 서혜에게 후한 상을 내렸다.

太宗賢妃徐惠. 貞觀末, 數調兵, 討定四夷. 稍稍治宮室, 百姓勞怨. 惠上疏極諫, 且言: "東戍遼海, 西討崐丘, 士馬罷耗, 漕饟漂沒. 捐有盡之農, 趨無窮之壑, 圖未獲之衆, 喪已成之軍. 故地廣者, 非常安之術; 人勞者, 爲易亂之符." 又言: "翠微、玉華等宮, 雖因山藉水, 無築構之苦, 而工力和僦, 不謂無煩. 有道之君以逸逸人, 無道之君以樂樂身." 又言: "伎巧爲喪國斧斤, 珠玉爲蕩心酖毒. 侈麗纖美, 不可以不遏. 志驕於業泰, 體逸於時安." 其剴切精詣, 大略如此. 帝善其言, 優賜之.

—'剴'는 음이 해(該)이며 평성(平聲)이다.—

**신은 이렇게 생각합니다.** 번희(樊姬) 등 여기서 든 예시에는 군주의 후비(后妃)도 있고 시첩(侍妾)도 있습니다. 옛날 어진 후비와 바른 여인들이 군주에게 권계를 하였던 방법을 알게 해 주는 것 가운데 훌륭한 사례를 뽑아서 여기에 모아놓았습니다. 궁중에서 실제로 이러한 사람을 얻을 수 있다면 날마다 유익한 권계를 올릴 터이니 그 밖에 달리 보충할 것이 있겠습니까? 이러한 경우가 아니라면 교활함과 미모로 그 군주의 마음을 어지럽히는 자가 대부분입니다.

이상은 '비빈의 바로잡고 경계하는 의견을 경청함[賴規警之益]'에 대해 논하였습니다.

## 정실과 첩의 구분을 명확하게 함[明嫡媵之辨]

『춘추좌씨전(春秋左氏傳)』에 다음과 같은 내용이 있다. 신유(辛有)가 주공(周公)에게 간언을 올렸다.

"첩실부인이 정실부인처럼 행동하고, 서자가 적자에 대들며, 신하가 왕명을 농단하고, 큰 도시가 나라의 수도에 맞서는 것은 혼란의 뿌리입니다."

『春秋傳』: 辛有諗周公曰: "並后, 匹嫡, 兩政, 耦國, 亂之本也."[8]

—신유(辛有)는 주(周)의 대부다. 주공(周公)의 이름은 흑견(黑肩)이다. 병후(並后)는 첩(妾)이 후(后)처럼 행동하는 것이다. 필적(匹嫡)은 서자가 적자와 같이 행위하는 것이다. 양정(兩政)은 신하가 왕명을 마음대로 하는 것이다. 우국(耦國)은 큰 도시가 수도에 필적하는 것이다.—

**신은 이렇게 생각합니다.** 하늘에는 해가 둘일 수 없고 땅에는 왕이 둘일 수 없듯이, 모든 존귀한 것은 둘이 있을 수 없습니다. 그러므로 첩실이 정실과 같이 행동해서는 아니 되고, 서자가 적자에 필적해서는 아니 되며, 신하가 군주를 참람해서는 아니 됩니다. 이는 천지의 변치 않는 도리이고 고금의 큰 뜻입니다. 신유(辛有)가 네 가지를 함께 말하면서 첩실의 문제를 가장 먼저 제기하였으므로 여기에서 설명을 드렸습니다.

---

8 신유의 간언은 『춘추좌씨전』 민공(閔公) 2년에 보인다.

『시경(詩經)』「녹의(綠衣)」는 위(衛)나라 장강(莊姜)이 자신의 신세를 슬퍼한 시다. 첩실이 장공(莊公)의 총애를 얻어 자신의 지위를 잃자 이 시를 지었다. 그 첫 구절은 다음과 같다.

"푸른 옷이라니, 노란 안감이 푸른 옷에 가리어 있네.

마음의 시름이여, 언제 그치려는가?"

그 두 번째 구절은 다음과 같다.

"푸른 옷이라니, 푸른 저고리에 황색치마네.

마음의 시름이여 언제 없어지려나."

「綠衣」, 衛莊姜傷己也. 妾上僭, 夫人失位, 而作是詩. 其一章曰: "綠兮衣兮, 綠衣黃裏. 心之憂矣, 曷維其已!" 二章曰: "綠兮衣兮, 綠衣黃裳. 心之憂矣, 曷維其亡."

—「녹의(綠衣)」는 「패풍(邶風)」의 편명이다.—

**신은 이렇게 생각합니다.** 장강(莊姜)은 장공(莊公)의 정실부인이었습니다. 장공이 귀여운 첩에게 마음을 빼앗겨 정실부인의 자리를 잃게 되자 이 시를 지었습니다. 장공을 풍자하지 않고 자신의 신세를 슬퍼하니 진정한 마음이 두텁다는 것을 알 수 있습니다.

푸른색은 섞인 색[間色]이고 노란색은 바른 색[正色]으로서, 섞인 색인 푸른색으로 옷을 지어서는 안 됩니다. 이와 마찬가지로 첩실 홀로 임금의 총애를 독차지하면 안 됩니다. 바른 색인 노란색으로 안감을 대었다는 것은 정실부인이 홀대를 받아 미천해졌다는 의미입니다. 푸른색이 저고리가 되어 위에 있고 노란색이 오히려 치마가 되어 아래에 있다는 것은 존귀함과 비천함의 질서가 더욱 심하게 무너졌다는 의미입니다.

장강의 시름은 대체로 나라를 위한 것이지 자기 자신을 위한 것이 아닙니다. 일반적으로 정실과 첩실의 질서가 혼란스럽게 되면 그 폐해가 나중에는 이루 말할 수 없는 지경에 빠집니다. "언제 그칠 것인가, 언제 없어질 것인가?"라고 말한 것은 비록 그 시름을 잊고 싶더라도 그럴 수 없기 때문일 것입니다.

총애를 받던 첩실의 아들 주우(州吁)는 나중에 결과적으로 찬탈을 통해 왕위에 올랐고 이 때문에 위(衛)나라는 커다란 혼란에 빠지게 됩니다. 이로써 장강의 걱정은 실제 현실이 되었으니, 나라를 다스리는 사람이 어찌 이 사건을 거울로 삼지 않을 수 있겠습니까?

한나라 문제(文帝)의 애첩인 신(愼) 부인은 궁중에서 항상 황후와 함께 같은 자리에 앉았다.[9] 상림원(上林苑)에 행차하여 앉을 자리를 배치하였을 때 원앙(袁盎)이 신 부인의 자리를 아래로 끌어내린 적이 있었다. 이 때문에 신 부인도 성을 냈고 황제도 진노하였다. 원앙이 옛날의 사례를 들어 말하였다.

"제가 듣기로 존귀함과 비천함의 질서가 잡혀야 위아래가 화목하다고 하였습니다. 지금 이미 황후를 세웠으니 신 부인은 바로 첩실의 신분입니다. 정실과 첩실이 어떻게 같은 자리에 앉을 수 있겠습니까! 또한 폐하께서는 홀로 '사람돼지[人彘]'의 사례

9 신 부인과 원앙의 고사는 『자치통감(資治通鑑)』 권13에 보인다.

를 보지 못하셨습니까!"

문제가 이 말을 신 부인에게 전하여 분노를 가라앉혔으며, 원앙에게는 금 50근을 하사하였다.

漢文帝所幸愼夫人, 在禁中常與皇后同席坐. 及幸上林, 布席, 袁盎引卻愼夫人. 夫人怒, 上亦怒. 盎因前說曰: "臣聞: 尊卑有序則上下和. 今已立后, 夫人乃妾也. 妾, 主豈可與同坐哉? 且陛下獨不見'人彘'乎?" 上說, 語夫人, 賜盎金五十斤.

—'사람돼지[人彘]'는 척희(戚姬)의 이야기로서 뒤의 '국본(國本)'편에 자세히 나온다.—

**신은 이렇게 생각합니다**. 한나라 제도에는 사대부도 궁중에 출입할 수 있었기 때문에, 고조(高祖)가 척희(戚姬)를 포옹하고 있는 것을 주창(周昌)이 보고 걸주(傑紂)의 이야기로 간언을 올렸습니다. 신 부인이 황후와 같은 자리에 앉은 것을 보고 원앙은 그 위치를 끌어내렸습니다. 조정의 신하 된 신분으로 감히 신 부인의 위치를 끌어내린 것은 확실히 예의가 아닙니다. 하지만 "비천함의 질서가 잡혀야 위아래가 화목하다"는 말은 이치에 합당한 말입니다. 그래서 문제가 처음에는 진노하였다가 나중에는 기뻐하여, 용서를 하였을 뿐만 아니라 상까지 내렸습니다. 원앙의 강직한 성품을 높이 평가할 만하지만, 문제 역시 현명하였습니다.

이상은 '정실과 첩의 구분을 명확하게 함[明嫡媵之辨]'에 대해 말씀드렸습니다.

## 황후를 쉽게 폐위하고 삭탈하는 잘못을 멈춤[懲廢奪之失]

『시경(詩經)』「백화(白華)」는 주나라 사람들이 유왕(幽王)을 풍자하는 내용이다. 유왕이 신후(申侯)의 딸을 왕후로 삼았다가, 다시 포사(褒姒)를 얻어 신후(申后)를 쫓아내었다. 그리하여 아래의 나라들도 유왕을 따라하여 첩을 처로 삼고 서얼(庶孼)로 적자를 대신하니, 왕이 더 이상 천하를 다스릴 수가 없었다. 주나라 사람들이 그 때문에 이 시를 지었다.

"골풀을 마전하여 흰 띠풀로 묶는다.
그대는 멀리 떠나가고 나 홀로 외롭네.
흰 구름 가볍게 떠가고 골풀과 띠풀에 이슬 맺혔는데,
시국은 곤궁하고 그 사람은 매정하기만 하구나.
연못의 물은 조금씩 북으로 흘러 저 논을 적시니,
긴 한숨으로 상처 난 마음을 달래며 님을 생각한다.
나는 뽕나무 땔감을 베어 아궁이에 불을 지피는데,
님 생각으로 마음이 너무나 고달파.
궁에서 치는 종소리가 밖에서 들리고,
나는 그대 생각에 애가 타는데 그대는 나를 돌아보지 않네.
두루미는 고깃보[魚梁]에 있고 학은 숲속에 있는데,
님 생각으로 마음이 너무나 고달파.
원앙은 고깃보에서 왼쪽 날개를 접고 있는데,
그 사람은 착하지 않아 마음을 바꾸는구나.

낮아진 디딤돌, 많은 사람이 밟아 얇아진 것이리라.

그 사람은 멀리 떠나가 나를 병들게 하네."

『詩經』「白華」, 周人刺幽后也. 幽王取申女以爲后, 又得褒姒而黜申后. 故下國化之, 以妾爲妻, 以孽代宗, 而王不能治, 周人爲之作是詩也: "白華菅兮, 白茅束兮. 之子之遠, 俾我獨兮. 英英白雲, 露彼菅茅. 天步艱難, 之子不猶. 滮池北流, 浸彼稻田. 嘯歌傷懷, 念彼碩人. 樵彼桑薪, 卬烘于煁. 維彼碩人, 實勞我心. 鼓鐘于宮, 聲聞于外. 念子懆懆, 視我邁邁. 有鶖在梁, 有鶴在林. 維彼碩人, 實勞我心. 鴛鴦在梁, 戢其左翼. 之子無良, 二三其德. 有扁斯石, 履之卑兮. 之子之遠, 俾我疷兮."

—신후(申侯)의 나라는 성이 강(姜)이다. 포사(褒姒)는 포인(褒人)이 입양한 딸로서, 사(姒)는 그 자(字)다. 얼(孽)은 서자(庶子)이고 종(宗)은 적자(嫡子)다. 저(疷)는 병(病)이다.—

**신은 이렇게 생각합니다.** 이 시에 대해 옛날에는 주나라 사람이 쓴 것으로 설명하였지만, 주희(朱熹)는 신후(申后)가 지었다고 말하였습니다. 그 내용의 취지를 음미해 보면 주희의 설명이 설득력이 있습니다. 골풀의 특징은 띠풀보다 곱다는 점입니다. 그래서 골풀을 물에 적셔 마전한 후 흰 띠풀로 묶어 둡니다. 사물의 미추(美醜)는 각각의 속성에 따라야 하는데, 존비(尊卑)와 상하(上下)가 그 분수가 있는 것과 마찬가지입니다. 그런데 왕이 귀천의 질서를 어지럽혀 신후 자신을 버리고 멀리하여, 마땅히 있어야 할 곳에 있지 못하게 만들어 곤궁한 처지로 몰아넣었습니다. 이것이 바로 첫 번째 구절의 의미입니다.

가볍게 떠가는 흰 구름이 땅으로 내려와 이슬로 맺히는데, 골풀은 띠풀과 함께 그 이슬로 인해 촉촉해집니다. 연못의 물은 비록 가늘게 흘러갈지라도, 벼를 심어 놓은 논에 그 물을 대어 넉넉히 적실 수 있습니다. 그런데 지금 시국이 너무나 곤궁한 상황이라 흰 구름이 골풀과 띠풀을 촉촉하게 하는 것보다 못하고, 임금의 은덕은 연못의 물이 논을 적시는 정도도 못 됩니다. 그 때문에 긴 한숨을 쉬며 아픈 마음을 달래고 있습니다. 이것이 두 번째와 세 번째 구절의 뜻입니다.

뽕나무 땔감은 밥을 할 때 필요한 것인데 그저 아궁이에 불을 때고 있습니다. 이처럼 어떤 사물이 그 있어야 할 장소를 잃었다는 것은 정실 왕후가 버림을 받은 상황을 비유합니다. 이것이 네 번째 구절의 의미입니다.

일반적으로 종은 궁중에서 울리는데 그 소리가 궁중 밖에 들린다는 것은 유왕이 포사만을 총애하는 것과 같습니다. 왕의 태도를 소리로 표현한 것입니다. 이를 어떻게 알 수 있을까요? 나는 왕을 그리워하여 애타는 마음을 풀어 버릴 수 없는데, 왕은 매정하게 나를 대하며 살가워하지 않는 상황을 묘사한 것이기 때문입니다. 이것이 다섯 번째 구절의 의미입니다.

두루미는 학과 더불어 모두 물고기를 먹이로 잡아먹지만, 학은 두루미와 비교할 때 청탁(淸濁)에서 차이가 있습니다. 지금 두루미는 고깃보에 있고 학은 숲속에 있으니, 두루미는 배부르고 학은 굶은 상황일 것입니다. 왕이 왕후를 버리고 애첩만을 살갑게 대하니 이는 두루미를 기르고 학을 버리는 것과 같습니다. 이것이 여섯 번째 구절의 의미입니다.

원앙은 금슬이 좋아 항상 암컷과 수컷이 서로 잘 따르지만, 유왕은 착하지 않아 그 마음이 한결같지 않으니 이는 원앙보다도 못합니다. 이것이 일곱 번째 구절의 뜻입니다.

디딤돌은 밟고서 수레에 오르는 용도로 사용하는 것인데, 그것이 얇아질 정도로 애첩이나 하인들이 그 디딤돌을 너무 자주 밟았다는 사실을 나타냅니다. 이는 애첩을 들이고 나를 버렸다는 것을 의미하니, 이 때문에 내가 병이 들었습니다. 이것이 여덟 번째 구절의 의미입니다.

신후는 비록 버림을 받았지만 그 노랫말의 기운이 이처럼 평온합니다. 이는 확실히 선왕들의 은택이라 할 만합니다.

『시경』의 「첨앙(瞻卬)」은 범백(凡伯)이 유왕(幽王)이 몰락할 것을 풍자한 것이다. 그 세 번째 구절은 다음과 같다.

“똑똑한 남자는 나라를 이루고
똑똑한 여인은 나라를 기울어지게 하네.
저 아름답고 지혜로운 여인은
올빼미나 부엉이 같은 짓을 하는구나.
그 여자의 긴 혀는 재앙에 이르는 사다리.
나라의 환란은 하늘에서 내려오는 것이 아니라
여인 때문에 생겨나는 것.
가르치지도 깨우치지도 않고
여인과 내시만을 총애하네.”

「瞻卬」, 凡伯刺幽王大壞也. 其三章曰: “哲夫成城, 哲婦傾城. 懿厥哲婦, 爲梟爲鴟. 婦有長舌, 維厲之階. 亂匪降自天, 生自婦人. 匪教匪誨, 時維婦寺.”

—'철(哲)'은 '똑똑하다'는 뜻이고, 성(城)은 '나라'라는 의미다. '철부(哲婦)'는 '포사(褒姒)'를 가리킨다. '올빼미[梟]'와 '부엉이[鴟]'는 울음소리가 나쁜 새다. '장설(長舌)'은 말을 잘 한다는 의미이고, 계(階)는 '사다리'라는 뜻이다. 부(婦)는 '여인'이라는 뜻이고, 시(寺)는 '내시'의 의미다.—

**신은 이렇게 생각합니다.** 『역경(易經)』에 "밖에서 이루는 바는 없지만 안에서 사람들을 먹인다.[無攸遂, 在中饋.]"라고 하였는데, 그 뜻은 부인의 역할은 다른 데서 무엇을 성취하는 것이 아니라 오직 집안에 있으면서 사람들이 먹을 음식을 마련하기만 하면 된다는 뜻입니다. 『시경』의 「사간(斯干)」에는 "잘못도 없고 위엄을 차리지도 않으며, 단지 술과 음식만을 이야기한다네.[無非威儀, 惟酒食是議.]"라는 구절이 나옵니다. 여인은 잘못을 저질러서도 안 되고 또한 능력을 갖추어서도 안 되며, 단지 제사를 올릴 때 술과 음식만을 논의해야 한다는 말이니, 이 역시 『역경』의 의미와 같습니다.

이치가 이러하니 어찌 똑똑할 필요가 있겠습니까? 일반적으로 남자는 밖에서 지위를 바르게 하여 나라의 주인이 되니, 이 때문에 똑똑하면 나라를 세울 수 있습니다. 여자는 집안에서 자리를 바로 잡고서 음식을 마련하여 제사를 준비하는 주체가 되니, 똑똑하면 나라를 뒤엎기 마련입니다. 이 때문에 아름다운 여인이 오히려 부엉이나 올빼미와 같은 짓을 하여, 많은 말로써 재앙에 올라타는 사다리가 되는 경우가 대부분입니다.

그러므로 어찌 환란이 하늘에서 내려온다고 할 수 있겠습니까? 환란의 근원은 이러한 여인일 뿐입니다. 대체로 그 말이 많다고 하더라도 가르치고 깨우치는 도움을 주지 못하는 것은 오직 부인과 내시뿐입니다. 위의 글에서는 다만 부인의 재앙만을 말하고 있지만 여기서 내시를 함께 언급한 것은 이 둘이 항상 서로 협력하여 간사한 일을 벌이기 때문입니다. 이 둘을 함께 경계하지 않으면 안 됩니다.

『시경』의 「정월(正月)」에서는 다음과 같이 말하고 있다.

"불꽃이 막 타오르려 할 때
누군가 꺼뜨릴 수 있듯이
눈부시게 빛나는 종실 주나라를
포사(褒姒)가 꺼뜨렸네."

「正月」之章曰: "燎之方揚, 寧或滅之? 赫赫宗周, 褒姒烕之."

—'烕'은 음이 '혈(血)'이다.—

구양수(歐陽脩)는 다음과 같이 말하였다.[10]

"비록 유왕(幽王)이 죽었지만, 다시 태자인 의구(宜臼)를 왕으로 세웠으니 바로 주 평왕(平王)이다. 그런데 이 시에서 '주나라를 꺼뜨렸다'고 한 것은 문왕(文王)과 무왕(武王)의 업적을 이때에 모두 탕진하였다는 뜻이다. 비록 동주(東周)가 있긴 하였지만 다시 부흥하지는 못하였다. 여기서 '꺼뜨렸다'는 말을 쓴 것은 너무나 안타까운 마음을 표현한 것이다."

---

10 구양수의 말은 『신당서(新唐書)』 권3 사론(史論)에 보인다.

歐陽脩曰: "幽王雖亡, 而太子宜臼立, 是爲平王. 而詩人乃言滅之者, 以爲文武之業於是蕩盡, 東周雖在, 不能復興矣. 其曰'滅之'者, 甚嫉之之辭也."

**신은 이렇게 생각합니다.** 『국어(國語)』에는 다음과 같은 내용이 있습니다. 포사가 유왕에게 총애를 받기 시작할 무렵 대부 사백(史伯)이 말하였습니다.

"괵석보(虢石父)는 남을 모함하거나 왕에게 아첨하여 교묘히 따르는 자입니다. 그러한 사람을 경사(卿士)로 임명하셨으니, 이는 자신의 생각과 같은 의견만을 들으려 하시는 것[與剸同]입니다. 또한 정실 왕후를 버리고 애첩을 세웠으니, 이는 못나고 비루한 자를 좋아하는 것[好窮固]입니다. 난장이와 곱추와 같은 배우들만 왕의 곁에 두니, 이는 무지렁이를 가까이 하는 것[近頑童]입니다. 주나라의 법을 따르지 않고 아녀자가 하는 말을 그대로 실행하니, 이는 사특한 간신을 등용한 것[用讒慝]과 같습니다.

이러한 상황을 오래 지속되도록 해서는 안 됩니다. 예전 선왕(宣王) 때에 '뽕나무 활과 대나무 화살통, 주나라를 망하게 하네'라는 동요가 유행하였습니다.[11] 선왕이 이 노래를 듣고 실제로 그러한 물건을 파는 부부가 나타나자 사람을 시켜 잡아 죽이라[戮] 하였습니다.—'죽이다[戮]'는 '모욕을 주다'는 의미다.— 그런데 왕실의 어린 첩이 딸을 낳았는데 왕의 자식이 아니었습니다.—아비 없이 홀로 아이를 배었다고 한다.— 두려워진 어린 첩은 그 아이를 버렸는데, 활과 화

11 권33(『대학연의』 중권) 각주 15의 포사 탄생 설화를 참조.

살통을 팔던 부부가 아이를 주워서 포(褒) 땅으로 도망쳤습니다. 나중에 포나라 사람들이 죄를 지어 정벌을 당하자 이 여자아이를 왕에게 바쳐 총애를 받게 하여 왕후에 오르게 합니다. 하늘이 이미 오래전에 이 여자를 태어나게 하였으니 그 독성이 이미 컸습니다. 그런데 왕이 방탕하여 그 해악을 더욱 키웠습니다. 잘 익은 독주[酋臘]가 몸속에 빠르게 퍼져 생명을 앗아 간 것입니다.

신(申)나라, 증(繒)나라, 서융(西戎) 등은 강성해지고 주 왕실은 소란스러워지기 시작하였는데, 앞으로도 거침없는 욕망으로 나라를 다스리려 하신다면 이 또한 재난이 아니겠습니까? 왕께서 태자를 죽이고 포사의 아들인 백복(伯服)을 세우시려면, 신나라에게 도망친 태자를 내놓으라고 요구해야 합니다. 신나라가 거절하면 어쩔 수 없이 신나라를 정벌해야 합니다. 신나라를 공격하면 신나라는 증나라, 서융과 연합하여 주나라에 대항할 텐데, 아마 주나라는 이 연합군을 막을 수 없을 것입니다."

『사기』를 살펴보면 그 이후에 과연 사백의 예언과 같이 왕은 죽임을 당하였고 포사는 포로로 잡혔습니다. 주나라는 낙양(洛陽)으로 천도하여 동주(東周)를 세웠지만 다시는 떨쳐 일어나지 못하였습니다. 아아, 슬픈 일입니다.

한나라 선제(宣帝) 때 황후 허평군(許平君)의 아버지는 허광한(許廣漢)이다.[12] 원래 허광한은 죄를 지어 액정(掖庭, 궁중에서 궁녀들이 기거하는 곳)으로 보내졌고 나중에 폭실(暴室)의 색부(嗇夫)가 되었다.

선제 유순(劉詢)은 무제(武帝)의 증손자여서 '황증손(皇曾孫)'이라 불리며 액정에서 컸는데, 마침 허광한과 같은 집에 기거하였다. 허광한은 자신의 딸 허평군을 유순에게 주었고, 허평군은 나중에 원제(元帝)로 즉위하는 유석(劉奭)을 낳았다. 몇 개월이 지난 후 유순이 황제가 되었다.

이때 장군 곽광(霍光)에게는 어린 딸이 있었는데, 황태후와도 친분이 있었다. 공경(公卿)들이 황후 간택에 대해 논의하면서 마음은 모두 곽광의 딸로 기울었다. 이에 황제가 "미천하였던 시기의 옛 검을 찾는다"는 조서를 내리자 대신들이 모두 그 취지를 알고서 그때까지 첩여(婕妤)의 신분이었던 허평군을 황후로 세워야 한다는 의견을 올렸다. 곽광의 부인인 현(顯)은 어린 딸을 황후로 세우고자 하였지만 마땅한 방법이 없었다.

다음 해 허 황후가 임신을 하였는데 몸이 좋지 않았다. 현(顯)이 여의(女醫)인 순우연(淳于衍)에게 말하였다.

"곽광 장군께서는 어린 딸 성군(成君)을 정말로 아끼시어 그 아이가 고귀하게 되기를 바라니, 소부(少夫, 순우연의 자)에게 부탁을 조금 하겠네."

"무슨 말씀이십니까?"

"여자가 분만하는 것은 큰일이어서 열은 죽고 하나만 살아남지. 지금 황후가 해산을 하려고 하는데, 독약을 투여할 수 있을

12 허 황후와 현(顯)의 이야기는 『사기(史記)』 권97상에 보인다.

테지. 그렇게 되면 우리 딸 성군이 황후가 될 수 있을 것이네."

"여러 약을 섞어서 복용할 때는 아랫사람들이 우선 먹어 보고 검수를 하니 어찌 가능하겠습니까?"

"자네가 하기에 달려 있을 뿐이지. 곽광 장군이 천하를 이끌고 있는데 누가 감히 발설하리오."

순우연이 오랫동안 망설이다 말하였다.

"제가 힘껏 도와드리겠습니다."

순우연은 독성이 강한 부자(附子)를 빻아 허 황후가 머무는 장정궁(長定宮)에 반입하였다. 황후가 해산한 후, 순우연은 반입한 부자 가루를 태의(太醫)가 조제한 큰 환약에 섞어 황후에게 먹였다. 허 황후는 얼마 후 울결(鬱結)로 인한 호흡곤란이 심해져 결국 목숨을 잃었다.

나중에 어떤 사람이 나타나 시의들이 황후의 치료를 제대로 하지 않았다는 글을 선제에게 올렸고, 관련자들을 모두 붙잡아 하옥하였다. 곽광의 부인인 현은 사태가 급하게 돌아가는 것이 두려워 구체적인 상황을 남편에게 알려 말하였다.

"원래 계획이 어긋나 이렇게 되었으니, 조사관원이 순우연을 너무 심하게 몰아붙이지 않도록 시키십시오."

곽광은 놀라서 묵묵히 대답하지 않았다. 결국 순우연을 철저하게 추궁하지 않은 조사보고서가 올라갔다. 현은 이에 곽광을 재촉하여 곽성군을 궁으로 들여보냈고, 과연 성군은 황후가 되었다.

애당초 허 황후는 미천한 신분에서 황후에 올랐기 때문에 따르는 시종들이나 가마와 복식 등이 매우 검소하였다. 허 황후는 5일에 한 번씩 장락궁(長樂宮)에 황태후를 배알하러 갈 때 직접 음식상을 들고 올라가 잡수시게 하면서 며느리의 도리를 다하였다. 곽성군이 황후가 된 후에도 허 황후의 전례를 따랐으며 황태후도 또한 곽 황후의 자매들과도 살갑게 지내니, 곽 황후는 항상 공경하며 예를 다하였다. 그런데 황후의 가마와 수레나 따르는 시종 등은 매우 화려하였고 관속(官屬)들에게 하사하는 물품도 백만금을 헤아렸으니, 이러한 점은 허 황후의 시절과는 눈에 띄게 달라졌다. 황제 역시 곽 황후를 총애하여 잠자리를 독차지하였다.

곽성군이 황후가 된 지 삼 년 후 곽광이 죽었다. 그다음 해에 허 황후의 아들을 태자로 세우게 되자, 현(顯)은 분노에 차서 밥을 먹지도 못하였다.

"그놈은 황제가 되기 전의 아들인데 어찌 태자로 세울 수 있단 말인가! 지금의 황후의 아들은 오히려 왕밖에 되지 못하는구나."

그리하여 다시 황후에게 태자를 독살하라고 교사하였다. 황후는 태자를 불러 음식을 대접하였는데, 태자를 모시는 시녀들이 항상 먼저 음식의 맛을 보니 황후가 독을 음식물에 섞을 수 없었다. 나중에 허 황후를 살해한 일이 누설되자 현은 여러 사위들과 반란을 도모하다 발각되었다. 황후는 폐위되어 소대궁(昭臺宮)에 유폐되었고 이후에 다시 운림관(雲林館)으로 옮겨졌다가 결국 자살하였다.

漢孝宣許后, 父廣漢, 以罪輸掖庭, 後爲暴室嗇夫. 宣帝養掖庭, 號曾孫, 與廣漢同寺居. 廣漢以女與曾孫, 生元帝. 數月, 曾孫立爲帝. 時霍將軍光有小女, 與皇太后有親. 公卿議立后, 皆心儀霍將軍女. 上乃詔'求微時故劍', 大臣知指, 白立許婕妤爲皇后. 霍光夫人顯欲貴其小女, 道無從. 明年, 許皇后當娠, 病. 顯屬女醫淳于衍曰: "將軍素愛小女成君, 欲奇貴之, 願以累少夫." 衍曰: "何謂邪?" 顯曰: "婦人免乳大故, 十死一生. 今皇后當免身, 可投毒藥去也. 成君卽得爲皇后矣." 衍曰: "藥雜治, 當先嘗, 安可?" 顯曰: "在少夫爲之耳. 將軍領天下, 誰敢言者." 衍良久曰: "願盡力." 卽擣附子, 齎入長定宮. 皇后免身後, 衍取附子幷合太醫大丸以飮皇后. 有頃, 遂加煩懣, 崩. 後人有上書告諸醫侍疾無狀者, 皆收繫詔獄. 顯恐事急, 卽以狀具語光, 因曰: "旣失計爲之, 無令吏急衍." 光驚愕, 默然不應. 奏上, 署衍勿論. 顯遂勸光, 納成君, 果立爲皇后. 初許后從微賤登至尊, 從官車服甚節儉. 五日一朝皇太后於長樂宮, 親奉案上食, 以婦道共養. 及霍后立, 亦修許后故事. 而皇太后親霍后之姊子, 故常竦體, 敬禮之. 皇后輿駕侍從甚盛, 賞賜官屬以千萬計, 與許后時縣絶矣. 上亦寵之, 顓房. 立三歲, 光薨. 後一歲, 立許后男爲太子, 顯怒恚不食, 曰: "此乃民間時子, 安得立? 卽后有子, 反爲王邪!" 復敎皇后令毒太子. 皇后召太子食, 保阿輒先嘗, 后挾毒不得行. 後殺許后事泄, 顯遂與諸婿謀反, 覺, 后廢處昭臺宮, 後徙雲林館, 乃自殺.

—'폭실(暴室)'은 황실에서 쓰는 섬유를 쪄서 말리는 곳이다. '색부(嗇夫)'는 그곳의 말단 관리다. '의(儀)'는 '의(螘)'로 읽는다. '소부(少夫)'는 순우연(淳于衍)의 자(字)다.—

**신은 이렇게 생각합니다.** 곽광(霍光)의 처 현(顯)이 이와 같은 일을 벌일 수 있었던 것은 곽광이 자신을 두둔하리라는 것을 알았기 때문입니다. 곽광은 배우지도 못하였고 능력도 없었지만, 단지 처신이 중후하였기 때문에 무제(武帝)가 자신의 유언을 전달하는 임무를 맡겼습니다. 처음에는 이처럼 조심하고 삼가는 마음[敬忌之心]이 있었는데, 선제(宣帝)가 즉위하는 데에 공적이 커서 권력이 더욱 강력해지자 예전의 지조가 완전히 변하였습니다. 곽광은 자신의 처가 천하의 어머니를 살해하는 음모를 꾸몄다는 것을 알고서도 잘못을 따져 묻지도 않았고, 시의(侍醫)의 죄를 숨겼으며, 또한 딸을 궁중에 들이는 꾀를 실제로 성사시켰습니다.

한나라에는 역사를 기록하는 '장사(長史)'라는 직책이 있었으니 이 일에 대해 다음과 같이 썼어야 합니다.

"곽광은 황후 허씨를 시해하였고 그 딸을 황후로 세웠으니 마땅히 그 죗값을 받아야 한다."

그런데 곽광이 그렇게 하였던 것은 본래 그 집안이 창성하기를 바랐기 때문인데, 결국 그러한 욕심이 멸문의 재앙이 될 수 있음을 까맣게 몰랐습니다. 이를 어찌 경계하지 않을 수 있겠습니까?

당 고종(高宗)의 황후 무조(武曌)는 무사확(武士彠)의 딸이다.[13] 태종(太宗)은 무조가 아름답다는 소문을 듣고서 궁으로 불러들여 후궁인 재인(才人)으로 삼고 '예쁜이 무[武媚]'라는 호를 하사하였다. 태종이 세상을 뜬 후 비구니가 되었다. 고종이 태자였을 때 시중을 든 적이 있었는데, 고종이 매우 마음에 들어 하였다.

왕 황후는 오래토록 자식이 없었는데, 소 숙비(蕭淑妃)가 황제의 총애를 받기 시작하자 황후는 뒤에서 소 숙비를 미워하였다. 어느 날 황제가 절을 지나가는데, 무조가 알현을 하며 눈물을 흘렸다. 황제가 감동을 하자 황후가 무조를 궁으로 들였다. 숙비

13 무조의 이야기는 『신당서(新唐書)』 권76에 보인다.

만 총애하는 황제의 마음을 흔들기 위해서였다. 무조는 권모술수가 뛰어나 끊임없이 속임수를 쓰고 낯을 바꾸었다. 처음에는 공손한 말로 자신의 몸을 낮추어 황후를 섬기니, 황후는 무조가 마음에 들어 여러 차례 황제 앞에서 칭찬하였고 결국 무조는 소의(昭儀)의 지위에 오르게 되었다.

하지만 고종이 소 숙비보다도 자신을 더 총애한다는 것을 알고는 황후와 점점 갈등을 빚기 시작하였다. 왕 황후는 성정이 단순하고 진중하여 고지식하게 위아래의 도리를 따졌다. 이런 상황에서 무 소의는 황후가 야박하게 대하는 사람들을 잘 살펴 살갑게 인연을 맺고 하사품을 모두 나누어 주었다. 이들을 통해 왕 황후와 소 숙비의 일거수일투족을 다 알게 되었고, 그런 정보를 모두 황제에게 일러바쳤다. 하지만 여전히 무 소의가 바라는 결과를 얻지 못하였다.

무 소의가 딸을 낳자 황후가 찾아와 아이를 살펴보고 놀다 돌아갔다. 무 소의는 아이를 몰래 이불로 질식시켜 죽여 놓고서 황제가 방문하는 것을 엿보다 겉으로는 기뻐하면서 이불을 걷어 아이를 보여 주었다. 아이가 죽은 것을 보고 놀란 척 좌우의 사람들에게 물어보니 모두 "황후께서 다녀가셨습니다."라고 하였다. 무 소의가 슬퍼하며 눈물을 흘리자 황제는 사건의 진상을 파악하지 못하고 분노하며 말하였다.

"황후가 내 딸을 죽였구나. 예전에 소 숙비와 서로 질투하여 헐뜯기만 하더니 지금은 너를 시기하는구나."

황후가 스스로 해명하지 못하자 황제는 무 소의를 더욱 믿고 아끼게 되었고 처음으로 황후를 폐위할 뜻을 품게 되었다. 이러한 상황이 오래되자 무 소의의 지위를 올려 '신비(宸妃)'라는 호를 주고자 하였다. 시중(侍中) 한원(韓瑗)과 중서령(中書令) 내제(來濟)가 반대하자, 무 소의는 황후가 그 어머니와 함께 염승(厭勝, 인형이나 물건을 이용해 저주하는 행위)을 하였다고 무고(誣告)하였다. 황제는 예전 일로 원망의 마음을 갖고 있었기 때문에 무 소의의 말을 사실이라고 믿어 결국 황후를 폐위하려 하였다. 장손무기(長孫無忌), 저수량(褚遂良), 한원, 내제 등이 죽음을 무릅쓰고 완고하게 반대하자, 황제도 어쩔 수 없이 머뭇거릴 수밖에 없었다. 하지만 중서사인(中書舍人) 이의부(李義府)[14]와 위위경(衛尉卿) 허경종(許敬宗)[15]은 평소에 한쪽에 치우쳐 있었는데, 형세를 살피다 표(表)를 올려 무 소의를 황후로 세워야 한다고 청하였다. 황제는 뜻을 결정하고 조서(詔書)를 내려 황후를 폐위하고 무 소의를 황후로 올렸다. 그리하여 장손무기는 축출되었고 저수량은 여기저기 폄적을 당하다 죽음을 맞이하였다. 무 황후에 대한 고종의 총애는 눈이 부실 정도였다.

왕 황후와 소 숙비는 폐위된 후 궁중에 유폐되었다. 고종은 그들이 그리워져 몰래 감옥에 가보았는데, 옥문이 굳게 잠겨 있

14 당나라 측천무후 시대의 재상이다.

15 당나라 항주(杭州) 신성(新城) 사람으로 자는 연족(延族)이고, 허선심(許善心)의 아들이다. 당나라 초에 진왕부(秦王府) 18학사(學士)의 한 사람으로 활동하였다. 태종 정관(貞觀) 때 저작랑(著作郎)에서 중서사인(中書舍人)까지 오르고 고명(誥命)을 전담하였다. 무측천을 도와 저수량(褚遂良)을 축출하고 장손무기와 상관의(上官儀) 등을 압박해 살해하였다. 이의부 등과 함께 조정을 관장하였다.

는 것을 보고 구멍을 통해 음식을 넣어 주었다. 측은한 마음에 슬퍼하며 말하였다.

"황후와 양제(良娣, 고종이 태자였을 때 소 숙비의 봉호)는 아픈 데는 없으신가?"

두 사람이 함께 사양하며 말하였다.

"저희는 죄를 짓고 버려져 노비가 되었는데, 어찌 존댓말을 쓰십니까?"

눈물을 흘리며 흐느끼며 말을 이어 갔다.

"폐하께서 다행히도 옛날을 생각해 주시니 소첩들은 죽었다가 살아나 다시 해와 달을 볼 수 있게 되었습니다. 이곳을 회심원(回心院, 마음을 돌리는 집)이라고 이름을 지어 주시길 애원합니다."

고종이 대답하였다.

"그리 조치하도록 하겠소."

무 황후가 그 소식을 듣고 그 둘에게 곤장 백 대를 치고 그 손과 발을 잘라 버리라 명하였다. 또한 팔을 뒤로 묶고서 술 도가니에 던지게 하면서 말하였다.

"그 둘을 뼛속까지 취하게 만들라!"

며칠 후 왕 황후와 소 숙비가 죽자 그 주검을 갈기갈기 찢어 버렸다. 무 황후는 꿈에서 두 사람이 피발한 채 피를 뚝뚝 흘리는 귀신으로 자주 나타나자 무서워졌다. 무당을 불러 씻김굿도 해 보고 봉래궁(蓬萊宮)으로 거처를 옮기기도 해 보았지만 귀신들이 계속 보이자 자주 낙양에 머물렀다고 한다.

唐高宗皇后武氏, 士彠女. 太宗聞其美, 召爲才人, 賜號'武媚'. 及帝晏駕, 爲比丘尼. 高宗爲太子時, 入侍, 悅之. 王皇后久無子, 蕭淑妃方幸, 后陰不悅. 他日, 帝過佛廬, 才人見且泣, 帝感動, 后引納后宮, 以撓妃寵. 才人有權數, 詭變不窮. 始, 下辭降體事后, 后喜, 數譽於帝, 故進爲昭儀. 一旦[16]顧幸在蕭右, 寖與后不協. 后性簡重, 不曲事上下, 故昭儀伺后所薄, 必欵結之, 得賜予盡以分遺. 由是后及妃所爲必得, 得輒以聞, 然未有以中也. 昭儀生女, 后就顧弄, 去, 昭儀潛斃兒衾下, 伺帝至, 陽爲歡言, 發衾視兒, 死矣. 又驚問左右, 皆曰: "后適來." 昭儀卽悲涕, 帝不能察, 怒曰: "后殺吾女! 往與妃相讒媚, 今又爾邪!" 后無以自解, 而帝愈信愛, 始有廢后意. 久之, 欲進號'宸妃', 侍中韓瑗、中書令來濟言不可, 昭儀乃誣后與母厭勝, 帝挾前憾, 實其言, 將遂廢之. 長孫無忌、褚遂良、韓瑗及濟瀕死固爭, 帝猶豫. 而中書舍人李義府、衛尉卿許敬宗素憸側, 狙勢卽表請昭儀爲后. 帝意決, 下詔廢后, 進昭儀爲皇后. 於是逐無忌, 遂良踵死徙. 寵熖赫然. 王后幷蕭良娣廢囚宮中. 帝念后, 間行至囚所, 見門禁錮嚴, 進飮食竇中, 惻然傷之, 呼曰: "皇后、良娣無恙否?" 二人同辭曰: "妾等以罪棄爲婢, 安得尊稱邪?" 流涕嗚咽, 又曰: "陛下幸念疇昔, 使妾死更生, 復見日月, 乞署此爲回心院." 帝曰: "朕有處置." 武后知之, 詔杖二人百, 剔其手足, 反接投釀甕中, 曰: "令二人骨醉!" 數日死, 殊其尸. 武后頻見二人披髮瀝血爲厲, 惡之. 以巫祝解謝, 卽徙蓬萊宮, 厲復見, 故多駐東都云.

**신은 이렇게 생각합니다.** 무조가 왕 황후를 무너뜨린 것은 세상에서 가장 간교한 술수였다고 할 수 있습니다. 이미 지위를 박탈해 놓고 사지로 몰아넣은 것 역시 세상에서 가장 잔혹한 학대였다고 할 수 있습니다. 역사 기록을 다 살펴보아도 이러한 일을 본 적이 없을 정도입니다. 애초 태종(太宗)은 장손무기와 저수량에게 자신의 유언을 받들라 명하면서 말하였습니다.

---

16 저본에는 조선 태조의 피휘여서 '朝'로 되어 있지만 원래의 '旦'으로 바로잡는다.

"짐의 어여쁜 아이들과 아내들을 경들이 잘 돌봐 주시오."

고종은 나약하고 용렬한데 오직 여색만을 밝혔으니, 무조가 태종의 곁에 있던 때부터 욕정의 마음을 품었습니다. 이러한 마음이 한번 싹트면 천지의 귀신들이 그것을 드러나게 합니다. 이렇게 되면 마음대로 후궁을 들이고 정실황후를 해치게 되니, 더 이상 선제(先帝)의 유언을 마음에 두지 않습니다. 이 때문에 정사가 궁중의 내방(內房)으로 옮겨 가 두 손을 조아려 명령을 받아오게 되니, 결국 국운이 쇠퇴하게 됩니다. 그 근원을 따져 보면 모두 옛날에 품었던 욕정에서 비롯하였던 것입니다. 음란함이 불러오는 재앙[禍淫]을 어찌 밝게 살피지 않을 수 있겠습니까?

이상은 '황후를 쉽게 폐위하고 삭탈하는 잘못을 멈춤[懲廢奪之失]'에 대해 논하였습니다.

# 제가의 요체 2
# [齊家之要二]

## 집안의 다스림을 엄격하게 함[嚴內治]

대학연의 권38~40

# 대학연의 권38

권38은 '궁정의 내외를 구분함[宮闈內外之分]'과 '후비의 국정 참여를 경계함[宮闈預政之戒]'이라는 내용으로 구성되어 있다. '궁정의 내외를 구분함'에서는 『예기(禮記)』의 「혼의(昏義)」를 인용하여 황후의 역할을 규정하면서 여순(女順)의 개념에 대해 간략하게 설명하고 있다. 또한 「곡례(曲禮)」의 "밖의 말이 문지방 안으로 들어오지 않으며, 안의 말이 문지방 밖으로 나가지 않는다"는 말을 통해 후정(後庭)이 조정에 개입하려는 것을 막는 방법을 제시한다.

두 번째 부분은 '후비의 국정 참여를 경계함'이다. 앞부분의 '배필을 중요하게 여김[重妃匹]'에서 주로 공식적인 후비를 내팽개치고 여색을 탐해 국가 시스템을 무너뜨리는 어리석은 군주[昏君]에 대해 다루고 있다면, 여기에서는 합법적 형식을 통해 태후나 황후가 '조정에 나아가 황제의 역할을 대리하는[臨朝稱制]' 상황을 검토하고 있다. 『대학연의』에서 태후를 다루는 관점은 공적 권력의 사유화 문제를 사고하는 데에 큰 시사를 준다. 태후는 임금에게 갑작스럽게 유고가 발생하여 통치가 불가능한 경우, 새로운 임금을 지명하거나 섭정할 수 있는 합법적 권리를 부여받는다. '집안의 다스림을 엄격하게 함'에서 다루는 대부분의 태후들은 이러한 합법적 권리를 이용해 '예외상황'을 선포하고 새로 임금을 옹립하거나[立君] 폐위하는[廢君] 방법을 통해 자신의 권력을 확대하여 지속성을 유지하려 한다. 이와 같은 상황을 경계하는 것이 권38의 주된 내용이다.

## 궁정의 내외를 구분함[宮闈內外之分]

『예기(禮記)』「혼의(昏義)」에서 다음과 같이 말하였다.

"옛날 천자의 후비(后妃)는 육궁(六宮)을 세우고, 세 명의 부인(夫人)·아홉 명의 빈(嬪)·이십칠 명의 세부(世婦)·팔십일 명의 어처(御妻)로써 천하의 내치(內治)를 살피고 부순(婦順)[1]을 밝혔으므로, 천하는 안으로 화목하고 집안이 잘 다스려졌다.

천자는 육관(六官)을 세우고, 삼공(三公), 구경(九卿), 이십칠 명의 대부(大夫), 팔십일 명의 원사(元士)로써 천하의 외치(外治)를 다스리며 천하의 남교(男教)[2]를 밝혔으므로 밖으로 화목하고 나라가 다스려졌다.

그러므로 '천자는 남교(男教)를 따르고 후비는 여순(女順)을 따른다.'라고 하니, 이것을 성덕(聖德)이라 한다. 이런 까닭으로 남교(男教)가 다스려지지 않으면 양사(陽事)가 이루어지지 않고 그 꾸짖음[適]이 하늘에 나타나 일식이 된다. 부순(婦順)이 다스려지지 않으면 음사(陰事)가 이루어지지 않고 그 꾸짖음[適]이 하늘에 나타나 월식이 된다.

이 때문에 일식이 나타나면 천자는 소복(素服)하고서 육관(六官)의 직을 다스린다. 월식이 나타나면 후비는 소복(素服)하고서 육궁(六宮)의 직을 다스린다. 그러므로 천자와 후비는 해와 달

---

1 순종하며 효성스럽고 공경하는 부녀자의 미덕이다.

2 남자들에 대한 교화다.

과 같고 음과 양과 같아서, 서로 기다린 이후에 이루어지는 것이다. 천자가 남교(男教)를 다스리는 것은 아버지의 도[父道]이며, 후비가 여순(女順)을 다스리는 것은 어머니의 도[母道]다. 그러므로 '천자와 후비는 아버지와 어머니와 같다'고 하는 것이다."

『記』: "古者天子后立六宮, 三夫人、九嬪、二十七世婦、八十一御妻, 以聽天下之內治, 以明章婦順, 故內和而家理. 天子立六官、三公、九卿、二十七大夫、八十一元士, 以聽天下之外治, 以明章天下之男教, 故外和而國治. 故曰: 天子聽男教, 后聽女順, 此之謂盛德. 是故男教不修, 陽事不得, 適見於天, 日爲之食; 婦順不修, 陰事不得, 適見於天, 月爲之食. 是故日食則天子素服, 而脩六官之職; 月食則后素服, 而脩六宮之職. 故天子之與后, 猶日之與月, 陰之與陽, 相須而后成者也. 天子脩男教, 父道也; 后脩女順, 母道也. 故曰天子之與后, 猶父之與母也."

—'적현어천(適見於天)'의 適은 讁(꾸짖다, 책망하다, 재앙, 기상의 변화)과 같다. '見'은 음이 현(現)이다.—

**신은 이렇게 생각합니다.** 『역(易)』「가인(家人)」의 괘(卦)에서 "여자가 안에서 자리를 바르게 하고, 남자가 밖에서 자리를 바르게 한다. 남자와 여자가 바르게 하는 것이 천지의 대의(大義)이다."라고 하였습니다. 『역(易)』에서 그 이치를 말하고 『예기(禮記)』에서 그 법을 진술하니, 서로 표리(表裏)라고 할 수 있을 것입니다.

『예기(禮記)』의 「곡례(曲禮)」에서 말하였다.

"밖의 말이 문지방 안으로 들어오지 않으며, 안의 말이 문지방 밖으로 나가지 않는다."

「曲禮」曰: "外言不入於梱, 內言不出於梱."

**신은 이렇게 생각합니다.** 이렇게 안과 밖을 엄중히 하는 것은 청알(請謁, 사사로이 보기를 청하는 것)을 막는 법입니다. 사대부의 집안에서부터 오히려 그러해야 할진대, 하물며 황실에서는 어떻겠습니까?

여기까지 '궁정의 내외를 구분함[宮闈內外之分]'을 논하였습니다.

## 후비의 국정 참여를 경계함[宮闈預政之戒]

『춘추좌씨전(春秋左氏傳)』에서 다음과 같이 말하였다.

"제 환공이 규구(葵丘)[3]의 맹약에서 이르기를 '부인이 국가의 일에 참여하게 하지 말라.'라고 하였다."

『春秋傳』: "齊桓公葵丘之盟曰: '毋使婦人預國事.'"

3 규구(葵丘)는 춘추전국시대 송(宋)나라 지명(지금의 하남성 고성(考城)현)으로 제(齊) 환공(桓公)이 제후들을 이곳에 모아 존주(尊周)의 맹약을 한 곳임.(『左傳』 僖公九年)

**신은 이렇게 생각합니다.** 춘추시기에 부인이 안에서 총애를 독차지한 경우는 많았으나 밖에서 정치에 참여하였다는 것은 듣지 못하였습니다. 규구의 맹약 중 만세(萬世)토록 경계해야 할 것 세 가지가 있습니다. 적자(適子)를 바꾸지 말며, 첩을 부인으로 삼지 말아야 한다는 것이 그 첫 번째입니다. 전국시기에 이르러 진나라의 천태후(芊太后)와 제나라 군왕의 후비들이 국가의 일에 참여하기 시작하였던 사실이 역사에 보입니다.—규구의 맹약에서 언급한 수자(樹子)는 적자(適子)를 말한다.—

한(漢) 고조(高祖)의 여 황후(呂皇后)는 사람됨이 강직하고 굳세 고조를 도와 천하를 평정하였다.[4] 혜제가 즉위하자 황태후가 되었다. 혜제가 세상을 떠나자, 태후는 혜제 후궁의 아들을 황제로 세우고 조정에 나가 대신 정사를 행하였다.

고후 원년(高后 元年, BC 187) 겨울, 태후가 여씨들을 왕으로 세우고자 하여, 우승상 왕릉(王陵)에게 의견을 물었다. 왕릉이 대답하였다.

"고제(高帝)께서 흰말을 죽여 맹세하면서 '유(劉)씨가 아니면서 왕이 되고자 하는 자는 천하가 함께 그를 공격하라'고 하셨습니다. 지금 여씨를 왕으로 세우는 것은 약속을 어기는 것입니다."

4 여후의 이야기는 『한서(漢書)』 권97상과 권3, 『자치통감(資治通鑑)』 권13에서 인용하고 있다.

태후가 좋아하지 않았다. 다시 좌승상 진평(陳平)과 태위 주발(周勃)에게 의견을 물으니 다음과 같이 대답하였다.

"고제께서 천하를 평정하였기 때문에 (유씨가) 왕의 자제가 될 수 있었습니다. 지금은 태후께서 집정하고 계시므로 여씨들을 왕으로 삼는 것도 안 될 바가 없습니다."

태후가 기뻐하였다. 조회가 끝나자, 왕릉은 진평과 강후(絳侯, 주발)를 꾸짖었다.

"예전 고제와 피를 바르며 혈맹할 때, 그대들은 함께 있지 않았소? 지금 태후가 여씨들을 왕으로 세우고자 하는데 그대들은 그 의견에 동조하면서 이전의 약속을 어기니, 지하에서 고제를 무슨 면목으로 만나려고 하시오?"

진평과 강후가 대답하였다.

"지금 태후의 앞에서 그 허물을 직간(直諫)하는 것은 저희들이 그대만 못합니다. 그러나 사직(社稷)을 보전하고 유씨의 후예들을 안정시키는 데는 그대보다 저희들이 나을 것입니다."

태후가 왕릉을 황제의 태부로 삼았다. 그러나 실제로는 그에게서 재상의 권리를 빼앗는 것이었다. 왕릉이 병을 핑계 삼아 면직을 청하고 고향으로 돌아갔다.

태후는 진평을 우승상에 임명하고 벽양후(辟陽侯) 심이기(審食其)를 좌승상에 임명하였다. 그러나 실제로 심이기는 좌승상의 직무를 처리하지 않고 궁중의 일을 감독하는 낭중령과 같은 업무를 보았다. 심이기는 태후에게 총애와 신임을 받았고, 때문에 공경대신들은 모두 심이기에게 보고하여 일을 결정받았다.

태후는 또한 그 아버지 임사후(臨泗侯) 여공(呂公)을 추존하여 여선왕(呂宣王)으로 삼고, 오빠 여택(呂澤)을 도무왕(悼武王)으로 하였으며, 이로부터 여러 여씨들을 차츰차츰 왕으로 삼고자 하였다. 태후가 여씨를 왕으로 세우고자 하여 우선 혜제(惠帝)의 아들로 불리던 유강(劉彊)을 회양왕(淮陽王)으로, 유불의(劉不疑)를 항산왕(恒山王)으로 삼았다. 또한 대알자(大謁者) 장석(張釋)으로 하여금 대신들을 선동하게 하였다. 이에 대신들이 도무왕(悼武王)의 장자인 역후(酈侯) 여태(呂台)를 여왕(呂王)으로 세울 것을 청하니, 제나라의 제남군(濟南郡)을 분할하여 여국(呂國)으로 삼았다.

漢高祖呂皇后爲人剛毅, 佐高帝定天下. 惠帝立, 爲皇太后. 惠帝崩, 立孝惠後宮子爲帝, 太后臨朝稱制. 高后元年冬, 太后議欲立諸呂爲王, 問右丞相陵, 陵曰: "高帝刑白馬盟曰 '非劉氏而王, 天下共擊之.' 今王呂氏, 非約也." 太后不悅, 問左丞相平、太尉勃, 對曰: "高帝定天下, 王子弟; 今太后稱制, 王諸呂, 無所不可." 太后喜. 罷朝, 王陵讓陳平、絳侯曰: "始與高帝唼血盟, 諸君不在邪? 今太后女主, 欲王呂氏, 諸君阿意背約, 何面目見高帝地下乎?" 陳平、絳侯曰: "於今, 面折廷爭, 臣不如君; 全社稷, 定劉氏之後, 君亦不如臣." 太后以王陵爲帝太傅, 實奪之相權, 陵遂病免歸. 乃以陳平爲右丞相, 辟陽侯審食其爲左丞相, 不治事, 令監宮中, 如郎中令. 食其故得幸於太后, 公卿皆因決事. 太后又追尊其父臨泗侯呂公爲宣王, 兄澤爲悼武王, 欲以王諸呂爲漸. 太后欲王呂氏, 乃先立所名孝惠子彊爲淮陽王, 不疑爲恒山王, 使大謁者張釋風大臣. 乃請立悼武王長子酈侯台爲呂王, 割齊之濟南郡爲呂國.

고후 2년(BC 186), 제나라 도혜왕(悼惠王)의 아들 유장(劉章)을 주허후(朱盧侯)로 봉하고서 사람들로 하여금 지키게 하고, 여록(呂祿)의 딸을 유장에게 시집보냈다.

二年, 封齊悼惠王子章爲朱盧侯, 令人宿衛, 又以呂祿女妻章.

고후 4년(BC 184), 태후가 여동생 여수(呂嬃)를 임광후(臨光侯)로 삼았다.

四年, 太后封女弟嬃爲臨光侯.

소제(少帝) 유공(劉恭)이 점차 장성하여 자신이 황후의 아들이 아님을 알게 되자 다음과 같이 말하였다.

"태후가 어찌 나의 생모를 죽이고 나를 아들이라고 부르는가? 내가 장성하면 바꿀 것이다."

여 태후가 이 말을 듣고 곧 소제를 영항(永巷, 궁중의 감옥)에 유폐하여 죽였다. 항산왕(恒山王)을 세워 황제로 삼고, 이름을 유홍(劉弘)으로 고쳤다. 연호를 바꿔 원년(元年)이라 칭하지 않았으니, 태후가 천하의 일을 다스렸기 때문이다.

少帝寖長, 自知非皇后子. 出言曰: "后安能殺吾母而名我! 我壯, 卽爲變." 太后聞之, 幽永巷中廢殺之. 立恒山王爲帝, 更名弘, 不稱元年, 以太后制天下事故也.

고후 6년, 숙왕(肅王)의 동생 여산(呂產)을 여왕(呂王)으로 삼았다.

六年, 立肅王弟產爲呂王.

고후 7년, 태후가 조유왕(趙幽王) 유우(劉友)를 불렀다. 유우는 여씨집안의 딸을 왕후로 삼았으나, 그녀를 사랑하지 않고 다른 여자를 총애하였다. 여씨 집안의 딸이 화가 나서 여태후에게 가서 참소하였다. 태후가 이러한 까닭으로 조왕(조유왕)을 불렀고, 조왕이 도착하자 관저에 가두어 두고 만나지 않은 채 위사(衛士)에게 그를 지키게 하였다. 밥을 주지 않아 굶어 죽었다. 양왕(梁王) 유회(劉恢)의 자리를 옮겨 조왕(趙王)으로 삼고, 여왕(呂王) 여산(呂產)을 양왕(梁王)으로 삼았다. 양왕은 자기의 나라로 가지 않고 황제의 태부가 되었다.

七年, 太后召趙幽王友. 友以諸呂女爲后, 弗愛, 愛他姬. 諸呂女怒, 去讒之於太后. 太后以故召趙王, 趙王至置邸不得見, 令衛圍守之, 弗與食, 餓死. 徙梁王恢爲趙王, 呂王產爲梁王. 梁王不之國, 爲帝太傅.

조왕(趙王) 유회(劉恢)는 조나라로 옮겨지자 마음이 즐겁지 않았다. 태후가 여산(呂產)의 딸을 왕후로 맞이하게 하였다. 왕후의 종관(從官, 수행하는 관리)은 모두 여씨들로 권력을 마음대로 휘두르며 조왕을 은밀히 감시하자, 조왕은 마음대로 할 수 없었다. 조왕은 사랑하는 첩이 있었는데, 왕후가 사람을 시켜 독살하였다. 이에 조왕이 비분을 이기지 못하고 자살하였다. 태후가 조왕이 여자 때문에 종묘의 예를 폐하였다고 여겨서 그 후사를 폐하였다.

趙王恢之徙趙, 心懷不樂. 太后以呂產女爲王后, 王后從官皆諸呂擅權, 微伺趙王, 趙王不得自恣. 王有所愛姬, 王后使人酖殺之. 王不勝悲憤, 自殺. 太后以爲王用婦人棄宗廟禮, 廢其嗣.

이때 여씨들이 권력을 마음대로 휘두르며 일을 처리하였다. 주허후(朱虛侯) 유장(劉章)은 나이 20살로 기력이 있었으며, 유씨들이 제대로 된 직책을 얻지 못하는 것을 분하게 여겼다. 일찍이 태후를 모시고 연회에 참석한 일이 있었다. 태후가 유장으로 하여금 주리(酒吏, 연회에서 술 돌리는 일을 맡은 사람)를 맡도록 하였다. 유장이 스스로 청하였다.

"신은 장군가문의 자손이니, 청컨대 군법으로써 술을 돌리도록 해 주십시오."

태후가 "좋다"고 하였다. 유장이 술이 거나하게 취하여 경전가(耕田歌)를 부르겠다고 청하자 태후가 또 허락하였다. 유장이 노래를 불렀다.

"깊이 갈아 빽빽하게 씨를 뿌리고, 싹이 돋아나면 성글게 하려고 하네. 그 종자가 아닌 것은 호미질로 솎아 버리네."

태후가 묵묵히 있었다. 잠시 후, 여러 여씨 가운데 한 사람이 술을 피하여 도망가자, 유장이 쫓아가서 칼을 뽑아 그의 목을 베고 돌아왔다. 태후의 좌우에 있던 사람들이 모두 크게 놀랐다.

그러나 이미 그 군법으로써 술을 돌릴 것을 허락하였으므로, 죄를 줄 수가 없었고 이렇게 연회가 끝났다. 이후로부터 여씨들은 주허후 유장을 두려워하였으며 비록 대신이라도 모두 주허후에게 의지하니, 유씨의 힘이 더욱 강하게 되었다.

是時諸呂擅權用事. 朱虛侯章, 年二十, 有氣力, 忿劉氏不得職. 常入侍太后燕飮, 太后令章爲酒吏. 章自請曰: "臣, 將種也, 請得以軍法行酒." 太后曰: "可." 酒酣, 章請爲耕田歌, 太后許之. 章曰: "深耕穊種, 立苗欲疏, 非其種者, 鉏而去之." 太后默然. 頃之, 諸呂有一人醉亾酒, 章追, 拔劍斬之而還. 太后左右皆大驚. 業已許其軍法, 無以罪也, 因罷. 自是之後, 諸呂憚朱虛侯, 雖大臣皆依朱虛侯, 劉氏爲益彊.

진평(陳平)은 여씨들의 힘이 통제할 수 없게 된 것을 근심하며, 그 화가 자신에게 미칠까 두려워하였다. 일찍이 집에서 한가로이 거처하면서 깊이 생각에 잠겨 있다가 육가(陸賈)가 방문하여 곧바로 들어와 앉는 것조차 알지 못하였다. 육가가 물었다.

"무슨 생각을 그렇게 깊게 하십니까?"

"그대가 내가 무슨 생각을 하는지 맞춰 보시겠소?"

"승상께서는 지극히 부귀하니 더 바랄 것이 없을 것입니다. 그런데 근심하는 마음이 있으니 여씨들과 소주(少主)에 대해 근심하는 것밖에 없을 것입니다."

"맞습니다. 이를 어찌하면 좋겠습니까?"

"천하가 편안하면 재상에게 관심이 쏠리고, 천하가 위태로우면 장군에게 관심을 두게 됩니다. 장군과 재상이 서로 조화를 이루면 선비들이 기뻐하며 따르게 됩니다. 이와 같다면 천하에 비록 변고가 일어나도 권력이 흩어지지 않는 것입니다. 사직을 위한 계책은 장군과 재상, 두 사람의 손에 달려 있을 뿐입니다. 그대는 어찌 태위(太尉)와 사이좋게 사귀며 깊이 서로 결속을 맺지 않으십니까?"

그리고 진평을 위해 여씨를 제거하기 위한 몇 가지 계책을 세워 주었다. 진평이 그 계책대로 강후(絳侯, 주발)의 장수를 기원하며 500금을 보내고, 후한 예를 갖추어서 즐겁게 함께 술을 마셨다. 태위도 그와 똑같이 보답하였다. 두 사람이 깊이 서로 결속하니 여씨의 입지가 더욱 위축되었다.

陳平患諸呂力不能制, 恐禍及己. 嘗燕居深念, 陸賈往, 直入坐, 而陳丞相不見. 陸生曰: "何念之深也?" 陳平曰: "生揣我何念?" 陸生曰: "足下極富貴, 無欲矣. 然有憂念, 不過患諸呂、少主耳." 陳平曰: "然. 爲之奈何?" 陸生曰: "天下安, 注意相; 天下危, 注意將. 將相和調, 則士豫附. 天下雖有變, 權不分. 爲社稷計, 在兩君掌握耳. 君何不交驩太尉, 深相結?" 因爲陳平畫呂氏數事. 陳平用其計, 乃以五百金爲絳侯壽, 厚具樂飮; 太尉報亦如之. 兩人深相結, 呂氏謀益衰.

태후가 오빠의 아들인 여록(呂祿)을 조왕(趙王)으로 삼았다.

太后立兄子呂祿爲趙王.

고후 8년, 여숙왕(呂肅王)의 아들 동평후(東平侯) 여통(呂通)을 세워 연왕으로 삼았다. 태후의 병이 심해지자 이내 조왕(趙王) 여록(呂祿)을 상장군으로 삼아 북군(北軍)을 지휘하게 하고, 여왕(呂王) 여산(呂産)은 남군을 지휘하게 하였다. 태후가 여산과 여록에게 경고하였다.

"여씨가 왕이 된 것을 대신들이 불평하고 있다. 내가 죽으면 황제의 나이가 어려 대신들이 변을 일으킬까 두렵다. 반드시 군사를 장악하여 황궁을 호위해야 한다. 내 장례를 치르려 하다가 남의 군사에게 제압당하지 않도록 조심해야 한다."

태후가 붕어하였다. 천하에 사면령을 내리고 여왕(呂王) 여산(呂産)을 상국(相國)으로 삼고, 여록(呂祿)의 딸을 제후(帝后)로 삼는다는 유조(遺詔)를 내렸다. 여씨들이 반란을 일으키고자 하였으나 대신(大臣) 강후(絳侯)와 관영(灌嬰) 등이 두려워서 감히 나서지 못하였다. 주허후(朱虛侯)는 여록(呂祿)의 딸을 부인으로 두었기 때문에 그러한 여씨들의 모의를 알게 되었다. 이내 몰래 사람을 시켜 그 형인 제왕(齊王)에게 알리고서, 제왕이 군사를 서쪽[長安]에서 일으키면 자신[朱虛侯]과 동평후(東平侯)가 내응(內應)하여, 여씨들을 주살하고 제왕을 황제로 삼으려고 하였다. 상국(相國) 여산(呂産) 등이 그 소식을 듣고, 곧바로 영음후(潁陰侯) 관영(灌嬰)에게 군사를 이끌고 나가 그들을 막게 하였다. 관영이 영양(滎陽)에 이르러 모의하였다.

"여씨들이 관중(關中)에서 군사를 장악하고 유씨들을 위태롭게 하여 자립하고자 한다. 지금 내가 제나라를 격파하고 돌아간다면, 이것은 여씨의 자산을 더해 주는 것이다."

이내 형양(滎陽)에서 주둔하며, 제왕(齊王)에게 제후들과 연합하여 여씨가 반란을 일으키기를 기다렸다가 함께 주살하자고 사신을 보내어 설득하였다. 제왕이 그것을 듣고는 바로 서쪽 경계 지역으로 군대를 돌린 후 약속을 기다렸다. 여록(呂祿)과 여산(呂產)은 난을 일으키고자 하였으나, 안으로는 강후(絳侯)와 주허후(朱虛侯) 등을 꺼렸고 밖으로는 제(齊)와 초(楚)의 군대를 두려워하였다. 또한 관영이 배반할 것을 두려워하여 관영의 병사들이 제나라와 전쟁하기를 기다렸다가 반란을 일으키고자 시일을 늦추며 결정하지 못하고 있었다.

이때, 제천왕(濟川王) 유태(劉太), 회양왕(淮陽王) 유무(劉武), 상산왕(常山王) 유조(劉朝), 노왕(魯王) 장언(張偃) 등은 모두 나이가 어려 아직 봉국(封國)에 가지 않고 장안에 머물고 있었다. 조왕(趙王) 여록(呂祿)과 양왕(梁王) 여산(呂產)은 각각 군사를 이끌며 남군과 북군을 통제하고 있었는데, 모두 여씨의 사람들이었기 때문에 열후와 군신들은 스스로 그 목숨을 확신할 수 없었고, 태위 강후(絳侯) 주발(周勃)도 병권을 장악할 수 없었다. 곡주후(曲周侯) 역상(酈商)은 늙고 병들었고, 그의 아들 역기(酈寄)는 여록(呂祿)과 잘 지냈다. 강후는 이내 승상 진평(陳平)과 모의하여 사람을 보내어 역상을 겁박하여서 그 아들 역기로 하여금 가서 조왕 여록을 속여 다음과 같이 말하게 하였다.

"고제(高帝)께서 여후(呂后)와 더불어 함께 천하를 평정하시고, 유씨 9명이 왕이 되고 여씨 3명이 왕이 되었는데, 이는 모두 대신들이 일을 의논하고서 이미 제후들에게 공포한 것이었으므로 제후들이 모두 마땅하다고 여겼습니다. 지금 태후가 붕어하시고, 황제가 어린데도 그대께서 조왕이라는 인장을 차고서 급하게 조나라로 가서 번국을 지키지 않고, 상장군이 되어 병사들을 거느리고 이곳에 주둔하고 있으니 대신과 제후들이 의심하고 있습니다.

그대는 어찌 장군의 인장을 돌려보내고 병사들을 태위에게 귀속시키지 않으십니까? 양왕(梁王)에게도 청하여 상국(相國)의 인장을 돌려주고 대신들과 맹약하고 그 나라로 돌아가게 하십시오. 그러면 제나라 병사들도 반드시 물러갈 것이고, 대신들도 안심할 수 있으며 그대께서도 베개를 높이 하고 편안히 주무시면서 천 리의 땅에서 왕 노릇 하실 수 있습니다. 이는 만세(萬世)의 이익입니다."

여록은 이 계책이 믿을 만하다고 여겼다. 태위가 북군(北軍)으로 들어가고자 하였으나 들어갈 수 없었다. 양평후(襄平侯) 기통(紀通)이 부절을 주관하고 있었는데, 태위 주발이 곧 기통을 시켜서 부절을 가지고 거짓으로 속여서 자신이 북군으로 들어갈 수 있게 하였다. 태위는 다시 역기와 전객(典客) 유게(劉揭)를 시켜서 여록에게 먼저 다음과 같이 말하도록 하였다.

"황제가 태위를 시켜 북군을 지키게 하면서 그대를 봉국으로 돌아가게 하고자 하니, 급히 장군의 인장을 풀어 사직하고 떠나십시오. 그렇지 않다면 화가 장차 있을 것입니다."

여록은 자기를 속이지 않을 것이라고 여겨서 마침내 인장을 풀어 전객에게 내주고 병사들을 태위에게 주었다. 태위가 군에 이르렀을 때, 여록은 이미 떠난 뒤였다. 태위는 군문(軍門)에 들어가서 군중(軍中)에 영을 내렸다.

"여씨를 위한다면 오른쪽 어깨를 드러내고, 유씨를 위한다면 왼쪽 어깨를 드러내라."

군중(軍中)에서 모두 왼쪽 어깨를 드러내니, 태위는 마침내 북군을 거느리게 되었다. 그러나 아직 남군(南軍)이 있었기 때문에 승상 진평(陳平)이 곧 주허후 유장(劉章)을 불러 태위를 돕게 하였다. 태위는 주허후에게 군문(軍門)을 감독하게 하고, 평양후를 시켜 위위(衛尉, 왕궁을 호위하던 병사들을 통솔하던 직위)에게 다음과 같이 고하게 하였다.

"상국 여산(呂產)을 궁궐의 문 안으로 들이지 말라."

여산은 여록이 이미 북군을 떠났음을 알지 못하였으므로 바로 미앙궁으로 들어가 난을 일으키고자 하였으나, 궁문에 이르러 들어갈 수가 없자 여기저기 배회하고 있었다. 평양후는 이기지 못할 것을 두려워하여, 태위에게 달려가 말하였다. 태위도 또한 여씨들을 이기지 못할까 두려워 감히 여씨를 주살하겠다고 공언(公言)하지 못하고, 주허후에게 다음과 같이 말하였다.

"급히 궁으로 들어가서 황제를 호위하라."

주허후가 병사들을 청하자 태위는 병사 천여 명을 주었다. 미앙궁 문으로 들어가 궁정의 뜰에서 황제를 만났고, 마침내 여산을 공격하여 낭중부 관리들의 측간에서 그를 죽였다. 주허후가 이미 여산을 죽이자 황제는 알자(謁者)에게 명하여 부절을 가지고 가서 주허후를 위로하도록 하였다. 주허후가 그 부절을 빼앗고자 하였으나 알자가 주지 않았다. 주허후는 알자를 따라 수레를 타고 부절의 신표로 인하여 달려 들어가서 장락궁의 위위(衛尉) 여경시(呂更始)의 목을 베었다. 돌아서 북군으로 달려 들어가 태위에게 보고하였다. 태위가 일어나 주허후에게 삼가 공손히 치하하였다.

"근심한 바는 오직 여산(呂產)뿐이었습니다. 지금 이미 여산을 주살하였으니, 천하가 정해졌습니다."

마침내 사람을 나누어 보내어 여씨들을 모두 잡아서, 남녀노소를 막론하고 모두 베도록 하였다. 여록(呂祿)을 잡아서 참수하고 여수(呂嬃)를 태형으로 죽이고서, 주허후 유장(劉章)을 보내어 여씨들을 주살한 일을 제왕(齊王)에게 고하고, 제왕에게 병사들을 물러가게 하도록 시켰다.

八年, 立呂肅王子東平侯通爲燕王. 太后病甚, 乃令趙王祿爲上將軍, 居北軍, 呂王產居南軍. 太后誡產、祿曰: "呂氏之王, 大臣弗平. 我卽崩, 帝年少, 大臣恐爲變. 必據兵衛宮, 愼毋送喪, 爲人所制." 太后崩, 遺詔: 大赦天下, 以呂王產爲相國, 以呂祿女爲帝后. 諸呂欲爲亂, 畏大臣絳、灌等, 未敢發. 朱虛侯以呂祿女爲婦, 故知其謀, 乃陰令人告其兄齊王, 欲令發兵西, 朱虛侯、東平侯爲內應, 以誅諸呂, 立齊王爲帝. 相國呂產等聞之, 乃遣潁陰侯灌嬰將兵擊之. 灌嬰至滎陽, 謀曰: "諸呂擁兵關中, 欲危劉氏而自立. 今我破齊還報, 此益呂氏之資也." 乃留屯滎陽, 使使諭齊王及諸侯與連和, 以待呂氏變, 共誅之. 齊王聞之, 乃還兵西界待約. 呂祿、呂產欲作亂, 內憚絳侯朱虛侯等, 外畏齊、楚兵, 又恐灌嬰叛之, 欲待灌嬰兵與齊合而發, 猶豫未決. 當是時, 濟川王太、淮陽王武、常山王朝及魯王張偃皆年少, 未之國, 居長安, 趙王祿、梁王產各將兵居南、北軍, 皆呂氏之人也. 列侯羣臣莫自堅其命, 太尉絳侯勃不得主兵. 曲周侯酈商老病, 其子寄與呂祿善. 絳侯乃與丞相陳平謀, 使人刦酈商, 令其子寄往紿說呂祿曰: "高帝與呂后共定天下, 劉氏所立九王, 呂氏所立三王, 皆大臣之議事, 已布告諸侯, 諸侯皆以爲宜. 今太后崩, 帝少, 而足下佩趙王印, 不急之國守藩, 乃爲上將, 將兵留此, 爲大臣諸侯所疑. 足下何不歸將印, 以兵屬太尉, 請梁王歸相國印, 與大臣盟而之國. 齊兵必罷, 大臣得安, 足下高枕而王千里, 此萬世之利也." 呂祿信然其計. 太尉欲入北軍, 不得. 襄平侯紀通尙符節, 乃令持節矯內太尉北軍. 太尉復令酈寄與典客劉揭先說呂祿曰: "帝使太尉守北軍, 欲足下之國, 急解將印辭去. 不然, 禍且起." 呂祿以爲不欺己, 遂解印屬典客, 而以兵授太尉. 太尉至軍, 呂祿已去. 太尉入軍門, 行令軍中曰: "爲呂氏右袒, 爲劉氏左袒." 軍中皆左袒, 太尉遂將北軍. 然尙有南軍, 丞相平乃召朱虛侯章佐太尉. 太尉令朱虛侯監軍門, 令平陽侯告衛尉: "毋入相國產殿門." 呂產不知呂祿已去北軍, 乃入未央宮, 欲爲亂, 至殿門, 弗得入, 徘徊往來. 平陽侯恐弗勝, 馳語太尉. 太尉尙恐不勝諸呂, 未敢公言誅之, 乃謂朱虛侯: "急入宮衛帝!" 朱虛侯請卒, 太尉予卒千餘人. 入未央宮門, 見帝廷中, 遂擊產, 殺之郎中府吏厠中. 朱虛侯已殺產, 帝命謁者持節勞朱虛侯. 朱虛侯欲奪其節, 謁者不肯. 朱虛侯則從與載, 因節信馳走, 斬長樂衛尉呂更始. 還, 馳入北軍報太尉. 太尉起, 拜賀朱虛侯曰: "所患獨呂產, 今已誅, 天下定矣." 遂遣人分部悉捕諸呂, 男女無少長皆斬之. 捕斬呂祿, 而笞殺呂嬃, 遣朱虛侯章以誅諸呂事告齊王, 令罷兵.

**신은 이렇게 생각합니다.** 여 태후는 처음에 유지(遺志)를 받았습니다. 고제(高帝)가 생전에 유언을 남겼습니다.

"조참(曹參)은 소하(蕭何)를 대신하여 상국(相國)을 할 만하고, 진평(陳平)은 왕릉(王陵)을 도울 만하며, 유씨를 편안하게 할 사람은 분명 주발(周勃)이니 그를 태위(太尉)로 삼을 만하다."

태후는 그들을 모두 등용하여 고제의 유언을 잘 따랐습니다. 이때에는 아직 사심(邪心)이 없었습니다.

그런데 일단 조정에 나가 대신 정사를 행하여 군과 나라의 대권이 이미 자기에게서 나오게 되자, 이에 여씨들을 높이며 유씨를 억누르려는 뜻이 생겨났습니다. 죽을 때가 다가오자 화(禍)를 생각하여, 여록과 여산으로 하여금 병권을 나누어 갖게 하고, 자신의 친정집안을 편애하여 왕권을 빼앗을 계획을 세웠습니다. 안으로 진평과 주발의 충성스러움이 있고, 밖으로 제와 초의 강함이 있지 않았다면 여씨를 장차 제압할 수 없었을 것입니다. 여록과 여산이 어리석고 둔하여 쉽게 속아서 기꺼이 양군[남군과 북군]을 떠나지 않았다면 비록 내외에 사람이 있더라도 또한 쉽게 제압할 수 없었을 것입니다.

이 점을 고려하면, 한나라의 황위와 국통이 망하지 않은 것은 하늘의 뜻입니다. 만약 태후가 유씨를 안전하게 하고 여씨를 온전하게 하려고 마음먹고 혜제가 죽었을 때 대저(代邸, 한 문제가 즉위하기 전에 대왕(代王)으로 있던 관저. 즉 문제(文帝)를 가리킨다.)를 맞아 즉위하게 하여 고제(高帝)의 업적을 이어서 인재를 얻도록 당부하였다면, 앉아서 천하의 봉양을 누릴 수 있었을 것입니다. 이것이 영원히 종실에 공적을 세우고 친정 집안에 복을 흘려보내는 길이었습니다.

하지만 태후는 이러한 길을 걷지 않았습니다. 8년 동안 황제의 권력을 탐하였고 친정 집안을 3국의 왕으로 봉하는 허영을 부리다 보니 이미 호랑이 등에 올라타 내리지 못하는 형국이 되었습니다. 이렇게 되자 반역의 뜻이 싹터 결국 친정 집안이 절멸하게 되어 젖먹이조차 살릴 수 없는 결과를 초래하였습니다. 옛날에 스스로 사사로운 욕심을 부리는 자는 곧 다시 스스로 화를 입는다고 하였으니, 어찌 슬픈 일이 아니겠습니까?

원제(元帝)의 효원황후(孝元皇后) 왕정군(王政君)은 성제(成帝)가 즉위한 후 황태후로 높이어졌고, 애제(哀帝)가 즉위한 후에는 태황태후가 되었다.[5]

애제가 붕어하였는데, 자식이 없었다. 태황태후는 신도후(新都侯) 왕망(王莽)을 대사마(大司馬)로 삼았다. 중산왕(中山王)을 정중히 불러서 애제의 제사를 지낸 후에 평제(平帝)로 삼았다. 평제는 아홉 살로 병들었기 때문에 태후가 조정에 나가 대신 정사를 보았는데 왕망에게 정사를 위임하여, 왕망이 위엄과 복덕을 독차지하였다.

평제가 붕어하였는데, 자식이 없었다. 왕망이 선제(宣帝)의 현손(玄孫, 손자의 손자. 즉 고손자)을 불렀는데, 가장 어린 광성후(廣成侯) 자영(子嬰)을 선택하니 나이 두 살의 어린아이가 즉위하였다. 왕망으로 하여금 대신 섭정하게 하니 마치 주공(周公)의 고사와도 같았다. 태후는 옳다고 여기지 않았으나 힘이 왕망을 저지시킬 만하지 못하였다. 이에 왕망이 마침내 황제를 대신하며, 연호를 고치고 자신이 직접 통치하였다.

孝元王皇后, 成帝立, 尊爲皇太后. 哀帝立, 尊爲太皇太后. 哀帝崩, 無子. 太皇太后以新都侯莽爲大司馬. 與共徵中山王奉哀帝後, 是爲平帝. 帝年九歲, 被疾, 太后臨朝, 委政於莽, 莽顓威福. 平帝崩, 無子. 莽徵宣帝玄孫, 選最少者廣成侯子嬰, 年二歲, 立爲孺子, 令莽踐阼居攝如周公故事. 太后不以爲可, 力不能禁, 於是莽遂爲攝皇帝, 改元稱制焉.

5 왕정군의 이야기는 『한서(漢書)』 권98에서 인용하고 있다.

—왕망은 태후의 조카다. 왕망의 찬탈에 대해서는 외척편에 보인다.—

반표(班彪)가 말하였다.[6]

"삼대(三代) 이후로 『춘추(春秋)』에 기록된 왕공국군(王公國君)과 그 실세(失世)에 관한 것들 중 여인의 총애 때문이 아닌 경우는 매우 드물다. 한나라가 흥기하고, 후비의 집안인 여씨(呂氏), 곽씨(霍氏), 상관씨(上官氏) 등 나라를 위태롭게 한 경우가 자주 있었다. 왕망(王莽)이 일어남에 미쳐, 효원왕후는 한나라의 4대 동안 천하의 어머니로 60여 년 간 나라를 향유하였기 때문에 여러 형제들은 대대로 권세를 얻었고 국가의 권력을 계속하여 유지하며 5명의 장군과 10명의 제후를 두었으며, 마침내 새 나라를 이루게 되었다. 위호(位號, 지위와 명호)가 이미 천하에서 옮겨 갔으니 효원왕후가 간절하게 옥새를 잡고서 왕망에게 주고자 하지 않았으나, 아녀자의 인자함이 결국 비극을 불렀구나!"

班彪曰: "三代以來, 『春秋』所記, 王公國君與其失世, 稀不以女寵. 漢興, 后妃之家呂、霍、上官, 幾危國者數矣. 及王莽之興, 由孝元后歷漢四世爲天下母, 饗國六十餘載, 羣弟世權, 更持國柄, 五將十侯, 卒成新都. 位號已移於天下, 而元后惓惓猶握一璽, 不欲以授莽, 婦人之仁, 悲夫!"

6 반표의 말은 『한서(漢書)』 권98의 사론에서 인용하고 있다.

『후한서(後漢書』「황후기(皇后紀)」에서 다음과 같이 말하였다.

"옛부터 비록 군주가 어리고 시대가 어려워도 반드시 재상에게 위임하여 책임지게 하고 충성스럽고 어진 이를 간절히 구하였지, 부인에게 오로지 책임을 맡겨 무거운 그릇[重器, 천하·정권을 비유함]을 깨지게 하는 일은 있지 않았다. 상고해 보면 진(秦)나라의 미 태후(芈太后)가 처음 섭정을 시작하였다. 그러므로 양후(穰侯)[7]는 소왕(昭王)보다 권력이 컸고, 그 가문은 진나라보다도 부유하였다. 한나라는 그 잘못을 거듭하면서 근심거리인 것을 알면서도 고치지 못하였다. 권력이 여주인(女主人)에게 돌아가, 밖에서 세운 황제가 4명이었다. 조정에 나가 정치를 한 태후는 6명으로 장막 안에서 정책을 정하며 아버지나 형제에게 일을 맡기고, 어린아이들을 세워서 그 정치를 오래 하고자 하였으며 현명하고 어진 이를 억압하여 그 위세를 전횡하지 않은 자가 없었다."

『後漢』「皇后紀」曰: "自古雖主幼時艱, 必委成冢宰, 簡求忠賢, 未有專任婦人, 斷割重器. 唯秦芈太后始攝政事, 故穰侯權重於昭王, 家富於秦國. 漢仍其繆, 知患莫改. 權歸女主, 外立者四帝. 臨朝者六后, 莫不定策帷帟, 委事父兄, 貪孩童以久其政, 抑明賢以專其威."

—『후한서(後漢書』「황후기(皇后紀)」는 범엽(范曄)이 찬하였다. 미 태후(芈太后)는 진(秦)나라 소왕(昭王)의 어머니다. 양후(穰侯)는 미 태후의 동생인 위염(魏冉)이다. 밖에서 세운 4명의 황제는 안제(安帝), 질제(質帝), 환제(桓帝), 영제(靈帝)를 말한다. 조정에 나가 정치를 행한 6명의 태후는 두 태후(竇太后), 등 태후(鄧太后), 염 태후(閻太后), 양 태후(梁太后), 두 태후(竇太后), 하 태후(何太后)다.—

---

7 전국시대 진(秦)나라의 재상이었던 위염(魏冉)을 말한다.

효화제(孝和帝)가 즉위하였는데, 나이가 열여섯이었다.[8] 황후 두씨(竇氏)를 높여 태후로 삼았다. 태후가 조정에 나가 대신 정치를 하였는데, 오빠 두헌(竇憲)과 동생 두독(竇篤) 등을 모두 황제의 측근 요직에 등용하였다. 영원(永元) 4년(92), 두씨들이 더욱 흥성하여 마침내 시해(弑害)를 도모하자 화제(和帝)가 이들을 주살하였다.

孝和帝卽位, 年十六, 尊皇后竇氏爲皇太后. 太后臨朝, 兄憲、弟篤等皆在親要之地. 至永元四年, 竇氏益盛, 遂圖弑害, 和帝誅之.

—화제(和帝)는 장제(章帝)의 아들이다. 화제(和帝)가 두씨를 주살한 일은 「외척편(外戚篇)」에 보인다.—

화제(和帝)가 붕어하였을 때, 상제(殤帝)는 태어난 지 백 일밖에 되지 않았는데, 등 황후(鄧皇后)가 그를 맞이하여 옹립하였다.[9] 황후를 높여 황태후로 삼았다. 태후가 조정에 나가 섭정하였다. 상제(殤帝)가 붕어하였는데, 태후가 정책을 정하여 안제(安帝)를 옹립하고 계속해서 조정에 나가 섭정하였다.

和帝崩, 殤帝生始百日, 鄧后迎立之, 尊后爲皇太后, 臨朝. 殤帝崩, 太后定策, 立安帝, 猶臨朝政.

8 두씨와 관련한 내용은 『후한서(後漢書)』 권10상에 보인다.

9 등 태후의 이야기는 『후한서(後漢書)』 권10상에 보인다.

범엽(范曄)이 논하여 말하였다.[10]

"등 황후는 죽을 때까지 섭정하였으며, 스스로 영을 내리고 반포하였다. 술책은 이전시기 정치의 좋은 것들을 사양하고, 몸은 군주를 밝히는 의로움을 빠뜨렸다. 또한 군주를 잇는 자로 하여금 곁눈질하게 하고 빈 그릇[실권 없는 자리, 즉 실권 없는 왕위]에서 옷깃을 여미게 하는 데 이르렀으니, 곧은 유생들이 분개한 마음을 품고서, 대궐 문에 투서를 내걸게 되었다."

范曄論曰: "鄧后稱制終身, 號令自出, 術謝前政之良, 身闕明辟之義. 至使嗣主側目, 斂衽於虛器, 直生懷懣, 騰書於象魏."

**신은 이렇게 생각합니다.** 동한(東漢)시기 모후(母后)가 조정에 나가 섭정한 자 중에 오직 화희등황후(和熹鄧皇后, 장제의 황후)가 가장 현명하였으나 권력을 탐하여 놓지 않았습니다. 두근(杜根)이 상서(上書)하여 정권을 돌려줄 것을 청하다가 황후에게 주살당하였으므로 역사가들이 그를 비난한 것입니다.

안제(安帝)의 염 황후(閻皇后)는 안제가 살아 있을 때부터 총애가 지극하여 그 형제들이 조정의 권력을 많이 차지하였다.[11] 황태자

10 범엽의 말은 『후한서(後漢書)』 권10상의 사론이다.

유보(劉保)를 참소하여 폐하고 제음왕(濟陰王)으로 삼았다. 안제가 붕어하자 높여서 황태후가 되었고, 조정에 나가 섭정하였다.

황후는 오랫동안 국정을 마음대로 하기 위해 어린아이를 옹립하고자 하였다. 동생 염현(閻顯) 등과 더불어 궁중에서 계책을 정한 뒤 북향후(北鄕侯) 유의(劉懿)를 맞아 황제로 옹립하였는데, 유의는 옹립된 후 200여 일 만에 병이 심해졌다. 황제가 죽자, 황후는 제북왕(濟北王)과 하간왕(河間王)의 아들을 불렀다. 소집한 이들이 아직 이르지 않았을 때, 중황문(中黃門) 손정(孫程) 등이 제음왕(濟陰王)을 옹립하니 바로 순제(順帝)다. 염 태후는 이궁(離宮)으로 유폐되었으며, 염현(閻顯) 등은 모두 형벌을 받아 주살되었다.

安帝閻皇后, 自帝時寵盛, 兄弟頗與朝權, 譖廢皇太子保爲濟陰王. 帝崩, 尊爲皇太后, 臨朝. 后欲久專國政, 貪立幼年, 與弟顯等定策禁中, 迎北鄕侯懿立之, 立二百餘日而疾篤. 及薨, 后徵濟北、河間王子. 未至, 而中黃門孫程等立濟陰王, 是爲順帝. 遷太后於離宮, 顯等皆伏誅.

충제(冲帝)가 즉위하자, 양후(梁后, 순제(順帝)의 황후)가 높아져 황태후가 되었다.[12] 양 태후는 조정에 나가 섭정하였다. 충제가 갑자기 붕어하자 다시 질제(質帝)를 옹립하였는데, 양 태후가 여전히 정권을 잡고 있었다. 태후가 이른 아침부터 밤늦게까지 수고

---

11 염 태후의 이야기는 『후한서(後漢書)』 권10하에 보인다.

12 양 태후의 이야기는 『후한서(後漢書)』 권10하에 보인다.

롭게 애쓰면서 정성을 다하여 현명한 이를 의지하려 하였다. 태위 이고(李固) 등에게 위임하여 충성스럽고 선량한 사람을 등용하게 하였으며 절약과 검소함을 힘써 숭상하였다. 또한 죄를 탐하는 자들을 대부분 주살하고 물리치니, 나라가 숙연해졌다. 오빠인 대장군 양기(梁冀)가 짐주(鴆酒, 짐독을 섞은 술)로 질제를 죽이고서 환제(桓帝)를 옹립하니, 이 때문에 천하가 실망하였다.

冲帝立, 尊梁后爲皇太后, 臨朝. 沖帝尋崩, 復立質帝, 猶秉朝政. 太后夙夜勤勞, 推心仗賢, 委任太尉李固等, 拔用忠良, 務崇節儉. 其貪叨罪慝多見誅廢, 海內肅然. 而兄大將軍冀鴆殺質帝, 遂立桓帝, 以此天下失望.

환제(桓帝)는 후사가 없었다.[13] 두 황후가 황태후가 되어 조정에 나가 정책을 결정하였는데 해독정후(解瀆亭侯) 유굉(劉宏)을 옹립하니, 바로 영제(靈帝)다. 태후의 아버지인 대장군 두무(竇武)가 모의하여 환관을 주살하려 하였는데, 중상시(中常侍) 조절(曹節) 등이 두무를 죽이고, 태후를 남궁(南宮)의 운대(雲臺)로 옮겼다.

영제가 붕어하자 황태자 유변(劉辨)이 즉위하고, 하후(何后)를 높여 황태후로 삼았다. 황태후가 조정에 나가 섭정하였다. 황태후의 오빠 대장군 하진(何進)이 환관들을 주살하고자 하였으나 도리어 해를 당하게 되었다. 후에 동탁(董卓)이 정권을 마음대로 휘두르며, 태후를 영안궁(永安宮)으로 옮기고 시해하였다.

13 두 태후와 하 태후의 이야기는 『후한서(後漢書)』 권10하에 보인다.

桓帝無嗣, 竇后爲皇太后, 臨朝定策, 立解瀆亭侯宏, 是爲靈帝. 太后父大將軍武謀誅宦官, 中常侍曹節等殺武, 遷太后於南宮雲臺. 靈帝崩, 皇子辨卽位, 尊何后爲皇太后, 臨朝. 后兄大將軍進欲誅宦官, 反爲所害. 後董卓專政, 遷太后於永安宮, 爲所弑.

**신은 이렇게 생각합니다.** 위에서 언급한 '조정에 나가 정치를 한 태후는 6명이다'의 6명의 태후 중에서 등 태후와 양 태후는 본래 현명하여 칭송받던 이들이었고, 환제 때의 두 태후 역시 그 뜻이 사직에 있었습니다. 그러나 등 태후는 죽을 때까지 섭정함으로써 천하 후세의 비난을 받았으며, 양 태후와 두 태후 또한 재앙이라는 평가를 면할 수 없었습니다. 이는 중곤(中壼, 황후)으로서 국가 정권을 맡아 친정 식구들에게 조정의 권력을 마음대로 하게 한 것으로 선왕의 법이 아닌 까닭이니 살피지 않을 수 있겠습니까?

위(魏) 문제(文帝)가 조칙을 내려 말하였다.[14]

"부인이 정치에 참여함은 혼란의 근본이다. 지금 이후로 뭇 신하들은 태후에게 일을 아뢸 수 없으며, 태후의 가족들은 정치를 도울 수 없다."

魏文帝詔曰: "婦人與政, 亂之本也. 自今以來, 羣臣無得奏事太后, 后族之家, 不得輔政."

14 위 문제의 조서(詔書)는 『자치통감(資治通鑑)』 권69에 보인다.

**신은 이렇게 생각합니다.** 위나라의 일처리 중에서 본받을 만한 것이 적은데, 유독 이 조칙만은 한나라의 잘못을 바로잡고 있으므로 기록한 것입니다.

당나라 무조(武曌)는 궁중 깊은 곳에 거처하면서 자신의 몸을 낮추는 것을 부끄러워하지 않았고, 이러한 처신을 통해 큰일을 벌일 수 있었다.[15] 고종(高宗)은 무조가 자신을 잘 봉양한다고 말하며 조정의 의견을 이끌어내 무조를 황후로 삼았다. 무조는 황후에 오르자 권위를 훔쳐 점점 방자하게 거리낌 없이 굴었다.

그와 같은 행동이 계속되어 황제도 조금 언짢아하자, 무 황후는 궁중에 방사(方士)를 불러들여 저주의 굿판을 벌였다. 환관인 왕복승(王伏勝)이 일러바치자 황제가 진노하여 서대시랑(西臺侍郎) 상관의(上官儀)를 불러 황후를 폐위하는 조서의 초안을 쓰도록 하였다. 그런데 좌우에서 이 일을 재빨리 황후에게 알리자 황후는 급히 황제에게 나아가 해명하였다. 황제가 두려워지고 위축되어 예전처럼 황후를 대하였지만, 황후의 원한이 신경 쓰여 이렇게 말하였다.

"이 일은 모두 상관의가 나에게 시킨 것이오."

황후는 허경종(許敬宗)에게 음모를 꾸미게 하여 결국 상관의를 죽였다. 애초 황제의 외삼촌과 대신이 무 황후의 뜻에 거슬려

15 무 태후의 이야기는 『신당서(新唐書)』 권76에 보인다.

서 한 해가 지나기 전에 살육을 당하여 모든 사람들이 길에서 눈빛으로만 인사를 나눌 정도로 공포에 떨었는데, 이제 상관의까지 주살 당하자 권력이 모두 황후에게 쏠려 황제는 두 손이 묶이게 되었다. 신하들의 조회에서, 혹은 사방의 보고서에서 모두 '두 분의 성왕[二聖]'이라 불렀다.

황후는 매번 조회 때마다 대전(大殿)에 발을 치고 황제와 함께 앉아 참여하니, 생사여탈의 권력이 모두 황후에게서 나왔다. 황후는 매우 잔인하여 비록 매우 아끼던 사람이라도 용서가 전혀 없었다. 고종이 만년에 중풍이 더욱 심해져 거동하지 못하자 천하의 일은 모두 황후가 결정하였다. 황제가 황후에게 양위(讓位)하는 조서를 내리려 하였을 때 재상이었던 학처준(郝處俊)이 간언하여 극구 만류하였다.

고종이 붕어한 후 중종(中宗)이 즉위하자, 무조는 황태후가 되었다. 무 태후는 고종의 유언을 핑계로 군기(軍機)와 나라의 대사를 결정할 때는 함께 참여하였다. 얼마 후, 중종을 폐위하여 여릉왕(廬陵王)으로 강등하고, 직접 정사를 돌보았다. 명목상 예종(睿宗)을 황제로 세우기는 하였지만 실제로는 유폐해 두고 여러 무씨들이 국정을 농단하였다.

무승사(武承嗣)는 거짓으로 낙수(洛水)에 진귀한 돌을 숨겨 놓고는 다시 찾아내어 '진귀한 그림[寶圖]'이라 부르며 황후가 황위에 올라야 한다는 여론을 조성하였다. 황후는 이에 교제(郊祭)를 올려 하느님[上帝]께 감사를 올리고, 심지어 자신을 '성모신황(聖母神皇)'으로 불렀다. 종실인 한왕(韓王) 이원가(李元嘉) 등이 모의하여 거병하여 중종의 복위를 꾀하였지만 실패하였다. 이원가 등은 자살하고 나머지는 모두 연좌로 주살되었다. 여러 왕들도 이에 연루되어 거의 주멸되었고, 갓난아이들까지 모두 영남(嶺南)으로 쫓겨났다.

태후가 친히 낙수에 왕림하여 '진귀한 그림'을 받고서 설회의(薛懷義)와 여러 승려들에게 명하여 '신황'이 천명을 받는 내용의 『대운경(大雲經)』을 짓게 하였다. 또한 이사문(李思文)이 『주서(周書)』「무성(武成)」편에 "소매를 늘어뜨리고 손을 거두어들이면 천하가 다스려진다[垂拱天下治]"는 말이 황후가 천명을 받는 증거라는 궤변을 늘어놓자, 황후가 기뻐하며 천하에 반포하였다.

이렇게 조금씩 역성혁명을 도모하면서도 사람들이 마음으로 따르지 않을까 걱정하였다. 그리하여 잔인한 수단으로 많은 사람들을 죽여 천하를 공포에 떨게 하였다. 주흥(周興)이나 내준(來俊) 등과 같은 방자하고 무자비한 조정의 관리 수십 명을 앞잡이로 내세워 불만을 품거나 의심스러운 자가 있으면 반드시 찾아내어 처단하였다. 종실의 왕과 제후, 혹은 강직한 대신과 장군들이 작두에 목이 잘리거나 붉은 피로 감옥을 물들였으며 그 집안도 보존할 수 없게 되었다. 태후가 여러 겹으로 두른 장막 안에서 화장도구를 손에 쥐고서 정권을 탈취하였던 것이다.

어사(御史) 부유예(傅游藝)가 관내(關內)의 노인들을 이끌어 역성혁명을 꾀하였다. 결국 황실은 무씨에게 넘어갔다. 태후는 권력이 자신의 손아귀에 들어왔음을 알고 대사면을 실행하면서 국호를 주(周)로 바꾸었다. 스스로 '성신황제(聖神皇帝)'라 칭하고 예종을 황태자로 삼았으며, 무씨 종묘를 세워 7대조까지 모셨다.

그 후, 재상 장간지(張柬之) 등이 모의하여 중종을 앞세워 거병하였다. 장간지는 조정에 들어가서 두 명의 장(張)씨를 주살한 후 태후에게 요청해서 황위를 중종에게 넘기게 하였다. 이에 중종이 복위하고 태후를 상양궁(上陽宮)으로 옮겼다.

唐武后城寓深, 痛柔忍不耻, 以就大事. 高宗謂能奉己, 故拔公議立之. 已得志, 卽盜威福, 施施無憚避. 帝久稍不平, 后召方士人禁中爲蠱祝, 宦人王伏勝發之, 帝怒, 召西臺侍郎上官儀使草詔廢之. 左右馳告后, 后遽從帝自訴, 帝羞縮, 待之如初. 然猶意其恚, 且曰: "是皆上官儀教我." 后諷許敬宗構儀, 殺之. 初, 元舅、大臣怫旨, 不閱歲屠覆, 道路目語. 及儀見誅, 則政歸房帷, 天子拱手矣. 羣臣朝, 四方奏章皆曰'二聖'. 每視朝, 殿中垂簾偶坐, 生殺賞罰惟所命. 當其忍斷, 雖甚愛不少隱也. 帝晩益病風不支, 天下事一付后. 帝將下詔遜位于后, 宰相郝處俊固諫乃止. 帝崩, 中宗卽位. 尊爲皇太后, 稱遺詔軍國大務聽參決. 未幾, 廢帝爲廬陵王. 自臨朝, 立睿宗爲帝, 實囚之而諸武擅命, 武承嗣僞設洛水石, 號爲'寶圖', 太后乃郊上帝謝, 況自號'聖母神皇'. 宗室韓王元嘉等謀擧兵, 迎還中宗不克, 元嘉等自殺, 餘悉坐誅. 諸王牽連死滅殆盡, 雖嬰褓亦投嶺南. 太后身拜洛, 受圖. 令薛懷義與羣浮圖作『大雲經』, 言'神皇'受命事. 又有詭言『周書』「武成」爲篇, 辭有"垂拱天下治", 爲受命之符. 后喜, 班示天下. 稍圖革命, 然畏人心不附, 乃陰忍鷙害, 肆斬殺, 怖天下. 內縱酷吏周興、來俊臣等數十人爲爪吻, 有不慊若素疑憚者, 必危法中之. 宗姓侯王及他骨鯁臣將相, 駢頸就鈇, 血丹狴戶, 家不能自保. 太后保奩具, 坐重幃, 而國命移矣. 御史傅游藝率關內父老請革命, 改帝氏爲武. 太后知威柄在己, 因大赦天下, 改國號'周', 自號'聖神皇帝', 以皇帝爲皇嗣, 立武氏七廟. 其後, 宰相張柬之等建策, 請中宗以兵入誅二張, 請傳位中宗, 于是復卽位, 徙太后上陽宮.

—황제의 외삼촌[元舅]은 장손무기(長孫無忌)이고 대신은 저수량(褚遂良)이다. 두 명의 장씨는 장역지(張易之)와 장창종(張昌宗)으로서 모두 태후에게 총애를 받았다.—

『신당서』「후비전」의 사신(史臣)은 다음과 같이 말하였다.

“『시경』이 후비의 덕을 노래하는 「관저」편에서 시작하듯이 예(禮)는 부부에 그 근본을 두고 있어, 치란(治亂)과 흥망(興亡)이 모두 그것과 연계된다. 성덕(盛德)의 군주는 장막과 주렴으로 내외를 엄격하게 구별하여 내실에서 여쭈는 말이 조정에 간섭하지 못하게 하고, 외부의 말이 내실 문 안으로 들어가지 않게 하였다. 「관저」의 미풍과 동사(彤史, 궁중 안 비빈들의 생활을 기록하던 사관)의 교화는 정숙한 규범을 떳떳하게 행하여 내조에 더욱 힘쓰게 하기 위해서였다.

미인을 총애하는 일은 대체로 왕조 중기의 황제 때 일어난다. 몸에 달라붙는 짧은 옷이 이미 맞닿았으니 애정이 이미 그쪽으로 옮겨 가고 얼굴과 말이 아름다우니 공적인 일이 사적이 일에 의해 빼앗긴다. 혼군이 즉위하기 쉬운 조건에서 남녀간의 달콤한 감정이 큰 영향을 미치니, 입에 발린 말이 마치 충언처럼 느껴지는 것이다. 그리하여 그런 말을 들어도 힐난하지 못하고 추악한 행동들이 이미 나타나고 있으나 이를 바로잡기보다는 오히려 좋다고 여기게 된다. 주위에서 덧붙이고 간신들이 앞장서니, 교활한 음모가 깨달음을 막고 진실한 맹세는 총비(寵妃)에 갇힌다. 천하의 일은 모두 내팽개치고서도 편안히 자신만 모른다. 이것이 바로 무후(武侯)와 위후(韋后)가 마침내 군주를 시해하여 찬탈하고 왕실을 망하게 하였던 방식이다.”

唐史臣曰: “禮本夫婦, 『詩』始后妃, 治亂因之, 興亡係焉. 盛德之君, 帷薄嚴奧, 裏謁不忓於朝, 外言不納諸梱. 「關雎」之風行, 彤史之化修, 故淑範懿行, 更爲內助. 若夫豔嬖之興, 常在中主. 第裯旣接, 則情與愛遷; 顔辭媚熟, 則事爲私奪. 乘易昏之明, 牽不斷之柔, 險言似忠, 故受而不詰, 醜行已效, 反狃而爲好. 左右附之, 憸壬惎之, 狡謀鉗其悟, 先, 哀誓揵於寵初. 天下之事已去, 而恬不自覺. 此武、韋所以遂簒弑而喪王室也.”

—위후는 중종(中宗)의 후비로서 황제를 시해하였다.—

**신은 이렇게 생각합니다.** 옛날에 무후(武后)를 논하는 사람들이 많았지만, 제가 생각하기에 무후의 사람됨은 왕망(王莽)에 비견할 만합니다. 왕망은 처음에 거짓됨을 꾸미고 명성과 권력을 얻은 후에는 방자하게 위세를 떨쳤습니다. 무후 역시 거짓을 꾸며 총애와 권력을 얻은 후에 모질게 위세를 행사하였습니다. 왕망이 황위를 찬탈할 때에는 부명(符命)을 위조하여 인심을 얻어 처음에는 섭정하고 다음에는 가짜 왕을 세웠으며 나중에는 결국 진짜 황제로 등극하였습니다. 무후는 왕망을 똑같이 따라하였으니 다른 것이 하나 없었습니다. 하지만 그 권모술수에 대해 말하자면 왕망의 열 배나 됩니다. 그래서 비록 무도를 행하더라도 재능 있는 사람들을 등용하였기에 원망하여 반란을 일으키는 사람들도 없었습니다. 이는 왕망이라도 미치지 못하는 것이었습니다.

아! 하늘이 경국지색을 낳아 당의 집안과 나라를 갉아먹고 있었는데, 마침 고종이 어리석었습니다. 암탉이 울어 신기(神器, 옥새와 보정과 같은 황권을 상징하는 물건)를 가라앉게 하여 결국 당나라가 주(周)나라가 되었습니다. 하지만 무씨가 권력을 장악한 것이 겨우

20년이었고 그 일족이 모두 도륙되어 자취조차 찾을 수 없었다는 점을 생각해 보십시오. 옛날 황족의 궁궐이 결국 일족이 주살되는 장소로 변한 것입니다. 만약 태임(太任)과 태사(太姒)와 같았다면 성후(聖后)의 이름을 잃지 않고 가문이 오랫동안[百世] 무궁한 복을 누리지 않았겠습니까? 위후는 어리석게도 망령되이 무후가 갔던 길을 좇아 발길을 돌리지 않았으니 몸은 도륙을 당하고 가문은 몰락하였으니 여기에 기록할 것도 못 됩니다.

이상 '후비의 국정 참여를 경계함[宮闈預政之戒]'을 논하였습니다.

# 대학연의 권39

「집안의 다스림을 엄격하게 함」의 두 번째 주제는 환관의 문제로서 권39와 권40에서 다루고 있다. 이 부분은 청대(淸代) 조익(趙翼)의 『이십이사차기(二十二史箚記)』의 환관 관련 부분과 더불어 전통시기 중국의 대표적인 환관론이라고 할 수 있다. 『대학연의』「집안의 다스림을 엄격하게 함」에서는 역사적으로 큰 영향을 미친 환관들과 그와 관련된 사건을 소개할 뿐만 아니라, 당시 지식인들의 상소나 대책을 수록하고 환관과 관련된 후대의 논의를 소개하고 있다. 우선 권39에서는 '내신이 충성스럽고 신중할 때 생기는 복[內臣忠謹之福]'이라는 항목을 설정하여 일곱 명의 환관을 다루고 있다. 이를 통해 이상적 환관의 모델을 제시하고 있는데, 모두 집안의 노복[家奴]이라는 자신의 정체성을 깊게 인식하고 그 직분을 넘어서는 행위는 절대 하지 않는다는 공통점이 있다. 충성의 결과로 얻은 총애를 이용해 공적 영역에 영향을 끼치지 않는 모습이 환관의 이상적인 모습이라는 것이다.

'내신이 정치에 간여할 때 생기는 재앙[內臣預政之禍]'에서는 춘추시기 제(齊) 환공(桓公)의 유초(孺貂)·진(秦)나라의 조고(趙高)부터 서술을 시작하지만, 송대(宋代) 이전 환관의 발호와 전횡이 가장 심각하였던 후한대(권39)와 당대 후기(권40)를 주로 다루고 있다. 권39에서는 『후한서(後漢書)』「환관전(宦官傳)」 서문을 인용하여 한대(漢代) 환관 권력이 확대되는 역사적 과정을 추적하고, 환관 전횡의 문제를 지적하는 다양한 상소문이나 대책문을 끌어와 지식인들의 저항을 묘사한다.

## 내신이 충성스럽고 신중할 때 생기는 복[內臣忠謹之福]

『춘추좌씨전(春秋左氏傳)』에 다음과 같은 내용이 있다. 희공(僖公) 24년, 진(晉) 문공(文公)이 진(晉)나라로 돌아오자 여생(呂甥)과 극예(郤芮)는 새로 즉위한 문공에게 핍박받을까 두려워 궁에 불을 질러 문공을 시해하려 하였다.

그것을 알게 된 내시 피(披)가 문공에게 알현할 것을 청하자, 문공은 거절하고 피를 물리치며 말하였다.

"포성(蒲城)의 전투에서 군주가 하룻밤을 묵은 뒤 공격하라 하였는데, 너는 그날 곧바로 공격을 하였다. 그 후 내가 적인(狄人)의 군주를 따라 위수(渭水) 가에서 사냥을 할 때 너는 혜공을 위해서 나를 찾아와 죽이려 하였다. 혜공이 너에게 사흘 밤을 묵은 다음 공격하라 하였는데, 너는 이틀 밤 만에 공격을 하였다. 비록 군주의 명령이 있었다고 하더라도 어찌 그리 서둘렀는가? 그때 잘린 옷소매[袪]를 아직 갖고 있다.—'거(袪)'는 옷이다. 피가 중이의 옷소매를 베었다.— 그러니 이제 너는 떠나거라."

이에 피가 대답하였다.

"저는 임금께서 진나라로 들어오셨다기에 그 의미를 알고 계신 줄 알았습니다. 만약 아직 그 의미를 모르신다면 또다시 어려움에 처하실 것입니다. 두 군주에게 명령을 받아서는 아니 된다는 것은 옛날부터 내려온 신하의 법도입니다. 신하라면 군주를 해치는 자를 없애는 데에 온 힘을 다할 뿐입니다. 포인(蒲人)과

적인(狄人)을 제가 어찌 배려하겠습니까? 지금 임금께서 즉위하셨는데 임금께는 예전 포인이나 적인과 같은 적대세력이 없겠습니까? 제(齊) 환공(桓公)은 화살을 쏘아 자신의 허리띠 고리에 맞춘 관중(管仲)을 재상으로 삼았습니다.—건시(乾時)의 전투를 말하는 것으로, 그때 관중은 환공에게 활을 쏘았는데, 화살이 환공의 허리띠 고리에 맞았다.— 임금께서 환공과는 다르시다면 제가 치욕스럽게 떠나라는 명령을 받았겠습니까? 떠나는 자가 매우 많을 터이니 어찌 형벌을 받은 저뿐이겠습니까?"—일단 민심을 잃게 되면 떠나는 백성이 많을 것이다. 만약 문공이 환공과 반대로 행동한다면 자신은 스스로 떠날 터이니, 명령을 내릴 필요가 없다는 뜻이다. 피는 환관으로 생식기가 잘렸기 때문에 "형벌을 받은 신하[刑臣]"라고 자신을 칭하고 있다.—

결국 문공은 피를 만나서 반란 계획을 전해 들었다. 3월, 진 문공은 몰래 왕성(王城)에서 진(秦) 목공(穆公)을 만났다. 기축(己丑)일 그믐밤 문공의 궁에 불이 났다. 여생과 극예는 문공을 포획하지 못하자 하상(河上)으로 진군하였다. 진 목공은 그들을 유인하여 주살하였다.

『春秋左氏傳』: 僖公二十四年, 晉文公旣入, 呂、郤畏偪, 將焚公宮而弑晉侯. 寺人披請見, 公請讓之, 且辭焉, 曰: "蒲城之役, 君命一宿, 女卽至. 其後余從狄君, 以田渭濱, 女爲惠公來求殺余, 命女三宿, 女中宿至. 雖有君命, 何其速也? 夫袪猶在, 女其行乎?" 對曰: "臣謂君之入也, 其知之. 若猶未也, 又將及難. 君命無二, 古之制也. 除君之惡, 唯力是視. 蒲人、狄人, 余何有焉? 今君卽位, 其無蒲、狄乎? 齊桓公置射鉤而使管仲相. 君若易之, 何辱命焉? 行者甚衆, 豈惟刑臣?" 公見之, 以難告. 三月, 晉侯潛會秦伯于王城. 己丑, 晦, 公宮火, 瑕甥、郤芮不獲公, 乃如河上, 秦伯誘而殺之.

—문공(文公)은 중이(重耳)다. 여생(呂甥)과 극예(郤芮)는 혜공(惠公)의 신하로서 문공에게 박해받을 것을 두려워하였다. 거절하였다는 것은 만나지 않겠다는 뜻이다. 여기서 군주는 진(晉) 헌공(獻公)을 일컫는다. 중이가 포성에 있을 때 헌공은 여희(驪姬)의 모함으로 인해 포성에 대한 공격을 허락하였고, 결국 중이는 적(翟) 땅으로 도망쳤다. 문공이 포인과 함께 있었기 때문에 '포인'이라 한 것이고 적인과 함께 있었기 때문에 '적인'이라 한 것이다. 자신은 그러한 자를 안중에 두지 않았다는 뜻이다. 문공의 궁전에 불을 지르려는 여생과 극예의 음모를 피가 알려 준 것이다. 몰래 간 것은 여생과 극예의 반란을 피하기 위해서였다. '여(女)'는 '여(汝)'로 읽는다. 하생(瑕甥)은 즉 여생(呂甥)이다.—

**신은 이렇게 생각합니다.** 피(披)는 군주와 신하의 의리를 안다고 평가할 수 있습니다. 진(晉)나라의 헌공(獻公)과 혜공(惠公) 때 중이(重耳)는 공자(公子)의 신분으로 망명 중이었는데, 진나라의 군주들은 사람들을 시켜 중이를 공격하였습니다. 만약 피가 중이에게 다른 마음을 품고 공격을 하지 않았다면 어찌 충성스럽다 할 수 있겠습니까?

초나라 정고(丁固)는 항우(項羽)의 부하 장수였는데, 사사로이 유방(劉邦)을 살려 주었다가 결국 유방에게 초나라의 배신자라는 죄명으로 살육당합니다. 한(漢) 경제(景帝)는 태자 시절 위관(衛琯)을 술자리에 불렀는데 위관이 응하지 않았습니다. 이 일로 인해 경제는 위관의 진중한 사람됨을 알게 되었고, 결국 위관은 경제의 총애를 받습니다.

피 역시 이러한 의리를 잘 알아서, 헌공과 혜공 때에는 헌공과 혜공에게만 충성하였고 문공은 안중에 두지 않았습니다. 문공이 진나라로 들어오자 그때서야 문공을 자신의 군주로 여기었습니다. 이때 만약 반란계획을 알고서도 알려 주지 않았다면 어찌 충성스럽다

하겠습니까? 문공은 피를 만나 결국 고초를 면할 수 있었습니다. “두 군주에게 명령을 받아서는 아니 된다는 것은 옛날부터 내려온 신하의 법도입니다. 신하라면 군주를 해치는 자를 없애는 데에 온 힘을 다할 뿐”이라는 피의 말을 보면, 이 사람이 어질지 않고서 이렇게 할 수 있었겠습니까? 이는 단지 내신(內臣)에게만 적용되는 법도가 아니라, 신하 된 자라면 모두 지켜야 할 법도입니다.

한(漢) 원제(元帝) 때 사유(史游)가 내관직인 황문령(黃門令)이 되어 마음을 다해 충성하니 나라에 보탬이 되었다.[1]

漢元帝時, 史游爲黃門令, 勤心納忠, 有所補益.

**신은 이렇게 생각합니다.** 『한서(漢書)』「예문지(藝文志)」를 살펴보면 사유(史游)가 지은 『급취편(急就篇)』이 세상에 유통되었다고 합니다. 이때는 환관 석현(石顯)이 중서령(中書令)이 되어 나라의 요직을 틀어쥐고 방자하게 간특(姦慝)한 짓을 하고 있었는데, 사유는 마음을 다해 충성하여 나라에 큰 도움이 되었으니 어진 사람이라 할 수 있을 것입니다. 석현은 권력에 욕심을 부리고 황제의 총애를 훔치다가 하루아침에 쫓겨나 죽음을 맞이하였으니, 천 년이 지난 후 그 전기를 읽는 사람들은 모두 침을 뱉고 욕을 합니다. 하

1 사유의 행적은 『후한서(後漢書)』 권108에서 인용하고 있다.

지만 사유는 황제를 모시는 틈틈이 서법(書法)을 훌륭히 익혀 소학(小學)의 책을 저술하였으니, 세상에 실용적인 보탬이 되었습니다. 자신은 총애와 부귀를 누렸고 그 이름이 후세까지 전해집니다. 어찌 훌륭하지 않겠습니까? 어찌 훌륭하지 않겠습니까?

한(漢) 순제(順帝) 때 중상시(中常侍) 양하(良賀)는 청렴하고 검소하며 진중하고 겸손하여 대장추(大長秋, 한대 황후전 관속의 우두머리)의 지위까지 올랐다.[2] 양가(陽嘉) 연간에 구경(九卿)에게 용맹한 무사들을 천거하라는 조서를 내렸는데, 양하만 홀로 사람을 추천하지 않았다. 순제가 그 연유를 물으니 양하가 대답하였다.

"저는 미천한 집안에서 태어났고 오랫동안 궁전에서만 지내다 보니 사람을 알아보는 안목도 없고 무사들과 교류한 적도 없습니다. 옛날 위앙(衛鞅)이 진(秦) 효공(孝公)의 총신인 경감(景監)을 통해 왕을 알현하였는데, 식견이 있는 사람들은 그가 천수를 다 누리지 못할 것을 알았습니다.[3] 그러니 어떤 사람이 제 천거를 받는다면 그것은 영광이라기보다는 치욕이 될 것입니다."

양하는 끝까지 사람을 추천하지 않았다.

---

2 양하의 행적은 『후한서(後漢書)』 권108에서 인용하고 있다.

3 진(秦)나라 효공이 널리 인재를 초빙하자 그 측근인 경감은 위앙을 추천하였다. 위앙은 바로 상앙(商鞅)인데, 진나라에서 개혁책을 강력히 추진하였다. 하지만 상앙은 효공이 죽고 효혜왕(孝惠王)이 즉위한 뒤 체포되어 거열형을 당하였다. 효혜왕은 태자 시절에 법을 어겼다는 이유로 상앙에게 처벌을 받은 적이 있었기 때문이다.

順帝時, 中常侍良賀淸儉退厚, 位至大長秋. 陽嘉中, 詔九卿擧武猛, 賀獨無所薦. 帝問其故, 對曰: "臣生自草茅, 長於宮掖, 旣無知人之明, 又未嘗交接士類. 昔衛鞅因景監以見, 有識知其不終. 今得臣擧者匪榮伊辱." 固辭之.

**신은 이렇게 생각합니다**. 진 문공이 원읍(原邑)을 얻었는데 방어에 어려움이 생기자 내관인 발제(勃鞮)에게 물어보니 조최(趙衰)를 천거하였습니다. 조최는 훌륭한 사람으로서, 그러한 사람을 천거하였다는 것은 발제 역시 훌륭하였다는 것을 나타냅니다. 하지만 후대의 논자들은 발제가 잘못하였다고 비판하기도 합니다. 대저 내관의 직분은 임금을 좌우에서 받들어 모시고 조용하게 충성을 다하면 족하며, 인재를 추천하여 끌어들이는 것은 그 본분이 아니라는 것입니다.

양하는 경감이 상앙(商鞅, 즉 위앙)을 추천하는 것을 그르다고 생각하여, 스스로 "어떤 사람이 제 천거를 받는다면 그것은 영광이라기보다는 치욕이 될 것입니다."라고 말하고 있으니, 진정으로 훌륭합니다. 후대의 내신들은 소인(小人)을 끌어들여 주요한 정사에 참여하게 하는 경우가 있습니다. 그러한 과정을 통해 내신과 소인이 표리(表裏)를 이루어 결탁하여 간사한 일을 벌이니, 양하의 예에 비추어 보면 이는 모두 큰 죄입니다.

여강(呂强)은 어렸을 때 소황문(小黃門)의 직책으로 환관이 되었으며 나중에 중상시(中常侍)에 올랐다.[4] 그 사람됨이 충성스러웠고 나라를 위해 헌신하였다. 영제(靈帝) 때에 관례에 따라 환관들에게 작위(爵位)을 내린 일이 있었는데, 이때 여강은 도향후(都鄕侯)에 봉해졌다. 그런데 여강은 봉작(封爵)을 간절하게 사양하면서 끝내 받으려 하지 않았다. 곧 황제도 그 소식을 듣게 되었다. 그로 인해 여강은 상소(上疏)하여 사정을 설명하였다.

"제후는 위로는 하늘의 28수(宿)를 닮고 아래로는 천자의 땅을 분봉(分封)받습니다. 고조(高祖)께서 공신이 아니면 작위를 내리지 않겠다고 여러 번 약조하신 것은 조정의 작위를 존중하여 권고와 징계를 밝히기 위함이었습니다.

중상시 조절(曹節), 왕보(王甫), 장양(張讓) 등은 모두 열후(列侯)의 작위에 봉해졌습니다. 환관들은 덕을 갖추지 못하고 인품이 비천하여, 임금께 간사하게 아첨하면서 총애를 구하며 충성스럽고 훌륭한 사람들을 질투합니다. 그런데도 폐하께서는 이러한 상황을 깨닫지 못하시고, 오히려 천자의 땅을 나누어 주시어 그들이 나라를 열고 집안을 잇게 하시니, 소인들이 그것을 악용하고 있습니다. 음양의 조화가 어그러지는 현상은 모두 여기에서 생겨납니다.

또한 후궁을 수천 명이나 들이시니 그들이 먹고 마시는 비용으로 하루에 수백 금이나 듭니다. 하지만 백성들의 굶주린 기색은 아무도 불쌍히 여기지 않습니다. 궁녀들은 실제적인 쓸모가

4 여강의 행적은 『후한서(後漢書)』 권108에서 인용하고 있다.

없는데도 세상의 물자를 후궁전(後宮殿)에 채워 쌓아 두니, 어찌 백성들의 시름과 원망이 없겠습니까?

그 밖에 외척 네 집안, 총애를 받는 귀족, 아무런 공적이 없는 환관과 황족 등이 현재 세우고 있는 건물의 수는 모두 만여 채에 이릅니다. 단청(丹青), 백토, 조각 등으로 화려하게 꾸민 높은 누각이 연달아 들어서니 그 비용은 이루 말할 수 없습니다. 장례를 치를 때도 규정을 뛰어넘어, 그 사치스러움과 그 화려함이 예(禮)에 벗어나지만 앞을 다투며 서로 따라합니다.

『춘추곡량전(春秋穀梁傳)』에는 '재물을 탕진하면 원망이 생기고, 백성의 힘을 탕진하면 원한이 생긴다'는 말이 있습니다. 사광(師曠)은 '대들보와 기둥에 비단옷을 입히면 백성들은 거친 베옷조차 입을 수 없고, 연못을 술로 채우면 선비는 목말라 죽는 일이 생기며, 마구간의 말에게 곡식을 먹이면 백성들은 굶주리게 된다'고 하였습니다. 바로 지금 현실에 들어맞는 말입니다.

또한 예전에 폐하께서 의랑(議郎) 채옹(蔡邕)을 금상문(金商門)에서 만나시어 의견을 구하시자, 채옹은 감히 마음속에 치국의 방법을 숨긴 채 은거하지[懷道迷國][5] 않고서 간절한 말로써 대신과 환관들을 비판하였습니다. 하지만 폐하께서는 채옹의 의견을 비밀로 유지하지 못하고 널리 드러나게 하셨으니, 여러 간신

5 회도(懷道)는 회보(懷寶), 미국(迷國)은 미방(迷邦)과 같은 의미다. 『논어』 「양화(陽貨)」에서 "보물을 가슴에 품고서 나라의 어지러운 상황을 내버려두니, 이를 인(仁)이라고 할 수 있겠습니까?[懷其寶而迷其邦, 可謂仁乎?]"라고 하였는데, 이후로 '회보미방'이나 '회도미국'은 재능을 갖추었지만 출사하지 않는 상황을 가리키게 되었다.

들이 입에 침을 튀면서 혀를 놀리며[膏脣拭舌] 앞을 다투어 저주를 퍼붓고 근거 없이 헐뜯었습니다. 폐하께서는 그러한 비방을 받아들여 채옹에게 벌을 내리시어, 온 집안사람들 모두 귀양을 보내 어른과 어린이가 뿔뿔이 흩어지니, 이 어찌 충신을 버린 것이라 하지 않겠습니까?

지금 여러 신하들은 채옹의 전례를 지켜보고서 위로는 헤아릴 수 없는 환란을 두려워하고 아래로는 자객들의 위해에 떨고 있으니, 제가 알기로는 조정에서 다시는 충언이 들리지 않고 있습니다. 태위 단경(段熲)은 용맹하기가 세상에서 가장 뛰어나며 변경의 사정도 누구보다 잘 알고 있는데, 사례교위(司隸校尉) 양구(楊球)의 모함을 받아 그 자신은 목숨을 잃고 아내와 자식들은 멀리 귀양을 떠났습니다. 이 일로 세상 사람들이 모두 슬퍼하고 공신들은 희망을 잃었습니다. 반드시 채옹을 다시 부르시어 임무를 맡기시고 단경의 가속(家屬)들을 되돌아오게 해야 합니다. 그렇게 하시면 충성스럽고 바른 인재들이 나아갈 길이 열리고 백성들의 원망은 멈추게 될 것입니다."

황제는 그 충정을 알았지만 결국 그 의견에 따르지는 못하였다. 당시 영제는 많은 재물을 사적으로 축적하기 위해 천하의 보물을 거두어들으니, 고을과 나라에서 공납을 바칠 때마다 우선 중서(中署, 내관부서)로 보내었다. 여강이 상소(上疏)를 통해 간언을 올렸지만 살펴보지 않았다.

황건적(黃巾賊)의 난이 일어나자 영제는 어찌 해야 하는지를 물었다. 여강은 먼저 주변의 탐관오리를 주살하고 당인(黨人)들을 널리 사면한 후, 관리 가운데 뛰어난 자들을 선발하여 자사(刺史)와 태수(太守)로 삼기를 건의하였다. 황제가 받아들여 우선 당인(黨人)들을 사면하였다. 그러자 상시(常侍)들이 모두 직위에서 물러나겠다고 하면서 각자 지방에 머물던 자기 집안의 자제들을 도성으로 불러들였다. 중상시 조충(趙忠) 등이 함께 여강을 모함하며 말하였다.

"여강이 당인들과 함께 조정의 일을 의론(議論)하며 여러 차례 『곽광전(霍光傳)』을 읽었다고 합니다."

영제가 언짢아하며 중황문(中黃門)의 군사를 보내 여강을 잡아오라 하였다. 여강이 성을 내며 말하였다.

"내가 죽으면 난리가 일어날 것이다. 장부가 나라에 충성을 다하려 하였거늘, 어찌 옥리(獄吏)를 마주할 수 있으리오!"

결국 스스로 목숨을 끊었다.

呂强少以宦官爲小黃門, 再遷中常侍, 爲人清忠奉公. 靈帝時, 例封宦者, 以强爲都鄕侯. 强辭讓懇惻, 固不敢當, 帝乃聽之. 因上疏陳事曰: "諸侯上象四七, 下裂茅土, 高祖重約非功臣不侯, 所以重天爵明勸戒也. 中常侍曹節、王甫、張讓等, 並爲列侯. 宦官祐薄, 品卑人賤, 饞諂媚主, 佞邪徼寵, 疾妬忠良. 而陛下不悟, 妄授茅土, 開國承家, 小人是用. 陰陽乖剌, 罔不由玆. 又後宮綵女數千, 衣食之費, 日數百金. 民有饑色, 而莫之卹. 宮女無用, 填積後庭, 豈無憂怨? 又今外戚四姓貴倖之家, 及中官公族無功德者, 造起館舍, 凡有萬數, 樓閣連接, 丹青素堊, 雕刻之費, 不可單言. 喪葬逾制, 奢麗過禮, 競相放效. 『穀梁傳』曰: '財盡則怨, 力盡則懟.' 師曠曰: '梁柱衣繡, 民無褐衣; 池有棄酒, 士有渴死; 廐馬秣粟, 民有饑色.' 此之謂也. 又前召議郎蔡邕對問於金商門, 邕不敢懷道迷國, 切言極對, 陛下不密其言, 至令宣露, 羣邪膏脣拭舌, 競欲咀嚼, 造作飛條. 陛下曲受誹謗, 致邕刑罪, 室家徙放, 老幼流離, 豈不負忠臣哉? 今羣臣以邕爲戒, 上畏不測之難, 下懼劍客之害, 臣知朝廷不復聞忠言矣. 太尉段熲, 武勇冠世, 習於邊事, 而爲司隸校尉楊球所誣, 一身既斃, 妻子遠播. 天下惆悵, 功臣失望. 宜徵邕更授任, 反熲家屬, 則忠正路開, 衆怨以弭矣.” 帝知其忠而不能用. 時帝多稸私藏, 收天下之珍, 每郡國貢獻, 先輸中署. 强上䟽諫, 不省. 黃巾賊起, 帝問所宜施行. 强欲先誅左右貪濁者, 大赦黨人, 料簡刺史、二千石能否. 帝納之, 乃先赦黨人. 諸常侍人人求退, 又各自徵還家親子弟在州郡者. 中常侍趙忠等遂共構强, 云“與黨人共議朝廷, 數讀『霍光傳』.” 帝不悅, 使中黃門持兵召强. 强怒曰: “吾死, 亂起矣! 丈夫欲盡忠國家, 豈能對獄吏乎?” 遂自殺.

**신은 이렇게 생각합니다.** 여강(呂强)은 비록 내시의 직분이었지만 강직한 신하의 절개가 있었습니다. 만약 당시에 대장추(大長秋)의 임무가 주어졌다면, 틀림없이 기강을 진작하고 궁내의 어지러움을 바로잡아 같은 직분에 있던 내관들을 감화시켜서 모두 충성스럽고 착하게 만들었을 것입니다. 하지만 섬기던 군주들이 마침 모두 어리석고 못났습니다. 무릇 여강이 개진한 충언은 하나도 쓰이지 않았으며, 이에 참소와 무고가 그를 얽어매어 형벌의 그물에 걸리고 말았습니다. 여강이 비분강개하여 스스로 목숨을 끊을 때에도 두려워 떠는 모습이 전혀 없으니 가히 열사라 할 수 있을 것입니다.

어떤 이들은 묻습니다. “간쟁(諫爭)은 여강 자신의 소임이 아닌데도 시끄럽게 떠들며 그치지 않았으니 이는 직분을 침범한 것이 아닌가?” 그렇지 않습니다. 옛날에는 백관(百官)들이 서로 비판할 때, 장인들의 경우 각자 자신의 기예를 통해서 간언하였습니다.[6] 장

6 『서경(書經)』「윤정(胤征)」에 나오는 말이다. “백관들이 서로 비판할 때 장인들의 경우

인들도 간언하였는데 하물며 내시는 안 될 것이 있겠습니까? 『시경(詩經)』의 「항백(巷伯)」이라는 시는 남을 헐뜯는 사람을 풍자하는 시인데, 이 역시 내신이 지은 것입니다. 단지 권력에 기대어 정사를 어지럽히면서 직분을 침범하는 것만이 옳지 않을 뿐입니다.

여강은 직언을 올리다 죽음을 맞이하였기에 천 년이 지난 오늘날까지도 사람들이 그 장렬한 향기를 우러러보고 있습니다. 담비꼬리와 옥구슬로 장식한 관을 썼던 이 시기 여러 환관들을 보면 권력과 위세를 사고 파는 농간을 부리면서 한때 즐거움을 누렸지만 끝내 도륙을 당하는 신세를 면치 못하였습니다. 봉황과 올빼미나 부엉이 사이의 거리는 그만큼 멀기만 합니다.

당나라 때의 유정량(劉貞亮)은 본래 성이 구(俱)씨이고 이름은 문진(文珍)인데, 양부(養父)의 성을 따라 유(劉)로 바꾸었다.[7] 성정이 충성스럽고 강직하였으며 의리에 밝았다. 당시 순종(順宗)은 즉위한 후 고질병으로 조정에 나가지 못하여 오직 이충언(李忠言)과 우 미인(牛美人)만이 시중을 들었다. 우 미인이 황제의 뜻을 이충언에게 분부하면 이충언은 다시 왕숙문(王叔文)에게 전달하였고, 다시 왕숙문은 유종원(柳宗元) 등과 더불어 결재한 후 중서성(中書省)에 내려 보냈다. 이충언은 그 바탕이 나약하고 조심스

각자의 기예를 들어 간언한다[官師相規, 工執藝事以諫]".

7 유정량의 행적은 『신당서(新唐書)』 권207에서 인용하고 있다.

러워 왕숙문을 만나 일을 논의할 때마다 감히 반대의견을 말하지 못하였다. 이에 유정량이 나서서 왕숙문과 논쟁을 벌였다. 또한 붕당이 끈끈하게 맺어지는 것을 싫어하여, 내관 유기(劉琦)·설문진(薛文珍) 등과 함께 황제에게 광릉왕(廣陵王)을 태자로 삼고 국사(國事)를 맡길 것을 건의하여, 황제의 허락을 얻었다.

유정량은 학사(學士) 위차공(衛次公), 정인(鄭絪) 등과 더불어 금란전(金鑾殿)에서 제조(制詔, 칙령)의 초안(草案)을 정하였다. 태자를 세운 후에는 왕숙문의 무리들을 모두 몰아내고 대신에게 정사를 맡기니 논자들이 모두 그 충정을 칭송하였다. 헌종(憲宗)이 즉위하는 데에는 유정량의 공이 컸지만 죽을 때까지 황제의 총애와 중용(重用)을 받지 않았다.

唐劉貞亮, 本俱氏, 名文珍, 冒所養父改焉. 性忠强, 識義理. 順宗立, 淹痼弗能朝, 唯李忠言、牛美人侍. 美人以帝旨付忠言, 忠言授之王叔文, 叔文與柳宗元等裁定, 然後下中書. 忠言素懦謹, 每見叔文與論事, 無敢異同, 唯貞亮乃與之爭. 又惡朋黨熾結, 因與中人劉琦、薛文珍等同勸帝立廣陵王爲太子監國, 帝納其奏. 貞亮召學士衛次公、鄭絪等至金鑾殿草定制詔. 太子已立, 盡逐叔文黨, 委政大臣, 議者美其忠. 憲宗之立, 貞亮爲有功, 然終身無所寵假.

—광릉왕이 바로 후일의 헌종(憲宗)이다.—

**신은 이렇게 생각합니다.** 유정량(劉貞亮)의 충정은 여강(呂强)에 못지않습니다. 간사한 무리들을 제거하고 영명한 후사를 세울 것을 청하여 당나라 사직에 공적이 있었다는 점을 고려하면 여강보다 뛰어나다 할 수 있습니다. 예부터 태자를 세울 때 도움을 준 신하들은 태자가 등극하면 자신들의 공훈을 바탕으로 주요한 벼슬에 올라 권력을 전유하고 황제의 총애를 차지하지 않는 경우가 없습니다. 이는 곽광(霍光)처럼 우직한 신하도 마찬가지였습니다.

하지만 유정량은 내관으로서 황제를 가까이 모셨을 뿐만 아니라 공로 또한 큰데도 조용히 물러나와 정사를 조정에 맡겼으니, 환관이 다른 직분을 침범할 때 생기는 혼란이 조금도 없었습니다. 이 어찌 훌륭하지 않겠습니까? 황제가 즉위하는 데에 공이 컸지만 죽을 때까지 총애와 중용을 받지 않았으니, 어찌 헌종이 유정량의 은혜를 적게 여겼기 때문이겠습니까? 곽광의 집안이 주살당한 것은 총애가 지나쳐 교만해졌기 때문이라는 사실을 고려하면, 헌종이 유정량을 중용하지 않은 것은 그를 온전히 보호하는 방법이었습니다. 군주와 신하의 도리를 이렇게 함으로써 둘 다 얻을 수 있었던 것입니다.

마존량(馬存亮)은 원화(元和) 연간(806~820)에 내시성(內侍省)의 수장[知內侍省事]이었다가 좌신책군(左神策軍)의 중위(中尉)[8]에 임명되었다.[9] 당시 신책군의 군적에 올라 있던 병사들은 모두 10여 만 명이나 되었는데, 마존량이 정예병만을 가려 뽑으니 분대[伍]에는 허약한 병사가 없었고 소대[部]에는 한가로이 노는 인원

8 신책군(神策軍)은 당나라 후기의 금위병으로서, 좌군과 우군으로 편성하였으며 두 명의 중위(中尉)가 각 부대의 수장이 되었다.

9 마존량의 행적은 『신당서(新唐書)』 권207과 『자치통감(資治通鑑)』 권244에서 인용하고 있다.

이 없었다.

경종(敬宗) 초년, 염서(染署, 염색을 하는 부서)의 직공 장소(張韶)와 점쟁이 소현명(蘇玄明)이 친하게 지냈는데 하루는 소현명이 말하였다.

"내가 네 점을 쳐 보니 너는 어전(御殿)에서 밥을 먹을 운명이고 나도 너와 함께하더라. 내가 듣기로 황제께서 밤낮으로 사냥을 떠나 출입에 법도가 없으니 한번 모반을 저질러 볼 만하다."

장소는 염색에 필요한 자재를 운반하러 매번 궁에 들어갔기 때문에 호위병들이 주의를 기울여 검문하지 않았다. 이에 직공들 백여 명을 몰래 조직한 다음, 무기를 수레에 숨겨 염색 자재인 것처럼 궁으로 옮기고 오른쪽 은대문(銀臺門)으로 들어가 어두운 밤이 되면 정변을 일으키자고 약속하였다. 무기를 운반하는 도중 어떤 사람이 적재물을 검문하자 장소는 계획이 탄로났다고 생각해 그를 죽이고 대오를 정렬하여 큰 소리를 지르며 출병하였다. 이때 황제는 청사전(淸思殿)에서 격구(擊毬)를 하고 있었는데, 놀라서 우신책군(右神策軍)으로 몸을 피하려 하였다. 그때 누군가가 말하였다.

"적병이 궁에 들어왔는데 그 수가 많은지 적은지 알 수 없고 가는 길이 멀어 도중에 변을 당하실 수 있으니, 차라리 가까워 빨리 도착할 수 있는 좌신책군(左神策軍)으로 가시는 것이 좋겠습니다."

황제가 그 말을 따랐다. 원래 황제는 우신책군(右神策軍)의 중위 양수겸(梁守謙)을 총애하여 사냥을 매번 함께 갔다. 두 군대가 씨름경기[角勝]를 벌일 때도 황제는 우군(右軍)의 편을 들어 좌군(左軍)의 원망을 샀다. 그런데 이러한 사태가 발생하자 마존량은 황제 일행을 마중하여 황제의 다리를 두 손으로 받들고서 눈물을 흘리며 군영 안으로 업고 들어갔다. 또한 500기의 기병을 보내 두 분 태후를 모셔오게 하였다.

얼마 후 반란병은 이미 궐문을 부수고 청사전에 들어간 후 화살창고를 공격하였지만, 몽둥이를 든 병사들이 저항하자 이기지 못하였다. 마존량의 명령에 따라 좌신책군의 대장군(大將軍) 강예전(康藝全)과 우신책군의 대장군 강지목(康志睦) 등은 기병을 이끌고 가 적병을 토벌하였다. 장소와 소현명은 화살에 맞아 죽었고 여명이 밝을 무렵 난리를 일으킨 떼거리들이 모두 잡혔다. 좌우군이 궁전을 수습하자 황제는 궁으로 돌아갔으며 신하들은 연명문(延明門)에서 천자를 알현하였다. 마존량은 하루아침에 가장 큰 공훈을 세웠지만, 권세를 사양하고 회남감군(淮南監軍)의 직을 청하였다.

馬存亮, 元和時知內侍省事, 進左神策中尉. 軍所籍凡十餘萬, 存亮料柬尤精, 伍無罷士, 都無冗員. 敬宗初, 染署工張韶與卜者蘇玄明善, 玄明曰: "吾嘗爲子卜, 當御殿食, 我與焉. 吾聞上晝夜獵, 出入無度, 可圖也." 韶每輸染材入宮, 衛士弗呵也. 乃陰結諸工百餘人, 匿兵車中, 若輸材者. 入右銀臺門, 約昏夜爲變. 有詰其載者, 韶謂謀覺, 殺其人, 出兵, 大呼成列. 時帝擊毬淸思殿, 驚, 將幸右神策. 或曰: "賊入宮, 不知衆寡, 道遠可虞, 不如入左軍, 近且速." 從之. 初, 帝嘗寵右軍中尉梁守謙, 每游幸; 兩軍角勝, 帝多欲右勝, 而左軍以爲望. 至是, 存亮出迎, 捧帝足泣, 負而入. 以五百騎往迎二太后, 比至, 而賊已斬關入淸思殿. 仗士拒之, 不勝. 存亮遣左神策大將軍康藝全、右神策大將軍康志睦等率騎兵討賊, 射韶及玄明皆死. 遲明, 盡捕亂黨,左右軍清宮, 車駕還. 羣臣詣延明門見天子. 存亮於一時功最高, 乃推委權勢, 求淮南監軍.

—'파사(罷士)'의 '파(罷)'는 마땅히 '피(疲)'로 써야 한다.—

대화(大和) 연간(827~835)에 신책군(神策軍) 중위(中尉) 왕수징(王守澄)은 재상 송신석(宋申錫)이 장왕(漳王) 이주(李湊)를 천자로 옹립하려는 음모를 꾸미고 있다고 무고한다. 주상이 격노하니, 왕수징은 200기의 기병을 보내 송신석의 집안을 도륙하려 하였다. 그런데 마존량이 굳세게 반대하며 말하였다.

"그렇게 되면 도성이 큰 혼란에 빠질 것입니다. 마땅히 다른 재상들을 소집하여 그 일을 논의해야 합니다."

이에 왕수징이 그만두었다. 이후 마존량은 나이를 이유로 벼슬에서 물러났다. 일찍이 덕종(德宗) 연간부터 시작하여 여섯 황제를 섬겼는데, 성품이 단정하고 진중하였으며 병사를 기르는 데에도 뛰어났다. 당나라 때 내관 중에서 충성과 근신으로 이름난 사람은 마존량, 서문계현(西門季玄), 엄준미(嚴遵美) 세 사람뿐이다.

大和中, 中尉王守澄誣宰相宋申錫謀立漳王湊, 上甚怒. 守澄欲即遣二百騎屠申錫家. 存亮固爭曰: "如此則京城自亂矣. 宜召他相議其事." 守澄乃止. 後致仕. 存亮逮事德宗, 更六朝, 資端畏, 善訓士. 唐世中人以忠謹稱者, 唯存亮、西門季玄、嚴遵美三人而已.

『신당서(新唐書)』「환자 상(宦者上)」의 사론에서는 이렇게 평가하고 있다.

"초(楚)나라 운공(鄖公) 신(辛)은 감히 군주에게 복수할 수 없어서 아버지의 원한을 잊었다고 한다. 소민황제(昭愍皇帝, 당나라 경종의 시호) 때 신책군(神策軍)은 좌우에 따라 그 총애와 대우가 달랐는데, 결국 마존량의 좌군을 이용해 난리를 진압하였으니 그 공적이 누구보다 컸다. 예부터 버림받아 등용되지 않은 사람 중에서 충신이 나오는 일이 대체로 많았다. 하지만 마존량은 역사나 도리에 정통한 사람이 아니었는데도, 군신의 대의를 이처럼 잘 알고 있었을까? 자신이 세운 공적을 내세우지 않고 권력을 두려워하여 외방으로 나갔으니 또한 더욱 현명하다 할 수 있었던 것이다."

唐史臣曰: "楚鄖公辛不敢讎君而忘父冤. 昭愍之世, 兩軍寵遇有厚薄, 而卒用存亮夷難, 功莫及者. 自古忠臣出於疏棄不用蓋多矣, 存亮豈通記書道理之人邪, 何其識君臣大義明甚? 不尸大勞, 畏權處外, 又愈賢矣."

— 초나라 운공 신의 이야기는 『춘추좌씨전(春秋左氏傳)』에 나오는 내용이다. '소민(昭愍)'은 경종(敬宗)의 시호(諡號)다.—

**신은 이렇게 생각합니다.** 마존량(馬存亮)은 한 사람의 몸으로 군주에게 닥친 재난을 막아내었으니 가히 충신이라 할 수 있습니다. 또한 한 마디 말로 송신석(宋申錫) 일가의 목숨을 구하였으니 인자(仁者)에 가깝지 않겠습니까! 아아, 훌륭한 사람입니다!

엄준미(嚴遵美)는 좌군용사(左軍容使)를 역임하였는데 일찍이 탄식하며 이렇게 말한 적이 있다.[10]

"내시부에 속한 시종관[北司供奉官]의 임무는 과삼(胯衫, 내관의 복장)을 입고 시중을 드는 것인데, 지금은 조정에서 홀(笏)을 쥐고 있으니 과분한 일이다. 추밀사(樞密使)는 별도의 청사(廳舍)가 필요 없고 단지 방 세 칸에 문서를 보관하면 된다. 현재 조정에서는 추밀사가 전달하는 칙서에 단지 노란 종이를 덧붙여 수정하는 것으로 업무를 처리하니, 이는 모두 양복공(楊復恭)이 재상의 권력을 빼앗은 잘못이다."

이것은 엄준미가 당시 내관들이 방자하게 전횡하는 것을 꾸짖는 말이다. 나중에 엄준미는 소종(昭宗)이 봉상현(鳳翔縣)으로 파천(播遷)하였을 때 시종하였다가 나이가 많다는 이유를 들어 사직을 청하였다. 이후 신책군(神策軍) 좌우 양군(兩軍)의 중위(中尉)를 맡으라는 명령을 받자, "하나도 맡을 능력이 없는데, 하물며 둘을 어찌 맡을 수 있겠습니까?"라고 하며 끝내 사양하며 출사하지 않았다. 청성산(青城山)에 은거하여 여든 살 넘게 살다 세상을 떠났다.

嚴遵美歷左軍容使, 嘗歎曰: "北司供奉官以胯衫給事, 今執笏, 過矣. 樞密使無聽事, 唯三楹舍藏書而已. 今堂狀帖黃決事, 此楊復恭奪宰相權之過也." 蓋疾時中官肆橫云. 後從昭帝遷鳳翔, 求致仕. 後徵爲兩軍中尉, 遵美曰: "一軍尚不可爲, 況兩軍乎?" 固辭不起, 隱青城山, 年八十餘卒.

---

10 엄준미의 말은 『신당서(新唐書)』 권207에 나온다.

**신은 이렇게 생각합니다.** 엄준미(嚴遵美)의 사람됨은 분수와 의리를 잘 알고 나아감과 물러섬에 밝았으니 훌륭한 사람이라 할 수 있습니다. 그 당시 추밀사(樞密使)와 신책군(神策軍) 중위(中尉)를 지낸 자들은 황제의 총애를 믿고 권력을 전횡하다 패망하지 않은 경우가 드물었는데, 유독 엄준미만은 은자(隱者)의 지조를 지켜 벼슬자리를 던져 버리고 산림에 은거하면서 천수를 다 누렸습니다. 현명한 자가 아니었으면 그렇게 할 수 있었겠습니까? 저는 이 때문에 여기에서 엄준미의 행실을 드러내 보였습니다.

이상은 '내신이 충성스럽고 신중할 때 생기는 복[內臣忠謹之福]'을 논의하였습니다.

**신은 이렇게 생각합니다.** 구양수(歐陽脩)가 『신오대사(新五代史)』를 저술하면서 후당(後唐)의 환관 장승업(張承業) 사건의 시말을 기록하였는데, 그 일이 매우 위대하여 반복하여 칭송하기 위한 것이라 말하고 있습니다. 그 일의 시말을 따라가다 보면 구양수의 말이 틀리지 않았다는 것을 알 수 있습니다. 하지만 그 시대와 사건이 후대에 본받을 수 없다는 점을 고려하여 여기서는 생략하겠습니다.

## 내신이 정치에 간여할 때 생기는 재앙[內臣預政之禍]

『춘추좌씨전(春秋左氏傳)』에는 다음과 같은 기록이 있다.

"희공(僖公) 2년 제(齊)나라의 시인(寺人) 초(貂)가 군사 기밀을 다어(多魚)에 누설하기 시작하였다."

『春秋左氏傳』: "僖二年, 齊寺人貂, 始漏師于多魚."

—'다어(多魚)'는 지명이다.—

두예(杜預)는 이에 대해 다음과 같이 설명한다.

"여기서 '시인(寺人)'이라 함은 환관(宦官) 유초(孺貂)를 일컫는다. 제(齊) 환공(桓公)에게 총애를 받은 자가 많았는데, 안으로는 부인과 같은 사람이 여섯 명이었고, 밖으로는 유초와 역아(易牙) 등이 있어서, 결국 이 때문에 분란이 일어났다. 『춘추좌씨전』에서는 유초가 이때부터 총애를 독차지하기 시작하여 환공의 군사적 사항을 누설하여 제나라 분란의 뿌리가 되었다는 사실을 말하는 것이다."

杜預曰: "'寺人', 內奄官孺貂也. 齊桓多嬖寵, 內則如夫人者六人, 外則幸孺貂、易牙等, 終以此亂國. 『傳』言貂於此始擅貴寵, 漏泄桓公軍事, 爲齊亂張本."

—제나라의 분란은 뒤의 '나라의 후계자[國本]'편에 자세히 나온다.—

**신은 이렇게 생각합니다.** 내신(內臣)이 군사(軍事)와 정사(政事)에 간섭한 것은 이때부터 시작되었습니다. 때는 바야흐로 관중(管仲)이 재상으로서 환공(桓公)을 보좌하며 천하의 패권을 차지하여 눈부신 업적을 쌓는 중이었습니다. 하지만 재앙과 분란의 뿌리가 이미 궁궐 안에 자리를 잡고 있었지만 어느 누구도 잘 살피지 않았습니다. 성인이 『역경(易經)』을 지어 "그런 여자를 아내로 들이지 말라[勿用取女]"라고 말하며 경계한 것은 바로 이러한 상황을 두고 말한 것입니다.

진(秦)나라의 조고(趙高)라는 자는 태어날 때부터 고자였다.[11] 진시황(秦始皇)은 조고가 힘이 세며 형법에 정통하다는 이야기를 듣고서 중거부령(中車府令)에 임명하였다. 또 호해(胡亥)에게 형사재판에 대해 가르치라 하였는데, 호해도 조고를 좋아하게 되었다. 그러던 중 조고가 죄를 짓자 진시황은 몽의(蒙毅)에게 판결하라 하였다. 몽의는 법에 따라 사형에 처해야 한다고 하였다. 진시황은 조고가 일처리를 잘 한다는 이유로 용서해 주고 다시 관직을 주었다. 호해가 이세황제(二世皇帝)로 즉위하자, 조고는 법을 엄격히 하고 혹독한 형벌을 집행하는 정책을 시행하면서 죄를 지으면 연좌제를 적용하고 대신과 종친까지 주살(誅殺)할 수 있는 법령을 내려야 한다고 설득하였다. 이에 따라 법령을 다시 제

11 조고의 고사는 『자치통감(資治通鑑)』 권7에서 인용하고 있다.

정하자 형률의 적용이 더욱 혹독해졌다.

秦趙高者, 生而隱宮. 始皇聞其强力, 通於獄法, 拜中車府令. 使敎胡亥決獄, 胡亥幸之. 高有罪, 始皇使蒙毅治之. 毅當高法, 當死. 始皇以高敏於事, 赦之, 復其官. 二世卽位, 趙高說以嚴法刻刑, 令有罪者相坐, 誅滅大臣及宗室. 更爲法律, 務益刻深.

—그 이후의 일은 '간신'편에 자세히 나온다. 한(漢)나라 석현(石顯)의 무리가 조고를 따라하였다.—

『후한서(後漢書)』「환관전(宦官傳)」의 서문에서는 다음과 같이 말한다.

"『역경(易經)』에 이르기를 '하늘이 계시를 드리우면 성인(聖人)은 그것에 따른다'고 하였다. 환관들은 네 개의 별[四星]과 같이 황위(皇位)의 곁을 지키는 존재로서, 『주례(周禮)』에도 그 관직을 두면서 그 정원(定員)을 정해 놓았다. 문지기가 궁궐의 문을 굳게 지키고 내신이 궁내의 방비를 맡는 전통은 오래되었다. 한(漢)나라는 진(秦)나라의 제도를 따라 중상시(中常侍, 궁중에서 황제를 모시던 내신)의 관직을 두었지만, 선비들 중에서 선발하였다. 이들은 은구슬로 장식하고 담비꼬리를 왼쪽에 꽂은 관[銀璫左貂]을 쓰고 어전과 중앙부서의 사무를 처리하였다.

여후(呂后)가 황제의 직권을 대신하던 때에는 장경(張卿)을 대알자(大謁者)로 삼아 내실(內室)에 출입하면서 조령(詔令)을 받아 전달하는 임무를 맡겼다. 문제(文帝) 때에는 조담(趙談)과 북궁

백자(北宮伯子)가 황제의 총애를 자못 받았다. 무제(武帝) 때에는 후궁(後宮)에서 연회를 열거나, 혹은 몰래 이궁(離宮)이나 별관(別館)으로 나와 노는 경우가 자주 있었는데, 이 때문에 기밀을 상주(上奏)할 때는 주로 환관이 그 역할을 맡았다.

후한(後漢) 초기부터는 환관의 직을 모두 엄인(閹人, 생식능력이 없는 남성)에게 맡기면서 더 이상 선비들을 그 자리에 임명하지 않았다. 영평(永平) 연간에 이르러서는 중상시(中常侍) 4인, 소황문(小黃門) 10인으로 환관의 정원(定員)을 확립하였다. 화제(和帝)가 즉위하였을 때 황제가 너무 어려서 두헌(竇憲) 형제가 권력을 전횡하였다. 이 때문에 조정의 내외 신료(臣僚)들이 황제를 직접 알현할 수 없었고, 황제와 같이 생활하는 신하들은 단지 환관들뿐이었다. 이러한 상황에서 정중(鄭衆)이 궁중에서 일을 꾸며 마침내 거악을 제거하니, 결국 정중은 영지를 분봉(分封)받았으며 파격적으로 궁경(宮卿)의 지위에 올랐다. 이로써 내관의 권력이 강력해지기 시작하였다.

명제(明帝) 이후 연평(延平) 연간까지 환관의 정원(定員)이 점차 증가하여 중상시는 10인, 소황문은 20인에 이르렀으며, 금구슬로 장식하고 오른쪽에 담비꼬리를 꽂은 관[金璫右貂]으로 복식을 바꾸고서 경서(卿署, 구경(九卿)의 자리)를 겸직하였다. 등 태후(鄧太后)가 집권한 다음에는 어쩔 수 없이 엄인 환관을 등용하여 나라의 운명을 맡겼다. 환관이 손에는 왕의 작위를 쥐고 입에는 천자의 뜻을 머금게 되었으니, 더 이상 궁정의 쪽 길에서 잡일을 처리하거나 규방의 창문과 내실의 쪽문을 지키는 직위에 머물지 않았다.

그 후 손정(孫程)이 순제(順帝)의 즉위에 공적을 세웠고 조등(曹騰)이 환제(桓帝)의 즉위에 적극 참여하였다. 뒤를 이어 다섯 환관[五侯, 단초(單超), 좌관(左悺), 구원(具瑗), 서황(徐璜), 당형(唐衡)]이 권력을 농단하던 외척 양기(梁冀)를 처단하여 조정을 바로잡고 황제의 신임을 얻게 되자, 내외 신료들이 따르고 위아래 모두 숨을 죽여 두려워하였다. 이들이 조금만 움직여도 산과 바다를 움직였으며 숨만 쉬어도 이슬과 서리가 내렸다. 이들에게 몸을 낮추어 아부하면 영광과 혜택이 삼족(三族)에 이르렀지만, 그 뜻을 거스르며 올곧게 행동하면 오종(五宗)을 주멸하였으니, 한(漢)나라의 기강이 크게 어지러워졌다.

높은 관에 긴 칼을 차고서 붉은 허리끈에 금인(金印)을 지닌 환관들이 궁전 안에 넘쳐났다. 영지를 분봉받거나 관직을 내려받아[苴茅分虎] 다른 이들에게 왕 노릇 하였던 자들 역시 십 단위로 세어야 하였다. 이들은 모두 백성들의 고혈을 쥐어짜내어 앞다투어 자신들의 사치스런 욕심을 채웠다. 나쁜 짓을 함께 벌이며 서로 도우니 그 무리들이 번성하게 되었고, 결국 나라가 망가지고 정치가 좀먹는 일은 글로 일일이 표현할 수 없었다.

그리하여 천하의 사람들은 모두 개탄하고 뜻있는 선비들은 모두 은거하게 되어, 이러한 상황을 틈타 도적떼가 기승을 부려 화하(華夏)의 모든 곳이 어지러워졌다. 하지만 또다시 사대부(士大夫)와 태학생(太學生)들을 당인(黨人)으로 탄압하여[黨錮之禍] 죄가 없어도 연좌로 잡아들이자, 훌륭한 선비라 이름난 사람이라면 누구도 재앙을 피해 갈 수 없었다. 두무(竇武)와 하진(何進)은 지위가 높은 외척이었는데, 천하 사람들의 공분(公憤)이 뜨겁게 달아오르는 것을 틈타 여러 호걸들의 힘을 한데 모아 환관들을 제거하려 하였다. 하지만 머뭇거리며 결단을 내리지 못하여 결국 비참하게 실패하였으니, 이 또한 한나라의 운명이 다한 것이리라. 비록 원소(袁紹)가 천자의 명을 받들어 환관들을 모조리 멸살하였지만, 이는 단지 폭력으로 혼란을 대체한 것에 불과하니 어찌 언급할 가치가 있겠는가? 조등(曹騰)이 양기(梁冀)를 꼬드겼을 때부터 결국 어리석고 어린 황제만 즉위하였다. 위(魏)나라 무제(武帝)가 이러한 상황에서 결국 한나라를 무너트리고 새로운 나라를 세우게 되었다. 이른바 '어떤 것으로 인해 흥성하였으면 바로 그것 때문에 망한다'는 말이 딱 들어맞는다."

『漢宦官傳序』: "『易』曰: '天垂象, 聖人則之.' 宦者四星, 在皇位之側, 故『周禮』置官, 亦備其數. 閽者守中門之禁, 寺人掌王宮之戒, 其來尙矣. 漢襲秦制, 置中常侍官. 然亦用士人, 以參其選, 皆銀璫左貂, 給事殿省. 及高后稱制, 乃以張卿爲大謁者, 出入臥內, 受宣詔命. 文帝時, 有趙談, 比干伯子, 頗見親倖. 至武帝, 數宴後庭, 或潛游離館, 故請奏機事, 多以宦人主之. 中興之初, 宦官悉用閹人, 不復雜調他士. 永平中, 始置員, 中常侍四人, 小黃門十人. 和帝卽阼幼弱, 而竇憲兄弟專總權威, 內外臣僚, 莫由親接, 所與居者, 唯閹宦而已. 故鄭衆得專謀禁中, 終除大憝, 遂享分土之封, 超登宮卿之位. 於是中官始盛焉. 委用漸大, 而其員稍增, 中常侍至有十人, 小黃門二十人, 改以金璫右貂, 兼領卿署之職. 不得不委用刑人, 寄之國命, 手握王爵, 口含天憲, 非復掖庭永巷之職, 閨牖房闥之任也. 其後孫程定立順之功, 曹騰參建桓之策, 續以五侯合謀, 梁冀受鉞, 迹其公正, 恩固主心, 故中外服從, 上下屛氣. 擧動回山海, 呼吸變霜露. 阿旨曲求, 則光寵三族; 直情忤旨, 則參夷五宗, 漢之綱紀大亂矣. 若夫高冠長劍, 紆朱懷金者, 布滿宮闈; 苴茅分虎, 南面臣人者, 蓋以十數. 皆剝割萌黎, 競恣奢欲. 同敝相濟, 故其徒有繁, 敗國讎政, 不可殫書. 所以海內嗟毒, 志士窮棲, 寇劇緣間, 搖亂區夏. 因復大考鉤黨, 轉相誣染, 凡稱善士, 莫不離被災毒, 竇武、何進位崇戚近, 乘九服之囂怨, 協羣英之勢力, 而以疑留不斷, 至於殄敗, 斯亦運之極乎! 雖袁紹龔行, 芟夷無餘, 然以暴易亂, 亦何云及? 自曹騰說梁冀, 竟立昏弱. 魏武因之, 遂遷龜鼎. 所謂'君以此始, 必以此終', 信乎其然矣!"

—이 글은 범엽(范曄)이 쓴 글이다. 위(魏) 무제(武帝) 조조(曹操)는 조숭(曹嵩)의 양자이고, 조숭은 조등의 양자다.—

화제(和帝) 영원(永元) 연간(89~105)에 두헌(竇憲) 형제가 권력을 전횡하였다.[12] 황제는 조정의 신료라면 위든 아래든 상관없이 두헌에게 아부하는데 중상시 정중(鄭衆)만이 권력을 잡은 무리를 섬기지 않는 것을 보고, 정중과 더불어 의논하여 두헌을 주살하였다. 정중은 대장추(大長秋)의 지위에 올랐고, 황제는 정중의 공훈을 책서에 남기고 귀족의 반열에 올렸다. 정중에게 하사품을 내리면 대개는 사양을 하고 받는 경우가 적었으니, 황제가 훌륭하다고 여겼다. 그리하여 자주 정중과 더불어 정사를 의논하였으니, 환관이 권력을 휘두르게 된 것이 바로 이때부터 시작되었다고 볼 수 있다.

和帝永元中, 竇憲兄弟專權, 帝以朝臣上下莫不附憲, 獨中常侍鄭衆不事豪黨, 遂與定議誅憲. 鄭衆遷大長秋, 帝策勳班貴, 每辭多受少, 帝由是賢之. 嘗與議論政事, 宦官用權自此始矣.

---

12 정중의 이야기는 『자치통감(資治通鑑)』 권48에 나온다.

**신은 이렇게 생각합니다.** 정중(鄭衆)의 사례가 후한(後漢)시기 내신이 정사에 간여하게 되는 시작점입니다. 정중이 비록 다른 환관들보다 훌륭하기는 해도, 정치 간여의 단초를 여는 나쁜 본보기가 되었으니 결국 한나라의 대재앙은 어찌 화제(和帝)의 잘못이 아니겠습니까!

안제(安帝) 영초(永初) 원년(107), 태위(太尉) 서방(徐防)은 천재지변과 민란이 일어나 면직되었고 사공(司空) 윤근(尹勤)은 호우로 인한 물난리 때문에 면직되었다. 중장통(仲長統)은 『창언(昌言)』에서 이렇게 말하였다.[13]

"광무제(光武帝)는 한(漢) 황실이 여러 대 동안 권력을 잃어 힘 센 신하가 천명을 훔친 것에 대해 분노하였다. 그런데 굽은 것을 바로잡다 지나쳐 오히려 옳은 것까지 그르쳤다. 비록 삼공(三公)의 자리는 그대로 두었지만, 업무는 모두 대각(臺閣, 한나라 때의 상서대(尙書臺))에서 처리하게 하였던 것이다. 삼공의 자리는 단지 사람만 채워 두었을 뿐으로, 정치가 혹여 순조롭지 못하면 책임만 지게 하였다.

그러자 권력은 외척의 집안으로 옮겨 가고 총애는 황제 곁의 간신배들이 독차지하게 되었다. 같은 무리까지 살갑게 대하고 사적으로 인연이 있는 자만을 등용하여, 안으로는 도성을 채우고

13 중장통의 말과 양진(楊震)의 자살은 모두 『자치통감(資治通鑑)』 권49에 나온다.

밖으로는 여러 지방에 포진하게 하였다. 훌륭한 자와 어리석은 자가 뒤집어지고 등용할 자와 쫓아낼 자가 뒤바뀌었으며, 못난 자가 변경을 지키고 탐욕스런 자가 백성을 다스리니, 원망의 기운이 함께 일어나 음양이 조화를 잃게 되었다.

이는 외척과 환관들이 만든 결과인데도 오히려 삼공(三公)을 책문하면서 죽이거나 쫓아내니, 한스러워 큰 소리로 울며 피눈물을 흘릴 만하다. 옛날에 문제(文帝)는 등통(鄧通)을 총애하긴 하였지만, 여전히 신도가(申屠嘉)가 뜻을 펼칠 수 있게 하였다. 이와 같이 인재를 등용한다면, 좌우의 조무래기 신하들이 있다고 무슨 우환이 있겠는가! 최근 외척과 환관들은 자신들의 청탁을 들어주지 않으면 곧장 사람을 상상치도 못할 재앙에 빠트리니, 어찌 잘못을 고칠 수 있겠는가?"

영초 2년(108), 태위 양진(楊震)이 여러 차례 중상시 번풍(樊豐) 등의 죄를 거론하다가, 결국 참소를 받고 파직되어 서인(庶人)의 신분으로 강등되자 독주를 마시고 목숨을 끊었다.

安帝永初元年, 太尉徐防以災異、寇賊策免, 司空尹勤以雨水漂流策免. 仲長統『昌言』曰: "光武慍數世之失權, 忿强臣之竊命, 矯枉過正, 雖置三公, 事歸臺閣. 三公之職, 備員而已. 政有不治, 猶加譴責. 而權移外戚之家, 寵被近習之孺. 親其黨類, 用其私人. 內充京師, 外布列郡. 顚倒賢愚, 貿易遷擧. 疲駑守境, 貪殘牧民. 怨氣並作, 陰陽失和. 此戚宦之臣所致然也, 反策讓三公, 至於死免, 可謂噭號泣血者矣. 昔文帝之鄧通, 可謂寵愛, 而猶展申屠嘉之志. 見任如此, 何患於左右小臣哉? 近世戚宦請託不行, 立能陷人於不測之禍, 惡可得而彈正哉?" 二年, 太尉楊震數論中常侍樊豐等罪, 爲所譖, 罷爲庶人, 飮酖卒.

**신은 이렇게 생각합니다**. 이때는 환관이 대신을 참소하여 죽이기까지 하였으니, 그 권세가 영원(永元) 연간보다 컸습니다.

안제(安帝)가 붕어(崩御)하자, 염 태후(閻太后)는 국정을 오랫동안 전횡하고자 북향후(北鄕侯) 유의(劉懿)를 맞아들여 후사를 잇게 하였다.[14] 제음왕(濟陰王)은 폐출되어 어전에 올라 즉위하지 못하자 울부짖으며 식음을 전폐하였다.

얼마 후, 북향후의 병이 깊어지자 중상시 손정(孫程)은 제음왕의 알장자(謁長者) 장흥거(張興渠)에게 말하였다.

"제음왕께서는 안제의 적통으로서 본래 덕을 잃은 적도 없으나 선제께서 참소에 속아서 결국 폐위되기에 이르렀습니다. 만약 북향후가 일어나지 못하면, 저와 함께 강경(江京)과 염현(閻顯)을 베어 버리면 이루지 못할 일도 없습니다."

장흥거가 이에 동의하였다. 북향후가 세상을 뜨자, 염현은 북향후의 죽음을 비밀로 하여 상례를 치르지 않은 상황에서 여러 왕자들을 궁으로 불러들인 후 궁문을 잠그고 주둔병에게 지키게 해야 한다고 태후에게 말하였다. 하지만 손정 등이 먼저 정변을 일으켜 제음왕을 불러들여 황제로 즉위하게 하고 염현 등을 잡아다 주살하였다. 손정 등은 모두 열후(列侯)의 작위에 올랐다. 손정이 받은 식읍(食邑)은 만 호(戶)였으며, 이것이 바로 이른바 '십구

14 손정(孫程)의 정변과 염현(閻顯)의 숙청은 『자치통감(資治通鑑)』 권51에 나온다.

후(十九侯)'다.

安帝崩, 閻太后臨朝, 欲久專國政, 迎北鄕侯懿爲嗣. 濟陰王以廢黜, 不得上殿親臨, 悲號不食. 未幾, 北鄕侯病篤, 中常侍孫程謂濟陰王謁長者長興渠曰: "王以嫡統, 本無失德, 先帝用讒, 遂至廢黜. 若北鄕侯不起, 相與共斷江京、閻顯, 事無不成者." 渠然之. 北鄕侯薨, 顯白太后秘不發喪, 而更徵諸王子, 閉宮門, 屯兵自守. 程等聚謀, 迎濟陰王卽位, 收閻顯等誅之. 封孫程等皆爲列侯, 程食邑萬戶, 是爲'十九侯'.

—제음왕(濟陰王)은 안제의 아들로서 원래 태자로 세워졌다가 염현(閻顯) 등의 참소로 인해 폐위되었다. 제음왕이 즉위하여, 순제(順帝)가 되었다.—

**신은 이렇게 생각합니다**. 이때에 이르러 군주를 세운 공훈을 이유로 열후로 봉해진 환관이 열아홉이나 되었으니, 그 권세가 영초(永初) 연간보다 강력해집니다.

순제(順帝) 양가(陽嘉) 2년(133) 여름 6월 정축(丁丑)일, 낙양(洛陽) 선덕정(宣德亭) 부근의 땅이 갈라져 그 길이가 85장(丈)이나 되었다. 황제는 공경(公卿)들이 천거한 돈후하고 소박한 선비들을 불러다가 대책을 강구하도록 하였다. 아울러 특별히 당시의 폐해가 무엇이며 정치를 어떻게 해야 하는지를 물었다. 이고(李固)가 대답하였다.

"황제께서 조서를 내려 시중(侍中)과 상서(尙書)의 대관(大官)의 자제들의 경우 효렴(孝廉)의 명목으로 관직에 오르지 못하게 하신 이유는,[15] 그들이 권력을 쥐면 쉽게 청탁을 받기 때문입니다. 그런데 중상시(中常侍)가 해와 달과 같은 황제의 곁을 지키면서 그 명성과 세력을 천하에 떨치는 상황에서 그 자제들이 관직에 올라 봉록을 받아 가는 것에 제한이 없습니다. 비록 표면적으로는 겸손한 모습으로 주군(州郡)의 인사에 간여하지 않는 듯하지만, 아첨과 거짓을 일삼는 무리들이어서 동정을 살피며 자신의 사람을 천거하여 뽑습니다. 지금 대관과 마찬가지로 영구적인 금령(禁令)을 내리셔야 합니다.

또한 환관의 정원을 줄이시어 그 권력을 깎아내야 합니다. 중상시(中常侍)는 두 자리만 두고 정직하고 덕이 있는 자로 임명하시어 황제 신변의 일을 처리하게 하십시오. 소황문(小黃門)은 다섯 자리를 두어 똑똑하고 우아한 자로 임명하시어 어전의 일을 돕게 하십시오. 이렇게 되면, 들끓는 여론이 가라앉아 천하가 평안해질 것입니다."

주상이 여러 대책을 살펴보고 이고의 대책이 가장 좋다고 생각하였다. 여러 상시들이 고개를 조아리며 사죄하자 조정이 숙연해졌으며 이고를 의랑(議郎)으로 임명하였다. 하지만 환관들이 이고를 견제하기 위해 익명으로 거짓 투서를 올려 헐뜯었다. 이 일은 상서대(尙書臺)를 거치지 않고 바로 실무기관에서 처리되어 이고가 끌려갔고 오랜 시간이 지난 후 풀려날 수 있었다. 이고는

15 한나라 때는 '효렴(孝廉)'이나 '방정(方正)'과 같은 명목으로 인재를 추천하여 관료로 등용하였다. 그런데 시종이나 상서대의 고관 자제가 아버지의 권력에 기대어 추천을 받는 경우가 있었기 때문에, 그들을 '효렴'의 명분으로 추천하지 못하게 한 것이다.

좌천되어 낙령(洛令)으로 임명되자 관직을 그만두고 한중(漢中)으로 돌아갔다.

양가 4년(135) 2월 초, 황제는 내관들이 양자를 들여 작위를 세습할 수 있도록 처음 허락하였다. 원래 황제가 복위(復位)할 수 있었던 것은 환관들의 힘이 컸는데, 이때부터 환관들이 총애를 얻어 정사에 간여하였다. 어사(御使) 장강(張綱)이 상주하여 말하였다.

"문제(文帝)와 명제(明帝) 때 일을 조심스럽게 살펴보니, 덕화(德化)가 흥성하였지만 내신인 상시(常侍)는 두 명을 넘지 않았고 총신들에게 내리는 하사품도 몇 푼 되지 않았습니다. 이만큼 나라의 재정을 아끼고 백성을 중시하였으니, 집안이 풍족해지고 인구가 늘어났던 것입니다. 하지만 요새는 공적도 없는 소인(小人)들이 모두 관작(官爵)을 차지하고 있으니, 백성을 아끼고 존중하여 하늘의 뜻을 따르는 것이 아닙니다."

이렇게 상주하였지만 황제는 잘 살펴보지 않았다.

順帝陽嘉二年夏六月丁丑, 洛陽宣德亭地拆, 長八十五丈. 帝引公卿所擧敦樸之士, 使之對策, 及特問以當世之敝, 爲政所宜. 李固對曰: "詔書所以禁侍中尙書中臣子弟不得爲吏察孝廉者, 以秉威權, 容請託故也. 而中常侍在日月之側, 聲勢振天下, 子弟祿任, 曾無限極. 雖外託謙默, 不干州郡, 而諂僞之徒, 望風進擧. 今可爲設常禁, 同之中臣. 又宜罷退宦官, 去其權重. 裁置常侍二人, 方直有德者, 省事左右; 小黃門五人, 才智閑雅者, 給事殿中. 如此, 則論事厭塞, 昇平可致也." 上覽衆對, 以李固爲第一. 諸常侍叩頭謝罪, 朝廷肅然, 以固爲議郎. 宦官疾之, 詐爲飛章以陷其罪, 事從中下, 久乃得釋. 出爲洛令, 固棄官歸漢中. 四年春二月初, 聽中官得以養子襲爵. 初, 帝之復位, 宦官之力也. 由是有寵, 參與政事. 御史張綱上書曰: "竊尋文、明二帝, 德化尤盛, 中官常侍, 不過兩人, 近倖賞賜, 裁滿數金, 惜費重民, 故家給人足. 而頃者以來, 無功小人, 皆有官爵, 非愛民重器、承天順道者也." 書奏, 不省.

**신은 이렇게 생각합니다**. 환관의 권력과 총애가 이때에 이르러 더욱 극성스러워졌습니다. 이고(李固)가 이를 언급하자 무고를 당하였고, 장강(張綱)이 이를 언급하자 살펴보지 않았습니다. 환관의 권력을 점점 제어할 수 없게 되었기 때문일 것입니다.

환제(桓帝) 연희(延熹) 원년(158), 황제는 소황문사(小黃門史) 당형(唐衡), 중상시(中常侍) 단초(單超), 소황문사 좌관(左悺), 중상시 서황(徐璜), 황문령(黃門令) 구애(具瑗) 등 다섯 사람을 불러 양기(梁冀)를 주살할 것을 의논하였다.[16]

양기 주살에 성공하자, 황제는 공헌을 치하하는 조서를 내려 단초, 서황, 구애, 좌관, 당형을 모두 후작(列爵)에 봉하고 단초에게는 2만 호(戶), 서황 등에게는 각각 만 호의 식읍(食邑)을 주었다. 세간에서는 이들을 '오후(五侯)'라 불렀다. 좌관과 당형에게는 여전히 중상시(中常侍)를 맡기니, 권력이 모두 환관에게 쏠렸다. '오후'는 더욱 탐욕스럽고 방종하여 조정 내외의 기강을 흔들었다. 이때 자연재해가 빈번하자, 백마령(白馬令) 이운(李雲)이 공개

16 환제 연희 연간 오후(五侯)의 전횡은 『자치통감(資治通鑑)』 권54에 나온다.

적인 상서를 올리고 부본을 만들어 삼부(三府)에도 돌렸으니, 그 내용은 다음과 같다.

"양기가 비록 권력을 전횡하여 그 해악이 천하에 미쳤지만 지금은 죄를 받아 주살되었습니다. 하지만 이는 단지 가신들을 통해 양기를 처단하신 것으로서, 그 일을 도모한 신하들에게 만 호 이상의 식읍을 봉하시니, 만약 고조(高祖)께서 이 일을 들으신다면 잘못이라 하지 않으시겠습니까? 서북쪽의 변방을 지키는 장수들이 이것을 보고서 억울하여 마음이 찢어지지 않겠습니까? 공자(孔子)께서 '제(帝)는 살피는 자리다'고 하셨습니다. 지금 관직의 위상이 어지러워지고 소인들이 아첨으로 등용되며, 뇌물이 공개적으로 횡행하고 정치는 날로 쇠퇴하여, 황제께서는 조서나 관직임명을 거들떠보지도 않으시니, 이것은 황제께서 일부러 살피지 않으려 하시는 것과 마찬가지입니다!"

황제는 상주를 보고 진노하여 관원들에게 이운을 체포하라 하였다. 상서도위(尙書都尉)에게 창칼을 들고 잡아와 황문북시(黃門北寺)의 옥에 가두라 명하고, 중상시 관패(管霸)와 어사정위(御使廷尉)로 하여금 심문토록 하였다. 이때 홍농(弘農)의 오관연(五官掾) 두중(杜衆)이 충간을 올리다 죄를 얻은 것을 슬퍼하며 이운과 같은 날 죽기를 바란다는 상서를 올렸다. 황제가 더욱 노하여 정위(廷尉)를 보내 잡아들이니, 둘은 결국 옥중에서 죽었다. 이로써 총신들이 더욱 전횡하게 되었다.

桓帝延熹元年, 帝召小黃門史唐衡、中常侍單超、小黃門史左悺、中常侍徐璜、黃門令具瑗等五人, 共定議誅梁冀. 詔賞誅冀之功, 封單超、徐璜、具瑗、左悺、唐衡皆爲侯，超食二萬戶，璜等各萬餘戶，世謂之'五侯'，仍以悺、衡爲中常侍，自是權勢專歸宦官矣. '五侯'尤貪縱，傾動內外. 時災異數見，白馬令李雲露布上言，移副三府，曰: "梁冀雖持權專擅，虐流天下，今以罪行誅，猶召家臣搤殺之耳. 而猥封謀臣萬戶以上，高祖聞之，得無見非? 西北列將，得無解體? 孔子曰: '帝者，諦也.' 今官位錯亂，小人諂進，財貨公行，政化日損，尺一拜用，不經御省，是帝欲不諦乎?" 帝得奏震怒，下有司逮雲. 詔尙書都護劍戟送黃門北寺獄，使中常侍管霸與御史廷尉雜考之. 時弘農五官掾杜衆傷雲以忠諫獲罪，上書願與雲同日死. 帝愈怒，遂幷下廷尉，皆死獄中. 於是，嬖寵益橫.

—양기(梁冀)를 주살한 일은 뒤에 「외척전(外戚傳, '척속을 교화시킴'편)」에 자세히 나온다. '체(諦)'는 살피다는 뜻이다. '척일(尺一)'은 조서를 적는 목판[詔版]이다.—

**신은 이렇게 생각합니다.** 환제(桓帝)는 환관을 비호하기 위해 충직한 신하를 죽이고 아울러 그 구명을 논하는 자도 죽였습니다. 이로써 망국의 조짐이 나타났다고 할 수 있습니다.

연희(延熹) 3년(160), 상서(尙書) 주목(朱穆)이 환관들의 방자한 전횡을 보다 못해 상소하였다.

"한(漢)나라의 전례에 따르면 중상시(中常侍)는 선비 중에서 임명하였습니다. 광무제(光武帝) 건무(建武) 연간 이후 엄인(閹人, 환관)들을 등용하였습니다. 안제(安帝) 연평(延平) 연간 이래로는 권세가 점점 높아져 담비꼬리와 구슬로 장식한 옷을 입고서 시중(侍中)의 임무를 맡아 보니, 조정의 정치가 그들 손에서 뒤집어지고, 그 권세는 온 세상에 떨치며, 황제에게 받는 총애도 끝이 없습니다. 그 자제나 친척들도 영광스런 관직에 올라 방자하기가 무엇으로도 막을 수 없습니다. 천하를 곤궁한 지경에 몰아넣어 백성들이 배를 주리고 있습니다.

어리석은 저는 환관들을 모두 파면하시라 건의를 드립니다. 예전의 법도를 따라 나라 안의 맑고 깨끗한 선비를 선발하고 나라의 체제를 잘 이해하는 자로 그 자리를 채우시면, 온 천하의 백성들이 폐하의 성스러운 은택을 받게 될 것입니다."

황제가 받아들이지 않자, 나중에 직접 황제를 알현하여 입으로 자신의 생각을 개진하였다.

"제가 듣기로 한(漢)나라의 옛 법도에는 시중(侍中)과 중상시(中常侍)를 각각 한 명 두어 상서(尙書)의 일을 맡아보게 하였고, 황문시랑(黃門侍郎) 한 명에게 상주문을 올리고 조서를 내려 받는 임무를 주었는데, 모두 명망가의 사람을 뽑아 썼다고 합니다. 화희(和熹)태후가 여자의 몸으로 황제의 직분을 대리하였을 때부터, 공경들을 직접 만나지 않고 엄인(閹人)들로 하여금 상시(常侍)와 소황문(小黃門)의 직을 맡겨 두 궁궐의 의견을 소통하게 하였습니다. 이때부터 환관의 권세가 군주를 흔들 정도가 되어 천하를 곤궁하게 만들었습니다. 환관들을 모두 쫓아내고 널리 덕 있는 인재들을 뽑으시어 정사를 맡기십시오."

황제가 성을 내며 대꾸하지 않자, 주목은 엎드려서 일어나려 하지 않았다. 황제가 좌우 시신(侍臣)들을 불러 끌어내려 하자, 오랫동안 버티다가 빠른 걸음으로 떠나갔다. 이때부터 내신들이 여러 차례 이 일을 거론하며 조서를 꾸며 주목을 헐뜯었다. 주목은 본래 강직하여 자신의 뜻을 이루지 못하자 오래지 않아 마음의 병이 쌓여 독창(毒瘡)으로 세상을 떠났다.

三年, 尙書朱穆疾宦官恣橫, 上疏曰: "按漢故事, 中常侍參選士人. 建武以後, 乃悉用宦者. 自延平以來, 浸益貴盛, 假貂璫之飾, 處常伯之任, 天朝政事, 一更其手, 權傾海內, 寵貴無極, 子弟親戚, 並荷榮任, 放濫莫能禁禦. 窮破天下, 空竭小民. 愚臣以爲可悉罷省, 遵復往初, 更選海內淸淳之士, 明達國體者, 以補其處. 卽兆庶黎萌蒙被聖化矣." 帝不納. 後穆因進見, 復口陳曰: "臣聞漢家舊典, 置侍中、中常侍各一人, 省尙書事; 黃門侍郞一人, 傳發書奏, 皆用姓族. 自和熹太后以女主稱制, 不接公卿, 乃以閹人爲常侍, 小黃門通命兩宮. 自此以來, 權傾人主, 窮困天下. 宜皆罷遣, 博選耆儒宿德, 與參政事." 帝怒, 不應, 穆伏不肯起. 左右傳出, 良久乃趨而去. 自此中官數因事稱詔詆毁之. 穆素剛, 不得意, 居無幾, 憤懣發疽卒.

**신은 이렇게 생각합니다**. 환제(桓帝)가 환관을 총애하고 충직한 신하를 억압하였습니다. 이운(李雲)과 두중(杜衆)은 이 때문에 먼저 죽었고, 주목(朱穆)은 이 때문에 나중에 죽었습니다. 망국의 날을 재촉하였던 것입니다.

원래 환제(桓帝)는 여오후(蠡吾侯)로서 감릉(甘陵)의 주복(周福)에게 가르침을 받았다.[17] 황제로 즉위한 후, 주복을 발탁하여 상서

17 이하 당고(黨錮)의 내용은 『자치통감(資治通鑑)』 권55, 권56에 나온다.

(尙書)로 임명하였다. 이때 동향인 하남윤(河南尹) 방식(房植)의 명성이 조정에서 자자하였다. 고향 사람들은 이 때문에 다음과 같은 노래를 지어 불렀다.

"천하의 올바른 모범[規矩]은 방백무(房伯武), 천자의 스승으로서 상서가 된 주중진(周仲進)."

두 집안의 손님들은 서로 헐뜯으며 공격하다, 결국 무리를 짓게 되어 점차 사이가 벌어졌고 이 때문에 감릉은 남부와 북부로 갈리었다. 당인(黨人)에 대한 탄압은 이때부터 시작하였다.

여남(汝南) 태수(太守) 종자(宗資)는 범방(范滂)을 공조(功曹)로 삼았고, 남양(南陽) 태수(太守) 성진(成瑨)은 잠질(岑晊)을 공조(功曹)로 삼았다. 두 사람 모두 마음을 다해 임무를 수행하였으며, 옳은 것을 선양하고 그른 것을 고쳐 군청의 기강을 바로잡았다.

그중에서 범방은 더욱 강경하여 잘못된 점을 원수 보듯 싫어하였다. 범방의 조카 이송(李頌)은 본래 행실이 좋지 못하였는데, 중상시 당형이 이송을 종자에게 부탁하자 종자가 지방의 관리로 삼으려 하였다. 범방이 종자의 말을 듣지 않고 이송을 부르지 않자, 환관들이 모두 범방에게 원한을 품었다.

완현(宛縣)에는 장범(張汎)이라는 부상(富商)이 있었는데, 황제의 후궁과 친척 사이였고 또 신기한 장난감을 잘 조각하는 재주가 있었다. 그것을 이용해 자주 내시들에게 뇌물을 주어 지위가 높아지자 권력을 믿고 방자하게 굴었다. 잠질은 성진에게 건의하여 장범 등을 체포하였고, 사면령이 내려왔는데도 죽여 버렸다.

소황문(小黃門) 조진(趙津)은 탐욕스럽고 방자하여 온 고을의 우환이 되었다. 태원(太原) 태수 유질(劉瓆)이 군리(郡吏) 왕윤(王允)을 시켜 조진을 잡아들였고, 역시 사면령이 내려왔는데도 죽여 버렸다.

이때 중상시 후람(侯覽)이 장범의 처에게 상서하여 억울한 사정을 고발하라고 시켰다. 환관들은 이를 기화로 성진과 유질을 모함하였다. 황제는 크게 노하여 성진과 유질을 잡아다 하옥시켰다. 옥리가 뜻을 받들어 성진 등의 죄는 기시(棄市)의 죄에 해당한다고 아뢰었다. 태위 진번(陳蕃) 등이 모두 성진과 유질 등을 사면할 것을 간청하자 황제가 언짢아하였다. 옥리가 탄핵하여 상주하자 진번은 이에 단독으로 상소하여 말하였다.

"외적이 변경 밖에 있는 것은 단지 사지의 작은 질병이지만, 내정이 다스려지지 않는 것은 몸속의 큰 병입니다. 이전 양기(梁冀) 일가 다섯 제후의 해악이 만천하에 퍼져 하늘의 계시와 황제의 뜻에 따라 잡아 주살하였으니, 천하 사람들이 의론하기를 이제 작은 평화가 도래하였다고 하였습니다. 현실을 비추어 볼 만한 맑은 거울이 멀리 있지 않고 앞서 간 수레가 넘어진 것이 바로 어제와 같지만, 지금 측근들이 권력을 휘둘러 다시 무리를 모으고 있습니다.

소황문 조진과 교활한 장범 등은 방자하게 탐욕을 부리고 좌우에 간사하게 아첨을 하니, 전 태원 태수 유질과 남양 태수 성진이 그것을 바로잡고자 잡아 주살하였습니다. 비록 사면을 받은 후에 죽인 것은 잘못이지만, 그 충심을 헤아려 보면 악을 없애기 위함이었습니다. 하지만 소인들은 잔꾀에 밝아 의혹을 부추키어 주상의 귀를 막고 있습니다. 결국 하늘이 이 때문에 진노하게 될 것입니다. 성진과 유질에게 벌을 내리는 것도 이미 너무하신 처사인데, 하물며 중형을 내리어 처형하시는 것은 어떠하겠습니까!

옛날 승상(丞相) 신도가(申屠嘉)가 등통(鄧通)을 불러 면전에서 꾸짖었을 때 문제(文帝)는 단지 감안해 달라고 부탁하였으며, 낙양령(雒陽令) 동선(董宣)이 호양공주(胡陽公主)를 질책하여 모욕을 주었는데도 무제(武帝)는 동선에게 큰 상을 내리셨을 뿐입니다. 두 신하가 황제의 명령을 따르지 않았다는 이유로 주살당하였다는 이야기는 듣지 못하였습니다. 지금 폐하의 측근에 있는 소인들은 자신들의 무리가 피해를 당하였다는 데에 원한을 품고서, 서로 힘을 다해 성진과 유질을 처형하려 합니다. 신이 이와 같은 말씀을 올렸다는 말을 들으면, 저들은 다시 폐하 앞에서 눈물을 흘리며 호소할 것입니다.

폐하께서는 마땅히 측근들이 정사에 간여하는 근원을 찾아 막으시고, 상서(尙書)와 조정 선비들의 의견을 구해 들으셔야 합니다. 깨끗하고 고명한 선비를 선발하여 사악한 간신들을 쫓아내셔야 합니다. 이와 같이 하신다면 위에서는 하늘이 조화롭고 아래서는 땅이 풍족해질 터이니, 상서로운 징조가 어찌 멀리 있겠습니까?"

하지만 황제는 받아들이지 않았다. 환관들은 이 일로 진번을 더욱 미워하게 되었고, 성진과 유질은 결국 옥중에서 죽었다. 성진과 유질은 강직하였을 뿐만 아니라 경전에도 정통해서 당시 이름을 떨치고 있었기에, 천하 사람들이 모두 두 사람의 죽음을 안타까워하였다.

初, 帝爲蠡吾侯, 受學於甘陵周福. 及卽位, 擢福爲尙書. 時同郡河南尹房植, 有名當朝. 鄕人爲之謠曰: "天下規矩房伯武, 因師獲印周仲進." 二家賓客, 互相譏揣, 遂各樹朋徒, 漸成尤隙. 由是甘陵有南北部, 黨人之議自此始矣. 汝南太守宗資以范滂爲功曹, 南陽太守成瑨以岑晊爲功曹, 皆委心聽任, 使之裒善糾違, 肅淸朝府. 滂尤剛勁, 疾惡如讎. 滂甥李頌素無行, 中常侍唐衡以屬資, 資用爲吏, 滂寢而不召郡中, 中人莫不怨之. 宛有富賈張汎者, 與後宮有親, 又善雕鏤玩好之物, 頗以賂遺中官, 以此得顯位, 用勢縱橫. 晊勸瑨收捕汎等, 旣而遇赦, 瑨竟誅之. 小黃門趙津貪橫放恣, 爲一縣巨患. 太原太守劉瓆使郡吏王允討捕, 亦於赦後殺之. 於是中常侍侯覽使張汎妻上書訟冤, 宦官因緣譖訴瑨、瓆. 帝大怒, 徵瑨、瓆皆下獄. 有司承旨, 奏瑨等罪當棄市, 太尉陳蕃等共請瑨、瓆等罪, 帝不悅. 有司劾奏之, 蕃乃獨上疏曰: "寇賊在外, 四支之疾; 內政不理, 心腹之患. 前梁氏五侯, 毒徧海內, 天啓聖意, 收而戮之, 天下之議, 冀當小平. 明鑑未遠, 覆車如昨, 而近習之權, 復相扇結. 小黃門趙津、大猾張汎等, 肆行貪虐, 姦媚左右, 前太原太守劉瓆、南陽太守成瑨, 糾而戮之, 雖言赦後不當誅殺, 原其誠心, 在乎去惡. 而小人道長, 熒惑聖聽. 遂使天威爲之發怒, 必加刑譴, 已爲過甚, 況乃重罰, 令伏歐刀乎! 昔丞相申屠嘉召責鄧通, 雒陽令董宣折辱公主, 而文帝從而請之, 光武加以重賞, 未聞二臣有專命之誅. 而今左右羣豎, 惡傷黨類, 妄相交搆, 致此刑譴. 聞臣是言, 當復啼訴. 陛下深宜割塞近習與政之源, 引納尙書朝省之士, 簡練淸高, 斥黜佞邪. 如是天和於上, 地洽於下, 休禎符瑞, 豈遠乎哉?" 帝不納. 宦官由此疾蕃彌甚, 瑨、瓆竟死獄中. 瑨、瓆素剛直, 有經術, 知名當時, 故天下惜之.

—'백무(伯武)'는 방식(房植)의 자(字)이며, '중진(仲進)'은 주복(周福)의 자다.—

하내군(河內郡)의 장성(張成)은 풍각(風角) 점을 잘 쳐서 얼마 후 사면령이 있을 것이라는 점괘가 나오자 아들로 하여금 살인을 하라고 시켰다. 사례교위(司隸校尉) 이응(李膺)이 명령을 내려 장성을 잡아들였지만 얼마 후 사면령이 내려와 처벌을 면하게 되었다. 이에 이응은 더욱 분노하여 결국 조사를 마치고 그를 주살하였다.

그런데 장성은 평소에 점술을 통해 환관들과 교류하고 있었고, 황제 역시 그 점괘를 매우 신뢰하였다. 환관들은 장성의 제자 뇌수(牢修)로 하여금 이응 등을 고발하도록 하였다. 이응 등이 태학생을 키워서 여러 군의 생도들과 결연을 맺게 하여, 서로 끌어주고 밀어주며 무리를 지어 조정을 비방하면서 풍속을 어지럽힌다는 혐의였다.

이에 천자가 진노하여 각 군(郡)에 당인(黨人)들에 대한 수배령을 내리고, 세상 사람들에게 알려 함께 성토할 것을 명하였다. 이와 같은 안건이 삼부(三府)에 내려오자 태위(太尉) 진번(陳蕃)이 거부하며 말하였다.

"지금 논의하는 안건은 세상 사람들이 모두 우국충정에서 한 일이라고 칭송하는 사건이다. 이러한 사람들은 앞으로 10대 후손까지 죄를 지어도 사면해 줄 만한데, 어찌 죄명도 없이 잡아들여 치죄한단 말인가?"

그러면서 다른 사람들과 달리 서명을 하지 않으려 하였다. 황제는 더욱 분노하여 결국 이응 등을 황문북시(黃門北寺)의 옥에 가두었다. 심문 중에 태복(太僕) 두밀(杜密), 어사중승(御史中丞)

진상(陳翔), 진식(陳寔), 범방(范滂) 등 200여 명의 이름이 거론되었다. 도피하여 잡히지 않은 사람들에게 모두 현상금을 걸고서 사람을 파견하여 추적하였다. 진번이 다시 상서하여 극간을 올렸지만, 황제는 진번의 날카로운 비판이 귀에 거슬렸다. 그리하여 진번이 선발한 사람들이 모두 적합하지 않다는 핑계로 진번을 파직하였다.

河內張成善風角, 推占當赦, 敎子殺人. 司隷李膺督促收捕, 旣而逢宥獲免. 膺愈懷忿疾, 竟案殺之. 成素以方伎交通宦官, 帝亦頗訊其占. 宦官敎成弟子牢修, 上書告膺等養太學遊士, 交結諸郡生徒, 更相驅馳, 共爲部黨, 誹訕朝廷, 疑亂風俗. 於是天子震怒, 班下郡國, 逮捕黨人, 布告天下, 使同忿疾. 案經三府, 太尉陳蕃卻之, 曰: "今所案者, 皆海內人譽憂國忠公之臣, 此等猶將十世宥也, 豈有罪名不章而致收掠者乎!" 不肯平署, 帝愈怒, 遂下膺等於黃門北寺獄. 其辭所連及太僕杜密、御史中丞陳翔及陳寔、范滂之徒二百餘人. 或逃遁不獲, 皆懸金購募, 使者四出相望. 陳蕃復上書極諫, 帝諱其言切, 託以蕃辟召非人, 策免之.

영강(永康) 원년(167), 진번이 이미 면직되자 조정의 신하들이 모두 떨며 아무도 감히 당인(黨人)을 변호하지 않았다. 가표(賈彪)가 말하였다.

"내가 서쪽 낙양(洛陽)으로 가지 않으면 이러한 재앙이 멈추지 않을 것이다."

그리하여 낙양(洛陽)으로 들어가 성문교위(城門校尉) 두무(竇武)를 설득하여 상소하도록 하였다.

"폐하께서 즉위하신 이래로 선정을 베풀었다는 말이 들리지 않습니다. 상시(常侍)와 황문(黃門)은 앞을 다투어 거짓을 행하고 자격 없는 사람들에게 제멋대로 작위를 내립니다. 엎드려 도성을 살펴보면 간신들이 정권을 쥐고 있어 결국 천하를 빼앗기게 될 것입니다. 지금 예전의 실패를 살피지 않는다면, 넘어진 수레의 자취를 다시 따라갈 뿐입니다. 저희들은 진(秦)나라 이세황제의 난리가 다시 올까 두렵습니다. 조고가 일으킨 변란이 아침에 일어나지 않으면 저녁에 일어날 것입니다.

최근 간신 뇌수(牢修)가 거짓된 무고로 무리를 지어 의론을 벌였다는 누명을 조작하였습니다. 결국 전 사례교위(司隸校尉) 이응을 잡아 가두니 체포되어 심문을 받은 자가 몇백 명이나 되었습니다. 하지만 오랫동안 잡아두고 심문하였지만 아무런 증거가 없습니다. 신은 이응 등이 충성스런 절개로 왕실을 위해 온 마음을 바치고 있다고 생각합니다. 이들이 바로 폐하의 후직(后稷), 설(卨), 이윤(伊尹), 여상(呂尙)과 같은 충신인데, 간신들이 허위로 모함을 하니 천하가 안타까워하고 온 나라가 실망하고 있습니다. 폐하께서 신경을 써서 분명하게 살펴보신다면, 곧바로 해결방법을 찾으시어 사람과 귀신의 기대를 저버리지 않으실 것입니다. 그렇게 하시면 재앙의 징조는 사라지고 하늘의 감응을 기대할 만합니다."

두무는 상주문을 올린 후 병을 이유로 성문교리의 직을 사직하고 괴리후(槐里侯)의 인수(印綬)를 반납하였다. 곽서(霍諝) 역시 표문을 지어 간청하니 황제의 의혹이 조금 풀렸다. 중상시 왕보(王甫)로 하여금 옥으로 가서 당인(黨人) 범방 등을 심문하도록 하였다. 모두 목과 손발에 차꼬와 수갑을 차고 머리에 보자기를 덮어 쓰고서 계단 아래서 능욕을 당하고 있었다. 왕보는 수인(囚人)들을 차례대로 꾸짖으며 말하였다.

"경들께서는 서로 발탁하고 천거하며 서로 순치(脣齒)의 관계를 맺었으니 그 뜻이 무엇입니까?"

범방이 말하였다.

"공자님 말씀에 '선한 일을 보면 자신은 그것에 미치지 못한 듯 하고, 악한 일을 보면 뜨거운 물에 손을 댄 것처럼 하라'고 하셨소. 나 범방은 선한 이들끼리 그 깨끗함을 함께하고, 악한 이들끼리 그 더러움을 함께하도록 한 것일 뿐이오. 이것이 왕도정치가 바라는 바라고 생각하였지, 무리를 지은 당인(黨人)으로 몰릴 지는 몰랐소. 옛날에는 선한 일을 하면 복이 저절로 왔는데, 요즘에는 선한 일을 하면 몸이 주륙을 당하는구려. 이 몸이 죽는 날 원컨대 수양산(首陽山) 자락에 묻어 주시오. 위로는 하늘을 거스르지 않았고, 아래로는 백이(伯夷)와 숙제(叔齊)에 부끄럽지 않소."

왕보는 불쌍한 마음이 들어 범방에게 부드러운 낯을 보이며 차꼬와 수갑을 풀어 주었다. 이응 등이 환관의 자제들의 이름을 거론하자 환관들이 두려워져 황제에게 천시(天時)를 이유로 사면을 청하였다. 6월 경신(庚申)일에 대사면을 단행하고 연호를 바꾸었다. 당인으로 몰린 200여 명은 모두 고향으로 돌려보냈으나, 그 이름은 삼부(三府)에 적어 두어 죽을 때까지 벼슬을 하지 못하게 하였다.

永康元年, 陳蕃既免, 朝臣震栗, 莫敢復爲黨人言者. 賈彪曰: "吾不西行, 大禍不解." 乃入雒陽, 說城門校尉竇武, 上疏曰: "陛下卽位以來, 未聞善政. 常侍、黃門, 競行譎詐, 妄爵非人. 伏尋西京, 佞臣執政, 終喪天下. 今不慮前事之失, 復尋覆車之軌, 臣恐二世之難, 必將復及; 趙高之變, 不朝則夕. 近者姦臣牢修造設黨議, 遂收前司隸校尉李膺等, 逮考及數百人. 曠年拘錄, 事無效驗. 臣唯膺等建忠抗節, 志經王室, 此誠陛下稷、卨、伊、呂之佐, 而虛爲姦臣賊子之所誣枉, 天下寒心, 海內失望. 唯陛下留神澄省, 時見理出, 以厭人鬼喁喁之心. 如此, 咎徵可消, 天應可待." 書奏, 因以病, 上還城門校尉、槐里侯印綬. 霍諝亦爲表請, 帝意稍解. 使中常侍王甫就獄訊黨人范滂等, 皆三木囊頭, 暴於階下, 甫以次辨詰曰: "卿等更相拔擧, 迭爲脣齒, 其意如何?" 滂曰: "仲尼之言: '見善如不及, 見惡如探湯.' 滂欲使善善同其淸, 惡惡同其汙, 謂王政之所願聞, 不悟更以爲黨. 古之修善, 自求多福; 今之修善, 身陷大戮. 身死之日, 願埋滂於首陽山側, 上不負皇天, 下不愧夷、齊." 甫愍然爲之改容, 乃得並解桎梏. 李膺等又多引宦官子弟, 宦官懼, 請帝以天時宜赦. 六月, 庚申, 赦天下, 改元, 黨人二百餘人皆歸田里, 書名三府, 禁錮終身.

**신은 이렇게 생각합니다.** 선비들을 당인(黨人)으로 몰아 탄압한 것은 원래 성진(成瑨)이 장범(張汎)을 죽이고 유질(劉瓆)이 조진(趙津)을 죽였기 때문입니다. 간신들이 발호하여 방자하게 날뛰며 백성들을 갉아먹는 도적질을 하니, 2,000석(石)의 봉록을 받는 태수가 직무에 충실하게 법을 받들어 조사를 해서 주살하였는데 무슨 죄가 있겠습니까? 환제(桓帝)는 총신들의 참소를 믿고서 급하게 큰 옥사를 일으켜, 세상의 착한 선비들을 한꺼번에 잡아들여 싹 쓸어버렸습니다. 만약 환관들이 자기 자신이 연루될까 두려워서 일을 꾸며 힘써 사면을 청원하지 않았다면, 200여 명의 선비들은 모두 동쪽 시장의 귀신[東市之鬼][18]이 되었을 것입니다. 실상이 이러하니, 황제는 당인들이 아니라 환관들에게 관용을 베푼 것입니다. 그런데 삼부(三府)에 그 이름을 남겨 죽을 때까지 출사하지 못하게 한 것은 예부터 아무리 무도한 시대라도 없었던 일입니다.

영제(靈帝) 건녕(建寧) 원년(168), 성문교위(城門校尉) 두무(竇武)를 대장군(大將軍)에 임명하였다. 전 태위(太尉) 진번(陳蕃)이 태부(太傅)가 되어 두무, 사도(司徒) 호광(胡廣)과 함께 상서(尙書)의 일을 맡아 보았다. 정월(正月) 기해(己亥)일에 해독정후(解瀆亭侯) 유굉(劉宏)이 도성에 도착하여 황제로 즉위하였다. 원래 두(竇) 태후가 세우고 진번이 힘을 쓴 결과였다.

영제는 즉위하여 정사를 큰일 작은 일 할 것 없이 모두 진번에게 맡겼다. 진번과 두무는 한마음으로 힘을 다해 왕실을 다독이고 천하의 훌륭한 인재들을 불러들였다. 이응(李膺), 두밀(杜密), 윤훈(尹勳), 유유(劉瑜) 등이 모두 조정으로 들어와 함께 정사를 맡았다. 이로써 천하의 선비들은 고개를 빼들고 태평성세를 기대하지 않는 사람이 없었다.

그런데 영제의 유모 조요(趙嬈)와 여러 여상서(女尙書)들이 아침저녁으로 태후의 곁을 지키면서, 중상시(中常侍) 조절(曹節), 왕보(王甫) 등과 함께 작당을 하여 태후를 속이니, 태후가 그들을 신뢰하게 되었고 여러 차례 조령(詔令)을 내려 작위를 내려 주었다.

18 한대(漢代)에는 동쪽 시장에서 사형수를 처형하였기 때문에 이후 '동쪽 시장'은 사형장을 가리키게 되었다.

진번과 두무가 그것을 싫어하여 조정에 모여 의논한 적이 있었다. 진번이 몰래 두무에게 말하였다.

"조절과 왕보 등은 선제(先帝) 때부터 국정을 농단하여 세상을 어지럽혔으니 지금 죽이지 않으면 후일을 기약하기 어렵습니다."

두무도 깊게 동의하자 진번이 매우 기뻐하였다. 두무는 이에 동지인 상서령(尙書令) 윤훈 등을 끌어들여 함께 계책을 세웠다. 어느 날 일식(日食) 현상이 생기자 진번이 두무에게 말하였다.

"이것을 이용해 환관들을 물리치면 하늘의 재앙을 막을 수 있겠소."

두무가 태후에게 가서 넌지시 말하였다.

"옛일에는 황문(黃門)과 상시(常侍)가 궁중의 허드렛일만 맡아 주로 궁중의 재물관리만 하였을 뿐입니다. 하지만 지금은 그 자들로 하여금 정사에 간여하게 하시어 권력이 강성해졌습니다. 그 자제들도 여러 곳에 포진하여 탐욕스럽게 전횡하고 있습니다. 천하가 흉흉한 것은 바로 이 때문이니, 그자들을 주살하여 궁중에서 깨끗이 쓸어내야 합니다."

태후가 말하였다.

"한(漢) 원제(元帝) 이후의 일을 살펴보면 대대로 환관이 있었다. 단지 죄가 있는 자들만 골라서 주살하여야지 어찌 다 쫓아낼 수 있겠는가?"

이때 중상시 관패(管霸)는 재주와 지략이 매우 뛰어나 궁성 안의 일을 도맡아 하고 있었다. 두무는 우선 관패와 중상시 소강(蘇康) 등을 잡아들여야 한다고 건의하고 그들을 연좌시켜 죽였다. 이후 다시 조절 등을 주살해야 한다고 건의하였다. 하지만 태후는 주저하며 받아들이지 않았다.

그러자 오히려 환관들이 진번과 두무를 무고하여 진번과 두무가 영제를 폐위하는 역모를 계획하고 있다고 아뢰었다. 이에 한밤중에 친한 자들을 불러 피를 나누어 마시며 두무 등을 주살할 것을 맹세하였다. 진번과 두무를 모두 죽이고 태후를 남궁(南宮)으로 옮기니, 이로써 소인배들은 뜻을 얻었고 사대부들이 모두 기운을 잃게 되었다.

靈帝建寧元年, 以城門校尉竇武爲大將軍. 前太尉陳蕃爲太傅, 與武及司徒胡廣參錄尙書事. 己亥, 解瀆亭侯宏至, 卽皇帝位. 初, 竇太后之立也, 陳蕃有力焉. 及臨朝, 政無大小, 皆委於蕃. 蕃與竇武同心戮力, 以奬王室, 徵天下名賢, 李膺、杜密、尹勳、劉瑜等皆列於朝廷, 與共參政事. 於是, 天下之士, 莫不延頸想望太平. 而帝乳母趙嬈及諸女尙書, 旦[19]夕在太后側, 中常侍曹節、王甫等共相朋結, 諂事太后, 太后信之, 數出詔命, 有所封拜. 蕃、武疾之, 嘗共會朝堂, 蕃私謂武曰: “曹節、王甫等, 自先帝時操弄國權, 濁亂海內, 今不誅之, 後必難圖.” 武深然之, 蕃大喜. 武於是引同志尙書令尹勳等共定計策. 會日有食之, 蕃謂武: “可因此斥罷宦官, 以塞天變.” 武乃白太后曰: “故事, 黃門、常侍, 但當給事省內門戶, 主近署財物耳. 今乃使與政事, 任重權, 子弟布列, 專爲貪暴, 天下匈匈, 正以此故, 宜悉誅廢以淸朝廷.” 太后曰: “漢元以來故事, 世有宦官, 但當誅其有罪者, 豈可盡廢?” 時中常侍管霸, 頗有才略, 專制省內. 武先白收霸及中常侍蘇康等, 皆坐死. 武復白誅曹節等, 太后猶豫未忍. 宦官反誣蕃、武奏白太后廢帝, 爲大逆. 乃夜召所親, 歃血共盟謀誅武等, 蕃、武皆死. 遷太后於南宮, 於是羣小得志, 士大夫皆喪氣.

19 저본에는 조선 태조의 피휘여서 ‘朝’로 되어 있지만 원래의 ‘旦’으로 바로잡는다.

**신은 이렇게 생각합니다.** 환관들의 해악은 이때에 이르러 최고조가 되었다고 할 수 있습니다. 그러나 진번과 두무가 환관들을 모두 주살하려고 한 것은 어찌 너무 심한 처사가 아니었겠습니까? 태후는 죄가 있는 자만 없애야 한다고 생각하였는데, 이는 옳습니다. 만약 진번 등이 관패를 죽인 여세를 몰아 재빨리 태후에게 가서 죄가 심한 환관을 골라 한둘만이라도 주살한 다음, 쫓아낼 자들은 쫓아내고 용서할 자들은 용서하여 기강을 바로잡고 다시는 환관이 정사에 간여하지 못하게 하였다면, 궁성은 화목하게 아무런 일도 없었을 것입니다. 이렇게 하지 않고 계속하여 무기를 들고 피바람을 일으키려 하였으니 오히려 환관들의 반격을 받게 된 것입니다. 어찌 하늘은 이처럼 한(漢)나라를 돕지 않았을까요? 진번과 두무가 훌륭하였지만 계획이 탄로나 버렸습니다. 아아! 슬픕니다.

원래 이응(李膺) 등은 비록 파직당하여 더 이상 관직에 오를 수 없었지만, 천하의 사대부들은 그 도리를 높게 숭상하였다. 조정에서 때를 묻힌 사람들도 그들과 같이 행동할 수 있기를 바라는 마음에 그들에게 칭호를 만들어 붙여 주었다. 두무(竇武), 진번(陳蕃), 유숙(劉淑)은 '삼군(三君)'이라 불렸는데, '군(君)'이란 한 시대의 으뜸이라는 뜻이다. 이응, 두밀(杜密) 등은 '팔준(八俊)'이라 하였는데, '준(俊)'이란 사람들 중 영웅이라는 뜻이다. 또한 '팔고(八顧)', '팔급(八及)', '팔주(八廚)' 등의 칭호도 있었다. 진번과 두무가 집권하자 다시 이응 등을 발탁하였는데, 진번과 두무가 주살되자 다시 파직되었다. 환관들은 이응 등을 싫어하여 매번 조서(詔書)를 내릴 때마다 당인(黨人)들이 벼슬을 하지 못하도록 상신(上申)하였다.

후람(侯覽)은 특히 장검(張儉)에게 원한이 심하였다. 후람과 동향인 주병(朱並)은 본래 간신으로서 장검에게 버림을 받자 후람의 뜻을 받들어 장검을 고발하는 상서를 올렸다. 장검이 수괴가 되어 고향사람 24명과 함께 무리를 짓고 사직(社稷)을 위협하려 한다는 것이었다. 고발인의 이름을 적지 않은 체포장[刊章]이 발부되어 장검 등이 잡혀 왔다. 대장추(大長秋) 조절(曹節)이 이를 기화로 관원에게 다음과 같이 조사결과를 상주하라고 넌지시 일러두었다.

"무리를 지은[鉤黨] 자들은 전 사공(司空) 우방(虞放) 및 이응, 두밀, 주우(朱寓), 순익(荀翌), 적초(翟超), 유유(劉儒), 범방(范滂) 등으로 주군(州郡)에 알려 이들을 치죄해야 합니다."

이때는 주상(主上)이 겨우 열네 살이었는데, 조절 등에게 물었다.

"무리를 짓는다는 것이 무슨 말인가?"

"무리를 짓는다는 것은 곧 당인(黨人)을 말합니다."

"당인들이 무슨 잘못을 하였기에 주살하려 하는가?"

"반란[不軌]을 일으키려 하였습니다."

"반란을 일으켜 무엇을 하려 하였는가?"

"사직(社稷)을 위협하려 하였습니다."

주상은 이에 상주한 조사결과를 재가하였다.

어떤 이가 이응에게 말하였다.

"도망가야 합니다."

"일이 어렵다고 피하지 말아야 하며, 죄를 지었으면 벌을 받아야지. 그것이 신하의 절개다. 내 나이 이미 예순인데, 죽고 사는 것은 모두 하늘이 정해 준 것이니 도망간다고 편하겠는가?"

이에 곧장 출두하여 조사를 받다가 고문을 당하여 죽었다. 이응을 따르던 문생(門生)과 부하 관리들도 모두 벼슬하는 것이 금지[禁錮]되었다.

범방이 하옥될 때 그 어머니가 헤어지는 마지막 말을 남겼다.

"너는 지금 이응·두밀과 이름을 나란히 하였으니, 죽어도 무슨 회한이 있겠는가?"

범방이 무릎을 꿇고 어머니의 가르침을 받고서 두 번 절을 올리고 물러나서, 그 아들을 돌아보며 말하였다.

"너에게 나쁜 짓을 하라고 시키고 싶지만, 나쁜 짓을 해서는 안 된다. 너에게 착한 일을 하라고 시키고 싶지만, 아비 역시 착한 일을 하다 이렇게 되었구나."

길을 가던 사람들 중 이 말을 듣고 눈물을 흘리지 않는 자가 없었다.

당인으로 몰려 죽임을 당한 사람이 모두 백여 명이나 되었고, 그 가족들은 모두 변경으로 옮겨졌다. 환관들은 천하의 호걸과 지식인들 가운데 의를 행하는 사람들을 모두 당인으로 몰았다. 이를 기화로 원한이 있는 자들은 모두 서로 공격하니, 사이가 조금만 틀어져도 당인으로 몰아 버렸다.

주군(州郡)에서는 조정의 방침을 따르니, 관련이 없는 자들도 재앙을 당하였다. 죽거나 추방되거나 파직되거나 출사금지를 당하는 등의 고초를 받은 사람이 육칠백 명이나 되었다. 곽태(郭泰)는 당인으로 몰려 죽은 사람들의 이야기를 듣고 남몰래 비통해하며 말하였다.

"『시경』에 이르길 '인물이 사라지니 나라가 시들었다'[20]고 하였는데, 한(漢)나라도 이제 망하는구나! 하지만 아직도 '저 까마귀 한 번 보세, 누구 집 지붕에 내려앉을는지.'[21]라는 말을 모르네."

初, 李膺等雖廢錮, 天下士大夫皆高尙其道, 而穢汙朝廷, 希之唯恐不及, 更共相標榜, 爲之稱號. 以竇武、陳蕃、劉淑爲'三君'. '君'者, 言一世之所宗也. 李膺、杜密等爲'八俊'. 俊者, 言人之英也. 又有'八顧'、'八及'、'八廚'之目. 及陳、竇用事, 復擧拔膺等. 陳、竇誅, 膺等復廢. 宦官疾惡膺等, 每下詔書, 輒申黨人之禁. 侯覽怨張儉尤甚, 覽鄕人朱並素佞, 爲儉所棄, 承覽意指, 上書告儉與同鄕二十四人共爲部黨, 圖危社稷, 而儉爲之魁, 詔刊章捕儉等. 大長秋曹節因此諷有司奏, "諸鉤黨者, 故司空虞放及李膺、杜密、朱寓、荀翌、翟超、劉儒、范滂等, 請下州郡考治." 是時, 上年十四, 問節等曰: "何以爲鉤黨?" 對曰: "鉤黨者, 卽黨人也." 上曰: "黨人何用爲惡, 而欲誅之耶?" 對曰: "欲爲不軌." 上曰: "不軌欲如何?" 對曰: "圖危社稷." 上乃可其奏. 或謂李膺曰: "可去矣." 對曰: "事不辭難, 罪不逃刑, 臣之節也. 吾年已六十, 死生有命, 去將安之?" 乃詣詔獄, 考死, 門生故吏並被禁錮. 范滂詣獄, 其母與之訣, 曰: "汝今得與李、杜齊名, 死亦何恨?" 滂跪受敎, 再拜而辭. 顧其子曰: "吾欲使汝爲惡, 惡不可爲; 使汝爲善, 則我不爲惡." 行路聞之, 莫不流涕. 凡

20 『시경』「첨앙(瞻卬)」에 나오는 구절이다.

21 『시경』「소아(小雅)·정월(正月)」에 나오는 구절로, 까마귀가 부잣집에 내려앉는 것처럼 명군(明君)이 나타나면 백성들이 귀순한다는 뜻이다.

黨人死者百餘人, 妻子皆徙邊. 天下豪傑及儒學有行義者, 宦官一切指爲黨人. 有怨隙者, 因相陷害, 睚眦之忿, 濫入黨中. 州郡承旨, 或有未嘗交關, 亦罹禍. 毒其死、徙、廢、禁者又六七百人, 郭泰聞黨人之死, 私爲之慟, 曰: "『詩』云: '人之云亡, 邦國殄瘁.' 漢室滅矣! 但未知'瞻烏爰止于誰之屋'耳."

**신은 이렇게 생각합니다.** 『역경(易經)』의 '비(否)'괘에는 "소인의 길이 넓어지면, 군자의 길이 사라진다"는 말이 있습니다. 성인(聖人)은 위아래가 서로 교류하지 않으면 천하에 방(邦)이 없다고 생각하였습니다. 방(邦)이 없다는 것은 나라가 망하였다는 것을 말합니다. 지금 당인으로 몰려 죽은 사람들은 모두 충성스럽고 훌륭한 선비들이었습니다. 영제(靈帝)가 나라를 같이한 자들은 불과 열 명 남짓한 간신들이었지만, 비록 망하지 않으려 해도 이미 멈출 수 없었습니다. 곽태(郭泰)가 비통해하는 것 역시 마땅하지 않겠습니까!

영제(靈帝) 광화(光化) 7년(184), 거록(鉅鹿)의 장각(張角)이 반란을 일으켜 중상시(中常侍) 봉서(封諝)와 서봉(徐奉) 등에게 내응(內應)하도록 하였다.[22]

중평(中平) 원년, 황제가 군신을 소집해 회의를 하였는데, 북지(北地) 태수(太守) 황보숭(皇甫嵩)은 당인(黨人)의 금령(禁令)을

22 이하는 십상시(十常侍)의 전횡을 소개하는 부분으로 『자치통감(資治通鑑)』 권58에서 인용하고 있다.

풀어야 한다고 주장하였다. 주상이 중상시 여강(呂强)에게 대책을 묻자 여강이 대답하였다.

"당고(黨錮)가 오래되어 백성들의 원한과 분노가 쌓이고 있습니다. 만약 사면해 주지 않는다면 가볍게 장각의 무리와 합세하여 변란이 더욱 거세질 것입니다. 이렇게 되면 후회해도 방법이 없습니다."

황제가 두려워서 그 의견을 따르니, 마침내 천하의 당인들을 모두 사면하고 유배지에서 돌아오게 하였다. 이때 중상시 조충(趙忠)과 장양(張讓) 등은 모두 열후로 봉해져 총애를 받고 있었다. 황제는 "장(張) 상시(常侍)는 내 아버지이고 조(趙) 상시는 내 어머니다."라고 말할 정도였다. 이 때문에 환관들은 거리낌 없이 대궐 같은 저택을 지었다.

한 번은 황제가 영안후(永安侯)의 누대(樓臺)에 올라가려 하였는데, 환관들은 자신들의 저택이 보일까봐 두려워하였다. 이에 중대부(中大夫) 상저(尙但)에게 다음과 같은 건의를 올리라고 시켰다.

"천자는 높은 곳에 오르면 아니 됩니다. 높은 곳에 오르시면 백성들이 흩어집니다."

주상이 이때부터는 감히 누대에 오르려 하지 않았다. 봉서와 서봉의 일이 발각되자, 주상이 여러 상시들을 힐책하며 말하였다.

"너희들은 항상 당인들이 반란을 일으키려 하니 출사하지 못하게 하고 어떤 경우에는 주살해야 한다고 말하였다. 그런데 지금은 당인들이 나라를 위해 일하고, 너희들이 오히려 장각과 내통하고 있으니 너희를 베어 죽여야 하지 않겠느냐?"

모두 엎드려 고개를 조아리고 말하였다.

"이는 모두 왕보(王甫)와 후람(侯覽)이 한 일입니다."

이에 상시들이 모두 하나같이 물러나기를 청한 후, 각각 주군(州郡)에 있는 종친과 자제들을 불러들였다. 조충과 하운(夏惲) 등이 마침내 여강(呂强)을 참소하자, 여강이 자살하였다. 낭중(郎中) 장균(張鈞)이 상서하여 말하였다.

"장각이 병사들을 모아 반란을 일으키자 만백성이 기꺼이 그에 호응하는 근본적인 원인은 모두 십상시(十常侍)들에 있습니다. 십상시들은 자신의 형제, 자제, 사돈, 빈객들로 하여금 주군(州郡)을 차지하게 하여, 백성들의 고혈을 빼앗아 재산을 불리고 있습니다. 원통한 백성들이 하소연할 곳조차 없자 한데 모여 도적이 된 것입니다. 마땅히 십상시를 참수하여 그 머리를 남교(南郊)에 걸어 두어 백성들에게 용서를 구해야 합니다. 또한 사자(使者)를 파견하여 이 사실을 천하에 알린다면 군사를 동원할 필요도 없이 도적떼들이 사라질 것입니다."

황제가 장균의 글을 여러 상시들에게 보여 주자, 모두 관을 벗고 맨발로 고개를 조아리며 스스로 낙양의 조옥(詔獄)에 들어가겠다고 애원하였다. 또한 자신들의 재산을 내어 군비에 보태겠다고 하였다. 황제가 조서를 내려 상시들로 하여금 관을 쓰고 신을 신고서 이전처럼 업무를 보라고 하였다. 그러고는 장균에게 화를 내며 말하였다.

"이 자식은 미친놈이다. 십상시 중에서 착한 사람이 설마 하나도 없겠는가?"

어사(御史)가 황제의 뜻에 따라 결국 장균이 황건적(黃巾賊)의 도술을 배웠다고 무고하였다. 장균은 잡혀서 취조를 당하다 옥에서 죽었다.

六年, 鉅鹿張角反, 以中常侍封諝、徐奉等爲內應. 中平元年, 帝召羣臣會議, 北地太守皇甫嵩以爲宜解黨禁. 上問計於中常侍呂强, 對曰: "黨錮久積, 人情怨憤. 若不赦宥, 輕與張角合謀, 爲變滋大, 悔之無救." 帝懼而從之. 遂赦天下黨人, 還諸徙者. 是時, 中常侍趙忠、張讓等皆封侯貴寵, 帝言: "張常侍是我公, 趙常侍是我母." 由是宦官無所憚畏, 並起第宅, 擬則宮室. 上嘗欲登永安侯臺, 宦官恐望見其居處, 乃使中大夫尙但諫曰: "天子不當登高, 登高則百姓虛散." 上自是不敢復升臺榭. 及封諝、徐奉事發, 上詰責諸常侍曰: "汝曹常言黨人欲爲不軌, 皆令禁錮, 或有伏誅者. 今黨人更爲國用, 汝曹反與張角通, 爲可斬未?" 皆叩頭曰: "此王甫、侯覽所爲也." 於是諸常侍人人求退, 各自徵還宗親、子弟在州郡者. 趙忠、夏惲等遂共譖呂强, 自殺. 郎中張鈞上書曰: "竊唯張角所以能興兵作亂, 萬民所以樂附之者, 其源皆由十常侍多放父兄、子弟、婚親、賓客典據州郡, 辜榷財利, 侵掠百姓. 百姓之寃, 無所告訴, 故聚爲盜賊. 宜斬十常侍, 縣頭南郊, 以謝百姓. 遣使者布告天下, 可不須師旅而大寇自消." 帝以鈞章示諸常侍, 皆免冠徒跣頓首, 乞自致雒陽詔獄, 並出家財以助軍費. 有詔, 皆冠履視事如故. 帝怒鈞曰: "此眞狂子也! 十常侍固當有一人善者不?" 御史承旨, 遂誣奏鈞學黃巾道, 收掠, 死獄中.

**신은 이렇게 생각합니다.** 영제(靈帝)는 평소 엄인(閹人)인 환관들을 부모로 여기고 충신을 원수로 생각하였습니다. 그리하여 중상시들이 황건적(黃巾賊)과 내통하였다는 사실을 알고서도 죽이지 못하였고, 당인으로 몰린 사람들이 나라를 위해 일을 한다는 것을 알면서도 등용하지 못하였던 것입니다. 이렇게 어리석은 군주는 욕할 가치도 없지만, 특별히 앞날의 거울로 삼을 만합니다.

영제(靈帝)가 붕어하고 황자(皇子)인 유협(劉協)이 즉위하였다.[23] 하(何) 태후가 조정의 일을 대리하여 광희(光熹)로 연호를 바꾸었고, 하진(何進)을 대장군(大將軍)으로 삼아 정권을 장악하였다. 원소(袁紹)가 하진에게 환관들을 주살할 것을 건의하였지만, 태후가 따르지 않았다. 하진은 원소의 계책에 따라 전국 각지에서 여러 차례 용맹한 장수와 호걸들을 불러 모았다. 이들에게 무기를 들고 도성으로 향하게 하여 태후를 위협하려 한 것이다. 이때 병주목(幷州牧) 동탁(董卓) 역시 소집되었다. 시어사(侍御史) 정태(鄭泰)가 하진에게 간언을 올렸다.

"동탁은 강력할 뿐만 아니라 그 욕심이 끝이 없습니다. 만약 그러한 자에게 조정의 명령을 빌려주어 큰일을 맡긴다면, 앞으로 더욱 방자하고 탐욕스러워져 반드시 조정에 위해가 될 것입니다."

상서(尙書) 노식(盧植) 역시 동탁을 불러들여서는 안 된다고 말하였지만, 하진은 듣지 않았다. 동탁은 소집명령을 듣고서 즉시 길을 나서서 참전 의사를 밝혔다.

그런데 거사가 지체되어 비밀이 누설되자, 환관들이 두려워

23 이하는 십상시의 숙청을 이야기하는 부분으로『자치통감(資治通鑑)』권59에서 인용하고 있다.

변란을 꾸미게 되었다. 장양(張讓)은 자신이 이끄는 무리 수십 명에게 무장을 시키고 궁전에 매복하도록 하였다. 태후의 조서(詔書)를 위조하여 하진을 불러들인 후 이내 베어 버렸다.

원소는 병사를 이끌고 궁궐로 가서 조충 등을 잡아 베었다. 결국 북궁(北宮)의 문을 걸어 잠그고 환관들을 잡아들여 어른 아이 가릴 것 없이 모조리 죽였다. 그 수가 이천 명이 넘었는데, 어떤 이는 수염이 없어 환관으로 오해를 받아 죽기도 하였다. 장양 등은 급박해지자 황제를 이끌고 걸어서 곡문(穀門)을 통해 나서게 하여 밤에 소평진(小平津)에 이르렀다. 공경(公卿)들 중에서는 따라간 자가 없었는데, 단지 상서랑(尙書郎) 노식과 하남(河南) 중부연(中部掾) 민공(閔貢)이 밤중에 강에 도착하였다. 민공이 장양 등을 질책하며 크게 소리쳤다.

"지금 당장 죽지 않으면, 내가 네놈을 죽여 버리겠다."

그러고는 손에 든 칼로 몇 명을 베어 버리니, 장양 등이 두려워 강물에 몸을 던져 자살하였다.

靈帝崩, 皇子協立. 何太后臨朝, 改元光熹, 大將軍何進秉朝政. 袁紹勸進悉誅宦官, 太后未從. 進用紹計, 多召四方猛將及諸豪傑, 使並引兵向京城, 以脇太后, 時并州牧董卓亦在召中. 侍御史鄭泰諫曰: "董卓强忍, 志欲無厭. 若借之朝命, 授以大事, 將恣凶欲, 必危朝廷." 尙書盧植亦言不宜召卓, 進皆不從. 卓聞召, 卽時就道進謀. 積日頗泄, 中官懼而思變. 張讓率其黨數十人持兵伏省戶下, 詐以太后詔召進入, 於是斬進. 紹引兵闕下, 捕趙忠等斬之. 遂閉北宮門, 勒兵捕諸宦者, 無少長殺之, 凡二千餘人, 或有無鬚而誤死者. 張讓等困迫, 將帝步出穀門, 夜至小平津. 公卿無得從者, 唯尙書郞盧植、河南中部掾閔貢, 夜至河上, 貢厲聲質責讓等, 且曰: "今不速死, 吾將殺汝." 因手劍斬數人, 讓等惶怖, 投河死.

**신은 이렇게 생각합니다.** 동한(東漢) 때 환관의 재앙은 정중(鄭衆) 등이 공훈을 세웠던 데서 기원합니다. 대저 신하된 자로서 공적이 있는 것이 어찌 좋지 않겠습니까? 하지만 재앙이 그 때문에 일어난 것은 어찌된 것일까요? 공훈이 있으면 총애를 받게 되고, 총애를 받게 되면 교만해지며, 교만해지면 방자해지니, 재앙이 없으려야 없을 수 없습니다.

그리하여 안제(安帝), 순제(順帝), 환제(桓帝), 영제(靈帝) 때에는 내시들에 대한 총애가 날로 커졌고, 총애가 커지니 그 해악이 더욱 깊어졌으며, 해악이 깊어지니 그 재앙이 더욱 혹독해졌습니다. 진번(陳蕃)과 두무(竇武)가 도모하였으나 결국 이기지 못해 한(漢)나라는 더욱 혼란스러워졌고, 원소(袁紹)가 도모하여 이기자 한나라는 결국 망하였습니다. 조절(曹節), 왕보(王甫), 조충(趙忠), 장양(張讓)의 무리는 환관의 수괴였지만 자신의 목을 보전한 자가 하나도 없었습니다. 그러하니 총애를 받으면 교만해지고, 교만해지면 전횡을 하게 되는데, 이것이 바로 몸을 상하고 머리를 잃게 되는 상황을 초래합니다. 어찌 사유(史游)와 양하(良賀)의 경우처럼 물러나 한거하면서 죽을 때까지 오점을 남기지 않는 것만 하겠습니까? 아! 후대사람들이 이것을 거울로 삼아야 할 것입니다.

이상 '내신이 정치에 간여할 때 생기는 재앙[內臣預政之禍]'에 대해 논하였습니다.

# 대학연의 권40

권40은 군주를 빈번히 옹립하고 시해하고 폐위하였던 것으로 악명이 높은 당대(唐代) 후기의 환관사를 정리하는 부분이다. 권39와 유사한 형식으로 『신당서(新唐書)』의 「환자전(宦者傳)」 서문을 통해 당대 환관이 전횡을 하게 된 배경과 전개에 대해서 개술하고 범조우(范祖禹)의 논평을 덧붙인 다음, 고역사(高力士) 이후 여러 환관들에 대해 다룬다.

특히 환관이 조정과 군부의 직책을 맡게 되는 제도적인 부분에 대해서 주목하고 있다. 후한대(後漢代)의 환관들이 봉작(封爵)의 방법으로 자신들의 영향력을 확대하였다면, 당대의 환관들은 공적 영역에서 요직을 담당하는 방법으로 권력을 장악한다. 그들이 역대 어느 왕조의 환관들보다 큰 권력을 누렸던 것은 군대의 사령관이라 할 수 있는 관군용사(觀軍容使)와 근위병의 수장인 신책군(神策軍) 중위(中尉)를 맡게 되어 조정의 병권을 장악하였기 때문이라는 것이 진덕수의 기본적인 관점이다. 마지막으로 '감로사변(甘露事變)'과 최윤(崔胤) 주도의 환관 소탕 과정을 자세히 서술하면서 환관 전횡이 당나라가 멸망하게 되는 주요 원인이라는 점을 강조한다.

흥미로운 점은 『대학연의』가 한대와 당대의 환관사를 재구성하면서 그 둘 사이의 구조적 동일성을 강조하고 있다는 점이다. 군주가 환관을 통해 정치를 행하면 관료와 지식인들의 입지가 좁아져 국가적 혼란이 일어나고, 결국 강력한 군벌이 등장하여 왕조의 멸망으로 이어진다. 한대와 당대에 보이는 환관 발호의 이러한 구조적 동일성을 재구성함으로써, 진덕수는 환관 권력의 위험성에 대해 경고하고 있다.

## 내신이 정치에 간여할 때 생기는 재앙[內臣預政之禍]

『신당서(新唐書)』「환자 상(宦者上)」 서문의 기사다.

태종(太宗)이 조서(詔書)를 내렸다.

"내시성(內侍省)에는 3품(品) 이상의 관직을 세우지 않는다. 내시가 그 수장을 맡는데, 품계는 제4품이다. 조정의 다른 일은 담당하지 않고, 단지 궁문의 수비, 궁내 청소, 음식 장만의 역할만을 할 뿐이다."

무후(武后) 때에는 그 인원이 조금 늘었다. 중종(中宗) 때에 이르러, 노란 옷을 입은 환관들이 2,000명으로 늘었고, 7품 이상의 환관을 정원 외로 1,000명이나 두었다. 하지만 자주색 복장을 한 환관은 여전히 적었다. 현종(玄宗) 때는 천하가 태평하고 재물이 풍족하여 큰 규모의 일을 사치스럽게 벌이며 하사품과 작위를 아끼지 않았다. 개원(開元)과 천보(天寶) 연간에는 황제의 시첩(侍妾)이 4만 명에 이르렀고, 환관 가운데 노란 옷을 입은 자가 3,000명, 자주색을 입은 자가 1,000명이나 되었다. 그중 황제의 신임을 받는 환관은 3품 장군을 제수받아 문 앞에 창을 세워 놓았다. 어전에서 대기하는 환관들은 그 임무가 영예롭고 엄중하였으며, 부절을 쥐고 황명을 전달하니 광채가 은은하게 사방에 뻗쳤다. 그들이 이르는 군현(郡縣)의 관리들은 분주하게 뛰어다녔으며 바치는 뇌물도 만(萬) 단위에 이르렀다. 감군(監軍)이 갖는 권력은 절도사(節度使)마저도 그 아래에 두었다. 이에 내신들이 점유한 도성과 주변의 일급주택, 고급정원, 비옥한 토지가 도성과 주변 지역 땅의 반절을 차지할 정도가 되었다.

숙종(肅宗)과 대종(代宗)은 나약하여 환관들의 호위에 의존하였다. 이 때문에 이보국(李輔國)이 상보(尙父)의 신분으로 현달하였고, 정원진(程元振)은 옹립의 공으로 부귀해졌으며, 어조은(魚朝恩)은 관군용사(觀軍容使)로 중용되었다. 그렇지만 환관은 여전히 병권을 장악하지는 못하였다.

덕종(德宗)은 주체(朱泚)의 반란을 거울삼아, 좌우 신책군(神策軍)이나 천위(天威) 등의 부대를 환관에게 맡겨 운영하고 호군중위(護軍中尉)와 중호군(中護軍)을 두어 근위병을 나누어 관장하게 하였다. 이 때문에 권력이 아래로 옮겨 가고 정치가 환관의 손에 떨어지니, 환관들이 손을 들어 까딱만 해도 좌우를 움직일 수 있게 되었다. 또한 용맹하고 뛰어난 장병을 뽑아 양자로 삼았고, 큰 고을이나 중요한 지역에 사람을 임명할 때는 앞 다투어 자신의 측근을 임명하였다.

소인의 성정으로 외람하고 음험하여 거리끼는 것이 없었다. 또 밤낮으로 천자를 시봉하니, 친근하게 대하면 자중하지 않았고 익숙하게 대하면 두려워하지 않았다. 그리하여 어리석은 군주는 총애하다 속아 넘어가고 영명한 군주는 소홀히 대하다 화를 입었다. 현종(玄宗)은 파천(播遷) 중에 붕어하였고, 헌종(憲宗)과 경종(敬宗)은 피살되었으며, 문종(文宗)은 걱정과 분노 속에서 죽었고, 소종(昭宗)에 이르러 나라가 멸망하였다.

이와 같은 재앙은 개원(開元) 연간에 시작되어 천우(天祐) 연간에 극에 달하였다. 그러다가 흉악하고 잔인한 방식으로 환관의 무리가 섬멸을 당하니, 결국 이로써 황실이 붕괴하였다. 이는 마치 횃불로 좀벌레를 태워 죽일 때 나무도 함께 타는 상황과 같으니, 어찌 슬픈 일이 아니겠는가?

환관들은 양기(陽氣)가 미약하여 굳건하지 못하며 연약한 감정을 쉽게 바꾸기 때문에, 총애를 받으면 위를 존중하지 않고 무섭게 대하면 원한을 품는다. 권력을 빌려주면 전횡하고 재앙이 닥치면 달려와 가까워지려 하며, 형세가 풀리면 서로 공격하고 위급하면 하나로 뭉치니, 이는 소인들이 항상 하는 짓거리다.

「唐宦者傳」序: 太宗詔內侍省不立三品官, 以內侍爲之長, 階第四, 不任以事, 唯門閤守禦、廷內掃除、稟食而已. 武后時, 稍增其人. 至中宗, 黃衣乃二千員, 七品以上員外置千員, 然衣朱紫者尙少. 玄宗承平, 財用富足, 志大事奢, 不愛惜賞賜爵位. 開元、天寶中, 宮嬪大率至四萬, 宦官黃衣以上三千員, 衣朱紫千餘人. 其稱旨者輒拜上品將軍, 列戟于門. 其在殿頭供奉, 委任華重, 持節傳命, 光焰殷殷動四方. 所至郡縣奔走, 獻遺至萬計. 監軍持權, 節度反出其下. 於是甲舍、名園、上腴之田爲中人所占者半京畿矣. 肅、代庸弱, 倚爲扞衛, 故輔國以尙父顯, 元振以援立奮, 朝恩以軍容重, 然猶未得常主兵也. 德宗懲艾泚賊, 故以左右神策、天威等軍委宦者主之, 置護軍中尉、中護軍, 分提禁兵, 是以威柄下遷, 政在宦人, 擧手伸縮, 便有輕重. 至慓士奇材, 則養以爲子; 巨鎭彊藩, 則爭出我門. 小人之情, 猥險無顧藉, 又日夕侍天子, 狎則無威, 習則不疑. 故昏君蔽於所昵, 英主禍生所忽. 玄宗以遷崩, 憲、敬以弑殞, 文以憂憤, 至昭而天下亡矣. 禍始開元, 極於天祐, 凶愎參會, 黨類殲滅, 王室從而潰喪, 譬猶灼火攻蠹, 蠹盡木焚, 渠不哀哉! 跡其殘氣不剛, 柔情易遷, 褻則無上, 怖則生怨, 借之權則專, 爲禍則迫而近, 緩相攻, 急相一, 此小人常勢也.

범조우(范祖禹)는 이렇게 말하였다.[1]

“옛날부터 나라가 망하는 것은 자손들이 창업 군주들의 선례를 바꾼 데서 비롯하지 않은 경우가 없다. 창업군주들은 어려움 속에서 나라를 세웠기 때문에 우환을 두텁게 방비하고, 많은 것을 고려하기 때문에 법도를 세우는 것이 주도면밀하다. 후세의 군주들은 비록 총명하고 재능과 지략을 갖추어 여러 신하들보다 훨씬 뛰어나다 하더라도, 창업군주가 갖은 경험을 겪은 것에는 미치지 못한다.

일반적으로 환관들에게 권력을 빌려주어서는 안 되는 이유는 황제를 가까이 모시면서 쉽게 간사한 짓을 하기 때문이다. 현종(玄宗)은 서리를 밟으면 곧 추운 겨울이 닥친다는 사실[履霜之漸]을 깨닫지 못하였다. 앞날을 예측하지 못하여 가벼이 태종(太宗)의 법제를 바꾸어 환관을 총애하고 그 정원을 늘렸다. 이때부터 환관들이 직분을 넘어서 국정에 간여하게 되었다. 그 근원에서 한 번 물이 터져 나오면 이미 흐르는 물을 막을 수는 없다. 당(唐)나라 황실에 닥친 재앙은 개원(開元) 연간에 기반을 두고 있다.

『서경(書經)』에 이르기를 ‘선왕이 세운 법도에 비추어보면 영원토록 허물이 없으리라’고 하였다. 후세의 사람들이 이를 어찌 기억하지 않으리오!”

范祖禹曰: “自古國家之敗, 未有不由子孫更變祖宗之舊也. 刱業之君其

---

1 범조우의 말은 『당감(唐鑑)』 권8에 나온다.

得之也難, 故其防患也深, 其慮之也遠, 故其立法也密. 後世雖有聰明才智之君, 高出羣臣之表, 然未若祖宗更事之多也. 夫中人之不可假以威權, 蓋近而易以爲姦也. 明皇不戒履霜之漸, 而輕變太宗之制, 崇寵宦者, 增多其員, 自是以後浸干國政. 其源一啓, 末流不可復塞. 唐室之禍, 基於開元. 『書』曰: '監于先王成憲, 其永無愆.' 爲人後嗣, 可不念之哉!"

고역사(高力士)라는 자는 현종(玄宗)이 친왕(親王)의 신분으로 번저(藩邸)에 있을 때부터 마음을 다해 친분을 맺었다.[2] 선천(先天) 연간에 소지충(蕭至忠)과 잠희(岑羲)를 주살한 공적을 인정받아 우감문위장군(右監門衛將軍)과 지내시성사(知內侍省事)에 임명되었다. 이때 사방에서 올리는 주청(奏請)을 고역사가 먼저 살펴본 다음에 현종에게 올리고 작은 일은 전결(專決)을 하였다. 휴일에도 밖으로 나오지 않고 궁중에서 잠을 자니, 요행을 바라는 관원들이 고역사를 한 번 만나보려 해도 하늘나라 사람처럼 만나기 어려웠다. 황제는 "고역사가 곁을 지키니 나는 편안하게 잠을 잘 수 있다"고 하였다.

이때 우문융(宇文融), 이임보(李林甫), 개가운(蓋嘉運), 위견(韋堅), 양신긍(楊愼矜), 왕홍(王鉷), 양국충(楊國忠), 안녹산(安祿山), 안사순(安思順), 고선지(高仙芝) 등은 비록 자신들의 재주와 현종의 총애로 관직에 나왔지만 고역사와 두텁게 친분을 맺어 장군이나 재상의 자리에 오를 수 있었다. 그 밖에 형세를 살피며

2 이하 고역사의 행적은 『신당서(新唐書)』 권207에서 인용하고 있다.

고역사에게 아부하는 자들은 이루 셀 수조차 없었고, 결국 모두 자신들이 원하는 것을 얻을 수 있었다. 숙종(肅宗)이 태자의 신분으로 동궁(東宮)에 있을 때는 고역사를 형님으로 모셨고, 다른 왕이나 공주들도 어르신이라고 불렀으며, 그 밖의 친척들은 전부 아버지라고 존칭하였다. 현종 역시 어떤 때는 이름을 부르지 않고 '장군'이라 불렀다.

현종이 촉(蜀) 지역으로 파천(播遷)할 때도 현종을 따라가서 제국공(齊國公)에 봉해졌다. 숙종이 즉위하여 현종은 상황(上皇)이 되어 서내(西內)로 옮겼는데, 그때에도 현종을 따라갔다. 열흘 동안 머무르다 이보국(李輔國)의 참소를 받아 관직에서 제명되고 멀리 무주(巫州)로 유배를 떠났다.

그전에 태자 이영(李瑛)이 폐위되고 무 혜비(武惠妃)가 총애를 받으니, 이임보 등은 수왕(壽王)을 태자로 삼는 데에 뜻을 두게 되었다. 하지만 현종은 숙종이 수왕보다 나이가 많다는 이유로 주저하면서 끙끙 앓으면서 식사도 제대로 하지 못하였다. 이때 고역사가 여쭈었다.

"주인님께서 잡숫지도 못하시니, 음식이 입에 맞지 않으십니까?"

"너는 우리 집안의 가로(家老)라 할 수 있는데, 내가 무엇 때문에 이러는지 모르느냐?"

"태자를 아직 정하지 못하신 것 때문입니까? 나이가 많은 아들을 세운다면 어느 누가 왈가왈부하겠습니까?"

"네 말이 옳다."

이에 마침내 태자가 정해졌다. 천보(天寶) 연간에 변경의 장수들이 앞을 다투어 전공(戰功)을 세우니 현종이 말하였다.

"내 나이가 이제 많으니 조정의 자잘한 일은 재상에게 맡기고 변방 이민족들의 소란은 여러 장군들에게 맡겨 처리해야겠다. 그러면 나는 한가해지지 않겠는가?"

고역사가 대답하였다.

"제가 최근 우연찮게 조정에 들러 몇 가지 보고한 내용을 듣게 되었사온데, 운남(雲南)에서는 여러 차례 패전을 당하였고 북방의 군사는 용맹하고 강력하다고 하였습니다. 이런 상황에서 폐하께서는 어떤 방법으로 그들을 통제하려 하십니까? 저는 재앙이 닥쳐 막을 수 없을까 두렵습니다."

재앙이란 안녹산(安祿山)을 지칭한 것이었다. 황제가 말하였다.

"경은 별말 하지 마라. 짐에게 다 생각이 있다."

천보 13년 가을 큰비가 왔는데, 황제가 좌우에 아무도 없는 것을 보고 말하였다.

"하늘이 곧 큰 재앙을 내릴 듯하니, 경의 의견을 말해 보라."

고역사가 대답하였다.

"폐하께서 권력을 재상들에게 빌려주신 이후로, 법령이 행해지지 않고 자연 재해가 여러 차례 일어나니 천하의 일이 어찌 안정되겠습니까? 제가 입을 닫고 말씀을 올리지 않는 것은 바로 그때부터입니다."

황제가 아무 말도 하지 않았다. 이듬해, 안녹산이 반란을 일으켰다. 고역사는 당시의 형세가 어떻게 흘러갈지 정확히 예측하였던 것이다. 하지만 그렇게 총애를 받고서도 조정의 군대가 계속 패퇴하는 상황을 맞이하자 기꺼이 힘써 도우려 하지 않았다. 그리하여 평생 현격하게 큰 잘못도 저지르지 않은 것이다. 논자들은 우문융 이래 권력다툼이 천하의 재앙이 되었다고 한탄하였다. 고역사가 비록 약간의 보탬이 있었다 하더라도 저지른 잘못을 다 상쇄할 수 없었던 것이다.

高力士者, 玄宗在藩, 力士傾心附結. 先天中, 以誅蕭、岑等功, 爲右監門衛將軍、知內侍省事. 於是四方奏請皆先省後進, 小事卽專決, 雖洗沐未嘗出, 眠息殿帷中, 徼倖者願一見如天人然. 帝曰: “力士當上, 我寢乃安.” 當是時, 宇文融、李林甫、蓋嘉運、韋堅、楊愼矜、王鉷、楊國忠、安祿山、安思順、高仙芝等雖以才寵進, 皆厚結力士, 故能踵至將相. 自餘承風附會不可計, 皆得所欲. 肅宗在東宮, 兄事力士, 它王、公主呼爲翁, 戚里諸家尊曰爹, 帝或不名而呼‘將軍’. 帝幸蜀, 力士從帝, 進齊國公. 從上皇還, 上皇徙西內, 居十日, 爲李輔國所誣, 除籍, 長流巫州. 初, 太子瑛廢, 武惠妃方嬖, 李林甫等皆屬壽王, 帝以肅宗長, 意未決, 居忽忽不食. 力士曰: “大家不食, 亦膳羞不具耶?” 帝曰: “爾, 我家老, 揣我何爲而然?” 力士曰: “嗣君未定耶? 推長而立, 孰敢爭?” 帝曰: “爾言是也.” 儲位遂定. 天寶中, 邊將爭立功, 帝嘗曰: “朕春秋高, 朝廷細務付宰相, 蕃夷不龔付諸將, 寧不暇耶?” 對曰: “臣間至閤門, 見奏事者言雲南數喪師, 又北兵悍且彊, 陛下何以制之? 臣恐禍成不可禁.” 其指蓋謂祿山. 帝曰: “卿勿言, 朕將圖之.” 十三年秋, 大雨, 帝顧左右無人, 卽曰: “天方災, 卿宜言之.” 力士曰: “自陛下以權假宰相, 法令不行, 陰陽失度, 天下事庸可復安? 臣之鉗口, 其時也.” 帝不答. 明年, 祿山反, 力士善揣時事勢候相上下. 雖親昵, 至當覆敗, 不肯爲救力, 故生平無顯顯大過. 議者頗恨, 宇文融以來權利相賊, 階天下之禍, 雖有補益, 弗相除云.

—‘爹’는 음이 ‘차(遮)’이고 아버지라는 뜻이다.—

범조우(范祖禹)의 평가는 이러하다.

"현종(玄宗)은 석현(石顯)의 일을 거울삼지 않고 고역사(高力士)를 총애하여 등용하였다. 고역사로 하여금 보고서들을 살펴보고 결재하게 함으로써 만기(萬機)를 살피는 중임을 한갓 환관에게 맡겼으니, 이는 군주의 도리를 잃은 것이다. 그 후 이임보(李林甫)와 양국충(楊國忠)이 고역사에 의해 중용되었다. 재앙과 혼란에 이르는 길이 열리면 그 자취를 따라가는 사람들이 많아진다. 『한서(漢書)』「유향전(劉向傳)」에 이르길 '국가의 존망은 등용하는 사람에 달려 있다'고 하였는데, 한 나라의 군주라면 자세히 살펴야 하지 않겠는가!"

范祖禹曰: "明皇不監石顯之事, 而寵任力士, 至使省決章奏, 以萬機之重委之閹寺, 失君道矣. 其後, 李林甫、楊國忠皆因力士以進. 迹其禍亂, 所從來者漸矣. 「傳」曰: '存亡在所任.' 人君可不詳其細哉!"

**신은 이렇게 생각합니다.** 당(唐)나라 때 내신들이 국정에 간여한 것은 현종(玄宗)이 고역사(高力士)를 임용한 것에서 시작하였습니다. 내신들이 군사에 간여한 것은 양사욱(楊思勗)을 임용하여 안남(安南)을 토벌한 것에서 시작하였습니다. 결국 후세의 끝없는 우환이 되었으니 안타깝습니다.—양사욱의 일은 여기서 자세히 기록하지 않았다.—

이보국(李輔國)은 원래 엄인(閹人) 노비의 신분으로 한구소아(閑廐小兒, 마구간 지기)였는데, 숙종(肅宗)이 태자가 되자 동궁(東宮)의 내시가 되었다.[3] 진현례(陳玄禮) 등이 양국충(楊國忠)을 주살하려 할 때 이보국도 음모에 가담하였다. 또한 태자에게 군대를 나누어 삭방(朔方)으로 가서, 하서(河西)와 농우(隴右) 지역의 군사를 모집하여 재기를 모색하라고 건의하였다. 태자가 영무(靈武)에 이르렀을 때 더욱 가까워졌고, 태자에게 곧바로 즉위하여 천하의 마음을 한데 모으라고 권유하였다. 가령(家令)에 임명되어 원수부(元帥府)의 행군사마(行軍司馬)를 겸하였다.[4]

숙종은 점차 이보국에게 중요한 임무[肱膂事]를 맡기어 사방의 보고서, 군사기밀, 황실의 재물 관리 등을 모두 위임하였다. 이보국은 하는 일마다 조심스럽고 은밀하게 처리하여 군주의 신임을 얻었지만, 음험함을 숨기고 방자하게 굴지 않았다. 훈채(葷菜)를 입에 대지 않고 때때로 스님들처럼 굴며 기행을 벌였다. 사람들은 이보국이 유순하고 착하다고 생각하여 그리 경계하지 않았다.

황제가 도성으로 돌아온 후 전중감(殿中監)에 제수되었다. 재상들과 여러 신하들이 불시에 천자를 알현하고자 하면, 모두 이보국에게 청을 넣은 후에야 가능하였다. 이보국은 항상 은대문

---

3 이보국의 행적은 『신당서(新唐書)』 권208에서 인용하고 있다.

4 가령은 태자의 사적 업무를 돌보는 직책이다. 당나라 때의 관제에서는 고관(高官)이 하급 관직을 겸직할 수 있었는데, 이를 판(判)이라고 한다. 이보국이 가령의 지위로서 군사 업무를 보게 되었음을 나타낸다.

(銀臺門)에서 일을 처리하였는데, 몇십 명의 첩자를 두어 관리들이 아무리 조그만 잘못을 저질러도 모르는 것이 없었고 바로 조사에 착수하였다. 지방 주현(州縣)에 옥사(獄事)나 송사(訟事)가 생기면 삼사(三司)를 동원하여 탄핵하게 하였으며, 관원을 체포하거나 유배 보낼 때도 자기 마음대로 처리하면서도 황명을 칭하였다. 하지만 처음에는 주상도 모르고 있었다.

조서(詔書)를 내릴 때 자신이 직접 서명하여 시행하여도 군신들은 감히 이의를 제기할 수 없었다. 밖을 나설 때는 무장병력 300명을 동원하여 경호를 보게 하였다. 권력이 있거나 황제의 총애를 받는 자들도 감히 이보국을 그 관직으로 칭하지 못하고 단지 '오랑(五郞)'으로 불렀다. 이규(李揆)가 재상이 되었을 때 아들뻘이라고 이보국을 섬기며 '오부(五父)'라 불렀다.

이현(李峴)이 재상이 되어 황제에게 고개를 조아리고 간언하였다.

"이렇게 되면 장차 나라가 혼란스러워질 것입니다."

이에 황제의 조칙 가운데 중서성(中書省)에서 내려보내는 것이 아니라면 반드시 이현의 심사를 거치도록 하니, 이보국이 언짢아하였다.

이때 태상황(太上皇) 현종은 흥경궁(興慶宮)에 머물고 있었는데, 이보국은 태상황이 복위를 꾀한다는 말을 숙종에게 올렸다. 두려워진 숙종은 태상황을 서내(西內)의 태극궁(太極宮)으로 옮기게 하였다. 이보국은 그러한 공으로 병부상서(兵部尙書)에 임명되었다. 이렇게 자신의 뜻을 다 이루었지만 만족하지 못하고 다시 재상의 자리에 오르겠다고 하면서, 재상 배면(裴冕) 등에게 자신을 추천하라고 넌지시 일러두었다. 숙종은 몰래 소화(蕭華)를 시켜 배면을 만류하였다.

장(張) 황후도 이보국의 전횡을 못마땅하게 여겼는데, 숙종이 병으로 몸져눕자 태자에게 정사를 대리하게 하였다. 황후가 태자를 불러 이보국과 정원진(程元振)을 주살하겠다고 하였으나, 태자가 따르지 않았다. 황후는 다시 월왕(越王)과 연왕(兗王)을 불러 거사를 진행하려 하였다. 정원진이 이보국에게 이 사실을 보고하자, 병사를 매복시켜 두 왕을 체포하여 가두고 황후는 다른 전(殿)에서 살해하였다.

대종(代宗)이 즉위하자, 이보국은 황제를 옹립한 공훈을 이유로 더욱 발호하였다. 황제에게 "주인님께서는 단지 궁중에 편안하게 계시면서, 바깥일에 대해서는 이 늙은 노복의 처결에 따르시기만 하면 됩니다."라고 말할 지경에 이르렀다. 황제가 놀라서 이보국을 제거하고 싶었지만, 이보국이 장악한 군사가 두려웠다. 결국 이보국을 상보(尙父)로 존중하며 큰일 작은 일 할 것 없이 모두 일러두었다. 군신들이 황제를 알현하려 출입할 때도 먼저 이보국을 거쳐 가게 하니, 이보국이 안심하였다. 또한 이보국을 사공(司空) 겸 중서령(中書令)에 책봉하였다.

얼마 후 이보국을 대신하여 팽체영(彭體盈)에게 한구(閑廐), 군목(羣牧), 원내(苑內), 영전(營田), 오방(五坊) 등의 관리를 맡기고, 약자앙(藥子昻)에게 원수부(元帥府) 행군사마(行軍司馬)를 맡기었다. 이보국에게는 큰 저택을 하사하여 궁 밖에서 살게 하고 또 작위를 더해 박육군왕(博陸郡王)으로 봉하는 조서를 내렸다.

이보국이 태상황의 거처를 옮기게 한 이후, 천하의 사람들이 모두 이보국에게 원한을 품고 있었다. 황제 역시 동궁 시절부터 불만이 쌓여 있었다. 즉위를 한 다음, 공개적으로 죽이고 싶지 않아 한밤중에 자객을 보내 칼로 찔러 죽였다. 그 머리는 똥통에 버리고 오른팔을 잘라다 태릉(泰陵, 현종의 능)에서 제사를 올렸다. 하지만 그 사실을 비밀에 부치고 나무를 깎아 머리를 대신하게 하여 장례를 치렀다.

李輔國, 以閹奴爲閑廐小兒. 肅宗爲太子, 得侍東宮. 陳玄禮等誅楊國忠, 輔國豫謀. 又勸太子分中軍趨朔方, 收河、隴兵, 圖興復. 太子至靈武, 愈親近, 勸遂即位係天下心, 擢家令, 判元帥府八軍司馬. 肅宗稍稍任以肱膂事, 凡四方章奏、軍符、禁寶一委之. 輔國能隨事齪齪謹密, 取人主親信, 而內深賊未敢肆. 不啖葷, 時時爲浮屠詭行. 人以爲柔良, 不忌也. 帝還京師, 拜殿中監. 宰相羣臣欲不時見天子, 皆因輔國以請, 乃得可. 常止銀臺門決事. 置察事聽兒數十人, 吏雖有秋毫過, 無不得, 得輒推訊. 州縣獄訟, 三司制劾, 有所捕逮流降, 皆私判臆處, 因稱制勅, 然未始聞上也. 詔書下, 輔國署已乃施行, 羣臣無敢議. 出則介士三百人爲衛. 貴幸至不敢斥官, 呼'五郎'. 李揆當國, 以子姓事之, 號'五父'. 李峴輔政, 叩頭言: "且亂國." 於是詔勅不繇中書出者, 峴必審覆, 輔國不悅. 時太上皇居興慶宮. 妄言於帝, 因劫遷上皇於西內. 輔國以功遷兵部尙書. 旣得志, 又求宰相, 諷裴冕等使薦己, 帝密擿蕭華使諭止冕. 張皇后疾其顓權, 帝寢疾, 太子監國, 后召太子, 將誅輔國及程元振, 太子不從. 后更召越王、兗王圖之. 元振告輔國, 卽伏兵捕二王囚之, 而殺后於它殿. 代宗立, 輔國以定策功, 愈跋扈. 至謂帝曰: "大家第坐宮中, 外事聽奴處決." 帝矍然欲翦除, 而憚其握兵, 因尊爲尙父, 事無大小率關白. 羣臣出入皆先詣輔國, 輔國頗自安, 又冊司空兼中書令. 未幾, 以彭體盈代爲閑廐、羣牧、苑內、營田、五坊等使, 藥子昂代判元帥行軍司馬, 賜大第於外, 又詔進封博陸郡王. 自輔國徙太上皇, 天下疾之, 帝在東宮積不平. 旣嗣位, 不欲顯戮, 遣俠者夜刺殺之, 抵其首溷中, 殊右臂, 告泰陵. 然猶祕其事, 刻木代首以葬.

—이 일은 앞의 「부자편(父子篇, 상권의 '도술을 밝힘[明道術]' 권7 '제왕이 부모를 섬기는 효[帝王事親之孝]')」에서 자세히 설명하였다.—

범조우(范祖禹)의 평가는 이러하다.[5]

"이보국(李輔國)은 본래 황실 마구간의 잡역부였는데, 숙종(肅宗)이 총애하여 등용하고 정사를 맡기고 병권을 주었다. 현종(玄宗)이 억울함에 못 이겨 세상을 떠났고, 숙종은 놀라서 쓰러졌으며, 장(張) 황후와 두 왕은 주살당해 죽었다. 위로는 아버지를 보호하지 못하였고, 가운데로는 자신을 보호하지 못하였으며, 아래로는 처자를 보호하지 못하였다. 이는 소인을 가까이 하였기에 생긴 재앙으로서, 경계하지 않을 수 있겠는가!"

范祖禹曰: "李輔國本飛龍馬家皁隸之流, 肅宗尊寵而任之, 委之以政, 授之以兵. 明皇以憂崩, 己以駭沒, 張后、二王以戮死. 上不保其父, 中不保其身, 下不保其妻子. 此近小人之禍也, 可不戒哉!"

**신은 이렇게 생각합니다.** 이보국(李輔國)은 하늘을 덮을 만한 죄를 지었지만 숙종(肅宗)은 그를 주살하지 못하였으니 부끄러운 일입니다. 대종(代宗)이 이보국을 주살하였지만 그 도륙당한 모습을 공개하지 않았으니, 역시 아쉬움이 없을 수 없습니다. 한갓 환관

---

5 이보국에 대한 범조우의 평가는 『당감(唐鑑)』 권11에서 인용하고 있다.

에 불과한 자를 총애하여 재상에 임명하고 존중하여 상보(尙父)로 삼았으니, 내신의 제도가 생긴 이래 이런 적은 없었습니다. 그 추한 모습이 이처럼 심할 수 있겠습니까!

대저 현종(玄宗)이 태종(太宗)의 법도를 허물어 내시를 중용하였는데, 자신은 내시들의 손에 의해 유폐되어 억울한 마음으로 숨을 거두게 되었으니, 현종과 같은 경우는 진정으로 경계할 만합니다. 이보국은 두 대에 걸쳐 방자하게 전횡을 일삼다가, 결국 사지가 갈기갈기 찢기고 머리는 똥통에 던져지는 비참한 지경을 면하지 못하였으니, 그렇게 권력을 누렸던들 무슨 도움이 되었겠습니까! 신이 이 기록을 남기는 것은, 군주가 간신을 가까이 할 때 생기는 폐해와 소인들이 저지르는 극악무도한 악행을 경계해야 한다고 생각하기 때문입니다.

정원진(程元振)은 어렸을 때부터 환관의 신분으로 내시성(內侍省)에 들어왔다.[6] 장(張) 황후가 월왕(越王)을 세우려는 계획을 꾸미자, 정원진은 태자를 알현하고 그 음모를 발고한 후 이보국(李輔國)과 함께 난을 진압하여 태자를 옹립하니 이가 바로 대종(代宗)이다. 이에 정원진은 우감문위장군(右監門衛將軍)과 지내시성사(知內侍省事)에 제수되어 원수부(元帥府) 행군사마(行軍司馬)를 겸임하다, 다시 표기대장군(遷驃騎大將軍)으로 진급하여 금군(禁軍)

---

6 정원진의 행적은 『신당서(新唐書)』 권207에서 인용하고 있다.

을 전부 장악하였다. 일 년 만에 정원진의 권력이 천하를 호령하니, 이보국보다 뛰어넘는 자리를 차지하여 훨씬 더 흉악한 짓을 벌였다. 군에서는 정원진을 '십랑(十郎)'이라고 불렀다.

우복야(右僕射) 배면(裴冕)이 정원진의 뜻을 거스르자 시주(施州)로 좌천시켰다. 내진(來瑱)이 양주(襄州)와 한중(漢中)의 방비에 공을 세웠는데도, 정원진은 내진이 자신의 부탁을 들어주지 않자 모함하여 죽여 버렸다. 평소에 싫어하던 이광필(李光弼)의 경우는 여러 차례 참소를 올려 황제가 그를 의심하게 만들었다. 내진 등은 계급이 높은 장수들이었고 배면과 이광필은 공신이었는데도 주살하고 쫓아내니, 변방의 장수들이 이 때문에 충성스런 마음을 다 거두게 되었다.

광덕(廣德) 연간(763~764) 초에, 토번(吐蕃)과 당항(党項)이 침략해 오니 천하의 병사들을 소집하였지만 아무도 달려오지 않았다. 외적이 장안성(長安城)의 변교(便橋)에 이르자, 황제는 급하게 섬주(陝州)로 도망하였고 도성은 함락되었다.

이때 태상박사(太常博士)이자 한림대조(翰林待詔)였던 유항(柳伉)이 상소하였다.

"견융(犬戎)이 수만 명의 병사를 이끌고 와 관(關)을 부수고 농(隴) 지역을 넘어와 진(秦) 땅과 위수(渭水)를 거쳐 빈(邠) 땅과 경수(涇水)를 지나 칼에 피 한 방울 묻히지 않고 도성에 들어왔습니다. 하지만 대책을 세워야 할 신하들은 한 마디도 하지 않고 힘써 막아야 할 군사들은 한 차례도 싸우지 않으니, 졸병들은 소리를 지르며 궁궐을 약탈하고 황릉을 불사르고 있습니다. 이는 장수들이 폐하를 등진 것입니다.

사사명(史思明)의 아들 사조의(史朝義)가 멸망한 이후로, 폐하께서는 자신의 지혜와 힘으로 모든 것을 해낼 수 있다고 생각하시어, 공신을 멀리하고 측근들에게 정사를 위임하셨습니다. 이로써 큰 재앙이 날마다 달마다 자라나는데도 조정의 신하들은 어느 누구도 감히 간언을 올려 폐하의 마음을 되돌리려 하지 않습니다. 이는 공경(公卿)들이 폐하를 등진 것입니다.

폐하께서 처음 도성을 나서실 때 백성들이 무서운 기세로 관청의 창고를 약탈하며 서로 죽였습니다. 이는 도성의 백성들이 폐하를 등진 것입니다.

10월 초하루부터 각 도(道)의 군사를 모집하였는데, 40일이 지나도록 폐하를 지키기 위해 관중(關中)으로 들어온 군사가 단 한 명도 없습니다. 이는 모든 지역 사람들이 폐하를 등진 것입니다.

폐하께서는 지금의 병통이 어디에서 온 것이라 생각하십니까? 천하의 사람들은 마음으로 원통해하고 있습니다. 폐하께서 훌륭한 사람들을 멀리하고 환관들만 등용하며 장수와 대신을 이간하시니, 나라가 망할 지경에 이른 것입니다.

종묘와 사직을 보존하려 하신다면 반드시 정원진의 목을 베어 그 사실을 신속하게 천하에 알리십시오. 모든 내사(內使)들을 각 지역으로 내보내 그곳에 속하게 하시고, 폐하께서는 호위부대인 신책군(神策軍)을 각 대신들에게 내주십시오. 그다음 각종 존호를 삭탈하시고 조서를 내려 폐하의 허물을 자책하시며 의병을 독려하십시오. 비빈들을 물러나게 하고 장수와 재상을 새롭게 임용하시옵소서. 이렇게 하시고도 병사들이 모이지 않고 사람들이 감응하지 않으면, 제 집안 일족을 주살하시옵소서. 저는 그것으로 사죄하겠습니다."

황제가 상소를 읽고서 이러한 의견에 적극적으로 호응하는 사람이 거의 없을 것이라 생각하여, 바로 조서를 내려 정원진의 모든 관작을 삭탈하고 시골로 귀양을 보냈다. 황제가 환도(還都)하자, 정원진은 여장을 하고 몰래 도성으로 들어와 반란을 기도하였다. 어사가 정원진의 안건을 심판하여 멀리 진주(溱州)로 유배를 보내니, 도중에 강릉(江陵)에서 죽었다.

程元振, 少以宦人直內侍省. 張皇后謀立越王, 元振見太子, 發其姦, 與李輔國助討難, 立太子, 是爲代宗. 拜右監門衛將軍, 知內侍省事. 判元帥行軍司馬, 再遷驃騎大將軍, 盡總禁兵. 不踰歲, 權震天下, 在輔國右, 凶決又過之. 軍中呼'十郎'. 裴冕與元振忤, 貶施州. 來瑱守襄、漢有功, 元振嘗諉屬, 不應, 誣殺瑱. 素惡李光弼, 數媒蝎以疑之. 瑱等上將, 冕、光弼元勳, 旣誅斥, 方帥繇是攜解. 廣德初, 吐蕃、党項內侵, 詔集天下兵, 無一士奔命者. 虜寇便橋, 帝蒼黃出居陝, 京師陷. 於是太常博士、翰林待詔柳伉上疏曰: "犬戎以數萬衆犯關度隴, 歷秦、渭, 掠邠、涇, 不血刃而入京師. 謀臣不奮一言, 武士不力一戰, 提卒叫呼, 劫宮闈, 焚陵寢, 此將帥叛陛下也. 自朝義之滅, 陛下以爲智力所能, 故疏元功, 委近習, 日引月長以成大禍, 羣臣在廷無一犯顏回慮者, 此公卿叛陛下也. 陛下始出都, 百姓塡然奪府庫, 相殺戮, 此三輔叛陛下也. 自十月朔召諸道兵, 盡四十日, 無隻輪入關者, 此四方叛陛下也. 陛下視今日病何由至此乎? 天下之心, 乃恨陛下遠賢良, 任宦豎, 離間將相, 而幾於亡. 必欲存宗廟社稷, 獨斬元振首, 馳告天下, 悉出內使隸諸州, 陛下持神策兵付大臣, 然後削尊號, 下詔引咎, 率德勵行, 屛嬪妃, 任將相. 如此而兵不至, 人不感, 請赤臣族以謝." 疏聞, 帝顧公議不與, 乃下詔盡削元振官爵, 放歸田里. 帝還, 元振衣婦衣私入京師, 圖不軌. 御史劾按, 長流溱州, 行至江陵死.

**신은 이렇게 생각합니다.** 대종(代宗)은 영명한 군주가 아니었지만, 이보국(李輔國)을 죽여 현종(玄宗)과 숙종(肅宗) 두 선제(先帝)의 억울함을 풀 수 있었고, 정원진(程元振)을 쫓아내어 세상의 여러 장수들의 원통함을 누그러뜨릴 수 있었습니다. 숙종이 원칙 없이 관용을 베푼 것에 비하면 대체로 폐해가 적었다고 할 수 있겠습니다.

이보국과 정원진 두 사람이 총애를 받기 시작한 것은 스스로 무능하여 아무 일도 벌일 수 없다고 겸손하게 말하였기 때문입니다. 병권을 빼앗기고 관직을 박탈당하자 어미 잃은 어린 새와 죽어서 썩은 쥐새끼처럼 가만히 사형이나 유배와 같은 처벌을 기다릴 뿐이니, 또 무슨 일을 할 수 있었겠습니까!

이것을 통해 보자면, 교활한 간신배들은 군주가 그들에게 위세를 빌려주지 않으면 스스로 발호할 수 없습니다. 불씨를 크게 키운 후에 다시 끄려 하다 보면 상처를 많이 남기게 마련입니다. 처음부터 제압하여 군주와 신하 양쪽 모두 온전한 것이 낫지 않겠습니까?

어조은(魚朝恩)은 황문(黃門)의 업무를 보다가 지덕(至德) 연간(756~757) 초기에 지내시성사(知內侍省事)가 되었다.[7] 건원(乾元) 2년에 곽자의(郭子儀) 등 아홉 절도사(節度使)에게 안경서(安慶

7 이하 어조은의 행적은 『구당서(舊唐書)』 권184, 『자치통감(資治通鑑)』 권220, 『신당서(新唐書)』 권207에서 인용하고 있다.

緖)의 토벌을 명하였다. 숙종(肅宗)은 곽자의와 이광필(李光弼)은 모두 공훈이 너무 커서 서로 통솔하기 어렵다고 여겨 원수부(元帥府)를 두지 않고서, 단지 어조은을 관군용선위처치사(觀軍容宣慰處置使)로 삼았다. 관군용사(觀軍容使)라는 명칭이 이때 처음 생겼다. 이듬해, 아홉 절도사의 60만 군사는 상주(相州)에서 패퇴하여 뿔뿔이 흩어졌다.

魚朝恩者, 給事黃門. 至德初, 知內侍省事. 乾元二年, 命郭子儀等九節度討安慶緖, 肅宗以子儀、光弼皆元勳, 難相統屬, 故不置元帥, 但以朝恩爲觀軍容宣慰處置使. 觀軍容之名自此始. 明年, 九節度之師六十萬潰於相州.

범조우(范祖禹)가 말하였다.[8]

"숙사위(夙沙衛)가 제(齊)나라 군대를 뒤에서 지휘하자 식작(殖綽)과 곽최(郭最)가 '네가 제나라 군대를 뒤에서 지휘하는 것은 제나라의 수치다.'[9]라고 말하였다.

제후의 군대를 엄인으로 하여금 지휘하게 하였는데도 이처럼 수치스러워하였는데, 하물며 천자의 군대를 환관으로 하여금 통솔하게 한 것은 어떠하겠는가? 이는 천하의 사람들 모두 모욕을 당하는 것이다. 또한 적군 안경서(安慶緖)는 곤경에 처해 있었고 곽자의(郭子儀)와 이광필(李光弼)은 불세출의 장수였는데도 어조은(魚朝恩)으로 하여금 그들을 통제하게 하였

8 범조우의 논평은 『당감(唐鑑)』 권11에서 인용하고 있다.

9 숙사위의 말은 『춘추좌씨전(春秋左氏傳)』 양공(襄公) 18년 10월조에 나온다.

으니, 패퇴를 면할 수 없었다는 것은 못난이들도 알 수 있다. 숙종(肅宗)은 처음에는 두 도성을 수복하는 전과를 올렸지만 결국 60만 대군을 동원하고도 패퇴하였으니, 망하지 않은 것이 다행일 것이다."

范祖禹曰: "夙沙衛殿齊師, 殖綽、郭最曰: '子殿齊師, 齊之辱也.' 夫以諸侯之師, 使閹人殿之, 猶以爲辱. 况天子之師, 而使宦者爲之主帥乎? 是辱天下之衆也. 且慶緖窮寇, 郭、李不世出之將也, 使朝恩節制之, 猶不免於敗, 則庸人可知矣. 肅宗初復兩京, 擧六十萬之衆棄之, 其不亡亦幸哉."

—'숙사위(夙沙衛)'는 제나라의 엄인(閹人, 내시)이다. 『춘추좌씨전(春秋左氏傳)』에 나온다. '식작(殖綽)'과 '곽최(郭最)'는 제나라의 대부다.—

대종(代宗)이 토번(吐蕃)을 피해 동쪽으로 파천을 떠날 때 호위병들이 흩어졌다. 어조은(魚朝恩)이 부대를 전부 이끌고 화음(華陰)으로 가서 어가(御駕)를 맞이하자, 황제의 호위군이 다시 기운을 차리게 되었다. 황제가 감격하여, 다시 천하관군용처치사(天下觀軍容處置使)라는 칭호를 내려 주고 단독으로 신책군(神策軍)을 이끌게 하였다. 하사품도 끝없이 내려 주었다.

어조은은 본래 소인으로서 공훈을 믿고 오만하고 방자하게 행동하였다. 이때 천하를 평정한 공적으로 보면 곽자의(郭子儀)가 신하들 중의 으뜸이었는데, 어조은이 속으로 곽자의를 질투하여 상주(相州)의 패배를 기화로 추악하게도 헐뜯고 모함하였다. 숙종(肅宗)은 그 말을 듣지 않았지만, 결국 곽자의의 병권을 박탈하고 도성에 머물게 하였다.

대종이 즉위하자 정원진과 함께 다시 곽자의를 참소하였다. 황제가 미처 진상을 깨닫지 못하니, 곽자의의 시름은 깊어졌다. 얼마 후 토번이 도성을 함락하자, 마침내 곽자의가 그 힘을 다하여 황실을 안정시켰다. 어조은은 속으로 부끄러워서, 황제에게 낙양으로 거처를 옮기라 건의하였다. 외적과 거리를 멀리하고자 한 것이었는데, 주변 신하들의 반대에 부딪혀 그만두었다.

어조은은 행실이 가벼운 젊은이들을 문하에 끌어들여 오경(五經)의 대의를 강설하며 글짓기를 좋아하였다. 자신의 재주는 문무를 겸비하였다고 뽐내며, 황제의 총애를 기대하였다. 영태(永泰) 연간, 황제는 조서를 내려 어조은을 판국자감(判國子監)으로 임명하였다. 국자감에서 입학예식인 석채례(釋菜禮)를 거행하자 어조은이 『역경(易經)』을 들고 나와 자리에 앉아서 '정(鼎)'괘의 '복속(覆餗, 솥 안에 담긴 진귀한 음식을 쏟음)'의 상(象)에 대해 언급하며 재상들을 공격하였다. 왕진(王縉)이 분노하고 원재(元載)는 웃음을 띠었다. 어조은이 말하였다.

"화를 내는 것은 인지상정이지만, 웃는 것은 그 이유를 알 수 없구나."

원재는 입을 다물며 웃음을 거두었다. 어조은에게는 하사받은 별장이 있었는데, 그곳에서 연못을 바라보며 상쾌한 기분을 즐겼다. 어조은이 그 별장을 사찰로 만들어 장경(章敬)태후의 명복을 비는 의미로 그 시호로 사당의 이름을 짓겠다고 표(表)를 올리자, 황제가 허락하였다. 이때 그 비용이 굉장히 많이 들자,

공공연히 곡강(曲江)과 화청지(華清池)의 여러 건물들, 장수와 재상들의 고택을 헐고 그 자재를 거둬들여 자신의 사찰을 조영하는 데 쓰니, 그 비용이 무려 억만금이나 되었다.

어조은은 여러 차례 곽자의를 참소하였는데도 황제가 듣지 않자, 사람을 시켜 곽자의의 조상들 무덤을 파헤쳤다. 곽자의는 말을 꾸며 둘러대며 스스로 해명하여, 뭇 사람들의 걱정을 해소하였다.[10]

원래 신책도우후(神策都虞候) 유희지(劉希暹)는 신체가 건장하고 말 타기와 활쏘기에 능하여 어조은의 총애와 신임을 가장 많이 받았다. 유희지가 어조은에게 북군(北軍)에 감옥을 설치하자고 넌지시 건의하였다. 불량한 소년들에게 부자들을 잡아오라 몰래 지시하여 북군 감옥에서 고문을 통해 죄를 조작하였다. 이렇게 잡혀 온 부자들의 재산을 법에 어긋나지 않게 몰수하여 북군의 창고로 가져왔다. 도성 사람들은 이곳을 '지옥으로 가는 감옥'이라 불렀다.

조정에서 업무를 결정해도, 어조은이 간여하지 않은 것이 있으면 곧장 성을 내며 말하였다.

"천하에 나를 거치지 않을 일이 있다는 말인가!"

황제가 이 소문을 듣고 기분이 언짢았다.

---

10 곽자의는 토번(吐蕃)이 장안(長安)에 침략하였을 때 대종을 구하는 공적을 세웠지만 어조은이 그 공훈을 가로챈 바가 있었다. 어조은이 곽자의의 조상 무덤을 파헤치자 곽자의와 어조은의 은원관계를 알고 있는 사람들은 그 둘의 갈등이 폭발할까 걱정하였다. 하지만 곽자의는 자신도 전쟁터에서 병사들이 다른 사람의 무덤을 파헤치는 것을 막지 못한 적이 있다고 말하며 어조은의 소행을 문제 삼지 않았다.

어조은은 영휘(令徽)를 양자로 기르고 있었는데, 나이가 어려 내급사(內給事)에 임명되어 녹색 옷을 입었다. 같은 직급과 싸움이 붙자 화가 나서 돌아와 어조은에게 일렀다. 다음날 어조은은 황제를 알현하고 말하였다.

"제 아이의 직위가 낮으니, 금빛 인수(印綬)를 차고 자색(紫色) 옷을 입는 직급으로 올려 주십시오."

황제가 답을 내리기도 전에 관리가 이미 자색 옷을 받들고 앞으로 나오니, 영휘가 감사의 말씀을 올렸다. 황제가 웃으며 말하였다.

"어린아이가 무늬 옷을 입으니 잘 어울리는구나."

하지만 마음은 더욱 불쾌해졌다.

원재(元載)가 좌산기상시(左散騎常侍) 최소(崔昭)를 경조윤(京兆尹)으로 임명하자, 최소는 재물을 들여 어조은의 무리인 황보온(皇甫溫), 주호(周皓)와 친분을 맺었다. 황보온은 당시 섬주(陝州)에 주둔하고 있었고 주호는 사생장(射生將)이었다. 이때부터 어조은의 음모와 비밀대화는 모두 대종이 알게 되었다. 유희지가 황제의 의도를 간파하여 비밀리에 태후에게 알렸다. 어조은은 조금 두려운 마음이 생겼지만 황제를 알현할 때는 예전과 변함없이 행동하였다. 그리하여 황제를 안심시킨 후 몰래 반란의 계획을 세웠다. 황제는 마침내 원재에게 의지하여 어조은의 제거를 결심하였다. 이후 한식날 궁중에서 열린 연회를 기회로 어조은의 목을 졸라 죽이고 주검은 집으로 돌려보냈다.

代宗避吐蕃東幸, 衛兵離散, 朝恩悉軍迎華陰, 乘輿六師乃振. 帝德之, 更號天下觀軍容處置使, 專領神策軍, 賞賜不涯. 朝恩資小人, 恃功岸忽無所憚. 是時, 郭子儀有定天下功, 居人臣第一, 朝恩心媢之, 乘相州敗, 醜爲詆譖, 肅宗不納其語, 然猶罷子儀兵, 留京師. 代宗立, 與程元振一口加毁, 帝未及寤, 子儀憂甚. 俄而吐番陷京師, 卒用其力, 王室再安. 朝恩內慚, 乃勸帝徙洛陽, 欲遠夷狄, 爲近臣所折乃止. 朝恩好引輕浮後生處門下, 講五經大義, 作文章, 謂才兼文武, 儌伺誤寵. 永泰中, 詔判國子監. 會釋菜, 執『易』升坐, 言'鼎'有'覆餗'象, 以侵宰相. 王縉怒, 元載怡然. 朝恩曰: "怒者常情, 笑者不可測也." 載銜之, 未發. 朝恩有賜墅, 觀沼澄爽, 表爲佛祠, 爲章敬太后薦福, 卽后諡以名祠, 許之. 於是用度侈浩, 公壞曲江、華淸諸宮館及將相故第, 收其材佐興作, 費無慮萬億. 旣數毁郭子儀, 不見聽, 乃遣盜發其先冢, 子儀詭辭自解, 以安衆疑. 神策都虞侯劉希暹魁健能騎射, 最爲朝恩昵信. 希暹諷朝恩置獄北軍, 陰縱惡少年橫捕富人付吏考訊, 因中以法, 錄貲產入之軍, 皆誣服寃死, 故市人號'入地牢'. 朝廷裁決, 朝恩或不預者, 輒怒曰: "天下有不由我乎?" 帝聞, 不喜. 養息令徽, 尙幼, 爲內給使, 服綠, 與同列爭忿, 歸白朝恩. 明日見帝曰: "臣之子位下, 願得金紫, 在班列上." 帝未答, 有司已奉紫服於前, 令徽稱謝. 帝笑曰: "小兒章服, 大稱." 滋不悅. 元載乃用散騎常侍崔昭判京兆, 厚以財結其黨皇甫溫、周皓. 溫方屯陝, 而皓射生將, 自是朝恩隱謀奧語, 悉爲帝知. 希暹覺帝指, 密白太后, 朝恩稍懼. 然見帝接遇未衰, 故自安而潛計不軌. 帝遂倚載, 決除之. 後因寒食宴禁中, 縊殺之, 還尸其家.

**신은 이렇게 생각합니다.** 어조은(魚朝恩)의 발호 역시 대종(代宗)이 장려하고 키운 것입니다. 어조은을 제거할 계획을 세우고도 적국(敵國)을 대하듯 많은 준비를 해야만 겨우 이길 수 있었습니다. 이는 반드시 경계해야 하지, 모범으로 삼아서는 안 됩니다.

두문장(竇文場)과 곽선명(霍仙鳴)이라는 자는 함께 동궁(東宮)에서 근무하면서 덕종(德宗)을 섬겼는데 그리 유명하지는 않았다. 어조은(魚朝恩)이 죽은 후부터 환관들이 다시는 군대를 지휘하지 않게 되었다. 황제는 금위군(禁衛軍)의 병권을 백지정(白志貞)에게 위임하여 통솔하게 하였다. 백지정은 부자들에게 돈을 걷어 군수물자를 조달하는 경우가 많았다. 그래서 많은 사람들이 군역에 단지 이름만 올리고 몸은 군대에 있지 않았다.

경군(涇軍)이 반란을 일으키자 황제가 근위군을 소집하였는데 한 명도 달려오는 자가 없었고, 단지 두문장이 환관과 친왕부(親王府)의 시종들을 이끌고 보위하였다. 봉천에 이르러 황제는 백지정을 쫓아내고, 호위병을 두문장에게 맡겨 지휘하도록 하였다. 황제가 산남에서 돌아온 후 좌우 신책군(神策軍)의 인원을 충실하게 채웠다. 덕종(德宗)은 경험 많은 장수들은 통제하기 어려울까 두려워, 조서를 내려 두문장과 곽선명에게 두 군대를 각각 통괄하게 하고 천위군(天威軍)을 다시 신책군에 편입되도록 조치하였다.

이때부터 두문장과 곽선명은 그 권세가 조정에 떨치어, 각 지역의 절도사나 대장이 신책군에서 많이 배출되었다. 대성(臺省)의 주요 관원들도 그 문하로 뛰어드니 두문장과 곽선명에게 천거를 구걸하는 자가 끊이지 않았다. 번진(藩鎭)에서 뇌물로 갖다 바치는 재물이 수만금이나 되고, 선비들의 아내와 딸을 빼앗아 오는 짓도 거리낌이 없었다.

오랜 시간이 지난 후 또 호군중위(護軍中尉)와 중호군(中護

軍)을 각각 두 명씩 두었다. 두문장과 곽선명이 각각 좌신책군(左神策軍)과 우신책군(右神策軍)의 호군중위로 임명되니, 중위(中尉)와 호군(護軍)이라는 직책은 두문장 등에서 시작한 것이다.

竇文場、霍仙鳴者, 始竝隸東宮, 事德宗, 未有名. 自魚朝恩死, 宦人不復典兵, 帝以禁衛盡委白志貞, 志貞多納富人金補軍, 止收其庸而身不在軍. 及涇師亂, 帝召近衛, 無一人至者, 唯文場等率宦官及親王左右從. 至奉天, 帝逐志貞, 并左右軍付文場主之. 帝自山南還, 兩軍復完, 而帝忌宿將難制, 故詔文場、仙鳴分總之, 廢天威軍入左右神策. 是時竇、霍權振朝廷, 諸方節度大將多出其軍, 臺省要官走門下, 丐援引者足相躡. 藩鎭賵遺累百鉅萬, 略士妻女無所憚. 久之置護軍中尉、中護軍各二員. 詔文場爲左神策護軍中尉, 仙鳴爲右中尉, 護軍自文場等始.

**신은 이렇게 생각합니다.** 환관이 병권(兵權)을 장악한 것은 덕종(德宗)부터 시작하였습니다. 하지만 그 발단은 현종(玄宗), 숙종(肅宗), 대종(代宗) 때부터 시작하였으니, 이 네 명의 군주는 모두 태종(太宗)에게 죄를 지은 것입니다.

헌종(憲宗) 때 토돌승최(吐突承璀)가 좌신책군(左神策軍)의 중위(中尉)가 되었다. 왕승종(王承宗)이 반란을 일으키자, 토돌승최를 행영초토처치등사(行營招討處置等使)로 임명하여 토벌하게 하였다. 한림학사(翰林學士) 백거이(白居易)가 상주하여 말하였다.[11]

"나라가 정벌을 떠날 때는 반드시 장수에게 책임을 맡겨야 합니다. 최근에 처음으로 내신이 감군(監軍)에 임명되었는데, 옛날부터 지금까지 천하의 병사를 모아다 내시에게 통솔을 맡긴 경우가 없습니다. 지금 신책군(神策軍)에는 행영절도사(行營節度使)도 두지 않을 뿐 아니라, 토돌승최가 여러 장수들을 통제하고 있습니다. 또한 제군(諸軍)에 초토처치사(招討處置使)를 채웠는데 역시 토돌승최가 지휘하고 있습니다. 저는 세상 사람들이 이를 듣고 조정을 업신여길까 두렵습니다. 사방의 외적이 이를 들으면 반드시 중국을 비웃을 것입니다. 폐하께서는 후대 사람들이 내시가 장수들을 통제하여 지휘한 것은 폐하부터 시작하였다고 대대로 전하는 것을 참을 수 있으시겠습니까?"

주상이 듣지 않았는데, 과연 아무런 공적을 세우지 못하고 돌아왔다. 급사중(給事中) 단평중(段平仲) 등이 토돌승최에게 참형(斬刑)을 내릴 것을 애원하자, 주상은 토돌승최를 중위에서 파면하고 군기사(軍器使)로 강등시켰다. 이를 보고 조정의 안팎에서 모두 기뻐하였다.

憲宗時, 吐突承璀爲神策左軍中尉. 王承宗反, 以承璀爲行營招討處置等使以討之. 翰林學士白居易上奏以爲: "國家征伐當責成將帥. 近歲始以中使爲監軍, 自古及今, 未有徵天下之兵專令中使統領者也. 今神策軍旣不置行營節度使, 卽承璀乃制將也; 又充諸軍招討處置使, 卽承璀乃都統也. 臣恐四方聞之, 必輕朝廷; 四夷聞之, 必笑中國. 陛下忍令後代相傳, 云以中官爲制將、都統, 自陛下始乎?" 上不聽, 後果無功還. 給事中段平仲等乞斬之, 上罷承璀中尉降爲軍器使. 中外相賀.

---

11 백거이의 상주문은『자치통감(資治通鑑)』권238에서 인용하고 있다.

**신은 이렇게 생각합니다.** 환관에게 정벌을 관장하게 한 것은 현종(玄宗), 숙종(肅宗), 대종(代宗)의 거대한 잘못이었습니다. 헌종(憲宗) 때 당(唐)나라가 중흥하였지만, 역시 선대의 잘못된 자취를 그대로 따라갔습니다. 후대의 자손들이 헌종의 영명함을 칭송하지만, 내시로 하여금 장수를 통제하게 하였다는 이유 하나만으로도 그것이 틀렸습니다. 그 후 양복공(楊復恭)과 전영자(田令孜)가 군율(軍律)을 장악하여 당나라를 망하게 만들었습니다. 모두 창업군주들의 유지를 받들지 못하였기 때문입니다.

헌종(憲宗) 말년에 좌신책군(左神策軍) 중위(中尉) 토돌승최(吐突承璀)가 예왕(澧王) 이운(李惲)을 태자로 삼으려 모의하였는데, 주상이 허락하지 않았다. 주상이 몸져눕게 되자 토돌승최의 모의는 그치지 않았다. 헌종은 금단(金丹)을 복용하고 좌우에게 발작적으로 화를 낼 때가 많았다. 왕왕 환관들 중에서 죄를 얻어 죽임을 당하는 경우도 있어 모두 위기감을 느꼈다.

정월에 황제가 중화전(中和殿)에서 갑자기 붕어하였다. 당시 사람들은 모두 내상시(內常侍) 진홍지(陳弘志)가 시역(弑逆)한 것이라 말하였는데, 그 무리들은 쉬쉬하며 아무도 감히 시역을 거론하지 못하고 단지 약의 부작용이라고 하니 밖에 있는 사람들은 누구도 그 내용을 자세히 알지 못 하였다. 신책군 중위 양수겸(梁守謙)과 여러 환관들이 함께 태자를 옹립하고 토돌승최를 주살하였다.

憲宗末年, 左軍中尉吐突承璀謀立澧王惲爲太子, 上不許. 及上寢疾, 承璀謀尙未息. 上服金丹, 多躁怒左右, 宦官往往獲罪有死者, 人人自危. 正月, 暴崩於中和殿. 時人皆言內常侍陳宏志弑逆, 其黨類諱之, 不敢討賊, 但云藥發, 外人莫能明也. 中尉梁守謙與諸宦官共立太子, 殺承璀.

—태자가 즉위하니, 이가 바로 목종(穆宗)이 된다.—

**신은 이렇게 생각합니다.** 당(唐)나라 때 환관이 군주를 시해하고 다시 세우는 것은 이때가 시작입니다. 헌종(憲宗)은 똑똑한 군주였지만, 『춘추좌씨전(春秋左氏傳)』의 "엄인이 오(吳)나라 군주 여제(餘祭)를 시해하였다"는 구절의 의미를 잘 모르고 환관들을 가까이 대하여 그 몸을 망쳤다는 것이 첫 번째 잘못입니다. 또 성왕(成王)이 여급(呂伋) 등에게 유언을 내려서 아들 소(釗)를 호위하게 한 이유를 모르고,[12] 후계를 세우는 일을 환관의 손에 놀아나게 하였으니 두 번째 잘못입니다. 군주가 어떻게 이를 통해 배우지 않을 수 있겠습니까?

경종(敬宗)은 즉위한 후 놀기에 정신이 없었다.[13] 소인들과 어울려 격구(擊毬)나 수박(手搏)을 즐겼다. 금군(禁軍)과 지방에서 앞

---

12 주(周) 성왕(成王)이 아들인 소(釗)를 후계자로 삼는다는 유언을 내리자, 태보(太保) 석(奭)이 중환(仲桓)과 남궁모(南宮毛)에게 제(齊)나라 제후 여급(呂伋)의 병사를 이끌고 소를 호위하게 하였다. 『서경(書經)』「고명(顧命)」에 나온다.

13 이하는 경종의 시해 사건으로 『자치통감(資治通鑑)』 권243에 나온다.

을 다투어 장사들을 바치니, 밤낮으로 곁에 두고 떨어지지 않았다. 그 성격은 조급하여 장사들이 총애를 믿고 불손하게 굴면 바로 유배를 보내어 명부에서 지워 버렸다. 환관들이 조그만 잘못을 저질러도 몽둥이를 휘둘러 구타하니 모두들 원망하면서도 두려워하였다.

12월, 주상이 밤중에 사냥을 갔다 궁으로 돌아와서, 환관 유극명(劉克明)과 격구장군(擊毬將軍) 소좌명(蘇佐明) 등과 술을 마셨다. 주상은 술이 반쯤 취하자 내실로 들어가 옷을 갈아입고 있었는데, 어전의 촛불이 갑자기 꺼졌다. 소좌명 등이 내실 안에서 주상을 시해한 것이었다.

유극명은 주상의 조서를 위조하여 강왕(絳王) 이오(李悟)로 하여금 잠시 조정과 군부의 큰일을 처리하도록 하였다. 이에 추밀사(樞密使) 왕수징(王守澄)과 신책군 중위 위종간(魏從簡)이 의논하여 강왕(江王) 이함(李涵)을 호위하여 궁으로 데리고 들어온 후 좌우 신책군의 비룡병(飛龍兵)을 보내어 역적의 무리를 추적하고 전부 베어 버렸다. 강왕이 즉위하니, 바로 문종(文宗)이다.

敬宗卽位, 遊戲無度, 狎暱羣小, 喜擊毬, 好手搏. 禁軍及諸道爭獻力士, 晝夜不離側. 性復褊急, 力士或恃恩不遜, 輒配流籍沒; 宦官小過, 動遭捶撻, 皆怨且懼. 十二月, 上夜獵還宮, 與宦官劉克明及擊毬軍將蘇佐明等飮酒, 上酒酣, 入室更衣, 殿上燭忽滅, 蘇佐明等弑上於室內. 劉克明矯稱上旨, 以絳王悟權勾當軍國事. 克明等欲易置內侍之執權者, 於是樞密使王守澄、中尉魏從簡定議以衛兵迎江王涵入宮, 發左右神策飛龍兵追討賊黨, 盡斬之. 江王立, 是爲文宗.

**신은 이렇게 생각합니다.** 당(唐)나라에서 환관이 군주를 시해하고 또 옹립하는 사례가 이때 또 나타났습니다.

원화(元和) 연간(806~820) 말부터 환관들이 더욱 전횡하여 천자를 세우는 권력까지 장악하니, 그 위세가 군주보다 높았다. 하지만 아무도 감히 이의를 제기하지 못하였다.

문종(文宗) 대화(大和) 2년(828), 주상이 친히 과거시험의 문제를 내 인재를 선발하자, 현량방정과(賢良方正科)에 응시한 유분(劉蕡)이 대책을 써서 그 재앙에 대해 낱낱이 밝혔다. 그 대강은 다음과 같다.[14]

“폐하께서는 마땅히 먼저 걱정하셔야 할 것은 궁중의 정변입니다. 궁중에 정변이 나면, 사직이 위태로워지고 천하가 기울어지며 온 나라가 혼란스러워집니다.”

“폐하께서 장차 찬탈하고 시역하는 사태가 생기는 것을 막으시려면, 바른 자리에 거하시면서 바른 사람들을 가까이 해야 합니다. 궁형을 받은 천인[刀鋸之賤, 환관]들을 멀리하시고 강직한 신하를 가까이 두시면, 대신들은 그 임무에 전심할 수 있고 백관들은 그 직무를 잘 처리할 수 있을 터이니, 어찌 총신들 대여섯 명에게 천하의 정사를 총괄하게 할 필요가 있겠습니까? 재앙은 쑥대가 자란 담에서 번성하고, 간신은 장막 안에서 생겨납

14 유분의 대책은 『자치통감(資治通鑑)』 권243에 보인다.

니다. 저는 조절(曹節)과 후람(侯覽)이 오늘날 다시 태어날까 두렵습니다."

"충현(忠賢)은 마음속에 다른 뜻을 품지 않지만, 환관들은 황제를 폐하고 세우는 권력을 갖고 싶어 합니다. 선제로 하여금 그 마지막을 바르게 하지 못하게 몰아넣었으며, 폐하로 하여금 그 시작을 바르게 하지 못하게 이끌고 있습니다."

"폐하께서는 어찌 사악한 무리들이 창궐하는 길을 막아 참람하는 신하들을 내치지 않으십니까? 어찌 환관들의 겁박하고 위협하는 마음을 제압하여 옛날처럼 수위와 청소 같은 궁중의 허드렛일만 하게 하시지 않으십니까? 마땅히 경계해야 할 것을 경계하고, 마땅히 걱정해야 할 것을 걱정해야 합니다. 앞에서 잘 다스리지 못 하였다면 뒤에서라도 잘 다스려야 합니다. 그 시작이 바르지 않았다면, 그 마지막이라도 바르게 해야 합니다."

"폐하께서 진실로 국권을 재상들에게 위임하고, 병권(兵權)을 장수들에게 쥐어 주실 수 있다면, 진실한 마음이 전해져 폐하의 자애를 모두 믿을 것입니다."

"법은 마땅히 한결같아야 하며, 관직은 마땅히 그 명분에 맞아야 합니다. 지금 외신(外臣)과 내신(內臣)의 직분을 나누고, 남사(南司)와 북사(北司)의 기관을 세웠는데, 남에서 죄를 지으면 북으로 도망가고 밖에서 형벌을 바르게 처리해도 안에서 법률을 깨뜨립니다. 법령이 여러 문에서 나오니 백성들이 어떻게 할 바를 모르게 되었습니다."

"지금 하관(夏官, 군정과 군역을 맡는 관리)은 병적을 몰라 단지 조정의 명령을 받잡을 뿐입니다. 육군(六軍)은 군사(軍事)에서 배제되어 단지 진급만 할 뿐입니다. 군용(軍容)은 모두 환관이 맡는 일이 되었고, 군기(軍機)는 모두 내신들의 직분이 되었습니다. 환관들은 머리에 무사의 고깔을 쓰고서 문관들을 원수와 같이 미워하여, 문관이 군문에 한 발짝이라도 들이면 농부가 잡초를 보듯이 경멸합니다. 무사의 위세를 펼치니 위로는 군주를 억압하고, 천자의 명령을 빌리니 아래로는 호걸들을 제어합니다. 간사함을 숨기고 기회만 엿볼 뿐, 절개를 지켜 죽음도 불사하는 의리는 없습니다."

"제가 이런 말을 하면 큰 재앙이 따르리라는 것을 모르지 않습니다. 제 계책이 실행되면 저는 주륙을 당하겠지요. 하지만 사직이 위태로운 상황이 안타깝고 백성들의 곤궁한 삶이 너무나 불쌍해서, 차마 구차하고 비겁하게 폐하의 총애를 훔치려 할 수는 없었습니다."

이때 현량방정과에서는 23명이 급제하여 모두 관직에 임명되었다. 시험관인 좌산기상시(左散騎常侍) 풍숙(馮宿) 등이 유분(劉蕡)의 책문을 보고 모두 탄복하였지만, 환관이 두려워 감히 합격시키지 못하였다. 유분의 이름이 빠진 급제의 조서가 내려오자 환관들에게 굴복하였다는 여론이 들끓었다. 간관과 어사들이 이 문제에 대해 상주하려 하였지만, 집정(執政)한 대신들이 가로막았다.

自元和之末, 宦官益橫, 建置天子在其掌握, 威權出人主之右, 人莫敢言. 文宗太和二年, 上親策制擧人, 賢良方正劉蕡對策, 極言其禍. 其略曰: "陛下宜先憂者, 宮闈將變, 社稷將危, 天下將傾, 海內將亂." 又曰: "陛下將杜簒弑之漸, 則居正位而近正人. 遠刀鋸之賤, 親骨鯁之直, 輔相得以專其任, 庶職得以守其官，奈何以褻近五六人總天下大政？禍稔蕭墻，姦生帷幄，臣恐曹節、侯覽復生於今日.” 又曰: “忠賢無腹心之寄，閹寺恃廢立之權，陷先君不得正其終，致陛下不得正其始.” 又曰: “陛下何不塞陰邪之路，屛褻狎之臣，制侵陵迫脅之心，復門戶掃除之役. 戒其所宜戒，憂其所宜憂. 旣不能治於前，當治於後; 旣不能正其始，當正其終.” 又曰: “陛下誠能揭國權以歸相，持兵柄以歸將，則心無不達，行無不孚矣.” 又曰: “法宜畫一，官宜正名. 今分外官、中官之員，立南司、北司之局，或犯禁於南，則亡命於北; 或正刑於外，則破律於中. 法出多門，人無所措.” 又曰: “今夏官不知兵籍，止於奉朝請; 六軍不主兵事，止於養勳階. 軍容合中官之政，戎律附內臣之職. 首一戴武弁，疾文吏如仇讎; 足一蹈軍門，視農夫如草芥. 張武夫之威，上以制君父; 假天子之命，下以御英豪. 有藏姦觀釁之心，無伏節死難之義.” 又曰: “臣非不知言發而禍應，計行而身戮，蓋痛社稷之危，哀生人之困，豈忍姑息時忌，竊陛下一命之寵哉?” 賢良方正裴休等二十三人中第，皆除官. 考官左散騎常侍馮宿等見蕡策，皆歎服，而畏宦官不敢取. 詔下，物論囂然稱屈. 諫官、御史欲論奏，執政抑之.

호인(胡寅)이 논평하였다.[15]

“유분(劉蕡)이 대책을 제출하였을 때 집정한 대신은 배도(裴度)와 위처후(韋處厚)였다. 두 사람은 대대로 조정의 은택을 받아 왔던 사람들이니, 만약에 유분의 대책을 높은 순위로 급제시킨 후, 연영전(延英殿)에서 공경(公卿), 급사(給舍), 간관(諫官), 어사(御史) 및 상급 상시(常侍) 대여섯을 불러 회의를 열고, 우선 태종(太宗)의 고사와 근래의 실정을 이야기하여 그

15 호인의 논평은 『독서관견(讀書管見)』 권25에 보인다.

사람들에게 자문을 구하면 의견이 모두 합치하였을 것이다. 유분이 제기한 문제 중 군주와 병권에 관해서는 이 대여섯의 심사관도 다 옳다고 여길 것이니, 예를 갖추어 군주에게 대책을 올렸다면 한나절도 지나지 않아 큰 계획이 정해졌을 것이다.

하지만 작은 의심을 피하고자 기회를 잃어버렸으니, 그 결과가 작다고 할 수 있겠는가? 환관에 대한 유분의 진언은 단지 옛날처럼 수위와 청소 같은 궁중의 허드렛일만 맡게 하자는 것이었지 일망타진하여 주살하자는 뜻은 없었으니, 그 정도는 분명히 실행할 수 있었을 것이다. 안타깝게도 배도와 위처후는 유분의 글을 자세히 읽지도, 생각이 정밀하지도 않았던 것이다."

胡寅曰: "蕡對策時, 執政大臣裴度、韋處厚也. 二公累朝舊德, 因蕡有言, 置之高第, 請開延英, 召會公卿、給舍、諫官、御史并貴常侍五六人, 陳太宗故事及近代之失, 咨訪厥中, 公議旣合. 此五六人者必有自善之謀, 納兵之請, 因而處之以禮, 則不出中昃, 大計定矣. 乃避遠小嫌, 失於事會, 其所係豈小哉? 蕡所陳, 但欲復之於門戶掃除, 非有草薙禽獮之意, 事必可行. 惜乎裴、韋讀之不詳, 思之不精也!"

대화(大和) 4년(830), 주상은 환관의 권력이 강성해지는 것을 걱정하였다.[16] 헌종(憲宗)과 경종(敬宗)을 시역한 무리들이 여전히 좌

---

16 이하 송신석(宋申錫)의 실각은 『자치통감(資治通鑑)』 권244에 보인다.

우를 지키고 있었기 때문이었다. 신책군(神策軍) 중위(中尉) 왕수징(王守澄)은 더욱 전횡하여 권세를 이용해 뇌물을 받았지만, 주상이 통제할 수 없었다. 일찍이 한림학사(翰林學士) 송신석(宋申錫)과 몰래 만나 이 문제를 논의하니, 송신석은 환관들의 핍박을 서서히 제거해야 한다고 건의하였다. 주상은 송신석이 충성스럽고 조심스러워 일을 맡길 만하다고 생각하여 상서좌승(尙書左丞) 겸 동평장사(同平章事)로 발탁하였다.

대화 5년(831), 주상이 송신석과 함께 환관들을 주살할 것을 모의하였다. 송신석은 이부시랑(吏部侍郎) 왕번(王璠)을 경조윤(京兆尹)으로 삼고 밀지를 전달하였다. 하지만 왕번이 계획을 누설하여, 정주(鄭注)와 왕수징이 알게 되고 몰래 방비를 하였다.

주상의 동생인 장왕(漳王) 이주(李湊)는 현명하여 인망이 두터웠다. 정주는 신책도우후(神策都虞候) 두로저(豆盧著)로 하여금 송신석이 장왕을 세우려 한다고 무고하게 시켰고, 왕수징이 이를 황제에게 보고하였다. 주상이 크게 노하여 중사(中使)를 보내 재상들을 연영전(延英殿)으로 소집하였다. 왕수징의 보고서를 보여주자 재상들이 살펴보고 모두 경악을 하였다. 주상은 왕수징에게 두로저가 발고한 안경칙(晏敬則)과 왕사문(王師文) 등을 잡아오라고 명하고 금중에서 추국을 하니 왕사문이 죽었다.

4월, 송신석을 파직하여 우서자(右庶子)로 강등시켰다. 재상에서 대신까지 어느 누구도 드러내놓고 감히 그 억울한 사정을 말하는 자가 없었는데, 유독 경조윤 최관(崔琯)과 대리경(大理卿) 왕정아(王正雅)가 연명하여 상소를 올려 내옥(內獄, 금중에서 추국

하는 것)을 조정으로 보내어 진상을 조사하도록 청하였다. 이때부터 옥사가 조금씩 누그러지기 시작하였다. 안경칙은 죄가 없었지만 결국 자복을 하였다. 주상은 사보(師保) 이하 대성부시(臺省府寺)의 대신을 모두 불러 면전에서 의견을 물었다. 좌상시(左常侍) 최원량(崔元亮) 등이 연영전에서 알현할 것을 다시 청하여, 옥사를 조정에서 심사해야 한다고 간청하였다. 주상이 그들에게 여러 차례 나가라고 시켰지만 물러나지 않자 결국 다시 재상들을 불러들였다. 우승유(牛僧孺) 역시 송신석이 그러한 일을 벌이지 않았다고 말하였다. 정주는 진상조사를 통해 자신의 거짓이 드러날까 두려워 일을 멈출 것을 청하였다. 송신석을 개주사마(開州司馬)로 좌천시켜 쫓아내고 이주는 소현공(巢縣公)으로 강등시켰다.

四年, 上患宦官彊盛, 憲宗、敬宗弑逆之黨猶有在左右者. 中尉王守澄尤專橫, 招權納賄, 上不能制. 嘗密與翰林學士宋申錫言之, 申錫請漸除其偪. 上以申錫沈厚忠謹, 可倚以事, 擢尙書右丞、同平章事. 五年, 上與申錫謀誅宦官, 申錫引吏部侍郎王璠爲京兆尹, 以密旨諭之. 璠泄其謀, 鄭注、王守澄知之, 陰爲之備. 上弟漳王湊賢, 有人望. 注令神策都虞侯豆盧著誣告申錫謀立漳王, 守澄奏之. 上大怒, 遣中使召宰相至延英, 示以守澄所奏, 相顧愕眙. 上命守澄捕豆盧著所告晏敬則、王師文等, 於禁中鞫之, 師文亡命. 三月, 申錫罷爲右庶子. 自宰相大臣無敢顯言其寃者, 獨京兆尹崔琯、大理卿王正雅連上疏, 請出內獄付外廷覈實, 由是獄稍緩. 晏敬則等誣服. 上悉召師保以下及臺省府寺大臣面詢之. 左常侍崔元亮等復請對於延英, 乞以獄事付外覆按. 上屢遣之出, 不退, 乃復召宰相入. 牛僧孺亦言申錫殆不至此. 鄭注恐覆按詐覺, 乃勸請止行. 貶黜宋申錫開州司馬, 湊巢縣公.

**신은 이렇게 생각합니다.** 문종(文宗)은 어리석다 할 만합니다.

재상과 더불어 환관을 제거할 것을 도모해 놓고, 환관이 제거되지 않은 상황에서 참언을 믿어 재상을 좌천시켰습니다. 대체로 유감이 있어 무고를 한 것이므로 그 사정을 어렵지 않게 살필 수 있었지만, 문종은 전혀 살피지 않았습니다. 군주가 어리석은데 충신과 더불어 일을 도모할 수 있겠습니까?

송신석(宋申錫)이 죄를 받자 환관들이 더욱 전횡하였다.[17] 주상은 겉으로는 받아들이는 척 하였지만 속으로는 참을 수 없었다. 한림시강학사(翰林侍講學士) 이훈(李訓)과 태복경(太僕卿) 정주(鄭注)가 총애를 받았는데, 주상의 뜻을 알아차렸다. 이 때문에 이훈은 진강을 할 때 여러 차례 넌지시 주상의 마음을 움직이려 하였다. 주상이 이훈의 재주와 말솜씨가 뛰어난 것을 보고 그와 함께 큰 일을 도모할 만하다고 생각하였다. 또한 이훈과 정주는 모두 왕수징(王守澄)이 등용한 사람들이어서 환관들이 의심하지 않을 것이라 여기고 마침내 몰래 말을 꺼내니, 이훈과 정주는 결국 환관을 주살하는 임무를 맡겠다고 하였다.

두 사람이 서로 협조하여 아침저녁으로 계획을 세워 주상에게 올리면 주상이 따르지 않는 것이 없었으니, 그 권세가 드높아졌다. 정주는 궁중에 자주 머물렀는데, 혹시나 궁 밖으로 나오면 손님들이 문에 꽉 들어차 뇌물이 산처럼 쌓였다. 바깥사람들은

17 이하 감로사변(甘露事變)은 『자치통감(資治通鑑)』 권245에 보인다.

단지 이훈과 정주가 환관들에게 기대어 권세를 떨치는 것만 알았지, 주상과 더불어 비밀리에 계획을 세우고 있다는 사실은 몰랐다. 원래 주상이 즉위하는 데에 우령군(右領軍) 구사량(仇士良)이 공적이 있었는데, 왕수징의 견제를 받아 두 사람은 사이가 벌어졌다. 이훈과 정주는 주상과 모의하여 구사량을 발탁하여 왕수징의 권력을 나누게 하였다.

5월, 구사량이 좌신책군(左神策軍) 중위(中尉)가 되었다. 이훈과 정주는 숙청의 계획을 세우면서, 환관들을 제거하는 것이 급선무라고 여겼다. 주상 역시 그들을 믿어 총애가 날로 커졌다. 8월, 정주를 공부상서(工部尙書)로 임명하여 한림시강학사(翰林侍講學士)도 맡으라 하였다.

헌종(憲宗)이 붕어하였을 때, 사람들은 모두 환관 진홍지(陳弘志)가 한 짓이라고 말하였다. 이때 진홍지는 산남동도(山南東道)의 감군(監軍)으로 있었다. 이훈이 모의하여 진홍지를 불러들이고 청니역(淸泥驛)에 도착하였을 때 몽둥이를 내리쳐 죽였다.

정주는 봉상(鳳翔) 절도사(節度使)로 임명되기를 청하였다. 이훈은 비록 정주를 통해서 발탁되었지만, 위세과 관직이 모두 높아지자 마음속으로 정주를 꺼리게 되었다. 조정과 궁내의 세력을 모아 환관들을 주살할 계획을 세웠기에 정주를 봉상으로 내보냈다. 사실 환관들을 주살한 다음 정주를 쳐내려 하였던 것이다. 왕수징은 좌우신책관군용사(左右神策觀軍容使)로서 십이위통군(十二衛統軍)을 겸하고 있었다. 이훈과 정주가 계획을 세워 허울좋은 이름으로 왕수징을 높이고, 실제로는 그 권력을 박탈하였던 것이다.

8월 기사(己巳)일에 서원여(舒元輿)와 이훈을 동평장사(同平章事)로 임명하고 이틀이나 사흘에 한 번 한림으로 들어와 『역경(易經)』을 강의하도록 하였다. 이훈은 버림받았다가 일 년 만에 재상의 자리에 올랐는데, 천자가 이훈을 신임하자 세상의 모든 일이 이훈의 손에서 결정되었다. 중위부터 추밀사(樞密)와 근위의 장수들에 이르기까지 이훈을 만나면 놀라서 떨며 고개를 숙여 인사를 올렸다.

겨울 10월에, 이훈과 정주가 몰래 황제에게 왕수징을 제거하자고 말하였다. 중사(中使) 이호고(李好古)를 왕수징의 집으로 보내어 독주를 먹여 살해하였다. 이로써 원화(元和) 연간의 역당(逆黨)을 대부분 없애 버린 것이었다. 12월 대리경(大理卿) 곽행여(郭行餘)가 빈녕(邠寧) 절도사(節度使)가 되었고, 호부상서판탁지(戶部尙書判度支) 왕번(王璠)이 하동(河東) 절도사가 되었으며, 경조소윤(京兆少尹) 나입언(羅立言)이 권지부사(權知府事)가 되었고, 태부경(太府卿) 한약(韓約)이 좌금오위대장군(左金吾衛大將軍)이 되었다.

원래 정주와 이훈이 함께 모의할 때, 지방의 진(鎭)으로 가서 장사 수백 명을 선발하여 손에 몽둥이를 쥐어 주고 가슴에 도끼를 차게 하여 친위병으로 삼았다. 이때 왕수징을 산수(滻水)에 장사지냈는데, 정주가 황제에게 다음과 같은 계획을 아뢰었다.

"황제께서 장례에 참석해 자리를 지켜 주면 친위병이 자연히 따라가게 됩니다. 중위 이하 모든 환관들로 하여금 산수에 모여 장례식에 참석하게 합니다. 그러고 나서 제가 문을 걸어 잠그고 친위병들에게 도끼로 내리쳐 죽이라고 시키면 환관들을 모두 소탕할 수 있을 것입니다."

계획이 이미 이렇게 정해졌는데, 이훈은 그를 따르는 무리들과 모의하였다.

"만약 이 일이 성공하면 정주가 그 공을 독차지하게 된다. 차라리 곽행여와 왕번이 진에 부임한다는 핑계로 장사들을 모집해 부대를 편성하고 다시 금오(金吾)와 대성(臺省)의 관리들과 병사를 써서 먼저 환관들을 주살하는 것이 좋겠다."

곽행여, 왕번, 나입언, 한약 및 중승(中丞) 이효본(李孝本)은 평소에 이훈과 친분이 두터워 모두 요직에 자리 잡고 있었다. 그리하여 이들과 서원여만 함께 모의하였을 뿐 다른 이들은 모르고 있었다.

11월 임술(壬戌) 날, 주상이 자신전(紫宸殿)에 납시어 백관들이 줄을 늘어서자, 좌금오위대장군 한약이 아뢰었다.

"간밤 좌금오청사 뒤에 있는 석류나무에 감로수(甘露水)가 맺혔습니다."

재상·장수·백관들이 모두 축하를 올렸다. 이훈과 서원여가 주상에게 친히 가서 보며 하늘의 축복을 받들자고 권유하자 주상이 허락하였다. 백관이 물러나 함원전(含元殿)에 정렬하였다.

다음날 신시(辰時)에 주상이 가마를 타고 자신문을 나서 함원전에 올라, 우선 재상과 양성(兩省)의 관원들에게 명하여 좌금호청사로 가서 보라고 하자 한참 후에 돌아왔다. 이훈이 아뢰었다.

"저와 여러 사람이 살펴보니 진짜 감로수가 아닌 듯합니다."

주상이 좌우신책군 중위 구사량과 어홍지(魚弘志)에게 환관들을 모두 이끌고 가서 살펴보라 하였다. 환관들이 떠나자, 이훈이 갑자기 곽행여와 왕번에게 말하였다.

"와서 칙명을 받으라."

왕번이 다리를 떨면서 감히 앞으로 나서지 못하자, 곽행여만이 어전 아래로 나와 절을 올렸다. 이때 두 사람의 부대원은 수백 명으로 모두 무장을 하고 단봉문(丹鳳文) 밖에 대기하고 있었다. 이훈이 보고서 사람을 시켜 불러들여 칙명을 받게 하였다. 왕번이 이끄는 하동의 병사들만 들어오고 곽행여가 이끄는 빈녕의 병사들은 결국 이르지 못하였다. 구사량 등이 좌금오에 가서 감로수를 보는데, 한약이 얼굴색이 변하며 땀을 흘렸다. 구사량이 이상하게 여겨 물었다.

"장군께서는 무엇 때문에 이러십니까?"

갑자기 휘파람 소리와 함께 장막이 열리자 무장한 병사들이 매우 많이 있는 것이 보였고 또 무기소리도 크게 들렸다. 구사량 등이 놀라서 도망을 쳤다. 문지기가 문을 닫으려 하였지만 구사량이 꾸짖자 닫을 수가 없었다. 구사량이 놀라서 주상에게 뛰어와 고변하였다. 이훈이 그것을 보고 급하게 금오의 호위병에게 말하였다.

"어전에 올라 황제를 호위하는 자에게 백금(百金)의 상을 내리겠다."

환관들이 말하였다.

"일이 급박하니, 폐하께서는 환궁하시길 청합니다."

그러면서 가마를 들고 가 황제를 부축하여 타게 하고 어전 뒤의 부시(罘罳, 전각에 조류가 앉지 못하게 처마 밑에 치는 그물)를 허물고 내달려 북쪽으로 나왔다. 이훈이 가마를 붙잡으며 외쳤다.

"제가 아뢴 일이 아직 끝나지 않았으니 궁으로 들어가셔서는 아니 됩니다."

금오의 병사들은 이미 어전에 올랐다. 나입언은 경조의 순라병(巡邏兵) 200여 명을, 이효본은 어사대의 시종 200여 명을 이끌고 어전에 올라 마구 공격하니 환관들이 피를 흘리며 억울함을 호소하였다. 사상자가 십여 인이 생겼다.

황제의 가마가 선정문(宣政門)으로 들어가자 이훈은 가마에 매달려 더욱 급하게 외치자 주상이 꾸짖었다. 환관 치지영(郗志榮)이 주먹으로 이훈의 가슴을 치자 땅에 쓰러졌다. 가마가 이미 궁으로 들어가서 문을 닫자 환관들이 만세를 불렀다. 백관들은 놀라서 흩어졌다.

이훈은 일이 이미 틀어진 것을 알고 시종들의 녹색 적삼을 빼앗아 입고 말을 달려 빠져나왔다. 구사량 등은 주상이 미리 그 계획을 알고 있었다는 사실을 알고는 원통하고 분하여 불손하게 말을 하자, 주상이 부끄럽고 두려워 아무 말도 하지 못하였다. 구사량 등은 좌우 신책군 부사(副使) 유태윤(劉泰倫)과 위중경(魏仲卿)에게 각각 금위병 500명씩을 이끌고 가서 칼을 빼낸 채로 각문을 나가서 만나는 사람은 무조건 죽이라고 명령하였다.

이훈은 봉상현으로 도망가다 도중에 사람에게 잡혀서 머리가 잘려 돌아왔다. 왕애(王涯), 왕번, 나입언, 곽행여, 가속(賈餗),

서원여 등을 모두 처형장인 독류수(獨柳樹)에서 참(斬)하고, 친척들도 친소에 관계없이 죽여 자손을 하나도 남기지 않았다. 이 며칠 사이에 죽이고 살리며 파직하고 임명하는 일은 모두 두 중위가 결정하여 주상도 미리 알지 못하였다. 구사량은 봉상감군(鳳翔監軍)에게 사람을 보내 밀지를 전하여 정주를 참하고 그 가족을 주멸하였다. 구사량 등은 각각 품계가 올랐고 관직도 높아졌다. 이때부터 천하의 일은 모두 북사(北司)에서 결정되니, 재상은 단지 받아 적을 뿐이었다.

初, 宋申錫得罪, 宦官益橫. 上外雖包容, 內不能堪. 翰林侍講學士李訓、太僕卿鄭注旣得幸, 揣知上意, 訓因進講, 數以微言動上. 上見其才辯, 意訓可與謀大事, 且以訓、注皆因王守澄以進, 冀宦官之不疑, 遂密以誠告之, 訓、注遂以誅宦官爲己任. 二人相挾, 朝夕計議, 所言於上無不從, 聲勢烜赫. 注多在禁中, 或時休沐, 賓客塡門, 賂遺山積. 外人但知訓、注倚宦官擅作威福, 不知其與上有密謀也. 上之立也, 右領軍將軍仇士良有功, 王守澄抑之, 由是有隙. 訓、注爲上謀, 進擢士良, 以分守澄之權. 五月, 以士良爲左神策中尉. 訓、注爲上畫太平之策, 以爲當先除宦官. 上以爲信然, 寵任日隆. 八月, 以鄭注爲工部尙書, 充翰林侍講學士. 憲宗之崩也, 人皆言宦官陳宏志所爲. 時宏志爲山南東道監軍, 李訓爲上謀, 召之, 至淸泥驛, 封杖殺之. 鄭注求爲鳳翔節度使. 李訓雖因注得進, 及勢位俱盛, 心頗忌注. 謀欲中外協勢以誅宦官, 故出注於鳳翔. 其實俟旣誅宦官, 幷圖注也. 王守澄爲左、右神策觀軍容使, 兼十二衛統軍. 訓、注爲上謀, 以虛名尊守澄, 實奪之權也. 己巳, 以舒元輿、李訓幷同平章事, 仍命訓三二日一入翰林講『易』. 訓起流人, 期年致位宰相, 天子傾意任之, 天下事皆決於訓. 自中尉、樞密、近衛諸將, 見訓皆震慴, 迎拜叩首. 冬十月, 訓、注密言於上, 請除王守澄. 遣中使李好古就第賜酖, 殺之, 於是, 元和之逆黨畧盡矣. 十二月, 以大理卿郭行餘爲邠寧節度使, 以戶部尙書判度支王璠爲河東節度使, 以京兆少尹羅立言權知府事, 以太府卿韓約爲左金吾衛大將軍. 始, 鄭注與李訓謀,至鎭選壯士數百, 皆持白梧, 懷其斧, 以爲親兵. 是月, 王守澄葬於滻水, 注奏請入護葬事: "因以親兵自隨. 仍奏令內臣中尉以下盡集滻水送葬, 注因闔門, 令親兵斧之, 使無遺類." 約旣定, 訓與其黨謀: "如此事成, 則注專有其功, 不若使行餘、璠以赴鎭爲名, 多募壯士爲部曲, 并用金吾、臺府吏卒, 先期誅宦者." 行餘、璠、立言、約及中丞李孝本, 皆訓素所厚也, 故列置要地, 獨與是數人者與舒元輿謀之, 餘人不知也. 壬戌, 上御紫宸殿, 百官班定, 韓約奏: "左金吾聽事後石榴夜有甘露." 宰相帥百官稱賀. 訓、元輿勸上親往觀之, 以承天貺, 上許之. 百官退, 班於含元殿. 日加辰, 上乘軟輿出紫宸門, 升含元殿, 先命宰相及兩省官詣左仗視之, 良久而還. 訓奏: "臣與衆人驗之, 殆非眞甘露." 上顧左、右中尉仇士良、魚志宏帥諸宦官往視之. 宦者旣去, 訓遽召郭行餘、王璠曰: "來受勅旨!" 璠股栗不敢前, 獨行餘拜殿下. 時二人部曲數百, 皆執兵立丹鳳門外, 訓已見, 使人召之, 令入受勅. 獨東兵入, 邠寧兵竟不至. 仇士良等至左仗視甘露, 韓約變色流汗. 士良怪之, 曰: "將軍何爲如是?" 俄風吹幕起, 見執兵者甚衆, 又聞兵仗聲, 士良等驚駭走出. 門者欲閉之, 士良叱之, 關不得上. 士良等犇詣上告變. 訓見之, 遽呼金吾衛士曰: "來上殿衛乘輿者, 人賞錢百緡!" 宦者曰: "事急矣, 請陛下還宮!" 卽擧軟輿, 迎上扶升輿, 決殿後罘罳, 疾趨北出. 訓攀輿呼曰: "臣奏事未竟, 陛下不可入宮." 金吾兵已登殿. 羅立言帥京兆邏卒二百餘, 李孝本帥御史臺從人二百餘, 皆登殿縱擊, 宦官流血呼冤, 死傷者十餘人. 乘輿入宣政門, 訓攀輿呼益急, 上叱之. 宦官郗志榮奮拳毆其胸, 偃於地. 乘輿旣入, 門隨闔, 宦官皆呼萬歲. 百官駭愕散出. 訓知事不濟, 脫從吏綠衫衣之, 走馬而出. 士良等知上預其謀, 怨憤, 出不遜語, 上慚懼不復言. 士良等命左、右神策副使劉泰倫、魏仲卿各帥禁兵五百人, 露刃出閤門, 逢人輒殺. 李訓奔鳳翔, 未至, 爲人所禽, 斬其首以來. 王涯、王璠、羅立言、郭行餘、賈餗、舒元輿、李孝本皆斬獨柳, 下親屬無問親疎皆死, 孩穉無遺. 時數日之間, 殺生除拜皆決於兩中尉, 上不豫知. 士良使人齎密勅授鳳翔監軍斬注, 滅其家. 士良等各進階, 遷官有差. 自是, 天下事皆決於北司, 宰相行文書而已.

개성(開成) 원년(836), 주상은 감로사변(甘露事變) 이후로 실의하여 즐겁지 않았다.[18] 좌우 신책군의 구국(毬鞠) 경기도 열에 여섯 일곱은 줄었고, 연회를 열어 기녀들의 음악소리가 온 궁중을 가득 채워도 얼굴을 풀지 않았다. 하릴없이 있거나 어슬렁거리며 먼 산을 바라보다가 어느 때는 혼자 중얼거리며 탄식하였다.

開成元年, 上自甘露之變, 意忽忽不樂. 兩軍毬鞠之會什減六七, 雖宴享音伎雜遝盈庭, 未嘗解顔. 閑居或徘徊眺望, 或獨語歎息.

개성(開成) 4년(839) 11월, 주상은 병이 조금 낫자 사정전(思政殿)에 앉아 당직 학사였던 주지(周墀)[19]를 불러 술을 하사하며 물었다.

"짐을 전대(前代)의 어떤 군주와 비교할 수 있겠는가?"

주지가 대답하였다.

"폐하께서는 요순(堯舜)과 같은 군주이십니다."

"짐을 어떻게 요순에 비견할 수 있단 말인가? 짐이 경에게 물어본 것은 주(周)나라의 난왕(赧王)이나 한(漢)나라의 헌제(獻帝)와 비교하면 어떤가 하는 것이다."

주지가 놀라 대답하였다.

"그들은 망국의 군주였습니다. 어떻게 폐하의 성덕(聖德)에

18 감로사변(甘露事變) 이후 환관의 전횡은 『자치통감(資治通鑑)』 권245, 권246에 보인다.

19 796~855. 당나라 여남(汝南) 사람으로 자는 덕승(德升)이다. 효성이 지극하였고 고문과 소전(小篆)에 능하였다. 내외직을 두루 거쳐 재상을 지냈다.

비하겠습니까?"

"난왕과 헌제는 강력한 제후에게 제압당하였지만 지금 짐은 집안의 노복들에게 제압당하였으니, 이 점을 보면 짐은 어쩌면 그들보다 못할지도 모르겠다."

이렇게 말하고 눈물을 흘리며 소매를 적시니, 주지 역시 땅에 엎드려 눈물을 흘렸다. 이후로 다시는 조회를 보지 않았다.

四年十一月, 上疾少間, 坐思政殿, 召當直學士周墀, 賜之酒, 因問曰: "朕可方前代何主?" 對曰: "陛下堯、舜之主也." 上曰: "朕豈敢比堯、舜? 所以問卿者, 何如周赧、漢獻耳?" 墀驚曰: "彼亡國之主, 豈可比聖德?" 上曰: "赧、獻受制於彊諸侯, 今朕受制於家奴, 以此言之, 朕殆不如." 因泣下霑襟, 墀伏地流涕, 自是不復視朝.

원래 구사량(仇士良)과 어홍지(魚弘志)는 문종(文宗)이 이훈과 같이 모의하였다는 사실에 분노하여 여러 차례 황제를 폐위하려 하였다.[20] 최신유(崔愼由)가 한림학사(翰林學士)가 되어 숙직을 서고 있었는데, 밤에 구사량이 호출하였다. 구사량이 당 위에서 말하였다.

"주상이 병에 든 지 오래되어 즉위한 이래로 정령(政令)이 황당한 경우가 많았소. 황태후가 제(制)를 내려 후사를 다시 세우려 하니, 학사께서 그 초안을 작성하시오."

최신유가 놀라서 말하였다.

20 최신유(崔愼由)의 고사는 『신당서(新唐書)』 권207에 보인다.

"주상의 고명하신 덕이 천하에 있는데, 어찌 이런 논의를 가볍게 할 수 있겠소? 죽어도 그 명령을 받들지 못하겠소."

구사량 등이 아무 말이 없다가 한참 후 뒷문을 열고 최신유를 소전(小殿)에 이끌고 들어가니 거기에 주상이 있었다. 구사량 등이 계단을 올라가 황제의 잘못을 하나하나 헤아리자 황제가 고개를 떨구었다. 잠시 후 구사량이 황제를 가리키며 말하였다.

"이 학사가 아니었으면 당신은 더 이상 이 자리에 있을 수 없었소."

이에 최신유를 밖으로 내보내면서 경고하였다.

"이 일을 누설하지 마라. 재앙이 네 집안에 미칠 것이다."

최신유가 이 일을 기록하여 나무베개 안에 숨겨 두어 당시 사람들은 아무도 몰랐다. 죽기 전에 이것을 아들 최윤(崔胤)에게 남겨 주니, 최윤이 환관들을 증오하게 되어 끝내 그들을 토벌하여 제거하였다. 환관들이 당한 재앙은 모두 구사량과 어홍지에게서 근원하였던 것이다.

始, 士良、弘志憤文宗與李訓謀, 屢欲廢帝, 崔愼由爲翰林學士宿直, 夜未半, 有中使召入, 見士良等堂上, 謂愼由曰: "上不豫已久, 自卽位政令多荒闕. 皇太后有制, 更立嗣君, 學士當作詔." 愼由驚曰: "上高明之德在天下, 安可輕議?, 雖死不承命." 士良等默然久之, 啓後戶, 引至小殿, 帝在焉. 士良等歷階數帝過失, 帝俛首. 旣而, 士良指帝曰: "不爲學士, 不得更坐此. 乃送愼由出", 戒曰: "毋泄, 禍及爾宗!" 愼由誌其事, 藏箱枕間, 時人莫知. 將沒, 以授其子胤. 故胤惡中官, 終討除之, 蓋禍原於士良、弘志云.

**신은 이렇게 생각합니다.** 당(唐)나라 때 환관의 재앙은 태화(太

和) 연간(827~836)에 이미 고질병이 되었습니다. 이훈(李訓)과 정주(鄭注)가 독약을 써서 그것을 고쳐 보려 하였지만 단지 재앙으로 망하는 날을 재촉하였을 따름입니다. 일이 이에까지 이르렀으니, 현종(玄宗)과 덕종(德宗)이 어찌 그 허물을 지지 않을 수 있겠습니까?

희종(僖宗)이 진왕(晉王)이었을 때, 소마방사(小馬坊使) 전영자(田令孜)가 총애를 받았다.[21] 즉위하자 전영자로 하여금 추밀(樞密)의 일을 보게 하였다가, 결국 신책군(神策軍) 중위(中尉)로 발탁하였다. 주상은 이때 열네 살이었는데, 오로지 놀기만 하고 정사는 모두 전영자에게 위임하면서 '아버지[阿父]'라고 불렀다.

전영자는 독서를 많이 하고 수(數)에 능하였다. 권력을 이용해 뇌물을 받았으며, 관직이나 대신을 임명할 때도 주상에게 보고하지 않았다. 주상은 내원의 어린아이들과 친하였고 악공이나 잡기꾼들에게 하사품을 많이 내려 주어, 그 비용이 만 금 단위로 셀 만큼이어서 궁중의 창고가 텅 비게 되었다. 전영자가 주상을 설득하여 양시(兩市) 상인들의 재산을 몰수하여 궁중의 창고를 채우고 혹여 고소를 하는 자가 있으면 경조윤(京兆尹, 서울시장에 해당함)을 시켜 몽둥이로 때려죽이라 하였다. 재상 이하 모든 관원들이 입을 굳게 다물고 아무런 말을 하지 못하였다.

僖宗之爲晉王也, 小馬坊使田令孜有寵, 及卽位, 使知樞密, 遂擢爲中尉. 上

21 전영자의 행적과 황소(黃巢)의 난은 『자치통감(資治通鑑)』 권252에 보인다.

時年十四, 專事遊戲, 政事一委令孜, 呼爲'阿父'. 令孜頗讀書, 多巧數, 招權納賄, 除官及賜緋紫皆不關白於上. 上與內園小兒狎昵, 賞賜樂工、伎兒, 所費動以萬計, 府藏空竭. 令孜說上, 籍兩市商旅寶貨悉輸內庫, 有陳訴者付京兆杖殺之, 宰相以下鉗口莫能言.

건부(乾符) 3년(876), 원구(冤句) 출신 황소(黃巢)가 반란을 일으켜 무리를 모아 도적질을 하였다. 각 지역을 공격하여 산동(山東) 전역을 휘젓고 다녔다. 백성 중에서 가렴(苛斂)에 고통을 받던 이들이 앞을 다투어 황소군에 가담하였다.

是年, 冤句人黃巢反, 聚衆爲盜. 攻州縣, 橫行山東, 民之困於重斂者爭歸之.

광명(廣明) 원년(880) 봄 2월에 좌습유(左拾遺) 후창업(侯昌業)이 상소를 올려 극간(極諫)하였다. 도적이 관동(關東) 전역을 휩쓰는데도 주상은 정사를 돌보지 않고 오로지 놀기만 하며 절제 없이 하사품을 내렸고 전영자는 끝없이 권력을 전횡하니, 하늘이 변이를 일으키고 사직이 위태롭다는 내용이었다. 주상이 크게 노하여 후창업을 내시성으로 불러 사형을 내렸다.

廣明元年, 春二月, 左拾遺侯昌業以盜賊滿關東, 而上不親政事, 專務遊戲, 賞賜無度, 田令孜專權無上, 天文變異, 社稷將危, 上疏極諫. 上大怒, 召昌業至內侍省, 賜死.

황소(黃巢)가 장안(長安)에 들어오자 주상은 흥원(興元)으로 파천하였다.

黃巢入長安, 上幸興元.

중화(中和) 원년(881), 봄 정월, 어가(御駕)가 성도(成都)에 이르렀다. 주상이 밤낮으로 오로지 환관들과 더불어 천하의 일을 의논하고 조정의 신료들은 소원하게 대하였다. 좌습유(左拾遺) 맹소도(孟昭圖)가 상소하여 말하였다.

"대저 천하라는 것은 고조(高祖)와 태종(太宗)의 천하이지 북사(北司, 내시부)의 천하가 아닙니다. 천자(天子)라는 것은 온 천하 백성들의 천자이지 북사만의 천자가 아닙니다. 북사의 환관들만 신뢰해서는 아니 되고 남사(南司, 조정)의 관원들도 모두 쓸모없지는 아니할 텐데, 어찌 천자께서는 재상과 전혀 교류가 없으며 조정의 신하들을 길거리 사람처럼 대하십니까? 그러하니 수복(收復)의 기대로 천자의 걱정만 깊어지고 놀고먹는 신하들만 편안할까 두렵습니다."

전영자(田令孜)가 아뢰지 못하도록 막고서, 조서를 위조해 맹소도를 가주(嘉州) 사호(司戶)로 좌천시키고, 사람을 보내 마이진(蟆頤津)에서 빠져 죽게 하였다. 이 이야기를 들은 사람들이 기가 막혀 아무런 말도 하지 못하였다.

中和元年, 春正月, 車駕至成都. 上日夕專與宦官同處議天下事, 待外臣殊疎薄. 左拾遺孟昭圖上疏曰: "夫天下者, 高祖、太宗之天下, 非北司之天下; 天子者, 四海九州之天子, 非北司之天子. 北司未必盡可信, 南司未必盡無用, 豈天子與宰相了無關涉, 朝臣皆若路人? 如此, 恐收復之期尙勞宸慮, 尸祿之士得以宴安." 令孜屛不奏, 矯詔貶昭圖嘉州司戶, 遣人沉於蟆頤津, 聞者氣塞而不敢言.

**신은 이렇게 생각합니다**. 이때는 대규모의 반란군이 도성을 점거한 상황이었는데, 희종(僖宗)은 대신과는 소원하고 오직 환관들과 함께하였습니다. 간관은 말을 하는 직책이지만 앞에서 후창업(侯昌業)이 죽임을 당하고 뒤에서 맹소도(孟昭圖) 역시 죽임을 당하였으니, 나라가 망하지 않으려 해도 가능하겠습니까?

소종(昭宗)이 번저(藩邸)에 있을 때는 원래 환관들을 싫어하였다.[22] 즉위한 후 양복공(楊復恭)이 황제를 옹립한 공적을 믿고 법에 어긋나는 짓을 많이 저지르자 주상이 언짢아하였다. 주상은 정사(政事)를 주로 재상과 의논하였는데, 공위(孔緯) 등이 주상에게 대중(大中) 연간(847~859)의 이야기를 들려주며 환관들의 권력을 억제해야 한다고 건의하였다.

양복공은 숙위병(宿衛兵)을 총괄하면서 정사를 마음껏 주물러 여러 양아들을 절도사(節度使)와 자사(刺史)로 임명하였으며,

22 양복공(楊復恭)의 행적은 『자치통감(資治通鑑)』 권258에 보인다.

또 환관들 600명을 아들로 키우면서 모두 감군(監軍)으로 삼았다. 천하의 권세가 모두 양복공에게 몰렸다.

양복공의 양자 이순절(李順節)이 황제의 총애를 받아 양복공과 권력을 다투게 되자, 이순절은 양복공의 나쁜 짓을 모두 황제에게 일러바쳤다. 주상은 이에 양복공을 봉상(鳳翔) 감군으로 내보냈다. 양복공이 성을 내며 가지 않으려 하면서 병을 핑계로 관직에서 물러나려 하자, 양복공을 상장군(上將軍)의 직위로 물러나게 하였다.

어떤 사람이 양복공과 그의 양아들 양수신(楊守信)이 반란을 꾀하고 있다고 발고하자, 주상이 안희문(安喜門)에 올라 군진을 갖추고 방위하였다. 이순절 등의 군사들에게 명하여 그 집을 공격하라 하였지만 이기지 못하였다. 양복공이 족속들을 이끌고 흥원(興元)으로 도주하여, 양수량(楊守亮) 등과 함께 군사를 일으켜 조정의 군사를 막았다.

양복공은 나중에 화주자사(華州刺史) 한건(韓建)의 병사들에게 잡혔다. 결국 조정으로 압송하여 독류수(獨柳樹)에서 베어 죽였다. 이무정(李茂貞)은 양수량에게 남긴 양복공의 편지를 압수하여 조정에 바쳤다. 그 편지에 자신이 관직에서 물러나는 이유를 밝히고 있었다.

"나는 위험과 고난을 뚫고 수왕(壽王)을 황제로 세웠다. 하지만 존귀한 자리에 오른 후에는 즉위의 책서(策書)를 정한[定策][23]

23 천자가 즉위할 때 그 사실을 간책(簡策)에 적어 종묘에 보고하는데, 이를 정책(定策)이라고 한다. 이 때문에 천자의 즉위에 큰 공을 세운 대신을 '정책대신'이라 불렀다.

원로를 내치니, 이렇게 스승에게 배은망덕한 천자가 있겠는가!"

昭宗在藩邸, 素疾宦官. 及卽位, 楊復恭恃援立功, 所爲多不法, 上意不平. 政事多謀於宰相, 孔緯等勸上擧大中故事, 抑宦者權. 復恭總宿衛兵, 專制朝政, 諸假子皆爲節度使、刺史, 又養宦官子六百人, 皆爲監軍. 天下權勢, 皆歸其門. 其養子李順節旣寵貴, 與復恭爭權, 盡以復恭陰事告上. 上乃出復恭爲鳳翔監軍, 復恭慍懟不肯行, 稱疾求致仕, 以復恭爲上將軍致仕. 或告復恭與假子守信謀反, 上御安喜門, 陳兵自衛. 命李順節等將兵攻其第, 不能克. 復恭挈其族走興元, 與楊守亮等同擧兵拒朝廷. 後爲華州韓建[24]兵所獲, 獻闕下, 斬于獨柳. 李茂貞獻復恭遺守亮書, 訴致仕之由云: "吾於荊榛中立壽王, 纔得尊位, 廢定策國老, 有如此負心門生天子!"

—'수왕(壽王)'은 바로 소종(昭宗)이다.—

**신은 이렇게 생각합니다.** 양복공(楊復恭)은 황제를 옹립한 공을 믿고 법에 어긋나는 일을 자행하여 더 이상 두고 볼 수 없게 되자, 황제가 여러 진(鎭)의 병사를 일으켜 양복공을 공격하였습니다. 단지 집안의 노복을 물리치는 일이었는데도 적국과 전쟁을 벌이는 것과 같이 하였습니다. 양복공은 자신을 즉위의 책서(策書)를 정한[定策] 원로로 여기고 천자를 "배은망덕한 제자"로 부르고 있습니다. 예부터 환관들이 자주 전횡을 하였지만 이만큼 심한 경우는 없었습니다. 하지만 결국에는 독류수에서 주살되는 것을 면하지 못하였으니 어찌 후인이 경계로 삼지 않을 수 있겠습니까!

24 저본에서는 '建'로 되어 있으나 '建'의 오식이므로 바로잡았다.

소종(昭宗) 광화(光化) 3년, 이부상서(吏部尙書) 최윤(崔胤)을 동평장사(同平章事)로 삼고 청해절도사(清海節度使)로 임명하였다.[25] 사공(司空) 문하시랑(門下侍郞) 동평장사(同平章事) 왕단(王摶)은 현명하고 도량이 커서 당시 훌륭한 재상으로 칭송되었다.

주상은 평소 환관인 추밀사(樞密使) 송도필(宋道弼)과 경무수(景務修)가 전횡하는 것을 싫어하였다. 최윤이 하루는 주상과 더불어 환관들을 없앨 것을 모의하였는데, 환관들이 이를 알게 되었다. 이 때문에 북사(北司)와 남사(南司)가 더욱 증오하고 싫어하게 되어, 각각 여러 번진(藩鎭)과 결연하고 그들의 도움을 얻어 상대방을 무너뜨리려 하였다.

왕단은 혼란이 일어날까 두려워 주상에게 점잖게 말하였다.

"군주는 마땅히 대체를 밝히는 데 힘을 써야지, 한 쪽으로 치우쳐서는 아니 됩니다. 환관이 권력을 농단하는 폐해를 누가 모르겠습니까? 하지만 그 세력을 갑작스럽게 제거할 수 없다는 점을 고려하십시오. 환란이 많을수록 천천히 평정하여야 합니다. 그래야만 악한 자의 길이 사라지고 선한 자의 길이 생겨납니다. 폐하의 말씀을 가볍게 누설하지 마십시오. 간사한 무리들이 급하게 변란을 일으킬 수 있습니다."

최윤이 그것을 듣고 왕단을 헐뜯으며 주상에게 말하였다.

"왕단은 간사한 무리로서, 송도필이 일을 벌이면 밖에서 응할 자입니다."

---

25 주전충의 환관 숙청은 『자치통감(資治通鑑)』 권262에 보인다.

주상이 왕단을 의심하게 되었다. 이후 최윤은 자신이 파직되자 왕단이 자신을 배척한 것으로 생각해 왕단을 더욱 미워하였다. 광주(廣州)로 좌천되자 주전충(朱全忠)에게 편지를 남겨 왕단의 말을 다 전해 주면서, 주전충으로 하여금 표를 올려 주상에게 알리라 하였다. 주전충이 상언(上言)하였다.

"최윤을 보필하는 자리에서 떨어지게 하면 아니 됩니다. 왕단과 환관들이 안과 밖을 이루어 함께 사직을 위태롭게 할 것입니다."

여러 차례 표를 올려 멈추지 않았다. 주상이 비록 그 상황을 살피며 주저하였지만, 주전충에게 압박을 받아 어쩔 수 없이 최윤을 사공 문하시랑 동평장사로 임명하여 다시 불러들이고 왕단을 파직하여 공부시랑(工部侍郎)으로 삼았다. 또 송도필을 형남(荊南) 감군(監軍)으로, 경무수를 청주(青州) 감군으로 임명하였다. 얼마 후 왕단을 계주(溪州) 자사로 좌천시켰다가, 다시 애주사호(崖州司戶)로 폄적시켰다. 송도필은 환주(驩州)로, 경무수는 애주(愛州)로 멀리 유배를 보내어, 자살하게 하였다. 이때 최윤이 조정의 권력을 장악하여 그 위세를 중외에 떨치자, 환관들이 모두 고깝게 보면서 그 분노를 이기지 못하였다.

원래 주상과 최윤이 환관들을 모두 주살할 것을 공모하였는데, 송도필과 경무수가 죽으니 환관들이 더욱 두려워하였다. 주상이 화주(華州)로 파천하게 되니, 실의에 빠져 술만 마시면서 감정의 기복도 심해져서 좌우가 더욱 위기감을 느꼈다. 이때 좌군중위(左軍中尉) 유계술(劉季述), 우군중위(右軍中尉) 왕중선(王仲

先), 추밀사(樞密使) 왕언범(王彦範)과 설제악(薛齊偓) 등이 몰래 서로 모의하여 말하였다.

"주상이 진중하지 못하고 기분이 자주 바뀌니 정말 모시기 어렵다. 또한 조정(朝廷) 관원들의 말만 들으니 우리들이 결국 그 재앙을 받게 될 것이다. 차라리 태자를 모셔와 천자로 세우고 주상을 태상황으로 올려 모시는 것이 낫겠다. 기주(岐州)와 화주의 군사를 끌어다 돕게 하고 여러 번(蕃)을 통제한다면 누가 우리를 해칠 수 있겠는가!"

주상이 어원(御苑)에서 사냥을 하면서 술자리를 벌였고, 야밤에 취해서 돌아와 황문(黃門)과 시녀 여러 명을 손으로 때려 죽였다. 날이 밝아 다음날 진사(辰巳) 일에 궁문이 열리지 않았다. 유계술이 금군(禁軍) 천 명을 이끌어 문을 부수고 들어가 그 구체적인 상황을 알게 되었다. 나와서 최윤에게 말하였다.

"주상께서 하신 일이 이와 같은데, 어찌 천하를 다스릴 수 있겠습니까? 어리석은 군주를 폐위하고 훌륭한 군주를 세우는 경우는 예부터 있었던 일입니다."

최윤은 죽기 두려워 감히 거스를 수 없었다. 유계술은 어전에 병사들을 배치해 놓고 백관들을 불러들인 후 최윤 등의 이름으로 태자감국(太子監國)을 청하는 장(狀)을 작성하여 보여 주고 서명하게 하였다. 최윤과 백관은 어쩔 수 없이 모두 서명하였다. 환관들은 주상과 황후를 부축하여 가마에 타게 하였는데, 겨우 후궁과 시종 십여 명만 따랐다. 소양원(少陽院)에 이르러 유계술은 옥과 금으로 장식한 지팡이를 들고 땅에 숫자를 써 가며 주상에게 말하였다.

"어느 날 어느 일은 네가 내 말을 따르지 않았으니 첫 번째 죄이다."

이렇게 수십 가지를 말하고도 그치지 않았다. 그다음 손수 문을 닫고 녹인 쇠로 그 틈을 막아버린 후 병사들로 하여금 지키도록 하였다. 주상의 움직임은 모두 유계술에게 보고되었으며, 벽에 난 구멍을 통해 음식을 넣어 주었다. 주상이 금전이나 비단을 달라고 해도 얻을 수 없었고, 종이와 붓을 달라고 해도 주지 않았다.

이때 강추위가 찾아왔는데, 후궁들과 공주들이 입을 옷이 없어 목 놓아 우니 그 소리가 밖에서 들릴 정도였다. 유계술 등은 조서(詔書)를 위조하여 태자가 즉위하도록 하였다. 유계술 등이 최윤을 죽이려 하였지만, 주전충이 두려워 단지 그를 해임하여 탁지(度支) 염철전운사(鹽鐵轉運使)로 좌천시킬 뿐이었다. 최윤은 몰래 주전충에게 편지를 보내 군사를 일으켜 반정을 도모하게 하였다.

염주(鹽州) 웅의군사(雄毅軍使) 손덕소(孫德昭)가 좌신책지휘사(左神策指揮使)가 되었는데, 유계술이 주상을 폐위한 것에 대해 항상 분노하며 불만을 품고 있었다. 최윤이 그 이야기를 듣고, 판관(判官) 석전(石戩)을 보내 교유하게 하였다. 손덕소는 매번 술에 취하면 눈물을 흘렸는데, 석전이 그 진실함을 알고 몰래 최윤의 뜻을 말해 주었다. 손덕소가 감사하며 말하였다.

"만약 상공(相公)의 명령이 있다면, 죽음도 불사할 수 있습니다."

석전이 이를 최윤에게 말해 주니, 최윤은 의대를 끊어 거기에 손수 글을 써서 주었다. 손덕소는 다시 우신책군 청원도장(淸遠都將) 동언필(董彦弼), 주승회(周承誨)와 교분을 맺고 그믐밤 안복문(安福門) 밖에 매복하여 기다리기로 계획을 세웠다.

천복(天復) 원년(901), 봄 정월 초하루 왕중선(王仲先)이 입조하여 안복문에 이르자 손덕소가 붙잡아 참하고, 급히 소양원으로 내달려 문을 두드리고 소리쳤다.

"역적이 이미 주살되었으니, 폐하께서는 나오셔서 장수와 사병들을 위무하십시오."

주상과 태후가 문을 부수고 나왔다. 최윤이 주상을 맞이하여 장락문(長樂門)의 누대에 오르자 장수들과 백관이 축하를 올렸다. 주승회는 유계술과 왕언범을 붙잡아 차례로 이르게 하여 꾸짖으려 하였지만, 이미 몽둥이 매질을 당해 죽어 있었다. 설제악은 우물에 빠져 죽었지만, 꺼내어 참하였다. 이 네 명의 친족을 모두 멸하고 그들을 따르던 무리 20여 명을 주살하였다.

손덕소를 동평장사의 신분으로 정해(靜海) 절도사(節度使)로 임명하였고, 이계소(李繼昭)라는 성과 이름도 하사하였다. 최윤은 작위가 올라 사도(司徒)가 되니, 최윤을 대하는 주상의 총애가 더욱 두터워졌다. 주승회는 영남서도(嶺南西道) 절도사(節度使)로 임명되었고, 이계회(李繼誨)라는 성과 이름도 하사받았다. 동언필은 영원(寧遠) 절도사(節度使)로 임명되었고 이(李)씨 성을 하사받았다. 동평장사가 되어 이계소와 함께 남아 황제의 숙위(宿衛)를 맡았다. 열흘에 한 번 궁을 나와 집에 가보면 상으로 받은 하사품으로 창고가 기울어질 정도였다. 당시 사람들은 그들을 일러 '삼사상(三使相)'이라 불렀다.

병오(丙午) 일에 칙령을 내렸다.

"근래에 재상들이 연영전(延英殿)에서 사무를 아뢰면 환관인 추밀사(樞密使)가 곁에 있다 서로 분분하게 쟁론하였다. 재상들이 나가면 추밀사는 황제가 아직 윤허하지 않았다고 하며 다시 조서를 고치면서 황권과 정치를 어지럽혔다. 지금부터는 대중(大中) 연간의 옛 제도에 의거하여, 추밀사는 재상의 보고를 다 마친 다음에 어전에 올라 공무를 받들도록 하여라."

최윤은 환관이 병권을 통제하는 것이 결국 가장 가까운 재앙이라고 생각하여 외부의 병력으로 그것을 제지하려 하였다. 이무정(李茂貞)에게 일러 병사 삼천을 도성에 남겨 숙위군을 채우고 이무정의 양아들 이계균(李繼筠)이 장수를 맡도록 하였다. 좌간의대부(左諫議大夫) 한악(韓偓)이 불가하다고 하였지만, 최윤은 따르지 않았다. 당시 주상은 군사와 국사를 모두 최윤에게 맡겨 두어, 매번 최윤이 일을 아뢸 때 주상은 차분하게 듣다가 밤이 되어 촛불을 밝힐 때도 있었다. 환관들이 무서워 벌벌 떠니, 국사가 크든 작든 모두 최윤에게 자문한 후에 시행되었다. 최윤이 환관들을 모두 없애려 하자 한림학사 한악이 여러 차례 간언하였다.

"섬기기를 금하는 것은 너무 심합니다. 환관의 무리를 다 없앨 수는 없습니다. 그 무리들이 절박해지면 또 변란을 일으킬지도 모릅니다."

하지만 최윤은 듣지 않고, 주상에게 환관들을 모두 주살하고 궁인들로 하여금 궁중의 일을 보게 하자고 건의하였다. 환관들이 몰래 귀를 기울여 이러한 말을 다 들었다. 추밀사 한전회(韓全誨)가 눈물을 흘리며 주상에게 애원하자 주상이 최윤에게 명하였다.

"앞으로 일이 있으면 글을 써 밀봉하여 전하고, 절대로 입으로 아뢰지 말라."

하지만 환관들이 글을 아는 미녀들을 구해 궁으로 들여보내 몰래 그 서찰을 보게 하였다. 환관들이 최윤의 비밀계획을 모두 알게 되었는데도 주상이 깨닫지 못하였다. 한전회 등이 크게 두려워 매번 연회가 생기면 눈물을 흘리며 서로 죽음의 이별을 고하면서, 밤낮으로 최윤을 제거할 계획을 세웠다.

이때 주전충과 이무정은 각각 천자를 끼고 제후들을 호령할 뜻을 품고 있어, 주전충은 주상이 동도인 낙양으로 행차하기를 바랐고, 이무정은 봉상현으로 오길 원하였다. 최윤은 계획이 누설된 것을 알고 일이 급해지자, 주전충에게 서신을 보내어 황제의 비밀조서를 받았다고 하면서 군사를 이끌고 어가를 맞이하라고 명하였다. 주전충이 서신을 받고 급히 대량(大梁)으로 돌아가 군대를 출병하였다. 한전회 등은 주살될까 두려워 군대를 동원하여 주상을 제압하려고 이계소, 이계회, 이언필, 이계균 등과 친분을 깊게 맺으려 도모하였는데, 이계균만이 따르려 하지 않았다.

겨울 10월, 주전충이 군사를 일으켜 대량을 출발하였다. 한전회는 주전충의 군대가 곧 다다른다는 소식을 듣고, 이계회 등에게 군사를 이끌고 주상을 겁박하여 봉상으로 파천하도록 시켰다. 한전회 등은 주상으로 하여금 어전에 들어 백관을 소집한 후 정월 병오(丙午)일의 칙령을 취소하고 함통(咸通) 연간 이래의 법령에 따른다는 발표를 하도록 하였다. 이날부터 연영전을 열어두니 한전회 등은 옆에서 시종하면서 정사에 함께 참여하였다. 주전충의 군대가 하중(河中)에 이르러 표(表)를 올려 어가를 낙양으로 옮겨 오도록 청하였다. 한전회 등은 군사를 어전에 나열해 놓고 주상에게 말하였다.

"주전충은 많은 군사를 이끌어 도성을 핍박하고 있으니, 이는 천자를 위협하여 낙양으로 오게 한 다음 선양을 요구하는 것입니다. 저희들은 폐하를 모시고 봉상으로 파천하고자 하니 병사를 모아 막으십시오."

주상이 거절하였는데 이언필은 이미 어전에 올라 불을 놓았다. 이날은 동지로 주상은 홀로 사정전(思政殿)에 있었다. 조정에는 군신들도 없었고 곁에는 시종들도 없었다. 어쩔 수 없이 황후, 비빈, 여러 왕들 백여 명과 함께 말에 오르니, 통곡하는 소리가 그치지 않았다. 문을 나서 궁전을 돌아보니 불이 이미 활활 타오르고 있었다.

주전충이 봉상에 이르러 성 동쪽에 군진을 쳤다. 주상이 여러 차례 조서를 내려 돌아가라고 하였지만, 주전충은 표를 올리고 물러났다. 최윤과 배추(裴樞)가 파직되었다.

천복 2년(902) 4월, 최윤이 화주(華州)를 떠나 하중부(河中府)에 이르러 주전충에게 읍소하였다. 이무정이 천자를 겁박하여 촉(蜀)으로 파천하려 하니, 마땅히 때에 맞추어 맞이해야지 기세를 늦춰서는 안 된다고 말하였다. 이에 주전충은 다시 병사를 일으켜 봉상에 이르렀다. 이무정이 견고한 성벽 안에서 나오지 않자, 주전충은 속임수를 써 유인하였다. 이때 이무정은 모든 군사를 이끌고 주전충의 군영을 공격하였다. 주전충의 군대가 옆에서 공격하면서 수백 명의 기병은 성문을 점거하였다. 봉상의 군대는 진퇴양난에 빠져 자기편에게 밟혀 죽거나 다친 병사가 태반이었다. 이무정은 이때 기운을 잃고 주전충과 화친을 도모하였다. 환관들을 주살하여 스스로 용서를 구하겠다는 서신을 주전충에게 보냈다.

"환란이 일어난 것은 모두 한전회 때문입니다. 제가 어가를 이곳으로 맞이한 것은 또 다른 도적떼를 방비하기 위한 것이었습니다. 공께서 이미 사직을 바로잡겠다는 뜻을 세우셨으니, 청컨대 공께서 어가를 호종하여 환궁하시길 바랍니다. 저는 무기를 내려놓고 항복을 하여 공을 따라 힘을 다하겠습니다."

주전충이 답신을 보냈다.

"제가 병사를 일으켜 여기에 다다른 것은 바로 어가가 파천하였기 때문입니다. 공께서 힘을 보태신다니, 제가 진정으로 원하던 것이었습니다."

12월 정유(丁酉)일에 주상이 이무정 등과 식사를 하며 주전충과 화친하는 것을 의논하였다. 주상이 말하였다.

"열여섯 집에서 지내는 여러 왕들 아래로 얼어 죽고 굶어 죽은 이가 매일 몇 명씩 나온다. 성 안에 있는 여러 왕과 비빈, 공주들은 매일 죽 한 끼에 국 한 그릇을 먹었는데, 지금은 그것마저 다하였다. 경들의 뜻은 어떠한가?"

모두 대답이 없었다. 주상이 말하였다.

"속히 화친하는 것이 마땅하다."

천복 3년(903) 봄 정월, 이무정이 주상을 홀로 알현하였다. 중위(中尉) 한전회 등은 모두 알현할 수 없었다. 이무정이 한전회 등을 주살하고 주전충과 화친하여 환궁할 것을 청하였다. 주상이 기뻐하면서, 즉시 내양(內養, 태감)을 파견하여 봉상의 군사 40인을 이끌고 가서 한전회 등을 잡아 참하였다. 사신을 보내어 한전회 등 20여 인의 머리를 주머니에 담아 주전충에게 보여 주며 말하였다.

"지금까지 어가를 가지 못하도록 겁박하고, 죄가 두려워 우리를 이간하면서 화친하지 않으려 한 것은 모두 이 자들이다. 지금 짐은 이무정과 더불어 결의하여 이 자들을 주살하였으니, 경은 군사들에게 이를 잘 알리어 무리들의 분노를 풀어 주길 바란다."

이때 봉상에서 주살된 환관들은 모두 72인이었다. 주전충은 다시 몰래 경조(京兆)에 명령을 내려 환관직을 그만두어 파천에 따르지 않은 자를 체포하고 주살하니 모두 90인이었다.

장안으로 돌아와 주전충과 최윤이 함께 주상을 알현하였다. 최윤이 아뢰었다.

"건국 초기 태평할 때에는 환관들이 병권을 쥐거나 국정에 간여하지 않았습니다. 천보(天寶) 연간 이후로, 환관들이 점차 흥성하였습니다. 정원(貞元) 연간 말기에 우림위(羽林衛)를 좌우신책군으로 삼아 호위와 시종을 편하게 하였는데, 이때 처음 환관으로 하여금 군대를 지휘하게 하고 그 인원은 2,000명으로 정하였습니다.

이때부터 환관들이 기밀을 다루고 백관들의 권력을 빼앗아 가서, 위아래로 끌어 주고 밀어 주면서 모두 법에 어긋나는 짓을 벌였습니다. 크게는 번진들을 선동하여 사직을 위태롭게 하고, 작게는 매관매직에 돈을 받고 범죄자들을 풀어 주어 조정의 정사를 좀먹게 하였습니다. 왕실이 쇠퇴하고 혼란스러워진 것도 이 때문이니, 그 뿌리를 뽑지 않으면 재앙이 그치지 않을 것입니다. 청컨대 내신의 관직을 모두 없애어 그 일은 모두 조정의 성시(省寺)에 맡기시고, 각 도의 감군 역시 모두 궁궐로 불러들이십시오."

주상이 그 말을 따랐다. 이날 주전충은 제오가범(第五可範) 이하 환관들 수백 인을 내시성에 몰아넣고 모두 죽이니, 원통하다고 울부짖는 소리가 내외에 가득하였다. 환관 가운데 지방에 나가 있는 자들도 해당지역에 조서를 내려 체포하여 죽이도록 하였다. 단지 노란 옷을 입은 어린아이들 30인만 남겨 궁중의 청소를 시켰다. 이때부터 조서를 알리고 전하는 일에 모두 궁인들이 출입하게 하였다. 좌우신책군과 내외팔진병은 모두 육군(六軍)에 속하게 하며 최윤이 육군십이위사(六軍十二衛使)를 겸하게 하였다.

昭宗光化三年, 以吏部尙書崔胤同平章事, 充淸海節度使. 司空、門下侍郞同平章事王摶明達有度量, 時稱良相. 上素疾宦官樞密使宋道弼、景務修專橫, 崔胤日與上謀去宦官, 宦官知之. 由是南、北司益相憎疾, 各結藩鎭爲援以相傾奪. 摶恐其致亂, 從容言於上曰: "人君當務明大體, 無所偏私. 宦官擅權之弊, 誰不知之! 顧其勢未可猝, 除宜恃多難漸平, 以道消息. 願陛下言勿輕泄, 致速姦變." 胤聞之, 譖摶於上曰: "王摶姦邪, 已爲 道弼輩外應." 上疑之. 及胤罷相, 意摶排已, 愈恨之. 及出鎭廣州, 遺朱全忠書, 具道摶語, 令全忠表論之. 全忠上言: "胤不可離輔弼之地, 摶與敕使相表裏, 同危社稷." 表連上不已. 上雖察其情, 迫於全忠, 不得已, 復召胤爲司空、門下侍郎、同平章事, 摶罷爲工部侍郎. 以道弼監荊南軍, 務修監靑州軍. 又貶摶溪州刺史, 又貶崖州司戶. 道弼長流驩州, 務修長流愛州, 皆賜自盡. 於是胤專制朝政, 勢震中外, 宦官皆側目, 不勝其憤. 初, 崔胤與上密謀盡誅宦官, 及道弼、務修死, 宦官益懼. 上自華州還, 忽忽不樂, 多縱酒, 喜怒不常, 左右尤自危. 於是左軍中尉劉季述、右軍中尉王仲先、樞密使王彦範、薛齊偓等陰相與謀, 曰: "主上輕佻多變詐, 難奉事, 專聽任南司, 吾輩終罹其禍, 不若奉太子立之, 尊主上爲太上皇, 引岐、華兵爲援, 控制諸藩, 誰能害我哉?" 上獵苑中, 因置酒, 夜醉歸, 手殺黃門、侍女數人. 明旦[26], 日加辰巳, 宮門不開. 季述帥禁軍千人破門而入, 訪問, 具得其狀. 出, 謂胤曰: "主上所爲如是, 豈可理天下? 廢昏立明, 自古有之." 胤畏死, 不敢違. 季述召百官, 陳兵殿庭, 作胤等姓名狀, 請太子監國, 以示之, 使署名. 胤及百官不得已皆署之. 宦官扶上與后同輦, 嬪御侍從者纔十餘人, 適少陽院, 季述以銀杖畫地數上曰: "某時某事, 汝不從我言, 其罪一也." 如此數十不止. 乃手鎖其門, 鎔鐵錮之, 使人將兵圍守. 上動靜輒白季述, 穴牆以通飮食, 上求錢帛俱不得, 求紙筆亦不與. 時大寒, 嬪御、公主無衣衾, 號哭聞於外. 季述等矯詔令太子嗣位. 季述等欲誅崔胤, 而憚全忠, 但解其度支、鹽鐵轉運而已. 胤密致書全忠, 使興兵圖反正. 有鹽州雄毅軍使孫德昭爲左神策指揮使, 自劉季述等廢上, 常憤惋不平. 崔胤聞之, 遣判官石戩與之遊. 德昭每酒酣必泣, 戩知其誠, 乃密以胤意說之. 德昭謝曰: "苟相公有命, 不敢愛死." 戩以白胤. 胤割衣帶, 手書以授之. 德昭復結右軍淸遠都將董彦弼、周承誨, 謀以除夜伏兵安福門外以俟之. 天復元年, 春正月朔, 王仲先入朝, 至安福門, 孫德昭擒斬之, 馳詣少陽院, 叩門呼曰: "逆賊已誅, 請陛下出勞將士." 上與后毁扉而出. 崔胤迎上御長樂門樓, 帥百官稱賀. 周承誨擒劉季述、王彦範繼至, 方詰責, 已爲亂梃所斃. 薛齊偓赴井死, 出而斬之. 滅四人之族, 幷誅其黨二十餘人. 以孫德昭同平章事, 充靜海節度

26 저본에는 조선 태조의 피휘여서 '朝'로 되어 있지만 원래의 '旦'으로 바로잡는다.

使, 賜姓名李繼昭. 崔胤進位司徒, 上寵待胤益厚. 以周承誨爲嶺南西道節度使, 賜姓名李繼誨. 董彦弼爲寧遠節度使, 賜姓李, 竝同平章事. 與李繼昭俱留宿衛, 十日乃出還家, 賞賜傾府庫, 時人謂之'三使相'. 丙午, 勑: "近年宰臣延英奏事, 樞密使侍側, 爭論紛然; 旣出, 又稱上旨未允, 復有改易, 撓權亂政. 自今竝依大中舊制, 候宰臣奏事畢, 方得升殿承受公事." 崔胤以宦官典兵終爲肘腋之患, 欲以外兵制之. 諷茂貞留兵三千於京師充宿衛, 以茂貞假子繼筠將之. 左諫議大夫韓偓以爲不可, 胤不從. 時上悉以軍國事委崔胤, 每奏事, 上與之從容, 或至然燭. 宦官畏之側目, 事無大小, 皆咨胤而後行. 胤志欲盡除之, 翰林學士韓偓屢諫曰: "事禁太甚, 此輩亦不可全無, 恐其黨迫切, 更生他變." 胤不從. 胤請上盡誅宦官, 但以宮人掌內諸司事. 宦官屬耳, 頗聞之. 樞密使韓全誨等涕泣求哀於上, 上乃令胤: "有事封䟽以聞, 勿口奏." 宦官求美女知書者數人, 內之宮中, 陰令詗察其事, 盡得胤密謀, 上不之覺也. 全誨等大懼, 每宴聚, 流涕相訣別, 日夜謀所以去胤之術. 時朱全忠、李茂貞各有挾天子令諸侯之意, 全忠欲上幸東都, 茂貞欲上幸鳳翔. 胤知謀泄, 事急, 遺朱全忠書, 稱被密詔, 令全忠以兵迎車駕. 全忠得書, 遽歸大梁發兵. 韓全誨等懼誅, 謀以兵制上, 乃與李繼昭、李繼誨、李彦弼、李繼筠深相結, 繼筠獨不肯從. 冬十月, 全忠大擧兵發大梁. 韓全誨聞全忠將至, 令李繼誨等勒兵刦上, 幸鳳翔. 全誨等令上入閣召百官, 追寢正月丙午勅書, 如咸通以來近例. 是日, 開延英, 全誨等卽侍側同議政事. 朱全忠至河中, 表請車駕幸東都. 韓全誨等陳兵殿前, 言於上曰: "全忠以大兵逼京師, 欲刦天子幸洛陽, 求傳禪. 臣等請奉陛下幸鳳翔, 收兵拒之." 上不許. 李彦弼已於御院縱火. 是日冬至, 上獨坐思政殿, 庭無羣臣, 旁無侍者. 不得已與皇后、妃嬪、諸王百餘人皆上馬, 慟哭聲不絶. 出門, 回顧禁中, 火已赫然. 朱全忠至鳳翔, 軍於城東. 上屢詔全忠還鎭, 全忠乃拜表奉辭. 崔胤、裴樞罷. 二年四月, 崔胤自華州詣河中, 泣訴於朱全忠, 恐李茂貞刦天子幸蜀, 宜以時奉迎, 勢不可緩. 於是, 全忠再擧兵至鳳翔, 李茂貞堅壁不出, 全忠以譎計誘致之. 於是, 茂貞悉衆攻全忠營. 全忠縱兵擊之, 又遣數百騎據其城門. 鳳翔軍進退失據, 自蹈藉, 殺傷殆盡. 茂貞自是喪氣, 始議與全忠連和, 謀誅宦官以自贖, 遺全忠書曰: "禍亂之興, 皆由全誨. 僕迎駕至此, 以備他盜. 公旣志匡社稷, 請公迎扈還宮, 僕以弊甲彫兵, 從公陳力." 全忠復書曰: "僕擧兵至此, 正以乘輿播遷. 公能協力, 固所願也." 丁酉, 上召李茂貞等食, 議與朱全忠和. 上曰: "十六宅諸王以下, 凍餒死者日有數人. 在內諸王及公主、妃嬪一日食粥, 一日食湯餅, 今亦竭矣. 卿等意如何?" 皆不對. 上曰: "速當和解耳." 三年春正月, 李茂貞獨見上, 中尉韓全誨等皆不得對. 茂貞請誅全誨等, 與朱全忠和解, 奉車駕還京. 上喜, 卽遣內養帥鳳翔卒四十人收全誨等, 斬之. 遣使囊全誨等二十餘人首以示全忠, 曰: "曩來脅留車駕, 懼罪離間, 不欲協和, 皆此曹也. 今朕與李茂貞決意誅之, 卿可曉諭諸軍以豁衆憤." 時鳳翔所誅宦官七十二人, 朱全忠又密令京兆搜捕致仕不從行者, 誅九十人. 及還長安, 全忠、崔胤同對. 胤奏: "國初承平之時, 宦官不典兵預政. 天寶以來, 宦官浸盛. 貞元之末, 以羽林衛爲左、右神策軍, 以便衛從, 始令宦官主之, 以二千人爲定制. 自是參掌機密, 奪百司權, 上下彌縫, 共爲不法. 大則扇搖藩鎭, 傾危國家; 小則賣官鬻獄, 蠹害朝政. 王室衰亂, 職此之由, 不翦其根, 禍終不已. 請悉罷內諸司使, 其事務盡歸之省寺, 諸道監軍俱召還闕下." 上從之. 是日, 全忠以兵驅宦官第五可範已下數百人於內侍省, 盡殺之, 冤號之聲, 徹於內外. 其出使外方者, 詔所在收捕誅之, 止留黃衣幼弱者三十人以備灑掃. 自是宣傳詔命, 皆令宮人出入. 其兩軍內外八鎭兵, 悉屬六軍, 以胤兼判六軍十二衛事.

사마광(司馬光)이 말하였다.[27]

"환관들이 권력을 잡아 나라의 환란이 된 것은 그 유래가 오래되었다. 대체로 환관들은 궁궐을 출입하기 때문에 군주가 어렸을 때부터 장성할 때까지 그들과 친하게 지내니, 삼공(三公)이나 육경(六卿)이 때에 맞추어 궁에 들어가 군주를 알현하면서 벌벌 떠는 것과는 다르다. 거기에 또 천성적으로 민첩하고 말을 잘 하며 안색을 잘 살펴 의중을 잘 받들어 모시니,

27 사마광의 논평은 『자치통감(資治通鑑)』 권263의 사론이다.

명령을 받으면 거스르는 잘못을 저지르지 않고 일을 시키면 마음에 꼭 들게 처리한다. 만약 스스로 총명한 군주여서 상황을 명확하게 파악하고 생각과 걱정을 깊고 멀리 하여 환관에게 시중드는 일 말고 다른 일을 시키는 경우가 아니라면, 가까운 자를 날로 친근하게 대하고 멀리 있는 자를 날로 소원하게 여기기 마련이다. 환관들이 달콤한 말이나 애처로운 언어로 부탁을 하니 군주가 그 말을 들어주고, 환관들이 남을 참소하고 헐뜯는 말을 해도 군주가 들어준다. 마치 잘 익은 술을 마시는 것과 같이 그 맛에 빠지면 취하는 것도 잊는다.

군주가 내쫓거나 상벌을 내리는 권력을 다른 이에게 주고서도 나라가 위태롭지 않은 경우는 없다. 동한(東漢)이 쇠망한 원인으로 환관들이 극도로 교만하고 전횡하였다는 것은 널리 알려져 있다. 하지만 그때는 모두 군주의 권력을 빌리고 사직에 의지하는 방법으로 천하를 어지럽혔다. 당나라 때와 같이 어린아이를 제압하듯이 천자를 겁박하고 옹립과 폐위를 자기들 마음대로 결정하여, 천자가 범과 늑대에 올라타고 독사를 끼고 있는 것처럼 환관들을 두려워하게 만들었던 것은 아니다. 그렇게 된 이유는 다름이 아니라 한나라 때 환관들은 군권을 장악하지 못하였지만 당나라 때는 장악하였기 때문이다.

대체로 환관의 관직은 선진(先秦)시기 때부터 존재하여 『시경(詩經)』이나 『서경(書經)』에도 나와 있지만, 단지 궁중의 수위를 보거나 내외의 말을 통하게 하는 역할만 맡았으니 꼭 필요한 존재였다. 군주가 부당하게도 환관들과 정사를 논의하여 사대부의 진퇴를 정할 정도로 환관들의 권위와 대우를 높여 주었다는 말을 듣는다면 당시 사람들은 깜짝 놀랄 것이다. 그때는 환관들이 행동을 잘못할 경우, 작은 것은 형벌을 내리고 큰 것은 주살하여 전혀 관용이 없었다. 만약 이렇게 하였다면, 환관들에게 독점적인 권력을 주더라도 누가 감히 맡으려 하겠는가?

좋고 나쁨을 살피지도 않고 잘잘못을 따지지도 않고서 무조건 섬멸하려 한다면 어찌 혼란이 없을 수 있겠는가? 이 때문에 앞에서는 원소(袁紹)가 일을 저지르자 결국 동탁(董卓)이 한나라를 쇠약하게 하였고, 뒤에서는 최창하(崔昌遐, 최윤)가 원소를 따라하다 주씨(朱氏, 주전충)가 당나라를 찬탈하였다. 비록 분을 풀어 일시적으로 통쾌할 수 있어도 결국 나라가 그 때문에 망하였다. 이는 마치 옷이 더러워졌다고 태워 버리고 나무에 벌레가 슬었다고 베어 버리는 것과 같으니, 그렇게 하면 피해가 어찌 훨씬 크지 않겠는가? 공자께서 이르길 '남이 되어먹지 않았다고 너무 미워하기만 하면 결국 난동을 부릴 것이다.'[28]라고 하였는데, 바로 이 경우에 딱 맞다."

司馬光曰: "宦者用權, 爲國家患, 其來久矣. 蓋以出入宮禁, 人主自幼及長, 與之親狎, 非如三公六卿, 進見有時, 可嚴憚也. 其間復有性識儇利, 語言辨給, 善伺侯顔色, 承迎志趣, 受命則無違迕之患, 使令則有稱愜之效. 自非上智之主, 燭知物情, 慮患深遠, 侍奉之外, 不任以事, 則近者日親, 遠者日疎. 甘言悲辭之請有時而從, 浸潤膚受之愬有時而聽, 於是黜

28 『논어(論語)』 제8장 「태백(泰伯)」에 나온다.

陟刑賞之政, 潛移於近習而不自知. 如飮醇酒, 嗜其味而忘其醉也. 黜陟刑賞之柄移而國家不危亂者, 未之有也. 東漢之衰, 宦官最名驕橫, 然皆假人主之權, 依憑城社, 以濁亂天下, 未有能劫脅天子如制嬰兒, 廢置在手, 東西出其意, 使天子畏之若乘虎狼而挾蛇虺如唐世者也. 所以然者非他, 漢不握兵, 唐握兵故也. 夫寺人之官自三王之世, 載於『詩』、『禮』, 所以謹閨闥之禁, 通內外之言, 安可無也? 顧人主不當與之謀議政事, 進退士大夫, 使有威福, 足以動人耳. 果或有罪, 小則刑之, 大則誅之, 無所寬赦. 如此, 雖使之專權, 孰敢哉? 豈可不察臧否, 不擇是非, 欲草薙而禽獮之, 能無亂乎? 是以袁紹行之於前, 而董卓弱漢; 崔昌遐襲之於後, 而朱氏篡唐. 雖快一時之忿, 而國隨以亡. 是猶惡衣之垢而焚之, 患木之蠹而伐之, 其爲害豈不益多哉! 孔子曰: '人而不仁, 疾之已甚, 亂也.' 斯之謂矣!"

구양수(歐陽脩)가 말하였다.[29]

"옛날부터 환관이 자기가 모시는 군주의 나라를 어지럽히는 경우가 있었는데, 그 해악은 여화(女禍)나 여색(女色)보다 더 깊다. 환관의 폐해는 단지 하나에 그치는 것이 아니기 때문이다.

대체로 환관들은 일처리가 빠르고 익숙하며 마음 씀도 오로지 참는 것을 잘하니, 작은 배려로 남의 마음에 쏙 들고 작은 신뢰로 남의 마음을 사로잡는다. 그리하여 군주가 마음으로 믿고 친근하게 대한다. 환관들에게 이미 신뢰를 주면 그 복을 잃을까 두려워 손에 꼭 쥐려고 한다. 비록 조정에 충성스런 신하와 훌륭한 선비들이 있어도, 군주들은 그들과의 거리

29 구양수의 논평은 『신오대사(新五代史)』 권38의 사론이다.

가 이미 멀다고 느껴서, 차라리 일상생활과 식사를 할 때 항상 앞뒤좌우에서 모시는 사람들에게 의존하게 된다.

그래서 앞뒤좌우에서 모시는 사람들은 날로 더욱 친해지고 충성스런 신하와 훌륭한 선비들은 날로 더욱 소원해지니, 군주의 위세는 더욱 약해진다. 위세가 약해지면 화를 두려워하는 마음이 날로 더욱 심해지고, 손에 쥐고 있는 자들은 날로 더욱 견고해진다. 군주의 안위가 환관들의 기쁘거나 화난 감정에 좌우되고 재앙과 우환이 거대한 장막 뒤에 가려져 있으니, 예전에 이른바 믿는 자들이 바로 결국 걱정거리가 된다.

걱정이 깊어져 그것을 깨달은 후에 소원하였던 신하들과 힘을 합쳐 좌우에 가깝게 지내던 이들을 내치려 해도, 천천히 일을 진행하면 그 재앙은 더욱 심해지고 급하게 진행하면 환관들이 군주를 끼고 인질로 삼는다. 비록 성인의 지혜가 있다 하더라도 함께 도모할 수 없고, 도모하더라도 실행할 수 없으며, 실행하더라도 성공하지 못하고, 가장 심한 경우는 모두 다쳐 둘 다 패배하는 것이다. 그리하여 크게는 나라가 망하고, 그다음은 자신의 몸을 잃는다. 힘세고 약삭빠른 자들이 그것을 기화로 몸을 일으켜 환관들의 부류를 모두 척결하여 모두 죽이는 방식으로 천하의 사람들에게 쾌감을 선사한 다음에야 끝이 난다.

이것이 이전 역사에 실린 환관들의 재앙으로서 이와 같은 경우가 한두 번 있었던 것이 아니다. 일반적으로 백성의 군주가 된 사람은 안에서 재앙을 기르고 밖으로 충성스런 신하나 훌륭한 선비들과 소원해지려고 하지는 않지만, 오랫동안 쌓여 온 추세가 사태를 이렇게 만드는 것이다. 대저 여색에 미혹되어 불행히도 깨닫지 못한다 하더라도 그 폐해는 그것에 그치고, 한 번 깨달으면 갑자기 물리치는 것도 가능하다. 하지만 환관들이 재앙이 되면 그 폐해를 깨닫고 후회한들 그 추세가 이미 되돌릴 수 없다. 당나라 말기의 소종(昭宗)이 바로 이러한 경우다. 그리하여 여화(女禍)보다 더 위험하다는 말은 바로 이러한 상황을 일컫고 있으니, 경계하지 않을 수 있겠는가?"

歐陽脩曰: "自古宦者亂人之國, 其源深於女禍、女色而已, 宦者之害非一端也. 蓋其用事也近而習, 其爲心也專以忍, 能以小善中人之意. 小信固人之心, 使人主心信而親之, 待其已信, 然後懼以禍福而把持之. 雖有忠臣碩士列於朝廷, 而人主以爲去已疎遠, 不若起居飮食前後左右之親爲可恃也. 故前後左右者日益親, 則忠臣碩士日益疎, 而人主之勢日益孤. 勢孤則懼禍之心日益切, 而把持者日益牢. 安危出其喜怒, 禍患伏於帷闥, 則嚮之所謂可恃者, 乃所以爲患也. 患已深而覺之, 欲與疎遠之臣圖左右之親近, 緩之則養禍而益深, 急之則挾人主以爲質. 雖有聖智不能與謀, 謀之而不可爲, 爲之而不可成, 至其甚, 則俱傷而兩敗. 故其大者亡國, 其次亡身, 而使姦豪得借以爲資而起, 至抉其種類, 盡殺以快天下之心而後已. 此前史所載宦者之禍, 常如此者非一世也. 夫爲人主者, 非欲養禍於內而疎忠臣碩士於外, 蓋其漸積而勢使之然也. 夫女色之惑不幸而不悟, 則禍斯及矣, 使其一悟, 猝而去之可也. 宦者之爲禍, 雖欲悔悟而勢有不得而去也, 唐昭宗之事是矣. 故曰深於女禍者, 謂此也, 可不戒哉!

**신은 이렇게 생각합니다.** 한나라와 당나라의 환관들 중에서 충성스럽고 조심하여 스스로 자제하였던 자들은 모두 복을 얻었고,

교만하고 방자하여 정사에 간섭하였던 자들은 모두 재앙을 받았습니다. 군주가 이를 알면 그 나라를 온전히 할 수 있고, 나라가 온전하면 집안 역시 온전할 것입니다. 환관이 이를 안다면 그 몸을 온전히 할 수 있고, 그 몸이 온전하다면 나라 역시 온전할 것입니다. 이 때문에 구체적인 사례를 들어 설명하였습니다.

이상은 '내신이 정치에 간여할 때 생기는 재앙[內臣預政之禍]'에 대해 논하였습니다.

# 제가의 요체 3[齊家之要三]

## 나라의 후계자를 정함[定國本]

대학연의 권41~42

# 대학연의 권41

『대학연의』 '제가의 요체'의 세 번째 항목은 '나라의 후계자를 정함[定國本]'으로서 권41과 권42에서 다루고 있는데, 주로 세습왕조에서 후계자 선정의 원칙, 교육 방법, 정치적 위상 등에 대해서 논의한다. 권41은 '나라의 후계자를 세우는 계획은 마땅히 미리 마련해야 함[建立之計宜蚤]'과 '태자를 깨우치고 가르치는 방법은 마땅히 미리 준비해야 함[諭教之法宜豫]'의 내용으로 구성되어 있다. 우선 진덕수는 태자를 일찍 세우지 않으면 국가적 혼란이 일어날 수 있다고 경고하면서, 그 구체적인 예로 춘추시대 제(齊)나라 환공(桓公)과 경공(景公) 사후에 벌어진 왕자의 난에 대해서 기술한다. 또한 북송(北宋) 인종(仁宗) 때와 남송(南宋) 고종(高宗) 때의 일을 소개하면서 신하들과 논의하여 후계권력을 미리 정하는 것이 송나라의 전통이라고 역설한다.

태자를 세운 다음에는 미래의 권력자에 대한 교육도 필수적이다. '태자를 깨우치고 가르치는 방법은 마땅히 미리 준비해야 함[諭教之法宜豫]'에서는 유가의 태자교육론인 『예기(禮記)』「문왕세자(文王世子)」와 『신서(新書)』「보부(保傅)」를 인용하여 교육의 내용인 예악(禮樂)과 교육 담당자인 태부(太傅)·소부(少傅)·사(師)·보(保) 등에 대해 설명한다. 또한 황로술(黃老術)이나 법가(法家)의 학설을 태자가 접하였을 때 생기는 폐해를 한나라 조조(晁錯), 진나라 강총(江總) 등의 사례를 들어 설명한다. 마지막으로 당나라 헌종(憲宗) 시기 원진(元稹)의 상소를 인용하여 태자 측근의 문제를 제기한다.

## 나라의 후계자를 세우는 계획은 마땅히 미리 마련해야 함[建立之計宜蚤]

『춘추(春秋)』에서 다음과 같이 말하였다.

"환공(桓公) 6년 9월 정묘일에, 아들 동(同)[1]이 태어났다."

『春秋』: "桓六年九月丁卯, 子同生."

호안국(胡安國)이 말하였다.

"'아들 동이 태어났다[子同生]'는 경서의 기록은 국가의 근본을 바로잡고, 지위와 역량이 적자와 서로 필적할 만한 서자[配嫡]가 적자의 자리를 빼앗는 일을 막기 위한 것으로, 후세에 전하는 교훈의 뜻이 크다. 이것은 세자에 대한 것인데, 세자라고 말하지 않은 것은 어째서인가? 천하에 나면서부터 귀한 사람은 없는 것이니, 천자에게 맹세한 뒤에야 세자가 되기 때문이다."

胡安國曰: "經書'子同生', 所以正國家之本, 防後世配嫡奪正之事, 垂訓之義大矣. 此世子也, 其不曰世子何也? 天下無生而貴者, 誓於天子, 然後爲世子."

---

1 '아들 동(同)'이 바로 장공이다.

**신은 이렇게 생각합니다**. 가의(賈誼)의 글에 다음과 같은 말이 있습니다.

"형세가 분명하면 백성이 안정되니 명(命)이 하나의 도(道)에서 나온다. 그러므로 사람들이 재상이 되기를 다투지, 세자가 되기 위해 속이지 않는다. 이는 재상이 존귀하고 세자는 비천해서 그러한 것이 아니라, 지혜로써 구할 수 없고 또 힘으로써 다툴 수 없는 것이기 때문이다."[2]

신이 생각하기에, 옛날에 세자가 태어나면 조금 후 널리 공표하여 나라 사람들이 모두 그것을 알게 하니, 이는 많은 사람들의 기대가 달려 있기 때문입니다. 이것은 나라의 근본이 정해짐은 세자를 세우는 날에 있는 것이 아니고, 처음 탄생하는 날에 이미 정해진다는 것입니다. 그래서 이 『춘추(春秋)』의 '아들 동이 태어난 일'은 반드시 신중하게 기록한 것입니다.

『좌전(左傳)』「희공(僖公)」 17년에 다음과 같은 기록이 있다.

제나라 환공(桓公)의 부인 왕희(王姬)·서영(徐嬴)·채희(蔡姬) 등 세 명은 모두 아들을 낳지 못하였다. 제나라 군주는 여자를 좋아하여 사랑을 받는 첩이 많았는데, 애첩으로서 부인과 같은 대우를 받은 자가 여섯이었다. 장위희(長衛姬)는 무맹(武孟)을 낳았다. 소위희(少衛姬)는 혜공(惠公)을 낳았다. 정희(鄭姬)는 효공

2 가의(賈誼)의 『신서(新書)』 권10에 보인다.

(孝公)을 낳았다. 갈영(葛嬴)은 소공(昭公)을 낳았다. 밀희(密姬)는 의공(懿公)을 낳았다. 송나라 화씨의 딸은 공자(公子) 옹(雍)을 낳았다. 환공과 관중(管仲)은 효공을 송(宋) 양공(襄公)에게 부탁하고 태자로 삼았다.

당시 옹무(雍巫, 즉 역아(易牙)이다)는 위공희(衛共姬, 즉 장위희(長衛姬)이다)에게 총애를 받았는데 환관 초(貂)를 통해 환공에게 맛있는 음식을 바치자 환공 또한 옹무를 총애하였다. 환공이 무맹을 태자로 세울 것을 허락하였다. 관중이 죽자, 다섯 공자가 모두 태자가 되기를 원하였다. 겨울 10월 을해(乙亥)일에 환공이 죽자, 역아가 궁으로 들어가 환관 초와 함께 애첩[內寵] 장위희의 힘을 통해 여러 관리들을 죽이고, 공자 무휴를 군주로 세웠다. 효공은 송나라로 도망갔다. 18년 봄에 송 양공이 제후들을 이끌고 제나라를 쳤다. 3월에 제나라 사람이 무휴를 죽였다. 제나라 사람들이 장차 효공을 세우고자 하였으나 다른 네 공자의 무리들을 이기지 못하고, 결국 송나라 사람들과 전쟁하였다. 여름 5월, 송나라는 언(甗) 땅에서 제나라 군사들을 패배시키고, 효공을 세우고서 돌아갔다.

僖十七年, 齊侯之夫人三: 王姬、徐嬴、蔡姬, 皆無子. 齊侯好內, 多內寵, 內嬖如夫人者六人: 長衛姬、生武孟; 少衛姬, 生惠公; 鄭姬, 生孝公; 葛嬴, 生昭公; 密姬, 生懿公; 宋華子, 生公子雍. 公與管仲屬孝公於宋襄公, 以爲太子. 雍巫有寵於衛共姬, 因寺人貂, 以薦羞於公, 亦有寵, 公許之, 立武孟. 管仲卒, 五公子皆求立. 冬十月, 乙亥, 齊桓公卒, 易牙入, 與寺人貂因內寵以殺羣吏, 而立公子無虧, 孝公奔宋. 十八年春, 宋襄公以諸侯伐齊. 三月, 齊人殺無虧. 齊人將立孝公, 不勝四公子之徒, 遂與宋人戰. 夏五月, 宋敗齊師于甗, 立孝公而還.

—무맹은 공자(公子) 무휴(無虧)다. 혜공은 공자(公子) 원(元)이다. 효공은 공자(公子) 소(昭)다. 소공은 공자(公子) 반(潘)이다. 의공은 공자(公子) 상인(商人)이다. 화씨의 딸은 성(姓)이 자(子)다. 옹무는 옹 지방의 사람으로 이름이 무(巫), 또는 역아(易牙)다. 역아가 이미 환공에게서 총애를 받게 되자, 장위희를 위하여 무맹을 태자로 세울 것을 청한 것이다. 내총(內寵)은 권세와 총애가 있는 후궁을 말한다. 무휴를 죽여 송나라를 달래려 하였다. 무휴가 이미 죽었으므로 네 공자라고 말한 것이다.—

**신은 이렇게 생각합니다.** 관중이 환공을 도와 제후들의 패자가 되고 천하를 바로잡았습니다. 그러나 몸이 죽고 얼마 되지 않아 다섯 공자가 태자가 되기를 다투어 20여 년이나 국내에 큰 혼란이 드리워져 있었으니, 이는 태자를 일찍 정하지 않았기 때문입니다. 태자를 일찍 정하지 않은 까닭은 작은 아들에 대한 사랑이 너무 깊었기 때문입니다. 환공과 관중은 부국강병이 급하다는 것만 알았지 수신제가의 근본은 알지 못하였기 때문에 그 화가 마침내 여기에서 나타난 것이니, 어찌 경계하지 않을 수 있겠습니까?

『사기(史記)』에 다음과 같은 기록이 있다.[3]

제(齊) 경공(景公)의 적자(適子)가 죽었다. 애첩 예희(芮姬)가 아들 도(荼)를 낳았는데, 도는 어리고 그 생모는 천하여 품행이 바르지 않았다. 여러 대부들이 그가 후사가 될 것을 두려워하여 이내 여러 아들 중에서 가장 현명한 자를 뽑아 태자로 삼기를

3 『사기』의 「제태공세가(齊太公世家)」와 「전경중완세가(田敬仲完世家)」에 보인다.

건의하였다. 경공은 늙었지만 후사의 일을 말하는 것을 싫어하였고, 또한 도의 생모를 사랑하여 도를 태자로 세우고자 하였다. 그러나 그 일을 입 밖으로 내기를 꺼려하여 여러 대부들에게 "단지 즐거움을 위해서 그러는 것이다. 어찌 나라에 군주가 없을까 근심하는가?"라고 말하였다.

가을에 경공이 병들자 국혜자(國惠子)와 고소자(高昭子)에게 어린 도를 태자로 세우고 여러 공자(公子)들을 내쫓을 것을 명하였다. 경공이 죽고, 태자 도가 즉위하니 바로 안유자(晏孺子)다. 여러 공자들은 주살당할 것을 두려워하여 모두 도망하였다. 안유자 원년에 전걸(田乞)이 고소자를 공격하여 죽이고, 곧바로 사람을 시켜 노나라로 가서 공자 양생(陽生)을 불러오도록 하였다. 양생은 제나라로 와서 전걸의 집에 숨었다.

10월, 전걸이 여러 대부들에게 청하였다.

"상(常, 전걸의 아들)의 어미가 어숙지제(魚菽之祭)[4]를 마련하였으니 와서 함께 드십시오."

전걸이 양생을 포대(包袋) 속에 넣고서 좌중에 두었다가, 포대를 풀어 그를 나오게 하며 말하였다.

"이분이 제나라 군주이십니다."

포숙(鮑叔, 즉 포목(鮑牧))이 노하여 말하였다.

"그대는 경공(景公)의 명을 잊었는가?"

여러 대부들이 서로 바라보며 후회하는 듯하니, 양생이 앞으

4 물고기와 콩과 같은 일상적인 음식으로 치루는 간소한 제사, 몹시 가난한 집 제사.

로 나와 머리를 조아리며 말하였다.

"세울 만하다면 군주로 세우고, 그렇지 않다면 그만두십시오."

포숙이 화가 미칠 것을 두려워하여 이내 다시 말하였다.

"모두 경공의 아들이니 어찌 불가하겠습니까?"

곧바로 더불어 맹세하고 양생을 군주로 세우니, 바로 도공(悼公)이다. 도공이 궁에 들어가서 사람을 시켜 안유자를 태(駘) 땅으로 옮기게 하였는데, 도중에 죽이고 유자의 어머니인 예자(芮子, 즉 예희)를 쫓아냈다. 예자는 본래 미천하였고 유자는 어렸기 때문에 권위가 없어서 나라 사람들이 그들을 경시하였다.

『史記』: 齊景公適子死. 寵妾芮姬生子荼, 荼少, 其母賤, 無行, 諸大夫恐其爲嗣, 乃言願擇諸子長賢者爲太子. 景公老, 惡言嗣事, 又愛荼母, 欲立之, 憚發之口, 乃謂諸大夫曰: "爲樂耳, 國何患無君乎?" 秋, 景公病, 命國惠子、高昭子立少子荼爲太子, 逐羣公子. 景公卒, 太子荼立, 是爲晏孺子. 羣公子畏誅, 皆出亡. 晏孺子元年, 田乞攻高昭子, 殺之. 乃使人之魯, 召公子陽生. 陽生至齊, 匿田乞家. 十月, 田乞請諸大夫曰: "常之母有魚菽之祭, 幸來會飮." 田乞盛陽生橐中, 置坐中, 發橐出之, 曰: "此齊君也." 鮑叔怒曰: "子忘景公之命乎?" 諸大夫相視欲悔, 陽生前, 頓首曰: "可則立之, 否則已." 鮑叔恐禍起, 乃復曰: "皆景公子也, 何爲不可!" 乃與盟, 立陽生, 是爲悼公. 悼公入宮, 使人遷晏孺子於駘, 殺之, 而逐孺子母芮子. 芮子故賤而孺子少, 故無權, 國人輕之.

—전걸(田乞)은 제나라 대부다.—

**신은 이렇게 생각합니다.** 경공의 잘못은 또한 대를 이을 아들을 일찍 정하지 않았던 것입니다. 일찍 정하지 않은 이유는 사사로이 도(荼)를 태자로 세우고 싶어 하였기 때문입니다. 비록 고소자(高昭子)와 국혜자(國惠子) 두 신하가 경공의 난명(亂命, 사람이 죽기 직전 정신이 혼미할 때 남긴 유언)을 왜곡하여 좇았고, 마침 전걸이 간심(姦心)을 드러내어 도를 죽이고 양생을 군주로 세웠습니다. 이로 인해 제나라의 정권이 마침내 전씨의 수중에 들어가 다시 돌아오지 않았고, 결국 전씨가 제나라를 대표하게 되었습니다. 아, 경계할 만합니다!

위(魏)나라 무후(武侯)가 죽자, 자앵(子罃)과 공중완(公中緩)이 태자가 되기를 다투었다.[5] 한(韓)나라 의후(懿侯)와 조(趙)나라 성후(成侯)가 군사를 연합하여 위나라를 쳤다.—위나라의 내란을 틈타 공격한 것이다.— 탁택(濁澤)의 전투에서 위나라가 크게 패하였다. 조나라 성후가 한나라 의후에게 말하였다.

"위나라 군주를 제거한 뒤 공중완을 세우고, 땅을 나누어 가지고 물러난다면 우리에게 이익입니다."

한나라 의후가 대답하였다.

"불가합니다. 위나라 군주를 죽인다면 사람들이 반드시 우리에게 폭력을 사용하였다고 비난할 것입니다. 땅을 나누어 갖고 물러난다면 사람들이 반드시 우리에게 탐욕스럽다고 비난할 것입니다. 둘로 나누는 것만 못합니다. 위나라를 나누어 둘로 만든다

5 『사기(史記)』 권44 「위세가(魏世家)」에 보인다.

면, 송나라나 위(衛)나라보다 강하지 못할 것이니, 즉 우리는 끝까지 위나라에 대한 근심이 없을 것입니다."

조나라 성후가 듣지 않자, 한나라 의후가 언짢아 밤에 군사를 빼서 돌아갔다. 위나라 혜왕(惠王)도 죽지 않고 나라도 나뉘지 않은 까닭은 한나라와 조나라의 계획이 화합하지 못하였기 때문이다. 만약 둘 중 어느 한 나라의 계획을 따랐다면, 위나라는 반드시 나누어졌을 것이다. 그러므로 "군주가 죽었을 때 적자가 없으면 그 나라는 무너질 수 있다."라고 하는 것이다.

魏武侯卒, 子罃與公中緩爭爲太子. 韓懿侯與趙成侯并兵以伐魏, 戰於濁澤, 魏氏大敗. 趙謂韓曰: "除魏君, 立公中緩, 割地而退, 我且利." 韓曰: "不可, 殺魏君, 人必曰暴; 割地而退, 人必曰貪. 不如兩分之. 魏分爲兩, 不强於宋、衛, 則我終無魏之患矣." 趙不聽, 韓不悅, 以其少卒夜去. 惠王之所以身不死國不分者, 二家謀不和也. 若從一家之謀, 則魏必分矣. 故曰: "君終無適子, 其國可破也."

**신은 이렇게 생각합니다.** 적자를 일찍 세우지 않으면 적국(敵國)을 이롭게 합니다. 그러므로 그것을 기록하여 경계하는 것입니다.

한(漢) 문제(文帝) 원년(BC 179) 정월에 유사(有司)가 건의하였다.[6]

"일찍 태자를 세우는 것은 종묘를 받드는 일이니, 청컨대 태

6 『사기』 권10에 보인다.

자를 세우십시오."

문제(文帝)가 말하였다.

"짐이 덕이 없어서 상제신명(上帝神明)께서 제사에서 흠향하지 않으시고, 천하의 백성들도 만족스러워하지 않는다. 지금 설령 천하의 어질고 덕망 있는 사람을 널리 구하여 천하를 선양할 수는 없을지언정, 미리 태자를 세우라고 말하는 것은 나의 부덕함을 키우는 일이다. 천하 사람들에게 뭐라고 말하겠는가? 천천히 하라."

유사가 말하였다.

"미리 태자를 세우는 일은 종묘와 사직을 중히 여기며 천하의 기대를 저버리지 않는 것입니다."

문제가 대답하였다.

"초왕(楚王)은 나의 막내숙부다. 연세가 많아 천하의 의리를 열람하신 것이 많으며, 국가를 다스리는 이치에 밝으시다. 오왕(吳王)은 짐에게 있어서 형님이신데, 은혜롭고 어질며 덕을 좋아하신다. 회남왕(淮南王)은 동생으로 덕을 갖추고서 짐을 보좌하고 있다. 어찌 이들에게 맡길 수 없겠는가? 제후왕들과 종실곤제, 공신들은 대부분 현명하고 덕과 의가 있는 자들이다. 만약 그중에서 덕이 있는 자를 추천하여 짐이 끝내 잘 하지 못하는 일을 보좌하게 한다면 이는 사직의 신령스러움이며 천하의 복이다. 지금 이들을 천거하지 않고서 반드시 아들만을 말한다면, 사람들이 짐을 현명하고 덕이 있는 자를 잊고서 자식만을 오로지 한다고 여길 것이다. 이는 천하를 근심하는 방법이 아니니, 짐은 결코 그렇게 하지 않을 것이다."

유사들이 모두 거듭 청하였다.

"옛날 은(殷)과 주(周)는 나라를 세우고 편안히 다스린 것이 모두 1천여 년이었습니다. 옛날 천하를 소유한 자 중에 어느 누구보다도 길었던 것은 이 방법을 따랐기 때문입니다. 후사를 반드시 자식으로 세운 것은 그 유래가 오래되었습니다.

고제(高帝)께서 친히 사대부를 이끌고서 비로소 천하를 평정하시고 제후들을 세워 한나라의 태조(太祖)가 되셨습니다. 제후왕과 열후들 중 첫 번째로 나라를 받은 이들 역시 모두 그 나라의 시조가 되었습니다. 자손들이 후사를 이어 대대로 끊이지 않는 것은 천하의 대의(大義)입니다. 그러므로 고제께서 이 제도를 설립하여 나라를 안정시킨 것입니다.

지금 마땅히 세워야 할 자식을 버리고서 제후와 종실 중에서 다시 선택하는 것은 고제의 뜻이 아니며, 다시 의론하는 것 또한 마땅하지 않습니다. 왕자 계(啓)는 가장 나이가 많으며 순후하고 인자하니, 청컨대 그를 세워 태자로 삼으시기 바랍니다."

문제가 허락하였다.

漢文帝元年正月, 有司言曰: "蚤建太子, 所以尊宗廟也, 請立太子." 上曰: "朕既不德, 上帝神明未歆享, 天下人民未有嗛志. 今縱不能博求天下賢聖有德之人而禪天下焉, 而曰豫建太子, 是重吾不德也. 謂天下何? 其安之." 有司曰: "豫建太子, 所以重宗廟社稷, 不忘天下也." 上曰: "楚王, 季父也, 春秋高, 閱天下之義理多矣, 明於國家之大體. 吳王於朕, 兄也, 惠仁以好德. 淮南王, 弟也, 秉德以陪朕, 豈爲不豫哉! 諸侯王宗室昆弟有功臣, 多賢及有德義者, 若擧有德以陪朕之不能終, 是社稷之靈, 天下之福也. 今不選擧焉, 而曰必子, 人其以朕爲忘賢有德者而專於子, 非所以憂天下也, 朕甚不取." 有司皆固請, 曰: "古者殷周有國, 治安皆千餘載. 古之有天下者莫不長焉, 用此道也. 立嗣必子, 所從來遠矣. 高帝親率士大夫始平天下, 建諸侯, 爲帝者太祖. 諸侯王及列侯始受國者, 皆亦爲其國祖. 子孫繼嗣, 世世弗絶, 天下之大義也. 故高帝設之以撫海內. 今釋宜建而更選於諸侯及宗室, 非高帝之志也, 更議不宜. 子啓最長, 純厚慈仁, 請建以爲太子." 上乃許之.

—'嗛'의 음은 협(愜, 만족하다)이다. 태자를 세우니, 바로 경제(景帝)다.—

**신은 이렇게 생각합니다**. 문제는 겸허하여 힘써 사양하였지만 유사들이 원칙을 들어 거듭 청하였습니다. 그런 연후에야 문제가 뜻을 굽혀 따랐으니, 군신 간에 모두 얻음이 있다고 말할 수 있을 것입니다.

이상은 '나라의 후계자를 세우는 계획은 마땅히 미리 마련해야 함[建立之計宜蚤]'을 논하였습니다.

어떤 이가 물었습니다.

"나라의 후계자[國本]는 마땅히 빨리 세워서 굳건하게 해야 하지만, 재위한 지 오래되도록 후사가 아직 태어나지 않았으면 어찌 해야 합니까?"

이에 본조(本朝, 송나라)의 고사를 들어 답합니다.

인종황제(仁宗皇帝) 나이 마흔 넷에 후사를 아직 세우지 못하였습니다. 태상박사(太常博士)였던 장술(張述)이 종친 중에서 재능 있고 현명한 자를 선택하여 그 예의등급과 작록품계를 다르게 하고 직무의 능력을 시험할 것을 청하였습니다. 이렇게 하면 성심(聖心, 제왕의 마음)이 어디에 있는지를 조정 안팎에 알릴 수 있다는 것이었었습니다.—황우(皇祐) 5년(1053)의 일입니다.—

그 후 범진(范鎭)이 간관(諫官)의 신분으로 같은 의견을 말하였으며,—가우(嘉祐) 원년(1056)의 일입니다.— 조변(趙抃)이 어사(御史)의 신분으로 그러한 생각을 제기하였으며—위와 같은 가우(嘉祐) 원년의 일입니다.— 사마광(司馬光)이 변주통판(并州通判)의 신분으로 동일한 견해를 밝혔습니다.—위와 같은 가우(嘉祐) 원년의 일입니다.— 이로부터 문언박(文彦博), 구양수(歐陽脩), 왕요신(王堯臣), 오규(吳奎) 등 여러 신하들 중 말하지 않은 자가 없었는데, 한기(韓琦)에 의지하기에 이른 후에 비로소 정하였습니다.

태산 반석의 기초는 이와 같이 장엄합니다. 아! 이것이 우리의 조종이 천하의 마음을 공론화한 것으로서, 삼대 이후 전례가 없던 사건이기에 여기에 특별히 덧붙입니다.

신은 다음과 같은 일을 실제로 본 적이 있습니다. 고종(高宗) 황제의 건염(建炎) 3년(1129)에 원의(元懿)태자가 돌아가셨을 때 포의(布衣) 이시우(李時雨)가 황족 중 종실의 현명한 자 하나를 택하여 황자로 삼아 온 나라의 기대에 부응할 것을 청하였습니다. 이때 고종의 나이가 단지 스물셋밖에 되지 않았지만 너무 일찍 서두르는 것을 잘못이라고 여기지 않았습니다. 소흥(紹興) 원년(1131)에 장준(張浚)과 누인량(婁寅亮)이 같은 의견을 제기하였습니다. 주상께서 누인량의 글을 읽고서 크게 깨달았습니다.

5년이 지나 효종(孝宗) 황제를 태자로 봉하시니, 이는 고종 황제 스물다섯 때 의론을 정하고 스물아홉 때 공식 조서를 내린 것입니다. 종묘와 사직을 위한 이러한 계획이 인종(仁宗) 때는 더욱 이른 시기에 진행되었습니다. 이 얼마나 떳떳한 일입니까?

## 태자를 깨우치고 가르치는 방법은 마땅히 미리 준비해야 함[諭教之法宜豫]

『예기(禮記)』「문왕세자(文王世子)」에서 이렇게 말하고 있다.

무릇 하은주(夏殷周) 삼대(三代)의 성왕(聖王)들은 세자를 교육할 때 반드시 예악(禮樂)으로써 하였다. 악(樂)은 내면을 수련하는 것이고, 예(禮)는 외면을 수련하는 것이다. 예와 악이 가운데서 뒤섞이면 그 형상이 밖으로 드러나니, 이런 까닭으로 그 성취한 것이 기쁘고, 공손하고 경건하며 온화하고 화려하다.

태부(太傅)와 소부(少傅)를 세워 세자를 가르치는 이유는 세자에게 부자(父子)와 군신(君臣)의 도리를 일깨우기 위한 것이다. 태부는 부자와 군신의 도리를 자세히 밝혀서 보여 주며, 소부는 세자를 받들어 태부의 덕행을 보고 자세히 깨우치게 한다. 태부는 앞에 있고 소부는 뒤에 있으며,—입학할 때다.— 들어가면 보(保)가 있고 나가면 사(師)가 있으니,—한가로이 거할 때나 출입할 때다.— 이로써 가르치고 깨우쳐서 덕이 이루어지게 한다.—4명이 있기 때문에 유지되는 것이다.— 사(師)는 세자를 일로써 교육하여 올바른 덕을 깨우치게 하는 자다. 보(保)는 세자의 몸을 삼가고 보필하여 올바른 도에 돌아가게 하는 자다. 이러한 기록이 있다.

"우하상주(虞夏商周)에 사(師)와 보(保)가 있고 의(疑)와 승(丞)이 있었다. 사보(師保)와 삼공(태부, 소부, 태사)의 직책은 반드시 모두 갖추어야 하는 것은 아니니, 오직 그 사람이 중요할 뿐이다."

이는 능력 있는 사람을 등용해야 한다는 뜻이다. 군자란 덕을 이룬 사람이다. 덕을 이루면 가르침이 존귀해지고, 가르침이 존귀하면 관(官)이 바르게 되고, 관이 바르면 나라가 다스려지니, 임금다운 임금이 될 수 있음을 이른다.

공자가 말씀하셨다.

"옛날에 주공이 섭정하면서 천자의 섬돌에 서서 다스렸다. 세자의 법을 들어 백금(伯禽)을 가르치니, 이는 성왕(成王)을 잘 가르치기 위해서였다."—백금(伯禽)은 주공(周公)의 장자로 노공(魯公)을 가리킨다.—

이런 까닭으로 아들 된 도리를 알고 난 후에야 아버지가 되는 도리를 알 수 있으며, 신하 된 도리를 알고 난 후에야 임금 되는 도리를 알 수 있고, 남을 섬길 줄 알고 난 후에야 남을 부릴 수 있다.—조계(阼階)는 임금의 지위다. 성왕이 어려서 임금의 지위에서 군림할 수 없음을 말한 것이다.— 성왕은 나이가 어려서 천자의 자리에서 군림할 수 없었으며, 세자가 되고자 하나 될 수 없었다.—또한 이미 왕이었으므로 세자의 예를 적용할 수 없음을 말한 것이다.—

그러한 이유로 주공은 세자의 법을 들어 백금을 가르쳤다. 백금을 성왕과 함께 있게 하여—또한 주공에게 배우니, 이는 바로 성왕의 옆에서 배우는 것이다.— 성왕으로 하여금 부자·군신·장유의 의리를 알게 하고자 한 것이다. 임금은 세자에게 친하기로는 아버지이지만 지위를 따지면 임금이다. 아버지로서 친애함이 있고 임금으로서 존엄함이 있은 뒤라야 그들을 가르쳐서 온 천하를 보유하게 할 수 있는 것이다.

오직 세자만이 한 가지 일을 행하여 세 가지 선(善)을 모두 얻을 수 있는데, 그것은 바로 세자가 국학(國學)에서 연령에 맞추어 배우는 것이다. 세자가 국학에서 연령에 맞추어 배우면 이를 본 나라 사람들은 이렇게 물을 것이다.

"장차 나의 군주가 되실 분이 나이에 맞추어 우리에게 양보를 하시니 어찌 된 일인가?"

"임금인 아버지가 살아 계시기 때문에 예를 다하는 것이다."

이렇게 함으로써 사람들이 모두 부자의 도리를 알게 된다.

두 번째로 이렇게 말할 것이다.

"장차 나의 군주가 되실 분이 나이에 맞추어 우리에게 양보를 하시니 어찌 된 일인가?"

"군주가 살아계시기 때문에 예를 다하는 것이다."

이렇게 함으로써 사람들이 군신의 의리에 밝아진다.

세 번째로 이렇게 말할 것이다.

"장차 나의 군주가 되실 분이 나이에 맞추어 우리에게 양보를 하시니 어찌 된 일인가?"

"어른을 어른으로 모시기 때문이다."

이렇게 함으로써 사람들은 모두 장유의 예절을 알게 된다.

고로 아버지가 계시면 아들의 도리를 다하고 군주가 계시면 신하의 도리를 다하여 아들과 신하의 예절을 지킨다.—이것이 군주를 존중하고 아버지를 모시는 방법이다.— 그리하여 배워서 아버지와 아들의 도리를 다하고, 배워서 군주와 신하의 의리를 다하며, 배워서 어른과 손아래사람의 도리를 다하게 된다. 부자, 군신, 장유의 도리를 실천할 수 있으면 나라가 다스려진다.

옛말에 이르고 있다.

"악정(樂正, 악관(樂官)의 수장)이 세자의 학업을 담당하고 부사(父師, 즉 태사(太師)를 가리킴)는 세자의 덕행을 담당한다. 위에 있는 한 사람이 현명하면 그에 따라 만국은 바르게 다스려진다."

이것이 바로 세자를 두고 하는 말이다.

「文王世子」: 凡三王教世子必以禮樂. 樂所以修內也, 禮所以修外也. 禮樂交錯於中, 發形於外, 是故其成也懌, 恭敬而溫文. 立太傅少傅以養之, 欲其知父子、君臣之道也. 太傅審父子、君臣之道以示之, 少傅奉世子以觀太傅之德行, 而審喩之. 太傅在前, 少傅在後, 入則有保, 出則有師, 是以教喩而德成也. 師也者, 教之以事而喩諸德者也; 保也者, 愼其身以輔翼之而歸諸道者也. 記曰: "虞夏商周有師保, 有疑丞, 設四輔及三公, 不必備, 唯其人." 語使能也. 君子曰德. 德成而教尊, 教尊而官正, 官正而國治, 君之謂也. 仲尼曰: "昔者周公攝政, 踐阼而治, 抗世子法於伯禽, 所以善成王也." 是故, 知爲人子, 然後可以爲人父; 知爲人臣, 然後可以爲人君; 知事人, 然後能使人. 成王幼不能涖阼, 以爲世子, 則無爲也, 是故, 抗世子法於伯禽, 使之與成王居, 欲令成王之知父子、君臣、長幼之義也. 君之於世子也, 親則父也, 尊則君也. 有父之親、有君之尊, 然後兼天下而有之, 是故, 養世子不可不愼也. 行一物而三善皆得者, 唯世子而已, 其齒於學之謂也. 故世子齒於學, 國人觀之曰: "將君我而與我齒讓, 何也?" 曰: "有父在則禮然." 然而衆知父子之道矣. 其二曰: "將君我而與我齒讓, 何也?" 曰: "有君在則禮然." 然而衆著於君臣之義也. 其三曰: "將君我而與我齒讓, 何也?" 曰: "長長也." 然而衆知長幼之節矣. 故父在斯爲子, 君在斯謂之臣, 居子與臣之節. 故學之爲父子焉, 學之爲君臣焉, 學之爲長幼焉. 父子、君臣、長幼之道得而國治. 『語』曰: "樂正司業, 父師司成. 一有元良, 萬國以貞." 世子之謂也.

—「문왕세자(文王世子)」는 『예기』의 편명이다. 역(懌)은 설(說)이다. 물(物)은 일[事]의 의미다. 그 몸을 신중히 한다는 것은 편안하게 보호한다는 의미다. 사(司)는 주재한다

는 뜻이다. 일(一)은 한 사람을 가리킨다. 원(元)은 크다는 뜻이다. 양(良)은 좋다는 뜻이다. 정(貞)은 바르다는 뜻이다.—

**신은 이렇게 생각합니다.** 삼대의 왕들이 세자를 가르칠 때 반드시 예악으로 하였습니다. 예절은 사람들의 공경심을 불러일으키는 방법인데, 공경심이 생겨나면 오만한 마음이 사그라지기 때문일 것입니다. 음악은 사람들의 어울리는 마음을 불러일으키는 방법인데, 어울리는 마음이 생겨나면 모진 마음이 사라지기 때문일 것입니다. 덕성을 훈도하고 기질을 변화시키는 데에 이보다 오묘한 것이 없습니다. 그렇기 때문에 음악이 비록 내면을 수양하는 것이지만 결국 안에서 밖으로 넘쳐나기 마련이며, 예절이 비록 외면을 수양하는 것이지만 밖에서 안으로 들어가기 마련입니다.

이 두 가지를 잘 익혀 서로 혼연일체가 되면 그 성취라는 것은 단지 기쁨, 공경, 온화함, 세련됨이 드러날 뿐입니다. 공손함이란 존경의 마음이 밖으로 드러나는 것입니다. 존경이란 공손함이 마음속에 들어찬 것입니다. 온화하면 폭력적이지 않고, 세련되면 거칠지 않습니다. 이것이 바로 예악을 통해 가르쳤을 때 나타나는 성과입니다. 예악이란 가르침의 도구이고, 사부란 가르치는 사람이기 때문에 태부와 소부를 세워 세자를 기르는 것입니다. 기른다는 것은 서서히 계몽함으로써 그 본연의 선(善)을 길러 있는 그대로 깨닫게 하는 것입니다. 그러므로 그 도리는 다른 게 아니라 바로 부자와 군신의 큰 윤리일 뿐입니다.

태부는 신중한 행동을 보여 줌으로써 말을 하니 자신의 몸에 닦은 것으로 세자에게 보여 줍니다. 소부는 신중한 가르침으로써 말을 하니 그 의미를 설명하여 세자로 하여금 깨닫게 합니다. 태부와 소부는 비록 그 가르치는 바가 동일하지만, 태부는 몸으로 가르치고 소부는 말로 가르치니, 그 둘은 서로 발양하는 관계라 할 수 있습니다. 세자의 신분으로 그 앞에 태부가 있고 그 뒤에 소부가 있으며 들어가면 보(保)가 있고 나서면 사(師)가 있으니, 이 넷이 세자를 좌우에서 돕는다면 어찌 가르침을 얻지 못할 것이며 어찌 덕을 이루지 못할 것입니까?

사(師)는 일로써 세자를 가르쳐 덕을 일깨웁니다. 만약 세자에게 어버이를 모시는 일을 가르친다면 효의 덕을 알게 되고, 어른을 모시는 일을 가르치면 손아랫사람의 덕을 알게 될 것입니다. 세상에는 일 밖의 덕이란 것은 없습니다. 보(保)는 세자의 몸을 편안하게 지키면서 세자를 보좌하고 세자의 날개가 되어 세자로 하여금 도에 귀의하게 하는 자리입니다. 귀, 눈, 입, 몸은 욕망에 의해 움직여서는 아니 되고 이른바 도에 따라 움직여야 합니다. 세상에는 몸 밖의 도라는 것이 없습니다. 옛날 이른바 사보(師保)의 자리는 대체로 이러하였습니다. 주공이 백금에게 세자의 법을 가르친 것은 성왕이 비록 어리기는 하지만 이미 군주의 지위에 올랐기에 세자를 가르치는 방법으로 가르칠 수 없었기 때문일 것입니다. 오직 세자를 가르치는 방법으로 백금을 가르치면서 성왕으로 하여금 그것을 보게 하였는데, 이것이 바로 성왕을 바르게 하는 방법이었습니다.

『예기(禮記)』에서 "성왕이 잘못하면 백금에게 회초리를 쳤다"고 하였는데, 이는 성왕을 직접 때릴 수는 없고 백금에게 회초리를 때림으로써 성왕이 잘못을 깨닫게 하였던 것입니다. 그렇게 함으로써 주공이 가르친 것은 자식의 도리, 신하의 도리, 손아랫사람의 도리일 뿐이었으니, 이 세 가지를 능히 해낼 수 있다면 다른 것은 미루어 짐작할 수 있을 것입니다.

옛날의 천자, 공후(公侯), 경(卿), 대부(大夫), 사(士)의 자식들은 나이에 따라 선후를 삼았으니 왜 그랬던 것일까요? 군주가 있고, 아버지가 살아계시고, 어른을 어른으로 모셨기 때문입니다. 세자의 신분으로 군주를 존경하고 아버지를 잘 모시며 어른을 공경하는 도리를 통해 세상을 독려하면 사람들이 흡족하여 그를 본받지 않겠습니까? 진나라와 한나라 이래 예악이 무너지고, 사보의 가르침과 장유유서(長幼有序)의 예절도 사라졌으니 이 때문에 세자가 태어나면 교만한 습속에 물들게 되었습니다. 『예기』의 이 「문왕세자(文王世子)」편이 남아 있으나 자세히 살펴보는 이는 없습니다. 이 때문에 다스림이 옛날과 같지 못한 것 아니겠습니까?

『신서(新書)』「보부편(保傅篇)」에서 다음과 같이 말하였다.

"하나라의 천자는 10여 대(代)가 이어졌고, 은나라가 그것을 이어받았다. 은나라의 천자는 20여 대가 이어졌으며, 주나라가 그것을 이어받았다. 주나라의 천자는 30여 대를 이었으며, 진나라가 그것을 이어받았다. 진나라의 천자는 2대를 잇고 망하였다. 사람의 본성이 크게 다르지 않은데, 어찌 3대의 군주는 도가 있어 길게 이어졌으며, 진나라는 도를 잃고 급격히 망하였는가? 살펴보면 그 까닭을 잘 알 수 있다.

옛날의 왕 된 자들은 태자가 태어나면 반드시 예에 맞게 행동하게 하고, 사(士)로 하여금 그것을 담당하게 하였다. 유사(有司)는 태자를 가지런하고 엄숙하며 단정하게 예복을 갖추어 입히고 남교(南郊)[7]에서 알현하게 하니, 바로 하늘을 알현하는 것이다. 대궐을 지날 때에는 수레에서 내리고, 종묘를 지날 때에는 빨리 걷는 것이 효자의 도리다. 이렇듯 반드시 갓난아이 때부터 가르침을 행하는 것이다.

주(周) 성왕(成王)이 어려서 강보(襁褓)에 있을 때, 소공(召公)이 태보(太保)이고 주공(周公)이 태부(太傅)였으며 태공(太公)이 태사(太師)였다. 태보는 그 신체를 보호하고, 태부는 덕과 의를 갖추도록 도우며, 태사는 교훈으로 이끄니, 이것이 삼공(三公)의 직분이다. 여기에 다시 삼소(三少)를 두었으니 모두 상대부(上大夫)들로, '소보(少保), 소부(少傅), 소사(少師)'라고 부른다. 이들은 태자와 더불어 일상생활을 함께하여 어려서부터 친분이 있게 된다.

삼공(三公)과 삼소(三少)가 진실로 효인예의(孝仁禮義)를 밝혀 인도하고 익숙하게 하며, 사악한 무리를 내치고 악행을 보지 않게끔 한다. 여기에 천하의 정직한 선비로 효성스럽고 공손하며 견식이 넓고 학식이 있는 자를 뽑아서 태자를 호위하고 돕게 하며 태자와 함께 거처하고 출입하게 하였다. 그러므로 태자는 태어나자마자 바른 일을 보고 바른 말을 들으며 바른 길을 가고, 좌우전후에는 모두 바른 사람들이 있었다.

7 고대 천자가 도성의 남쪽 교외에 설치하였던 하늘에 제사지내는 곳.

대저 바른 사람들과 항상 함께 거처하면 바르지 않을 수 없으니, 마치 제나라에서 나고 자라면 제나라의 말을 쓰지 않을 수 없는 것과 같은 이치다. 바르지 못한 사람과 늘 함께 거처하면 바를 수가 없으니, 이는 초나라에서 나고 자라면 초나라의 말을 하지 않을 수 없는 것과 같은 이치다. 그러므로 먹고 싶은 것을 고를 때에도 먼저 가르침을 받은 다음에야 맛을 알 수 있고, 즐기고 싶은 것을 고를 때에도 우선 익힌 다음에야 할 수 있다.—게으르고 나태하게 될까 걱정하여 그 좋아하는 바를 이용하여 이끄는 것이다.— 공자는 '어려서 형성된 버릇은 천성과 같고, 익숙해진 습관은 본래 그러하였던 듯하다'고 하였다.

태자가 장성하여 여색[妃色]을 알게 될 즈음 학교에 입학한다. 스승을 받들어 도(道)를 묻고, 물러나와 익히고서 태부에게 시험을 받는다. 태부는 그 이치에 맞지 않는 것을 벌주며 미치지 못한 것을 바로잡으니, 즉 덕과 지혜가 자라서 이치와 도를 얻게 된다.

태자가 이미 관례를 치르고 성인이 되어 보부(保傅, 삼공과 삼소)의 엄격함에서 벗어나게 되면, 허물을 기록하는 사관, 반찬을 거두는 재상, 좋은 의견을 개진하는 깃발, 잘못을 적어 붙이는 나무, 자유롭게 잘못을 간할 수 있는 북을 둔다. 고사(瞽史)가 시를 읊고 악공(樂工)이 잠언의 노래를 읊어 간하며 대부가 계책을 내고 사(士)가 백성의 말을 전한다. 습관과 지혜가 자라게 되니 간하는 말이 절실하여도 원망을 품지 않는다. 교화가 마음과 함께 이루어지니 도에 부합하는 것이 마치 본성과 같다.

천자가 봄날의 아침 해와 가을의 저녁달을 맞이하는 것이 삼대(三代)의 예이니, 이는 공경함이 있음을 밝힌 것이다. 봄과 가을에 태학에 들어 국로들을 모시고 친히 음식을 권하니, 효성스러움이 있음을 밝힌 것이다. 행차할 때에는 난화(鸞和) 소리에 맞추고, 천천히 걸을 때에는 『채제(采齊)』에 맞추고, 빨리 걸을 때에는 『사하(肆夏)』에 맞추니, 법도가 있음을 밝힌 것이다. 금수(禽獸)에 대해서는 살아 있는 것을 보고 차마 그것을 죽이지 못하며, 그 죽는 소리를 듣고서는 차마 그 고기를 먹지 못한다. 그러므로 푸줏간을 멀리하는 것이다. 이는 은혜를 기르며 인(仁)이 있음을 밝힌 것이다.

무릇 3대(代)가 길고 오래 지속될 수 있었던 까닭은 태자를 돕는 방법을 잘 갖추고 있었기 때문이다. 진(秦)에 이르러서는 그렇지 못하였으니, 그 풍속이 진실로 사양함을 귀하게 여기지 않고 남의 잘못을 관(官)에 고발하는 것을 숭상하였다. 진실로 예의를 귀하게 여기지 않고 형벌을 숭상하였다. 조고(趙高)에게 호해(胡亥)를 보좌하게 하니, 조고가 가르친 것은 형법으로 사람을 참하거나 코를 베는 것이 아니면 삼족(三族)을 멸하는 방법밖에 없었다. 그러므로 호해는 오늘 즉위해서 다음날 바로 사람을 활로 쏘아 죽였고, 충간을 올리는 자를 비방하였다는 이유로, 깊게 헤아리는 자를 유언비어를 지어내었다는 이유로 죽였다. 사람을 죽이는 것을 마치 잡초를 뽑는 것처럼 여겼으니, 이것을 어찌 호해의 성정이 악하였기 때문이라고만 할 수 있겠는가?

속담에 '관리가 되는 법을 익히지 못하였다면 이미 이루어

진 전체를 살펴본다'는 말도 있고, 또 '뒤에 가는 수레는 앞 수레가 넘어진 자취를 경계해야 한다'는 말도 있다. 대체로 하·은·주 삼대가 오래 지속할 수 있었던 이유는 그들이 행하였던 일을 통해 잘 알 수 있다. 그러하니 따를 수 없는 자는 성인의 지혜를 본받지 않는 것이다. 진나라가 급격히 멸망한 것은 역시 그 자취를 잘 볼 수 있다. 그러하니 그것을 피하지 않는 것은 뒤에 오는 수레도 곧 뒤집어진다는 것이다.

일반적으로 존망의 변화와 치란(治亂)의 기미는 여기에 있을 것이다. 천하 사람들의 목숨이 태자에게 달려 있으니, 태자가 선하려면 일찍부터 가르치고 깨우쳐야 되고, 그러려면 그 주변에서 보좌하는 인물을 잘 선발해야 한다. 대체로 마음이 아직 넘치지 않은 상황에서 먼저 가르치고 깨우친다면 교화는 쉽게 이뤄진다. 도술(道術)에 눈을 떠 의리의 취지를 잘 아는 것은 가르침의 힘이다. 그것을 꾸준히 익혀 몸에 배게 하는 것은 보좌하는 사람들의 역할이다.

호인(胡人)과 월인(粵人)은 태어났을 때는 같은 소리를 내고 좋아하고 원하는 것도 다르지 않지만, 자라나서 습속을 몸에 익히면 몇 번이나 통역을 해도 결국 서로 교류할 수 없고 죽더라도 그 상대방이 될 수 없으니, 이는 모두 가르침과 익힘이 다르기 때문이다. 그래서 보좌하는 사람들을 잘 선정하여 일찍 가르치는 것이 가장 중요하다. 대저 가르침이 성과가 있고 보좌하는 사람들이 바르다면 태자도 바를 것이며, 태자가 바르면 천하가 안정될 것이다."

「保傅篇」: "夏爲天子十有餘世, 而殷受之. 殷爲天子二十餘世, 而周受之. 周爲天子三十餘世, 而秦受之. 秦爲天子, 二世而亡. 人性不甚相遠也, 何三代之君有道之長, 而秦無道之暴? 其故可知也. 古之王者, 太子迺生, 固擧以禮, 使士負之, 有司齊肅端冕見之南郊, 見於天也. 過闕則下, 過廟則趨, 孝子之道也, 故自爲赤子而敎固已行矣. 周成王幼在襁褓之中, 召公爲太保, 周公爲太傅, 太公爲太師. 保, 保其身體; 傅, 傅之德義; 師, 導之敎訓, 此三公之職也. 於是爲置三少, 皆上大夫也, 曰: '少保、少傅、少師', 是與太子宴者也. 故迺孩提有識, 三公、三少固明孝仁禮義, 以導習之, 逐去邪人, 不使見惡行. 於是皆選天下之端士, 孝悌博聞有道術者以衛翼之, 使與太子居處出入, 故太子迺生, 而見正事、聞正言、行正道, 左右前後皆正人也. 夫習與正人居之不能毋正, 猶生長於齊, 不能不齊言也; 習與不正人居之, 不能毋不正, 猶生長於楚, 不能不楚言也. 故擇其所嗜, 必先受業, 迺得嘗之; 擇其所樂, 必先有習, 迺得爲之. 孔子曰: '少成若天性, 習貫如自然.' 及太子少長, 知妃色, 則入於學, 承師問道退習, 而考於太傅、太傅罰其不則而匡其不及, 則德智長而理道得矣. 及太子旣冠成人, 免於保傅之嚴, 則有記過之史、徹膳之宰、進善之旌、誹謗之木、敢諫之鼓. 瞽史誦詩, 工誦箴諫, 大夫進謀, 士傳民語, 習與智長. 故切而不媿, 化與心成, 故中道若性. 三代之禮, 天子春朝朝日, 秋暮夕月, 所以明有敬也. 春秋入學, 坐國老, 執醬而親饋之, 所以明有孝也. 行以鸞和, 步中『采齊』, 趣中『肆夏』, 所以明有度也; 其於禽獸, 見其生不忍其死, 聞其聲不食其肉, 故遠庖廚. 所以長恩, 且明有仁也. 夫三代之所以長久者, 以其輔翼太子有此具也. 及秦而不然, 其俗固非貴辭讓也, 所上者告訐也. 固非貴禮義也, 所上者刑罰也. 使趙高傅胡亥, 而敎之獄, 所習者非斬劓人則夷人之三族也. 故胡亥今日卽位而明日射人, 忠諫者謂之誹謗, 深計者謂之妖言, 其視殺人若艾草菅, 豈惟胡亥之性惡哉? 彼其所以道之者非其理故也. 鄙諺曰: '不習爲吏, 視已成事' 又曰: '前車覆, 後車誡.' 夫三代之所以長久者, 其已事可知也. 然而不能從者, 是不法聖知也. 秦世所以亟絶者, 其轍跡可見也, 然而不避, 是後車又將覆也. 夫存亡之變, 治亂之機, 其要在是矣. 天下之命, 懸於太子, 太子之善, 在於早諭敎與選左右. 夫心未濫而先諭敎, 則化易成也. 開於道術知義理之指, 則敎之力也. 若其服習積貫, 則左右而已. 胡、粵之人, 生而同聲, 嗜欲不異, 及其長而成俗, 累數譯而不能相通行者, 有雖死而不能相爲者, 則教習然也. 故曰選左右、早諭教最急. 夫教得而左右正, 則太子正矣, 太子正而天下定矣."

—「보부편(保傅篇)」은 한(漢)나라 가의(賈誼)가 지었다. 하늘을 알현하는 것은 삼월조(三月朝)를 말하는 것이다. 대궐은 군주와 전장법규(典章法規)를 공경하는 곳이다. 보(保)는 편안하게 지키는 것을 이른다. 부(傅)는 돕는다는 뜻이다. 상대부는 경(卿)으로서, 삼고(三孤)를 이른다. 고(瞽)는 눈이 안 보이는 자다. 공(工)은 악인(樂人)이다. 고사(瞽史)가 시를 읊는다는 것은 태자의 허물에 따라 시를 읊어 풍간한다는 의미다. 깨우치고 나무라는 말을 듣는 데에 익숙하게 되니 지혜가 함께 자라나서, 간언이 비록 통절하더라도 능히 받아들일 수 있어 원망하지 않게 된다는 뜻이다. 교화와 마음이 함께 이루어지므로 모두 도에 합치되는 것이 마치 본성처럼 자연스러워지는 것이다. 난화(鸞和)는 수레 위에 다는 방울이다. 『채제(采齊)』는 고대 음악의 이름이다. 제(齊)는 제(薺)나 자(茨)로 쓰기도 한다. 『사하(肆夏)』 역시 고대 음악의 이름이다. 취(趨)는 빠르게 걷는다는 뜻이다. 『예기(禮記)』「옥조(玉藻)」에서 "혈과 기가 있는 살아 있는 것들을 직접 죽이지 않는다."라고 하였다.—

**신은 이렇게 생각합니다.** 「보부편(保傅篇)」은 비록 한나라 가의(賈誼)가 지은 것이지만, 대체로 그전의 옛 사람들이 남긴 말입니다. 가르치고 깨우치는 방법을 알고자 하는 사람은 「문왕세자(文王世子)」를 먼저 읽고 그다음에 「보부편」을 읽으면 따로 다른 것은 볼 필요가 없을 듯합니다.

주(周)나라 문왕(文王)이 태공(太公) 망(望)으로 하여 태자를 가르치게 하였다.[8] 태자가 건어물을 너무 좋아하자 태공이 주지 않았다. 그러면서 말하였다.

"예에는 건어물을 제사그릇에 올리지 않는다고 하였는데, 어찌 예가 아닌 것으로 태자를 기를 수 있다는 말인가!"

周文王使太公望傅太子. 及嗜鮑魚, 而太公弗與, 曰: "禮, 鮑魚不登於俎, 豈有非禮而可以養太子哉!"

**신은 이렇게 생각합니다**. 옛날 사람들은 태자를 이처럼 엄격하게 가르쳤으니, 만세의 모범이 될 만합니다.

한(漢)나라 조조(晁錯)는 신불해(申不害)와 상앙(商鞅)의 형법을 배웠다.[9] 문제(文帝) 때 태상(太常)에게 명하여 조조로 하여금 복생(伏生)[10]에게 『상서(尙書)』를 배워오게 시켰다. 이에 조조가 서를 올려 말하였다.

"군주가 존귀함과 업적을 만세의 후대까지 떨칠 수 있는 것은 통치술을 잘 알기 때문입니다. 그래서 군주가 신하를 제압하

8 이 부분은 가의(賈誼) 『신서(新書)』 권6 「예(禮)」에 보인다.

9 이 부분은 『한서(漢書)』 권49에 보인다.

10 제남(濟南) 출신으로 이름이 승(勝), 자는 자천(子賤)이다. 그는 진(秦)나라 때 박사를 지냈으며 『상서(尙書)』에 정통하였다. 시황제(始皇帝)의 분서갱유(焚書坑儒) 때 『상서』가 사라질 것을 염려하여 벽 속에 감추었다가 진이 멸망하고 한(漢)이 들어서자 비로소 벽 속에서 『상서』를 꺼냈다. 90세가 넘은 나이에도 한(漢) 문제(文帝)의 명을 받아 제자들에게 『상서』를 가르쳤다.

여 백성들을 다스리는 방법을 잘 알면 모든 신하들이 두려워 복종을 할 것이고, 말을 들어주고 일을 시키는 방법을 알면 속이거나 숨기지 않을 것이며, 만민을 안전하고 잘 살게 해 주는 방법을 알면 온 나라가 모두 따를 것이고, 충효로써 윗사람을 섬기는 방법을 알면 신하와 자식의 행동이 갖추어질 것입니다.

신은 이 네 가지를 황태자에게 급하게 가르쳐야 할 것이라 생각합니다. 어떤 신하들은 황태자가 일을 잘 알지 못한다고 말하지만, 어리석은 저는 그렇게 생각하지 않습니다. 옛날의 군주들을 살펴보면, 그 종묘를 지키지 못하여 신하들에게 협박과 살해를 당한 군주는 모두 통치의 방법을 몰랐습니다. 황태자가 책을 많이 읽었는데 통치의 방법을 잘 이해하지 못한 것은 그 내용을 이해하지 못하였기 때문입니다. 대체로 많이 외우면서 그 말을 이해하지 못하면, 힘만 들고 성과가 없습니다.

황태자께서 재능과 지혜가 높고 남다르며 말타기나 활쏘기와 같은 기예는 남들을 훨씬 뛰어넘는데도 통치술을 잘 지키지 못하여 폐하께서 걱정하시는 것을 보았습니다. 원컨대 폐하께서 옛 성인들의 통치술 가운데 지금 이용할 수 있는 것을 잘 선택하시어 황태자에게 내려 주시고, 때때로 황태자로 하여금 앞에서 설명해 보게 시키고 폐하께서 살펴보십시오."

주상이 옳다고 여겨서 조조를 태자가령(太子家令)으로 임명하였다.

漢晁錯學申商刑名. 孝文時, 詔太常遣, 錯授『尚書』伏生所. 因上書言: "人主所以 尊顯功名揚於萬世之後者, 以知術數也. 故人主知所以臨制臣下而治其衆, 則羣臣畏服矣; 知所以聽言授事, 則不欺蔽矣; 知所以安利萬民, 則海內必從矣; 知所以忠孝事上, 則臣子之行備矣. 此四者, 臣竊爲皇太子急之. 人臣之議或曰皇太子亡以知事爲也, 臣之愚, 誠以爲不然. 竊觀上世之君, 不能奉其宗廟而劫殺于其臣者, 皆不知術數者也. 皇太子所讀書多矣, 而未深知術數者, 不聞書說也. 夫多誦而不知其說, 所謂勞苦而不爲功. 臣竊觀皇太子材智高奇, 馭射伎藝過人絶遠, 然於術數未有所守者, 以陛下爲心也. 竊願陛下幸擇聖人之術可用今世者, 以賜皇太子, 因時使太子陳明於前, 唯陛下裁察." 上善之, 於是拜錯爲太子家令.

**신은 이렇게 생각합니다.** 조조와 가의는 모두 신불해나 한비자와 같은 법가에 밝았는데, 가의는 태자 교육을 논의하면서 가장 먼저 효인예의(孝仁禮義)에 대해 말하고 있지만 조조는 오로지 통치술만을 말하고 있습니다. 그 차이가 이렇게 크니 어찌 같은 날 동시에 말할 수 있겠습니까?

문제는 태자의 교육방법을 선택하면서 갑자기 가의를 버리고 조조를 썼습니다. 제왕의 학문이 황로술에서 나왔기에 조조의 말이 문제의 마음에 깊이 새겨진 결과라 하지 않을 수 있겠습니까? 또한 이때 조조는 복생(伏生)에게서 『상서』를 배워 와 역대 현인들의 말씀을 잘 알고 있었을 텐데, 문제에게 올린 글에서는 한 마디도 그들과 합치하는 것이 없으니, 조조가 배운 것은 단지 글자나 단락 나누기였지 그 뜻에 대해서는 자세히 생각하지 않았기 때문입니다.

그 후에 조조는 경제(景帝)를 섬겨 삭번정책을 시행하다 결국 오초칠국(吳楚七國)의 변란을 불렀으니, 그 근원의 조짐이 여기에서 보입니다. 그러하니 보좌의 임무를 맡은 자가 의리로 깨우치지 않고 단지 통치술로 이끌었으니 일을 그르치고 재앙의 근원을 낳았던 것입니다.

무제(武帝)는 태자 유거(劉據)를 위해 박망원(博望苑)을 세워 빈객들과 어울려 좋아하는 것을 하라고 하였다. 그리하여 빈객들 가운데 이단(異端)의 학설을 소개하는 사람들이 많았다.[11]

武帝爲太子據立博望苑, 使通賓客, 從其所好, 故賓客多以異端進者.

—유거가 참소를 받은 일은 앞부분에 있는 『참신편(讒臣篇)』에 보인다.—

사마광(司馬光)이 말하였다.[12]

"옛날 현명한 왕은 태자를 가르쳐 기르기 위해 품행이 방정하고 훌륭한 선비를 골라 태자의 보(保)·부(傅)·사(師), 우(友)로 삼고, 아침저녁으로 항상 태자와 함께 지내면서 교류하게 하였으니, 태자의 좌우전후에 바르지 않은 사람이 없었다.

하지만 그렇게 해도 음란하고 불량하여 재앙의 나락으로 떨어진 사람들도 있었다. 지금 만약 태자가 스스로 빈객들과

---

11 『자치통감(資治通鑑)』 권22에 보인다.

12 『자치통감(資治通鑑)』 권22 사마광의 사론이다.

어울리며 자신이 좋아하는 것만 한다면, 정직한 사람들과는 친밀하게 지내기 어렵고 아첨꾼들만 쉽게 영합할 것이다. 이것이 인지상정이니 그로 인해 태자의 자격을 끝까지 유지하기 어렵다."

司馬光曰: "古之明王教養太子, 爲之擇方正端良之士, 以爲保傅師友, 使朝夕與之遊處, 左右前後無非正人, 然猶有淫放邪僻而陷於禍敗者焉. 今乃使太子自通賓客, 從其所好, 夫正直難親, 諂諛易合, 此固中人之情, 宜太子之不終也."

진(晉)나라 원제(元帝)가 아들인 사마소(司馬紹)를 태자로 삼았다.[13] 원제는 형명가(刑名家, 법가)를 좋아하여 『한비자(韓非子)』를 태자에게 하사하였다. 이때 유량(庾亮)이 간언하여 말하였다.

"신불해(申不害)와 한비(韓非)는 각박하여 교화를 상하게 하니 성스러운 마음에 담아두기에 부족합니다."

태자가 그 의견을 받아들였다.

晉元帝立子紹爲太子. 帝好刑名家, 以『韓非子』賜太子, 庾亮諫曰: "申韓刻薄傷化, 不足留聖心." 太子納之.

―태자는 나중에 명제(明帝)가 된다.―

**신은 이렇게 생각합니다.** 신불해와 한비자의 학문은 단지 각

13 『진서(晉書)』 권73에 보인다.

박할 뿐만 아니라, 군주로 하여금 교만하고 방자하게 만듭니다. 이사(李斯)가 그렇게 진(秦)나라 이세황제(二世皇帝)를 잘못 이끌었으니, 어찌 태자에게 그 학문을 가르칠 수 있겠습니까? 유량(庾亮)은 비록 청담(淸談)만 일삼는 무리였지만, 이 말만은 세상에 유익하여 여기서 인용하였습니다.

진(陳)나라 선제(宣帝)의 태자 진숙보(陳叔寶)는 좌호부상서(左戶部尙書) 강총(江摠)을 첨사(詹事)로 삼으려 하였다.[14] 그리하여 관기(管記) 육유(陸瑜)를 시켜 이부상서(吏部尙書) 공환(孔奐)에게 이 일을 일러두었다. 공환이 육유에게 말하였다.

"강총은 반악(潘岳)과 육기(陸機)의 화려함은 있지만, 동원공(東園公)과 기리계(綺里季)의 내실은 없습니다. 태자를 보필하는 직책을 맡기기 어렵습니다."

태자가 직접 황제에게 강총의 임명에 대해 청하자 황제가 허락하였다. 그러자 공환이 상주(上奏)하여 말하였다.

"강총은 글만 잘 쓰는 자로서, 지금 황태자께서도 글쓰기 솜씨가 훌륭하신데 어찌 강총에게 의지하려 하십니까? 제 어리석은 견해로는 진중한 인재를 뽑아서 보필하는 직책을 맡기시길 바랍니다."

하지만 황제는 결국 강총을 첨사로 삼았다. 얼마 후, 강총과

---

14 『진서(晉書)』 권73에 보인다.

태자가 밤새 술을 마시고 자주 강총의 집에 몰래 놀러 다녔다. 황제가 노하여 강총을 면직하였다.

陳宣帝太子叔寶, 欲以左戶部尙書江摠爲詹事, 令管記陸瑜言於吏部尙書孔奐. 奐謂瑜曰: "江有潘、陸之華, 而無園、綺之實, 輔弼儲宮竊有所難." 太子自言於帝, 帝將許之. 奐奏曰: "江摠文華之士, 今皇太子文華不少, 豈藉於摠? 如臣愚見, 願選敦重之才以居輔導之職." 帝卒以摠爲詹事. 頃之, 摠與太子爲長夜之飮, 太子亟微行遊摠家. 上怒, 免摠官.

—반악(潘岳)과 육기(陸機)는 전대(前代)의 문사(文士)이고, 동원공(東園公)과 기리계(綺里季)는 진(秦)나라의 일사(逸士)인 상산사호(商山四皓)다.—

**신은 이렇게 생각합니다.** 공환(孔奐)의 말은 충성에서 우러나온 것이라 할 수 있습니다. 진숙보(陳叔寶)의 자질이 비록 우매하고 무능하였다 하더라도, 만약 단정하고 훌륭하며 충성스럽고 믿을 만한 선비로 하여금 보필하게 하였다면 보탬이 없지 않았을 것입니다. 하지만 진숙보의 부탁으로 결국 강총(江摠)이 임용되었습니다. 진숙보가 즉위한 후에는 강총 등을 친밀한 손님으로 삼아 술만 마시니 결국 나라가 망하였습니다. 일반적으로 문사(文士)들은 겉만 번지르르 하고 내실이 적으니, 그들을 보필하고 인도하는 직책에 임명하면 당연히 손해만 있고 보탬이 없을 것입니다.

당(唐)나라 헌종(憲宗) 원화(元和) 초기 우습유(右拾遺) 원진(元稹)

이 상서하여 수양이 바른 선비를 조속히 선발하여 여러 아들들을 보필하도록 하라고 권하였다.[15] 정원(貞元, 785~805) 연간 왕비(王伾)와 왕숙문(王叔文)이 기예로 동궁(東宮)의 총애를 얻어 영정(永貞, 805) 연간에 천하를 혼란스럽게 한 일이 있었기 때문이다.

"태종께서는 번왕(藩王) 시절에 문학으로 맑은 덕을 수양한 열여덟 학사와 함께 지냈습니다. 후대의 태자와 여러 왕들은 비록 그 막료를 두었지만 나날이 천박해지어, 눈멀고 귀먹고 아파서 그 일을 맡을 수 없는 자나 장군자리에서 은퇴하여 글조차 쓸 수 없는 자가 사부의 직책을 맡는 일이 생겼습니다. 그 우(友)·유(諭)·찬의(贊議)와 같은 왕공의 근신들은 특히 더 한가하게 지내니, 선비들이 모두 부끄럽게 여깁니다.

이 때문에 설령 어렵게 관직에 들지 않은 유생을 초빙하더라도, 달이 지나고 해가 가도록 단지 한 차례나 만나볼 뿐이니, 그 덕의를 가르쳐 주고 법도를 배울 겨를이 있겠습니까? 대체로 한미한 선비조차 그 자식을 아껴 훌륭한 스승을 구해 가르치는데, 만승(萬乘)의 나라를 이어 사해(四海) 백성의 운명을 책임질 사람은 어떻겠습니까?"

주상이 매우 훌륭하다고 생각하여 그 말을 받아들였다.

憲宗元和初, 右拾遺元稹以貞元中王伾、王叔文以伎術得幸東宮, 永貞之際幾亂天下, 上書勸上早擇脩正之士使輔導諸子: "以爲太宗自藩王, 與文學清脩之士十八人居. 後代太子諸王雖有僚屬, 日益疎賤, 至於師傅之官, 非眊瞶廢疾不任事者, 則休戎罷帥不知書者有之. 其友諭贊議之徒, 尤爲冗散之

15 『자치통감(資治通鑑)』 권237에 보인다.

甚，搢紳皆恥. 爲之就使得僻儒老生，越月踰時，僅獲一見，又何暇傳之德義、納之法度哉? 夫以匹士愛其子，猶知求明哲之師而教之，況萬乘之嗣繫四海之命乎!" 上頗嘉納其言.

**신은 이렇게 생각합니다.** 원진은 태자와 여러 왕들을 위해 근신들의 문제를 다루고 있는데, 그 논의가 매우 마땅합니다. 헌종은 비록 그 말을 훌륭하다 여겨 받아들이긴 하였지만, 그 후에 수왕(遂王)을 태자로 임명한 다음 당대의 훌륭한 인재를 잘 선발해 태자를 이끄는 직책에 임명하였다는 이야기는 듣지 못하였습니다. 태자로 선정된 다음 놀고 사냥을 다니며 음악과 여색을 마음껏 즐기니, 결국 원화 연간에 이루어 놓은 업적을 모두 허물고 말았습니다. 아, 안타깝습니다.

이상으로 '태자를 깨우치고 가르치는 방법은 마땅히 미리 준비해야 함[諭教之法宜豫]'을 논하였습니다.

# 대학연의 권42

권42에서는 '적서의 구분은 마땅히 명백해야 함[嫡庶之分宜辨]'과 '폐위하고 삭탈하는 잘못은 마땅히 살펴야 함[廢奪之失宜監]'을 주요한 내용으로 다루고 있는데, 이는 세습왕조의 권력구조와 깊은 관련이 있다. 세습왕조에서는 현재의 권력을 쥔 군주는 미래의 권력인 태자를 통제할 필요성이 있는데, 그 극단적인 형태가 태자의 지위를 박탈하는 것이다. 세습왕조에서 태자의 건립과 폐위가 빈번한 것도 본질적으로 권력의 향방을 둘러싼 갈등으로 해석할 수 있다. 이와 같은 난점을 해소하기 위해서 진덕수가 제시하는 방법은 우선 적서(嫡庶)의 구별을 명확하게 하는 것이다. 적장자(嫡長子)를 우대하는 것은 단지 군주 개인의 사사로운 감정에 따르는 것이 아니라 지위 고하를 분별하고 반역의 혼란을 방비하기 위한 방법이다. 진덕수는 주(周)나라 환왕(桓王)과 제(齊)나라 희공(僖公), 한(漢)나라 성제(成帝), 오(吳)나라 손권(孫權), 당(唐)나라 태종(太宗) 때의 고사를 들어, 태자와 그 밖의 왕자 사이에 대우와 지위에 차등을 두지 않았을 때 생기는 혼란에 대해 언급한다. 더욱 심각한 문제는 이미 책봉한 태자를 폐위하는 경우에 발생한다. 주나라 유왕(幽王)이 태자를 폐위하였다가 결국 나라가 멸망하였던 사건을 시작으로, 중국의 역사에서 수많은 군주들이 태자를 폐위하는데 그러한 결정이 야기한 혼란은 국가의 존망을 위협하기도 하였다. 이와 같은 상황에서 지식인들은 태자의 폐위를 막기 위해 적극적으로 노력하는데, 한나라 고조(高祖) 때의 장양(張良)과 상산사호(商山四皓), 당(唐) 덕종(德宗) 때의 이필(李必) 등이 대표적인 사례다.

## 적서의 구분은 마땅히 명백해야 함[嫡庶之分宜辨]

『춘추좌씨전(春秋左氏傳)』에서 다음과 같은 기록이 보인다.

"노(魯)나라 환공(桓公) 18년(기원전 694), 주공(周公) 흑견(黑肩)이 천자인 주(周)나라 장왕(莊王)을 시해하고 왕자 극(克)을 천자로 세우고자 하였다. 신백(辛伯)이 천자에게 고하여 마침내 천자와 함께 흑견을 죽이니, 왕자 극은 연(燕)나라로 도망갔다."

원래 자의(子儀, 왕자 극의 자(字))는 환왕(桓王)에게 총애를 받았는데, 환왕이 흑견에게 자의를 부탁하였다. 신백이 간하여 말하였다.

"첩이 왕후와 동등한 것[並后], 서자가 적자와 동등한 것[匹嫡], 신하가 군주와 함께 정권을 나누는 것[兩政], 제후국의 도성이 천자의 도성과 비슷하게 되는 것[耦國]은 나라를 어지럽히는 근본입니다."

흑견은 신백의 말을 듣지 않았다. 그리하여 이러한 지경에 이른 것이다.

『春秋左氏傳』: "桓十八年, 周公欲弑莊王而立王子克. 辛伯告王, 遂與王殺周公黑肩, 王子克奔燕." 初, 子儀有寵於桓王, 桓王屬諸周公. 辛伯諫曰: "並后、匹嫡、兩政、耦國, 亂之本也." 周公弗從, 故及.

—장왕은 환왕(桓王)의 태자이며, 왕자 극은 장왕의 동생이다. 신백은 주나라의 대부다. 병후(並后)는 첩(妾)이 후(后)와 같음을 말한다. 필적(匹嫡)은 서자[庶]가 적자[嫡]와 같음을 말한다. 양정(兩政)은 신하가 임금의 허락 없이 제멋대로 명령을 내리는 것을 말한다. 우국(耦國)은 대부의 성[國]이 임금의 성[都]과 맞먹을 정도로 큼을 말한다. 급(及)은 어려움[難]에 이르렀다는 뜻이다.—

**신은 이렇게 생각합니다.** 장왕은 적자이고, 자의는 서자입니다. 환왕이 자의를 흑견에게 부탁하였으니, 이는 사사로운 마음이 있는 것입니다. 흑견이 장왕을 시해하고 자의를 천자로 세우고자 하였으니, 이는 환왕의 사사로움을 이루려고 한 것입니다. 군주와 신하가 함께 그 사사로움을 이루고자 천하의 바른 이치를 돌아보지 않았으니, 어찌 화를 면할 수 있었겠습니까?

제나라 양공(襄公)이 연칭(連稱)과 관지보(管至父)에게 규구(葵丘) 지방을 지키도록 시켰다.[1] 두 사람은 오이가 한창일 때에 규구로 갔는데, 양공은 다시 오이가 한창일 때가 되면 교대해 주겠다고 하였다. 1년 동안 규구지방을 지켰는데 양공의 부름이 이르지 않았고, 교대해 줄 것을 청하였으나 허락하지 않았기 때문에 난을 일으킬 것을 도모하였다.

희공(僖公)의 동복아우 이중년(夷仲年)이 공손무지(公孫無知)를 낳았다. 공손무지는 희공에게 총애를 받아 의복과 예의등급 및 작록품계 등이 희공의 적자와 같았다. 태자인 양공은 군주가 되자 공손무지에 대한 대우를 낮추었다. 두 사람은 공손무지와 결탁하여 난을 일으켰다.

연칭에게는 궁중에 있는 사촌 여동생이 있었는데, 군주에게 총애를 받지 못하였다. 공손무지는 그녀에게 양공의 동태를 살피

---

1 『춘추좌씨전(春秋左氏傳)』 장공(莊公) 8년조.

게 하며 말하였다.

"일이 이루어지면, 내가 너를 부인으로 삼겠다."

겨울 12월, 양공을 시해하고 공손무지가 군주에 즉위하였다.

齊侯使連稱、管至父戍葵丘. 瓜時而往, 曰及瓜而代. 期戍, 公問不至, 請代弗許, 故謀作亂. 僖公之母弟曰夷仲年, 生公孫無知, 有寵於僖公, 衣服禮秩如適, 襄公絀之, 二人因之以作亂. 連稱有從妹在公宮, 無寵. 使間公曰: "捷, 吾以女爲夫人." 冬十二月, 弑君立無知.

—제나라 군주는 양공(襄公)이다. 연칭(連稱)과 관지보(管至父) 두 사람은 제나라 대부이며, 규구는 제나라 지명이다. 양공의 부름이 이르지 않았다는 것은 교대하고 돌아오라는 명령이 없었다는 것이다. 이중년(夷仲年)의 이중(夷仲)은 자(字)이고, 년(年)은 이름이다. 희공의 적자는 태자를 가리킨다. 양공이 공손무지의 대우를 낮추었다는 것은 그 예의등급과 작록품계 등을 깎았음을 이른다. 두 사람은 연칭과 관지보를 가리킨다. 둘이 난을 도모하면서 공손무지의 원망과 결탁하여 마침내 난을 일으켰다. 양공의 동태를 살피게 한 것은 양공의 틈을 엿보게 한 것이다. 첩(捷)은 승리한다는 뜻이다. 공손무지가 "일이 성사되면 너를 부인으로 삼겠다."라고 말한 것이다.—

**신은 이렇게 생각합니다**. 형제의 아들도 자신의 아들과 같이 여겨 그들을 사랑함이 똑같은 것은 있을 수 있지만, 의복과 예의등급, 작록품계까지 모두 적자와 같은 것은 있을 수 없습니다. 희공이 공손무지를 총애한 것이 단지 조카를 우대한 것이었다면 괜찮았습니다. 하지만 옛 사람들이 대를 이을 맏아들을 높이고 특별하게 대우한 예법이 자신의 사사로움 때문이 아니라 높고 낮음의 분별을 밝히고 참람되이 사악한 마음을 품는 근원을 막기 위한 까닭이었음을 알지 못한 것입니다. 뒷날의 화를 초래함이 마땅하다고 할 수 있습니다.

한(漢)나라 원제(元帝) 때 부 소의(傅昭儀)와 그 아들 정도왕(定陶王)에 대한 총애가 황후와 태자에 대한 마음을 능가하였다.—황후보다 부 소의를 총애하였으며, 태자보다 정도왕을 총애하였다는 말이다.— 승상 광형(匡衡)이 상소에서 다음과 같이 말하였다.

"어진 임금은 반드시 비와 황후의 사이에서 조심스럽게 행동하며, 적장자의 지위를 구별합니다. 이것은 안에서 예에 맞게 하고자 함이니, 낮은 지위가 높은 지위를 뛰어넘지 못하고 새로운 사람이 옛사람을 앞서지 못하게 하여 감정을 억제하고 음기를 다스리는 방법입니다.—예는 음에 속하니 이(理)를 얻으면 음기가 순해지므로 음기를 다스린다고 말한 것이다.— 또한 이는 적장자를 높이고 서자를 낮추는 것이니, 적장자는 동편 계단에서 관례를 치르고 단술을 쓰는 것이 예에 맞습니다. 여러 다른 자식들은 적자와 동등하게 대할 수 없습니다. 이는 적장자를 귀하게 여기고 의심스러운 바를 분명하게 하기 위한 까닭이지, 헛되이 그 예에 무늬를 더한 것이 아닙니다. 즉 중심이 되는 적자는 여러 자식에 비해 특별하기 때문에 그에 대한 예는 그 취지를 살펴 밖으로 드러낸 것입니다.

만일 마땅히 친해야 할 자를 소원히 대하고, 마땅히 높여야 할 자를 낮춘다면 아첨하고 약삭빠른 간악한 무리들이 이때를 틈타 움직여 나라를 어지럽힐 것입니다. 그러므로 성인은 그 실마리를 삼가 방비하며 미연에 금지시킴으로써 사사로운 은혜로 공의(公義)를 해할 수 없게 하였습니다."

漢元帝時, 傅昭儀及子定陶王愛幸, 寵於皇后、太子. 丞相匡衡上疏曰: "聖王必愼妃后之際, 別適長之位. 禮之於內也, 卑不逾尊, 新不先故, 所以統人情而理陰氣也. 其尊適而卑庶也, 適子冠乎阼, 禮之用醴. 衆子不得與列, 所以貴正體而明嫌疑也, 非虛加其禮文而已. 乃中心與之殊異, 故禮探其情而見之外也. 如當親者疏, 當尊者卑, 則佞巧之姦因時而動, 以亂國家. 故聖人謹防其端, 禁於未然, 不以私恩害公義."

—적(適)은 적(嫡)과 같은 의미로 읽는다. 관(冠)은 관례를 행하는 것을 이른다. 조(阼)는 군주의 계단을 가리킨다. 예(醴)는 단술이니 술 가운데 귀한 것이다.—

**신은 이렇게 생각합니다.** 광형은 고인들의 관례(冠禮)를 끌어와 적장자가 중요함을 논하고 다른 아들들이 적장자에게 맞설 수 없다는 점을 밝혔습니다. 참으로 아름다운 말입니다. 군주들이 알지 못해서는 안 될 것입니다.

삼국(三國)시대 오(吳)나라 대제(大帝)가 적오(赤烏) 5년(242)에 아들 손화(孫和)를 태자로 세우고, 손패(孫霸)를 노왕(魯王)으로 삼았다.[2] 손패는 손화의 동복아우다. 오나라 군주 손권(孫權)이 손패를 사랑함은 손화와 다름이 없었다. 그 사부 시의(是儀)가 간하였다.

"노왕(魯王)은 문무(文武)의 자질을 겸하였으니, 마땅히 내보

2 이 부분은 『삼국지(三國志)』「오지(吳志)」 권13에 보인다.

내서 사방을 진압하여 나라의 울타리로서 도움이 되도록 하여야 합니다. 또한 손화와 손패 두 아들 사이에 차등을 두어야만 위아래의 질서가 바로잡힐 것입니다."

손권은 듣지 않았다.

적오 8년(245) 봄, 오나라 태자 손화와 노왕이 궁궐을 함께 썼으며 예의등급 및 작록품계가 모두 같으니, 여러 신하들이 말이 많았다. 오나라 군주 손권은 바로 명하여 그들의 궁궐과 관리들을 분리하였는데, 이로 인하여 두 아들 사이에 틈이 생겼다. 손패가 마음을 다하여 유명 인사들과 사귀자, 이에 상대의 무리들이 반란할 것을 의심하여 온 나라가 나누어졌다.

태자에 대한 손권의 총애가 날로 약해지자 손패의 무리들이 그러한 상황을 틈타 태자를 비방하였고, 손권은 그 비방에 혹하였다. 이에 육손(陸遜)이 간하였다.

"정통과 번신(藩臣)은 마땅히 총애와 작록품계에 차별이 있어야만 피차간에 마땅한 바를 얻게 되며 위아래가 편안함을 얻을 수 있습니다."

육손은 이와 같은 글을 서너 차례 올렸다. 그 글과 마음이 절실하였으나, 손권은 기뻐하지 않았다. 태상(太常) 고담(顧譚)이 상소를 올렸다.

"국가를 소유한 자는 반드시 적서(嫡庶)의 단서를 밝히고 존비(尊卑)의 예를 다르게 하여, 그들이 높고 낮음에 차이가 있게 하며 등급을 뛰어넘을 수 없게 해야 합니다. 그렇게 해야만 골육간의 은혜가 온전해지며 분수에 넘치는 야심의 희망을 끊을 수 있습니다. 신(臣)이 진술한 바는 어느 한쪽으로 치우친 바가 없으며, 진정으로 태자를 안전하게 하고 노왕을 편안하게 하고자 하는 것입니다."

이 상소 때문에 손패는 고담을 미워하였고, 전종(全琮) 역시 그를 미워하여 함께 비방하였다. 이에 오왕 손권은 고담을 교주(交州, 오늘날 베트남 지역)로 귀양 보냈다. 손권이 노왕 손패와 양축(楊竺)의 참소로 인하여 여러 차례 사신을 보내어 육손을 꾸짖으니, 육손이 분을 이기지 못하고 세상을 떴다.

원래 반 부인(潘夫人)이 오나라 군주 손권에게 총애를 받아 막내아들 손량(孫亮)을 낳았는데, 손권은 그를 아꼈다. 전공주(全公主) 손로반(孫魯班, 전종(全琮)에게 시집간 손권의 장녀)은 이미 태자 손화와 불화가 있었기 때문에 미리 스스로 끈을 만들고자 자주 손량이 훌륭하다고 칭찬하였다.

손권은 노왕 손패가 붕당을 지어 형을 해하려 하자 마음속으로 손패 또한 미워하게 되었다. 시중 손준(孫峻)에게 일러 말하였다.

"자식들이 화목하지 않으니 장차 원씨(袁氏)와 같은 재앙이 있어 천하의 웃음거리가 될 것이다. 한 사람을 태자로 세운다면 어찌 어지럽지 않을 수 있겠는가!"

결국 손화를 폐하고 손량을 태자로 세우고자 하는 뜻을 세워 놓고서 오래도록 입을 다물고 시간을 보내었다. 이때에 이르러 마침내 태자 손화를 폐위시켰다. 장군 주거(朱據)가 간언하였다.

"태자는 나라의 근원입니다. 바른 성품에 인과 효를 더하였으니, 천하가 태자를 따릅니다. 옛날 진(晉)나라 헌공(獻公)은 여희(驪姬) 때문에 신생(申生)을 살려두지 않았고, 한(漢) 무제(武帝)는 강충(江充)을 믿었다가 여태자(戾太子)를 원통하게 죽게 하였습니다. 신(臣)은 태자가 그 근심을 감당하지 못할까 두렵습니다. 비록 차후에 자식이 그리워 궁[思子宮]을 세운다 하더라도 돌이킬 수 없을 것입니다."

손권이 듣지 않았다. 주거가 상서복야(尙書僕射) 굴황(屈晃)과 함께 여러 장수와 관리들을 거느리고 머리에 진흙을 바르고 스스로를 결박하고서 날마다 대궐에 나아가 손화의 복위를 청하였다. 무난독(無難督) 진정(陳正)과 오영독(五營督) 진상(陳象)도 각각 상서를 올려 간절히 간하였다.

군주 손권이 크게 노하여 진정과 진상의 일족을 죽이고 주거와 굴황을 궁으로 끌고 왔다. 주거와 굴황은 머리를 조아리며 피를 흘리면서도 말과 얼굴빛은 굽히지 않았다. 손권이 그들에게 100대의 장형을 내렸다. 마침내 손화를 폐하여 서인으로 삼고 고장(故鄣)으로 귀양 보냈으며, 손패에게는 죽음을 내리고 손량을 세워 태자로 삼았다.

三國吳大帝赤烏五年, 立子和爲太子, 霸爲魯王. 霸, 和母弟也. 吳主權愛之, 與和無異. 其傅是儀諫曰: "魯王兼資文武, 宜出鎭四方, 爲國藩輔. 且使二宮有所降殺, 以正上下之序." 不聽. 八年春, 吳太子和與魯王同宮, 禮秩如一, 羣臣多以爲言. 吳主權乃命分宮列僚之, 二子由是有隙. 霸曲意交結名士, 於是仇黨疑貳, 擧國中分. 太子寵日衰, 霸黨從而毁之, 權惑焉. 陸遜諫曰: "正統、藩臣, 當使寵秩有差, 則彼此得所, 上下獲安矣." 書三四上, 辭情危切, 權不悅. 太常顧譚上疏曰: "有國家者, 必明嫡庶之端, 異尊卑之禮, 使高下有差, 等級踰邈. 則骨肉之恩全, 覬覦之望絶矣. 臣之所陳, 非有所偏, 誠欲以安太子而便魯王也.” 由是霸惡譚, 全琮亦惡之, 相與譖之, 吳主徙譚於交州. 權以魯王霸、楊竺之譖, 數遣使責問遜, 遜憤恚而卒. 初, 潘夫人有寵於吳主權, 生少子亮, 權愛之. 全公主旣與太子和有隙, 欲豫自結, 數稱亮美. 權以魯王霸結朋黨以害其兄, 心亦惡之, 謂侍中孫峻曰: “子弟不睦, 將有袁氏之敗, 爲天下笑. 若使一人立者, 安得不亂乎!” 遂有廢和立亮之意, 然猶沉吟歷年. 至是, 乃幽太子和. 將軍朱據諫曰: “太子, 國之本根. 加以雅性仁孝, 天下歸心. 昔晉獻用驪姬而申生不存, 漢武信江充而戾太子寃死. 臣竊懼太子不堪其憂, 雖立思子之宮, 無及矣!” 不聽. 據與尙書僕射屈晃率諸將吏泥頭自縛, 連日詣闕請和, 而無難督陳正及五營督陳象各上書切諫. 吳主大怒, 族誅正、象, 牽據、晃[3]入殿, 據、晃猶叩頭流血, 辭氣不撓, 權杖之一百. 遂廢和爲庶人, 徙故鄣, 賜霸死, 立子亮爲太子.

**신은 이렇게 생각합니다.** 오나라의 군주는 서자가 적자와 맞서는 것에 대한 충고를 살피지 않았으며, 이미 태자를 세우고서 또 노왕을 총애하여 예의등급과 작록품계를 똑같이 하였습니다. 또한 육손과 고담 등이 힘써 간하는 것을 듣지 않고 마침내 화를 불러 두 아들을 모두 폐하는 지경에 이르렀습니다. 이는 임금이 마땅히 경계해야 할 바입니다.

당(唐) 무덕(武德) 9년(626), 태종(太宗)이 아들 중산왕(中山王) 이승건(李承乾)을 태자로 삼았다.[4] 정관(貞觀) 7년(633), 태자가 노는

---

3 저본에는 ‘황(晃)’이 아니라 ‘광(光)’으로 되어 있지만 ‘황(晃)’이 옳다.

4 태자 이건승을 폐위하는 내용은 『자치통감(資治通鑑)』 권195~197에 보인다.

것을 좋아하여 자못 예법에 맞지 않았다. 좌서자(左庶子) 우지녕(于志寧)과 우서자(右庶子) 공영달(孔穎達)이 여러 차례 직간하니, 황제가 듣고서 그것을 칭찬하여 각각 금 한 근과 비단 오백 필을 하사하였다.

唐武德九年, 太宗立皇子中山王承乾爲太子. 貞觀七年, 太子好嬉戲, 頗虧禮法. 左庶子于志寧、右庶子孔穎達數直諫, 上聞而嘉之, 各賜金一斤、絹五百匹.

정관 14년(640), 태자가 오랫동안 관속들을 나와 만나지 않으니, 우서자 장현소(張玄素)가 간언하였다.

"조정에서는 뛰어나고 현명한 인재들을 선발하여 지극한 덕을 돕고 있는데, 태자께서는 지금 세월을 보내며 궁중의 신하들을 만나지 않으니 장차 만에 하나라도 어떤 도움이 있겠습니까?"

태자가 듣지 않았다.

十四年, 太子久不出見官屬, 右庶子張玄素諫曰: "朝廷選俊賢以輔至德, 今動經時月, 不見宮臣, 將何以裨益萬一." 不聽.

정관 15년(641), 태자가 궁실을 짓는다고 농사를 방해하였다. 또한 정(鄭)나라와 위(衛)나라의 음악을 좋아하였다. 첨사(詹事) 우지녕이 간하였으나 듣지 않았다. 또한 환관을 총애하여 항상 좌우에 있게 하였으며, 돌궐(突厥)의 달가우(達哥友)를 불러 궁에 들어오게 하였다. 우지녕이 상서를 올려 간절히 간하였다. 태자는 자객을 보내어 우지녕을 죽이고자 하였으나, 두 자객은 우지녕을 차마 죽이지 못하고 그만두었다.

十五年, 太子治宮室, 妨農功. 又好鄭、衛之樂. 詹事于志寧諫, 不聽. 又寵昵宦官, 常在左右. 又引突厥達哥友入宮, 志寧上書切諫, 太子遣刺客殺之, 二人不忍殺而止.

정관 16년(642), 위왕(魏王) 이태(李泰)가 『괄지지(括地志)』를 올렸다. 이태는 배우기를 좋아하였는데, 사마(司馬) 소욱(蘇勗)이 이태에게 옛날 현명한 왕들은 모두 선비들을 초청하여 책을 쓰게 하였다고 말하였다. 이태는 황제에게 아뢰어 『괄지지』를 편수할 것을 청하였다. 이에 관사를 활짝 열고 당시의 뛰어난 선비들을 널리 불러들이니, 인재들이 모여들어 문과 뜰이 마치 시장과 같았다. 이태는 한 달의 녹봉이 태자를 넘어섰다. 간의대부(諫議大夫) 저수량(褚遂良)이 소를 올렸다.

"성인이 예를 제정함에 적자를 높이고 서자를 낮추었으며, 세자가 쓰는 물건은 따로 계산하지 않고 왕과 같이 공급하였습니다. 서자를 비록 사랑하더라도 적자를 넘어설 수 없게 한 것은 의심이 번지는 것을 막아 화란(禍亂)의 근원을 제거하려는 까닭입니다. 옛날 한(漢)나라의 두 태후(竇太后)가 양효왕(梁孝王)을 총애하였으나 마침내 근심 때문에 죽게 하였고, 선제(宣帝)도 회양왕(淮陽王)을 총애하였으나 거의 패망함에 이르렀습니다. 지금 위왕이 다시 대궐에 나왔으니, 마땅히 예칙(禮則)으로 가르치고 겸손함과 검소함으로써 인도하면 바로 훌륭한 그릇이 될 것입니다. 이것이 이른바 '성인의 가르침은 엄숙하지 않아도 이루어진다[聖人之教不肅而成]'[5]는 것입니다."

황상이 또한 이태를 궁중의 무덕전(武德殿)으로 옮겨서 거하도록 하였다. 위징(魏徵)이 소를 올렸다.

"폐하께서 위왕을 아끼시어 항상 그로 하여금 안전하게 하고자 하신다면 마땅히 늘 그 교만하고 사치스러움을 억누르며 의심을 받을 만한 곳에 처하지 않도록 해야 합니다."

황제가 급히 이태를 그의 집으로 돌아가도록 하였다.

十六年, 魏王泰上『括地志』. 泰好學, 司馬蘇勗說泰, 以古之賢王皆招士著書, 故泰奏請修之. 於是大開館舍, 廣延時俊, 人物輻湊, 門庭如市. 泰月給踰於太子, 諫議大夫褚遂良上疏, 以爲"聖人制禮, 尊嫡卑庶, 世子用物不會, 與王者共之. 庶子雖愛, 不得踰嫡, 所以塞嫌疑之漸, 除禍亂之源也. 昔漢竇太后寵梁孝王, 卒以憂死; 宣帝寵淮陽王, 亦幾至於敗. 今魏王新出閤, 宜示以禮則, 訓以謙儉, 乃爲良器, 此所謂'聖人之教不肅而成'者也." 上又令泰徙居武德殿. 魏徵上疏, 以爲"陛下愛魏王, 常欲使之全安, 宜每抑其驕奢, 不處嫌疑之地." 上遽遣泰歸第.

가을 8월, 황제가 물었다.

"지금 나라에서 어떠한 일이 가장 급한가?"

---

5 『효경(孝經)』「성치(聖治)」장에 나온다.

저수량이 대답하였다.

"지금 사방에 근심이 없으나, 다만 태자와 여러 왕들 사이에 마땅히 구분을 정해야 하는 일이 가장 급합니다."

황제가 말하였다.

"그 말이 옳다."

이즈음 태자 이승건은 덕을 잃었고 위왕 이태가 총애를 받으니, 여러 신하들이 날마다 미심쩍어하는 논의를 벌였다. 황제가 이 일을 듣고 언짢아하면서 시중드는 신하에게 말하였다.

"지금 여러 신하들 중에 충직하기로는 위징을 넘어설 자가 없다. 내가 그를 보내어 태자를 보필하게 하여 천하의 의심을 끊도록 하겠다."

9월, 위징을 태자태사(太子太師)로 임명하였는데 위징이 표(表)를 올려 사양하였다. 황제가 손수 조서를 내렸다.

"주(周)나라 유왕(幽王)과 진(晉)나라 헌공(獻公)은 적장자를 폐하고 서자를 세워 나라를 위태롭게 하고 망하게 하였다. 한(漢) 고조(高祖)는 거의 태자를 폐하였다가 사호(四皓)에 의지한 후에야 안정되었다. 내가 지금 그대에게 의지하는 것은 바로 그와 같은 뜻이다."

위징이 비로소 조서를 받았다.

秋八月, 上曰: "當今國家何事最急?" 褚遂良曰: "今四方無虞, 唯太子諸王宜有定分最急." 上曰: "此言是也." 時太子承乾失德, 魏王泰有寵, 羣臣日有疑議. 上聞而惡之, 謂侍臣曰: "今羣臣忠直, 無踰魏徵. 我遣侍太子. 使絶天下之疑." 九月, 徵爲太子太師, 徵表辭. 上手詔諭: "以周幽、晉獻廢嫡立庶, 危亡國家. 漢高祖幾廢太子, 賴四皓然後定, 我今賴公卽其義也." 徵乃受詔.

정관 17년(643) 봄 정월에 황제가 여러 신하들에게 말하였다.

"외부의 선비와 백성들 가운데 태자에게는 발의 병이 있으며 위왕은 뛰어나게 영리하다고 하면서 위왕의 거동을 따르는 자들이 많아졌다. 갑자기 다른 의견과 요행을 바라는 무리들이 생겨나 억지로 말을 끌어다 붙이는 자들이 있다고 들었다. 태자가 비록 발에 병이 있으나 걸음을 걷지 못할 정도는 아니다. 또한 『예기(禮記)』에 '적자가 죽으면 적손을 세운다.'라고 하였는데, 태자의 아들은 이미 다섯 살이다. 짐은 끝내 서자로써 적장자를 대신하여 틈을 엿볼 기회를 열어두지 않을 것이다."

十七年, 春正月, 上謂羣臣曰: "聞外間士民以太子有足疾, 魏王穎悟, 多從遊幸, 遽生異議, 徼幸之徒, 已有附會者. 太子雖病足, 不廢步履. 且『禮』: '嫡子死, 立嫡孫.' 太子男已五歲, 朕終不以孽代宗, 啓窺窬之源也!"

애초에 태자 이승건은 음악과 여색(女色), 사냥, 사치를 좋아하였다. 위왕 이태는 재주와 기예가 많아 황제에게 총애를 받았는데, 태자에게 발에 병이 있는 것을 보고서 몰래 적자의 자리를 빼앗을 뜻을 가지고, 욕심을 숨기고 선비들에게 자신을 낮추어 명성을 구하려고 하였다. 황제가 황문시랑(黃門侍郞) 위정(韋挺)에게 이태의 왕부(王府)의 일을 돕도록 명하였다가 후에 다시 공부상서(工部尙書) 두초객(杜楚客)에게 대신하도록 명하였다. 두 사람은 모두 이태를 위하여 조정의 선비들과 관계를 맺었다. 두초객은 간혹 금을 품고 가서 권문귀족들에게 뇌물로 주고서 위왕이 총명하여 마땅히 군주를 이을 만하다고 말하였다. 문관과 무관들은 각각 의탁하는 곳이 있어 몰래 붕당을 이루었다.

태자는 이태의 핍박이 두려워 사람을 보내 거짓으로 이태의 왕부(王府) 전첨(典籤, 문서를 처리하는 하급관리)이 되게 하여 황제에게 상서를 올리게 하였는데, 그 내용은 모두 이태의 죄악을 말하는 것이었다. 황명을 내려 이태를 체포하려 하였으나 실패하였다.

또한 태자는 몰래 자객을 양성하여 위왕 이태를 죽일 것을 모의하였다. 이부상서(吏部尙書) 후군집(侯君集)의 사위 하란초석(賀蘭楚石)이 동궁의 천우(千牛, 군왕을 호위하는 관직명)였는데, 태자는 후군집이 원망하는 마음이 있음을 알고서 여러 차례 하란초석에게 명하여 후군집을 동궁으로 오도록 하고, 자신이 안전할 수 있는 방법을 물었다. 후군집은 태자를 어리석고 모자라다고 여겨 틈을 타 그를 꾀어내고자 태자에게 반란을 일으킬 것을 권하였다. 한왕(漢王) 이원창(李元昌) 역시 태자에게 반란을 일으킬 것을 권하였다. 부마도위(駙馬都尉) 두하(杜荷)는 태자와 친밀한 관계였으므로 그 반란에 참여하였다. 태자는 제왕(齊王) 이우(李祐)가 제주에서 반란을 일으켰다는 소식을 듣고서 흘간승기(紇干承基)에게 말하였다.

"나의 궁 서쪽 담장과 황제가 거처하는 궁과의 거리는 이십 보일 뿐이다. 경과 더불어 큰일을 하니 어찌 제왕(齊王)과 비할 바이겠는가?"

여름 4월, 흘간승기가 급변을 보고하면서 태자가 반란을 도모하고 있음을 고하였다. 황제가 장손무기(長孫無忌) 등에게 조서를 내려 대리시(大理寺), 중서성(中書省), 문하성(門下省)과 함께 참여하여 국문하게 하였더니, 반란의 형태가 이미 갖추어져 있었다. 황제가 가까이에서 모시는 신하들에게 물었다.

"장차 승건을 어찌 처리해야 하는가?"

여러 신하들이 감히 대답하지 못하였는데, 통사사인(通事舍人) 내제(來濟)가 나서며 말하였다.

"폐하께서 자애로운 아버지의 모습을 잃지 않아 태자가 천수를 누릴 수 있게 한다면 좋을 것입니다."

황제가 그 의견에 따랐다. 조서를 내려 이승건을 폐위하여 서인으로 삼고 우령군부(右領軍府)에 유폐하였다. 또한 한왕 이원창에게 스스로 죽을 것을 명하였으며, 후군집 등은 모두 복주(伏誅, 사형)하였다. 이승건이 이미 죄를 얻자, 위왕 이태는 자연스럽게 궁으로 들어와 황제를 시봉하였다. 황제가 면전에서 이태를 황태자로 세울 것을 허락하였다. 장손무기가 진왕(晉王)을 황태자로 세울 것을 청하였다. 황제가 가까이에서 모시는 신하들에게 말하였다.

"어젯밤에 청작(青雀, 이태의 어릴 적 자(字))이 나의 품으로 뛰어 들어와 '신이 오늘에서야 비로소 폐하의 아들이 될 수 있었습니다. 신에게 자식이 하나 있으나, 신이 죽는 날 마땅히 폐하를 위하여 아들을 죽이고 진왕에게 왕위를 전하겠습니다.'라고 하였다. 사람이라면 누가 그 자식을 아끼지 않겠는가? 짐은 청작이 이와 같이 하는 것을 보고 매우 가련하였다."

저수량이 대답하였다.

"폐하의 말씀은 크게 잘못되었습니다. 원컨대, 살피고 생각하여 잘못된 일을 실행하지 마십시오. 어찌 폐하께서 돌아가신 후에 위왕이 천하를 잡고서 기꺼이 그 사랑하는 자식을 죽이고 진왕에게 왕위를 물려주는 일이 있겠습니까? 폐하께서는 일전에 이미 이승건을 세워 태자로 삼고서 다시 위왕을 총애하여 예의등급과 작록품계가 이승건을 넘어섰기 때문에 오늘날과 같은 화가 있었던 것입니다. 앞의 사건이 그리 오래전 일이 아니니 충분히 본보기로 삼을 만합니다. 폐하께서 지금 위왕을 세우시려면 우선 진왕을 잘 처리하시기 바랍니다. 그래야만 비로소 편안히 보전될 수 있습니다."

황제가 눈물을 흘리며 말하였다.

"나는 그렇게 할 수 없다."

위왕 이태는 황제가 진왕 이치(李治)를 세울 것을 두려워하여, 이치에게 말하였다.

"너와 이원창은 사이가 좋았는데, 이원창이 지금 무너졌으니 너에게 우환이 없을 수 있겠는가?"

이치는 이 때문에 얼굴에 근심이 드리워졌다. 황제가 괴이하게 여겨 그 까닭을 거듭 물으니, 이치가 곧 사정을 고하였다. 황제가 놀라면서 비로소 이태를 세우기로 한 말을 후회하였다.

황제는 이승건을 만나 질책하였다. 그러자 이승건이 말하였다.

"신은 태자였는데 다시 무엇을 구하였겠습니까? 다만 이태가 도모하는 바 때문에 때때로 조정의 신하들과 저 스스로를 안전하게 할 수 있는 방책을 도모하였는데, 불만을 품은 나쁜 무리들이 마침내 신으로 하여금 반란을 도모하게 하였을 뿐입니다. 지금 만약 이태를 세워 태자로 삼으신다면, 이른바 그의 계책에 빠지는 것입니다."

이승건이 폐위된 후, 황제가 양의전(兩儀殿)에 행차하였다. 다른 여러 신하들이 모두 나가고 다만 장손무기, 방현령(房玄齡), 이세적(李世勣), 저수량만이 남아 있었다. 황제가 말하였다.

"나의 세 아들과 한 명의 동생이 행한 바가 이와 같으니, 나는 진실로 마음을 의지할 곳이 없다."

이 말을 마치고 평상에 쓰러지니, 장손무기 등이 다투어 앞으로 나아가 부축하여 잡았다. 황제가 또한 패도(佩刀)를 꺼내어 스스로를 찌르고자 하여, 저수량이 칼을 빼앗아 진왕 이치에게 주었다. 장손무기가 황제가 하고자 하는 바가 무엇인지를 묻자 황제가 말하였다.

"나는 진왕을 세우고자 한다."

장손무기가 말하였다.

"삼가 조서를 받들겠습니다. 이견이 있는 자는 신이 벨 수 있게 해 주십시오."

황제가 곧바로 태극전으로 거동하여 문무관 6품 이상을 불러 말하였다.

"승건은 도리에 어긋나고 패륜을 저질렀다. 이태는 음흉하고 간악하니, 모두 태자로 세울 수 없다. 짐이 여러 아들 중에 선택하여 후사를 세우고자 하니, 누구를 태자로 세울 수 있겠는가?

경들은 분명하게 말하라."

신하들이 모두 큰소리로 외쳤다.

"진왕이 어질고 효성스러우니, 마땅히 후사가 될 수 있습니다."

황제가 기뻐하며, 마침내 진왕 이치를 세워 태자로 삼았다. 황제가 주위의 모시는 신하들에게 말하였다.

"내가 만일 이태를 태자로 세웠다면 이는 태자의 자리가 도모하여 얻을 수 있는 것이 된다. 지금부터 태자가 도를 잃거나 번왕들 중에 틈을 엿보는 자가 있으면 모두 버릴 것이다. 이것을 자손에게 전하여 영원토록 후세의 법으로 삼도록 하라."

初, 太子承乾喜聲色畋獵, 所爲夸靡. 魏王泰多藝能, 有寵於上, 見太子有足疾, 潛有奪嫡之志, 折節下士求聲譽. 上命黃門侍郎韋挺攝泰府事, 後命工部尙書杜楚客代之, 二人俱爲泰要結朝士. 楚客或懷金以賂權貴, 因說以魏王聰明, 宜爲上嗣. 文武之士, 各有附託, 潛爲朋黨. 太子畏其逼, 遣人詐爲泰府典籤上封事, 其中皆言泰罪惡, 敕捕之, 不獲. 太子陰養刺客, 謀殺魏王泰. 吏部尙書侯君集之壻賀蘭楚石爲東宮千牛, 太子知君集怨望, 數令楚石引君集入東宮, 問其自安之術. 君集以太子暗劣, 欲乘釁圖之, 因勸之反, 漢王元昌亦勸太子反. 駙馬都尉杜荷, 爲太子所親暱, 預其反謀. 太子聞齊王祐反於齊州, 謂紇干承基曰: "我宮西牆去大內正可二十步耳, 與卿爲大事, 豈比齊王乎?" 夏四月, 承基上變, 告太子謀反. 敕長孫無忌等與大理、中書、門下參鞫之, 反形已具. 上謂侍臣: "將何以處承乾?" 羣臣莫敢對, 通事舍人來濟進曰: "陛下不失爲慈父, 太子得盡天年, 則善矣." 上從之. 詔廢承乾爲庶人, 幽於右領軍府. 漢王元昌賜自盡, 侯君集等皆伏誅. 承乾旣獲罪, 魏王泰自入侍奉, 上面許立爲皇太子. 長孫無忌請立晉王. 上謂侍臣曰: "昨靑雀. 投我懷云: '臣今日始得爲陛下子. 臣有一子, 臣死之日, 當爲陛下殺之, 傳位晉王'. 人誰不愛其子, 朕見如此, 甚憐之." 褚遂良曰: "陛下言大失. 願審思, 勿誤也! 安有陛下萬歲後, 魏王據天下, 肯殺其愛子, 傳位晉王者乎?

陛下日者旣立承乾爲太子, 復寵魏王, 禮秩過於承乾, 以成今日之禍. 前事不遠, 足以爲鑒. 陛下今立魏王, 願先措置晉王, 始得安全耳." 上流涕曰: "我不能爾." 因起, 入宮. 魏王泰恐上立晉王治, 謂之曰: "汝與元昌善, 元昌今敗, 得無憂乎?" 治由是憂形於色, 上怪, 屢問其故, 治乃以狀告, 上憮然, 始悔立泰之言矣. 上面責承乾, 承乾曰: "臣爲太子復何求? 但爲泰所圖, 時與朝臣謀自安之術, 不逞之徒遂教臣爲不軌耳. 今若立泰爲太子, 所謂落其度內." 承乾旣廢, 上御兩儀殿, 羣臣俱出, 獨留長孫無忌、房玄齡、李世勣、褚遂良, 謂曰: "我三子一弟, 所爲如是, 我心誠無聊賴." 因自投於床, 無忌等爭前扶抱; 上又抽佩刀欲自刺, 遂良奪刀授晉王治. 無忌請上所欲, 上曰: "我欲立晉王." 無忌曰: "謹奉詔, 有異議者, 臣請斬之." 上乃御太極殿, 召文武六品以上, 謂曰: "承乾悖逆, 泰亦凶險, 皆不可立. 朕欲選諸子爲嗣, 誰可立者? 卿輩明言之." 衆皆讙呼曰: "晉王仁孝, 當爲嗣." 上說, 遂立晉王治爲太子. 上謂侍臣曰: "我若立泰, 則是太子之位可經營而得. 自今太子失道, 藩王窺伺者, 皆兩棄之, 傳諸子孫, 永爲後法."

**신은 이렇게 생각합니다**. 태종(太宗)은 세상에 다시 나오기 힘든 뛰어난 군주입니다. 그러나 태자와 위왕의 일에서는 그 잘못이 오나라의 손권 때의 상황과 본말(本末)이 똑같았습니다. 결국 두 군주 모두 거의 나라를 위태롭게 하는 지경에까지 이르렀습니다. 마침 저수량이 나서 태자와 여러 왕들 사이에 마땅히 구분을 정해야 한다는 말을 하였으며 황제 또한 진실로 그것이 옳다고 여겼습니다. 만약 이를 기화로 적서의 구분을 크게 바로잡아 수레와 의복, 예의등급과 작록품계 모두 차등을 세우고, 위왕을 단속하고 꾸짖어 빈객들과의 교류를 금하는 것을 엄하게 하였더라면 태자의 뜻이 편안하여 반란을 일으키는 모의는 하지 않았을 것입니다.

하지만 태종은 위왕에 대한 총애를 끝내 거두지 않았습니다.

이로 인해 태자 승건은 날마다 의심하고 꺼렸으며 이태는 날마다 틈을 엿보고 분수 밖의 일을 바라게 되었으니, 비록 화란이 생기지 않고자 하더라도 그렇게 될 수 없었습니다.

그렇게 된 근본을 찾아보면 모두 태종이 사사로운 사랑에 빠져서 스스로 자제할 수 없었기 때문입니다. 그러나 승건은 비록 폐위되었지만 이태 역시 태자가 될 수 없었고, 또한 이로 인하여 후세의 모범을 드러내었습니다. '태자가 도를 잃거나 번왕 중에 틈을 엿보는 자가 있으면 모두 버린다'는 원칙을 세웠으니, 이는 실패에서 교훈을 얻은 것입니다. 그렇더라도 실패에서 교훈을 얻기보다는 처음부터 잘못하지 않는 것이 낫습니다. 그러므로 군주는 집안을 바로 하는 도를 삼가지 않을 수 없는 것입니다.

이상은 '적서의 구분은 마땅히 명백해야 함[嫡庶之分宜分]'을 논하였습니다.

## 폐위하고 삭탈하는 잘못은 마땅히 살펴야 함[廢奪之失宜監]

『사기(史記)』「주본기(周本紀)」에서 다음과 같이 말하였다.

"유왕(幽王)이 포사(褒姒)를 총애하고 아껴 아들 백복(伯服)을 낳았다. 포사와 유왕은 태자를 폐위하고자 하였다. 태자의 어머니는 신(申)나라 군주의 딸로 왕후였다. 후에 유왕이 포사를 얻어 총애하게 되자, 신후를 폐하고 아울러 태자 의구(宜臼)도 내치고 포사를 태후로 삼고 백복을 태자로 삼으려 하였다. 태사(太史) 백양(伯陽)이 '화가 생기겠구나!'라고 말하였다. 유왕이 괵석보(虢石父)를 경(卿)으로 삼아 집권하게 하니, 나라 사람들이 모두 원망하였다. 결국 신후를 폐하고 태자를 내쳤다.

신나라 군주가 노하여 증(繒), 서이(西夷), 견융(犬戎)과 함께 유왕을 공격하였다. 유왕은 봉화를 올리고 병사를 소집하였지만, 병사들은 오지 않았다. 마침내 유왕을 여산(驪山) 아래에서 죽이고, 포사를 사로잡았다. 이에 제후들이 신나라 군주에게 나아가 함께 옛 유왕의 아들 의구를 세웠으니, 이 사람이 평왕(平王)이다."

『史記』: "幽王嬖愛褒姒, 生子伯服. 褒姒、幽王欲廢太子. 太子母申侯女, 而爲后. 後幽王得褒姒, 愛之, 欲廢申后, 并去太子宜臼, 以褒姒爲后, 以伯服爲太子. 太史伯陽曰: '禍成矣!' 幽王以虢石父爲卿, 用事, 國人皆怨. 又廢申后、去太子也. 申侯怒, 與繒西夷犬戎攻幽王. 幽王擧烽火徵兵, 兵莫至. 遂殺幽王驪山下, 虜褒姒. 於是諸侯乃卽申侯而共立故幽王之子宜臼, 是爲平王."

**신은 이렇게 생각합니다**. 유왕이 정실 왕후를 폐하고 태자를 바꿔, 그 화가 이 지경에 이르렀습니다. 그러므로 그 기록을 본편의 처음으로 삼았습니다.

『춘추(春秋)』에서 다음과 같이 말하였다.

"희공(僖公) 5년, 희공이 제후(齊侯)·송공(宋公)·진후(陳侯)·위후(衛侯)·정백(鄭伯)·허남(許男)·조백(曹伯)과 함께 수지(首止)에서 왕세자와 회합하였다."

『春秋』: "僖五年, 公及齊侯、宋公、陳侯、衛侯、鄭伯、許男、曹伯會王世子於首止."

—왕세자는 주(周) 혜왕(惠王)의 태자인 정(鄭)이다. 이름을 밝히지 않은 것과 특히 회(會)라고 한 것은 그를 높인 것이다. 수지(首止)는 위(衛)나라 지명이다.—

『춘추좌씨전(春秋左氏傳)』에서 다음과 같이 말하였다.

"수지에서 회합한 것은 주나라의 편안함을 도모하기 위해서였다."

두예(杜預)는 다음과 같이 말하였다.

"혜왕이 혜후(惠后)를 총애하였던 까닭으로 장차 태자 정(鄭)을 폐하고 왕자 대(帶)를 세우려고 하였다. 때문에 제(齊) 환공(桓公)이 제후들을 거느리고 왕세자를 만나서 그 지위를 안정시킨 것이다."

『傳』: "會于首止, 謀寧周也." 杜預曰: "惠王以惠后故, 將廢太子鄭, 而立王子帶, 故齊桓帥諸侯會王世子, 以定其位."

호안국(胡安國)은 다음과 같이 말하였다.

"왕이 사사로운 정에 이끌려 장차 세자를 바꾸려고 하니,

환공이 근심하였다. 대국(大國)을 이끌고 소국(小國)을 부축하여 수지에서 회합함으로써 태자의 지위를 안정시켰다. 태자가 천자로 즉위하니, 그가 바로 양왕(襄王)이다. 한 번 움직여서 부자와 군신의 도리를 모두 얻었다. 그러므로 공자께서 그것을 칭찬하여 '관중이 환공을 도와 한 차례 천하를 바로잡았다. 백성들이 지금껏 그 혜택을 받고 있으니, 관중이 없었더라면 우리는 머리를 풀어 헤치고 옷섶을 왼쪽으로 여미었을 것이다.'라고 한 것이다. 중국이 중국일 수 있는 것은 부자와 군신의 큰 도리가 있기 때문이니, 일단 그러한 도리를 잃는다면 오랑캐가 될 것이다. 그러므로 수지의 회맹은 매우 아름다운 일이었다."

胡安國曰: "王將以愛易世子, 桓公有憂. 控大國扶小國, 會于首止, 以定其位. 太子踐阼, 是爲襄王, 一擧而父子君臣之道皆得焉. 故夫子稱之曰: '管仲相桓公, 一匡天下, 民到於今受其賜. 微管仲, 吾其被髮左衽矣!' 中國之爲中國, 以有父子君臣之大倫也, 一失則爲夷狄矣, 故首止之盟, 美之大者也."

진(晉) 헌공(獻公)이 제강(齊姜)과 사통하여 후에 제(齊) 나라 목공(穆公)의 부인이 되는 딸과 태자 신생(申生)을 낳았다.[6] 또한 융(戎)에서 두 여자를 아내로 맞이하였는데, 융나라의 큰딸 호희(狐姬)는 중이(重耳)를 낳았고, 작은딸은 이오(夷吾)를 낳았다. 진나

6 이 부분은『춘추좌씨전(春秋左氏傳)』장공(莊公) 28년에 나오는 내용이다.

라가 여융(驪戎)을 정벌하였을 때, 여융의 남작(男爵)이 딸 여희(驪姬)를 헌공에게 시집보내니 데리고 돌아왔다.

여희는 해제(奚齊)를 낳았고, 여희의 동생은 탁자(卓子)를 낳았다. 여희는 총애를 받자 그 아들을 태자로 세우고 싶어졌다. 그리하여 군주의 총애를 받고 있는 신하 양오(梁五)와 동관오(東關五)에게 뇌물을 주어서 헌공에게 다음과 같이 말하게 하였다.

"곡옥(曲沃)은 군주의 선조를 제사지내는 종묘가 있는 곳이고 포(蒲)와 굴(屈)은 나라의 국경이니, 관리하는 사람이 없어서는 안 됩니다. 종묘가 있는 고을에 관리하는 사람이 없으면 백성들이 두려워하지 않고, 국경의 변방지역에 관리하는 사람이 없으면 오랑캐의 야심을 열어 주는 것입니다. 오랑캐가 야심을 품고 백성들이 군주의 정치를 가볍게 여기는 것은 나라의 근심입니다. 만약 태자로 하여금 곡옥을 주관하게 하고 중이와 이오로 하여금 포와 굴을 주관하게 하신다면, 백성들과 오랑캐를 두렵게 할 수 있으니, 또한 군주의 공적을 드러낼 수 있습니다."

진 헌공이 기뻐하였다. 여름, 태자를 곡옥에 거하게 하고, 중이를 포성에 거하게 하였으며 이오를 굴에 거하게 하였다. 또한 여러 공자들을 모두 변방의 읍에 머물도록 하였다. 오직 해제와 탁자만이 강(絳)에 있었다. 양오와 동관오는 마침내 여희와 함께 여러 공자들을 참소하여 결국 해제를 태자로 세웠다. 진나라 사람들은 이를 두고 '이 일은 두 오(五)가 함께 쟁기를 끈 것이다.'라고 하였다.

晉獻公烝於齊姜, 生齊穆夫人及太子申生. 又娶二女於戎, 大戎狐姬生重耳,小戎子生夷吾. 伐驪戎, 驪戎男女以驪姬歸. 生奚齊, 其娣生卓子. 驪姬嬖, 欲立其子, 賂外嬖梁五與東關嬖五, 使言於公曰: "曲沃, 君之宗也. 蒲與二屈, 君之疆也, 不可以無主. 宗邑無主則民不威, 疆埸無主則啓戎心, 戎之生心, 民慢其政, 國之患也. 若使太子主曲沃, 而重耳、夷吾主蒲與屈, 則可以威民而懼戎, 且旌君伐." 晉侯說之. 夏, 使太子居曲沃, 重耳居蒲城, 夷吾居屈. 羣公子皆鄙, 唯二姬之子在絳. 二五卒與驪姬譖羣公子而立奚齊. 晉人謂之'二五耦'.

—제강(齊姜)은 무공(武公)의 첩이다. 대융(大戎)은 당숙(唐叔)의 자손 가운데 융적(戎狄)의 땅에 살던 사람들이다. 소융(小戎)은 성(姓)이 윤(允)인 융족이다. 여융(驪戎)은 그 군주의 성이 희(姬)이며 작위는 남작이다. 양오(梁五)는 성이 양(梁)이며 이름이 오(五)로서 궁궐 밖에 있는 자이다. 동관오는 변방에 살던 사람으로 역시 이름이 오(五)였다. 이 둘 모두 대부(大夫)로서, 헌공의 총애를 받아 외부의 소식을 군주에게 보고하였다. 곡옥(曲沃)은 항숙(桓叔)의 봉지로서, 선왕의 종묘가 있던 곳이다. 정(旌)은 빛나다는 뜻이고 벌(伐)은 공적이라는 의미다. 비(鄙)는 변방의 고을이다. 둘이 함께 밭을 매는 쟁기를 우(耦)라고 하는데, 너비가 한 척(尺)이어서 둘이 함께 당겨야 한다. 두 오[二五, 양오와 동관오]가 진나라의 왕실을 파괴한 것이 이와 같다는 의미다.—

민공(閔公) 원년, 진(晉) 헌공(獻公)이 이군(二軍)을 편성하여 군주는 상군(上軍)을 통솔하고 태자 신생(申生)은 하군(下軍)을 통솔하게 하였다. 조숙(趙夙)이 군주의 전차를 조종하고 필만(畢萬)이 오른쪽 전사가 되어, 경(耿)나라·곽(霍)나라·위(魏)나라를 멸망시켰다. 돌아와서 태자를 위해 곡옥(曲沃)에 새로운 성을 쌓고 조숙에게는 경나라를 주고 필만에게는 위나라를 주어 대부(大夫)로 삼았다. 이때 사위(士蔿)가 말하였다.

"태자는 군주의 자리에 오르지 못할 것이다. 도성을 나누어 주어 경(卿)의 자리로 올렸으니, 이는 태자가 이미 최고의 자리에 올랐다는 뜻이다. 어찌 또다시 군주의 자리에 오를 수 있겠는가! 차라리 외국으로 망명하여 죄를 피하는 것이 좋을 것이다. 오(吳)나라 태백(太伯)과 같이 행동하는 것 또한 가능하지 않겠는가? 그것이 차라리 좋은 명성을 남기는 방법으로, 남아서 죄를 받는 것보다 훨씬 낫다. 속담에도 이런 말이 있다. '마음에 진심으로 꺼림직한 점이 없다면 집이 없는 것이 무에 걱정인가!' 하늘이 만약 태자에게 복을 내린다면 결국 진나라를 차지할 날이 있을 것이다."

閔元年, 晉侯作二軍, 公將上軍, 太子申生, 將下軍, 趙夙御戎, 畢萬爲右, 以滅耿、滅霍、滅魏. 還, 爲太子城曲沃, 賜趙夙耿, 賜畢萬魏, 以爲大夫. 士蔿曰: "太子不得立矣! 分之都城而位以卿, 先爲之極, 又焉得立? 不如逃之, 無使罪至. 爲吳太伯不亦可乎? 猶有令名, 與其及也. 且諺曰: '心苟無瑕, 何恤乎無家?' 天若祚太子, 其無晉乎?"

—진나라는 원래 일군(一軍)을 편성하고 있었다. 조숙(趙夙)과 필만(畢萬)이 군주를 위해 말을 몰고 보좌하였다는 뜻이다. 조숙은 조쇠(趙衰)의 형이고 필만(畢萬)은 위주(魏犨)의 조부이다. 태자가 최고의 자리에 올랐다는 것은 경(卿)의 자리에 올라 하군(下軍)을 통솔한 것을 가리킨다. 오(吳)나라 태백(太伯)은 주(周)나라 태왕(太王)의 적자(嫡子)로서, 아버지가 동생인 계력(季歷)을 왕으로 삼고 싶어 한다는 것을 알고 자리를 양보하고 오나라로 떠났다. 사위(士蔿)의 말은 태자가 떠나도 훌륭한 이름은 남을 터이니 남아서 화를 당하는 것보다 낫다는 뜻이다.—

민공(閔公) 2년 12월, 진(晉) 헌공(獻公)이 태자 신생으로 하여금 동산(東山)의 고락씨(皐落氏)를 정벌하게 하였다. 이극(里克)이 간하였다.

"태자는 종묘(宗廟)와 사직(社稷)의 제사에 제물을 드리는 일을 하며, 조석으로 군주가 잡수시는 음식을 감독합니다. 그래서 '총자(冢子)'라 부르는 것입니다. 태자는 군주가 전쟁을 떠나면 머물러 나라를 지키고, 따로 나라를 지킬 사람이 있으면 군주를 따라 전쟁에 나갑니다. 군주를 따라 전쟁에 나가는 것을 '무군(撫軍)'이라 하고, 남아서 지키는 것을 '감국(監國)'이라고 하는데, 이는 모두 옛날의 법도입니다.

군사를 통솔하여 마음대로 지략을 쓰고 명령을 내리는 일은 군주와 국정(國政)들이 할 일로서 태자의 일이 아닙니다. 군사의 일은 군주가 명령을 통제해야 합니다. 만약 태자가 군주에게 명령을 받는다면 군사들에게 위엄이 서지 않고, 마음대로 명령을 내린다면 군주에게 불효한 것입니다. 그러므로 태자는 군대를 통솔할 수 없는 것입니다. 태자가 출정한다면 군주는 장수와 위엄을 잃게 됩니다. 어찌 태자를 쓰려 하십니까? 또한 고락씨가 결전의 의지가 강하다는 소식을 들었습니다. 임금께서는 태자를 보내지 마십시오."

진 헌공이 말하였다.

"내가 아들이 여럿 있으니, 아직 누구를 후계자로 세울지 모르겠소."

이극이 대답하지 않고 물러나와 태자를 알현하니 태자가 물었다.

"나는 태자에서 폐위될 것인가?"

이극이 대답하였다.

"임금께서는 백성들에게 군림하고 군사를 다스리는 일을 태자에게 가르쳐야 합니다. 그 일을 잘 배우지 못할까 걱정하셔야지 어찌 폐위를 말하십니까? 또한 태자께서는 불효한 것을 근심하셔야지 자리를 얻지 못할까 근심해서는 아니 됩니다. 자신을 수양하여야지 남에게 책임을 돌려서는 아니 됩니다. 그렇게 하신다면 어려움을 면하실 수 있습니다."

태자가 군대를 통솔하여 출전하게 되었다. 그때 진후는 태자에게 편의(偏衣)을 입고 금결(金玦)을 차게 하였다. 태자가 전투를 치르려고 하자 호돌(狐突)이 간언하였다.

"안 됩니다. 옛날 주나라 대부 신백(辛伯)이 주(周) 환공(桓公)[7]에게 '첩이 왕후와 동등한 것[並后], 서자가 적자와 대등한 것[匹嫡], 신하가 군주와 함께 정권을 나누는 것[兩政], 제후국의 도성이 천자의 도성과 비슷하게 되는 것[耦國]은 나라를 어지럽히는 근본'이라고 충고하였습니다. 하지만 주 환공은 그 말을 따르지 않아 결국 국난을 당하였습니다.

지금 혼란의 뿌리가 자라나고 있어 태자가 꼭 왕위에 오른다는 보장이 없습니다. 전사하지 않음으로써 효를 다하고 전투를 벌이지 않음으로써 백성을 편안케 하는 것이 태자께서 도모할 바입니다. 몸을 위태롭게 하여 죄를 앞당기는 것보다 훨씬 낫습니다."

閔二年十二月, 晉侯使太子申生伐東山皐落氏. 里克諫曰: "太子奉冢祀社稷之粢盛, 以朝夕視君膳者也, 故曰'冢子'. 君行則守, 有守則從. 從曰'撫軍', 守曰'監國', 古之制也. 夫帥師, 專行謀, 誓軍旅, 君與國政之所圖也, 非太子之事也.

7 이 책 292쪽의 환왕과 동일인물이지만 환공으로 언급되기에 그대로 두었다.

師在制命而已, 稟命則不威, 專命則不孝, 故君之嗣適不可以帥師. 君失其官, 帥師不威, 將焉用之? 且臣聞皐落氏將戰, 君其舍之." 公曰: "寡人有子, 未知其誰立焉?" 不對而退. 見太子, 太子曰: "吾其廢乎?" 對曰: "告之以臨民, 敎之以軍旅, 不共是懼, 何故廢乎? 且子懼不孝, 無懼弗得立, 脩已而不責人, 則免於難." 太子帥師, 公衣之偏衣, 佩之金玦. 太子將戰, 狐突諫曰: "不可. 辛伯諗周桓公曰: '內寵並后, 外寵二政, 嬖子配適, 大都耦國, 亂之本也.' 周公弗從, 故及於難. 今亂本成矣, 立可必乎? 孝而安民, 子其圖之, 與其危身以速罪也."

—고락씨(皐落氏)는 적적(赤狄)의 씨족(氏族)으로서 오랑캐다. 이극(里克)은 진나라의 대부다. 총(冢)은 크다는 뜻이다. 선(膳)은 군주의 음식을 준비하는 일을 가리킨다. 군대를 통솔할 때에는 반드시 마음대로 지략을 사용하고 명령을 내려야 한다. 국정(國政)은 정경(正卿, 대신)이다. 명령은 장수가 통제해야 하는데, 태자가 군대를 통솔하면 군주가 장수를 잃는 것과 같다. 태자가 마음대로 명령을 내리면 불효하게 되니, 이 때문에 군대에 위엄을 보일 수 없게 된다. 백성들에게 군림하는 것과 군사를 다스리는 것은 각각 곡옥에서 살게 하고 하군을 통솔하는 것을 가리킨다. 편의(偏衣)는 좌우를 다른 색으로 반반씩 덧대어 만든 옷으로 공식 복장의 일종이다. 금결(金玦)은 금으로 만든 패(佩)다.—

희공(僖公) 4년, 진(晉) 헌공(獻公)이 해제(奚齊)를 세우려 하였다. 여희(驪姬)는 중대부(中大夫)와 모의를 하여 태자에게 말하였다.

"임금께서 꿈에서 제강(齊姜)을 보았다고 합니다. 그대는 어서 제강에게 제사를 지내야 합니다."

태자가 곡옥(曲沃)에서 제사를 지내고 헌공에게 제사 음식을 보냈다. 헌공이 사냥을 나간 상황에서 여희는 제사 음식을 엿새 동안 궁중에 방치해 두었고, 헌공이 돌아오자 제사 음식에 독을 타서 바쳤다. 헌공이 술을 따라 땅에 고수레를 하자 흙이 부풀어 올랐다. 음식을 개에게 먹이자 개가 죽어 버렸고, 잡일하는 신하에게 먹이자 역시 그 신하가 죽었다. 여희가 눈물을 흘리며 말하였다.

"임금을 시해하려는 적신(賊臣)이 태자와 함께 있는 듯합니다."

태자가 새로운 도읍으로 도피하였다. 헌공은 태자의 사부인 두원관(杜原款)을 죽였다. 누군가가 태자에게 말하였다.

"태자께서 사실을 잘 말씀드리면 임금께서 반드시 잘 변별하실 것입니다."

태자가 말하였다.

"임금께서는 여희가 아니면 편히 지내지도 배불리 잡숫지도 못하신다. 내가 사실을 말씀드리면, 여희는 벌을 받게 될 것이다. 임금께서는 나이가 많으시니, 나는 그리하고 싶지 않다."

"그러면 도피하시는 것은 어떠십니까?"

"임금께서 누구의 죄인지를 잘 살피시지 않는데, 내가 누명을 쓰고 도망간다면 어느 누가 나를 받아주겠는가."

12월, 태자는 새로운 도읍에서 목을 매고 죽었다.

僖四年, 公將立奚齊, 旣與中大夫成謀, 姬謂太子曰: "君夢齊姜, 必速祭之." 太子祭於曲沃, 歸胙於公. 公田, 姬寘諸宮六日. 公至, 毒而獻之. 公祭之地, 地墳; 與犬, 犬斃; 與小臣, 小臣亦斃. 姬泣曰: "賊由太子." 太子奔新城. 公殺其傅杜原款. 或謂太子: "子辭, 君必辨焉." 太子曰: "君非姬氏, 居不安, 食不飽. 我辭, 姬必有罪. 君老矣, 吾又不樂." 曰: "子其行乎?" 太子曰: "君實不察其罪, 被此名也以出, 人誰納我?" 十二月, 縊於新城.

—해제(奚齊)를 세우려 하였다는 것은 태자로 삼으려 하였다는 의미다. 여희와 모의한 중대부는 바로 이극(里克)이다. 제강(齊姜)은 태자의 생모다. 조(胙)는 제사에 사용한 술과 고기다. 독주는 하루만 묵히면 바로 부패하는데 엿새 동안 묵혔다는 것은

헌공의 의혹을 불러일으키기 위한 것이다. 태자가 도피한 새로운 도읍이란 곡옥(曲沃)이다. 태자에게 변론하라고 권한 것은 제사 음식을 엿새 전에 바친 것만 설명해도 누명을 벗을 수 있기 때문이다. 말을 한다는 것은 변론한다는 뜻이다. 태자는 자신이 누명을 벗으면 여희가 죽을 터이고 여희가 죽으면 임금께서 마음이 아플 터이니, 이는 모두 자신 때문이라고 생각한 것이다. 도피를 권한 것은 국외로 망명하라는 뜻이다.—

『춘추』 희공(僖公) 5년 조(條)에 다음과 같이 기록하고 있다.

"봄, 진(晉) 헌공(獻公)이 그 세자인 신생(申生)을 죽였다."

『經』: "五年, 春, 晉侯殺其世子申生."

—진 헌공이 참소를 믿은 잘못을 기록한 것이다. 희공 5년 봄에 신생이 죽었다고 기록한 이유는 노(魯)나라에 그 소식이 늦게 전해졌기 때문이다.—

**신은 이렇게 생각합니다.** 진(晉) 헌공(獻公)은 여희(驪姬)의 참소를 믿고서 태자 신생(申生)을 죽였는데, 이는 여희가 낳은 자식을 사사로이 아꼈기 때문입니다. 또한 헌공이 죽자 해제(奚齊)가 즉위하였는데 이극(里克)이 시해합니다. 탁자(卓子)가 즉위하자 또 시해합니다. 여희의 자식들은 결국 진(晉)나라를 갖지 못하였으며, 이 때문에 진나라에 엄청난 혼란이 발생하여 20년 동안 다섯 임금이 즉위한 다음에야 안정을 이룹니다. 그러하니 나라의 뿌리가 되는 태자를 가볍게 흔들면 되겠습니까!

한(漢)나라 고조(高祖) 10년(BC 197), 척희(戚姬)가 주상의 총애를 받아 조왕(趙王) 여의(如意)를 낳았다.[8] 주상은 태자가 마음이 유약하다고 여기고 반면 여의는 자신과 닮았다고 생각하였다. 조왕으로 책봉하였지만 보내지 않고 장안(長安)에 머물게 하였다. 주상이 관동(關東)으로 갈 때면 항상 척희가 따라갔는데, 하루는 밤에 척희가 눈물을 흘리며 자신의 아들을 태자로 삼고 싶다고 말하였다. 여후(呂后)는 나이가 많아 항상 장안에 머물렀기 때문에 주상과 관계가 더욱 소원해졌다.

주상이 태자를 폐위하고 조왕을 세우려 하였지만 대신들이 간쟁(諫爭)하여 이러지도 저러지도 못하는 상황에 맞닥뜨렸다. 어사대부(御史大夫) 주창(周昌)이 강력하게 반대하자 주상이 그 이유를 물었다. 주창은 말을 더듬는 버릇이 있었는데, 흥분하여 말하였다.

"신은 말을 잘 못합니다. 하지만 태자를 폐위하면 안, 안, 안 된다는 것을 잘 알고 있습니다. 폐하께서 태자를 폐위하고자 하시더라도 저는 조서를 받들지 못, 못, 못하겠습니다!"

주상이 유쾌하게 웃었다. 여후는 동쪽 방에서 귀를 벽에 대고 그 일을 듣고 있었다. 논의가 파한 후, 여후는 주창을 만나 무릎을 꿇고 감사를 표하며 말하였다.

"그대가 아니었으면 태자가 거의 폐위되었을 것이오."

漢高祖十年, 戚姬有寵於上, 生趙王如意. 上以太子仁弱, 謂如意類己, 雖封

8 이 부분은『자치통감(資治通鑑)』권12에 보이는 내용이다.

爲趙王, 常留之長安. 上之關東, 戚姬常從, 日夜啼泣, 欲立其子. 呂后年長, 常留守, 益疏. 上欲廢太子而立趙王, 大臣爭之, 皆莫能得. 御史大夫周昌, 廷爭之彊, 上問其說, 昌爲人吃, 又盛怒, 曰: "臣口不能言, 然臣期期知其不可! 陛下欲廢太子, 臣期期不奉詔!" 上欣然而笑. 呂后側耳於東廂聽, 旣罷, 見昌, 爲跪謝. 曰: "微君, 太子幾廢."

고조 12년(BC 195) 11월, 주상이 경포(黥布)를 진압하고 돌아와 병이 깊어지자 더욱 태자를 바꾸고 싶어 하였다. 장양(張良)이 간언하였지만 듣지 않았고, 병을 핑계로 정사를 돌보지도 않았다. 숙손통(叔孫通)이 간언하였다.

"옛날 진(晉) 헌공(獻公)이 여희(驪姬)의 참소로 인해 태자를 폐하고 해제(奚齊)를 세웠는데, 이 때문에 진(晉)나라의 혼란이 십 년 넘게 이어지면서 천하의 웃음거리가 되었습니다. 진(秦)나라에서도 미리 부소(扶蘇)를 태자로 세우지 않았기 때문에 나중에 조고(趙高)가 속임수를 써서 호해(胡亥)를 즉위하게 만들었습니다. 이로 인해 진나라의 제사가 끊기게 된 것은 폐하께서 직접 눈으로 보신 일입니다. 지금 태자가 인자하고 효성스럽다는 사실은 온 천하가 알고 있습니다. 여후와 폐하께서는 어렵고 배고픈 시기를 함께 보내셨는데, 어찌 배신할 수 있겠습니까? 폐하께서 적자를 폐위하고 작은 아들을 세우려 하신다면, 먼저 제 목을 베어 목에서 뿜어 나오는 피로 이 땅을 적시십시오."

주상이 말하였다.

"공은 그만두시오. 내가 그냥 장난친 것이오."

숙손통이 말하였다.

"태자는 천하의 근본이니, 근본을 한 번 흔들면 천하가 동요합니다. 어찌 천하를 갖고 장난칠 수 있으십니까!"

十二年十一月, 上從破黥布歸, 疾益甚, 愈欲易太子. 張良諫不聽, 因疾, 不視事. 叔孫通諫曰: "昔者晉獻公以驪姬之故, 廢太子, 立奚齊, 晉國亂者數十年, 爲天下笑. 秦以不蚤定扶蘇, 令趙高得以詐立胡亥, 自使滅祀, 此陛下所親見. 今太子仁孝, 天下皆聞之. 呂后與陛下攻苦食淡, 其可背哉? 陛下必欲廢適而立少, 臣願先伏誅, 以頸血汚地." 帝曰: "公罷矣, 吾直戲耳." 叔孫通曰: "太子, 天下本, 本一搖, 天下振動, 奈何以天下爲戲乎?"

한(漢)나라 고조(高祖)가 태자를 폐위하고 조왕(趙王) 여의(如意)를 세우려 하였는데, 대신들이 강력하게 반대하여 그 뜻을 이룰 수 없었다.[9] 여후(呂后)는 두려웠지만 어찌 할 바를 몰랐다. 어떤 이가 여후에게 말하였다.

"유후(留侯) 장양(張良)은 계책을 잘 내어 주상께서 믿고 등용하셨습니다."

여후가 이에 건성후(建成侯) 여택(呂澤)을 보내어 장양에게 겁을 주었다.

"그대는 항상 주상에게 계책을 세워 주었던 신하인데, 지금 주상이 매일 태자를 바꾸려 합니다. 그대가 어찌 베개를 높이 하

9 이 부분은『사기(史記)』권55에 보이는 내용이다.

여 편안하게 잠을 잘 수 있겠습니까?"

장양이 말하였다.

"이 문제는 말로 싸울 수 있는 것이 아닙니다. 생각해 보면 주상께서 데려올 수 없는 사람이 네 명이 있었는데 나이가 많습니다.[10] 이들은 모두 주상이 선비에게 모욕을 준다고 생각하여 산속으로 숨어 들어가, 의연히 한나라의 신하가 되지 않았습니다. 하지만 주상께서는 이 네 사람을 높이 평가하고 있습니다. 지금 공이 진심을 다해 금은보화와 비단을 아끼지 않고 이들을 초빙하면서 태자로 하여금 겸손한 말씨로 편지를 쓰도록 하십시오. 편안한 수레와 말솜씨 좋은 선비를 보내어 진정으로 모신다면 반드시 올 것입니다. 이들이 오면 손님으로 모시고 때를 보아 입조(入朝)하여 주상을 알현하게 한다면 한 가지 도움이 될 것입니다."

그리하여 여후는 여택에게 그와 같은 계책을 실행하도록 시켰다. 여택은 태자의 편지를 받든 사람을 보내어 겸손한 말과 두터운 예물로 그 네 사람을 모셔 왔다. 네 명이 와서 건성후의 집에 머물렀다.

주상이 경포(黥布)를 진압하고 돌아오자 더욱더 태자를 폐위하려 하였고, 장양의 간언도 듣지 않았다. 숙손통(叔孫通)이 태부(太傅)의 신분으로서 죽음을 무릅쓰며 간쟁하자, 주상이 겉으로는 받아들였지만 여전히 태자를 바꾸려 하였다. 이러한 차에 잔치를 열어 술상을 차렸는데, 태자가 옆에서 시중을 들자 네 사람

10 이 네 사람이 상산사호(商山四皓)로서, 각각 동원공(東園公), 하황공(夏黃公), 녹리선생(甪里先生), 기리계(綺里季)이다.

이 태자를 따라 들어왔다. 나이가 모두 여든이 넘은 노인들로서, 수염과 눈썹이 모두 하얗게 세어 있었고 의관도 매우 당당하였다. 주상이 이상하게 여겨 물었다.

"무엇을 하는 자들인가?"

네 사람이 나아가 대답하며 각자의 성과 이름을 말하자 주상이 놀라면서 말하였다.

"내가 그토록 청하였는데도 어르신들은 나를 피해 도피하셨소. 그런데 지금 어인 일로 내 아들을 따라오신 것이오?"

네 사람이 대답하였다.

"폐하께서는 선비들을 업신여기고 욕을 잘 하셨기 때문에 저희들은 의연히 욕을 당하지 않으려고 도망쳐 숨은 것입니다. 그런데 지금 태자께서 인자하고 효성스러우며 선비를 공경하여 아낀다는 소식을 들었습니다. 온 천하가 태자를 위해 목숨을 바치겠다고 목을 빼고 기다리고 있습니다. 그리하여 저희들이 온 것입니다."

주상이 말하였다.

"고생스럽겠지만 태자를 끝까지 잘 보살펴 주십시오."

네 사람이 술잔을 들어 주상의 천수(天壽)를 축복하고 물러났다. 주상도 눈으로 그들을 전송하면서 척 부인(戚夫人)을 불러 네 사람을 가리키며 말하였다.

"내가 태자를 바꾸려고 하였지만, 저 네 사람이 태자를 보필하고 있소. 이미 태자가 날개를 달았으니 더 이상 내가 할 수 있는 일이 없구려."

결국 태자를 바꾸지 못한 것은 장양이 이 네 사람을 초빙한 힘이었다.

上欲廢太子, 立趙王如意, 大臣多爭, 未能得. 呂后恐, 不知所爲, 或謂呂后曰: "留侯善畫計, 上信用之." 呂后乃使建成侯呂澤劫良, 曰: "君常爲上謀臣, 今上日欲易太子, 君安得高枕而臥?" 良曰: "此難以口舌爭也. 顧上有所不能致者四人, 四人年老矣, 皆以上嫚侮士, 故逃匿山中, 義不爲漢臣. 然上高此四人, 今公誠能毋愛金玉璧帛, 令太子爲書, 卑辭, 安車因使辯士固請, 宜來. 來以爲客, 時從入朝, 令上見之, 則一助也." 於是呂后令呂澤使人奉太子書, 卑辭厚禮, 迎此四人. 四人至, 客建成侯所. 上從破布歸, 愈欲易太子, 良諫不聽, 叔孫太傅以死爭, 上陽許之, 猶欲易之. 及宴置酒, 太子侍, 四人者從太子, 年皆八十有餘, 須眉皓白, 衣冠甚偉. 上怪問曰: "何爲者?" 四人前對, 各言其姓名, 上乃驚曰: "吾求, 公避逃我, 今何自從吾兒遊乎?" 四人曰: "陛下輕士善罵, 臣等義不辱, 故恐而亡匿. 今聞太子仁孝, 恭敬愛士, 天下莫不延頸, 願爲太子死者, 故臣等來." 上曰: "煩公幸卒調護太子." 四人爲壽已畢, 趨去. 上目送之. 召戚夫人, 指視曰: "我欲易之, 彼四人爲之輔, 羽翼已成, 難動矣." 竟不易太子者, 良本招此四人之力也.

이해 고조(高祖)가 붕어하였다.[11] 태자가 황제에 오르고 황후를 황태후로 높이었다. 태후는 궁중의 깊은 곳에 척 부인(戚夫人)을 유폐하였다. 머리를 깎고 목에 철을 두르는 곤겸(髡鉗)의 형을 거행한 후 붉은 수의(囚衣)를 입고 절구를 찧게 하였다. 또한 조왕(趙王)을 장안으로 불러들였다.

혜제(惠帝) 원년(BC 194) 겨울 12월, 황제가 동 트기 전에 활

11 아래는 『자치통감(史記)』 권12의 내용이다.

쏘기를 하러 나갔다. 조왕은 어려서 아침 일찍 일어나지 못하였다. 태후가 사람을 시켜 조왕에게 짐독(鴆毒)을 먹였다. 동이 튼 후 황제가 돌아와 보니 조왕이 이미 죽어 있었다. 태후는 또한 척 부인의 손과 발을 자르고, 눈을 파고, 귀를 지지고, 말을 하지 못하게 하는 약을 먹인 후, 변소에서 지내게 하면서 "사람돼지"라 불렀다.

是年, 帝崩, 太子卽皇帝位, 尊皇后曰皇太后. 太后令永巷囚戚夫人, 髡鉗, 衣赭衣. 令春召趙王至長安. 惠帝元年冬十二月, 帝晨出射. 趙王少, 不能蚤起, 太后使人持酖飮之. 黎明, 帝還, 趙王已死. 太后遂斷戚夫人手足, 去眼, 煇耳, 飮瘖藥, 使居厠中, 命曰: "人彘".

정이(程頤)가 말하였다.[12]

『주역(周易)』 감괘(坎卦) 육사(六四)의 효사(爻辭)에 "다른 사람과 관계를 맺을 때는 반드시 남쪽 창문을 통해야 한다[納約自牖]"는 말이 나온다. 남쪽 창을 통해야 한다는 말은 빛이 통하는 곳이라는 뜻이다. 신하가 충성과 착한 길로써 군주의 마음에 들려 할 때, 훌륭한 사람이라면 반드시 빛이 통하는 곳에서 시작한다. 사람의 마음은 가린 곳도 있고 빛이 통하는 곳도 있다. 가린 곳은 어둡고 빛이 통하는 곳은 밝다. 반드시 그 밝은 곳으로 나아가 아뢰면 믿음을 쉽게 얻을 수 있다.

자고로 간언을 잘하는 사람은 그 밝은 곳에서 시작하지

12 정이의 말은 『이천역전(伊川易傳)』 권2에 보인다.

않은 적이 없다. 한나라 고조는 척희(戚姬)를 아끼어 태자를 바꾸려 하였는데, 이는 가린 곳이다. 여러 신하 가운데 간언을 올린 자가 많았는데, 적서의 올바름과 장유의 순서가 명백하였지만 고조는 어찌 그리 사사로운 정에 가리어 살피지 못하였던가?

상산사호(商山四皓)는 본래 고조가 그 현명함을 알아 중히 여겼던 인물들이었다. 이것은 가릴 수 없는 고조의 밝은 마음이었다. 그리하여 그 밝은 곳에서 그 일에 이르게 되니 손을 뒤집는 것처럼 쉽게 깨달을 수 있었다. 상산사호의 힘이 장양(張良)이나 여러 신하들보다 컸기 때문이었을까? 그 말이 주창(周昌)이나 숙손통(叔孫通)보다 절실하였기 때문이었을까? 그렇지 않다. 하지만 고조가 상산사호를 따랐던 이유는 가린 곳을 공략하지 않고 밝은 곳으로 나아갔던 데에 차이가 있다."

程頤曰: "坎·六四: '納約自牖.' 自牖言自通明之處. 人臣以忠信善道結於君心, 必自其明處乃能入也. 人心有所蔽, 有所通. 所蔽者暗處也, 所通者明處也. 當就其明處告之, 求信則易也. 自古能諫君者, 未有不因其所明者也. 漢高愛戚姬, 將易太子, 是其所蔽也, 羣臣爭之者衆矣. 嫡庶之義, 長幼之序, 非不明也, 如其蔽而不察何? 四老者, 高祖素知其賢而重之, 此其不蔽之明心也, 故因其所明而及其事, 則悟之如反手. 且四老人之力, 孰與張良、羣公卿? 其言之切, 孰若周昌、叔孫通? 然而不從彼而從此者, 由攻其蔽與就其明之異耳."

호인(胡寅)이 말하였다.[13]

"장양(張良)이 상산사호(商山四皓)를 초빙한 것은 태자에게 날개를 달아 주는 것으로서, 제(齊) 환공(桓公)이 여덟 나라와 회합하여 세자를 안정되게 한 것에 비견할 수 있다. 제 환공 때보다 일은 간단하여 그리 수고롭지 않았지만 그 공적은 훨씬 컸다. 하지만 세상의 군자들은 여기에 의심을 품고서, 자세히 살펴보면 장양이 아들인 태자를 위해 무리를 결성하여 아버지인 고조에게 맞선 것이라 말한다. 이는 공자(孔子)가 제 환공이 행한 수지의 회맹(會盟)을 깊게 인정하면서 관중이 제(齊)나라의 재상이 되어 단번에 천하의 아름다움을 바로잡은 것을 칭찬한 이유를 잘 모르는 것이다."

胡寅曰: "張良招致四皓, 羽翼儲宫, 方之齊桓公會合八國定王世子, 事簡而力不勞, 其績尤偉. 而世之君子乃致疑焉, 謂審有此, 是良爲子結黨以拒父, 是蓋未知聖人深許首止之盟, 而稱管仲相齊, 一正天下之美也."

수(隋) 문제(文帝)는 주(周)나라의 선양을 받아 황제에 오른 후, 태자 양용(楊勇)을 황태자로 삼았다.[14] 개황(開皇) 20년(600), 원래 주상은 태자 양용에게 국사(國事)와 군사(軍事)의 사무에 참여하여 결정하게 하였다. 주상은 태자가 업무를 잘 처리하였든 다소 미흡하였든 상관없이 모두 받아들였다. 양용은 성품이 너그럽고 돈후하였으며 마음과 감정에 솔직하여 교만하거나 꾸미는 행동

---

13 호인의 말은 『문공집(文恭集)』 권29 「사호론(四皓論)」에 보인다.

14 수(隋) 문제(文帝)가 태자를 폐위한 고사는 『자치통감(資治通鑑)』 권197에 보인다.

이 없었다. 주상은 성정이 절도 있고 검소하였는데, 어느 날 양용이 촉(蜀) 지역에서 만든 장식갑옷을 입고 있는 것을 보았다. 주상이 못마땅하여 경고하며 말하였다.

"예부터 제왕 가운데 사치하면서 오랫동안 권력을 유지한 경우는 없었다. 너는 태자이니 마땅히 검약을 최우선으로 삼아야 한다. 그래야만 종묘를 받들어 모실 수 있다. 나는 옛날에 입었던 옷을 각각 한 벌씩 남겨 두고서 때때로 다시 살펴보면서 스스로 경계로 삼는다."

나중에 동짓날 백관(百官)들이 모두 양용을 찾아가 명절 인사를 올리자 양용이 악단을 배치하여 축하를 받았다. 주상이 그 사실을 알고서 조정의 신하들에게 물었다.

"요즈음 듣자하니 동짓날 조정 내외의 백관들과 장수나 대신들이 태자에게 조정의 보고를 올렸다고 한다. 이게 무슨 예법인가?"

태재소경(太宰少卿) 신단(辛亶)이 대답하여 말하였다.

"동궁에 간 것은 그저 명절 인사를 드린 것이지 조정의 보고를 올린 것이라 할 수는 없습니다."

"명절 인사를 올린다면 서너 명에서 열 명 정도 따로 사정에 맞게 가면 되는 것이지, 어찌 관리를 시켜 백관을 일시에 불러 모았다는 말인가! 태자가 공식 예복을 입고 악단을 불러 음악을 연주하였다고 하던데, 이게 가능한 일인가!"

주상은 조서를 내려 그러한 행사를 금지하였다. 이때부터 태자에 대한 총애가 처음으로 사그라지고 의심이 점점 커졌다. 양용은 총애하던 여인들이 많았는데, 그 가운데 소훈(昭訓) 운씨(雲氏)를 가장 아꼈다. 태자의 정실부인인 원씨(元氏)는 총애를 받지 못하여 마음의 병이 생긴 지 이틀 만에 사망하였다. 독고 황후(獨孤皇后)는 다른 이유가 있다고 생각하여 양용을 심하게 나무랐다. 이때부터 소훈 운씨가 집안의 일을 제 마음대로 처리하게 되었고 양엄(楊儼) 등 여러 자식을 낳았다. 황후가 더욱 못마땅하여 사람을 시켜 양용에게 무슨 잘못이 있는지 몰래 살펴보게 하였다.

진왕(晉王) 양광(楊廣)은 이 사실을 알고서 자신을 꾸미고는 오직 정실부인인 소비(蕭妃)의 거처에서만 지내면서 후궁이 낳은 자식들은 돌보지 않았다. 황후가 이 때문에 양광을 훌륭하다고 칭찬하였다. 양광은 대신 가운데 권력이 큰 사람들에게도 마음을 기울여 교류를 맺었다. 주상과 황후가 좌우의 측근들을 양광의 거처에 보내면, 양광과 소비는 그 지위고하를 막론하고 매번 문 앞에 나와 영접하였고 산해진미를 차려놓고 대접하였으며 선물도 후하게 주었다. 무수리와 노복들 가운데 양광의 집에 왕래한 자들은 그 인자함과 효성을 칭찬하지 않는 경우가 없었다.

주상과 황후가 양광의 사저에 방문한 적이 있었다. 양광은 다른 방에 예쁜 첩들을 모두 숨겨 놓고는 늙고 못 생긴 여자들에게 무늬 없는 수수한 옷을 입혀서 시중들게 하였다. 방안에 치는 유장(帷帳)도 흰 비단으로 바꾸어 달았고, 고의로 악기의 줄을 끊고 먼지를 털어내지 못하게 하였다. 주상은 이러한 모습을 보고 양광이 여자와 음악을 좋아하지 않는다고 생각하였다. 주상이 궁으로 돌아와 시신(侍臣)들에게 매우 기분이 좋다고 말하자 시신들이 모두 감축(感祝)을 올렸다. 이때부터 양광을 다른 아들보다 특별히 아끼게 되었다.

양광이 양주총관(揚州總管)이 되어 입조(入朝)한 후 다시 양주진(揚州鎭)으로 돌아갈 때, 입궁하여 황후를 알현하였다. 양광이 땅에 엎드려 눈물을 흘리니 황후 역시 울었다. 양광이 말하였다.

"신은 평소에 형제간의 우애를 평생 지켜 왔습니다. 그런데 어찌하여 동궁이 저를 미워하여 죽이려 하는지 성정이 아둔한 저로서는 전혀 모르겠습니다. 저는 항상 헐뜯는 말을 주상께서 믿으시게 될까, 혹은 제가 독이 든 술을 마시게 될까 두렵습니다."

이 말을 듣고 황후가 분개하였다. 이때부터 양용을 폐위하고 양광을 태자로 세울 결심을 하게 되었다. 양광은 평소에 안주총관(安州總管) 우문술(宇文述)과 좋은 관계를 맺고 있었다. 양광이 우문술에게 계책을 물으니 우문술이 대답하였다.

"황태자는 주상의 총애를 잃은 지 이미 오래전이고, 온 천하의 기대가 실제는 대왕께 쏠리고 있습니다. 하지만 태자를 폐위하는 것은 나라의 큰일일 뿐만 아니라, 또 부모와 자식이라는 뼈와 살을 갈라내는 것으로서 쉽게 도모할 수 있는 일이 결코 아닙니다. 아무래도 주상의 마음을 바꿀 수 있는 사람은 오직 양소(楊素)일 뿐이고, 양소가 함께 의논하는 사람은 오직 그 동생인 양약(楊約)뿐입니다. 저는 양약을 잘 알고 있으니, 경사(京師)에 보고를 드린다고 청하여 가서 양약과 만나 의논을 해 보십시오."

양광이 매우 기뻐하며 엄청난 금은보화를 우문술에게 주어 입관(入關)하게 하였다. 양약은 당시 대리소경(大理少卿)이었는데, 양소는 평소에 무슨 일을 할 때마다 먼저 양약에게 준비를 시켰다. 우문술이 양약을 초청하여 진귀한 물건들을 잔뜩 늘어놓고 함께 거나하게 술을 마시면서 도박을 벌였다. 매번 일부러 져주면서 양광에게 받아 온 금은보화를 모두 건네주었다. 양약은 도박에서 딴 것이 많아 우문술에게 조금 사례하려 하였다. 우문술이 그 기회를 틈타 말하였다.

"이것들은 모두 진왕 양광이 보낸 물건으로, 제게 어르신과 함께 신나게 즐기라고 준 것입니다."

양약이 크게 놀라 물었다.

"그게 무슨 뜻이오?"

"어르신의 형제는 업적과 명예가 이미 세상을 덮을 정도이고 관직에 올라 큰 힘을 갖게 된 것도 상당히 오래되었습니다. 조정의 신료 가운데 어르신 집안의 말씀이라면 무조건 따르는 사람들도 다 셀 수 없습니다. 그런데 태자는 자신이 하고자 하는 바가 이뤄지지 않으면 모두 현재 권력을 갖고 있는 사람들에게 원한을 품고 이를 갈고 있다고 합니다. 어르신께서 비록 주상과 직접 인연을 맺고 있지만, 어르신을 위해하려는 자들도 또한 많습니다. 주상께서 일단 여러 신하를 내치시면 어르신께서는 누구를 보호자로 삼으시렵니까?

지금 황태자가 주상의 총애를 잃어서 주상은 태자를 폐위할 마음이 있는데, 이는 어르신께서도 알고 계시는 사실입니다. 지금 진왕을 모셔와 태자로 세울 것을 청할 수 있는 사람은 오직 어르신의 형님밖에 없습니다. 이때를 이용하여 진실로 큰 공을 세우신다면, 진왕은 그 일을 뼛속까지 새겨 영원히 기억할 것입니다. 이것이 바로 달걀을 쌓는 위태로운 상황에서 벗어나 태산과 같이 안정을 이루는 방법입니다."

양약이 그렇다고 생각하여 양소에게 그 일을 알렸다. 양소가 듣고는 매우 기뻐서 말하였다.

"내 지혜를 다 써도 이보다 좋은 방법은 찾을 수 없구나."

양약은 그 계획이 진행되는 것을 보고 다시 양소에게 말하였다.

"지금 황후의 말씀이라면 주상이 모두 따르십니다. 기회를 보아 일찌감치 황후에게 부탁하는 것이 좋겠습니다. 이렇게 하면 오랫동안 지위를 보존하고 자손들에게 복을 전할 수 있습니다. 형님께서 만약 주저하시다 일단 정변이 생겨 태자가 권력을 잡게 되면 하루아침에 화가 미칠까 걱정입니다."

양소가 그 말을 따랐다. 며칠 후, 양소가 궁에 들어가 주상을 모시고 연회를 하다가 황후의 뜻을 헤아리기 위해 조용히 말하였다.

"진왕이 효성스럽고 윗사람을 잘 모시며 겸손하고 검소한 것이 지존(至尊)과 비슷합니다."

황후가 이 말을 듣고 눈물을 흘리며 말하였다.

"그대의 말이 옳습니다. 내 아들이 효성이 지극하고 우애가 두터워서, 지존과 내가 내관을 보내면 반드시 변경까지 직접 나와 영접하고 헤어질 때는 눈물을 흘리지 않은 적이 없다는 이야기를 항상 듣고 있습니다. 또한 며느리도 너무 불쌍하니 내가 하녀를 보냈는데도 항상 하녀들과 함께 먹고 잔다고 합니다. 현지벌(睍地伐, 양용의 아명)과 아운(阿雲, 운소훈)이 함께 앉아 하루 종일 술잔치를 벌이면서 가까이 있는 소인배들과 어울려 골육과 같은 형제를 의심하는 것에 비교할 수도 없지요. 그래서 내가 아마(阿麼, 양광의 아명)가 더욱 가련하고, 혹시나 참소를 받아 죽임을 당할까 항상 걱정입니다."

양소는 이미 황후의 뜻을 파악하고 태자의 못난 점을 과장하여 말하였다. 황후가 마침내 양소를 시켜 주상에게 태자 폐위를 건의하라 하였다. 양용은 그러한 계획을 잘 알고 있었지만 걱정스럽고 두려워서 아무런 대책을 세우지 못하였다. 주상은 양용이 불안해하는 것을 알고, 인수궁(仁壽宮)으로 양소를 불러 양용이 하는 일을 잘 살펴보라 하였다.

양소는 동궁 앞까지 가서는 멈추어 서서 들어가지 않았다. 양용은 의관을 단정히 하고 기다렸지만, 양소는 일부러 오랫동안 들어가지 않아 양용을 격노하게 하였다. 양용은 입을 꾹 다물고 참았지만 말투와 얼굴빛에 분노를 드러내었다. 양소가 돌아와 보고하였다.

"양용이 원한을 품고 있어 정변을 일으킬까 두렵습니다. 잘 살피어 방비하시길 마음 깊이 청합니다."

주상은 양소가 태자를 헐뜯는 말을 듣고 태자에 대한 의심이 커졌다. 황후가 또한 사람을 시켜 태자를 감시해서 자질구레한 일까지 모두 보고하도록 하였다. 여기에 거짓을 덧보태 결국 태자의 죄를 만들어 내니, 주상도 결국 양용을 꺼려 멀리하게 되었다. 이에 현무문(玄武門)에서 지덕문(至德門)까지 염탐꾼을 배치하여 태자의 동정을 살피고 모든 일을 보고하도록 하였다. 또한 동궁을 지키는 사람 가운데 시관(侍官) 이상은 모두 소속을 여러 위부(衛府)에 귀속시켜 명령을 따르도록 하였으며, 건장한 자들이 있으면 모두 솎아내었다.

태사령(太史令) 원충(元充)이 주상에게 말하였다.

"신이 천문을 살펴보니, 황태자를 마땅히 폐위해야 합니다."

주상이 말하였다.

"하늘에 조짐이 나타난 지 오래되었지만, 군신들이 감히 말하지 못하였을 뿐이다."

진왕 양광은 또한 왕부(王府)의 군사(軍事) 단달(段達)을 시켜 동궁이 총애하는 희위(姬威)에게 몰래 뇌물을 건네고 태자의 동정을 살펴 양소에게 보고하도록 하였다. 이에 조정 내외에서 태자에 대한 비방이 떠들썩해지고, 주상에게도 매일같이 태자의 잘못이 보고되었다. 단달은 이러한 상황에서 희위를 협박하여 말하였다.

"동궁의 과실을 주상께서 다 알고 있습니다. 태자를 폐위한다는 비밀 조서를 이미 받았는데, 그대가 태자의 정변계획을 밀고한다면 엄청난 부귀를 얻게 될 것입니다."

희위가 응낙하고 밀고하였다.

가을 9월 임자(壬子)일에 주상이 인수궁(仁壽宮)에서 돌아왔다. 다음날, 대흥전(大興殿)에 납시어 내관들에게 말하였다.

"내가 이제 막 도읍으로 돌아왔으니 응당 마음에 거리낌 없이 즐거워야 할 터인데, 오히려 왜 이리 근심이 커지는지 모르겠구나."

이부상서(吏部尙書) 우홍(牛弘)이 대답하였다.

"신들이 직분을 다하지 못하여 지존께서 걱정과 근심이 많으신 것입니다."

주상이 이미 태자에 관한 참소를 수없이 들었지만 조정의 신하들도 잘 알고 있는지 확신은 없었다. 그리하여 많은 사람들 앞에서 질문을 하여 태자의 잘못을 듣기를 기대한 것이었다. 하지만 우홍의 대답은 그 취지를 파악하지 못한 것으로서, 이 때문에 주상은 낯빛을 바꾸어 동궁의 관속에게 말하였다.

"인수궁은 여기서 그리 멀지 않다. 그런데 도읍으로 돌아올 때마다 삼엄한 무장을 해야 하니 마치 적국(敵國)에 들어서는 것 같다. 너희들이 우리나라와 집안을 해치려 하기 때문이 아니겠는가!"

이에 태자 좌서자(左庶子) 당령칙(唐令則) 등 몇 사람을 잡아들여서 관부에서 심문하였고, 양소에게 명하여 동궁의 사태를 근신들에게 자세히 알리게 하였다. 양소는 시시콜콜하게 보고하였다. 주상이 말하였다.

"이 아들은 태자의 자리를 감당하지 못하게 된 지가 오래되어, 황후가 일찍이 태자를 폐위하라 내게 권하기도 하였다. 내가 평민의 신분일 때 낳은 자식이고 또 제일 큰 아들이라서, 잘못을 조금씩 바꾸기를 참고 기다린 것이 오늘에 이르게 되었다. 내가 비록 요순의 덕에 부끄럽기는 하지만, 만백성에게 못난 자식을 내세울 수는 없다. 지금 태자를 폐위하여 천하를 편안하게 하리라!"

좌위대장군(左衛大將軍) 원민(元旻)이 간언하여 말하였다.

"태자 폐위는 중대한 일입니다. 지금 말씀하신 바를 실제로 행하신다면 후회하셔도 되돌릴 수 없습니다. 참소하는 말은 끝이 없는 법이니, 폐하께서 잘 굽어 살피소서."

주상이 그 말을 듣지 않고, 희위에게 명하여 태자의 죄상을 자세히 진술하게 하였다. 희위의 말을 듣고 주상이 눈물을 글썽이며 말하였다.

"내가 낳은 자식이 어찌 이 지경에 이르렀는가! 짐은 근래에 『제서(齊書)』를 보다가 고환(高歡)이 그 아들을 방자하게 내버려 두는 것을 읽고 분노를 금치 못하였는데, 어찌 내가 그것을 따라 하겠는가!"

이에 양용과 그 아들들을 구금하고 차례대로 태자를 따르던 무리를 잡아들였다. 양소는 태자에 대한 참소를 교묘하게 끼워 맞추어 억지로 옥사를 만들어 내었다.

이 일이 있기 전에 양용은 말라죽은 회화나무를 보고 물었다.

"이걸 뭐에 쓸 수 있겠는가?"

누군가가 대답하였다.

"잘 마른 회화나무는 불을 피울 때 유용합니다."

당시 호위병들은 횃불이 필요하였기 때문에 양용이 기술자에게 수천 장을 만들게 하여 나누어 주려 하였는데, 심문을 하던 중 창고에서 그것이 발견되었다. 또한 약창고에 쌓아둔 쑥이 몇 가마니가 있었는데, 양소가 그것을 발견하고 이상하게 생각하여

희위에게 물었다. 희위가 말하였다.

"태자께서는 다른 뜻이 있었습니다. 지존이 인수궁에 계실 때, 태자가 말 천 마리를 먹이면서 '샛길로 출병하여 성문을 봉쇄하면 자연스럽게 굶어죽을 것이다'라고 말하였습니다."

양소가 희위의 말을 듣고 양용에게 힐문(詰問)하니 양용이 순순히 인정하지 않으며 말하였다.

"들어 보니 어르신 집안에는 말이 수만 마리가 있다고 하오. 내가 외람되게도 태자의 자리에 있지만, 말 천 마리를 키웠다고 그게 바로 반란을 도모한 것인가!"

양소가 또한 동궁의 옷가지나 물품 가운데 장식을 더한 것을 찾아내어 조정에 모두 늘어놓고 문무백관들에게 보여 주며 태자의 죄로 삼았다. 주상과 황후가 번갈아 사람을 보내어 양용을 책문하였지만, 양용은 인정하지 않았다.

겨울 10월 을축(乙丑)일, 주상은 양용을 데리고 오라 사자(使者)를 보내었다. 양용은 사자를 보고 놀라서 말하였다.

"나를 죽이지 않을 수도 있는가?"

주상은 군복[戎服] 차림에 군대를 배치하고 무덕전(武德殿)에 들었다. 동쪽에는 백관을 소집하고 서쪽에는 종친들을 세워둔 후, 무덕전 앞으로 양용과 그 아들들을 끌고 왔다. 내사시랑(內史侍郎) 설도형(薛道衡)에게 태자를 폐위하여 서인으로 강등시킨다는 조서를 선포하게 하였다. 양용은 두 번 절을 올리고 말하였다.

"신은 저잣거리에서 처형을 당해 앞으로 경계로 삼아야 하심이 마땅합니다. 다행히도 가엾게 생각해 주시어 목숨을 부지할 수 있었습니다."

말을 마치고 눈물로 가슴을 적시며 손과 발을 흔들어 예를 표하고 물러났다. 좌우의 사람들이 모두 묵묵히 안타까워하였다.

원래 운소훈(雲昭訓)의 아버지 운정흥(雲定興)은 절도 없이 동궁에 출입하면서 기이한 옷가지와 신기한 물건을 여러 차례 진상하여 태자의 환심을 구하였다. 좌서자(左庶子) 배정(裴政)이 누차 간언하였지만, 양용은 듣지 않았다. 당령칙은 태자의 총애를 받았는데, 매번 악기와 노래를 태자의 첩들에게 가르치자 우서자(右庶子) 유행본(劉行本)이 책망하여 말하였다.

"서자(庶子)의 직책은 태자를 보필하여 바른 길로 인도하는 것인데, 어찌 방 안의 유장(帷帳) 사이에서 환심을 사려 합니까!"

당령칙은 부끄러웠지만 그러한 버릇을 고치지 못하였다. 양용이 언젠가 좋은 말을 손에 넣은 적이 있었다. 양용은 유행본을 시켜 말을 타보게 하고 말의 상태를 살펴보려 하였는데, 유행본이 정색하며 말하였다.

"지존께서 신을 서자로 임명한 것은 전하를 잘 보필하여 이끌기 위해서였지, 전하의 놀림감이 되라는 것은 아니었습니다."

양용은 부끄러워하며 그만두었다. 양용이 폐위되었을 때는 배정과 유행본이 죽은 후였다. 주상이 한탄하며 말하였다.

"예전에 배정과 유행본이 있었을 때는 태자가 이러한 지경에 이르지는 않았다."

일찍이 양용이 궁중의 신하들에게 연회를 베푼 적이 있었다. 당령칙이 직접 비파를 뜯으면서 '무미낭(娬媚娘)'을 노래하자 세마(洗馬) 이강(李綱)이 자리에서 일어나 양용에게 말하였다.

"당령칙은 궁경(宮卿)의 지위에 있으면서 마땅히 태자를 잘 보필하여야 하거늘, 여러 사람이 앉아 있는 자리에서 스스로 배우처럼 행동하며 음란한 노래를 불러, 보고 듣는 것을 더럽히고 있습니다. 만약 주상께서 이 일을 알게 되신다면 당령칙에게 상상할 수 없는 벌을 내리실 터인데, 이것이 어찌 전하에게 누가 되지 않겠습니까? 신은 속히 그 죄를 벌하시길 청합니다."

양용이 대꾸하였다.

"단지 즐겁자고 한 일이니, 당신은 귀찮게 일을 만들지 마시오."

이강은 결국 자리를 박차고 나갔다. 양용이 폐위되자, 주상은 동궁의 관속들을 불러 모질게 책망하니 모두 두려워 감히 입을 여는 자가 없었는데, 이강이 홀로 말하였다.

"태자의 폐위는 나라의 대사입니다. 지금 문무백관들은 모두 그 사실을 알면서도 감히 말씀을 올리지 못하고 있습니다. 신이 어찌 감히 죽기 두렵지 않겠습니까? 하지만 한 번쯤은 폐하께 다른 말씀을 올려야겠습니다. 태자는 성품이 평범하여 어울리는 사람에 따라 착하게 행동할 수 있었고 나쁜 짓을 할 수도 있었습니다. 예전에 폐하께서 바른 사람을 선정하여 태자를 보필하게 하셨다면, 태자는 폐하의 위대한 업적을 이을 수 있었을 것입니다. 지금 당령칙이 좌서자이고 추문등(鄒文騰)이 가령(家令)인데, 이 두 사람은 오로지 악기나 노래, 매와 개 같은 것으로 태자를 즐겁게 하려 하였으니, 어찌 이 지경에 이르지 않을 수 있었겠습니까! 이것은 바로 폐하의 잘못이지, 태자의 허물은 아닙니다."

이강은 땅에 엎드려 눈물을 흘리며 목 놓아 외쳤다. 주상이 참담한 심경으로 오래 지켜보다가 말하였다.

"이강이 나를 질책한 것은 일리가 있다. 하지만 하나만 알고 둘은 모르는 것이다. 내가 너를 선발하여 동궁의 신하로 삼았는데도 양용은 너를 가까이 두고 쓰지 않았으니, 훨씬 바른 사람을 구해 주었다 한들 무슨 소용이 있었겠는가!"

이강이 대답하였다.

"동궁이 신을 가까이 두고 쓰지 않은 것은 간신들이 바로 옆에 있었기 때문입니다. 폐하께서는 다만 당령칙과 추문등을 참(斬)하시고 다시 훌륭한 인재를 선발하여 태자를 보필하게 하소서. 어찌 태자가 신을 멀리하여 버린 것만을 생각하십니까? 옛부터 나라의 큰 아들을 폐위한 후 위기가 닥치지 않은 경우는 거의 없었습니다. 폐하께서 깊게 숙고하시어 후회를 남기시지 않기를 바라옵니다."

하지만 주상은 이강의 말을 못마땅하게 여겼다.

11월 무자(戊子)일에 진왕 양광을 황태자로 세웠는데, 천하에 지진이 발생하였다. 황제는 옛 태자 양용을 동궁에 가두고 태자 양광에게 잘 지키게 시켰다. 양용은 억울하게 폐위되었다고 생각하여 주상에게 면담을 청하여 자신의 원한을 풀고자 하였다. 하지만 양광이 가로막아 그 뜻을 전할 수 없었다. 그리하여 양용은 나무에 큰소리로 외치기도 하였다. 그 소리가 황제의 처소에 들리도록 하여 알현할 기회를 얻고자 한 것이다. 양소는 양용의 심리가 혼미하여 미치광이 귀신에 씐 것이라고 말하며 다시 받아들여서는 아니 된다고 하였고, 황제 역시 그렇게 생각하였다. 양용은 끝내 황제를 만날 수가 없었다.

隋文帝受周禪, 以太子勇爲皇太子. 開皇二十年, 初, 上使太子勇參決軍國政事, 時有損益, 上皆納之. 勇性寬厚, 率意任情, 無矯飾之行. 上性節儉, 勇嘗文飾蜀鎧, 上見而不悅, 戒之曰: "自古帝王未有好奢侈而能長久者, 汝爲儲后, 當以儉約爲先, 乃能奉承宗廟, 吾昔日衣服, 各留一物, 時復觀之, 以自警戒." 後遇冬至, 百官皆詣勇, 勇張樂受賀. 上知之, 問朝臣曰: "近聞至日內外百官相帥朝東宮, 此何禮也?" 太宰少卿辛亶對曰: "於東宮, 乃賀也, 不得言朝." 上曰: "賀者正可三數十人, 隨情各去, 何乃有司徵召, 一時普集! 太子法服設樂以待之, 可乎?" 因下詔停斷. 自是恩寵始衰, 漸生猜阻. 勇多內寵, 昭訓雲氏尤幸. 其妃元氏無寵遇, 心疾二日而薨. 獨孤后意有他故, 甚責望勇. 自是雲昭訓專內政, 生子儼等數人. 后彌不平, 頗遣人伺察, 求勇過惡. 晉王廣知之, 彌自矯飾, 唯與蕭妃居處, 後庭有子皆不育, 后由是數稱廣賢. 大臣用事者, 廣皆傾心與交. 上及后每遣左右至廣所, 無貴賤, 廣必與蕭妃迎門接引, 爲設美饌, 申以厚禮. 婢僕牲來者, 無不稱其仁孝. 上與后嘗幸其第, 廣悉屛匿美姬於別室, 唯留老醜者, 衣以縵綵, 給事左右. 屛帳改用縑素, 故絶樂器之絃, 不令拂去塵埃. 上見之, 以爲不好聲色. 還宮, 以語侍臣, 意甚喜, 侍臣皆稱慶, 由是愛之特異諸子. 廣爲揚州總管, 入朝, 將還鎭, 入宮辭后, 伏地流涕, 后亦泣下. 廣曰: "臣性識愚下, 常守平生昆弟之意, 不知何罪失愛東宮, 欲加屠陷. 每恐讒譖生於投杼, 鴆毒遇於杯勺." 后忿然. 自是決意欲廢勇立廣矣. 廣與安州總管宇文述素善, 問計於述. 曰: "皇太子失愛已久, 四海之望, 實歸大王. 然廢立者, 國家大事, 處人父子骨肉之間, 誠未易謀也. 然能移主上意者, 唯楊素耳. 素所與謀者, 唯其弟約. 述雅知約, 請朝京師, 與約相見, 共圖之." 廣大悅, 多齎金寶, 資述入關. 約時爲大理少卿, 素凡有所爲, 皆先籌於約而行之. 述請約, 盛陳器玩, 與之酣暢, 因而共博, 每陽不勝, 所齎金寶盡輸之. 約所得旣多, 稍以謝述. 述因曰: "此晉王之賜, 令述與公爲歡樂耳." 約大驚曰: "何爲爾?" 述因通廣意, 說之曰: "公之兄弟功名蓋世, 當塗用事有年矣, 朝臣爲足下家所屈辱者, 可勝數哉? 又, 儲后以所欲不行, 每切齒於執政. 公雖自結於人主, 而欲危公者亦多矣! 主上一旦[15]棄羣臣, 公亦何以取庇? 今皇太子失愛於皇后, 主上素有廢黜之心, 此公所知者也. 今若請立晉王, 在賢兄之口耳. 誠能因此時建大功, 王必永銘骨髓, 斯則去累卵之危, 成太山之安也." 約然之, 因以白素. 素聞之大喜, 曰: "吾之智思, 殊不及此." 約知其計行, 復謂素曰: "今皇后之言, 上無不用, 宜因機會早自結託, 則長保榮祿, 傳祚子孫. 兄若遲疑, 一旦有變, 令太子用事, 恐禍至無日矣." 素從之. 後數日, 素入侍宴, 微稱"晉王孝悌恭儉, 有類至尊", 用此揣后意. 后泣曰: "公言是也. 吾兒大孝愛, 每聞至尊及我遣內使到, 必迎於境首; 言及違離, 未嘗不泣. 又其新婦亦大可憐, 我使婢去, 常與之同寢共食. 豈若晛地伐與阿雲對坐, 終日酣宴, 昵近小人, 疑阻骨肉! 我所以益憐阿麼者, 常恐其譖殺之." 素既知后意, 因盛言太子不才, 后遂使素贊上廢立. 勇頗知其謀, 憂懼, 計無所出. 上知勇不自安, 在仁壽宮使楊素觀勇所爲. 素至東宮, 偃息未入, 勇束帶待之, 素故久不進, 以激怒勇. 勇銜之, 形於言色. 素還言: "勇怨望, 恐有他變, 深願防察!" 上聞素譖毀, 甚疑之. 后又遣人伺覘東宮, 纖介事皆聞奏, 因加誣飾, 以成其罪. 上遂疎忌勇, 迺於玄武門達至德門置候人, 以伺動靜, 皆隨事聞奏. 又東宮宿衛之人, 侍官以上, 名籍悉令屬諸衛府, 有勇健者咸屛去之. 太史令袁充言於上曰: "臣觀天文, 皇太子當廢." 上曰: "玄象久見, 羣臣不敢言耳." 晉王廣又令督王府軍事段達, 私賂東宮幸臣姬威, 令伺太子動靜, 密告楊素. 於是內外諠謗, 過失日聞. 段達因脅姬威曰: "東宮過失, 主上皆知之矣. 已奉密詔, 定當廢立, 君能告之, 則大富貴." 威許諾, 卽上書告之. 秋, 九月壬子, 上至自仁壽宮. 翌日, 御大興殿, 謂侍臣曰: "我新還京師, 應開懷歡樂, 不知何意翻邑然愁苦." 吏部尙書牛弘對曰: "臣等不稱職, 故至尊憂勞." 上旣數聞譖毀, 疑朝臣悉知之, 故於衆中發問, 冀聞太子之過. 弘對旣失旨, 上因作色, 謂東宮官屬曰: "仁壽宮去此不遠, 而令我每還京師, 嚴備仗衛, 如入敵國. 豈非爾輩欲害我家國邪?" 於是執太子左庶子唐令則等數人, 付所司訊鞫; 命楊素陳東宮事狀, 以告近臣. 素乃顯言之云云. 上曰: "此兒不堪承嗣久矣, 皇后嘗勸我廢之. 我以布衣時所生, 地復居長, 望其漸改, 隱忍至今. 我雖德慚堯舜, 終不以萬姓付不肖子. 今欲廢之以安天下." 左衛大

15 저본에는 조선 태조의 피휘여서 '朝'로 되어 있지만 원래의 '旦'으로 바로잡는다.

將軍元旻諫曰: “廢立大事, 詔旨若行, 後悔無及. 饞言罔極, 唯陛下察之.” 上不應, 命姬威悉陳太子罪惡, 威對云云. 上泫然曰: “誰非父母生, 乃至於此! 聯近覽『齊書』, 見高歡縱其兒子, 不勝忿憤, 安可效尤邪!” 於是禁勇及諸子, 部分收其黨與. 楊素舞文巧詆, 鍛鍊以成其獄. 先是, 勇見老枯槐, 問: “此堪何用?” 或對曰: “古槐尤宜取火.” 時衛士皆備火燧, 勇命工造數千枚, 欲以分賜左右, 至是獲於庫. 又藥藏局貯艾數斛, 素得之, 大以爲怪, 以問姬威. 威曰: “太子此意別有所在, 至尊在仁壽宮, 太子常飼馬千匹, 云‘徑牲守城門, 自然餓死.’” 素以威言詰勇, 勇不服, 曰: “竊聞公家馬數萬匹, 勇忝備太子, 馬千匹, 乃是反乎?” 素又發東宮服翫, 以加琱飾者, 悉陳之於庭, 以示文武羣官, 爲太子之罪. 上及皇后迭遣使責問勇, 勇不服. 冬十月乙丑, 上使人召勇. 勇見使者, 驚曰: “得無殺我耶?” 上戎服陳兵, 御武德殿, 集百官立於東面, 諸親立於西面, 引勇及諸子列於殿庭, 命內史侍郎薛道衡宣詔, 廢勇爲庶人. 勇再拜言曰: “臣當伏尸都市, 爲將來鑒戒. 幸蒙哀憐, 得全性命!” 言畢, 泣下流襟, 旣而舞蹈而去, 左右莫不閔默. 初, 雲昭訓父定興, 出入東宮無節, 數進其奇服異器以求悅媚. 左庶子裴政屢諫, 勇不聽. 唐令則爲勇所昵狎, 每令以絃歌教內人, 右庶子劉行本責之曰: “庶子當輔太子以正道, 何有取媚於房帷之間哉!” 令則慙而不能改. 勇嘗得良馬, 欲令行本乘而觀之, 行本正色曰: “至尊置臣於庶子, 欲令輔導殿下, 不令爲殿下作弄臣也.” 勇慚而止. 及勇敗, 二人已卒. 上歎曰: “向使裴政、劉行本在, 勇不至此.” 勇嘗宴宮臣, 唐令則自彈琵琶, 歌‘媩媚娘’, 洗馬李綱起白勇曰: “令則身爲宮卿, 職當調護, 乃於廣坐自比倡優, 進淫聲, 穢視聽, 事若上聞, 令則罪在不測, 豈不爲殿下之累邪? 臣請速治其罪!” 勇曰: “我欲爲樂耳, 君勿多事.” 綱遂趨出. 及勇廢, 上召東宮官屬切責之, 皆惶懼無敢對者, 綱獨曰: “廢立大事, 今文武大臣皆知其不可而莫敢發言. 臣何敢畏死, 不一爲陛下別白言之乎? 太子性本中人, 可與爲善, 可與爲惡. 向使陛下擇正人輔之, 足以嗣守鴻基. 今乃以唐令則爲左庶子, 鄒文騰爲家令, 二人唯知以絃歌、鷹犬娛悅太子, 安得不至於是邪! 此乃陛下之過, 非太子之罪也.” 因伏地流涕嗚咽. 上慘然良久曰: “李綱責我, 非爲無理, 然徒知其一, 未知其二. 我擇汝爲宮臣, 而勇不親任, 雖更得正人, 何益哉?” 對曰: “臣之所以不被親任者, 良由姦臣在側故也. 陛下但斬令則、文騰, 更選賢才以輔太子, 安知臣之終見疎棄也? 自古國家廢立冢嫡, 鮮不傾危, 願陛下深留聖思, 無貽後悔." 上不悅. 十一月戊子, 立晉王廣爲皇太子. 天下地震. 帝囚故太子勇於東宮, 付太子廣掌之. 勇自以廢非其罪, 頻請見上申寃, 而廣遏之不得聞. 勇於是升樹大叫, 聲聞帝所, 冀得引見. 楊素因言勇情志昏亂, 爲癲鬼所著, 不可復收. 帝以爲然, 卒不得見.

—현지벌(晛地伐)은 양용(楊勇)의 어릴 적 이름이며, 아운(阿雲)은 운소훈(雲昭訓)을 일컫는다. 아마(阿麼)는 양광(楊廣)의 어릴 적 이름이다. 양광이 즉위하니 바로 이가 양제(煬帝)로서, 수(隋)나라는 결국 멸망하였다.—

**신은 이렇게 생각합니다**. 수(隋) 문제(文帝)는 술수를 써서 천하를 손에 넣었고, 아랫사람들을 통제할 때에도 역시 교묘히 술수를 사용하였습니다. 그리하여 신하들이나 자식들이 수 문제를 쉽게 속일 수 없었습니다. 하지만 태자 양용(楊勇)이 마음에 따라 솔직히 행동하자 의심하였고, 진왕(晉王) 양광(楊廣)이 속마음을 꾸미고 속이자 믿고 말았습니다. 대체로 양용의 자질은 보통사람에 불과하였을 뿐으로 만약 황제가 널리 훌륭한 선비를 선발하여 태자를 보필하면서 절차탁마(切磋琢磨)하도록 하였다면, 훌륭한 덕을 행하지 못할 바도 아니었습니다.

그런데 양광은 극악한 적자(賊子)로서, 평상시에는 황제와 황후에 아첨하면서 형을 몰아낼 계획을 오랫동안 세우고 있었습니다. 일단 황후가 태자를 못마땅해 한다는 이야기를 듣고 곧장 그럴듯하게 꾸미고 교묘하게 태자를 흔들어 몰아냈습니다. 양광이 우문술(宇文述)과 계략을 세우는 모습이나 우문술이 양약(楊約)에게 재물을 잃어 주어 양소(楊素)에 줄을 대는 모습을 보면 전국시대 종횡가(縱橫家)의 모습이 떠오릅니다.

황제는 단지 양용을 폐위하는 것만 신경을 썼지, 양용의 허물이 여러 사람들의 손에 엮여 만들어진 것인지는 몰랐습니다. 단지 양광을 태자로 세울 만하다는 것만 알았지, 이른바 착하고 바른 양광의 모습이 여러 사람들의 입을 통해 조작된 것인지는 몰랐습니다. 그것이 어찌 실제로 존재하는 것이었겠습니까? 황제가 귀머거리처럼 아무것도 듣지 못하는 지경에 이르러 더 이상 옳고 그름을 판별할 수 없었습니다. 그리하여 큰아들을 태자에서 폐위하고 작은 아들을 태자로 세우는 중대한 일을 모두 양소 등에게서 놀아나게 하였습니다. 평상시에 잘 썼다던 이른바 술수라는 것이 과연 어디에 있는지 모르겠습니다.

수 문제는 양광을 이미 태자로 세웠으면서 또다시 양용을 그 손아귀에 쥐어 주었다가, 죽기 직전에야 처음으로 양광에게 맡길 만하지 않다는 점을 깨닫습니다. 그리하여 양용을 다시 부르려 하였지만 결국 이것은 자신의 목숨을 끊게 하였을 뿐입니다.[16]—이 일은 『자치통감(資治通鑑)』의 수 문제 말년 기사에 보입니다.— 아아, 후대의 군주들이 이렇게 참언이 끝을 모르는 상황을 자세히 살펴보지 않을 수 있겠습니까!

당(唐)나라 현종(玄宗) 개원(改元) 연간(713~741) 말기에 무 혜비(武惠妃)가 태자 이영(李瑛)을 참소하여 주상에게 말하였다.[17]

16 양용 폐위 4년 후 수 문제가 양광의 음모를 알게 되어 양용의 복위를 꾀하였지만 양광이 정변을 일으켜 수 문제를 죽이고 정권을 장악하게 된다.

"태자가 몰래 따르는 무리를 결성하여 장차 우리 모자(母子)를 해치려 합니다. 또한 지존을 헐뜯고 있습니다."

주상이 크게 노하여 재상에게 모두 폐위하라고 말하였다. 장구령(張九齡)이 간언하였다.

"태자는 천하의 근본이기 때문에 가벼이 흔들면 아니 됩니다. 예전에 진(晉) 헌공(獻公)이 여희(驪姬)의 참소를 믿고 태자였던 신생(申生)을 죽였는데, 이로 인해 삼대(三代)에 이르는 큰 혼란이 일어났습니다. 한(漢) 무제(武帝)는 강충(江充)의 무고(誣告)를 믿고 여태자(戾太子)에게 벌을 내렸는데, 이로 인해 도읍 전체에 피바람이 불었습니다. 진(晉) 혜제(惠帝)는 가후(賈后)의 참언 때문에 민회(愍懷)태자를 폐위하였는데, 이로 인해 중원이 토탄에 빠졌습니다. 수(隋) 문제(文帝)는 독고 황후(獨孤皇后)의 말을 받아들여 태자 양용(楊勇)을 쫓아내었는데, 이로 인해 결국 천하를 잃게 되었습니다. 이와 같은 사례에서 볼 수 있듯이, 조심하지 않을 수 없습니다. 폐하께서 반드시 이 일을 행하고 싶으시더라도 신은 감히 그 조서를 받들 수 없습니다."

무 혜비는 몰래 궁중의 노비 우귀아(牛貴兒)를 보내 장구령을 회유하였다.

"태자를 폐위하면 반드시 또 다른 아들을 태자로 세워야 합니다. 만약 어르신께서 이를 도우시면 오랫동안 재상의 지위를 유지할 수 있으실 것입니다."

---

17 개원연간 이영(李瑛)을 태자에서 폐위하고 이여(李璵)를 세운 일은 『자치통감(資治通鑑)』 권214에 보인다.

장구령은 우귀아를 질책하고는 그 말을 바로 주상에게 아뢰자 주상이 놀라 얼굴색을 바꾸었다. 결국 장구령은 재상의 자리에서 파직되었지만 태자는 폐위되지 않을 수 있었다. 장구령이 폄적된 후, 어떤 이가 또 태자 이영, 악왕(鄂王) 이요(李瑤), 광왕(光王) 이거(李琚)가 반란을 모의한다고 참소하였다. 주상이 재상들을 불러 이 일에 대해 물으니, 이임보(李林甫)가 말하였다.

"이것은 폐하의 집안일이어서 신들이 참견할 수 없습니다."

주상은 결정을 내리고, 곧장 환관을 시켜 조정에 제서(制書)를 반포하여 이영, 이요, 이거를 폐위하고 서인(庶人)으로 강등하였고 곧이어 사형을 내렸다.

태자 이영이 죽자, 이임보는 수왕 이모를 태자로 세울 것을 여러 차례 건의하였다. 주상은 충왕(忠王) 이여(李璵)를 태자로 세우려고 하였다. 이여가 큰 아들로서 인자하고 효성스러우며 겸손하고 조심성이 있을 뿐만 아니라 배움을 좋아한다고 판단하였기 때문이다. 하지만 주상은 주저하다 한 해가 지나도록 결정하지 못하였다. 자신은 점차 나이가 들고 세 아들을 같은 날 죽였으며 계승자를 아직 정하지 못한 상황에서, 현종은 침울해져서 잘 먹지도 잘 자지도 못하였다. 고역사(高力士)가 틈을 보다 주상에게 그 이유를 물었다. 주상이 말하였다.

"너는 오랫동안 우리 집안의 노복이었으면서 어찌 내 마음을 모른다는 말인가!"

고역사가 대답하였다.

"혹시 태자가 정해지지 않은 것 때문이십니까? 큰 도련님을 태자로 추천하여 세우신다면 누가 감히 반대를 하겠습니까?"

"네 말이 옳다."

그리하여 결국 이여를 태자로 세웠다.

唐玄宗開元末, 武惠妃譖太子瑛, 於上曰: "太子陰結黨與, 將害妾母子, 亦指斥至尊." 上大怒, 以語宰相, 欲皆廢之. 張九齡諫曰: "太子天下本, 不可輕搖. 昔晉獻公信驪姬之讒, 殺申生, 三世大亂. 漢武帝信江充之誣, 罪戾太子, 京城流血. 晉惠帝用賈后之譖, 廢愍懷太子, 中原塗炭. 隋文帝納獨孤后之言, 黜太子勇, 立煬帝, 遂失天下. 由此觀之, 不可不愼. 陛下必欲爲此, 臣不敢奉詔." 惠妃密使宮奴牛貴兒謂九齡曰: "有廢必有興, 公爲之援, 宰相可長處." 九齡叱之, 以其語白上, 上爲之動色. 故終九齡罷相, 太子得無動. 九齡旣貶, 又有譖太子瑛、鄂王瑤、光王琚異謀者. 上召宰相問之, 李林甫曰: "此陛下家事, 非臣等所宜豫." 上意乃決, 遂使宦官宣制於宮中, 廢瑛、瑤、琚爲庶人, 尋賜死, 太子瑛旣死, 李林甫數勸立壽王瑁. 上以忠王璵長, 且仁孝恭謹, 又好學, 意欲立之, 猶豫歲餘不決. 自念春秋高, 三子同日誅死, 繼嗣未定, 常忽忽不樂, 寢膳爲之減. 高力士乘間問其故, 上曰: "汝, 我家老奴, 豈不能揣我意?" 力士曰: "豈非以郎君未定邪? 但推長而立, 誰敢爭?" 上曰: "汝言是也." 由是遂定立璵爲太子.

—무 혜비의 아들은 수왕(壽王) 이모(李瑁)를 일컫는다. 무 혜비가 장구령에게 한 말은 태자 이영(李瑛)이 폐위되면 수왕 이모가 태자에 오른다는 뜻이다. 이여를 태자로 세운 이후의 일은 「간신편」에서 설명하였다.—

범조우가 말하였다.[18]

"당(唐) 현종(玄宗)이 세 아들을 폐위한 것은 모두 이임보

18 범조우(范祖禹)의 말은 『당감(唐鑑)』 권9에 보인다.

(李林甫)의 말 한 마디 때문이었다. 태자를 폐위하지 않은 것은 장구령(張九齡)이 아직 파직당하지 않았기 때문이었다. 현명한 인물을 재상으로 삼으면 부자가 서로 보호할 수 있지만, 간사한 인물을 재상으로 삼으면 천륜이 사라져 서로 원수가 된다. 이러하니 재상을 임명할 때 조심하지 않을 수 있겠는가!"

范祖禹曰: "明皇三子之廢, 繫於李林甫之一言; 其得未廢, 繫於張九齡之未罷. 相賢則父子得以相保, 相佞則天性滅於仇讎, 置相可不愼哉!"

대력(大曆) 14년(779) 덕종(德宗)이 즉위하여 선왕(宣王) 이송(李誦)을 황태자로 삼았다.[19]

大曆十四年, 德宗卽位, 立宣王誦爲皇太子.

—대력(大曆)은 대종(代宗)의 연호다.—

『자치통감(資治通鑑)』 정원(貞元) 3년(787)의 기사다.[20]

이전에 고국(郜國) 대장공주(大長公主)가 부마도위(駙馬都尉) 소승(蕭升)에게 시집을 갔다. 대장공주는 조신하지 못하여, 첨사(詹事) 이승(李昇) 등이 공주의 집을 들락거렸다. 선왕(宣王) 이송(李誦)을 황태자로 삼고 대장공주의 딸을 태자비(太子妃)로 간택

19 『자치통감(資治通鑑)』 권233에 보인다.

20 덕종의 즉위는 『자치통감(資治通鑑)』 권226에 보인다.

하였다. 누군가가 대장공주가 음란하고 굿판을 벌였다고 발고하였다. 주상이 크게 노하여 대장공주를 궁중에 유폐하고 태자를 심하게 질책하였다. 태자는 어찌 대답할지 몰라 소비(蕭妃)와 이혼을 청하였다. 주상은 이필(李泌)을 불러 이 사실을 알려 주며 말하였다.

"서왕(舒王) 이의(李誼)가 이제 거의 어른이 되었는데, 효성과 우애가 두텁고 인자하고 따듯하다고 하오."

이필이 대답하였다.

"폐하께서는 아들이 오직 한 분이신데, 어찌하여 하루아침에 의심을 하시어 태자에서 폐위하고 조카를 세우려 하십니까? 잘못된 생각이십니다."

"경은 집안사람들을 아끼지 않소?"

"신은 집안사람들을 너무도 아끼기 때문에 감히 진언을 올리지 않을 수 없습니다. 만약 폐하가 크게 노하실까 두려워 억지로 그러한 계획에 따른다면, 폐하께서는 내일 후회를 하시며 제게 이렇게 말씀하실 것입니다.

'내가 오직 너만 재상에 임명하였는데, 힘써 간언을 올리지 않아 이러한 지경에 이르게 되었으니 너와 네 자식을 죽이겠다!'

신은 이미 늙어서 살날이 얼마 남지 않았으니 달리 안타까울 것도 없지만, 억울하게도 신의 자식을 죽이시고 제 조카로 하여금 후사를 잇게 하신다면 신이 그 제사를 기쁜 마음으로 받을 수 있겠습니까?"

이필은 소리 내어 울며 눈물을 흘렸다. 주상 역시 울면서 말하였다.

"일이 이미 이렇게 되었는데 짐은 어떻게 하면 좋겠소?"

"이것은 중대한 일로서, 원컨대 폐하께서 잘 살펴보시옵소서. 자고로 부자가 서로 의심하면 망하지 않은 나라가 없었습니다."

"정관(貞觀) 연간이나 개원(開元) 연간에도 태자를 바꾼 적이 있는데 무엇 때문에 나라가 망한다고 하시오."

"예전에 이승건(李承乾)이 여러 차례 나라의 업무를 대행하자 이승건에게 의탁하는 자가 많아졌고 동궁의 병사들이 크게 늘었습니다. 재상 후군집(侯君集)과 반란을 꾀하다가 사전에 발각되었는데, 태종이 태자의 큰 삼촌인 장손무기(長孫無忌)와 조정의 신하들에게 심문하도록 하였습니다. 사건의 실상이 명백하게 드러난 연후에 백관을 모아 놓고 논의하였습니다. 당시에 사람들은 이렇게 이야기하였습니다.

'원컨대 폐하께서는 인자한 아버지의 자리를 잃지 마시어 태자로 하여금 천수를 누리도록 하소서.'

태종이 그 말을 따랐으며 동시에 위왕(魏王) 이태(李泰) 역시 폐위하였습니다.

원컨대 폐하께서는 조용히 며칠을 보내시면서 그 실마리를 찾아서 생각해 보시옵소서. 그렇게 하신다면 폐하께서 태자가 다른 일을 벌이지 않았다는 사실을 분명하게 알게 되실 것입니다. 만약 정말로 태자가 일을 벌였던 흔적이 발견된다면, 마땅히 대신 가운데 올바른 이치를 잘 아는 자 스무 명을 불러서 함께 그 좌우를 심문하시고 진상을 밝히십시오. 원컨대 폐하께서 정관 연간의 모범을 따르시어, 서왕 이의를 폐위하시고 황손을 세우신다면, 백 대가 지난 후에도 천하를 지배하는 자는 폐하의 자손일 것입니다.

개원 연간의 일을 말씀드리자면, 무 혜비(武惠妃)가 태자 이영(李瑛)을 참소하고 형제들을 죽여 온 천하가 억울하여 분노하였던 사건입니다. 이는 백 대가 지난 후에도 마땅히 경계로 삼아야 할 일인데, 어찌 본받을 수 있겠습니까?

또한, 폐하께서는 옛날 태자에게 봉래지(蓬萊池)에서 신하들을 살펴보라고 명하신 일이 있사온데, 신하들을 만난 태자의 용모는 전혀 흉폭하지 않았습니다. 말벌의 눈을 하고 승냥이 울음과 같은 소리를 내었던 상신(商臣)[21]의 모습이 결코 아니었으며, 그저 부드러움과 인자함을 잃을까 걱정하고 있었습니다.

또한 태자는 정원 연간 이래 쭉 폐하의 침전 바로 옆 소양원(少陽院)에 계시면서 외부인을 접하지 않고 바깥일에 참견하지 않았는데, 어찌 일을 벌일 음모를 꾸밀 수 있었겠습니까? 저 태자를 헐뜯는 사람들은 수없이 많은 교활한 속임수를 쓰기 때문에, 비록 진(晉)나라 민회(愍懷)태자와 같이 손수 쓴 글이 나오거나 태자 이영(李瑛)과 같이 무기와 갑옷이 발견되더라도 쉽게 믿어

---

21 상신(商臣)은 춘추(春秋)시대 초(楚)나라의 태자로서, 아버지인 성왕(成王)을 시해하고 즉위하였다. 상신의 이야기는 『춘추좌씨전(春秋左氏傳)』 문공(文公) 원년(元年)조에 보인다.

서는 아니 됩니다. 하물며 장모가 지은 죄에 연루된 경우라면 어떠하겠습니까?

다행히도 폐하께서 제게 말씀을 해 주셨으니, 저는 제 집안을 걸고 태자가 음모를 꾸미지 않았다고 확신합니다. 예전에 양소(楊素), 허경종(許敬宗), 이임보(李林甫)와 같은 무리에게 태자 폐위를 논의하셨다면, 이미 서왕(舒王)의 즉위를 정한 공신이 되어 있을 것입니다."

주상이 말하였다.

"이는 짐의 집안일이어서 경(卿)은 상관할 일이 아닌데도, 어찌 이렇게 극력 반대를 하는가?"

이필이 대답하였다.

"천자는 온 천하를 집안으로 삼고 있습니다. 신이 지금 홀로 재상이라는 무거운 직책을 맡고 있으니, 천하에 있는 한 가지 사물을 잃더라도 그 책임은 모두 제게 있습니다. 하물며 태자가 억울하게 예상치 못한 재난을 당하고 있는데도 아무 말도 하지 않는다면 신의 죄가 너무나 클 것입니다."

"경이 이렇게까지 말을 하니 내일까지 곰곰이 생각해 보겠소."

이필은 홀(笏)을 빼내어 머리로 땅을 찧는 큰 절을 올리고 눈물을 흘리며 말하였다.

"만약 제가 올린 말씀을 따르신다면, 폐하께서 자애롭고 효성스러운 부자(父子)간의 초심을 잃지 않으신 것입니다. 그렇기에 폐하께서 궁으로 돌아가셔서 심사숙고하시면서, 주위의 다른 사람들에게는 폐위의 뜻을 드러내지 마소서. 그러한 뜻이 드러나면 저들은 모두 서왕을 세우는 공을 세우려 할 것이고, 태자는 위험해집니다."

"경의 뜻은 잘 알고 있네."

태자가 사람을 시켜 이필에게 감사의 마음을 표하면서 물었다.

"나는 이미 틀렸으니, 먼저 독약을 먹고 자살하는 것은 어떠한가?"

"그러한 걱정은 하지 말고, 원컨대 태자께서는 폐하를 공경하시어 효성을 다 하소서. 제 한 몸만 사라진다면 이 일은 아무도 모르게 됩니다."

하루가 지난 후, 주상이 연영전(延英殿)을 열고 이필만 불러들였다. 주상은 난간에 눈물을 떨구며 이필의 등을 어루만지면서 말하였다.

"경의 간절한 말이 아니었으면, 짐이 오늘 후회가 막급하였을 것이다. 모든 사실이 경의 말과 같았다. 태자는 인자하고 효성스러워 실제로는 아무 일도 없었다. 오늘부터 나라와 군대의 업무뿐만 아니라 짐의 집안일까지 모두 경과 함께 의논하겠다."

이필이 경하(慶賀)의 절을 올리면서 말하였다.

"폐하께서 현명하셔서 태자의 무죄를 살피신 것입니다. 신이 이제 보국(報國)을 끝내었으니 관직에서 물러나 해골만 가지고 돌아가겠습니다."

"짐의 부자는 경 덕택에 온전할 수 있었다. 그 보답으로 앞으로 후손들에게 부탁하여 경의 집안이 대대로 부귀하도록 만들게 하려 하였는데, 어찌 그런 말을 하는가?"

주상이 조서를 내려 이승과 대장공주의 다섯 아들만을 영남(嶺南)과 오지로 유배를 보내었다.

貞元三年, 初, 郜國大長公主適駙馬都尉蕭升. 公主不謹, 詹事李昪等出入主第, 主女爲太子妃. 或告主淫亂, 且爲厭禱. 上大怒, 幽主於禁中, 切責太子. 太子不知所對, 請與蕭妃離昏. 上召李泌告之, 且曰: "舒王近已長立, 孝友溫仁." 泌曰: "陛下惟有一子, 奈何一旦[22]疑之, 欲廢之而立姪, 得無失計乎!" 上曰: "卿不愛家族乎?" 對曰: "臣惟愛家族, 故不敢不盡言. 若畏陛下盛怒而爲曲從, 陛下明日悔之, 必尤臣云: '吾獨任汝爲相, 不力諫, 使至此, 必復殺而子.' 臣老矣, 餘年不足惜, 若寃殺臣子, 使臣以姪爲嗣, 臣未知得歆其祀乎?" 因嗚咽流涕. 上泣曰: "事已如此, 使朕如何而可?" 對曰: "此大事, 願陛下審圖之. 自古父子相疑, 未有不亡國覆家者." 上曰: "貞觀、開元皆易太子, 何故不亡?" 對曰: "昔承乾屢嘗監國, 託附者衆, 東宮甲士甚多, 與宰相侯君集謀反, 事覺, 太宗使其舅長孫無忌與朝臣數十人鞫之, 事狀顯白, 然後集百官而議之. 當時言者猶云: '願陛下不失爲慈父, 使太子得終天年.' 太宗從之, 并廢魏王泰. 願陛下從容三日, 究其端緒而思之, 陛下必釋然知太子之無他矣. 若果有其迹, 當召大臣知義理者二十人, 與臣鞫其左右, 必有實狀, 願陛下如貞觀之法行之, 廢舒王而立皇孫, 則百代之後, 有天下者猶陛下子孫也. 至於開元之時, 武惠妃譖太子瑛, 兄弟殺之, 海內寃憤, 此乃百代所當戒, 又可法乎? 且陛下昔嘗令太子見臣於蓬萊池, 觀其容表, 非有蠭目豺聲、商臣之相也, 正恐失於柔仁耳. 又, 太子自貞元以來嘗居少陽院, 在寢殿之側, 未嘗接外人, 預外事, 安得有異謀乎? 彼譖人者巧詐百端, 雖有手書如晉愍懷, 衷甲如太子瑛, 猶未可信, 況但以妻母有罪爲累乎? 幸賴陛下語臣, 臣敢以宗族保太子必不知謀. 向使楊素、許敬宗、李林甫之徒承此旨, 已就舒王圖定策之功矣." 上曰: "此朕家事, 何豫於卿, 而力爭如此?" 對曰: "天子以四海爲家. 臣今獨任宰相之重, 四海之內, 一物失所, 責歸於臣. 況坐視太子寃橫而不言, 臣罪大矣!" 上曰: "爲卿遷延至明日思之." 泌抽笏叩頭而泣曰: "如此, 臣知陛下父子慈孝如初

22 저본에는 조선 태조의 피휘여서 '朝'로 되어 있지만 원래의 '旦'으로 바로잡는다.

矣. 然陛下還宮, 當自審思, 勿露此意於左右. 露之, 則彼皆欲樹功於舒王, 太子危矣!" 上曰: "具曉卿意." 太子遣人謝泌曰: "吾必不可救, 欲先自仰藥, 何如?" 泌曰: "必無此慮, 願太子起敬起孝. 苟泌身不存, 則事不可知耳." 間一日, 上開延英殿, 獨召泌, 流涕闌干, 撫其背曰: "非卿切言, 朕今日悔無及矣! 皆如卿言, 太子仁孝, 實無他也. 自今軍國及朕家事, 皆當謀於卿矣." 泌拜賀, 因曰: "陛下聖明, 察太子無罪. 臣報國畢矣, 願乞骸骨." 上曰: "朕父子賴卿得全, 方屬子孫, 使卿代代富貴以報德, 何爲出此言乎?" 詔李昇等及公主五子, 皆流嶺南及遠州.

—나중에 태자가 즉위하니, 바로 순종(順宗)이다.—

**신은 이렇게 생각합니다.** 자고로 가볍게 태자를 폐위할 때는 항상 재상이 못난 사람이었습니다. 그리하여 이극(里克)의 음모가 이루어지자 신생(申生)이 목매어 자살을 하였고, 양소(楊素)가 간사한 마음을 품자 태자 양용(楊勇)이 유폐되었으며, 이임보(李林甫)가 사익을 좇자 이영(李瑛)과 이거(李琚)가 주살되었습니다.

반면 태자 이영(李瑛)의 폐위를 막은 것은 장구령(張九齡)이었고, 서왕(舒王)이 적자의 자리를 빼앗지 못하게 만든 것은 이필(李泌)이었습니다. 이러하니 나라를 다스리는 자가 충성스럽고 현명한 인재를 재상으로 삼지 않을 수 있겠습니까? 이필이 덕종에게 올린 말을 살펴보니, 진실하고 간절하여 결국 덕종은 감동하여 깨닫게 되었습니다. 나중에 재상이 된 자들이 불행히도 태자 폐위의 상황에 맞닥뜨린다면 반드시 이필을 본받아야 합니다.

이상은 '폐위하고 삭탈하는 잘못은 마땅히 살펴야 함[廢奪之失宜監]'을 논하였습니다.

# 제가의 요체 4[齊家之要四]

## 척속을 교화시킴[教戚屬]

대학연의 권43

# 대학연의 권43

왕조체제에서 군주가 즉위하여 아직 권력이 공고하지 못한 상황에서 태후의 집안인 외척은 새로운 군주에게 든든한 지지기반의 역할을 한다. 이러한 역할을 바탕으로 외척은 점차 자신의 권력을 확장해 나간다. 이 때문에 외척들은 군주를 시해한 후 의도적으로 어린 군주를 옹립하는 방법으로 국가의 비상상황을 직접 조작하여 자신들의 권력을 더욱 강화하는 일도 빈번하였으며, 심지어 국가의 권력을 찬탈하는 경우도 있었다.

권43에서는 천하를 좌지우지하였던 대표적인 외척 집단이 어떻게 자신들의 권력을 확대해 가는지를 역사 속에서 치밀하게 추적하고 있다. 우선 '외가가 겸손하고 근신할 때 복이 생김[外家謙謹之福]'이라는 주제로 한(漢) 문제(文帝) 때 두후(竇后)의 형제인 두장군(竇長君)과 두광국(竇光國), 후한(後漢) 광무제(光武帝) 때의 번굉(樊宏)과 번조(樊儵) 등 군주와의 사적 관계를 이용해 자신들의 권력을 확대하지 않은 외척을 소개하면서, 이상적인 외척의 모습을 제시한다. 하지만 서술분량을 기준으로 보면 진덕수가 '외가가 교만할 때 화가 있음[外家驕恣之禍]'에 중점을 두고 있다는 것을 쉽게 알 수 있다. 후한(後漢) 장제(章帝)의 후비인 두 태후(竇太后)의 형제인 두헌(竇憲)과 두독(竇篤)이 전횡하였고, 순제(順帝) 양 황후(梁皇后)의 오빠인 양기(梁冀)는 자신을 "발호장군(跋扈將軍)"이라 지칭하는 질제(質帝)를 짐독으로 시해하기까지 하였다. 진덕수는 그 밖에 진(晉)나라 때의 양(楊)씨와 가(賈)씨 일가, 당(唐)나라 때의 무(武)씨와 위(韋)씨 등과 관련된 역사적 실례를 들어 외척 권력이 확대되면서 발생한 재난을 자세하게 서술한다.

## 외가가 겸손하고 근신할 때 복이 생김[外家謙謹之福]

한(漢) 문제(文帝) 때, 두후(竇后)에게는 오빠 두장군(竇長君)과 동생 두광국(竇廣國)이 있었다.[1] 두광국의 자는 소군(少君)이다. 두광국은 황후가 세워졌다는 소식을 듣고서 황후에게 자신을 소개하는 상서를 올렸는데,[2] 황후가 황제에게 그 일을 전하였다. 황제가 두광국을 불러 묻자 그 연유를 자세히 대답하였다. 이에 두후는 두광국을 잡고서 눈물을 흘리며, 후한 선물을 내린 후 장안에 집을 마련해 주었다.

강후(絳侯) 주발(周勃)과 장군 관영(灌嬰) 등이 말하였다.

"우리들은 결코 죽지 않고 장차 목숨을 유지할 수 있을 것이다. 이 두 사람은 출신이 미천하기 때문에 스승을 잘 골라야 한다. 또다시 여씨(呂氏)와 같은 일이 생긴다면 큰일이 날 것이다."

이에 곧 나이 많은 사람들 가운데 절도와 행실이 있는 자를 골라 함께 지내도록 하니 두장군과 두소군은 이로 말미암아 물러서며 양보할 줄 아는 군자가 됐고, 감히 부귀를 믿고서 사람들에게 교만을 부리지 않았다. 뒤에 경제가 즉위하자 황후는 황태후가 되었다. 두광국을 장무후(章武侯)에 봉하고, 두장군은 먼저 죽었기 때문에 그의 아들 팽조(彭祖)를 남피후(南皮侯)에 봉하였다.

漢文帝竇后兄長君, 弟廣國, 字少君, 聞后立, 上書自陳. 后言帝, 召見問之,

---

1 두(竇) 황후의 고사는 『사기(史記)』 권47에 보인다.

2 두 황후는 일찍이 아버지를 여의고 홀로 궁에 들어왔기 때문에 형제들과 헤어져 지냈다.

具言其故. 於是竇后持之而泣, 厚賜之, 家於長安. 絳侯、灌將軍等曰: "吾屬不死, 命乃且縣. 此兩人所出微, 不可不爲擇師傅, 又復放呂氏大事也." 於是乃選長者之有節行者與居, 長君、少君由此爲退讓君子, 不敢以富貴驕人. 後景帝立, 皇后爲皇太后, 乃封廣國爲章武侯, 長君先死, 封其子彭祖爲南皮侯.

—강후(絳侯)는 주발(周勃)이다. 관장군(灌將軍)은 관영(灌嬰)이다. 강후와 관 장군이 이런 말을 한 것은 두후의 후손이 권력을 농단하면 장군이나 재상 등 대신들이 해를 당할까 두려워하였기 때문이다. 방(放)은 모방한다는 뜻이다.—

**신은 이렇게 생각합니다.** 두장군(竇長君)과 두소군(竇少君)은 본래 가난하고 미천하였습니다. 하루아침에 누이가 왕후가 되었기 때문에 갑자기 부귀해졌습니다. 이런 상황에서 대부분의 사람들은 마음이 교만하고 또 사치스럽게 변합니다. 당시 강후(絳侯) 주발(周勃)이나 장군(將軍) 관영(灌嬰)과 같은 대신들은 곧바로 이들을 위해 스승을 뽑고, 나이가 많은 자들 가운데 절도와 행실이 좋은 자들을 함께 기거하게 하였습니다. 이에 이 두 사람은 마침내 물러서며 공손해할 줄 아는 군자가 되었으니, 어찌 가르침의 힘이 아니겠습니까?

사서(史書)에는 경제(景帝)가 즉위하고 나서야 두광국 등이 제후에 봉해졌다고 기록하고 있습니다. 이는 문제(文帝) 때에는 이들을 제후로 봉하지 않았다는 의미입니다. 문제가 황후의 친척들을 이와 같이 사사로이 대하지 않았으니, 어찌 후세의 모범이 되기에 부족하겠습니까?

사단(史丹)은 아버지의 임무를 계승하여 중서자(中庶子)가 되어 10여 년 간 태자를 시종하였고, 원제(元帝)가 즉위하자 부마도위(駙馬都尉) 시중(侍中)이 되어 가까이에서 황제의 곁말을 이끌어 총애가 깊었다.[3] 원제는 사단이 옛 신하의 아들이자 황고(皇考, 돌아가신 아버지. 곧 선제)의 친족이었기 때문에 신임이 깊었고, 이 때문에 사단으로 하여금 태자의 집을 호위하도록 조서를 내렸다.

이때 부 소의(傅昭儀)의 아들 정도공왕(定陶恭王)이 재능이 있었기 때문에, 아들과 어머니가 원제의 총애를 함께 받았다. 하지만 태자는 원제에게 관심을 받지 못하였으며, 그의 어머니인 황후도 황제의 사랑을 받지 못하였다.

건소(建昭) 연간(BC 38~34) 말엽에 원제는 질병에 시달려 정사를 돌보지 않고 오직 음악을 즐겼다. 어느 때는 전각 아래에 각종 북을 설치하고 난간에 기대어 구리구슬을 던져 북을 쳤는데, 그 소리가 전쟁을 알리는 북소리 박자에 꼭 들어맞았다. 후궁이나 좌우 신하들은 아무도 그 소리를 따라할 수 없었는데, 정도공왕만 원제와 똑같이 박자를 맞추어 북소리를 내자, 원제는 여러 차례 정도공왕이 음악에 재능이 있다고 칭찬하였다. 이에 사단이 나아가 말하였다.

"무릇 이른바 재능이라는 것은 영민하여 배우기를 좋아하고 옛것을 익혀 새것을 이해하는 능력입니다. 황태자가 바로 그러한 능력을 갖추고 있습니다. 만약에 악공(樂工)과 같이 현악기, 관악

3 사단의 고사는 『한서(漢書)』 권82에 보인다.

기, 타악기를 잘 다루는 것이 재능이라고 하신다면, 진혜(陳惠)와 이미(李微)의 재주가 광형(匡衡)보다 뛰어납니다. 차라리 진혜와 이미에게 나라의 재상을 맡기셔도 되겠습니다."

이에 원제는 아무 말 없이 미소만 지었다.

그 후 중산애왕(中山哀王)이 세상을 떠나자 태자가 조문을 갔다. 애왕은 원제의 동생으로 어려서 태자와 함께 공부하며 자랐다. 원제는 태자가 애왕을 그리워하면서 슬픔을 주체할 수 없을 것이라 생각하였다. 하지만 조문 온 태자는 그리 슬퍼하지 않았다. 이를 본 원제는 크게 한탄하며 말하였다.

"인자한 마음이 없는 사람이 어찌 종묘를 받들고 백성의 부모가 될 수 있겠는가!"

주상이 사단을 질책하자, 사단은 관을 벗고 주상에게 사죄하며 말하였다.

"신은 폐하께서 몸이 상할 정도로 중산왕의 죽음을 애통해하시는 것을 잘 알고 있었습니다. 그래서 혹시나 폐하께서 더욱 슬퍼하실까 걱정이 되어, 태자가 조문을 하기 전에 눈물을 흘리지 말라고 몰래 말씀드렸습니다. 죄는 신에게 있으니 신은 마땅히 죽어야 할 것입니다."

주상은 그 말을 옳다고 생각하여 오해를 풀었다. 사단이 주상을 보필하는 것이 모두 이와 같았다.

경녕(竟寧) 원년(BC 33), 원제의 병이 점차 심해졌다. 부소의와 정도왕이 항상 주상의 옆에서 간호를 하니, 황후와 태자는 원제를 알현할 기회조차 드물었다. 주상의 병세가 점점 더 악화

되고 의식이 불안정해져, 한나라 경제(景帝) 때 교동왕(膠東王)을 태자로 세웠던 이야기에 대해 상서(尙書)에게 여러 차례 물었다. 사단은 주상과 친밀한 신하로서 병세를 지켜볼 수 있었는데, 주상이 혼자 누워 있을 때를 틈타 곧장 침실로 들어갔다. 내실의 청포(青蒲)에 머리를 박고 엎드려 눈물을 흘리며 말하였다.

"황태자를 적장자로서 그 자리에 세운 것이 이미 10여 년이 지났습니다. 그동안 태자의 이름이 백성들 사이에 퍼져 온 천하의 마음이 황태자에게 귀의하였습니다. 저는 폐하께서 평소에 정도왕을 총애하시는 것을 잘 알고 있는데, 최근 시중에는 태자를 바꿀 수 있다는 유언비어가 떠돌고 있습니다. 진실로 이러하다면, 공경 이하의 신하들은 반드시 목숨을 걸고 간쟁하여 태자를 폐위한다는 조서를 받들지 아니할 것입니다. 원컨대 저에게 먼저 사형을 내려 군신(群臣)들에게 보이십시오."

천자는 평소 어진 성품이어서 사단이 눈물을 흘리는 것을 차마 보지 못하였다. 또한 사단의 말이 간절하여 주상이 크게 감동하여 깊게 탄식하며 말하였다.

"나는 나날이 쇠약해지는데 태자와 두 왕은 아직도 나이가 어리니, 연연한 마음으로 어찌 걱정하지 않겠는가? 하지만 태자를 폐위한다는 논의를 한 적은 없다. 그리고 태자의 모친인 황후는 성품이 삼가고 신중하며, 또 먼저 돌아가신 황제께서도 태자를 아끼셨는데 내 어찌 그 뜻을 거스르겠는가? 부마도위는 어디서 그런 말을 들었는가?"

사단은 물러나 머리를 조아리며 말하였다.

"어리석은 신이 망령한 말을 들었으니 그 죄는 죽어 마땅합니다."

원제는 사단의 의견을 받아들이며 말하였다.

"내 병세가 점점 깊어지니 아마도 다시 회복되지 못할 듯하다. 자네는 태자를 잘 보필하여 내 뜻을 어기지 말라."

사단이 흐느끼며 몸을 일으켰다. 태자는 이로써 결국 후사를 이었다. 사단은 사람됨이 지혜롭고 자애로워 다른 사람들을 아꼈다. 용모는 검약하고 수수하였지만 속마음은 조심스럽고 면밀하여, 주상에게 더욱 신임을 얻었다.

史丹以父任爲中庶子, 侍從十餘年. 元帝卽位, 爲駙馬都尉侍中, 出常驂乘, 甚有寵. 上以丹舊臣, 皇考外屬, 親信之, 詔丹護太子家. 是時, 傅昭儀子定陶恭王有材藝, 子母俱愛幸, 而太子頗有失, 母王皇后無寵. 建昭之後, 元帝被疾, 不親政事, 留好音樂. 或置鼙殿下, 天子自臨軒檻上, 隤銅丸以擿鼓, 聲中嚴鼓之節. 後宮及左右知音者莫能爲, 而定陶王亦能之, 上數稱其材. 丹進曰: "凡所謂材者, 敏而好學, 溫故知新, 皇太子是也. 若乃器人於絲竹鼓鼙之間, 則是陳惠、李微高於匡衡, 可相國也." 於是上嘿然而笑. 其後, 中山哀王薨, 太子前弔. 哀王者, 帝之少弟, 與太子遊學相長大. 上望見太子, 感念哀王, 悲不能自止. 太子旣至前, 不哀. 上大恨曰: "安有人不慈仁而可奉宗廟、爲民父母者乎!" 上以責謂丹, 丹免冠謝上曰: "臣誠見陛下哀痛中山王, 至以感損. 向者太子當進見, 臣竊戒屬毋涕泣, 感傷陛下. 罪迺在臣, 當死." 上以爲然, 意迺解. 丹之輔相, 皆此類也. 竟寧元年, 上寢疾, 傅昭儀及定陶王常在左右, 而皇后、太子希得進見. 上疾稍侵, 意忽忽不平, 數問尙書以景帝時立膠東王故事. 丹以親密臣得侍視疾, 候上間獨寢時, 丹直入臥內, 頓首伏靑蒲上, 涕泣言曰: "皇太子以適長立, 積十餘年, 名號繫於百姓, 天下莫不歸心. 臣子見定陶王雅素愛幸, 今者道路流言, 以爲太子有動搖之議. 審若此, 公卿以下必以死爭, 不奉詔. 臣願先賜死, 以示羣臣!" 天子素仁, 不忍見丹涕泣, 言又切至, 上意大感, 喟然太息曰: "吾日困劣, 而太子、兩王幼少, 意中戀戀, 亦何不念乎? 然無有此議. 且皇后謹愼, 先帝又愛太子, 吾豈可違指. 駙馬都尉安所受此語? 丹卽却, 頓首曰: "愚臣妄聞, 罪當死." 上因納, 謂丹曰: "吾病寖加, 恐不能自還. 善輔導太子, 毋違我意!" 丹噓唏而起. 太子由是遂爲嗣矣. 丹爲人足知, 愷悌愛人, 貌若儻蕩不備, 然心甚謹密, 故尤得信於上.

—진혜(陳惠)와 이미(李微)는 당대 최고의 음악가였다. 광형(匡衡)은 원제(元帝) 때의 재상이다. 경제(景帝)는 태자 유영(劉榮)을 폐위하여 임강왕(臨江王)으로 내리고 교동왕(膠東王)을 태자로 세웠다. 푸른색으로 바닥을 규획한 것을 청포(靑蒲)라 하는데, 황후 이외에는 이곳을 밟을 수 없다. 지(知)는 지혜롭다는 뜻이다. 당상(儻蕩)은 수수하다는 의미다.—

부희(傅喜)는 한나라 애제(哀帝)의 할머니 정도(定陶) 부 태후(傅太后)의 사촌동생이다.[4] 어려서부터 배우고 묻기를 좋아하였으며 의지와 실행력이 뛰어났다. 애제가 즉위하여 부희를 위위(衛尉)로 삼고 우장군(右將軍)에 임명하였다. 부 태후가 정사에 관여하자 부희는 여러 차례 간언하였다. 이 때문에 부 태후는 부희가 황제를 보필하지 못하도록 부희에게 황금 100근을 하사하며 상장군(上將軍)의 인수(印綬)를 내리고 광록대부의 작록(爵祿)을 주어 요양하게 하였다. 대사공(大司空) 하무(何武)와 상서령(尙書令) 당림(唐林)이 모두 상서하여 말하였다.

"부희는 행실을 잘 닦아 청렴하고 충성스럽게 나라를 사랑하는 신하로서, 옆에서 폐하를 보필할 만합니다. 지금 몸져 누웠

4 부희(傅喜)의 고사는 『한서(漢書)』 권82에 보인다.

다는 이유로 하루아침에 집으로 돌아가게 하셨는데, 많은 사람들이 실망하여 이렇게 말합니다. '부희는 인품이 훌륭한 사람인데 태후와 의견이 맞지 않아 물러나게 되었다.' 백관(百官) 가운데 나라를 위하여 이를 안타까워하지 않는 사람이 없습니다.

충신은 바로 나라를 지키는 사람입니다. 노(魯)나라는 계우(季友)를 통해 혼란을 바로잡았고, 초(楚)나라는 성자옥(成子玉)을 통해 무거운 짐을 덜었으며, 위(魏)나라는 위무기(魏無忌)를 통해 외적을 막았으니, 훌륭한 신하 하나는 백만 명보다 낫습니다. 부희가 조정에 있는 것은 폐하의 영광이기도 하고, 부씨(傅氏) 집안의 성쇠에 깊은 관계가 있습니다."

황제 역시 부희를 중용하여, 이듬해 부희를 대사마(大司馬)로 삼고 고무후(高武侯)에 봉하였다. 주상의 외척인 정씨(丁氏)와 부씨(傅氏)는 모두 교만하고 사치하여, 모두 부희가 겸손하고 청렴한 것을 싫어하였다.

또한 부 태후가 자신의 존호를 높이려 하자 부희는 승상(丞相) 공광(孔光), 대사공(大司空) 사단(師丹)과 함께 굳게 올바른 논의를 지켰다. 부 태후는 크게 노하여, 우선 사단을 관직에서 내쫓아 부희에게 경고하였다. 부희가 끝내 뜻을 굽히지 않자 몇 달 후 부희도 결국 내쫓았다. 부 태후는 또 스스로 승상어사(丞相御史)에게 조서를 내려 부희로 하여금 봉지로 돌아가도록 명하였다. 나중에는 부희의 봉작마저 빼앗으려 하였으나 주상이 듣지 않았다.

평제(平帝)가 즉위하자 왕망(王莽)이 권력을 장악하여 부씨 집안사람들의 관작을 빼앗고 고향으로 내려가게 하였다. 왕망이 조서를 내려 명하였다.

"고무후 부희는 태도와 품성이 단정하고 의론이 충직하다. 비록 정도 부 태후의 친속이지만 끝내 태후의 뜻에 따라 사악한 짓을 벌이지 않고 고결하게 절개를 지키다가 봉지로 쫓겨났다. 공자(孔子)는 '날이 추워진 이후에야 송백(松柏)이 늦게 시드는 것을 알게 된다'고 말하였다. 부희를 장안으로 돌아오게 하여 특진(特進)의 관작을 내리겠으니, 조정의 청을 받들라."

부희는 나중에 봉지로 돌아가 천수를 다 누렸다.

傅喜, 哀帝祖母定陶傅太后從父弟, 少好學問, 有志行. 哀帝卽位, 以喜爲衛尉, 遷右將軍. 傅太后始與政事, 喜數諫之, 由是, 傅太后不欲令喜輔政, 賜黃金百斤, 上將軍印綬, 以光祿大夫養病. 大司空何武、尙書令唐林皆上書言: "喜行義修潔, 忠誠愛國, 內輔之臣也. 今以寢病, 一旦[5]遣歸, 衆庶失望, 皆曰'傅氏賢子, 以論議不合於定陶太后, 故退', 百僚莫不爲國恨之. 忠臣, 社稷之衛. 魯以季友治亂, 楚以子玉輕重, 魏以無忌折衝. 百萬之衆, 不如一賢. 喜立於朝, 陛下之光輝, 傅氏之廢興也." 上亦自重之. 明年, 拜喜爲大司馬, 封高武侯. 丁、傅驕奢, 皆嫉喜之恭儉. 又, 傅太后欲求稱尊號, 喜與丞相孔光、大司空師丹共執正議. 傅太后大怒, 先免師丹以感動喜, 喜終不順. 後數月, 遂策免喜. 傅太后又自詔丞相御史, 遣喜遣國. 後欲免喜侯, 上不聽. 平帝卽位, 王莽用事, 免傅氏官爵歸故郡. 下詔曰: "高武侯喜, 姿性端慤, 論議忠直, 雖與故定陶太后有屬, 終不順指從邪, 介然守節, 以故斥逐就國. 傳不云乎: '歲寒, 然後知松柏之後彫也.' 其還喜長安, 位特進, 奉朝請." 後遣就國, 以壽終.

—애제(哀帝)는 정도왕(定陶王)의 아들로서 궁중에 들어와 성제(成帝)의 후사를 이었다. 부 태후(傅太后)는 정도왕의 어머니다. 그러므로 황제의 태후[帝太后]라 부르지 않고 정도왕의 태후[定陶太后]라 칭하였는데, 지금 태후가 황제의 태후라 부르고자 하니 예법이 아니었다. 그리하여 황제의 태후라는 존호를 올릴 수 없다는 의미다.—

5 저본에는 조선 태조의 피휘여서 '朝'로 되어 있지만 원래의 '旦'으로 바로잡는다.

반고(班固)가 『한서(漢書)』의 논찬에서 다음과 같이 말하였다.

"사단(史丹)은 아버지를 계승하여 높고 무거운 직책을 맡아 삼공(三公)의 지위에 올랐다. 사단이 태자를 보필하면서 나쁜 점을 비판하고 좋은 점을 칭찬하였으니, 이는 옳고 그름을 잘 깨닫고 있었던 것으로서 뛰어난 학자나 훌륭한 선비보다 나았다. 황제의 내실까지 들어가 충성을 다해 주상이 꺼리는 간언을 올리니, 황제가 잘못을 깨달아 그 뜻을 거두었다. 결국 태자를 지키고 황후를 편안케 하였다. '간언을 올리지 않으면 상응하는 대접을 받을 수 없다'는 말이 있는데, 사단은 결국 그 충정에 대한 보답을 받았다. 부희(傅喜)도 절개를 굳건히 하여 충정을 꺾지 않았으니, 역시 송백(松柏)나무의 지조를 지킨 보상을 받았다."

班固贊曰: "史丹父子相繼, 高以重厚, 位至三公. 丹之輔道副主, 掩惡揚善, 傳會善意, 雖宿儒達士無以加焉. 及其歷房闥, 入臥內, 推至誠, 犯顏色, 動寤萬乘, 轉移大謀, 卒成太子, 安母后之位. '無言不讎', 終獲忠貞之報. 傅喜守節不傾, 亦蒙後凋之賞."

**신은 이렇게 생각합니다**. 두 사람 모두 현명한 외척이었지만, 부희(傅喜)의 입장이 더욱 난처하였습니다. 부희와 부 태후(傅太后)는 매우 가까운 친족으로서, 대체로 보통사람들의 감정에 따르자면 누가 그 친족을 사사로이 여기지 않겠습니까? 그런데 부희는 태후가 정사에 간여하려 하자 간쟁하였고, 존호(尊號)를 칭하려 하자 또 간쟁하였습니다. 결국 태후에게 밉보여 쫓겨나게 되었지만,

끝내 공의(公義)를 거스르면서 태후에게 아부하려 하지 않았습니다. 나중에 왕씨(王氏)가 권력을 장악하여 예전의 일을 다시 끄집어내어 죄를 다스리자 부씨(傅氏)와 정씨(丁氏)의 집안이 모두 박해를 받았는데, 오직 부희만이 온전할 수 있었을 뿐만 아니라 포상을 받기까지 하였습니다. 이 어찌 올바름을 지킨 복이 아니겠습니까!

번굉(樊宏)은 후한(後漢) 세조(世祖)의 외삼촌으로, 광무제가 즉위한 후 광록대부(光祿大夫)의 벼슬을 받았다.[6] 품계는 특진(特進)으로서 삼공(三公)의 다음이었고, 수장후(壽張侯)에 봉해졌다. 번굉은 사람됨이 겸손하고 신중하여 구차하게 높은 자리를 구하지 않았다. 항상 그 아들에게 경계하며 말하였다.

"넘쳐흐를 만큼 부귀를 갖추고서 자신의 수명을 다한 사람은 없다. 나도 권세와 영화(榮華)를 누리고 싶지만, 하늘의 도는 넘치는 것을 싫어하고 겸손한 것을 좋아한다. 옛날 존귀하였던 외척들이 분명한 본보기다. 자신의 몸을 보전할 수 있다면 어찌 즐겁지 않겠는가?"

조정에 나아갈 때는 한 번도 빠짐없이 늘 먼저 도착해 머리를 조아리고 업무를 기다렸다. 황제가 이를 듣고서 조회가 있을 때 호위병을 보내어 미리 와서 기다리지 말도록 하였다. 번굉이

---

6 번굉(樊宏)과 번조(樊儵)의 고사는 『후한서(後漢書)』 권62에 보인다.

정사의 득과 실을 말할 때에는 항상 자신이 손으로 직접 글을 썼으며 초고는 깎아서 없애 버렸다. 조회에서 여러 사람들이 자문을 구하면 감히 공개적으로 자신의 의견을 밝히지 않았다. 번씨(樊氏) 집안의 사람들은 번굉에게 감화를 받아 법을 어기는 경우가 없었다.

번굉의 병이 깊어지자 황제가 직접 행차를 하여 병문안하고 말하고 싶은 바가 무엇인지 물었다. 번굉은 머리를 조아리며 말하였다.

"제가 공적도 없으면서 큰 나라에 봉해졌으니, 자손들이 폐하의 두터운 은혜를 보존하지 못할까 진실로 두렵습니다. 제가 지금 황천길에 오르면서 참 부끄럽습니다. 원컨대 수장후(壽張侯)의 봉작을 조정에 돌려드리고 작은 고을을 봉지(封地)로 받고 싶습니다."

황제가 그 말에 슬퍼져 가슴이 아팠지만, 끝내 그 부탁을 들어주지 않았다.

건무(建武) 27년(51) 번굉이 세상을 떴다. 장례를 간소히 하고 부장품을 쓰지 말라는 것이 유언이었다. 또한 관구를 한번 땅에 매장한 후 다시 열어 보지 못하게 하였다. 만약 사체가 부패한 것을 보게 되면 효성스런 자식들의 마음이 아플 테니, 나중에 부인의 장례를 치를 때도 같은 봉분을 쓰되 따로 매장을 하도록 한 것이다. 황제가 이 유언을 훌륭하다고 여겨 백관(百官)들에게 보여 주며 말하였다.

"지금부터 수장후의 뜻에 따르지 않는다면 그 덕행을 기릴 수 없다. 장차 우리 집안의 후손 대대로 이를 따르도록 하여라."

전(錢) 천만 금과 포(布) 만 필(匹)을 하사하고 공후(恭侯)라는 시호(諡號)를 내렸다. 황제가 번굉을 그리는 마음은 이에 그치지 않고 다시 작은 아들 유무(劉茂)를 평망후(平望侯)에 봉하게 하였다.

樊宏, 世祖之舅. 世祖卽位, 拜光祿大夫, 位特進, 次三公, 封壽張侯. 宏爲人謙柔畏愼, 不求苟進. 常戒其子曰: "富貴盈溢, 未有能終者. 吾非不喜榮勢者, 天道惡盈而好謙, 前世貴戚皆明戒也. 保身全己, 豈不樂哉!" 每當朝會, 輒迎期先到, 俯伏待事. 帝聞之, 常勅騶騎臨朝乃告. 宏所上便宜及言得失, 輒手自書寫, 毁削草本. 公朝訪逮, 不敢衆對. 宗族染其化, 未嘗犯法. 以病困, 車駕臨視, 問所欲言. 宏頓首自陳: "無功享食大國, 誠恐子孫不能保全厚恩, 令臣魂神慙負黃泉, 願還壽張, 食小鄕亭." 帝悲傷其言, 竟不許. 二十七年, 卒. 遺令薄葬, 一無所用, 以爲棺柩一臧, 不宜復見, 如有腐敗, 傷孝子之心, 使與夫人同墳異臧. 帝善其令, 以示百官. 因曰: "今不順壽張侯意, 無以彰其德. 且吾萬歲之後, 欲以爲式." 賜錢千萬, 布萬匹, 諡爲恭侯. 帝悼宏不已, 復封少子茂爲平望侯.

—후한(後漢) 세조(世祖)는 바로 광무제(光武帝)다.—

번굉(樊宏)의 아들 번조(樊鯈)는 신중하고 검소하여 아버지의 풍모가 있었다. 아버지가 돌아가신 후에도 어머니를 극진히 모셨으며, 어머니가 돌아가시자 슬픈 마음이 예법을 넘어설 정도로 커서 병이 들었다. 번조 혼자서 거동을 못할 지경이 되자 세조가 중황문(中黃門)을 시켜 아침저녁으로 죽을 보내었다.

건무(建武) 연간(25~55)에는 법령이 엄격하지 않아 여러 왕들이 세력을 키워 각자 빈객들을 초빙하였다. 번조는 외척이었기 때문에 여러 사람들이 다투어 모시려 하였다. 하지만 번조는 깨끗하게 자신을 지켜 그들과 교유를 맺지 않았다. 패왕(沛王) 유보(劉輔)의 일이 발각되자 많은 외척의 자제들이 체포되었지만, 번조는 연루되지 않아 화를 면할 수 있었다.

그 후, 동생인 번유(樊鮪)가 아들인 번상(樊賞)을 위해 초왕(楚王) 유영(劉英)의 딸인 경향공주(敬鄉公主)와 혼인을 맺으려 하였다. 번조가 그 소식을 듣고 만류하면서 말하였다.

"건무 연간에 우리 가문은 영광과 총애를 받아 한 집안에 다섯이나 제후의 작위를 받았다. 그 당시 특진(特進)이셨던 아버지가 한 마디만 하셨어도, 딸은 왕에게 시집보낼 수 있었고 아들은 공주에게 장가보낼 수 있었다. 하지만 총애가 지나치게 성대하면 화가 된다고 생각하시어 그렇게 하지 않으셨다. 그런데 네 아들을 어찌 초나라에 버리려 하는가!"

번유가 형의 말을 따르지 않았다. 그 후에 초나라의 일이 발각되어 초왕 유영이 모반의 혐의로 주살되었다. 명제(明帝)는 번조의 신중한 행실을 추도하고 있었고 또한 번상의 혼사를 제지하였다는 사실을 들었다. 그리하여 번조의 자손들은 연좌되지 않을 수 있었다.

子儵, 謹約有父風. 事後母至孝, 及母卒, 哀思過禮, 毁病不自支, 世祖常遣中黃門朝暮送饘粥. 建武中, 禁網尙闊, 諸王旣長, 各招引賓客, 以儵外戚, 爭遣致之. 而儵淸靜自 保, 無所交結. 及沛王輔事發, 貴戚子弟多見收捕, 儵以不豫得免. 其後, 弟鮪爲子賞求 楚王英女敬鄕公主, 儵聞而止之, 曰: "建武時, 吾家並受榮寵, 一宗五侯. 時特進一言, 女可以配王, 男可以尙主, 但以貴寵過盛, 卽爲禍患, 故不爲也. 且爾一子, 奈何棄之於楚乎?" 鮪不從. 其後, 楚事發覺, 楚王英以謀反誅. 顯宗追念鯈謹恪, 又聞其止鮪婚事, 故其諸子得不坐焉.

—특진(特進)은 번굉(樊宏)이다.—

음흥(陰興)은 광무제 광렬(光烈) 음(陰) 황후의 동복(同腹) 동생이다.[7] 건무(建武) 2년(26)에 기문복야(期門僕射)의 직을 대리하여 기병대(騎兵隊)를 이끌고 정벌에 참전하여 여러 군국(郡國)을 평정하였다. 음흥은 황제를 따라 출입할 때 항상 작은 양산을 받쳐 비바람을 막았으며 호위병들보다 먼저 직접 진흙을 밟았다. 광무제가 행차하는 곳은 먼저 들어가서 안전을 확인하니 황제의 신뢰가 매우 높았다.

음흥은 비록 남에게 베풀어 손님들과 어울리는 것을 좋아하기는 하였지만 협객은 문 안에 들이지 않았다. 같은 고향 출신인 장종(張宗)이나 상곡(上谷) 출신인 선우부(鮮于裒)와 그리 사이가 좋지 않았지만, 그들의 쓰임새를 잘 알아 그 장점을 칭찬하며 천거하였다. 친구인 장기(張紀)와 두금(杜禽)과는 친분이 두터웠지만, 이 둘이 화려하지만 실속이 없다는 사실을 잘 알아 사적으로 돈을 주었을 뿐 관직에 추천하지 않았다. 이 때문에 사람들은 음흥이 현명하고 공평하다고 칭찬하였다. 사는 집도 누추하여 그저

7 음흥(陰興)의 고사는『후한서(後漢書)』권62에 보인다.

비바람만 막을 정도였다.

건무 9년(33), 음흥은 시중(侍中)에 올라 관내후(關內侯)의 작위를 받았다. 황제가 나중에 음흥을 불러 앞에 인수(印綬)를 놓아두고 봉지(封地)를 내리려고 하였는데, 음흥이 고사하며 말하였다.

"신은 먼저 적진에 뛰어들어 무찌른 공적이 없고, 우리 집안 몇몇이 이미 봉토를 받았습니다. 이 때문에 사람들이 불만을 품을 수 있으니, 제가 봉지를 받는 것은 분에 넘치는 일입니다."

황제가 음흥이 사양하는 것을 가상히 여겨 그의 뜻을 꺾지 않았다. 음 귀인(陰貴人)이 그 이유를 묻자 음흥이 말하였다.

"귀인께서는 서적에 기록된 것을 보지 못하였습니까? '하늘 끝에 오른 용은 후회를 남긴다[亢龍有悔]'[8]는 말이 있습니다. 대체로 외척의 집안이 어려워지는 것은 자신의 진퇴를 모르기 때문입니다. 외척들이 딸을 왕족에게 시집보내고 아들을 공주에게 장가보내려 기웃거리는 모습을 보면, 저는 마음이 편치 않습니다. 부귀는 그 끝이 있고 사람은 마땅히 만족을 알아야 합니다. 지나치게 사치하면 그것을 보고 듣는 사람들에게 비난을 받게 됩니다."

음 귀인은 그 말에 감화하여 자신을 더욱 낮추어 결국 친정집 사람들에게 자리를 구해 주지 않았다.

건무 19년(43), 음흥은 위위(衛尉)에 올라 황태자를 보필하였다. 이듬해 여름, 황제의 병이 깊어지자 음흥에게 시중(侍中)의

8 "항룡유회(亢龍有悔)"는 『주역(周易)』 건괘(乾卦)의 효사(爻辭)이다.

직무를 맡기고 운대(雲臺)의 광실(廣室)에서 유언을 남겼다. 병이 낫자 황제가 음흥을 불러 오한(吳漢)을 대신해 대사마(大司馬)에 임명하려 하였다. 음흥은 머리를 조아리고 눈물을 흘리며 고사하며 말하였다.

"신이 감히 제 한 목숨을 아깝게 여기는 것이 아닙니다. 진실로 성덕(聖德)을 훼손할까 두려워, 그렇게 높은 직책을 맡을 수는 없습니다."

마음에서 우러나오는 음흥의 진심에 황제와 좌우의 신하들이 감동하였고, 결국 황제는 음흥의 말에 따랐다.

건무 23년(47) 음흥이 세상을 떴다. 음흥은 평소에 종형(從兄)인 음숭(陰嵩)과 그다지 친하지 않았지만, 음숭의 진중함을 존경하였다. 음흥의 병이 깊어지자 황제가 친히 납시어 정사(政事)와 여러 신하들의 능력에 대해 물었다. 음흥이 절을 올리고 말하였다.

"신은 아둔하여 사람들의 능력이 어떠한지 잘 알지 못합니다. 하지만 의랑(議郎) 석광(席廣)과 알자(謁者) 음숭은 모두 행실이 밝고 깊으니 공경(公卿)의 자리에 오를 만합니다."

나중에 황제가 음흥의 말을 생각하여 석광을 발탁하여 광록대부(光祿大夫)로 삼고 음숭을 중랑장(中郎將)에 임명하였다. 음숭은 그 후 십여 년 간 신중하고 성실하게 근위병인 우림군(羽林軍)을 이끌어 황제의 총애를 받았다.

현종(顯宗)이 즉위한 후 조서를 내렸다.

"돌아가신 시중(侍中) 위위(衛尉) 관내후(關內侯) 음흥은 금위병을 이끌어 황제를 모시고 천하를 평정하였다. 그 군공(軍功)이 충분히 봉작을 받아 여러 다른 외삼촌들과 마찬가지로 은택을 입을 만하였지만 끝내 사양하여 시골집에 만족하였다. 또한 주창(周昌)과 같은 강직함으로 짐(朕)을 보필하였고, 집안에서도 인자하고 효성을 다하여 증자(曾子)와 민자건(閔子騫)의 행실이 있었다. 불행히도 일찍 세상을 떠나 짐이 매우 가슴이 아프다.

훌륭한 신하의 자손들은 마땅히 특별하게 대접해야 한다. 여남군(汝南郡)의 동양현(鮦陽縣)을 음흥의 아들인 음경(陰慶)에게 하사하여 동양후(鮦陽侯)로 삼고, 음경의 동생인 음박(陰博)를 강은후(强隱侯)로 삼겠다."

또한 음박의 동생인 음원(陰員)과 음단(陰丹)을 낭(郎)으로 삼았는데, 음경은 자신의 땅과 가산을 모두 음원과 음단에게 주었다. 황제는 이와 같은 음경의 뜻을 높이 평가하여 황문시랑(黃門侍郞)으로 발탁하였다.

陰興, 光武光烈皇后母弟也. 建武二年, 守期門僕射, 典將武騎, 從征伐, 平定郡國. 興每從出入, 常操持小蓋, 障翳風雨, 躬履塗泥, 率先期門. 光武所幸之處, 輒出入淸宮, 甚見親信. 雖好施接賓, 然門無俠客. 與同郡張宗、上谷鮮于裒不相好, 知其有用, 猶稱所長而達之; 友人張紀、杜禽與興厚善, 以爲華而少實, 但私之以財, 終不爲言, 是以世稱其忠平. 第宅苟完, 裁蔽風雨. 九年, 遷侍中, 賜爵關內侯. 帝後召興, 欲封之, 置印綬於前, 興固讓曰: "臣未有先登陷陣之功, 而一家數人並蒙爵土, 令天下觖望, 誠爲盈溢." 帝嘉興之讓, 不奪其志. 貴人問其故, 興曰: "貴人不讀書記邪? '亢龍有悔.' 夫外戚家苦不知謙退, 嫁女欲配侯王, 取女眄睨公主, 愚心實不安也. 富貴有極, 人當知足? 夸奢益爲觀聽所譏." 貴人感其言, 深自降挹, 卒不爲宗親求位. 十九年, 拜衛尉, 輔導皇太子. 明年夏, 帝疾甚, 以興領侍中, 受顧命於雲臺廣室. 會疾瘳, 召見興, 欲以代吳漢爲大司馬. 興叩頭流涕, 固讓曰: "臣不敢惜身, 誠虧損聖德, 不可苟冒.” 至誠發中, 感動左右, 帝遂聽之. 二十三年, 卒. 興素與從兄嵩不相能, 然敬其威重. 興疾病, 帝親臨, 問以政事及羣臣能否. 興頓首曰: “臣愚不足以知人. 然伏見議郎席廣、謁者陰嵩並經行明深, 踰於公卿.” 後帝思其言, 遂擢廣爲光祿勳, 嵩爲中郎將, 監羽林十餘年, 以謹勑見幸. 顯宗卽位, 詔曰: “故侍中衛尉、關內侯興, 典領禁兵, 從平天下, 當以軍功顯受封爵, 又諸舅比例, 應蒙恩澤. 興皆固讓, 安乎里巷. 輔導朕躬, 有周昌之直; 在家仁孝, 有曾、閔之行. 不幸早卒, 朕甚傷之. 賢者子孫, 宜加優異. 其以汝南之鮦陽封興子慶爲鮦陽侯, 慶弟博爲強隱侯.” 博弟員、丹並爲郎, 慶推田宅財物悉與員、丹. 帝以慶義讓, 擢爲黃門侍郎.

—'䖼'은 음이 결(決)이다. 건무 9년 당시 음 황후가 아직 황후에 오르지 않았기 때문에 귀인(貴人)이라 한 것이다.—

음식(陰識)은 광렬황후(光烈皇后)의 이복 오빠였다.[9] 건무(建武) 원년(25)에 음향후(陰鄕侯)로 봉하였다. 건무 2년(26) 정벌의 군공(軍功)을 세워 봉작을 더해 주려 하니, 음식이 머리를 조아리고 사양하며 말하였다.

“천하가 이제 안정이 되어 장수 가운데 공적이 있는 사람이 많습니다. 신은 궁중의 친척인데 봉토(封土)를 더해 주시는 모습을 천하에 보이시면 안 됩니다.”

황제가 그러한 태도를 높이 평가하였다. 현종(顯宗)이 황태자였을 때, 음식으로 하여금 금오군(金吾軍)을 통솔하여 동궁을 보필하게 하였다. 황제가 군국(郡國)을 순수(巡狩)할 때마다 음식

9 음식(陰識)의 고사는 『후한서(後漢書)』 권62에 보인다.

이 남아 수도를 지켰다.

조정에 들어가서는 비록 올바른 말을 직언하였지만 빈객들과 어울릴 때는 나랏일을 언급한 적이 없었다. 황제가 음식을 존중하여 항상 외척들에게 음식을 본받으라고 격려하였다.

陰識, 光烈皇后之前母兄也. 建武元年, 封陰鄕侯. 二年, 以征伐軍功增封, 叩頭讓曰: "天下初定, 將帥有功者衆, 臣託屬掖庭, 仍加爵邑, 不可以示天下." 帝甚美之. 及顯宗立爲皇太子, 以識守執金吾, 輔導東宮. 帝每巡郡國, 識常留鎭守京師. 入雖極言正議, 及與賓客語, 未嘗及國事. 帝敬重之, 常指識以敕戒貴戚, 激厲左右焉.

**신은 이렇게 생각합니다.** 번씨(樊氏)와 음씨(陰氏)는 모두 후한(後漢) 시대의 외척으로서 충성스럽고 신중하게 자신을 지켜 총애와 봉록을 온전히 할 수 있었습니다. 번굉이 말하였습니다.

"넘쳐흐를 만큼 부귀를 갖추고서 자신의 수명을 다한 사람은 없다."

음흥이 말하였습니다.

"부귀는 그 끝이 있고 사람은 마땅히 만족을 알아야 한다."

이는 모두 후대의 외척들에게 모범이 될 만하니, 신이 여기서 다시 한 번 강조하였습니다.

당(唐)나라 때 오서(吳溆)는 장경황후(章敬皇后)의 동생으로서, 덕종(德宗) 때 금오대장군(金吾大將軍)이 되었다.[10] 주체(朱泚)가 반란을 일으켜 장안(長安)을 점거하자 노기(盧杞)와 백지정(白志貞)이 주상에게 말하였다.

"신들이 보기에 주체의 마음을 헤아려 보면 반역을 감행할 뜻은 없는 것이 확실합니다. 원컨대 대신 가운데 하나를 뽑아 장안에 들여보내고 잘 달래면서 살펴보소서."

주상이 옆의 신하들에게 물어보니 모두 두려움에 떨면서 아무도 가려 하지 않았다. 오서만이 홀로 사신을 자청하니 주상이 기뻐하였다. 오서가 물러나와 사람들에게 말하였다.

"그 봉록을 먹으면서 어려움을 피하려 하니 어찌 신하라 할 수 있겠는가! 나는 폐하의 외척으로서, 그곳에 가면 반드시 죽는다는 것을 모르지 않는다. 하지만 조정에 위험을 감수하는 신하가 없으니, 폐하의 마음을 무겁게 하는구나."

결국 조서(詔書)를 받들고 주체에게 갔다. 주체는 이미 반란을 결심하고서, 겉으로는 황제의 명령을 받는 척 하면서 오서를 객관에 묵게 한 후 결국 살해하였다.

唐吳溆, 章敬皇后弟也. 德宗時爲金吾大將軍. 朱泚反, 據長安, 盧杞、白志貞言於上曰: "臣觀朱泚心迹, 必不至爲逆, 願擇大臣入京師宣慰以察之." 上問從臣, 皆畏憚莫敢行. 溆獨請行, 上說. 溆退而告人曰: "食其祿而違其難, 何以爲臣! 吾幸託肺腑, 非不知性必死, 但擧朝無蹈難之臣, 使聖情慊慊耳." 遂奉詔詣泚. 泚反謀已決, 陽受命, 館溆客省, 尋殺之.

—장경황후(章敬皇后)는 숙종(肅宗)의 황후다.—

10 오서(吳溆)의 고사는 『자치통감(資治通鑑)』 권228에 보인다.

**신은 이렇게 생각합니다.** 오서(吳漵)는 군신의 의리를 잘 안다고 할 수 있을 것입니다. 예부터 외척이 목숨을 바쳐 순국한 사람이 없었는데, 오서만이 그렇게 할 수 있었으니 진실로 훌륭합니다.

당(唐)나라 목종(穆宗)의 병이 점차 악화되자 태자로 하여금 국정을 대리하도록 명하였다.[11] 하지만 환관들은 곽 태후(郭太后)에게 조정에 나와 직접 수렴청정(垂簾聽政)할 것을 청하였다. 태후가 말하였다.

"예전에 무씨(武氏)가 수렴청정하였을 때 사직(社稷)이 몇 차례나 뒤집어졌다. 우리 집안은 대대로 충의를 지켜 왔으니 무씨를 따라할 수 없다. 태자가 비록 어리지만 현명한 재상의 보필을 받을 수 있으니, 경들은 정사에 관여하지 말라. 어찌 나라가 불안할까 걱정하는가? 예부터 여자가 천하의 주인이 되어 요순(堯舜)의 이상을 이룬 경우가 있었던가?"

태후는 수렴청정의 조서를 손으로 찢었다. 태후의 오빠인 태상경(太常卿) 곽소(郭釗)가 그러한 논의를 듣고서 태후에게 몰래 짧은 편지를 보내었다.

"만약 그러한 청을 따르신다면 신은 먼저 관작을 반납하고서 여러 아들을 데리고 시골로 돌아가겠습니다."

---

11 곽 태후(郭太后)와 곽소(郭釗)의 고사는 『자치통감(資治通鑑)』 권243에 보인다.

태후가 울면서 말하였다.

"우리 조상들께서 쌓으신 덕이 오빠에게서 결실을 맺었구나."

穆宗疾大漸, 命太子監國. 宦官請郭太后臨朝稱制, 太后曰: "昔武氏稱制, 幾覆社稷. 我家世守忠義, 非武氏之比也. 太子雖少, 但得賢宰相輔之, 卿等勿預朝政, 何患國家不安? 自古豈有女子爲天下主, 而能致唐虞之理乎?" 取制書手裂之. 太后兄太常卿釗聞有是議, 密上牋曰: "若果徇其請, 臣請先率諸子納官爵, 歸田里." 太后泣曰: "祖考之慶, 終於吾兄."

—곽 태후(郭太后)는 헌종(憲宗)의 정비(正妃)였다. 태후는 분양왕(汾陽王) 곽자의(郭子儀)의 손녀다.—

**신은 이렇게 생각합니다.** 규방의 여인이 나라의 정사에 간여하고 외척이 조정의 권력을 장악하는 것은 국가의 떳떳한 모범이 아닙니다. 그렇기 때문에 의안태후(懿安太后) 곽씨(郭氏)는 수렴청정을 청하는 환관들의 요구를 따르지 않았으며, 곽소(郭釗) 역시 관작을 반납하고 고향으로 돌아가겠다고 하였습니다. 이러한 모습은 다른 사람들보다 월등히 훌륭합니다!

이상 '외가가 겸손하고 근신할 때 복이 생김[外家謙謹之福]'에 대해 논하였습니다.

## 외가가 교만할 때 화가 있음[外家驕恣之禍]

한(漢)나라 선제(宣帝) 감로(甘露) 3년(BC 51), 태자가 총애하던 사마양제(司馬良娣)가 죽었다.[12] 태자가 슬프고 애통하여 기운이 없으니, 황제가 황후에게 명하여 후궁의 집안사람 가운데 태자를 모셔 즐겁게 할 수 있는 이를 고르게 하였다. 원성(元城)의 왕정군(王政君)이 선택되어, 태자의 궁으로 보내졌다. 왕정군은 죽은 수의어사(繡衣御使) 왕하(王賀)의 손녀였다.

이해에 갑관화당(甲館畫堂)에서 성제(成帝)를 낳았으니, 황제의 적통을 이어받은 황손이었다. 황제가 손자를 아껴서 스스로 오(驁)라는 이름과 대손(大孫)이라는 자(字)를 지어 주었다. 원제(元帝) 초원(初元) 원년(BC 48) 오(驁)를 태자로 세웠다.

경녕(竟寧) 원년(BC 33) 5월, 원제(元帝)가 붕어하였다. 6월 기미(己未)일 태자가 황위에 올라, 큰외삼촌이자 시중위위(侍中衛尉)인 양평후(陽平侯) 왕봉(王鳳)을 대사마(大司馬)·대장군(大將軍), 영상서사(領尙書事)로 삼았다.

漢宣帝甘露三年, 太子所幸司馬良娣死, 太子悲恚不樂, 帝乃令皇后擇後宮家人子可以娛侍太子者, 得元城王政君, 送太子宮. 政君, 故繡衣御史賀之孫女也. 是歲, 生成帝於甲館畫堂, 爲世適皇孫. 帝愛之, 自名曰驁, 字大孫. 元帝初元元年, 立太子, 驁爲皇太子. 竟寧元年五月, 帝崩. 六月己未, 太子卽皇帝位, 以元舅、侍中衛尉陽平侯王鳳爲大司馬、大將軍、領尙書事.

---

12 이하 왕씨(王氏) 집권의 고사는 『자치통감(資治通鑑)』 권27~35에 보인다.

—영상서사(領尙書事)는 지금의 재상의 직책이다.—

**신은 이렇게 생각합니다.** 이것이 왕(王)씨가 집권하게 되는 시발점입니다.

성제(成帝) 건시(建始) 원년(BC 32) 봄 정월, 외삼촌들을 여러 관리에 임명하였다. 광록대부(光祿大夫) 관내후(關內侯) 왕숭(王崇)을 안성후(安成侯)로 삼고, 외삼촌인 왕담(王譚)·왕상(王商)·왕입(王立)·왕근(王根)·왕봉시(王逢時)에게는 관내후를 하사하였다. 여름 4월, 누런 안개가 사방에 꽉 차니, 조서(詔書)를 내려 공경대부(公卿大夫)들에게 널리 의견을 물으니 기탄없이 자신들의 의견을 개진하였다. 간의대부(諫議大夫) 양흥(楊興)과 박사(博士) 사승(駟勝) 등이 모두 다음과 같이 생각한다고 대답하였다.

"음(陰)이 성하여 양(陽)의 기운을 침범하고 있는 것입니다. 고조(高祖)께서 약속하시길 공신이 아니면 제후(諸侯)의 작위를 내리지 않는다고 하셨습니다. 지금 태후의 여러 동생들이 공이 없으면서 제후가 되었으니, 외척이 이러한 적은 없었습니다. 이 때문에 하늘이 이상현상을 보이는 것입니다."

이때 대장군 왕봉이 두려워서 상서를 올려 해골만이라도 고향에 묻힐 수 있도록 간청하며 사직을 청하였다. 하지만 주상은 왕봉의 뜻이 훌륭하다고 생각하여 사직을 허락하지 않았다.

成帝建始元年，春正月，封舅諸吏，光祿大夫、關內侯王崇爲安成侯；賜舅譚、商、立、根，逢時爵關內侯. 夏四月，黃霧四塞. 詔博問公卿大夫，無有所諱. 諫大夫楊興、博士駟勝等對，皆以爲"陰盛侵陽之氣也. 高祖之約，非功臣不侯. 今太后諸弟皆以無功爲侯，外戚未嘗有也，故天爲見異". 於是，大將軍鳳懼，上書乞骸骨，辭職. 上優，詔不許.

**신은 이렇게 생각합니다.** 이때는 왕씨의 권세가 비록 점점 커지기는 하였지만, 아직 모든 권력을 장악하지 못하였습니다. 그리하여 외삼촌들이 공이 없이 제후의 작위를 받자 양흥(楊興)이 위와 같이 말할 수 있었던 것입니다.

건시(建始) 3년(BC 30), 주상이 왕봉에게 모든 권력을 위임하려고 하였다. 8월에 거기장군(車騎將軍) 허가(許嘉)를 면직하고 특진후(特進侯)의 신분으로 조회에 참석하게 하였다.

건시 4년(BC 29) 여름, 주상이 예전에 직언을 올렸던 선비들을 백호전(白虎殿)으로 소집하여 대책을 올리게 하였다. 이때, 주상은 정사를 왕봉에게 위임하고 있었는데, 의론하는 사람들이 허물을 대부분 그것에 돌렸다. 곡영(谷永)은 왕봉이 곧 병권을 장악하리라는 것을 알고, 몰래 왕봉에게 자신을 의탁하고자 말하였다.

"지금은 바야흐로 사이(四夷)가 복종하여 신하가 되었습니다. 북쪽에는 훈육(薰粥)과 묵특(冒頓)의 걱정이 없고, 남쪽에는 조타(趙佗)와 여가(呂嘉)의 난리가 없습니다. 삼변(三邊)이 모두 평안하니 군사를 일으킬 가능성도 없습니다. 제후 가운데 큰 경우도 몇몇 현(縣)을 식읍(食邑)으로 삼을 뿐이고, 중앙의 관리가 그 권력을 제어하기만 하면 그들도 어쩔 수 없으니, 오(吳)·초(楚)·연(燕)·양(梁)과 같은 강력한 세력이 나올 수 없습니다. 관료들은 서로서로 잘 맞물려 그 친소관계가 섞여 있습니다. 나라의 골간이 되는 대신들은 신백(申伯)과 같이 충성스러워 공손하고 신중하며 조심스럽고 두려워합니다. 중합후(重合侯)·안양후(安陽侯)·박륙후(博陸侯)와 같은 난리도 없습니다.

그러하니 제후, 관료, 대신의 세 가지 모두 터럭만큼도 허물이 없습니다. 단지 폐하께서 명백한 잘못을 내버려 두시고 천지의 밝은 경계를 소홀히 여기시어, 우매한 자들의 눈먼 소리를 듣고서 잘못이 없는 자에게 허물을 돌리시어 이상한 자들에게 정사를 의지하실까 두렵습니다. 천심을 두 번이나 잃는 것은 꼭 피하셔야 합니다."

주상이 곡영을 광록대부에 임명하였다.

三年, 上專欲委任王鳳. 八月, 策免車騎將軍許嘉, 以特進侯就朝位. 四年夏, 上悉召前所擧直言之士詣白虎殿對策. 是時, 上委政王鳳, 議者多歸咎焉. 谷永知鳳方見柄用, 陰欲自託, 乃曰: "方今四夷賓服, 皆爲臣妾, 北無薰粥、冒頓之患, 南無趙佗、呂嘉之難, 三垂晏然, 靡有兵革之警. 諸侯大者乃食數縣, 漢吏制其權柄, 不得有爲, 無吳、楚、燕、梁之勢. 百官盤互, 親疏相錯, 骨肉大臣有申伯之忠, 洞洞屬屬, 小心畏忌. 無重合、安陽、博陸之亂. 三者無毛髮之辜, 竊恐陛下舍昭昭之白過, 忽天地之明戒, 聽晻昧之瞽說, 歸咎乎無辜, 倚異乎政事, 重失天心, 不可之大者也." 上擢永爲光祿大夫.

**신은 이렇게 생각합니다.** 이때부터 왕씨가 점점 권력을 독점하기 시작하였는데, 그리하여 곡영과 같이 몰래 자신을 왕씨에게 의탁하는 자가 이미 생겨났습니다.

하평(河平) 2년(BC 27) 6월, 주상이 여러 외삼촌들을 모두 제후로 봉하였다. 왕담(王譚)은 평아후(平阿侯), 왕상(王商)은 성도후(成都侯), 왕입(王立)은 홍양후(紅陽侯), 왕근(王根)은 곡양후(曲陽侯), 왕봉시(王逢時)는 고평후(高平侯)로 삼았다. 다섯 사람을 같은 날 봉작하니, 세상에서는 그들을 '오후(五侯)'라고 불렀다.

河平二年六月, 上悉封諸舅: 王譚爲平阿侯, 商爲成都侯, 立爲紅陽侯, 根爲曲陽侯, 逢時爲高平侯. 五人同日封, 故世謂之'五侯'.

하평(河平) 3년(BC 26), 왕씨의 권세와 작위가 매우 성대해지고 또 주상이 『시경(詩經)』과 『상서(尙書)』의 고문에 기우는 것을 보고, 유향(劉向)은 『상서』의 「홍범(洪範)」에 따라 상고시대부터 춘추전국(春秋戰國)시대를 지나 진한(秦漢)시대까지의 재이(災異) 기록을 모았다.

이를 통해 일의 전개 상황을 추적하여 그에 따르는 복과 재앙을 연결하고 점괘의 징험함을 나타내었으며, 비슷한 종류로 분류하여 각각 조목을 두어 모두 열한 편의 글로 정리하였다. 이 책에 『홍범오행전론(洪範五行傳論)』이라는 제목을 달아 바쳤다.

천자는 유향의 충성과 정성을 마음 깊이 깨달아, 왕봉의 형제들에게 이 책을 거론하였다. 하지만 끝내 왕씨의 권력을 박탈하지는 못하였다.

三年, 劉向以王氏權位太盛, 而上方嚮『詩』、『書』古文, 向乃因『尙書』「洪範」, 集合上古以來, 歷春秋、六國至秦、漢符瑞、災異之記, 推迹行事, 連傳禍福, 著其占驗, 比類相從, 各有條目, 凡十一篇, 號曰『洪範五行傳論』, 奏之. 天子心知向忠精, 故爲鳳兄弟起此論也. 然終不能奪王氏權.

**신은 이렇게 생각합니다.** 왕씨의 권력과 작위가 이때에 이르러 더욱 성대해지니, 비록 유향이 말을 올리고 천자가 역시 그 문제점을 알아도, 끝내 그 권력을 잘라낼 수도 빼앗을 수도 없었습니다. 『역경(易經)』에서 말합니다.

"서리를 밟아 나아가다 보면 결국 단단한 얼음에 이른다. 서리란 바로 음기가 처음 응결한 것이기 때문에, 그 길을 그대로 따라가면 결국 단단한 얼음에 다다르게 된다."

음기가 처음 응결한 것은 괜찮다고 하더라도, 단단한 얼음에 다다라서는 아니 될 것입니다. 건시(建始) 연간 초기에 왕씨 여섯이 공 없이도 제후로 봉해지자 하늘에서 이상한 현상을 보였습니다. 이때는 왕씨가 권력을 독점하지 못하였기 때문에 박탈할 수도 있었습니다. 하지만 하평 연간에 이르면 비록 왕씨의 권력을 박탈하려 해도 그럴 수 없었습니다. 그러므로 군자가 어찌 자신의 권력을 가벼이 남에게 빌려줄 수 있겠습니까?

양삭(陽朔) 원년(BC 24) 겨울, 경조윤(京兆尹) 태산(泰山) 왕장(王章)이 하옥되어 죽었다. 이때는 대장군 왕봉이 권력을 장악하고 있었고, 주상은 겸손하게 양보하며 마음대로 하는 바가 없었다.

일찍이 광록대부(光祿大夫) 유향(劉向)의 아들 유흠(劉歆)이 여러 방면에 통달한 남다른 인재라고 좌우에서 천거한 적이 있었다. 주상이 직접 유흠을 불러서 만났는데 시부(詩賦)를 줄줄 외우니, 주상은 매우 기뻐하며 중상시(中常侍)로 삼으려 하였다. 사람을 불러 의관을 차려 입히고 그 자리에서 유흠을 임명하려 하자, 좌우에서 모두 말하였다.

"왕봉 대장군께서는 아직 모르십니다."

주상이 말하였다.

"이는 작은 일이니, 꼭 대장군에게 알릴 필요가 있겠는가?"

좌우에서 머리를 조아리며 쟁론하자 그때서야 주상이 왕봉에게 유흠의 임명을 알렸다. 왕봉이 안 된다고 하자 결국 그만두었다.

陽朔元年冬, 京兆尹泰山王章下獄死. 時大將軍鳳用事, 上謙讓無所顓. 左右嘗薦光祿大夫劉向少子歆通達有異材, 上召見歆, 誦讀詩賦, 甚說之, 欲以爲中常侍. 召取衣冠, 臨當拜, 左右皆曰: "未曉大將軍." 上曰: "此小事, 何須關大將軍!" 左右叩頭爭之, 上於是語鳳, 鳳以爲不可, 乃止.

**신은 이렇게 생각합니다.** 중상시 하나를 임명하는 것도 천자가 마음대로 할 수 없었으니, 이로써 관리에게 봉록을 주는 권력이 황실을 떠났다고 하겠습니다.

왕씨의 자제들이 모두 경(卿)·대부(大夫)·시중(侍中) 등이 되어 여러 부서에서 주요 관직을 나누어 차지하면서 조정에 꽉 들어찼다. 두흠(杜欽)이 왕봉의 권력전횡이 너무 심한 것을 보고 경고하여 말하였다.

"장군께서는 주공(周公)의 겸손함과 두려움을 배워, 양후(穰侯)의 위세를 덜어내고 무안후(武安侯)의 욕심을 버리시길 바랍니다. 범저(范雎)와 같은 무리로 하여금 그 계획을 실행하도록 하지 마소서."

하지만 왕봉은 듣지 않았다.

王氏子弟皆卿、大夫、侍中, 諸曹分據勢官, 滿朝廷. 杜欽見鳳專政泰重, 戒之曰: "願將軍由周公之謙懼, 損穰侯之威、放武安之欲, 毋使范雎之徒得間其說!" 鳳不聽.

—양후(穰侯)는 위염(魏冉)이며, 무안후(武安侯)는 전분(田蚡)이다.—

**신은 이렇게 생각합니다.** 범저(范雎)가 진(秦)나라 소왕(昭王)에게 유세하며 말하였습니다.

"제가 관문을 넘어 망명한 이유는 사람들이 모두 양후(穰侯)만을 알고 왕이 있는지는 모르기 때문입니다."

한나라는 이때에 이르러 사람들이 왕씨만을 알고 천자가 있음은 알지 못하였습니다. 이 때문에 두흠이 범저의 고사를 통해 왕봉에게 경고하였던 것입니다.

이때 주상은 후사가 없었고 몸은 항상 아팠다. 정도국(定陶國)의 공왕(共王)을 조정으로 오게 하였는데, 태후와 주상이 선제의 뜻을 이어받아 공왕을 매우 후하게 대하니, 다른 이들보다 열 배나 많이 하사품을 내려 주었다. 공왕은 하사품을 경사(京師)에 두고 정도국으로 보내지 않았다. 주상이 공왕에게 말하였다.

"내가 아직 아들이 없고, 정해진 수명은 피할 수 없다. 하루아침에 변고가 있으면 다시는 만나지 못할 터이니, 너는 오랫동안 머물면서 나를 모시어라."

그 후에 천자의 병이 더욱 심해지자 공왕은 도성에 있는 정도국의 저택에 머물면서 아침저녁으로 주상을 모셨다. 주상은 공왕을 몹시 친근하게 대하였다. 대장군 왕봉은 공왕이 경사에 머무는 것이 마음속으로 불편하였는데, 일식이 있는 날을 기화로 말하였다.

"일식은 음기가 성한 상징입니다. 비록 정도국의 왕이 친근하더라도 예에 따라 번국에 머무르면서 뜻을 받들어야 합니다. 그런데 지금은 경사에 머물러 천자를 모시고 있으니 정상적인 상황이 어그러졌습니다. 그래서 하늘이 경고를 보낸 것이니, 마땅히 자신의 나라로 돌려보내야 합니다."

주상은 어쩔 수 없이 왕봉의 말에 따라 공왕을 돌려보냈다. 공왕이 하직 인사를 올리면서 주상과 함께 눈물을 흘리며 헤어졌다.

왕장(王章)은 평소에 강직하고 용감한 말을 잘 하였고, 비록 왕봉이 자신을 천거하였지만 왕봉의 전횡을 비판하며 왕봉에게 부회하지 않았다. 이에 봉인한 글을 주상에게 올렸다.

"일식의 허물은 모두 왕봉이 전횡하여 주상의 성총을 가린 때문입니다."

주상이 왕장을 불러 만나서 여러 가지 일에 대해 물으니 왕장이 대답하였다.

"하늘의 도(道)는 잘 들리고 잘 보입니다. 착한 일을 돕고 나쁜 일에 재앙을 내리니, 상서와 재이가 길흉화복의 징조가 됩니다. 지금 폐하께서는 후사가 없으시어, 정도국왕을 끌어와 가깝게 지내시면서 종묘를 잇고 사직을 보전하려 하시니, 위로는 하늘의 마음을 따르고 아래로는 백성들을 편안케 하는 것입니다. 이것이 바로 정의이고 좋은 일이니 당연히 상서가 있어야 하는데, 무슨 까닭으로 재이가 일어났겠습니까?

재이가 일어난 것은 대신이 정사를 전횡하기 때문입니다. 지금 제가 듣기로, 대장군이 외람되게도 일식의 허물을 정도국왕에게 돌리면서 자신의 번국으로 돌아가게 만들었습니다. 만약 천자를 위에서 고립시키고 정사를 전단하여 사사롭게 자신의 편의를 도모한다면 이는 충신이 아닙니다.

또한 일식은 음기가 양기를 침식하고 신하가 군주를 넘어섰기 때문에 발생한 허물입니다. 지금 정사를 크든 작든 모두 왕봉이 결정하고 천자는 일찍이 손조차 들지 않으시는데도, 왕봉은 그 책임을 반성하지 아니하고 오히려 착한 사람에게 허물을 돌리어 정도국왕을 멀리 내쫓았습니다.

왕봉이 거짓으로 기망하여 불충한 것은 한두 가지가 아닙니다. 전 승상(丞相) 낙창후(樂昌侯) 왕상(王商)은 선제의 외척으로서, 평상시의 행실이 독실하고 위엄과 진중함이 있었으며, 장군과 재상을 역임한 나라의 기둥돌과 같은 신하였습니다. 그 사람됨이 올발라서 절조를 굽혀 왕봉에게 아부하려 하지 않았는데, 결국 규문(閨門, 집안 여자들이 거처하는 곳)의 일로 인해 왕봉에게 파직당하니 시름으로 앓다 죽어서 많은 백성들이 안타까워하였습니다.

또 왕봉은 자신의 작은 부인의 동생 장(張) 미인이 이미 일찍이 시집을 간 것을 알면서도, 예에 어긋나게 지존이신 황제와 맺어 주면서 아들을 잘 낳을 것이라며 후궁으로 들이게 하였습니다. 구차하게도 사사로이 그 처의 동생을 후궁이 되게 하였지만, 아직 장 미인이 임신을 하여 분만실에 들어갔다는 말을 듣지 못하였습니다.

또한 강족(羌族)이나 호족(胡族)은 첫째 아들을 죽여 부인의 배 속을 깨끗이 함으로써 자신의 씨앗을 바르게 하는데, 하물며 천자에게 이미 시집을 간 적이 있는 여자를 가까이 하게 하다니요! 이 세 가지는 모두 큰일로서 폐하께서 직접 목도하신 것인데, 그 밖에 직접 보지 못하신 것은 어떠할지 미루어 짐작할 수 있으실 것입니다. 왕봉에게 정사를 맡겨서는 아니 됩니다. 마땅히 관직에서 물러나 집으로 돌아가게 해야 합니다. 충성스럽고 어진 인물로 왕봉을 대신하게 하십시오."

왕봉이 왕상을 탄핵하여 파직한 다음 나중에 정도국왕까지 돌려보내자 주상도 마음이 언짢았다. 천자는 왕장의 글을 읽고서 깨달은 바가 있어 그 주장을 받아들이며 왕장에게 말하였다.

"경조윤의 직언이 아니었다면 나는 사직을 위한 계책을 듣지 못하였을 것이다. 또한 오직 현자만이 현자를 알아보니, 자네는 진정으로 짐을 위해 유능한 인재를 찾아보아라."

이에 왕장은 봉인한 상주문을 올려 신도왕(信都王)의 외삼촌인 낭야(瑯琊) 태수(太守) 풍야왕(馮野王)을 충성스럽고 믿음직하며 바탕이 곧고 지모(智謀)가 넉넉하다는 이유로 천거하였다.

주상이 태자였을 때 풍야왕의 이름을 자주 들은 바 있어, 그에 의지하여 왕봉을 대신하고자 하였다. 왕장을 불러 만날 때 주상은 항상 좌우를 물리쳤다.

이때 태후 사촌동생의 아들인 시중(侍中) 왕음(王音)이 홀로 옆에서 듣다가 왕장의 말을 상세히 알고는 왕봉에게 알려 주었다. 왕봉이 그 말을 듣고 심히 걱정스럽고 두려워졌다. 두흠(杜欽)은 왕봉에게 병을 핑계로 궁을 나와 집으로 온 다음 해골만이라도 구걸하면서 사직을 청하라고 시키니, 그 글이 매우 구슬펐다.

태후가 그 말을 듣고 눈물을 흘리며 식사조차 하지 않았다. 주상은 어려서부터 왕봉을 살갑게 대하고 의지하였기 때문에 차마 폐할 수 없었다. 이에 칭찬하는 조서를 왕봉에게 내려 억지로 일어나게 하였다. 결국 왕봉은 몸을 일으켜 업무를 보았다. 주상은 상서에게 왕장을 탄핵하는 소를 올리라고 시켰다.

"왕장은 풍야왕이 전에 왕의 외삼촌 신분으로 관직을 보임하였다는 사실을 알면서도 사사로이 그를 천거하였으니, 이는 조정을 호령하며 제후에게 아부하는 것입니다. 또한 장 미인의 지체가 지존의 자리에 올랐다는 것을 알면서도 망령되게도 강족과 호족이 아들을 죽여 뱃속을 깨끗이 한다는 이야기를 인용하였으니, 이는 입에 담을 말이 못 됩니다."

왕장은 옥리에게 보내졌다. 정위(廷尉)가 왕장을 대역죄로 다스려서 "주상을 이적(夷狄)에 비유하고 후사를 이을 단초를 잘라 버리려 하였으며, 천자를 배반하여 사사로이 정도왕을 위하였다"는 판결을 내렸다. 왕장은 결국 옥중에서 사망하였고, 처와 자식들은 합포(合浦)로 보내졌다. 이때부터 공경(公卿)들이 왕봉을 만나면, 똑바로 보지 못하고 곁눈질로 흘끔거렸다.

時上無繼嗣, 體常不足. 定陶共王來朝, 太后與上承先帝意, 遇共王甚厚, 賞賜十倍於它. 王留之京師, 不遣歸國. 上謂共王: "我未有子, 人命不諱. 一朝有他, 且不復相見, 爾長留侍我矣!" 其後, 天子疾益有瘳, 共王因留國邸, 旦[13]夕侍上. 上甚親重之. 大將軍鳳心不便共王在京師, 會日食, 鳳因言: "日食, 陰盛之象. 定陶王雖親, 於禮當奉藩在國. 今留侍京師, 詭正非常, 故天見戒, 宜遣王之國." 上不得已於鳳而許之. 共王辭去, 上與相對涕泣而決. 王章素剛直敢言, 雖爲鳳所擧, 非鳳專權, 不親附鳳. 乃封事, 言: "日食之咎, 皆鳳專權蔽主之過." 上召見章, 延問以事, 章對曰: "天道聰明, 佑善而災惡, 以瑞異爲符效. 今陛下以未有繼嗣, 引近定陶王, 所以承宗廟, 重社稷, 上順天心, 下安百姓, 此正義善事, 當有祥瑞, 何故致災異! 災異之發, 爲大臣顓政者也. 今聞大將軍猥歸日食之咎於定陶王, 建遣之國, 苟使天子孤立於上, 顓擅朝事以便其私, 非忠臣也. 且日食, 陰侵陽、臣顓君之咎. 今政事大小皆自鳳出, 天子曾不壹擧手, 鳳不內省責, 反歸咎善人, 推遠定陶王. 且鳳誣罔不忠, 非一事也. 前丞相樂昌侯商, 本以先帝外屬, 內行篤, 有威重, 歷位將相, 國家柱石臣也. 其人守正, 不肯屈節隨鳳委曲, 卒用閨門之事爲鳳所罷, 身以憂死, 衆庶愍之. 又鳳知其小婦弟張美人已嘗適人, 於禮不宜配御至尊, 託以爲宜子, 內之後宮, 苟

13 저본에는 조선 태조의 피휘여서 '朝'로 되어 있지만 원래의 '旦'으로 바로잡는다.

以私其妻弟, 聞張美人未嘗任身就館也. 且羌胡尙殺首子以盪腸正世, 況於天子, 而近已出之女也! 此三者皆大事, 陛下所自見, 足以知其餘及它所不見者. 鳳不可令久典事, 宜退使就第, 選忠賢以代之." 自鳳之白罷商, 後遣定陶王也, 上不能平. 及聞章言, 天子感悟, 納之, 謂章曰: "微京兆尹直言, 吾不聞社稷計. 且唯賢知賢, 君試爲朕求可以自輔者." 於是章奏封事, 薦信都王舅琅琊太守馮野王, 忠信質直, 智謀有餘. 上自爲太子時, 數聞野王名, 方倚欲以代鳳. 章每見召, 上輒辟左右. 時太后從弟子侍中音獨側聽, 具知章言, 以語鳳. 鳳聞之, 甚憂懼. 杜欽令鳳稱病出就第, 上疏乞骸骨, 其辭指甚哀. 太后聞之, 爲垂涕, 不御食. 上少而親倚鳳, 弗忍廢. 乃優詔報鳳, 彊起之. 於是鳳起視事. 上使尙書劾奏章: "知野王前以王舅出補吏, 而私薦之, 欲令在朝, 阿附諸侯; 又知張美人體御至尊, 而妄稱引羌胡殺子盪腸, 非所宜言." 下章吏. 廷尉致其大逆罪, 以爲"比上夷狄, 欲絶繼嗣之端; 背畔天子, 私爲定陶王." 章竟死獄中, 妻子徙合浦. 自是, 公卿見鳳, 側目而視.

**신은 이렇게 생각합니다.** 성제(成帝)는 본래 왕장(王章)에게 직언을 하도록 이끌었으면서도 결국 차마 왕봉(王鳳)을 내치지 못하고 오히려 상서에게 왕장을 탄핵하게 시켰으니, 이는 왕장을 유인하여 형벌의 구렁텅이에 빠트리는 것이었습니다. 또 어찌하여 권력을 희롱하는 신하를 차마 내치지 못하고, 나라를 위해 충언을 올린 선비를 내칠 수 있었던 것일까요? 충언을 올리는 선비가 자신을 위해 계책을 세웠는데, 이처럼 조금도 안타까운 마음이 없었던 것일까요?

양삭(陽朔) 2년(BC 23) 여름 4월, 시중(侍中)이자 태복(太僕)인 왕음(王音)을 어사대부(御史大夫)로 삼았다. 이때 왕씨가 더욱 융성하여 군국(郡國)의 수장(首長)이나 자사(刺史)를 모두 왕씨 집안에서 배출하였다. 오후(五侯)의 여러 자제들이 다투어 사치를 하니, 사방에서 이들에게 진귀한 보물을 뇌물로 보내왔다. 이들은 모두 사람들을 잘 다루어 선비나 현자를 후원하였으며, 재물을 덜어 나누어 주는 것을 서로 고상하다고 여겼다. 빈객(賓客)들이 왕씨 집안에 가득하였고 앞을 다투어 왕씨를 칭송하였다.

이러한 상황에서 유향(劉向)이 진탕(陳湯)에게 말하였다.

"지금 천재지변이 이와 같이 심각한데도 외척들은 나날이 융성하니, 반드시 점차 유씨(劉氏) 황실을 위태롭게 할 것입니다. 나는 다행히 유씨 성으로 황실의 말석을 차지하고 있습니다. 집안 대대로 한(漢)나라의 은혜를 입었고, 내 자신은 종실의 어른으로 벌써 세 번째 주상을 섬기었습니다. 주상께서는 나를 선제(先帝)의 옛 신하로 여기시고 알현할 때마다 항상 예를 더해 맞아주십니다. 이런 내가 아무런 말도 못 한다면 누가 할 수 있겠습니까?"

마침내 비밀스럽게 상주하여 절실하게 간언하였다.

"대저 대신이 권력을 쥐고 국정을 좌지우지하면 해를 끼치지 않는 경우가 없었습니다. 지금 왕씨 한 집안에서 붉은 바퀴의 호화로운 마차[朱輪華轂][14]를 타는 자들이 23인이고, 시중(侍中)과 상시(常侍) 등 폐하의 측근에 자리하고 있는 자들이 궁중에 가득하여 좌우에 연달아 늘어서 있습니다.

대장군(大將軍)이 권력을 쥐고 국정을 농단하며, 오후가 교

14 고귀한 지위에 오르게 되면 그가 타는 수레바퀴를 붉게 칠하고 속 바퀴를 곱게 장식하는 것으로 한(漢)나라 제도다. 『한서(漢書)』 「유향전(劉向傳)」에 나온다.

만하고 사치하여 망령되이 예를 넘어서니, 모두 위세를 떨치며 방자하게 전횡합니다. 잘못을 저지르면서 정치라고 말하며, 사사롭게 자신의 이익을 챙기면서 공적인 일에 가탁합니다. 태자의 외삼촌이라는 신분을 이용하여 위세를 부리기도 합니다.

또한 상서(尙書)·구경(九卿)·주목(州牧)·군수(郡守) 등의 관직은 모두 왕씨 집안에서 나옵니다. 국정의 핵심을 장악하고 두루 붕당을 이루어, 자신들을 칭송하는 자를 등용하고 비판하는 자들을 해치며 여론은 그들에게 좋은 말만 하고 관료들도 그들에게 아부합니다.

왕씨들이 종실을 배척하고 황족을 고립시키며, 특히 그 가운데 지혜롭고 능력 있는 사람은 더욱 비방하여 등용하지 않습니다. 종실에게 그 역할을 전혀 수행할 수 없도록 조정의 정치에서 떨어뜨려 놓으니, 자신들의 권력을 조금이라도 나누게 될까 두려워하는 것입니다.

여러 차례 연왕(燕王)과 개주(蓋主)[15]의 일을 언급하여 주상에게 의심을 품게 하였지만, 외척의 폐해를 알 수 있는 여 태후(呂太后)나 곽 황후(霍皇后)의 일은 절대로 말하지 않습니다. 마음속으로는 관숙(管叔)과 채숙(蔡叔)처럼 역심(逆心)을 싹 틔우고 있지만, 겉으로는 주공(周公)처럼 보필의 논리를 빌려 오면서, 형제를 중용하고 집안사람들만 끌어 줍니다.

아주 옛날부터 근래의 진한(秦漢)에 이르기까지, 왕씨와 같

---

15 연왕(燕王)은 한(漢) 무제(武帝)의 셋째 아들 유단(劉旦)이며, 개주(蓋主)는 한 무제의 장녀인 악읍공주(鄂邑公主)로서, 함께 반란을 계획하다 발각되어 자살하였다.

이 외척이 발호한 경우는 없었습니다. 어떤 일이 흥성하면 반드시 이상한 사건이 먼저 나타나 변고의 조짐을 희미하나마 보여 줍니다. 소제(昭帝) 때 태산(太山)에서 관석(冠石)[16]이 발견되었고, 상림원(上林苑)에서 시든 버드나무가 다시 소생한 적이 있었는데, 결국 선제(宣帝)가 즉위하게 되었습니다. 지금 제남(濟南)에 있는 왕씨 조상들의 분묘에 가래나무 줄기가 자라나 가지와 나뭇잎이 지붕까지 뚫고 올라오고 뿌리가 땅속 깊이 파고들었다 합니다. 설령 관석이 서고 시든 버드나무가 소생한다고 하더라도 이보다 명백한 것은 없습니다.

둘이 함께 클 수 없는 것이 사물의 이치입니다. 왕씨와 유씨도 함께 설 수 없습니다. 만약 아래쪽의 왕씨가 태산과 같이 안정되었다면 위쪽의 황실은 달걀을 쌓는 것과 같이 위태로운 상황인 것입니다. 폐하께서는 유씨의 자손으로서 종묘를 굳건히 지키셔야 하는데, 나라의 기운을 외척에게 옮기어 노비의 지위로 내려오셨습니다. 폐하께서 자신을 돌보시지 않는다면 종묘는 어떻게 되겠습니까!

부인은 지아비의 집안에 완전히 동화되어 친정 집안을 멀리해야 합니다. 현재와 같은 상황은 태후에게도 복이 아닙니다. 선제(宣帝)께서는 외삼촌 평창후(平昌侯)에게 권력을 빌려주지 않으셔서 황실을 온전히 유지할 수 있었습니다.

대저 현명한 사람은 형체가 없는 것에서 복을 만들어 내고,

16 관석(冠石)은 세 개의 바위가 큰 바위 하나를 받치고 있는 것을 가리킨다. 당시 관석이 발견되면 민간에서 새로운 천자가 출현한다는 조짐으로 해석하였다.

걱정거리가 실제 싹을 틔우기 전에 없애버립니다. 폐하께서도 분명하게 조서를 내리시어 성덕(聖德)의 목소리로 표현하심이 마땅합니다. 가까운 종실을 도우시어 친근하게 믿어 주시고, 외척을 쫓아내어 정사에 관여하지 못하도록 모두 파직하소서. 이것이 바로 선제(先帝)께서 실행하신 바로서, 외척을 편안하게 하여 그 집안을 보존하는 방법입니다. 태자 시절의 의지를 충실히 실행하시는 것이 외가의 복이기도 합니다.

그렇게 하시면 왕씨는 영원히 살아남아 그 작록을 보존하고, 유씨는 오랫동안 편안하여 사직을 잃지 않게 됩니다. 이것이 내외의 두 집안이 화목해지고 자손들이 끊임없이 이어질 수 있는 방법이기도 합니다.

만약 이 방책을 실행하지 않으시면, 제(齊)나라를 찬탈한 전씨(田氏)가 이 시대에 다시 나타날 것이며 진(晉)나라를 할거한 육경(六卿)이 한(漢)나라에 다시 일어날 것입니다. 이는 유씨 후손들에게 걱정거리가 될 것이 너무도 분명합니다. 폐하께서는 깊게 살피옵소서."

이러한 글을 상주하자 천자가 유향을 불러 탄식하고 슬퍼하며 말하였다.

"어르신은 이제 좀 쉬시오. 내가 잘 생각해 보겠소."

하지만 황제는 끝내 유향의 말을 따르지 못하였다.

二年, 夏四月, 以侍中、太僕王音爲御史大夫. 於是, 王氏愈盛, 郡國守相、刺史皆出其門下. 五侯羣弟爭爲奢侈, 賂遺珍寶, 四面而至, 皆通敏人事, 好士養賢, 傾財施予以相高尙. 賓客滿門, 競爲之聲譽. 劉向謂陳湯曰: "今災異如此, 而外家日盛, 其漸必危劉氏. 吾幸得以同姓末屬, 累世蒙漢厚恩, 身爲宗室遺老, 歷事三主. 上以我先帝舊臣, 每進見常加優禮. 吾而不言, 孰當言者?" 遂上封事極諫曰: "夫大臣操權柄, 持國政, 未有不爲害者也. 今王氏一姓, 乘朱輪華轂者二十三人, 靑紫貂蟬充盈幄內, 魚鱗左右. 大將軍秉事用權, 五侯驕奢僭盛, 並作威福, 擊斷自恣, 行汙而寄治, 身私而託公. 依東宮之尊, 假甥舅之親, 以爲威重. 尙書、九卿、州牧、郡守皆出其門, 筦執樞機, 朋黨比周, 稱譽者登進, 忤恨者誅傷, 遊談者助之說, 執政者爲之言. 排擯宗室, 孤弱公族, 其有智能者, 尤非毁而不進. 遠絶宗室之任, 不令得給事朝省, 恐其與己分權; 數稱燕王、蓋主以疑上心, 避諱呂、霍而弗肯稱. 內有管、蔡之萌, 外假周公之論, 兄弟據重, 宗族盤互. 歷上古至秦漢, 外戚僭貴未有如王氏者也. 物盛必有非常之變先見, 爲其人微象. 孝昭帝時, 冠石立於泰山, 仆柳起於上林, 而孝宣帝卽位. 今王氏先祖墳墓在濟南者, 其梓柱生, 枝葉扶疏上出屋, 根垂地中, 雖立石起柳, 無以過此之明也. 事勢不兩大, 王氏與劉氏亦且不並立, 如下有泰山之安, 則上有累卵之危. 陛下爲人子孫, 守持宗廟, 而令國祚移於外親, 降爲皂隷, 縱不爲身, 奈宗廟何! 婦人內夫家而外父母家, 此亦非皇太后之福也. 孝宣皇帝不假舅平昌侯權, 所以全安之也. 夫明者起福於無形, 銷患於未萌. 宜發明詔, 吐德音. 援近宗室, 親而納信, 黜遠外戚, 毋授以政, 皆罷令就第, 以則效先帝之所行, 安厚外戚, 全其宗族, 誠東宮之意, 外家之福也. 王氏永存, 保其爵祿, 劉氏長安, 不失社稷, 所以褒睦外內之姓, 子子孫孫無疆之計也. 如不行此策, 田氏復見於今, 六卿必起於漢, 爲後嗣憂, 昭昭甚明. 唯陛下深留聖思." 書奏, 天子召見向, 歎息悲傷其意, 謂曰: "君且休矣, 吾將思之." 然終不能用其言.

**신은 이렇게 생각합니다.** 유향(劉向)이 왕씨(王氏)가 전횡하는 잘못을 신랄하게 비판한 것은 지극히 간절하였다고 할 수 있습니다. 오늘날의 독자들도 이 글을 읽고 눈물을 흘리게 되는데, 당시에는 어떠하였겠습니까? 하지만 성제(成帝)는 단지 탄식하며 슬퍼할 뿐 그 말을 실행에 옮기지 못하였습니다. 이는 종묘와 천하를 즐거이 남에게 주면서도 애석해하지 않는 것이니, 참으로 이상합니다!

양삭(陽朔) 3년(BC 22) 가을 왕봉(王鳳)이 병들자, 천자가 여러 차례 찾아가 병문안을 하며 친히 그 손을 잡고 눈물을 흘리며 말하였다.

"장군께서 병이 들어 말을 할 수 없게 되면 어쩌지요? 평아후(平阿侯) 왕담(王譚)이 다음번 장군이 되겠지요."

왕봉이 고개를 조아리고 울며 말하였다.

"왕담 등은 비록 저와 동기간이지만 행실이 모두 사치스럽고 법도에 어긋나니, 백성을 이끌 수 없습니다. 차라리 어사대부(御史大夫) 왕음(王音)이 진중하고 충성스러우니 신은 감히 죽음으로써 그를 보호하겠습니다."

왕봉은 죽기 직전 소를 올려 주상에게 감사하면서 다시 굳건히 왕음을 추천하여 자신의 자리를 대신하게 하였다. 또한 왕담 등 다섯 사람은 반드시 등용해서는 아니 된다고 하자, 천자가 그러겠다고 하였다. 원래 왕담은 거만하여 왕봉을 섬기려 하지 않았는데, 왕음은 왕봉을 존경하여 친아들처럼 몸을 낮추어 공손하게 대하였으니, 왕봉이 왕음을 천거한 것이다.

8월, 왕봉이 죽었다. 9월, 왕음을 대사마(大司馬)와 거기장군(車騎將軍)으로 임명하고, 왕담에게는 특진(特進)의 지위를 주어 성문병을 통솔하게 하였다.

三年秋, 王鳳疾, 天子數自臨問, 親執其手涕泣曰: "將軍病, 如有不可言? 平阿侯譚次將軍矣." 鳳頓首泣曰: "譚等雖與臣至親, 行皆奢僭, 無以率導百姓, 不如御史大夫音謹敕, 臣敢以死保之." 及鳳且死, 上疏謝上, 復固薦音自代, 言譚等五人必不可用, 天子然之. 初, 譚倨, 不肯事鳳, 而音敬鳳, 卑恭如子, 故鳳薦之. 八月, 鳳薨. 九月, 以王音爲大司馬、車騎將軍, 而王譚位特進, 領城門兵.

**신은 이렇게 생각합니다.** 유향(劉向)이 간언을 올렸지만 성제(成帝)는 왕봉(王鳳)을 내치지 못하였고, 오히려 의지할 사람으로 여겼습니다. 다행히도 왕봉이 스스로 죽어 버려 권위의 칼자루를 환수하고, 재상들과 의논하여 왕봉이 갖고 있었던 대사마(大司馬), 대장군(大將軍), 영상서사(領尙書事)의 직책을 폐하여 종묘와 조정에 돌려줄 수 있는 기회가 찾아왔습니다. 하지만 다시 왕봉이 추천한 인물을 기용하여 정사를 맡기었으니, 이러한 상황은 국가권력의 큰 칼자루를 돌려받을 때를 놓치고 결국 한(漢)나라의 공업을 왕씨에게 넘겨줄 때까지 계속됩니다. 오호라!

홍가(鴻嘉) 원년(BC 20), 왕음(王音)을 안양후(安陽侯)로 봉하였다. 홍가 3년(BC 18), 왕씨 오후(五侯)가 앞을 다투어 사치하며 서로 부러워하였다. 성도후(成都侯) 왕상(王商)이 일찍이 병이 나서 피서를 하고자 주상을 따라가 명광궁(明光宮)을 빌렸다. 나중에 장안성(長安城)을 뚫어 내풍수(內灃水)를 끌어와 집안의 큰 수로에 채우고 뱃놀이를 즐겼다. 주상이 왕상의 집에 행차하여 성벽을 뚫어 물을 끌어 온 것을 보고 속으로 분통이 터졌지만 마음에만 담아 두고 아무 말도 하지 않았다.

또한 황제가 몰래 궁문을 빠져나와 곡양후(曲陽侯) 왕근(王根)의 집을 지날 때 정원 안에 흙으로 산을 쌓고 백호전(白虎殿)과 비슷한 점대(漸臺)를 세운 것을 보았다. 이 때문에 주상이 거기장군(車騎將軍) 왕음을 책문하였다. 왕상과 왕근 형제는 스스로 경형

(黥刑, 죄인의 살에 죄명을 써넣는 형벌)과 의형(劓刑, 코를 베는 형벌)을 받겠다고 자청하며 태후에게 사죄하였다. 주상이 그 말을 듣고 크게 노하여 상서(尙書)에게 사례교위(司隸校尉)와 경조윤(京兆尹)을 책문하도록 시켰다. 사례교위와 경조윤은 성도후 왕상 등이 사치하고 참람하여서 법을 어겼다는 것을 알면서도 모두 간사하고 교활하게 잘못을 숨겨 주고 비호하는 보고서를 올려 잘못을 바로잡지 않았다. 두 사람은 대성의 문 아래에서 고개를 조아리고 용서를 빌었다.

주상은 또한 거기장군 왕음에게 책서를 내려 말하였다.

"외가에서 죄를 받아 망하는 것을 어찌 달게 즐길 수 있겠는가! 또한 스스로 경형과 의형을 자청하여 태후 앞에서 서로 욕을 보임으로써, 자애로운 어머니의 마음을 아프게 하여 나라와 집안을 위기와 혼란에 빠뜨렸다. 외가 집안은 강성하고, 내 한 몸은 병들어 약해진 지 오래이니, 지금 한 번이라도 형벌을 시행하려고 하니, 자네는 제후들을 불러 관부(官簿)의 청사(廳舍)에서 대기하도록 하여라."

이날, 상서에게 명하여 문제(文帝)가 장군 박소(薄昭)를 주살한 고사를 아뢰게 하였다. 거기장군 왕음은 마른 나무를 바닥에 깔고 죄를 청하였고, 왕상, 왕입, 왕근은 도끼를 짊어지고 사죄하면서 한참 지난 후에 그만두었다. 주상은 단지 그들에게 겁을 주려고 하였지, 실제로 주살할 의도는 없었다.

鴻嘉元年, 封王音爲安陽侯. 三年, 王氏五侯爭以奢侈相尙. 成都侯商嘗病, 欲避暑, 從上借明光宮. 後又穿長安城, 引內灃水, 注第中大陂以行船. 上幸商第, 見穿城引水, 意恨, 內銜之, 未言. 帝微行出, 過曲陽侯根第, 又見園中土山、漸臺, 象白虎殿. 於是, 上以讓車騎將軍音. 商、根兄弟欲自黥、劓以謝太后. 上聞之, 大怒, 乃使尙書責問司隸校尉、京兆尹, 知成都侯商等奢僭不軌, 藏匿姦猾, 皆阿縱, 不擧奏正瀍, 二人頓首省戶下. 又賜車騎將軍音策書曰: "外家何甘樂禍敗! 而欲自黥、劓, 相戮辱於太后前, 傷慈母之心, 以危亂國家! 外家宗族彊, 上一身寖弱日久, 今將一施之, 君其召諸侯, 令待府舍!" 是日, 詔尙書奏文帝誅將軍薄昭故事. 車騎將軍音藉稾請罪, 商、立、根皆負斧質稾謝, 良久乃已. 上特欲恐之, 實無意誅也.

**신은 이렇게 생각합니다**. 성제(成帝)가 외가의 사치가 도를 넘었다는 것을 이미 알았다면, 설사 주살하지 못하겠더라도, 또한 마땅히 그 직임을 박탈하여 각자의 번국으로 돌려보내야 하였습니다. 그것이 그들에게 근신하기를 경고하여 편안하고 온전한 여생을 보내게 하는 방법이었습니다. 하지만 그렇게 하지 못하고 단지 위세와 분노만을 보였으니, 단지 모욕을 주어 희롱한 것일 뿐으로 과연 어떤 보탬이 있었겠습니까!

영시(永始) 원년(BC 14) 초의 일이다. 태후는 자신의 여덟 형제 중에서 단지 동생인 왕만(王曼)만이 요절하여 제후에 봉작되지 못한 것을 안타까워하였다. 왕만의 과부 거(渠)는 태자를 공양하였는데, 아들인 왕망(王莽)은 어려서부터 고아가 되어 그 동년배의 사촌들에 미치지 못하였다. 여러 사촌 형제들은 모두 장군이나 오후(五侯)의 자식들로서, 때를 잘 만나 사치하게 살면서 가마와 말을 타고 기녀들과 떠들썩하게 놀러 다니면서 서로 높여 주었다.

하지만 왕망은 자신을 낮추어 공손하고 검소하게 지내며 열심히 노력하고 널리 공부하였으며, 옷도 유생과 같이 입었다. 어머니와 과부가 된 형수를 모시고 고아가 된 조카도 키우면서 행실은 매우 조심성이 있었다. 또한 밖으로는 훌륭한 인재들과 교유하고, 안으로는 여러 삼촌들을 모시면서 자신을 낮추며 예절을 갖추었다. 대장군 왕봉(王鳳)이 병들자, 왕망은 그 옆에서 약도 직접 먹어 보며 간호를 하면서, 자신은 머리를 감지도 세수를 하지도 못하고 몇 개월 동안 옷과 의대를 갈아입지도 못하였다. 왕봉이 죽으면서 태후와 황제에게 왕망을 부탁하니, 왕망은 황문랑(黃門郎)이 되어 사성교위(射聲校尉)에 제수되었다.

오랜 시간이 흘러, 숙부인 성도후(成都侯) 왕상(王商)이 상서를 올려 자신의 식읍(食邑)을 나누어 왕망을 봉해 주기를 청원하였다. 장락소부(長樂少府) 대익(戴翼), 시중(侍中) 김섭(金涉), 중랑(中郎) 진탕(陳湯) 등은 모두 당시의 명사였는데, 모두 왕망을 위해 좋은 말을 하니 주상이 이 때문에 왕망을 훌륭한 인재라고 여겼다. 태후 역시 여러 차례 좋은 말을 해 주었다.

5월, 왕망을 신도후(新都侯)에 봉하고 기도위(騎都尉)·광록대부(光祿大夫)·시중(侍中)에 제수하였다. 황제의 침전을 진중하고 조심스럽게 지킴으로써 작위가 더욱 높아졌지만, 왕망의 행동거지는 더욱 겸손해져 손님들에게 아낌없이 베풀고 자신의 집안에는 남는 것이 없었다. 유명한 인사들을 거두어 기르고 교유하는 장군·재상·경·대부들도 매우 많았다. 그리하여 현직 관리들이 더욱더 왕망을 천거하니, 비어 있던 명성이 가득 차게 되어 여러 백부와 숙부들을 압도하게 되었다.

永始元年初, 太后兄八人, 獨弟曼早死, 不侯, 太后憐之. 曼寡婦渠供養東宮, 子莽幼孤, 不及等比, 其羣兄弟皆將軍、五侯子, 乘時侈靡, 以輿馬聲色佚遊相高. 莽因折節爲恭儉, 勤身博學, 被服如儒生. 事母及寡嫂, 養孤兄子, 行甚敕備. 又, 外交英俊, 內事諸父, 曲有禮意. 大將軍鳳病, 莽侍疾, 親嘗藥, 亂首垢面, 不鮮衣帶連月. 鳳且死, 以託太后及帝, 拜爲黃門郎, 遷射聲校尉. 久之, 叔父成都侯商上書, 願分戶邑以封莽. 長樂少府戴翼、侍中金涉、中郎陳湯等皆當世名士, 咸爲莽言, 上由是賢莽. 太后又數以爲言. 五月, 封莽爲新都侯, 遷騎都尉、光祿大夫、侍中. 宿衛謹敕, 爵位益尊, 節操愈謙, 振施賓客, 家無所餘; 收贍名士, 交結將相卿大夫甚衆. 故在位更相推薦, 虛譽隆洽, 傾其諸父矣.

**신은 이렇게 생각합니다.** 이것이 신(新)나라 왕망(王莽)이 가식과 거짓으로 명성을 훔친 시초입니다.

영시(永始) 2년(BC 13) 봄 정월에 안양후(安陽侯) 왕음(王音)이 죽었다. 3월, 성도후(成都侯) 왕상(王商)이 대사마(大司馬)와 위장군(衛將軍)이 되었다.

二年, 春正月, 安陽侯王音薨. 三月, 以成都侯王商爲大司馬、衛將軍.

**신은 이렇게 생각합니다.** 왕봉(王鳳)이 죽은 후 왕음(王音)이 뒤를 이었고, 왕음이 죽자 왕상(王商)이 그 뒤를 이었습니다. 이것은 원래 한(漢)나라의 장군과 재상이 맡는 자리였는데, 결국 왕씨 집안이 사사로이 세습하는 자리가 되어 버린 것입니다.

영시(永始) 3년(BC 14) 12월, 구강(九江) 출신인 전 남창위(南昌尉) 매복(梅福)이 상서를 올려 말하였다.

"바야흐로 지금 외척들이 군주의 명령을 어기고 주상의 권위를 빼앗아 자신들의 권세를 날로 더하고 있습니다. 폐하께서는 그 구체적인 모습을 보지 못하시니, 원컨대 그 조짐이라도 살피시길 바랍니다. 건시(建始) 연간 이래로 일식이나 지진이 일어나 모두 그러한 상황을 경고하고 있는 것이 춘추시기(春秋時期)의 세 배에 이르고, 수재(水災)는 어떤 때와도 비교하지 못할 만큼 빈번합니다. 음기가 성하여 양기가 미약해지니, 주조한 철이 날아다니는 지경입니다. 이것이 무슨 징조일까요!

한나라가 흥성한 이래로 사직에 세 번 위기가 있었는데, 여씨(呂氏)·곽씨(霍氏)·상관씨(上官氏) 등 모두 모후(母侯)의 집안 때문에 생긴 일이었습니다. 친척들과 가까이 지내는 방법 가운데 그 몸을 온전히 하게 하는 것이 가장 좋으니, 마땅히 그들로 하여금 현명하고 훌륭한 사부와 함께 지내도록 하면서 충효의 도를 가르쳐야 합니다. 지금은 총애하여 그 지위를 높여 주고 권력의 칼자루를 쥐어 주니, 외척들이 교만하게 거스르다 멸족에 이르는 경우도 있습니다.

이것이 바로 친척들과 가까이 지내는 법을 잃어 버렸을 때 생기는 가장 큰 비극입니다. 곽광(霍光)의 현명함으로도 자손들을 위하여 깊게 사려하지 못하였으니, 권력이 큰 신하는 세대가 바뀌면 위태로워지는 것입니다. 『주서(周書)』에 이르길 '처음에는 미미하였던 불씨를 큰불로 키워서는 아니 된다'고 하였습니다. 권세가 군주를 능가할 만큼 융성해진 다음에는 막으려 해도 멈출 수가 없습니다."

주상이 받아들이지 않았다.

三年十二月, 故南昌尉九江梅福上書曰: "方今君命犯而主威奪, 外戚之權日以益隆, 陛下不見其形, 願察其景. 建始以來, 日食地震, 以率言之, 三倍春秋, 水災亡與比數. 陰盛陽微, 金鐵爲飛, 此何景也! 漢興以來, 社稷三危. 呂、霍、上官皆母后之家也, 親親之道, 全之爲右, 當與之賢師良傅, 教以忠孝之道. 今乃尊寵其位, 授以魁柄, 使之驕逆, 至於夷滅, 此失親親之大者也. 自霍光之賢, 不能爲子孫慮, 故權臣易世則危. 『書』曰: '毋若火, 始庸庸.' 勢陵於君, 權隆於主, 然後防之, 亦無及已." 上不納.

**신은 이렇게 생각합니다.** 왕장(王章)이 왕씨(王氏)에 대해 비판하였다는 죄로 죽음을 당한 이후, 앞에서는 오직 유향(劉向)이 종실의 원로로서 진언을 올렸고, 뒤에서는 오직 매복(梅福)만이 일개 위(尉)의 신분으로 진언을 올렸습니다. 하지만 성제(成帝)는 둘 다 받아들이지 못하였으니, 이른바 자신을 망하게 하는 것을 즐기는 경우가 아니겠습니까? 아, 탄식할 만합니다.

원연(元延) 원년(BC 12) 12월, 왕상(王商)이 대장군이 되었다가 죽었다. 동생인 광록훈(光祿勳) 곡양후(曲陽侯) 왕근(王根)을 천거하니, 왕근을 대사마(大司馬)와 거기장군(車騎將軍)으로 삼았다.

元延元年十二月, 王商爲大將軍, 薨. 薦弟光祿勳曲陽侯根, 以根爲大司馬、車騎將軍.

안창후(安昌侯) 장우(張禹)는 비록 집에 거처하였지만 특진(特進)의 신분으로 천자의 스승이었다. 주상은 나라에 큰 정사가 있을 때마다 장우와 함께 논의를 정하였다.

당시 관리와 백성들은 상서를 올려 여러 재앙과 이변이 나타난 것은 왕씨가 권력을 전횡하기 때문이라는 주장을 펼치는 경우가 많았는데, 주상 역시 매우 그렇다고 여겼지만 명백한 증거가 없었다. 이에 어가를 타고 장우의 집으로 가서 좌우를 물리치고 장우에게 친히 천재지변에 대해서 물으면서 관리와 백성들이 증언한 왕씨의 전횡을 알려 주었다. 장우는 자신이 이미 나이가 들었고 자손들이 미약한 상황에서 곡양후와 불화가 생겨 원망을 받을까 두려웠다. 그래서 주상에게 이렇게 대답하였다.

"『춘추(春秋)』에 나오는 일식과 지진은 어떤 경우 제후가 서로 죽이거나 이적(夷狄)이 중국을 침범하였기 때문에 생기기도 합니다. 천재지변의 뜻은 심원하여 해석하기 어려우니 그 때문에 성인(聖人, 공자)이 명리(命利)를 언급한 것이 드물고 괴력난신(怪力亂神)을 말하지 않았습니다. 성(性)과 천도(天道)는 자공(子貢)

과 같은 공자의 제자들도 얻어 듣지 못하였는데, 하물며 천박한 견식을 갖춘 비루한 유생들이 말한 바는 어떠하겠습니까?

폐하께서 마땅히 정사를 잘 펴시면 선한 것으로 반응할 것이니 아랫사람들과 그 복되고 선한 것을 함께하시면 됩니다. 이것이 경전의 의의입니다. 배운 지 얼마 되지 않은 작은 유생들이 도(道)를 어지럽혀 남을 잘못 이끄니, 마땅히 믿을 것이 못 됩니다. 경술로써 그것을 끊어 버리십시오."

주상은 평소에 장우를 믿고 아꼈기 때문에, 이로써 더 이상 왕씨를 의심하지 않았다. 나중에 곡양후 왕근과 여러 왕들의 자제가 장우가 무슨 말을 하였는지 들어서 알게 되어, 모두 기뻐하면서 결국 장우와 친교를 맺게 되었다.

이전에 괴리령(槐里令)을 지내었던 주운(朱雲)이 상서하여 알현을 청하였다. 공경들을 앞에 두고 주운이 말하였다.

"지금 조정의 대신 가운데 윗사람들은 군주를 바로잡을 수 없고 아랫사람들은 백성들에게 보탬이 되지 않으니, 모두 죽어서 제삿밥이나 먹고 있는 것이나 진배없습니다. 공자께서 말씀하셨던 '비천한 놈들은 더불어 군주를 모실 수 없고, 만약 자신들의 권력을 잃을까 두려우면 못하는 짓이 없게 된다'는 상황이 바로 이것입니다. 원컨대 제게 상방(尙方)에서 만든 참마검(斬馬劍)을 한 자루 하사해 주십시오. 그러면 아첨하는 신하 하나의 목을 베어 나머지 사람들을 진작시키겠습니다."

주상이 물었다.

"누구를 말하는 게냐?"

"바로 안창후 장우입니다."

주상이 크게 노하여 말하였다.

"조무래기 신하가 아래에서 윗사람을 비난하면서 조정에서 천자의 스승을 모욕하는구나. 죽을죄를 지었으니 용서치 않겠다."

어사(御史)가 주운을 대전 아래로 끌어내려고 하자 주운은 어전의 난간에 매달렸고, 결국 난간이 부러졌다. 주운이 소리쳐 말하였다.

"제가 죽어 용봉(龍逢)과 비간(比干)을 따라 땅속을 노닐게 되었으니 그것으로 충분합니다! 하지만 성스러운 조정이 앞으로 어찌 될지는 모르겠습니다!"

어사가 결국 주운을 끌고 나갔다. 이때 좌장군 신경기(辛慶忌)가 관을 벗고 인수(印綬)를 풀고는 어전 바닥에 머리를 조아리며 말하였다.

"저 신하는 평소부터 지나치게 곧은 성품으로 세간에 유명하였습니다. 만약 그 말이 옳다면 죽여서는 아니 됩니다. 그 말이 그르다면 용서해야 합니다. 저는 감히 목숨을 걸고 간언을 올립니다."

신경기는 피가 흐를 때까지 바닥에 머리를 조아리다, 주상의 화가 누그러진 후에야 그쳤다. 나중에 난간을 수리하려고 하자 주상이 말하였다.

"새것으로 바꾸지 마라! 부러진 난간을 잘 수합하여 직간하는 신하를 표창하도록 하라."

安昌侯張禹雖家居, 以特進天子師, 國家每有大政必與定議. 時吏民多上書言災異之應, 譏切王氏專政所致, 上意頗然之, 未有以明見. 乃車駕至禹第, 辟左右, 親問禹以天變, 因用吏民所言王氏事示禹. 禹自見年老, 子孫弱, 又與曲陽侯不平, 恐爲所怨. 則謂上曰: "『春秋』日食、地震, 或爲諸侯相殺、夷狄侵中國, 災變之意, 深遠難見, 故聖人罕言命利, 不語怪神. 性與天道, 自子貢之屬不得聞, 何況淺見鄙儒之所言? 陛下宜修政事, 以善應之, 與下同其福善, 此經義意也. 新學小生, 亂道誤人, 宜無信用, 以經術斷之." 上雅信愛禹, 由此不疑王氏. 後曲陽侯根及諸王子弟聞知禹言, 皆喜說, 遂親就禹. 故槐里令朱雲上書求見, 公卿在前, 雲曰: "今朝廷大臣, 上不能匡主, 下無以益民, 皆尸位素餐, 孔子所謂'鄙夫不可與事君, 苟患失之, 無所不至'者也. 臣願賜尙方斬馬劍, 斷佞臣一人頭, 以厲其餘." 上問: "誰也?" 對曰: "安昌侯張禹." 上大怒曰: "小臣居下訕上, 廷辱師傅, 罪死不赦." 御史將雲下殿, 攀殿檻折. 雲呼曰: "臣得下從龍逢、比干遊於地下, 足矣! 未知聖朝何如耳!" 御史遂將雲出. 於是, 左將軍辛慶忌免冠, 解印綬, 叩頭殿下, 曰: "此臣素著狂直於世, 使其言是, 不可誅; 其言非, 固當容之. 臣敢以死爭!" 慶忌叩頭流血, 上意解, 然後得已. 及後, 當治檻, 上曰: "勿易. 因輯之, 以旌直臣."

**신은 이렇게 생각합니다**. 장우(張禹)는 황제의 스승으로서 아랫사람에게 부회하고 윗사람을 기망한 것이 이와 같았습니다. 불충한 자라고 할 수 있으니 주운이 조정에서 장우를 공격해 마땅합니다.

원연(元延) 3년(BC 10) 봄 정월, 촉군(蜀郡)의 민산(岷山)에서 산사태가 일어나 양자강을 사흘 동안 막으니 강물이 다 말랐다. 유향(劉向)이 크게 걱정하여 말하였다.

"옛날 주(周)나라의 기산(岐山)이 무너져 내려 삼천(三川)이 다 마르니 유왕(幽王)이 망하였다. 기산이라는 것은 주나라가 흥기한 곳이다. 한(漢)나라는 본래 촉한(蜀漢)에서 일어났는데, 지금 흥기한 곳에 산이 무너져 물이 말랐다. 또 혜성이 갑자기 나타나 섭제(攝提)에서 대각(大角)까지 지나가니, 이는 삼성(參星)에서 출발해 신성(辰星)에까지 도달한 것으로서, 이제 한나라가 곧 망하겠구나!"

三年, 春正月, 蜀郡岷山崩, 壅江三日, 江水竭. 劉向大惡之, 曰: "昔周岐山崩, 三川竭, 而幽王亡. 岐山者, 周所興也. 漢家本起於蜀漢, 今所起之地, 山崩川竭, 星孛又乃忽攝提, 大角從參至辰, 殆必亡矣!"

수화(綏和) 원년(BC 8) 10월, 왕근(王根)이 병이 들어 면직되었다. 왕근은 왕망(王莽)을 추천하여 자신의 자리를 대신하게 하였다. 왕망이 대사마(大司馬)가 되었는데, 당시 그의 나이 서른여덟이었다. 왕망은 자신과 같은 항렬의 사촌들보다 앞서 네 명의 삼촌의 뒤를 이어 정사를 보좌하게 되었다. 자신의 명예를 드높여 앞선 사람들을 뛰어넘고 싶은 마음에 자신을 이겨 나태하지 않았다. 여러 현량한 인재를 초빙하여 실무관리인 연(掾)이나 사(史)로 삼고 상으로 읍(邑)과 돈을 충분히 하사하여 나누어 주며 더욱 검약하였다.

왕망의 어머니가 병들자 공경대부들이 그 부인을 보내 병문안을 하게 하였다. 왕망의 처는 그들을 맞이하였는데 옷이 땅에 끌리지 않고 무릎은 천으로 가린 차림이었다. 그것을 본 사람들은 하녀라고 생각하였다가 그의 부인인 것을 알고 모두 놀랐다. 왕망이 명예를 꾸미는 것이 이와 같았다.

綏和元年十月, 王根病免. 根薦莽自代以. 莽爲大司馬, 時年三十八. 莽旣拔出同列, 繼四父而輔政, 欲令名譽過前人, 遂克己不倦. 聘諸賢良以爲掾史, 賞賜邑錢悉以享士, 愈爲儉約. 母病, 公卿列侯遣夫人問疾, 莽妻迎之, 衣不曳地, 布蔽膝, 見之者以爲僮使, 問知其夫人, 皆驚. 其飾名如此.

수화(綏和) 2년(BC 7) 3월, 성제(成帝)가 붕어하였다. 4월 애제(哀帝)가 즉위하였다. 7월, 왕망은 파직되어 집으로 돌아갔다. 애제 건평(建平) 2년(BC 5), 왕망이 자신의 번국으로 돌아갔다.

二年, 三月, 成帝崩. 四月, 哀帝卽位. 七月, 莽罷就第. 哀帝建平二年, 莽就國.

원수(元壽) 2년(BC 1) 6월, 애제(哀帝)가 붕어하였다. 태황태후는 그날로 미앙궁(未央宮)으로 가마를 타고 가서 옥쇄와 인수를 거두어들이고, 공경(公卿)에게 명하여 대사마(大司馬)를 맡을 수 있는 사람을 천거하라고 하였다.

왕망은 전 대사마로서 직위를 사양하고 정씨(丁氏)와 부씨(傅氏) 두 외척세력을 피하니 많은 사람들이 왕망을 현명하다고 칭찬하였다. 또한 태황태후의 근친인 대사도(大司徒) 공광(孔光) 이하 모든 조정의 관리들이 왕망을 천거하였다.

오직 전(前) 장군 하무(何武)와 좌장군(左將軍) 공손록(公孫祿) 둘만이 서로 함께 도모하여, 예전 혜제(惠帝)와 소제(昭帝) 때 외척인 여씨(呂氏)·곽씨(霍氏)·상관씨(上官氏)가 권력을 장악하여 사직을 위태롭게 하였다고 생각하였다. 지금 성제와 애제 등이 후사가 없어 바야흐로 마땅히 가까운 근친 가운데서 어린 군주를 선정해 세워야 하는데, 외척으로 하여금 정권을 장악하게 해서는 안 된다는 것이었다.

친한 사람과 소원한 사람을 서로 섞어 놓는 것이 나라를 위한 좋은 계책이라고 여겨, 하무는 공손록을 대사마에 천거하고 공손록 역시 하무를 대사마에 천거하였다. 하지만 태황태후는 스스로 왕망을 대사마와 영상서사(領尙書事)로 임명하였다. 중산왕(中山王)을 맞이하여 즉위하도록 하니, 나이가 겨우 아홉 살이었다.

元壽二年六月, 哀帝崩. 太皇太后卽日駕之未央宮, 收取璽綬, 詔公卿擧可大司馬者. 莽故大司馬, 辭位避丁傅, 衆庶稱以爲賢, 又太皇太后近親, 自大司徒孔光以下, 擧朝皆擧莽. 獨前將軍何武、左將軍公孫祿二人相與謀, 以爲性時惠、昭之世, 外戚呂、霍、上官持權, 幾危社稷. 今孝成、孝哀比世無嗣, 方當選立近親幼主, 不宜令外戚大臣持權. 親疏相錯, 爲國計便. 於是武擧公孫祿可大司馬, 而祿亦擧武. 太皇太后自用莽爲大司馬, 領尙書事. 迎中山王卽位, 年九歲.

**신은 이렇게 생각합니다.** 하무(何武)와 공손록(公孫祿)의 말은 충언입니다. 태후가 그 말을 듣고 받아들여 외신(外臣)을 선발해 대사마(大司馬)의 임무를 맡기고, 종실의 현명한 원로를 맞이하여 애제의 뒤를 잇게 하였다면, 일거에 유씨(劉氏)가 평안해졌을 것입니다. 하지만 태후는 사사로이 그 친한 자들을 선택하여 왕망(王莽)에게 정사를 맡기고 어린 군주를 맞이하여 세웠습니다.

이에 왕망이 나라의 권력을 장악하니, 백관은 자신의 직무를 수행할 때 왕망의 말을 들었습니다. 1년이 지나자 안한공(安漢公)에 봉해지고, 2년이 지나자 자신의 딸을 황제와 맺어 주었습니다. 4년 후에는 재형(宰衡)이라는 호가 더해졌고, 5년 후에는 책명을 내려 구석(九錫)의 예를 받았습니다. 그다음 해 섭정을 맡아 임시 황제가 되었다가, 또 그다음 해에는 진짜 황제로 즉위하였습니다. 이렇게 되자 유향(劉向)과 매복(梅福)의 예언 가운데 들어맞지 않은 것이 하나도 없게 되었습니다.

한(漢)나라 400년의 종통(宗統)이 이때 중간에서 끊어졌습니다. 그 처음을 거슬러 올라가 보면 성제(成帝)가 여러 외삼촌에게 권력을 빌려주었고, 태후가 사사로이 외척에게 정권을 맡기니, 외척이 점점 그 날개를 키워 결국 찬탈의 음모까지 꾸미게 된 것입니다.

하지만 얼마 지나지 않아 하늘이 노하고 백성들이 반란하여, 의병이 사방에서 일어나 점대(漸臺)에서 주륙을 당하고 몸은 갈기갈기 찢겼으며 집안은 멸족을 당하였습니다. 후대의 군주들은 마땅히 한(漢) 성제를 보고 경계해야 합니다. 또한 외척이 된 자는 왕망을 경계로 삼아야 합니다. 그렇게 되면 신하와 군주가 모두 그 도리를 온전히 할 수 있을 것입니다. 왕망의 일은 이미 앞부분 '찬신(簒臣)' 편에서 보았으나 여기서 다시 간략하게 설명하였습니다.

한(漢)나라 장제(章帝) 건초(建初) 2년(77), 황제는 두훈(竇勳)의 딸을 귀인(貴人)으로 받아들여 총애하였다.[17] 3년, 귀인 두씨(竇氏)를 황후로 삼았다.

漢章帝建初二年, 帝納竇勳女爲貴人, 有寵. 三年, 立貴人竇氏爲皇后.

건초(建初) 8년(83), 황후의 오빠 두헌(竇憲)이 시중(侍中)과 호분중랑장(虎賁中郎將)이 되고, 동생인 두독(竇篤)이 황문시랑(黃門侍郞)이 되어 함께 궁성(宮省)에서 보좌하니, 하사물이 층층이 쌓였으며 빈객들과도 교유를 즐겼다. 사공(司空) 제오륜(第五倫)이 소를 올려 말하였다.

"신이 엎드려 아룁니다. 호분중랑장 두헌은 초방(椒房, 황후의 방)의 친형제로서 금병(禁兵)을 지휘하면서 궁궐을 출입하고 있습니다. 나이도 들었고 품은 뜻이 훌륭하며, 자신을 낮춰 겸손하고 좋은 일을 하기를 즐기니, 이는 진정으로 선비와 좋은 교분을 쌓는 방법입니다. 그런데 출입하는 귀척(貴戚)들 가운데 하자가 있거나 출사를 금지당하였던 인물이 많고, 검소하게 가난을 편히 여기며 절개를 지키는 자는 적습니다. 사대부 중에 올바른 뜻이 없는 무리들이 서로 천거하면서 그 집 문에 구름처럼 모이니, 대체로 교만과 안일이 그러한 상황에서 생겨납니다.

17 두씨(竇氏)가 전횡한 고사는 『자치통감(資治通鑑)』 권46~48에 보인다.

삼보(三輔)의 여론을 이끄는 사람들이 와서 말하길 '귀척이라는 이유로 관직에서 쫓아내 출사하지 못하게 하였으면서 또 귀척이라는 이유로 깨끗하게 씻어 주니, 이는 마치 술을 마셔 숙취를 없애려는 것과 같다'고 합니다. 음험하게 세력을 쫓아다니는 무리들은 진실로 가깝게 지내서는 안 됩니다.

바라건대 폐하께서는 두헌 등에게 칙령을 내려 집안 문을 닫고 스스로 지켜 망령되게 사대부들과 교유를 맺지 않게 하십시오. 그렇게 해야 재앙의 싹이 트는 것을 막고 형체가 생기기 전에 계획할 수 있습니다. 두헌으로 하여금 영원히 복록을 유지하게 하면, 군주와 신하가 서로 즐겁게 교유할 수 있고 실오라기만큼의 간극도 생기지 않습니다. 이것이 신이 가장 바라는 바입니다."

八年, 皇后兄憲爲侍中、虎賁中郞將, 弟篤爲黃門侍郞, 並侍宮省, 賞賜累積, 喜交通賓客. 司空第五倫上疏曰: "臣伏見虎賁中郞將竇憲, 以椒房之親, 典司禁兵, 出入省闥, 年盛志美, 卑讓樂善, 此誠其好士結交之方. 然諸出入貴戚者, 類多瑕釁禁錮之人, 尤少守約安貧之節. 士大夫無志之徒, 更相販賣, 雲集其門, 蓋驕佚所從生也. 三輔論議者至云: '以貴戚廢錮, 當復以貴戚浣濯之, 猶解酲當以酒也.' 詖險趨勢之徒, 誠不可親近. 臣願陛下嚴敕憲等, 閉門自守, 無妄交通士大夫, 防其未萌, 慮於無形. 令憲永保福祿, 君臣交歡, 無纖介之隙, 此臣之所至願也!"

**신은 이렇게 생각합니다.** 이때 두씨(竇氏)의 세력은 아직 크게 흥성하지 않았습니다. 하지만 제오륜(第五倫)이 이미 장제(章帝)에게 문제를 제기하였으니, 충신의 마음이란 이처럼 작은 기미부터 방비하고자 합니다. 군주가 살피지 않으면 안 됩니다.

두헌(竇憲)은 궁액(宮掖, 황후전)의 명성에 기대고 있었기 때문에, 왕이나 공주부터 음씨(陰氏)와 마씨(馬氏) 등 다른 외척들도 모두 두려워 떨었다. 두헌이 헐값으로 심수(沁水)공주의 전원을 청해 빼앗았지만, 공주는 핍박을 받고 두려워 제대로 계산조차 하지 못하였다. 훗날 황제가 궐 밖을 나서 그 전원을 지나가다가 두헌이 전원을 산 것에 대해 물었지만, 두헌이 몰래 으름장을 놓아 좌우가 제대로 대답하지 못하였다. 나중에 이 일이 발각되어 황제가 크게 노하여 두헌을 불러 심하게 질책하여 말하였다.

"예전에 공주가 빼앗긴 전원을 지날 때를 깊게 생각해 보니, 이는 조고(趙高)가 사슴을 가리켜 말이라고 대답하게 시킨 것보다 더 심하다. 오래 생각할수록 놀랍고 무섭구나. 옛날 영평(永平) 연간에 항상 음당(陰黨), 음박(陰博), 등첩(鄧疊) 세 사람으로 하여금 서로 살피게끔 하였더니 여러 힘 있는 외척들이 감히 법을 어기지 못하였다. 지금 신분이 귀한 공주도 오히려 억울하게 전원을 빼앗겼는데, 하물며 평범한 백성들은 어떻겠는가? 나라가 두헌을 버리는 것은 마치 외로운 아기 새나 썩은 쥐새끼를 버리는 것과 같을 뿐이다."

두헌이 무척 두려워하였고 황후도 허름한 옷을 입고 깊게 사죄하자, 한참 후에 황제가 화를 풀면서 전원을 공주에게 돌려주게 하였다. 비록 두헌에게 죄를 물어 잡아들이지는 않았지만 역시 중책을 맡기지도 않았다.

憲恃宮掖聲勢, 自王、主及陰、馬諸家, 莫不畏憚. 憲以賤直請奪沁水公主園田, 主逼畏不敢計. 後帝出過園, 指以問憲, 憲陰喝不得對. 後發覺, 帝大怒, 召憲切責曰: "深思前過奪主園田時, 何用愈趙高指鹿爲馬! 久念使人驚怖. 昔永平中, 常用陰、博、鄧疊三人, 更相糾察, 故諸豪戚莫敢犯法者. 今貴主尙見枉奪, 何況小民哉? 國家棄憲, 如孤雛、腐鼠耳!" 憲大懼, 皇后爲毁服深謝, 良久乃得鮮, 使以田還主. 雖不繩其罪, 然亦不授以重任.

사마광(司馬光)이 말하였다.

"신하가 저지른 죄 가운데 임금을 기망한 것보다 큰 것은 없으니, 현명한 군주는 그것을 싫어한다. 장제(章帝)는 두헌(竇憲)에게 사슴을 가리키며 말이라고 대답하게 시킨 것과 무엇이 다르냐고 질책하였으니 훌륭하다. 하지만 결국 두헌에게 벌을 내리지 않았으니 간사한 신하를 누가 징벌할 수 있겠는가?

대체로 군주가 신하를 대할 때 걱정해야 할 일은 그 간사함을 알아채지 못하는 것이지만, 만약 알면서도 다시 그를 용서한다면 이는 알아채지 못하는 것보다 더 나쁘다. 이것이 무슨 뜻인가? 저들이 혹시 간사한 짓을 하였는데 윗사람이 모른다면 최소한 두려워는 하겠지만, 이미 알면서도 처벌하지 않는다면 저들이 두려워할 필요가 없다는 것을 알고, 방종하면서도 거리낌이 없을 것이다. 이 때문에 훌륭한 인재임을 알면서도 등용하지 않고, 나쁜 자임을 알면서도 내치지 않는 것을 군주라면 깊게 경계해야 한다."

司馬光曰: "人臣之罪, 莫大於欺罔, 是以明君疾之. 孝章謂竇憲, 何異指鹿爲馬, 善矣. 然卒不能罪憲, 則姦臣安所懲哉? 夫人主之於臣下, 患在不知其姦, 苟或知之而復赦之, 則不若不知之爲愈也. 何以言之? 彼或爲姦而上不之知, 猶有所畏旣知之 而不能討, 彼知其不足畏也, 則放縱而無所顧矣! 是故知善而不能用, 知惡而不能去, 人主之深戒也."

**신은 이렇게 생각합니다.** 성제(成帝)가 오후(五侯)의 죄를 알면서도 처벌하지 못하자 왕씨(王氏)가 더욱 방자해졌습니다. 장제(章帝)가 두헌(竇憲)의 죄를 알아채고서도 처벌하지 못하자, 두씨(竇氏)가 더욱 전횡하였습니다. 그러므로 간사한 자를 용서해 주고 나쁜 자를 키우는 것은 군주가 경계해야 할 가장 큰 것입니다.

원화(元和) 3년(86) 3월, 태위(太尉) 정홍(鄭弘)은 시중(侍中) 두헌(竇憲)의 권세가 매우 강성해지고 있다고 여러 차례 진언하였는데, 그 말이 매우 신랄하여 두헌이 싫어하였다. 정홍이 두헌의 무리인 상서(尙書) 장림(張林)과 낙양령(雒陽令) 양광(陽光)이 관직에 있으면서 재물을 탐하고 잔학한 짓을 하였다고 상주한 적이 있었다. 서를 황제에게 올리자, 양광과 오랜 친구였던 관리가 그것을 알려 주었고 양광은 다시 두헌에게 보고하였다. 두헌은 정홍이 대신의 신분으로 비밀을 누설하였다고 아뢰자 황제가 정홍을 힐책하였다.

여름 4월 정홍의 인수(印綬)를 거두어들이자, 정홍은 스스로 정위(廷尉)를 찾아갔다. 황제가 조칙(詔勅)을 내려 내쫓자 정홍은 해골만이라도 거두어 고향에 돌아가겠다고 하였지만 황제가 허락하지 않았다. 정홍은 병이 위중해지자 상서를 올려 사죄하였다.

"두헌의 간악함이 하늘을 뚫고 땅에 이르니, 해내의 모든 사람들이 모두 의혹을 품고, 현명한 사람과 어리석은 사람 모두 나쁜 자를 싫어하고 있습니다. '두헌이 어떤 방법으로 주상을 미혹시키는가? 근래의 왕씨의 재앙이 분명하게 보이는데.'라고 말하고 있습니다. 폐하께서는 천자라는 지존의 자리에 계시면서 만세의 복을 보전하셔야 합니다. 하지만 참소하고 아첨하는 신하를 믿으시고, 존망의 기미를 헤아리지 않으십니다. 신은 비록 목숨이 경각에 달려 있지만 죽더라도 충성을 잊지 않으니, 원컨대 폐하께서 사흉(四凶)과 같은 죄를 지은 자를 주살하시어 산 사람이나 죽은 사람들이 품은 억울함을 풀어 주시옵소서."

황제는 글을 살펴보고 의원을 보내 정홍의 병을 살피게 하였으나 집에 도착해 보니 이미 죽어 있었다.

元和三年, 三月, 太尉鄭弘數陳侍中竇憲權埶太盛, 言甚苦切. 憲疾之. 會弘奏憲黨尙書張林、雒陽令陽光在官貪殘. 書奏, 吏與光故舊, 因以告之, 光報憲. 奏弘大臣漏泄密事, 帝詰讓弘. 夏四月, 收弘印綬. 弘自詣廷尉, 詔勑出之, 因乞骸骨歸, 未許. 病篤, 上書陳謝曰: "竇憲姦惡, 貫天達地, 海內疑惑, 賢愚疾惡. 謂'憲何術以迷主上? 近日王氏之禍, 晒然可見.' 陛下處天子之尊, 保萬世之祚. 而信讒佞之臣, 不計存亡之機. 臣雖命在晷刻, 死不忘忠, 願陛下誅四凶之罪, 以厭人鬼憤結之望!" 帝省章, 遣醫視弘病, 比至, 已薨.

**신은 이렇게 생각합니다.** 정홍(鄭弘)은 죽기 바로 전까지 두씨(竇氏)의 환란을 진언하였으니, 옛사람은 죽음으로 간언을 올리는 기풍이 있었습니다. 장제(章帝)는 결국 살피지 못하였으니, 참으로 슬픕니다.

장화(章和) 2년(88) 봄 정월, 황제가 붕어하였다. 태자가 즉위하니 나이가 열 살이었다. 두(竇) 황후는 황태후가 되었다. 3월 황태후가 조정의 정사를 살피게 되자, 두헌은 시중(侍中)의 신분으로 안으로는 기밀을 관리하고 밖으로는 고명(誥命)을 공표하였다. 동생 두독(竇篤)은 호분중랑장이 되었고, 두독의 동생 두경(竇景)과 두괴(竇瓌)는 중상시(中常侍)를 맡았다. 형제들이 모두 황제의 측근이 있는 요직을 차지한 것이다. 두헌의 빈객인 최인(崔駰)이 글로 두헌에게 경고하였다.

"전하는 말에 따르면 '날 때부터 부유한 자는 교만하고, 날 때부터 존귀한 자는 오만하다'고 합니다. 날 때부터 부유하고 존귀한데 교만하고 오만하지 않은 사람은 아직 없었습니다. 지금 총애와 녹봉이 처음으로 융성하고 백료들이 행실을 지켜보고 있으니 어찌 밤낮으로 힘써 아름다운 명예를 끝까지 지켜내도록 하지 않을 수 있겠습니까?

옛날에 풍야왕(馮野王)은 외척의 신분으로 높은 직위에 있으면서도 훌륭한 신하로 칭송받았습니다. 근래에 위위(衛尉) 음흥(陰興)은 극기복례(克己復禮)하여 끝까지 많은 복을 누렸습니다. 외척이 당대에 비방을 당하고 후세에 허물을 드리우게 되는 것은 대개 가득 채우기만 하고 몸을 굽히지 않으며, 지위는 여유로운

데 어질지 못하였기 때문입니다.

한(漢)나라가 흥기한 이래로 애제(哀帝)와 평제(平帝)에 이를 때까지 외가가 스물 있었는데, 그 가운데 가족을 보존하고 자신의 몸을 온전하게 하였던 집안은 넷에 불과합니다. 『서경(書經)』에 이르길 '자신을 비추어 볼 거울은 은(殷)나라에 있다'고 하였는데, 삼가지 않을 수 있겠습니까?"

章和二年, 春正月, 帝崩. 太子卽位, 年十歲, 尊皇后曰皇太后. 三月, 太后臨朝, 竇憲以侍中內幹機密, 出宣誥命: 弟篤爲虎賁中郎將, 篤弟景、瓌並爲中常侍. 兄弟皆在親要之地. 憲客崔駰以書戒憲曰: "傳曰: '生而富者驕, 生而貴者傲.' 生富貴而能不驕傲者, 未之有也. 今寵祿初隆, 百僚觀行, 豈可不庶幾夙夜, 以永終譽乎? 昔馮野王以外戚居位, 稱爲賢臣; 近陰衛尉克己復禮, 終受多福. 外戚所以獲譏於時, 垂愆於後, 蓋在滿而不挹, 位有餘而仁不足也. 漢興以後, 迄於哀、平, 外家二十, 保族全身, 四人而已. 『書』曰: '鑒於有殷', 可不愼哉!"

**신은 이렇게 생각합니다.** 최인(崔駰)이 말한 넷이란 경제(景帝)의 왕(王) 황후, 선제(宣帝)의 허(許) 황후와 왕(王) 황후, 애제(哀帝)의 어머니 정희(丁姬)를 가리킵니다. 하지만 제가 자세히 살펴본 적이 있는데, 전분(田蚡)은 교만하고 전횡하였지만 근근이 화를 면하였고, 정씨(丁氏)는 죽은 후에 화를 당하여 왕망(王莽) 때 정희의 묘가 파헤쳐졌습니다. 온전하게 화를 면한 것은 허 황후의 아버지 평은(平恩), 왕 황후의 아버지 앙성(卬成) 두 집안뿐입니다. 그러한즉 외척으로서 주상의 성은을 받는 자가 어찌 전전긍긍하며 자신의 보전에 힘쓰지 않을 수 있겠습니까?

가을 7월, 남흉노(南匈奴)의 선우(單于)가 상서를 올려 북흉노(北匈奴)를 토벌하는 데에 원병을 청하였다. 태후는 의논을 거쳐 청을 들어주려 하였다. 마침 제상왕(齊殤王)의 아들인 도향후(都鄕侯) 유창(劉暢)이 국상을 조문하러 왔는데, 태후가 여러 차례 불러 만났다.

두헌(竇憲)은 궁궐의 군사력이 유창에게 나눠질 것을 두려워해 자객을 보내 근위병들이 유창을 호위하는 상황에서 살해하고 그 혐의를 유창의 동생인 이후(利侯) 유강(劉剛)에게 돌렸다. 그리고 시어사(侍御史)와 청주자사(青州刺史)를 시켜 유강 등을 취조하게 하였다. 상서(尙書) 한릉(韓稜)이 말하였다.

"범인이 도성에 있으니 가까운 곳을 버려두고 먼 곳을 심문해서는 아니 됩니다. 간신들의 비웃음을 살까 두렵습니다."

태후가 크게 노하여 한릉을 힐난하였지만, 한릉은 자신의 생각을 꺾지 않았다. 하창(何敞)이 상서 송유(宋由)에게 자기 홀로 이 사건을 수사할 수 있게 해달라고 청하자, 송유가 허락하였다.

두 부서에서는 하창이 수사를 맡게 되었다는 소식을 듣고 각각 담당자를 파견해 하창을 따르도록 하였다. 그리하여 증거를 들어 추론하여 사건의 진상을 밝힐 수 있었다. 태후가 노하여 두헌을 내궁에 가두었다. 두헌은 주살당할까 두려워서 차라리 북흉노의 정벌에 참전하는 것으로 속죄하겠다고 청하였다.

秋七月, 南單于上言, 請出兵共討北匈奴, 太后議欲從之. 會齊殤王子、都鄕侯暢來弔國憂, 太后數召見之. 竇憲懼暢分宮省之權, 遣客刺殺暢於屯衛之中, 而歸罪於暢弟利侯剛, 乃使侍御史與青州刺史雜考剛等. 尙書韓稜以爲"賊在京師, 不宜捨近問遠, 恐爲姦臣所笑." 太后怒, 以切責稜, 稜固執其議. 何敞說宋由, 請獨奏案之, 由乃許焉. 二府聞敞行, 皆遣主者隨之. 於是推擧, 具得事實. 太后怒, 閉憲於內宮. 憲懼誅, 因求擊匈奴以自贖.

화제(和帝) 영원(永元) 원년(89) 봄, 두헌(竇憲)이 흉노(匈奴) 정벌을 떠나려 하자, 삼공(三公)과 구경(九卿)이 조정에 이르러 상서를 올려 간하였다.

"흉노가 변경의 요새를 침범하지 아니하였는데 아무런 이유 없이 군대를 멀리 보내는 것은 나라의 재용(財用)을 헛되이 쓰는 것이며, 만 리 밖에서 공적을 세우는 것은 사직(社稷)에 아무런 도움이 되지 않습니다."

이러한 내용의 상서를 연달아 올렸는데도 매번 거부당하였다. 송유(宋由)가 두려워 다시는 상서하여 이 문제를 논하지 못하였다. 다른 경들도 조금씩 몸을 빼어 문제제기를 그만두었다. 오직 원안(袁安)과 임외(任隗)만이 굳세게 쟁론하여, 전후로 열 차례나 상서를 올려 말하였다.

"많은 신료와 백성들은 모두 정벌을 반대하는데, 폐하께서는 어찌하여 혼자서 한 사람의 계책을 들어 만인의 목숨을 버리시고 그 말을 거들떠보지 않으십니까?"

하지만 태후는 듣지 않았다.

和帝永元元年, 春, 竇憲將征匈奴. 三公、九卿詣朝堂上書諫, 以爲"匈奴不犯邊塞, 而無故勞師遠涉, 損費國用, 徼功萬里, 非社稷之計." 書連上, 輒寢. 宋由懼, 不敢復署議, 諸卿稍自引止. 唯袁安、任隗固爭, 前後且十上, 曰: "羣僚百姓皆言不可, 陛下獨奈何以一人之計, 棄萬人之命, 不恤其言乎!" 太后不聽.

**신은 이렇게 생각합니다.** 두(竇) 태후는 사사로이 동생 하나를 살리기 위해 막무가내로 군사를 일으켜 멀리 있는 오랑캐를 토벌하였습니다. 공경(公卿)들이 문제를 제기하였지만 전혀 듣지 않고 단지 두헌(竇憲)이 공을 세워 속죄하길 원하였으니, 그것이 바로 두헌의 죄를 더욱 무겁게 하는 것임을 몰랐습니다.

여름 6월, 두헌(竇憲)이 삭방(朔方)의 계록새(鷄鹿塞)로 출병하여 부교위(副校尉) 염반(閻盤) 등을 나누어 파견하여 북흉노(北匈奴) 선우(單于)를 혜락산(嵇落山)에서 격파하였다.

夏六月, 竇憲出朔方雞鹿塞, 分遣副校尉閻盤等破北單于於嵇落山.

가을 9월, 두헌(竇憲)을 대장군으로 임명하였다. 두씨(竇氏) 형제는 교만하고 방자하였다. 특히 집금오(執金吾) 두경(竇景)은 더욱 심해서, 그 집안의 노비·빈객·제기(緹騎, 호위병)들까지도 다른 사람의 재화를 강탈하고 죄인들을 마음대로 빼돌렸으며, 부녀자를 빼앗아 처첩으로 삼았다. 시장에서 장사하는 사람들은 문을 닫고서 마치 도적떼나 원수를 피하듯 하였다. 또 멋대로 변경에 있는 여러 군(郡)의 돌기(突騎)들 가운데 재주와 힘이 좋은 자들을 징발하였다. 유사(有司)조차 감히 이런 일들을 보고하지 못하였는데, 원안(袁安)이 두경을 탄핵하였다.

"변경의 병사들을 마음대로 징발해 관리와 백성들이 놀라 의혹을 갖게 되었으며, 이천 석의 녹봉을 받는 태수(太守)가 조정의 명령을 담은 부신(符信)을 기다리지 않고 매번 두경의 격서(檄書)를 받드니 마땅히 공개적인 처형을 받아야 합니다."

또 아뢰었다.

"사례교위(司隷校尉) 하남윤(河南尹)이 외척들에게 아부를 하며 그들을 탄핵하지 않으니 청컨대 파직하여 치죄하여 주십시오."

하지만 모두 거부당하여 대답이 없었다. 이에 상서 하창(何敞)이 밀봉한 상서를 올렸다.

"옛날 정(鄭)나라 무강(武姜)은 아들 숙단(叔段)을 무척 아꼈고 위(衛)나라 장공(莊公)은 서자인 주우(州吁)를 너무 아꼈습니다. 그러나 아끼기만 하고 가르치지 않아 결국 비참한 최후를 맞이하였습니다. 이를 통해 보면, 자식을 이와 같이 아끼는 것은 배가 고프다고 독을 먹이는 것과 같아 그 아이에게 곧장 해악을 끼치게 됩니다.

엎드려 생각건대, 대장군 두헌은 처음에 국상을 만났을 때 공경들이 여러 차례 상주해 그가 나라의 일을 총괄해야 한다고 하였습니다. 이에 두헌은 깊이 생각하며 겸손하게 뒤로 물러나 성대한 지위를 한사코 사양하였으며, 매사에 정성을 다하고 깊이 있는 말을 하였으니, 세상 사람들 가운데 그것을 듣고 기뻐하지 않은 사람이 없었습니다.

하지만 지금은 한 해를 넘긴 지 얼마 지나지 않았는데, 대례가 끝나기도 전에 갑자기 중간에 태도가 돌변해서 형제가 조정을 제 마음대로 하고 있습니다. 두헌은 삼군의 중책을 장악하고 있습니다. 두독과 두경은 금병을 총괄하는 권력을 쥐고서 백성들에게 잔혹하게 휘두르고 있으며, 사치와 월권을 일삼고 죄 없는 사람을 주륙하면서 방자하게 거리낌 없이 행동하고 있습니다.

지금 이에 대한 여론이 흉흉하여, 모두 숙단과 주우가 한나라에 다시 태어났다고 합니다. 신이 살펴보건대, 공경(公卿)들은 마음속에 두 가지 생각을 품고서 극언하지 않으려고 합니다. 왜냐하면 만약 두헌 등이 게으르지 않으려는 뜻이 있다면 자신들이 윤길보(尹吉甫)가 신백(申伯)을 찬양하였던 것과 같은 공을 받을 수 있기 때문입니다. 반대로 두헌 등이 죄에 빠진다면, 진평(陳平)과 주발(周勃)이 여후(呂后)의 권세에 순응한 것처럼 끝내 두헌 등의 길흉을 걱정하지 않으려 합니다.

신 하창은 미약하나마 진실로 양쪽 모두를 편안하게 하는 계책을 통해 면면히 이어지고 끊임없이 솟는 악행을 끊고 막으려 하였습니다. 위로는 황태후께서 '문왕의 어머니'라는 칭송을 받게 하고 폐하께서 '어머니를 박대하였다'는 비난[誓泉之譏]을 받지 않게 하며, 아래로는 두헌 등으로 하여금 오랫동안 그 복을 누리게 하기 위한 것입니다.

부마도위(駙馬都尉) 두괴(竇瓌)는 물러나기를 청하여 집안의 권력이 커지는 것을 막으려 하니 함께 의논하실 수 있습니다. 그 뜻을 따른다면 진실로 종묘를 위해 가장 좋은 계책이며 두씨의 복이 될 수 있습니다."

이 무렵 제남왕(濟南王) 유강(劉康)이 존귀한 신분으로 교만이 심하였다. 두헌은 이에 하창을 내보내 제남왕의 태부로 삼게 하였다. 유강이 도리를 어기고 잘못을 범할 때마다 하창이 간언을 올렸다. 유강은 비록 그 말을 따르지 못하였지만, 평소에 하창을 존경하고 중용하였기 때문에 싫어하지는 않았다.

秋九月, 以竇憲爲大將軍. 竇氏兄弟驕縱, 而執金吾景尤甚, 奴客緹騎强奪人財貨, 簒取罪人妻, 略婦女. 商賈閉塞, 如避寇讎. 又擅發緣邊諸郡突騎有才力者, 有司莫敢擧奏. 袁安劾景: "擅發邊兵, 驚惑吏民, 二千石不待符信而輒承景檄, 當伏顯誅." 又奏: "司隷校尉河南尹, 阿附貴戚, 不擧劾, 請免官案罪." 並寢不報. 尙書何敞上封事曰: "昔鄭武姜之幸叔段, 衛莊公之寵州吁, 愛而不敎, 終至凶戾. 由是觀之, 愛子若此, 猶饑而食之以毒, 適所以害之也. 伏見大將軍憲, 始遭大憂, 公卿比奏, 欲令典幹國事. 憲深執謙退, 固辭盛位, 懇懇勤勤, 言之深, 至天下聞之莫不悅喜. 今踰年無幾, 大禮未終, 卒然中改. 兄弟專朝, 憲秉三軍之重, 篤、景總宮衛之權, 而虐用百姓, 奢侈僭福, 誅戮無罪, 肆心自快. 今者論議訩訩, 咸謂叔段、州吁復生於漢. 臣觀公卿懷持兩端、不肯極言者, 以爲憲等若有匪懈之志, 則已受吉甫褒申伯之功. 如憲等陷於罪辜, 則自取陳平、周勃順呂后之權, 終不以憲等吉凶爲憂也. 臣敞區區, 誠欲計策兩安, 絶其綿綿, 塞其涓涓. 上不欲令皇太后損'文母'之號, 陛下有'誓泉'之譏, 下使憲等得長保其福祐也. 駙馬都尉瓌比請退身, 願抑家權, 可與參謀, 聽順其意, 誠宗廟至計, 竇氏之福." 時濟南王康尊貴驕甚, 憲乃白出敞爲濟南太傅. 康有違失, 敞輒諫爭, 雖不能從, 然素敬重敞, 無所嫌牾焉.

**신은 이렇게 생각합니다.** 하창(何敞)의 말은 한(漢)나라 종실에 충성스러웠을 뿐만 아니라 두씨(竇氏)에게도 충성스러웠습니다. 하지만 두헌은 공손홍(公孫弘)이 급암(汲黯)을 제거하였던 간교를 따라서 하창을 제후왕 가운데 교만한 자에게 보내 버렸으니, 이는 함정에 빠뜨려 죽이려 한 것입니다. 어질지 못한 사람과 함께 이야기를 나눌 수 있겠습니까?

영원(永元) 3년(91) 봄 2월, 두헌은 좌교위 경기(耿夔) 등을 파견하여 금미산(金微山)에서 북흉노의 선우를 격파하였다. 두헌은 이미 큰 공을 세워 위엄과 명성을 더욱 높이었다. 경기와 임상(任尙) 등을 조아(爪牙, 호위병)로 두고 등첩(鄧疊)과 곽황(郭璜)을 심복으로 삼았다. 반고(班固)와 부의(傅毅)의 무리에게 문장을 담당하게 시키니, 자사(刺史)·태수(太守)·현령(縣令)은 대부분 그의 문하에서 나왔다. 그들은 앞을 다투어 관리와 백성들에게서 세금을 거둬들여 두헌에게 뇌물로 바쳤다.

사도(司徒) 원안(袁安)과 사공(司空) 임외(任隗)가 상서를 올려 부정을 저지른 태수(太守)들과 이에 연루된 사람들을 거론하였다. 녹봉과 품위가 깎이거나 관직에서 쫓겨난 사람이 40여 명에 이르자 두헌이 크게 원한을 품었다. 하지만 원안과 임외는 평소 행실이 고결하여 역시 해코지할 수 없었다. 상서복야(尙書僕射) 변회(邊恢) 역시 죄를 조사함에 피하는 것이 없었기 때문에 두헌 등이 그를 몹시 싫어하였다. 변회가 소를 올렸다.

"폐하께서 나이가 어리시지만 대업을 계승하셨으니, 여러 외삼촌들은 마땅히 황실에 간여하여 그 사사로움을 천하에 보이지 않아야 합니다. 지금 바로 마땅히 해야 할 것은, 윗사람들의 경우 의리에 따라서 스스로 권력을 잘라내는 것이고, 아랫사람의 경우 겸손하게 스스로 거둬들이는 것입니다. 외삼촌 네 분은 오랫동안 작위와 봉토를 보전하는 영광을 누리시고, 황태후께서는 종묘를 저버리는 걱정을 영원히 없애는 것이 좋은 방책입니다."

글을 아뢰었으나 황제가 살펴보지 않았다. 변회가 병을 핑계로 해골만이라도 가지고 귀향하겠다며 간청하고 장릉(長陵)으로 돌아갔다. 두헌은 여주군(厲州郡)에 넌지시 일러 변회를 협박하여 결국 약을 먹고 죽게 하였다. 이에 조정 신하들은 두려움에 떨며 눈치를 보고 두헌의 뜻을 따르며 감히 어기는 자가 없었다.

원안은 천자의 힘이 외롭고 약하기 때문에 외척이 권력을 농단한다고 생각하여, 매번 조회 때마다 나아가 황제를 알현하였다. 공경들과 국사를 의논할 때도 흐느끼며 눈물을 흘리지 않은 적이 없었다. 천자부터 대신에 이르기까지 모두 원안을 믿고 의지하였다.

三年, 春二月, 竇憲左校尉耿夔等破北單于於金微山. 竇憲旣立大功, 威名益盛. 以耿夔、任尙等爲爪牙, 鄧疊、郭璜爲心腹, 班固、傅毅之徒典文章, 刺史守令, 多出其門, 競賦歛吏民, 共爲賂遺. 司徒袁安、司空任隗擧奏諸二千石幷所連及, 貶秩免官者四十餘人, 竇氏大恨. 但安、隗素行高, 亦未有以害之. 尙書僕射邊恢, 刺擧無所回避, 憲等疾之. 恢上疏曰: "陛下富於春秋, 纂承大業, 諸舅不宜幹正王室, 以示天下之私. 方今之宜, 上以義自割, 下以謙自引. 四舅可長保爵土之榮, 皇太后永無慙負宗廟之憂, 誠策之上者也." 書奏, 不省. 恢稱疾乞骸骨, 歸長陵. 憲風厲州郡, 迫脅恢飮藥死. 於是, 朝臣震慴, 望風承旨, 無敢違者. 袁安以天子孤弱, 外戚擅權, 每朝會進見, 及與公卿言國家事, 未嘗不嗜嗚流涕. 自天子及大臣, 皆恃賴之.

**신은 이렇게 생각합니다.** 두씨의 권세가 이때에 이르러 더욱 횡포하였습니다. 만약 원안과 임외가 조정을 위해 재차 그 간악한 싹을 조금이라도 잘라내지 않았다면, 두헌이 감추어 둔 악행은 알지도 못하였을 것입니다. 하지만 원안과 임외가 그 싹을 단지 조금 잘라내기만 하였지 근본적으로 제거할 수 없었던 것은 삼공(三公)의 권력이 원래 너무 가벼웠던 때문입니다. 광무제(光武帝)의 유훈이 실수였던 것으로, 탄식을 금치 못하겠습니다.

영원(永元) 4년(92), 원래 여강(廬江)의 주영(周榮)은 원안(袁安)의 사도부(司徒府)에서 일하였다. 원안이 두경을 거론한 상소와 북흉노의 선우를 선정하는 문제로 논쟁한 상소는 모두 주영이 기초한 것이었다. 두씨의 빈객인 태위단(太尉掾) 서기(徐齮)가 주영을 미워하여 협박하여 말하였다.

"당신은 원안 공의 심복과 같은 책사로서, 두씨를 배척하는 상주를 썼소. 두씨의 호위병과 자객이 도성에 가득하니 조심히 대비하시오."

주영이 대답하였다.

"나는 장강(長江)과 회수(淮水) 사이에서 태어난 촌놈인데 지금 재상의 문사가 되었으니, 두씨 집안에게 해를 당한다 해도 진실로 달게 받겠소!"

그러고 나서 처와 자식에게 말하였다.

"만일 내가 갑자기 죽임을 당하게 되면 시신을 거두어 염을 하지 말거라. 그냥 이 작은 몸뚱이를 썩게 만들어 조정에서 깨닫게 하여라."

四年, 初, 廬江周榮辟袁安府, 安擧奏竇景及爭立北單于事, 皆榮所具草. 竇氏客太尉掾徐齮惡之, 脅榮曰: "子爲袁公腹心之謀, 排奏竇氏, 竇氏悍士、刺客滿城中, 謹備之矣!" 榮曰: "榮, 江淮孤生, 得備宰士, 總爲竇氏所害, 誠所甘心!" 因敕妻子: "若卒遇飛禍, 無得殯殮, 冀以區區腐身覺悟朝廷."

**신은 이렇게 생각합니다**. 두씨는 손에 대권을 쥐고 호위병과 자객을 도성에 풀어 놓아 자신을 비판하는 사람들을 협박하였는데, 그 뜻이 과연 무엇이었겠습니까? 그래서 신은 그가 숨기고 있던 것이 무엇인지 모르겠다고 한 것입니다.

여름 4월, 두헌이 도성으로 돌아왔다.

夏四月, 竇憲還至京師.

**신은 이렇게 생각합니다**. 두씨가 흉노를 격파하고 나서 개선을 하며 돌아왔으니, 그 권세가 더욱 불타올라 더 이상 억제할 수 없는 지경에 이르렀습니다.

두씨 부자와 형제들은 모두 경(卿)과 교(校)가 되어 조정을 꽉 채웠다. 양후(穰侯), 등첩(鄧疊), 등첩의 동생인 보병교위(步兵校尉) 등뢰(鄧磊), 그 어머니 원(元), 두헌의 사위인 사성교위(射聲校尉) 곽거(郭擧), 곽거의 아버지인 장락소부 곽황(郭璜)이 서로 결탁하였다. 원과 곽거는 나란히 궁중에 출입하면서 태후의 총애를 받았다. 두 사람은 또 시역(弑逆)의 음모를 꾸몄는데 황제도 이를 암암리에 알고 있었다.

이때 두헌의 형제가 권력을 전횡하여 황제도 내외 신하들을 마음대로 만날 수 없었으니, 함께 지내는 사람들은 모두 환관들뿐이었다. 황제는 조정의 신하들이 위아래를 막론하고 두헌에게 부회하지 않는 자가 없다고 생각하였는데, 오직 중상시(中常侍)인 구순령(鉤循令) 정중(鄭衆)만이 신중하고 민첩하며 심지가 있어 힘 있는 자라도 섬기지 않았다. 결국 황제는 정중과 더불어 두헌을 주살하기로 의논하였다. 하지만 두헌이 변방에 나가 있어 그가 난을 일으킬까 걱정스러워 우선 기다리며 실행에 옮기지 않았다. 마침 두헌과 등첩이 모두 도성으로 돌아왔다.

이때 청하왕(清河王) 유경(劉慶)이 황제의 은혜를 입어 깊은 총애를 받았다. 늘 궁궐에 들어와 자면서 머물고 있었다. 황제는 장차 그 모의를 실행에 옮기기 위해 『한서(漢書)』「외척전(外戚傳)」을 구하려 하였는데 주변사람들도 믿지 못하여 감히 이들에게 시키지 못하였다. 유경으로 하여금 은밀히 천승왕(千乘王) 유항(劉伉)에게 구하여 오라고 하였고 밤에 몰래 들여올 수 있었다. 또 황제는 유경을 통해 정중에게 관련 고사를 찾아보라고 시켰다.

경신(庚申)일, 황제는 북궁으로 행차하여 집금오와 다섯 교위에게 조서를 내려 병사들을 이끌고 남궁과 북궁에 주둔하며 호위하도록 하였고 성문을 닫아 곽황·곽거·등첩·등뢰 등을 잡아들여 하옥하여 죽였다. 또 알자복야(謁者僕射)를 보내어 두헌이 갖고 있는 대장군의 인수를 회수하고 다시 책봉해 관군후(冠軍侯)로 삼았다. 두독·두경·두괴도 모두 자신들의 번국으로 돌아가도록 하였다. 황제는 태후를 이유로 두헌을 지목해 주살하지 않으려 하였다. 대신 엄격하고 유능한 인재를 선발해 그들을 따라가서 감독하고 살피라 하였다. 이들은 두헌·두독·두경 등에게 번국에 돌아간 후 자살하도록 압박하였다.

하남윤(河南尹) 장포(張酺)는 그전에 법을 바르게 적용하여 여러 차례 두경을 잡아들인 적이 있었다. 그리고 두씨 집안이 몰락하자 상소하였다.

"두헌 등이 총애를 받아 존귀하게 되자 뭇 신하들은 아부하면서 다만 그에게 닿지 못할까 걱정하였습니다. 모두 두헌이 고명(顧命)을 받았으니 이윤(伊尹)이나 여상(呂尙)과 같은 충심이 있다고 말하였으며, 심지어 등(鄧) 부인을 문왕의 어머니에 비유하기까지 하였습니다. 하지만 이제 폐하께서 위엄을 떨치시니, 모두 죽여야 한다고 하면서 그 앞과 뒤를 돌아보지 않고 그 속마음을 살피지 않고 있습니다.

신이 엎드려 보건대, 하양후(夏陽侯) 두괴는 항상 충성심과 선한 마음을 지니고 있습니다. 전에 신에게 말하길 항상 절개를 다하는 마음으로 빈객들을 단속해 일찍이 자신의 빈객 가운데 법을 어기는 자가 없었다고 하였습니다. 저는 왕정(王政)에서 골육을 처벌할 때는 세 번은 사면의 논의를 해야 한다고 들었는데, 이는 두터움이 지나쳐도 안 되지만 야박함이 지나쳐서는 안 된다는 뜻입니다. 지금 여론은 두괴에게 엄격하고 유능한 재상을 붙여야 한다고 하는데, 저는 그 절박함으로 완전히 사면을 받지 못할까 두렵습니다. 마땅히 사면을 재가하시어 두터운 덕을 더욱 높이소서."

황제가 이 말에 감동하여 오직 두괴만이 온전할 수 있었다. 두씨의 빈객들 가운데 두헌을 통해 출사하였던 사람들은 모두 파직되어 고향으로 돌아갔다.

竇氏父子兄弟並爲卿校, 充滿朝廷. 穰侯鄧疊, 疊弟、步兵校尉磊及母元, 憲女婿、射聲校尉郭擧, 擧父長樂少府璜, 共相交結. 元、擧並出入禁中, 擧得幸太后, 遂共圖爲殺害, 帝陰知其謀. 是時, 憲兄弟專權, 帝與內宮臣僚莫由親接, 所與居者閹宦而已. 帝以朝臣上下莫不附憲, 獨中常侍、鉤盾令鄭衆謹敏有心機, 不事豪黨, 遂與定議誅憲. 以憲在外, 慮其爲亂, 忍而未發. 會憲與鄧疊皆還京師, 時淸河王慶恩遇尤渥, 常入省宿止. 帝將發其謀, 欲得「外戚傳」, 懼左右不敢使, 令慶私從千乘王求, 夜獨內之. 又令慶傳語鄭衆, 求索故事. 庚申, 帝幸北宮, 詔執金吾、五校尉勒兵屯衛南、北宮, 閉城門, 收捕郭璜、郭擧、鄧疊、鄧磊皆下獄死. 遣謁者僕射收憲大將軍印綬, 更封爲冠軍侯, 與篤、景、瓌皆就國. 帝以太后故, 不欲名誅憲, 爲選嚴能相督察之. 憲、篤、景到國, 皆迫令自殺. 河南尹張酺, 數以正濞繩治竇景. 及竇氏敗, 酺上疏曰: "方憲等寵貴, 羣臣阿附唯恐不及, 皆言憲受顧命之託, 懷伊、呂之忠, 至乃復比鄧夫人於文母. 今嚴威旣行, 皆言當死, 不復顧其前後, 考折厥衷. 臣伏見夏陽侯瓌, 每存忠善, 前與臣言, 常有盡節之心, 檢敕賓客, 未嘗犯法. 臣聞王政骨肉之刑, 有三宥之議, 過厚不過薄. 今議者欲爲瓌選嚴能相, 恐其迫切, 必不完免, 宜裁加貸宥, 以崇厚德." 帝感其言, 由是瓌獨得全. 竇氏宗族賓客以憲爲官者, 皆免歸故郡.

**신은 이렇게 생각합니다.** 두씨의 악행이 아직 미약하였을 때 제압하지 못하고 키운 것은 장제(章帝)입니다. 마음대로 사람을 죽인 것을 치죄하지 않고 공을 세워 속죄하게 하여 공을 세운 후 더욱 교만하게 횡포를 부리게 만든 것은 두 태후입니다. 그 시역의 싹이 났을 때 잡아들여 죽이지 못하고 큰 적군을 대하듯 군사를 일으켜 방위를 한 다음에야 근근이 이길 수 있었으니 어찌 위험하였다 하지 않을 수 있습니까? 하물며 그 계획을 공경 및 근신과 의논하지 않고 환관들과 함께 하여 두헌이 주륙을 당한 다음에 환관들의 권세가 이를 기화로 일어나니 그 재앙이 외척보다 컸다는 점은 어떻습니까! 그러므로 신은 이것이 장제와 두후의 죄라고 생각합니다.

순제(順帝) 양가(陽嘉) 원년(132), 양씨(梁氏)를 황후로 세웠다.[18] 황후의 아버지 양상(梁商)의 지위를 특진(特進)으로 높이고 얼마 후 집금오(執金吾)에 제수하였다. 2년 3월, 집금오 양상의 아들 양기(梁冀)를 양읍후(襄邑侯)로 봉하였다. 상서령(尙書令) 좌웅(左雄)이 간하여 말하였다.

"양기를 후(侯)로 봉하는 일은 화급을 다투는 일이 아니니 마땅히 재앙의 운세가 지나간 후에 공정하게 그 가부를 의논해야 합니다."

이에 양기의 아버지 양상은 아들의 책봉을 사양하며 다시

18 양씨(梁氏)가 전횡한 고사는 『자치통감(資治通鑑)』 권51~54에 보인다.

거두어들이도록 하는 상소를 밀봉하여 열 번 넘게 올렸다. 황제도 이에 따랐다. 여름 6월, 황제는 공경이 천거한 덕성 있고 순박한 선비들을 불러서 당시의 폐단이 무엇이며 마땅히 해야 할 일이 무엇인지를 물었다. 그 가운데 이고(李固)가 대답하였다.

"대체로 후비의 가문에서 그 집안을 온전하게 지킨 자들이 드문 이유가 어찌 타고난 성품이 그러하였기 때문이겠습니까? 단지 작위를 높여 드러나게 함으로써 권력의 칼자루를 쥐게 하였기 때문입니다. 하늘의 도는 넘치는 것을 싫어하는데, 사람들은 스스로 덜어 낼 줄 모르기 때문에 결국 뒤집히고 맙니다. 선제(先帝)는 염씨(閻氏)를 총애하여 지위와 칭호를 너무 빠르게 올려 주어 결국 재앙을 입어 때를 돌리지 못하였습니다. 『맹자(孟子)』에서 이르길 '빠르게 나아가면 빠르게 물러나기 마련이다'라고 하였습니다.

지금 양씨의 일가가 황후가 되었으니, 예에 따르면 양상을 신하로 삼을 수 없습니다. 양상의 작위를 높여 주는 것은 그래도 가능합니다. 하지만 그 자제나 따르는 무리들까지 영화를 드러내도록 벼슬을 주는 것은 영평(永平)과 건초(建初) 연간의 전례에서도 거의 찾아보기 힘듭니다. 마땅히 지금 보병교위 양기와 여러 시중들은 황문(黃門)의 관리로 되돌리시고, 외척에게 권력을 빼앗아 정사를 나라로 되돌리는 것을 어찌 멈출 수 있겠습니까?"

順帝陽嘉元年, 立梁氏爲皇后. 后父梁商加位特進. 頃之, 拜執金吾. 二年三月, 封執金吾梁商子冀爲襄邑侯. 尙書令左雄諫曰: "梁冀之封, 事非機急, 宜過災戹之運, 然後平議可否." 於是冀父商讓還冀封. 書十餘, 上從之. 夏六月, 帝引公卿所擧敦樸之士, 問以當世之敝、爲政所宜. 李固對曰: "夫妃后之家所以少完全者, 豈天性當然? 但以爵位尊顯, 顓捴權柄, 天道惡盈, 不知自損, 故至顚仆. 先帝寵遇閻氏, 位號太疾, 故其受禍曾不旋時. 『孟子』曰: '其進銳者, 其退速也.' 今梁氏戚爲椒房, 禮所不臣. 尊以高爵, 尙可然也, 而子弟羣從, 榮顯兼加, 永平、建初故事, 殆不如此. 宜令步兵校尉冀及諸侍中還居黃門之官, 使權去外戚, 政歸國家, 豈不休乎?"

**신은 이렇게 생각합니다**. 양씨가 존귀해지고 성대해진 것이 일 년도 채 지나지 않아 더욱더 영화롭고 현귀해졌습니다. 좌웅(左雄)이 간언을 올려 그 봉작을 멈추고, 이고(李固)가 또 그만 총애할 것을 간청하였는데, 충신의 마음이란 재앙이 모습을 드러내지 않은 상황에서도 대체로 이러합니다. 순제(順帝)로 하여금 일찍 그 말을 따르게 할 수 있었다면 이후 나라에는 시역의 재앙이 없었을 것이고 양씨 역시 주륙당하지 않았을 것입니다. 그 어찌 멈출 수 있겠습니까?

영화(永和) 원년(136), 집금오 양기를 하남윤으로 임명하였다. 양기는 술을 좋아하는 성격으로 방탕하게 놀며 방자하였고 관직에서 제멋대로 폭력과 불법을 자행한 것이 많았다.

永和元年, 以執金吾梁冀爲河南尹. 冀性嗜酒, 逸遊自恣, 居職多縱暴非灋.

영화(永和) 6년(141), 양상(梁商)이 죽었다. 하남윤 양기를 대장군으로 임명하고, 양기의 동생 양불의(梁不疑)를 하남윤으로 삼았다.

六年, 梁商薨. 以河南尹冀爲大將軍, 冀弟不疑爲河南尹.

사마광(司馬光)이 말하였다.

"성제(成帝)는 현명한 인재를 뽑아 등용하지 못하여 정사를 외가에 맡겼으니 어리석다 할 만하다. 단지 왕입(王立)이 무능하다는 것을 알고 포기하여 등용하지 않았을 뿐이다. 순제(順帝)는 권력의 큰 칼자루를 황후의 족속에게 주었다. 양기(梁冀)는 완악하고 폭력적인 행실로 그전부터 유명하였다. 그런데 그에게 아버지의 직위를 잇게 하였으니, 끝내 패역을 저지르고 한(漢)나라 황실을 뒤집어엎었다. 성제와 비교해 보면 순제는 어리석음이 더욱 심하다."

司馬光曰: "成帝不能選任賢俊, 委政舅家, 可謂闇矣. 猶知王立之不材, 棄而不用. 順帝援大柄授之后族. 梁冀頑嚚凶暴, 著於平昔. 而使之繼父之位, 終於悖逆, 蕩覆漢室. 校於成帝, 闇益甚焉!"

한안(漢安) 원년(142), 시중(侍中) 두교(杜喬)와 주거(周擧), 수광록대부(守光祿大夫) 주허(周栩), 풍선(馮羨), 난파(欒巴), 장강(張綱), 곽준(郭遵), 유반(劉班) 등을 나누어 주군(州郡)으로 파견하여 현량한 이들을 표창하고 충근한 이들을 현창하였다. 탐오하여 죄가 있는 자 가운데 자사(刺史)와 군수(郡守)는 역마를 통해 그 사실을 위에 보고하였고, 현령(縣令) 이하의 관리들은 그 즉시 잡아들였다. 두교 등은 명령을 받아 부서로 갔으나, 장강만이 홀로 마차를 낙양의 도정(都亭)에 파묻고서 말하였다.

"이리와 승냥이가 길을 막고 있는데, 어찌 여우와 삵만을 잡아들이는가?"

그러고 나서 탄핵 상소를 올렸다.

"대장군 양기와 하남윤 양불의는 외척으로서 큰 은혜를 입어 아형(阿衡)의 자리에 있으면서 제멋대로 거리끼지 않고 재물을 탐하니 끝없이 방종하고 방자합니다. 참소꾼들을 심어 놓아 충량한 신하들을 해치니, 진실로 하늘의 위엄으로 용서치 않고 큰 법으로 다스려야 합니다. 그자들이 군주가 없다는 듯이 행동한 일 열다섯 가지 조목을 조심스럽게 보고 드리니, 이는 모든 신하들이 이를 가는 것입니다."

이 보고가 올라가자 도성의 사람들이 모두 벌벌 떨었다. 이때 황후에 대한 총애가 막 성대해졌기 때문에 양씨의 여러 친척들이 조정을 가득 채우고 있었다. 황제는 장강의 말이 옳다는 것을 알았지만 그것을 따를 수 없었다. 파견되었던 여덟 명이 탄핵한 자들은 대부분 양기나 환관들과 친하였던 무리였기 때문에 이들은 서로 구원을 청하였다. 그리하여 처벌도 흐지부지 멈추고 말았다.

양기는 장강에게 원한을 품게 되었고 그를 중상모략할 마음을 먹게 되었다. 그 당시는 광릉(廣陵)의 장영(張嬰)이 민란을 일으켜 양주(揚州)와 서주(徐州)가 혼란스러워 태수들이 제압하지 못한 지 십 년이 넘은 상황이었다. 양기는 이에 장강을 광릉태수로 보냈다. 장강은 서신을 보내 장영을 타이르니 장영이 스스로 투항하였다.

漢安元年, 遣侍中杜喬、周擧, 守光祿大夫周栩、馮羨、欒巴、張綱、郭遵、劉班等分行州郡, 表賢良、顯忠勤. 其貪汚有罪者, 刺史、二千石驛馬上之, 墨綬以下便輒收擧. 喬等受命之部, 張綱獨埋其車輪於雒陽都亭, 曰: "豺狼當路, 安問狐狸?" 遂劾奏: "大將軍冀、河南尹不疑, 以外戚蒙恩, 居阿衡之位, 而專肆貪叨, 縱恣無極, 多樹諂諛以害忠良, 誠天威所不赦, 大辟所宜加也. 謹條其無君之心十五事, 斯皆臣子所切齒者也." 書奏, 京師震悚. 時皇后寵方盛, 諸梁姻族滿朝, 帝雖知綱言直, 不能用也. 八使所劾奏, 多梁冀及宦者親黨, 互爲請救, 事皆寢遏. 冀恨張綱, 思有以中傷之. 時廣陵賊張嬰、寇亂揚、徐間積十餘年, 二千石不能制, 冀乃以綱爲廣陵太守, 以書喩嬰, 面縛歸降.

**신은 이렇게 생각합니다.** 이때는 황후에 대한 총애가 성대해지기 시작하였기 때문에 인척들이 조정에 가득 차 그 세력이 빠르게 확대되어 제어할 수 없었습니다. 그리하여 황제가 비록 장강의 말이 옳다는 것을 알았지만 따를 수 없었던 것입니다. 처음에 미미하였을 때는 막기 쉽지만 자라날수록 억제하기 힘들다는 말이 있습니다. 신은 이고(李固)의 말이 양가(陽嘉) 연간에 실행되지 못한 것이 안타깝습니다. 후대의 군주가 마땅히 깊게 경계해야 합니다.

건강(建康) 원년(144) 가을 8월, 황제가 붕어하였다. 태자가 황제로 즉위하니 나이가 두 살이었고, 황후는 황태후가 되어 섭정하였다. 9월 도성과 태원(太原), 안문(鴈門)에서 지진이 발생하였다. 현량하고 방정한 선비를 천거하라는 조서를 내려 그들에게 대책을 물었다. 이에 황보규(皇甫規)가 대답하였다.

"엎드려 살피건대 순제(順帝)께서 즉위 초기에 조심스럽게 왕도를 펼쳐 먼 지방과 가까운 지방 모두 하나같이 태평성세를 기대하였습니다. 하지만 재해가 그치지 않고 도적떼가 여기저기서 일어났는데, 이는 거의 간신들이 요직을 차지하였기 때문이었습니다. 특히 환관들의 전횡은 말로 표현할 수조차 없으니, 마땅히 서둘러 쫓아내어 흉악한 무리들을 깨끗하게 쓸어버리고 그들이 받은 뇌물을 몰수하여 백성들의 원통함을 막고 하늘의 경고에 응해야 합니다.

대장군 양기와 하남윤 양불의 역시 겸손과 예절을 더욱 닦고 유학의 가르침으로 보좌해야 합니다. 놀이와 오락과 같은 급하지 않은 일을 줄이고 무익하게 집을 꾸미는 일도 줄여야 합니다. 대체로 임금이란 배이고 백성은 물이며, 군신들은 배를 타고 있는 자이고 장군 형제는 노를 젓는 자라 할 수 있습니다. 만일 폐하께서 뜻을 평온하게 하시고 온 힘을 다해 건너게 해 준다면 그것은 백성들에게 큰 복입니다. 만일 게으르고 해이해지시면 장차 파도에 휩쓸려 빠지게 될 것이니 신중하지 않을 수 있으시겠습니까?

일반적으로 덕이 그 직책에 어울리지 않으면 이는 마치 담 아래 구멍을 뚫으면서 그 담만 더 높이는 것과 같습니다. 어찌 사람의 능력을 헤아리고 공적을 살피는 것이 쉽고 편한 길이겠습니까? 무릇 교활한 자, 술주정뱅이, 배우들은 모두 쫓아내어 그 도에 어긋나는 행위를 징벌하십시오. 양기 등으로 하여금 훌륭한 인재를 얻는 복과 사람을 잃는 잘못에 대해 생각하게 하십시오."

이에 양기가 성을 내며 황보규의 품질(品秩)을 내려 낭중으로 임명하였다. 황보규는 병을 핑계로 사직하고 고향으로 내려갔다. 그런데 주군(州郡)에서 양기의 뜻을 받들어 죽음으로 몰아넣은 것만 두세 차례였다. 결국 황보규는 10년 동안 집안에서 꼭꼭 숨어 지내었다.

建康元年, 秋八月, 帝崩. 太子卽皇帝位, 年二歲, 尊皇后曰皇太后. 太后臨朝. 九月, 京師及太原、鴈門地震. 詔擧賢良方正之士, 策問之. 皇甫規對曰: "伏惟孝順皇帝, 初勤王政, 遠近翕然, 望見太平. 而災異不息, 寇賊縱橫, 殆以姦臣權重之所致也. 其常侍尤無狀者, 宜急黜遣, 披掃凶黨, 收入財賄, 以塞痛怨, 以荅天誡. 大將軍冀、河南尹不疑, 亦宜增修謙節, 輔以儒術, 省去遊娛不急之務, 割減廬第無益之飾. 夫君者, 舟也; 民者, 水也. 羣臣, 乘舟者也, 將軍兄弟, 操檝者也. 若能平志畢力, 以度元元, 所謂福也; 如其怠弛, 將淪波濤, 可不愼乎! 夫德不稱祿, 猶鑿墉之址, 以益其高, 豈量力審功安固之道哉! 凡諸宿猾、酒徒、戱客, 皆宜貶斥, 以懲不軌. 令冀等深思得賢之福, 失人之累." 梁冀忿之, 以規爲下第, 拜郎中. 託疾, 免歸, 州郡承冀旨, 幾陷死者再三, 遂沈廢於家, 積十餘年.

**신은 이렇게 생각합니다.** 황보규가 배와 노의 비유를 들었으니 충성스럽다 할 수 있습니다. 양기로 하여금 나라를 보전하고 집안을 온전히 하는 것에 마음을 두게 하여, 스스로 좋은 길로 들어서라 권면하고 있습니다. 양기로 하여금 나라를 위험에서 구하게 하면, 같은 배를 탄 사람들이 불안해하지 않을 수 있습니다. 같은 배를 탄 사람들이 불안하지 않으면 노를 젓는 사람도 더불어 살 수 있습니다. 양기가 충언에 화를 내며 그를 죽이려 한 것을 보면, 위태로운 것을 편안히 여기고 재앙을 이롭게 여기면서 패망을 즐기는 것입니다. 어찌 불인(不仁)한 사람과 더불어 이야기할 수 있겠습니까?

충제(沖帝) 영가(永嘉) 원년(145) 봄 정월, 황제가 붕어하였다. 청하왕(淸河王) 유산(劉蒜)과 발해효왕(渤海孝王) 유홍(劉鴻)의 아들 유찬(劉纘)을 도성으로 징소하니, 둘 다 도성에 들어왔다. 청하왕은 사람됨이 위엄이 있고 중후하며 행동거지에 법도가 있어 공경들은 모두 그에게 마음이 돌아가 있었다. 이고(李固)가 대장군 양기에게 말하였다.

"지금 황제를 세워야 하는데, 마땅히 나이가 들고 재주가 고명하며 군주다워 친히 정사를 볼 수 있는 분을 골라야 합니다. 바라옵건대, 장군께서는 큰 계책을 아주 면밀하게 살피셔야 합니다. 주발(周勃)과 곽광(霍光)이 문제(文帝)와 선제(宣帝)를 세운 일을 살펴보고, 등씨(鄧氏)와 염씨(閻氏)가 자신들의 유불리를 따져 나이 어리고 힘없는 황제를 세웠던 일을 경계해야 합니다."

하지만 양기는 따르지 않고 궁중에서 태후와 더불어 황위를 결정하였다. 양기는 부절을 지니고 황제가 타는 청개거(靑蓋車)를 몰아 유찬을 영접하고 남궁으로 모시고 왔다. 다음날 건평후(建平侯)로 봉하고 바로 황제에 즉위시켰다. 이때 유찬의 나이 여덟 살이었다.

沖帝永嘉元年，春正月，帝崩．徵淸河王蒜及渤海孝王鴻之子纘，皆至京師．淸河王爲人嚴重，動止有灋度，公卿皆歸心．李固謂大將軍冀曰："今當立帝，宜擇長年高明有德，任親政事者，願將軍詳審大計，察周、霍之立文、宣，戒鄧、閻之利幼弱．" 冀不從，與太后定策禁中．冀持節以靑蓋車迎纘入南宮，封爲建平侯．其日，卽皇帝位，年八歲．

질제(質帝) 본초(本初) 원년(146), 황제는 어렸지만 총명하고 지혜로웠다. 일찍이 조회를 하는데 양기를 눈으로 가리키며 이렇게 말하였다.

"이 사람이 발호(跋扈) 장군이군."

양기가 듣고 매우 싫어하였다.

윤6월, 양기는 황제의 주변 인사들을 시켜 황제가 좋아하는 삶은 국수에 짐독을 넣어 올리도록 하였다. 이를 먹은 황제가 고통으로 숨이 막혀 급히 태위(太尉) 이고(李固)를 불렀다. 이고가 황제 앞으로 나와 물었다.

"황제께서는 어쩌다가 이런 병이 생기셨사옵니까?"

황제가 말하였다.

"삶은 국수를 먹었는데, 지금 배가 아프고 답답하다. 물을 마시면 살 것 같다."

이때 양기가 옆에 있다가 말하였다.

"토하실 수 있으니, 물을 잡수시면 아니 되옵니다."

이 말을 마치기도 전에 황제가 붕어하였다. 이고가 시신에 엎드려 큰 소리로 통곡하며 어의로 하여금 원인을 조사하게 하였다. 이에 양기는 자신이 벌인 일이 탄로가 날까 두려워 매우 싫어하였다. 그 후 후사를 세우는 일을 논의하게 되자 이고는 사도 호광(胡廣)과 사공 조계(趙戒)와 함께 양기에게 서신을 보냈다.

"멀게는 옛날에 황제를 폐하고 세우던 일을 상고하고 가깝게는 황제가 등극하던 일을 살펴보니, 공경을 찾아가 자문을 구하지 않은 적이 없고 널리 여러 신하들이 의논하지 않은 적이 없었습니다. 위로는 하늘의 뜻에 부응하고 아래로는 백성들의 기대에 부합하도록 힘을 기울였습니다."

양기는 서신을 받고 곧 삼공(三公)·태수(太守)·열후(列侯)를 불러 황제 옹립에 대해 의논하였다. 이고, 호광·조계·대홍려시(大鴻臚寺) 두교(杜喬)는 모두 청하왕 유산이 훌륭한 덕으로 유명하며 황족 가운데 가장 가깝고 신망이 두텁다는 이유로 그를 옹립해야 한다고 생각하였다. 조정 신하들도 모두 그쪽으로 마음이 기울어졌다. 그러나 중상시 조등(曹騰)이 일찍이 유산을 알현한 적이 있는데, 그때 유산이 조등을 예로 대하지 않아 환관들이 유산을 싫어하였다.

애초 평원왕(平原王) 유익(劉翼)은 이미 강등되어 하간(河間)으로 돌아갔는데, 그의 아버지가 여오현(蠡五縣)을 분할하여 그를 열후로 봉해 줄 것을 청하였고, 순제가 허락하였다. 유익이 세상을 떠나고 그 아들 유지(劉志)가 뒤를 이었다. 양 태후는 자신의 여동생을 유지의 처로 삼고 싶어 유지를 불러 하문정(夏門亭)으로 오게 하였다.

그때 마침 황제가 붕어하였고, 양기는 유지를 새 황제로 세우고자 하였다. 여러 사람들이 논의한 중론이 이와 달랐다. 양기는 자기 뜻대로 할 수 없어 분하였지만 아직 황위를 빼앗지 않았다. 조등 등은 이 이야기를 전해 듣고 한밤중에 양기를 찾아가 설득하였다.

"장군께서는 여러 대에 걸쳐 황후의 근친으로서 만기를 장악하고 있었지만, 빈객들이 방자하여 잘못과 허물이 많이 있게 되었습니다. 청하왕은 위엄이 있고 공명정대하여 만약 마침내 그를 세우게 되면 장군께서 화를 입는 날이 멀지 않게 됩니다. 여오후(蠡吾侯)를 세우면 부귀를 오랫동안 보전할 수 있습니다."

양기도 그 말이 맞다고 생각하였다. 다음날 다시 공경들을 모아 회합하였다. 이때 양기의 뜻과 기세가 흉악하고 말투와 내용이 과격하여, 호광과 조계 이하 관리들은 두려움에 떨며 하나같이 이렇게 말하였다.

"오직 장군의 명에 따르겠습니다."

단지 이고와 두교만이 원래의 논의를 지켰다. 양기는 날카로운 목소리로 말하였다.

"회의를 마친다!"

이고는 다수의 지지가 있어야 옹립할 수 있다고 하며 양기에게 다시 서신을 보냈다. 양기가 격노하여 태후에게 이고를 파직하라고 설득하였다. 이에 사도 호광은 태위가 되고 사공 조계가 사도가 되어, 대장군 양기와 더불어 상서의 일을 맡아보았다. 여오후를 맞이하여 남궁에 들이고 그날로 황제에 즉위하게 하니, 나이가 열다섯이었다. 여전히 태후가 섭정을 하였다.

質帝本初元年, 帝少而聰慧, 嘗因朝會, 目梁冀曰: "此跋扈將軍也." 冀聞, 深惡之. 閏六月, 冀使左右置毒於煮餠以進之. 帝苦煩甚, 使促召太尉李固. 固入, 前問: "帝得患所由?" 帝尙能言, 曰: "食煮餠, 今腹中悶, 得水尙可活." 時冀亦在側, 曰: "恐吐, 不可飮!" 語未絶而崩. 固伏尸號哭, 推擧侍醫. 冀恐其事泄, 大惡之. 將議立嗣, 固與司徒胡廣、司空趙戒先與冀書: "遠尋先世廢立舊儀, 近見國家踐阼前事, 未嘗不詢訪公卿, 廣求羣議, 令上應天心, 下合衆望." 冀得書, 乃召三公、中二千石、列侯大議所立. 固、廣、戒及大鴻臚杜喬皆以爲淸河王蒜明德著聞, 又屬最尊親, 宜立爲嗣, 朝臣莫不歸心. 而中常侍曹騰嘗謁蒜, 蒜不爲禮, 宦官由此疾之. 初, 平原王翼旣貶歸河間, 其父請分蠡吾縣以侯之, 順帝許之. 翼卒, 子志嗣. 梁太后欲以女弟妻志, 徵到夏門亭. 會帝崩, 梁冀欲立志, 衆論旣異, 憤憤不得意, 而未有以相奪. 曹騰等聞之, 夜往說冀曰: "將軍累世有椒房之親, 秉攝萬機, 賓客縱橫, 多有過差. 淸河王嚴明, 若果立, 則將軍受禍不久矣! 不如立蠡吾侯, 富貴可長保也." 冀然其言. 明日重會公卿, 冀意氣凶凶, 言辭激切, 自胡廣、趙戒以下, 莫不懾憚, 皆曰: "惟大將軍令." 獨李固、杜喬堅守本議. 冀厲聲曰: "罷會!" 固猶望衆心可立, 復以書勸冀. 冀激怒, 說太后先策免固. 以司徒胡廣爲太尉, 司空趙戒爲司徒, 與大將軍冀參錄尙書事. 迎蠡吾侯志入南宮, 其日卽皇帝位, 年十五. 太后猶臨朝政.

**신은 이렇게 생각합니다.** 양기는 질제가 나이가 어리고 힘이 없다는 점을 이롭게 생각해 황제로 옹립하였으나, 질제의 총명하고 지혜로움을 싫어해 시해하였습니다. 새롭게 황제를 세우는 과정에서는 청하왕을 버리고 여오후를 취하였으니, 군주를 폐하고 세우는 것이 모두 그 손에서 결정되었습니다. 비록 이를 제지하는 사람으로 이고(李固) 한 명이 있었지만, 어쩔 수 없었습니다.

가을 7월, 대장군연(大將軍掾) 주목(朱穆)이 기(記)를 아뢰어 양기에게 권계하였다.

"원컨대 장군께서 공적인 조정 일에 전심하시고 사사로운 욕심을 없애십시오. 널리 현명하고 능력 있는 인재를 등용하고 아첨하고 악한 자들을 멀리 내쫓으소서. 황제를 위한 사부의 직책을 두고 조심스럽고 충직하며 예의에 밝은 선비를 발탁하십시오. 장군께서 이들과 함께 하여 강의를 받게 하시어 옛 현인을 본받도록 하십시오. 이것은 마치 남산에 기대어 평원에 앉는 것과 같으니 누가 넘어뜨릴 수 있겠습니까?"

이어서 충고(种暠)와 난파(欒巴) 등을 양기에게 추천하였으나 양기가 등용하지 않았다.

秋七月, 大將軍掾朱穆奏記勸戒梁冀: "願專心公朝, 割除私欲, 廣求賢能, 斥遠佞惡. 爲皇帝置師傅, 得小心忠篤敦禮之士, 將軍與之俱入, 參勸講授, 師賢濿古. 此猶倚南山、坐平原也, 誰能傾之?" 又薦种暠、欒巴等冀, 不能用.

**신은 이렇게 생각합니다.** 주목의 말은 아름답습니다. 하지만 사부를 신중히 선정하고 군주를 계도하는 것은 군주를 아끼는 충신만이 할 수 있습니다. 양기는 군주가 멍청하고 어리석은 것을 이용하여 자신이 전권을 휘두르려 하였으니, 그가 어찌 충현한 인재를 올려 군주의 덕을 보필하게 할 수 있었겠습니까? 당연히 주목의 말을 따를 수 없었습니다.

환제(桓帝) 건화(建和) 원년(147), 광록훈(光祿勳) 두교(杜喬)가 태위(太尉)가 되었다. 이고(李固)를 파직한 후 내외 신료들은 기운을 잃고 모두 발을 옆으로 비켜서 있었는데, 오직 두교만이 정색하며 피하지 않았다. 이 때문에 조정의 신하들은 두교를 우러러보았다.

가을 7월, 조서를 내려 황제를 옹립한 공적을 논하여 양기에게 1만 3천 호를 추가로 봉하였고, 양기의 동생 양불의는 영양후(潁陽侯)에 봉하였다. 두교가 상서를 올려 간언하였다.

"옛날의 명군들은 훌륭한 인재를 등용하여 상벌에 힘을 썼습니다. 폐하께서 번신(藩臣)의 신분에서 황제로 즉위하자 천하의 사람들이 폐하께 마음을 귀의하고 있습니다. 하지만 폐하께서는 충성스럽고 훌륭한 인재들에게 예를 차리지는 않으시면서, 좌우의 측근들만 먼저 봉작을 내리셨습니다.

양씨 집안과 환관들 가운데 능력이 없는 사람들도 함께 공적이 없이도 관대를 차고 있습니다. 반면 공로가 있는 신하들의 땅은 갈기갈기 찢어 버리시니, 그 어그러지고 그릇됨을 어찌 말로 다 표현할 수 있겠습니까? 대체로 공이 있는데 상을 내리지 않으면, 착한 일을 하고도 희망을 잃게 됩니다. 간사한 자들을 힐책하지 않으면, 나쁜 짓을 하고도 그 흉악함을 멋대로 하게 됩니다."

상서가 올라갔지만 황제가 살펴보지 않았다.

桓帝建和元年, 光祿勳杜喬爲太尉. 自李固之廢, 內外喪氣, 羣臣側足而立, 唯喬正色無所回撓, 由是朝臣皆倚望焉. 秋七月, 詔以定策功, 益封梁冀萬三千戶, 封冀弟不疑 爲潁陽侯. 喬諫曰: "古之明君, 皆以用賢, 賞罰爲務, 陛下自藩臣卽位, 天人屬心, 不急忠賢之禮, 而先左右之封. 梁氏一門, 宦者微孽, 並帶無功之紱, 裂勞臣之土, 其爲乖濫, 胡可勝言? 夫有功不賞, 爲善失其望; 姦回不詰, 爲惡肆其凶." 書奏, 不省.

**신은 이렇게 생각합니다**. 환제가 즉위한 것은 양기의 힘 때문이었습니다. 하지만 두교가 마땅히 상을 내려서는 아니 된다고 한 것은 무슨 까닭일까요? 대체로 군주가 하늘의 자리를 얻는 것은 하늘의 명입니다. 신하된 자가 그것을 훔쳐 자신의 공적으로 삼고, 군주된 자가 그 공을 들어 신하에게 돌리는 것은 모두 하늘의 명이 있다는 사실을 모르는 것입니다. 두교의 말이 역시 옳지 않겠습니까?

8월, 양씨(梁氏)를 황후로 세웠다. 양기는 두터운 예로써 황후를 맞이하려 하였지만 두교는 옛날의 전례를 들어 양기의 말을 듣지 않았다. 이때부터 날로 양기와 어긋나게 되었다. 9월 도성에 지진이 있었는데 이를 기화로 두교를 면직하였다.

八月, 立皇后梁氏. 梁冀欲以厚禮迎之, 杜喬據執舊典不聽. 由是日忤於冀. 九月, 京師地震, 喬以災異策免.

환관 당형(唐衡)과 좌관(左悺)이 함께 황제에게 두교를 헐뜯었다.

"폐하께서 전에 즉위를 앞두고 계실 때 두교와 이고는 반대하는 의견을 냈는데, 그 이유로 폐하께서 감히 한(漢)나라의 종묘와 사직을 감당할 수 없다는 것을 들었습니다."

이에 황제 역시 두교를 원망하게 되었다.

때마침 청하(淸河)의 유문(劉文)이 남군(南郡)의 요사한 도적 유유(劉鮪)와 모의해 청하왕 유산(劉蒜)을 황제로 세우려 하였는데, 일이 발각되어 주살당하였다. 양기는 이를 기화로 이고와 두교를 무고하여 유문 및 유유와 내통하였다고 하니, 모두 잡혀가 옥중에서 죽었다.

宦者唐衡、左悺等共譖杜喬於帝曰: "陛下前當卽位, 喬與李固抗議以爲不堪奉漢宗祀" 帝亦怨之. 會淸河劉文與南郡妖賊劉鮪謀立淸河王蒜, 事覺, 伏誅. 冀因誣李固、杜喬, 云與文鮪交通, 收固、喬, 皆死獄中.

**신은 이렇게 생각합니다**. 이때 공경과 대신 가운데 양기와 다른 의견을 낼 수 있는 인물은 이고와 두교뿐이었습니다. 이 두 사람이 죄를 짓지 않고 목숨을 잃었으니, 나머지는 모두 양기에 영합하여 그 죄에 대해 옳은 이야기를 하지 못하였습니다. 이로서 양기는 더욱 전횡하게 됩니다.

화평(和平) 원년(150) 봄 정월, 태후가 정사를 황제에게 돌려주겠다는 조서를 내려 처음으로 섭정을 파하였다. 2월, 태후 양씨가 붕어하자, 대장군 양기에게 만 호를 더해 봉하여 이전의 3만 호와 병합하고, 양기의 처 손수(孫壽)를 양성군(襄城君)으로 봉하였다.

손수는 교태로 양기를 유혹하였는데, 양기는 손수를 깊이 총애하였다. 양기와 손수는 길을 마주보고 대저택을 지었고, 공사도 크게 일으켜 앞을 다투어 재력을 과시하였다. 금은보화도 창고에 가득 채워 놓았다. 또한 정원을 크게 지어 흙을 쌓아 산을 만들었다. 10리에 걸쳐 아홉 개의 산등성이를 조성해 깊은 숲과 산간 계곡과 같았고, 기이한 새들과 짐승들이 그 사이를 날고 달렸다.

양기와 손수가 함께 연거를 타고 집안을 유람하면 많은 기녀들이 뒤를 따랐고 술 마시고 노래하는 자들이 도로에 가득하였다. 어떤 때는 여러 날 계속해서 밤을 이어 말을 타고 멋대로 놀았다. 빈객들은 문 앞까지 와서도 안으로 들어갈 수 없어 뇌물을 주니 문지기들조차 천금을 쌓아 놓았다. 또 많은 숲이나 동산을 개척하는 것이 인근 현까지 미쳐 토원(兎苑)의 경우 하남성 서쪽에서 시작해 그 지름이 수십 리를 뻗었다. 각 고을에서 토끼를 사로잡게 하여 징발하고 잡아온 토끼털에 표시를 해서 혹시 훔쳐 가는 사람이 있으면 사형에 처하였다.

양기는 손수의 말에 따라 양씨들 가운데 관직에 있는 사람들을 내쫓고 땅을 빼앗는 경우도 많았다. 이는 겉으로는 겸양을 보이는 것이었지만, 실은 손씨를 높이는 것이었다. 손씨의 종친들 중에서 손수의 이름을 내세워 시중·경(卿)·교(校)·군수(郡守)·장리(長吏) 등이 된 사람이 10여 명이었는데, 하나같이 탐오하고 흉폭하였다. 그들은 각각 사사로이 자신들의 빈객을 시켜 속현에 사는 부자들을 조사하여 기록하고 엉뚱한 죄를 덮어씌워 감옥에 가두고 매질을 해 돈으로 대속하게 하였다. 재물이 적은 사람들은 심지어 죽거나 쫓겨나기도 하였다.

양기는 또 빈객을 사방에 두루 보내어 멀리는 변방 밖에 가서 기이한 물건을 널리 구하였다. 이 빈객들은 다시 그 권력에 기대어 횡포를 부리고 부녀자를 빼앗아 처로 삼고 말단 관리들을 때렸다. 그래서 그들이 있는 곳에는 원한과 고통이 기다리고 있었다. 이에 양기의 오랜 수하인 시어사 주목이 글을 써 간언하였다.

"대체로 장상과 대신들은 대장군과 한 몸이어서 함께 수레를 타고 달리며 함께 배를 타고 건너는 것이니 수레가 넘어지거나 배가 뒤집히면 근심도 이들과 함께해야 합니다. 그런데 어찌하여 밝음을 버리고 어둠으로 나아가 험한 길을 가면서 스스로 편안할 수 있겠습니까? 주군은 외롭고 시국은 어려운데 이를 슬퍼하지 않을 수 있겠습니까?"

양기는 주목의 간언을 받아들이지 않았다. 양기는 이미 조정을 장악해 전횡하면서도 또 주위의 환관들과 결탁해 그들의 자식과 빈객들을 조정의 요직에 임명해 주면서 자신의 은총을 더욱 공고하게 하려 하였다. 주목은 다시 상서를 올려 간언하였지만, 양기는 끝내 깨닫지 못하고 답서에서 이렇게 말하였다.

"네 말과 같다면 나 역시 하나도 옳은 것이 없다는 말인가?"

하지만 평소에 주목을 존중하여 심한 벌을 내리지는 않았다.

和平元年, 春正月, 太后詔歸政於帝, 始罷稱制. 二月, 太后梁氏崩. 增封大將軍冀萬戶, 并前合三萬戶. 封冀妻孫壽爲襄城君. 壽善爲妖態以蠱惑冀,冀甚寵憚之. 冀與壽對街爲宅, 殫極土木, 互相誇競. 金玉珍怪, 充積藏室. 又廣開園圃, 採土築山, 十里九阪, 深林絶澗, 有若自然, 奇禽馴獸飛走其間. 冀、壽共乘輦車, 遊觀第內, 多縱倡伎, 酣謳竟路. 或連日繼夜以騁娛恣, 客到門不得通, 皆請謝門者, 門者累千金. 又多拓林苑, 周徧近縣, 起兎苑於河南城西, 經亘數十里, 移檄所在調發生兎, 刻其毛以爲識, 人有犯者, 罪至死刑. 冀用壽言, 多斥奪諸梁在位者, 外以示謙讓, 而實崇孫氏. 孫氏宗親冒名爲侍中、卿、校、郡守、長吏十餘人, 皆貪饕凶淫, 各遣私客籍屬縣富人, 被以他罪, 閉獄掠考, 使出錢自贖, 貲物少者至於死、徙. 冀又遣客周流四方, 遠至塞外, 廣求異物, 而使人復乘勢橫暴, 妻略婦女, 毆擊吏卒, 所在怨毒. 侍御史朱穆自以冀故吏, 奏記諫曰: "夫將相大臣, 均體元首, 共輿而馳, 同舟而濟, 輿傾舟覆, 患實共之. 豈可以去明卽昧, 履危自安, 主孤時困, 而莫之恤乎?" 冀不納. 冀雖專朝縱橫, 而猶交結左右宦官, 任其子弟、賓客以爲州郡要職, 欲以自固恩寵. 穆又奏記極諫, 冀終不悟. 報書云: "如此, 僕亦無一可邪?" 然素重穆, 亦不甚罪也.

**신은 이렇게 생각합니다**. 양기의 죄가 이때에 이르러 하늘에 닿을 정도였습니다. 주목이 조심스럽게 그 폐단을 멈추려고 하였으니 충현의 마음은 이와 같습니다. 하지만 함께 말을 하는 것조차 기대하기 어려운 자에게 계속 말을 할 수 있을까요? 아, 양기가 주목과 같은 오랜 수하가 있어 만약 그 충언을 들어 갑자기 잘못을 고칠 수 있었다면 설사 착한 사람이 되지는 못하였더라도 몸을 상하고 멸족을 당하는 재앙은 피할 수 있었을 것입니다. 어리석게도 스스로 깨닫지 못하였으니, 너무 어리석은 자는 고칠 수 없다는 말이 맞다고 하겠습니다.

원가(元嘉) 원년(151), 황제가 양기의 작질(爵秩)을 높이고자 조정의 태수(太守) 이상 대신들에게 그 예에 대해 의논하라 하였다. 특진(特進) 호광(胡廣) 등은 모두 양기의 공적과 덕성을 칭찬하면서 마땅히 주공(周公)에 비할 만한 산천·토지·인부 등을 하사해야 한다고 말하였다. 황경(黃瓊)만이 홀로 이렇게 말하였다.

"양기는 등우(鄧禹)에 비할 수 있으니 식읍으로 네 현을 내리는 것이 합당합니다."

조정 신료들이 황경의 의견에 따랐다. 이에 관청에서 상소하였다.

"양기는 조정에 들어올 때 총총걸음을 하지 않고, 칼을 차고 나막신을 신은 채 어전으로 들어가며, 알현을 할 때도 자신의 성명을 밝히지 않으니, 예에 따르면 소하(蕭何)에 비견할 수 있습니다. 또 정도(定陶)와 양성(陽城)의 호구 수를 늘려 주면 네 현이 되어 등우와 견줄 수 있습니다. 그리고 돈과 노비, 비단과 거마, 의복과 저택 등은 곽광(霍光)에 비할 수 있습니다. 따라서 이것만으로도 이미 특별한 원훈(元勳)으로 대우하고 있는 것입니다. 조회 때마다 삼공과는 다른 자리에 앉고 열흘 중 하루만 상서의 업무를 처리합니다. 그리고 양기가 천하에 선포하는 것을 만세의 모범으로 삼고 있습니다."

하지만 양기는 오히려 상소에 담긴 자신에 대한 예가 박하다고 생각해 속으로 기뻐하지 않았다.

元嘉元年, 帝欲褒崇梁冀, 使中朝二千石以上會議其禮. 特進胡廣等咸稱冀之勳德, 宜比周公, 錫之山川、土田、附庸. 黃瓊獨曰: "冀可比鄧禹, 合食四縣." 朝廷從之. 於是有司奏: "冀入朝不趨, 劍履上殿, 謁讚不名, 禮儀比蕭何; 悉以定陶、陽城餘戶增封爲四縣, 比鄧禹; 賞賜金錢、奴婢、綵帛、車馬、衣服、甲第, 比霍光. 以殊元勳, 每朝會與三公絶席. 十日一入, 平尙書事. 宣布天下, 爲萬世瀍." 冀猶以所奏禮薄, 意不悅.

**신은 이렇게 생각합니다**. 옛날에 권신들이 권력을 장악하면 반드시 아첨꾼들이 그 공덕을 과장하여 군주를 미혹하고 천하를 속입니다. 그런 다음에 권신의 불꽃은 더욱 타올라 막을 수 없게 됩니다. 그러므로 왕망 때는 공광(孔光)이라는 자가 있어 왕망을 주공에 견주었고, 왕망은 그것을 이용해 섭정을 하고 찬위하였던 것입니다. 양기의 흉폭함은 역시 왕망과 같았으니, 호광과 같은 자가 나와 양기를 주공에 비견하여 이후로 다시 섭정과 찬탈의 일로 이끄는 것입니다. 황경이 홀로 바른 의견을 고집하여 그 예를 조금 깎았지만, 찬후(酇侯, 소하)·고밀후(高密侯, 등우)·박륙후(博陸侯, 곽광)라는 세 공신이 받은 혜택을 합해 더해 주니 이 또한 잘못입니다. 그러한데 양기는 스스로 헤아리지 못하고 오히려 그것을 야박하다고 생각하였습니다. 이는 분명 주공보다 더 높은 예를 기대한 것입니다. 아! 양기야말로 지극히 어리석은 자라 할 수 있습니다.

연희(延熹) 원년(158) 여름 5월 갑술(甲戌)일, 하늘이 어두워지며 일식이 있었다. 태사령(太史令) 진수(陳授)가 이 때문에 소황문(小黃門) 서광(徐璜)에게 말하였다.

"일식의 변고는 그 잘못이 대장군 양기에게 있다."

양기가 그 말을 전해 듣고 낙양태수에게 넌지시 시켜 진수를 잡아다 고문하니, 진수가 옥중에서 죽었다. 이 때문에 황제가 양기에게 분노하였다.

延熹元年, 夏五月, 甲戌晦, 日有食之. 太史令陳授因小黃門徐璜陳日食之變, 咎在大將軍冀, 冀聞之, 諷雒陽收考授, 死於獄. 帝由是怒冀.

**신은 이렇게 생각합니다.** 양기가 일찍이 군주를 시해하였는데, 황제가 분노하지 않았습니다. 또 일찍이 대신을 죽였는데, 황제는 역시 분노하지 않았습니다. 그런데 진수가 죽자 분노한 것은 왜일까요? 진수가 황문에게 일식의 변고를 말한 것을 보면, 평소에 중상시와 친하였기 때문일 것입니다. 진수가 죽자 중상시가 황제에게 보고하였을 것입니다. 그러므로 황제가 이때 처음으로 분노한 것은 진수를 위한 것이 아니었고 단지 환관들을 위한 것일 뿐입니다. 신은 일찍이 환제(桓帝)와 영제(靈帝)는 천하 사람들의 군주가 아니라 환관들의 군주라고 한 적이 있는데, 이 사건 역시 그 일단을 보여주고 있습니다.

겨울 12월, 황제가 경조윤(京兆尹) 진귀(陳龜)를 도요장군(度遼將軍)으로 삼았다. 대장군 양기는 평소에 진귀와 사이가 좋지 못하여, 그가 나라의 위신을 훼손하고 공적과 영예를 혼자 독차지해

북쪽의 이민족 군사들이 두려워하는 바가 없다고 참소하였다. 진귀는 이 일에 연루되어 소환당하였다가 결국 파직되었다. 진귀는 고향으로 돌아가려 하였지만 다시 부름을 받고 상서(尙書)가 되었다.

양기의 흉폭함이 날로 심해지자 진귀는 상소를 올려 양기의 죄상을 말하며 그를 주살할 것을 청하였다. 하지만 황제는 받아들이지 않았다. 진귀는 그 때문에 양기가 반드시 위해를 가할 것을 스스로 알고 있었기에 음식을 먹지 않으니 이레 만에 죽었다.

冬十二月, 以京兆尹陳龜爲度遼將軍. 大將軍冀與陳龜素有隙, 譖其沮毁國威, 挑取功譽, 不爲胡虜所畏, 坐徵還. 遂乞骸骨, 歸田里, 復徵爲尙書. 冀暴虐日甚, 龜上疏言其罪狀, 請誅之, 帝不省. 龜自知必爲冀所害, 不食七日而死.

2년 6월, 양(梁) 황후는 언니와 오빠의 권세를 믿고서 방자하게 사치를 부리니 선대의 배나 되었다. 총애를 독차지하며 질투를 일삼으니 다른 후궁들은 누구도 황제를 알현할 수 없었다. 하지만 태후가 죽자 총애가 점차 줄어들었다.

황후는 자식이 없어 여러 차례 임신한 궁인들을 찾아보았지만 마땅한 자를 구할 수 없었다. 황제는 비록 양기의 핍박이 두려워 감히 꾸짖거나 화를 내지는 못하였지만, 침소는 원하는 대로 정할 수 있었다. 황후는 더욱 걱정이 되어 울화병이 생겼다.

가을 7월 황후가 죽었다. 이때까지 양기의 집안 출신으로 후(侯) 일곱, 황후 셋, 귀인 여섯, 대장군 둘, 부인과 딸 중에서 식읍을 받고 군(君)의 칭호를 받은 자가 일곱, 공주와 결혼한 사람이 셋, 나머지 경(卿)·장(將)·윤(尹)·교(校)를 제수받은 자가 쉰일곱이었다.

양기는 위세를 떨쳐 날로 흉폭해지고 방자해졌다. 금병(禁兵)이나 시종들은 모두 다 친한 사람들을 심어 놓아 궁궐 내 움직임은 아무리 작은 것이라도 알고 있었다. 온 사방에서 긁어모은 것과 때마다 올라오는 공물은 다 양기에게 우선 보내고 천자에게 그다음으로 보내었다. 관리와 백성 가운데 재물을 싸들고 와서 벼슬을 구하거나 사면을 청하는 자들이 도로에 가득하였고, 관료들은 승진이나 초빙을 받으면 먼저 양기에게 감사의 서신을 보내고 그다음에 상서(尙書)를 찾아갔다.

하비(下邳)의 오수(吳樹)가 완현령(宛縣令)이 되어 양기에게 감사 인사를 전하러 갔다. 당시 양기의 빈객들 가운데 완현 출신이 많았는데, 그들이 다정하게 다가와 오수에게 청탁하였다. 오수가 말하였다.

"소인배들은 간사하고 해악이 크니 줄줄이 주살해도 상관없을 것이오. 영명하신 장군이 대장군의 자리에 있어 마땅히 현명하고 선한 인재를 높여 조정에 보탬이 되어야 하는데, 제가 곁에서 모신 이래 뛰어난 자를 칭찬하는 것을 한 마디도 들어 본 적이 없고, 나쁜 사람을 청탁하는 소리는 많으니 진실로 감히 들을 수가 없군요."

양기는 속으로 불쾌하였다. 오수는 완현에 도착해서 갑자기 양기의 빈객 가운데 백성들에게 해악을 끼치는 자 수십 명을 잡아 사형에 처하였다. 나중에 오수가 형주자사가 되어 양기에게 인사를 하러 갔을 때, 양기는 그에게 짐독을 먹였다. 오수는 그 문 밖을 나가서 집으로 가다 수레 위에서 죽었다.

二年六月，梁皇后恃姊、兄埶，恣極奢靡，兼倍前世，專寵妬忌，六宮莫得進見. 及太后崩，恩寵浸衰. 后旣無子，每宮人孕育，鮮得全者，帝雖廹畏梁冀，不敢譴怒，然進御轉稀，后益憂恚. 秋七月，崩. 梁冀一門，前後七侯，三皇后，六貴人，二大將軍，夫人、女食邑稱君者七人，尙公主者三人，其餘卿、將、尹、校五十七人. 冀專擅威柄，凶恣日積，宮衛近侍，並樹所親，禁省起居，纖微必知. 其四方調發，歲時貢獻，皆先輸上第於冀，乘輿乃其次焉. 吏民齎貨求官、請罪者，道路相望. 百官遷召，皆先到冀門牋檄謝恩，然後敢詣尙書. 下邳吳樹爲宛令，之官辭冀，冀賓客布縣界，以請託樹. 樹曰: “小人姦妬，比屋可誅. 明將軍處上將之位，宜崇賢善以補朝闕. 自侍坐以來，未聞稱一長者，而多託非人，誠非敢聞.” 冀嘿然不悅. 樹到縣，遂誅殺冀客爲人害者數十人. 樹後爲荊州刺史，辭冀，冀鴆之，出，死車上.

여남(汝南)의 낭중(郎中) 원저(袁著)가 열아홉의 나이로 궁궐로 찾아가 상서하여 말하였다.

“대저 사시의 운행은 공을 이루면 물러나야 합니다. 높은 작위와 두터운 총애를 받으면 재앙이 이르지 않는 경우가 드뭅니다. 지금 대장군의 지위가 정점에 달하였고 공도 이루어서 지극히 경계해야 할 때입니다. 마땅히 일흔이 넘으면 관직에서 물러나는 예법을 따라 베개를 높게 하고 정신을 맑게 하소서. ‘나무의 열매가 무성하면 가지와 줄기가 다친다’는 말이 있습니다. 만약 극성한 권력을 눌러 덜어 내지 않으면 장차 그 몸을 온전히 지킬 수 없을 것입니다.”

양기가 이를 전해 듣고 몰래 사람을 보내어 그를 체포하려 하였다. 원저는 이에 성과 이름을 바꾸고 병이 들어 죽은 체하여 버들가지로 인형을 만들고 관을 구해 장례를 치렀다. 양기는 뒤에 그에게 속은 것을 알고 잡아서 때려 죽였다.

郎中汝南袁著, 年十九, 詣闕上書曰: "夫四時之運, 功成則退, 高爵厚寵, 鮮不致災. 今大將軍位極功成, 可爲至戒, 宜遵縣車之禮, 高枕頤神. 傳曰: '木實繁者, 披枝害心.' 若不抑損盛權, 將無以全其身矣." 冀聞而密遣掩捕, 著乃變姓易名, 託病僞死, 結蒲爲人, 市棺殯送. 冀知其詐, 求得, 笞殺之.

탁군(涿郡)의 최기(崔琦)는 글을 잘 써 양기가 좋아하였다. 최기가 「외척잠(外戚箴)」과 「백곡부(白鵠賦)」를 지어 풍자하자 양기가 분노하였다. 최기가 말하였다.

"옛날 관중(管仲)이 제(齊)나라 재상이었을 때 충간(忠諫)의 말을 듣는 것을 즐겼고, 소하(蕭何)는 한(漢)나라를 보좌하면서 허물을 기록하는 관직을 신설하였습니다. 지금 장군께서는 여러 대에 걸쳐 재상을 지내셨으니 그 맡은 중임은 이윤(伊尹)이나 주공(周公)과 나란히 하지만 아직 덕정을 펼쳤다는 말을 듣지 못하였습니다. 백성들은 도탄에 빠졌는데 곧고 선량한 인재들을 등용해 재앙을 막지 못하였고, 오히려 선비의 입을 막고 군주의 귀를 막으려 하니 장차 검은 것과 노란 것의 색깔을 바꾸고 사슴과 말의 형체를 바꾸시려는 것입니까?"

양기가 대답하지 못하고 최기를 돌려보냈다. 최기는 두려워

숨었으나, 양기가 그를 잡아다 죽였다.

涿郡崔琦以文章爲冀所善, 琦作「外戚箴」、「白鵠賦」以風, 冀怒. 琦曰: “昔管仲相齊, 樂聞譏諫之言; 蕭何佐漢, 乃設書過之吏. 今將軍累世台輔, 任齊伊、周. 而德政未聞, 黎元塗炭. 不能結納貞良以救禍敗, 反欲鉗塞士口, 杜蔽主聽, 將使玄黃改色, 馬鹿異形乎?” 冀無以對, 因遣琦歸. 琦懼而亡匿, 冀捕得, 殺之.

**신은 이렇게 생각합니다.** 신하의 죄 가운데 군주를 시해한 것보다 큰 것은 없지만, 양기는 일찍이 그러한 죄를 저질렀습니다. 그러하니 사대부를 마음대로 죽이는 것은 단지 작고 미미한 일이었습니다. 그런데 신이 변회의 죽음, 진귀의 죽음, 오수의 죽음, 원저와 최기의 죽음을 생략하지 않은 것은, 그것을 통해 광무제, 명제, 장제 때에도 절의를 숭상하는 것이 당시의 풍속이었음을 보이기 위함입니다.

비록 권세 높은 신하가 사람을 손쉽게 죽이더라도, 사대부들은 조금도 두려워하는 마음을 가진 적이 없었습니다. 바른 말과 굳센 비판으로 그 악행을 바로 가리키니, 앞서 죽는 사람이 줄을 이어도 뒤에 오는 사람이 다시 떨치고 일어났습니다. 한(漢)나라의 복이 비록 쇠미해졌어도 간신들이 되돌아보고 꺼리는 바가 있어 감히 찬탈을 실행하지 못한 것은, 바로 이런 사대부들 때문이었을 것입니다.

양기가 정권을 장악한 지 거의 20년이 되어 위세를 내외에 떨쳤다. 천자마저 공손하게 손을 모으고 친히 할 수 있는 것이 아무것도 없었으니 황제가 불만을 품게 되었다. 진수(陳授)가 죽자 황제는 더욱 분노하였다. 이 일로 황제는 측간에 가서 몰래 소황문(小黃門) 당형(唐衡)을 불러 물었다.

"좌우 측근들 가운데 외척과 내통하지 않는 자가 누구인가?"

당형이 대답하였다.

"중상시(中常侍) 선초(單超)와 소황문사(小黃門史) 좌관(左悺)은 양불의(梁不疑)와 사이가 벌어졌고, 중상시 서황(徐璜)과 황문령(黃門令) 구원(具瑗)은 항상 몰래 외척들의 횡포에 분노하여 싫어하지만 말을 꺼내지 못하고 있습니다."

이에 황제는 선초와 좌관을 불러 말하였다.

"양(梁) 장군 형제가 조정의 일을 마음대로 하면서 내외를 협박하니, 공경 이하 모든 관료들이 그 뜻을 받들고 있다. 지금 그들을 주륙하고자 하는데, 상시의 뜻은 어떠한가?"

선초 등이 대답하였다.

"진정 저들은 나라의 간사한 도적들이니 마땅히 오래전에 주륙해야 하였습니다. 하지만 신 등이 힘이 약하고 용렬하여 폐하의 뜻이 어떠한지 몰랐을 뿐입니다."

황제가 말하였다.

"마땅히 그러하다. 너희들은 비밀스럽게 일을 도모하도록 하여라."

"일을 도모하는 것은 어렵지 않으나 폐하께서 주저하실까

격정입니다."

"간신이 나라를 위협하고 있으니, 마땅히 그 죗값을 받아야 한다. 어찌 주저하겠는가?"

그리하여 다시 서황과 구원을 불러 다섯 사람이 의논을 하였다. 황제가 선초의 팔을 깨물어 피를 내고 맹세를 하였다. 선초 등이 말하였다.

"폐하께서 지금 계획을 정하셨으니, 다시는 말씀을 꺼내지 마십시오. 다른 사람들의 의심을 살 수도 있습니다."

양기는 마음속으로 선초 등을 의심하였다. 8월 정축(丁丑)일, 중황문(中黃門) 장운(張惲)에게 관청에 들어가 자게 하면서 그 변고를 방비하였다. 구원은 황제의 명으로 장운을 '항상 외부인을 따르며 모반을 도모하였다'는 혐의로 잡아들였다.

황제는 어전으로 나와 상서를 불러들여 그 일을 밝혔다. 상서령(尙書令) 윤훈(尹勳)을 시켜 부절을 지니고 승랑(丞郎) 이하 관리들을 모아 무기를 들고 관청을 지키도록 하였다. 또한 모든 부절을 모아 상서성으로 보내게 하였다. 구원에게는 구추(廐騶), 호분(虎賁), 우림(羽林), 도후(都候)에 속한 병사들 천여 명을 합해서 사례교위(司隷校尉) 장표(張彪)와 함께 양기의 집을 포위하도록 하였다. 광록훈(光祿勳) 원우(袁盱)를 시켜 부절을 갖고 대장군 양기의 인수(印綬)를 거두어들이고 양기와 그 처 손수를 옮기니 그날로 모두 자살하였다.

황제는 양씨와 손씨의 안팎 종친들을 모두 잡아다가 감옥으로 보내라 명한 다음 나이가 많고 적음을 가리지 않고 모두 죽여 저잣거리에 내버려 두었다. 태위 호광, 사도 한연, 사공 손랑은 모두 양기에게 아부한 죄를 물었다. 사형은 면하였지만 모두 서인으로 강등되니 백성들이 모두 칭찬하고 축하하였다. 양기의 재산은 환수해서 정부에서 헐값으로 매각하였다. 모두 30여 억 전이나 되어 황실의 재용으로 충당하였고 천하의 조세를 반으로 줄일 수 있었다. 양기의 정원은 나누어 가난한 백성들이 살게 하였다.

선초·서황·구원·좌관·당형을 모두 현후(懸侯)로 삼으니 세상에서는 이들을 '오후(五侯)'로 불렀다.

冀秉政幾二十年, 威行內外, 天子拱手, 不得有所親與, 帝既不平之. 及陳授死, 帝愈怒. 因如厠獨乎小黃門史唐衡, 問: "左右與外舍不相得者, 誰乎?" 衡對: "中常侍單超、小黃門史左悺與梁不疑有隙, 中常侍徐璜、黃門令具瑗常私忿疾外舍放橫, 口不敢道." 於是, 帝呼超、悺入室, 謂曰: "梁將軍兄弟專朝, 迫脅內外, 公卿以下從其風旨. 今欲誅之, 於常侍意如何?" 超等對曰: "誠國姦賊, 當誅日久. 臣等弱劣, 未知聖意何如耳." 帝曰: "審然者, 常侍密圖之." 對曰: "圖之不難, 但恐陛下狐疑?" 帝曰: "姦臣脅國, 當伏其罪, 何疑乎?" 於是, 更召璜、瑗等, 五人共定其議. 帝齧超臂, 出血爲盟. 超等曰: "陛下今計已決, 勿復更言, 恐爲人所疑." 冀心疑超等. 八月丁丑, 使中黃門張惲入省宿, 以防其變. 具瑗勅吏收惲, 以'輒從外入, 欲圖不軌'. 帝御前殿, 召諸尚書入, 發其事, 使尚書令尹勳持節勒丞、郎以下, 皆操兵守省閤, 斂諸符節送省中, 使具瑗將左右廐騶、虎賁、羽林、都候、劍戟士合千餘人, 與司隸校尉張彪共圍冀第, 使光祿勳袁盱持節收冀大將軍印綬, 徙冀及妻壽, 即日皆自殺. 悉收梁氏、孫氏中外宗親送詔獄, 無長少皆棄市. 太尉胡廣、司徒韓縯、司空孫朗皆坐阿附梁冀, 免爲庶人. 百姓莫不稱慶. 收冀財貨, 縣官斥賣, 合三十餘萬萬, 以充王府用, 減天下稅租之半, 散其苑囿, 以業窮民. 封單超、徐璜、具瑗、左悺、唐衡皆爲縣侯, 世謂之'五侯'.

**신은 이렇게 생각합니다.** 환제는 어리석고 용렬한 군주입니다. 하지만 양기가 자신을 황제로 옹립한 사사로운 은혜에 얽매이지 않고, 용감하게 천하의 대적을 제거할 수 있었습니다. 하지만 안타깝게도 그것을 공경이나 근신과 의논하지 않고 환관들과 도모하였으니, 비록 양기를 주륙하였어도 오후(五侯)가 다시 전횡하여 결국 한(漢)나라를 패망으로 이끌었습니다. 아, 한탄스럽습니다.

진(晉) 무제(武帝) 태시(太始) 10년(274), 황후 양씨가 세상을 떴다.[19] 진군대장군(鎭軍大將軍) 호분(胡奮)의 딸이 귀빈(貴嬪)이 되어 황제의 총애를 받았다. 황후는 병이 깊어지자 황제가 귀빈을 황후로 삼을까 두려워 황제의 무릎을 베고 눈물을 흘리며 말하였다.

"제 숙부 양준(楊駿)의 딸 양지(楊芷)가 덕을 갖추고 용모가 빼어납니다. 원컨대 폐하께서 데려다 육궁(六宮)을 채우소서."

황제가 허락하였다.

함녕(咸寧) 2년(276) 겨울 10월, 양씨(楊氏)를 황후로 세웠다. 이전에 황제가 황후를 모시는 빙례(聘禮)를 치를 때, 황후의 숙부 양요(楊珧)가 표(表)를 올렸다.

"예부터 한 집안에 두 명의 황후를 배출하면서 그 종족을 온전히 한 경우는 없습니다. 부디 이 표를 종묘에 잘 보관해 두셨다

19 양씨(楊氏)가 전횡한 고사는 『자치통감(資治通鑑)』 권80~83에 보인다.

가 나중에 신의 말과 같이 된다면 화를 면하게 해 주시길 애원합니다."

황제가 허락하였다.

12월, 황후의 아버지인 양준을 거기장군(車騎將軍)으로 삼고 임진후(臨晉侯)에 봉하였다. 상서(尙書) 저략(褚碧)과 곽혁(郭奕)이 모두 표를 올렸다.

"양준은 그릇이 작아 사직(社稷)을 지키는 무거운 임무를 맡을 수 없습니다."

황제가 따르지 않았다.

태강(太康) 2년(281), 황제가 오(吳)나라를 평정한 후 유람하며 잔치를 벌이는 것만 일삼고 정사는 게을리 하였다. 황후의 아버지 양준, 그의 동생인 양요와 양제(楊濟)가 권력을 쥐어 청탁하는 자들과 어울리며 조정의 안팎에 위세를 떨치니, 당시 사람들은 이들을 "삼양(三楊)"이라 불렀다.

晉武帝泰始十年, 皇后楊氏殂. 鎭軍大將軍胡奮女爲貴嬪, 有寵於帝. 后疾篤, 恐帝立貴嬪爲后, 枕帝膝泣曰: "叔父駿女芷有德色, 願陛下以備六宮." 帝許之. 咸寧二年, 冬十月, 立皇后楊氏. 帝初聘后, 后叔父珧上表曰: "自古一門二后, 未有能全其宗者, 乞藏此表於宗廟, 異日如臣之言, 得以免禍." 帝許之. 十二月, 以后父駿爲車騎將軍, 封臨晉侯. 尙書褚碧郭奕皆表: "駿小器, 不可任社稷之重." 帝不從. 太康二年, 帝旣平吳, 頗事遊宴, 怠於政事. 后父楊駿及弟珧、濟始用事, 交通請謁, 埶傾內外, 時人謂之"三楊".

—'珧'는 음이 요(姚)이다. '碧'은 음이 약(略)이다.—

**신은 이렇게 생각합니다**. 양요(楊珧)는 한 집안에서 두 명의 황후를 배출하면 그 가문을 온전히 할 수 없다는 사실을 잘 알고 있었습니다. 그런데 어찌 경계하고 조심스럽게 살펴 스스로 재난에서 벗어나려 하지 않고, 권력을 쥐고 청탁을 받아 '삼양(三楊)'이라는 별명이 생기게 하였을까요? 나중에 닥친 화는 스스로 얻은 것이니 누구에게 잘못을 돌릴 수 있겠습니까?

태강(太康) 10년(281), 황제가 환락과 여색을 탐닉하다 결국 병을 얻었다. 양준은 여남왕(汝南王) 사마량(司馬亮)을 꺼려 쫓아내었다.

영희(永熙) 원년(290) 봄 3월, 무제의 병이 깊어졌는데 유언을 남기지 못하였다. 시중(侍中)이자 거기장군(車騎將軍)이었던 양준이 홀로 궁중에서 황제의 병을 수발하였다. 대신들은 모두 황제에게 접근할 수 없었기 때문에, 양준은 이를 이용하여 자신의 마음대로 황제의 측근을 바꾸어 자신의 심복을 심었다.

여름 4월, 무제가 붕어하였다. 태자가 황제에 즉위하니, 황후 양씨는 황태후에 올랐으며 태자비(太子妃) 가씨(賈氏)가 황후가 되었다.

十年, 帝極意聲色, 遂至成疾. 楊駿忌汝南王亮, 挑出之. 永熙元年春三月, 武帝疾篤, 未有顧命. 侍中、車騎將軍楊駿獨侍疾禁中. 大臣皆不得在左右, 駿因輒以私意改易要近, 樹其心腹. 夏四月, 武帝崩. 太子卽皇帝位, 尊皇后楊氏曰皇太后, 立妃賈氏爲皇后.

—영희(永熙)는 혜제(惠帝)의 연호다. 무제가 붕어하고 혜제가 즉위하였다. 가 황후(賈

皇后)는 가충(賈充)의 딸이다.—

**신은 이렇게 생각합니다.** 양준이 홀로 무제(武帝)의 유언을 받았는데, 이를 이용하여 사사로이 자신의 마음대로 측근을 바꾸어 자신의 심복을 심었습니다. 양씨의 재앙이 여기에서 시작하였습니다.

양준(楊駿)은 태극전(太極殿)에 들어가 지내면서 황제의 영구(靈柩)를 염(殮)하였다. 후궁들이 나와 사직 인사를 올리는데도 양준은 태극전에서 내려오지 않고 호위병인 호분군(虎賁軍) 백 명을 동원하여 자신을 보호하도록 하였다.

楊駿入居太極殿, 梓宮將殯, 六宮出辭, 而駿不下殿, 以虎賁百人自衛.

**신은 이렇게 생각합니다.** 태극전(太極殿)은 천자의 정전(正殿)으로서 신하가 지낼 수 있는 곳이 아닙니다. 호분군(虎賁軍)은 천자의 용사로서 신하가 동원하여 자신을 호위하도록 할 수 있는 군사가 아닙니다. 양준의 태도가 이 지경에 이르렀으니 주살을 당하지 않을 수 있었겠습니까?

여남왕(汝南王) 사마량(司馬亮)은 양준이 두려워 감히 상례에 참여하지 못하였다. 대사마(大司馬) 관부의 문 밖에서 곡을 하고 군영(軍營) 밖으로 나와 장지(葬地)를 지나쳐 갈 수 있도록 청하였다. 양준의 동생이었던 양제(楊濟)는 양준에게 사마량을 남게 하라고 권하였지만, 양준이 따르지 않았다. 양제가 상서좌승(尙書左丞) 부함(傅咸)에게 말하였다.

"형님께서 만약 대사마를 부르신다면 나는 몸을 빼어 피하겠다. 그것이 집안을 온전히 할 수 있는 방법이다."

부함이 말하였다.

"종실과 외척은 서로 신뢰하여야 나라가 편안합니다. 하지만 대사마를 돌아오라고 부르신다면, 함께 지극한 공정(共政)을 숭상하여 정치를 보필할 터이니 피할 필요는 없습니다."

양제는 시중(侍中) 석숭(石崇)으로 하여금 양준을 만나 이 말을 전하게 하였지만 양준은 따르지 않았다.

汝南王亮畏駿, 不敢臨喪, 哭於大司馬門外, 出營城外表, 求過葬而行. 駿弟濟勸駿留亮, 不從. 濟謂尙書左丞傅咸曰: "家兄若徵大司馬, 退身避之, 門戶可全." 咸曰: "宗室外戚, 相恃而安. 但召大司馬還, 共崇至公以輔政, 無爲避也." 濟又使侍中石崇見駿言之, 駿不從.

—대사마(大司馬)는 사마량(司馬亮)을 일컫는다.—

**신은 이렇게 생각합니다.** 종실과 외척은 함께 조정의 정사를 보필하는 존재입니다. 비록 선왕(先王)의 떳떳한 원칙은 아니지만, 외척이 홀로 권력을 전횡하는 것보다 종실과 함께 공정(共政)을 행하는 것이 훨씬 낫습니다. 하지만 양준(楊駿)은 대권을 오로지 자신에게만 나오도록 하였습니다. 그리하여 여남왕(汝南王) 사마량(司馬亮)을 배척하여 도성 안에 들이지 않았습니다. 그 마음은 본래 황제의 총애를 독점하려는 것이었지만, 재앙의 계단이 여기부터 시작한다는 점을 모른 것이었습니다. 아! 경계해야 합니다.

5월, 태위(太尉) 양준을 태부(太傅)·대도독(大都督)·가황월(假黃鉞)[20]에 임명하고 조정을 통솔하게 하니, 백관(百官)이 모두 양준의 명령에 따르게 되었다. 부함(傅咸)이 양준에게 말하였다.

"복상(服喪) 기간 동안 새로 즉위한 황제가 말을 하지 않는 예법[諒闇]을 시행하지 않은 지가 이미 오래되었습니다. 지금 주상께서 겸손하시어 정사를 모두 공에게 맡기었는데, 천하의 사람들이 모두 좋지 않다고 여깁니다. 이러한 여론을 현명하신 공께서 쉽게 감당하지 못하실까 걱정입니다. 위대한 성인(聖人)인 주공(周公) 때에도 여러 소문이 돌았습니다. 더욱이 주상의 춘추(春秋)가 이미 주(周)나라 성왕(成王)처럼 어리지도 않습니다.[21] 황릉을 조성하는 일도 이미 마쳤으니, 현명하신 공께서 계속 섭정을 할지 아니면 물러나야 할지 깊게 생각하셔야 합니다."

양준이 그 말을 따르지 않았다.

五月, 詔以太尉駿爲太傅、大都督、假黃鉞錄朝政, 百官總已以聽. 傅咸謂

---

20 위진남북조(魏晉南北朝) 시기 높은 지위의 대신이 출정을 할 때 가황월(假黃鉞)의 호칭을 더해 주었다. 이를 통해 황제의 친정(親征)을 대리한 것을 나타내었다.

21 당시 혜제(惠帝)는 이미 나이가 서른둘이었다.

駿曰: "諒闇不行久矣. 今主上謙冲, 委政於公, 而天下不以爲善, 懼明公未易當也. 周公大聖, 猶致流言, 况聖上春秋非成王之年乎? 山陵旣畢, 明公當悉思進退之宜." 駿不從.

**신은 이렇게 생각합니다**. 부함(傅咸)의 말은 양준에게 충성을 다한 것이라 할 수 있습니다. 하지만 양준이 따르지 않았으니, 이는 스스로 재앙을 자초한 것입니다.

양준(楊駿)은 가 황후(賈皇后)가 성격이 사납고 권모술수에 능하다는 이유로 싫어하였다. 그리하여 자신의 조카인 가광(叚廣)을 산기상시(散騎常侍)로 임명하여 기밀을 관리하게 하고, 장소(張劭)를 중호군(中護軍)으로 삼아 금위병(禁衛兵)을 통솔하게 하였다. 조서나 명령을 내릴 때마다 황제는 자신의 서명을 생략한 채 태후에게 먼저 보이고 허락을 받은 후에야 시행하였다.

楊駿以賈后險悍, 多權略, 忌之. 故以其甥叚廣爲散騎常侍, 管機密, 張劭爲中護軍, 典禁兵. 凡有詔命, 帝省訖, 入呈太后, 然後行之.

**신은 이렇게 생각합니다**. 오직 지극히 공정하여야 천하 사람들의 마음을 얻을 수 있습니다. 양준은 스스로 대권을 쥐고 두 조카에게 장군과 재상의 임무를 맡겼으니, 천하 사람들의 마음은 고사하고 가 황후의 마음조차 설득할 수 없었습니다. 그렇게 주도면밀하게 측근을 배치하였지만, 오히려 화를 부르고 있을 뿐입니다.

양준(楊駿)이 왕창(王彰)을 불러 사마(司馬)에 임명하였지만, 왕창은 거절하고 도피하였다. 그의 친구가 이상하게 여기고 이유를 묻자, 왕창이 대답하였다.

"예부터 한 집안에서 두 명의 황후를 배출하면 반드시 멸망하였다네. 하물며 태부(太傅) 양준은 못난 사람들만 총애하여 측근으로 삼고 훌륭한 인재들은 멀리하여 마음대로 권력을 전횡하고 있으니, 망할 날도 멀지 않았네. 내가 바다를 건너 나라 밖으로 도망을 쳐서 화를 피하는 것이 낫지, 어찌 부른다고 응하겠는가?

또한 무제(武帝)는 사직(社稷)의 큰 계획을 고려하지 않았고, 황위를 계승한 그 아들도 부담을 이기지 못하고 있으며, 관직에 임명된 사람들 역시 못난 자들뿐이네. 천하가 곧 어지러워질 터인데, 어찌 가만히 서서 기다리겠는가!"

駿辟王彰爲司馬, 彰逃避不受. 其友怪而問之, 彰曰: "自古一姓二后, 未有不敗. 況楊太傅昵近小人, 踈遠君子, 專權自恣, 敗無日矣. 吾踰海出塞以避之, 猶恐及禍, 柰何應其辟乎? 且武帝不惟社稷大計, 嗣子旣不克負荷, 受遺者復非其人, 天下之亂, 可立待也!"

**신은 이렇게 생각합니다.** 진(晉)나라의 혼란은 왕창(王彰)이 말한 이 몇 마디로 모두 요약할 수 있습니다. 기본적으로 혜제(惠帝)가 어리석고 용렬하여 대업(大業)을 승계할 수 없었습니다. 게다가 양준(楊駿)이 우매하고 자신의 고집만 내세우니 대권을 맡기에 부족하였습니다. 우매한 신하가 용렬한 군주를 보필하였으니, 설사 난리를 막고자 해도 가능하였겠습니까? 이것은 무제가 자손들에게 잘못된 교훈을 남긴 업보입니다.

가을 8월, 광릉왕(廣陵王) 사마휼(司馬遹)을 황태자로 삼고, 태자의 친모인 사씨(謝氏)에게 숙원(淑媛)의 지위를 주었다. 가 황후(賈皇后)가 사씨를 항상 별실에 가두어 두고, 태자와 만나는 것을 허락하지 않았다.

秋八月, 立廣陵王遹爲皇太子, 拜太子母謝氏爲淑媛. 賈后常置謝氏於別室, 不聽與太子相見.

원강(元康) 원년(291), 원래 가 황후(賈皇后)는 태자비(太子妃)였을 때부터 질투가 심하여 구타하여 죽인 사람이 여러 명이었다. 또한 임신한 태자의 첩을 창으로 찌른 적도 있었다. 그 배 속의 아이도 창날에 베였다. 무제가 그 소식을 듣고 대노하여 태자비에서 폐위하려 하였다. 이에 순욱(荀勗), 풍담(馮紞), 양요(楊珧)가 모두 구명을 하니 양 황후(楊皇后)가 말하였다.

"가 공려(賈公閭)가 사직(社稷)에 큰 공적이 있어 그 딸을 태자비로 삼은 것이다. 태자비가 투기를 하였다고 하여 어찌 갑자기 예전의 덕을 잊을 수 있으리오."

이 때문에 태자비가 폐위를 면할 수 있었다. 양 황후는 여러 차례 태자비를 권계하였는데, 태자비는 양 황후가 자신에게 도움을 주었다는 사실을 알지 못하고 오히려 원망을 하였다.

혜제(惠帝)가 즉위하자 가 황후는 며느리의 도리로 태후를 모시려 하지 않았다. 게다가 정사에 간여하려 하다 태부(太傅)였던 양준(楊駿)의 제지를 받자, 결국 양준을 주살하고 태후를 폐위하려 하였다. 양준을 마구간에서 살해하고 양준의 동생인 양요와 양제(楊濟)를 잡아들여 삼족(三族)을 멸하였다. 태후는 영녕궁(永寧宮)에 내쫓고 폐위하여 서인(庶人)으로 삼았다.

동양(董養)이 태학(太學)을 둘러보고 당(堂)에 올라 한탄하며 말하였다.

"조정에서 이 학교를 지은 것은 무엇을 하고자 함이었던가? 하늘과 사람의 도리가 사라졌으니 곧 큰 혼란이 닥칠 것이다."

元康元年, 初, 賈后之爲太子妃也, 嘗以妬, 手殺數人. 又以戟擲孕妾, 子隨刃墮, 武帝大怒, 將廢之. 荀勗、馮紞、楊珧共營救之, 楊后曰: "賈公閭有大勳於社稷, 妃親其女, 正復妬忌, 豈可遽忘其先德邪?" 妃由是得不廢. 后數戒厲妃, 妃不知后之助己, 返恨之. 及帝卽位, 賈后不肯以婦道事太后, 又欲干預政事, 而爲太傅楊駿所抑, 遂謀誅駿、廢太后. 殺駿於馬廐, 收駿弟珧、濟, 皆夷三族. 送太后於永寧宮, 廢爲庶人. 董養遊太學, 升堂歎曰: "朝廷建斯堂, 將以何爲乎? 天人之理旣滅, 大亂將至矣!"

— 공려(公閭)는 가충(賈充)의 자(字)다. 양 황후(楊皇后)의 말은 가충이 위(魏)의 귀족과 호족 등을 죽여 진(晉)나라의 찬탈을 성공시켰다는 뜻이다.

**신은 이렇게 생각합니다.** 외척이 당한 재앙 가운데 양씨(楊氏) 집안만큼 준열한 경우가 없었습니다. 이는 모두 양준(楊駿)이 못난 사람을 관직에 임용하고 마음대로 권력을 전횡하였기 때문이었습니다. 양준이 받은 화는 모두 스스로 만든 것으로서, 황제의 친어머니조차 폐위되는 모욕을 당할 지경이었으니 어찌 이토록 심할 수 있겠습니까? 하늘과 사람의 도리는 이로써 모두 사라졌습니다. 이 때문에 동양(董養)과 같이 배운 사람이라면 장차 큰 혼란이 닥칠 것이라 예측할 수 있습니다.

가 황후(賈皇后)의 친척 오빠 거기사마(車騎司馬) 가모(賈模), 외삼촌 우위장군(右衛將軍) 곽창(郭彰), 여동생의 아들 가밀(賈謐)이 함께 정사에 참여하자 빈객들이 문전성시(門前成市)를 이루었다. 가밀은 비록 교만하고 사치스러웠지만 손님들을 좋아하여 기쁘게 사대부를 초청하였다. 석숭(石崇), 육기(陸機), 육기의 동생 육운(陸雲), 반악(潘岳) 등이 모두 가밀을 따르니 '스물 네 명의 친구[二十四友]'라 불렀다. 석숭과 반악은 특히나 가밀에게 아첨하여 섬겼으니, 매번 문 앞에서 기다리다가 가밀이 집안에서 나올 때 일으키는 먼지만 보고서도 수레에서 내려서 인사를 올렸다.

賈后族兄車騎司馬模、從舅右衛將軍彰、女弟之子賈謐, 並預朝政, 賓客盈門. 謐雖驕奢而好客, 喜延士大夫. 石崇、陸機、機弟雲、潘岳等皆附於謐, 號'二十四友'. 崇與岳尤諂事謐, 每俟謐出, 皆降車, 望塵而拜.

**신은 이렇게 생각합니다.** 이전에 양씨(梁氏)의 총애를 받았던 사람들이 지금은 모두 가씨(賈氏)와 곽씨(郭氏) 집안으로 옮겨 갔습니다. 이것은 두려워해야 할 일이지 기뻐할 것이 아니라는 사실을 어찌 가밀과 같은 교만한 권력자가 알 수 있겠습니까?

태재(太宰) 여남왕(汝南王) 사마량(司馬亮)과 태보(太保) 위관(衛瓘)이 함께 상서(尙書)의 일을 통솔하여 정사를 보필하였다. 가 황후(賈皇后)는 두 사람이 권력을 쥐게 되면 자신이 마음대로 전횡할 수 없을까 걱정하여, 황제로 하여금 초왕(楚王) 사마위(司馬瑋)에게 손으로 직접 쓴 조서를 내려 이들을 죽이라고 사주하였다. 두 사람이 죽자 다시 사마위에게 살인죄를 덮어씌워 주살하였다.

이로써 가 황후가 조정의 권력을 장악하여 측근들에게 위임하였다. 가모(賈模)를 산기상시(散騎常侍)로 삼고 시중(侍中)의 직책을 더해 주었다. 또한 장화(張華)를 시중(侍中)과 중서감(中書監)으로, 배외(裴頠)를 시중에 임명하여 함께 기밀을 관리하게 하였다.

太宰汝南王亮、太保衛瓘皆錄尙書事輔政. 賈后患二公執政, 己不得專政, 使帝作手詔賜楚王瑋, 使誅之. 二公死, 又以專殺罪瑋, 誅之. 於是, 賈后專朝, 委任親黨, 以賈模爲散騎常侍, 加侍中. 以張華爲侍中、中書監. 裴頠爲侍中, 並管機要.

9월, 가 황후(賈皇后)의 음란함과 포악함이 나날이 심해졌다. 가모(賈模)는 화가 자신에게 미칠까 매우 걱정하였다. 배외(裴頠)가 아침저녁으로 이 일에 대해 이모인 광성군(廣城君)에게 건의하였다. 광성군은 태자를 잘 돌보라고 가 황후에게 훈계하였다. 가모 역시 여러 차례 화복에 대해 이야기하였다. 하지만 가 황후는 그러한 말을 따르지 않고, 오히려 가모가 자신을 비난한다고 여겨 멀리하였다. 가모는 뜻을 이루지 못하자, 걱정과 울분으로 결국 죽었다.

九月, 賈后淫虐日甚. 賈模恐禍及已, 甚憂之. 裴頠旦[22]夕說從母廣城君, 令戒諭賈后, 以親厚太子; 賈模亦數爲后言禍福. 后不能用, 反以模爲毁已而疎之. 模不得志, 憂憤而卒.

—광성군(廣城君) 곽괴(郭槐)는 가 황후(賈皇后)의 어머니다.—

**신은 이렇게 생각합니다**. 가씨(賈氏)의 집안에서 오직 가모(賈模)만이 옳은 말을 하였습니다. 가모가 걱정과 울분에 쌓여 죽었으니 황후의 집안에서 현명한 사람이 더 이상 없게 되었습니다.

황제는 사람됨이 어리석고 우매하였다. 화림원(華林園)에서 청개구리의 울음소리를 들으면서 항상 좌우의 신하들에게 물었다.

"이렇게 우는 것은 조정을 위한 것인가, 아니면 민간을 위한 것인가?"

이때 천하에 기근이 들어 백성들이 굶어죽고 있었는데, 황제

22 저본에는 조선 태조의 피휘여서 '朝'로 되어 있지만 원래의 '旦'으로 바로잡는다.

가 그 이야기를 듣고 말하였다.

"어찌 고기죽을 먹지 않는가?"

이러하였기 때문에 권력이 신하들에게 옮겨 갔고 여러 가문이 정치를 좌우하였다. 권세 있는 가문들이 서로 추천하고 부탁하니 마치 장사를 벌이는 것과 같았다. 가씨(賈氏)와 곽씨(郭氏)가 마음대로 전횡하여 뇌물 수뢰를 공공연히 자행하였다. 남양(南陽) 노포(魯褒)가 『전신론(錢神論)』을 써서 그러한 세태를 풍자하였다.

"돈의 생김새는 하늘과 땅의 모양과 닮았다. 사람들은 돈을 형님처럼 친하게 모시며, 그 자(字)를 '네모난 구멍[孔方]'이라 부른다. 덕(德)은 없지만 존경을 받고 세력은 없지만 인기가 뜨겁다. 돈은 금으로 문을 세운 권세가를 채우고 자주색 쪽문이 있는 궁중으로 들어가니, 위험한 상황을 안정시키고 죽어 가는 것도 살릴 수 있으며, 귀한 것을 천하게 만들고 살아 있는 것을 죽일 수도 있다.

이 때문에 싸움이 났을 때도 돈이 아니면 이길 수 없고, 꽉 막혔을 때도 돈이 아니면 막힌 것을 뽑아낼 수 없으며, 원수 사이도 돈이 아니면 화해할 수 없고, 고상한 명예도 돈이 아니면 떨칠 수 없다. 낙양(洛陽)의 관원(官員)이나 권력을 쥔 인사들도 모두 우리 집안의 형님인 돈을 자기 자신보다 더 아낀다. 돈을 쥔 손은 끝끝내 풀지 않으니, 요즘 사람들은 모두 오직 돈만 알 뿐이다."

帝爲人戇騃, 常在華林園聞蝦蟆, 謂左右曰: "此鳴者, 爲官乎, 爲私乎?" 時天下荒饉, 百姓餓死, 帝聞之, 曰: "何不食肉糜?" 由是, 權在羣下, 政出多門. 勢位之家, 更相薦託, 有如互市. 賈、郭恣橫, 貨賂公行. 南陽魯褒作『錢神論』以譏之曰: "錢之爲體, 有乾坤之象, 親之如兄, 字曰'孔方'. 無德而尊, 無勢而熱. 排金門, 入紫闥, 危可使安, 死可使活. 貴可使賤, 生可使殺. 是故忿爭非錢不勝, 幽滯非錢不拔, 怨讎非錢不解, 令聞非錢不發. 洛中朱衣, 當塗之士, 愛我家兄, 皆無已已. 執我之手, 抱我終始, 凡今之人, 惟錢而已!"

**신은 이렇게 생각합니다**. 이 당시 군주의 덕이 용렬하고 우매하였으니, 외척이 권력을 농단하여 수뢰가 일상화되고 형정(刑政)은 나날이 문란해졌습니다. 이러하니 설령 난리를 막고자 하여도 가능하였겠습니까? 노포(魯褒)의 말은 비록 민간의 우스개였지만, 후대 사람들에게 경계가 되니 여기에 적어 두었습니다.

원래 광성군(廣城君) 곽괴(郭槐)는 가 황후(賈皇后)가 아들이 없었기 때문에 항상 황후에게 태자를 자애롭게 대하라고 권계하였다. 가밀(賈謐)이 교만하고 방종하여 여러 차례 태자에게 무례를 범하니, 광성군은 항상 따끔하게 질책하였다. 광성군이 병들어 죽음을 앞두었을 때, 황후의 손을 잡고 태자에게 충심을 다하라고 부탁하였는데 그 말이 매우 간절하였다.

"조찬(趙粲)과 가오(賈午)는 반드시 너희 집안을 어지럽힐 것이다. 내가 죽으면 다시는 들이지 말거라. 내 말을 깊이 기억하여라."

황후는 그 말을 따르지 않고, 다시 조찬과 가오와 더불어 태자를 해치려는 음모를 꾸몄다. 태자는 어렸을 때는 총명하기로 유명하였는데, 자라고 나서는 배우기를 좋아하지 않고 측근들과 함께 오직 놀이만 즐겼다. 가 황후는 황문(黃門)의 무리에게 태자를 유혹하여 사치하고 포악한 일을 저지르라 시켰다. 이때부터 태자의 명성이 점차 줄고 교만하다는 소문만 무성하게 되었다.

태자는 성정(性情)이 강건하였는데, 가밀이 황후를 믿고 교만하게 구는 것을 알고 참을 수가 없었다. 당시 시중(侍中)이었던 가밀이 동궁에 왔을 때, 태자는 가밀을 무시하고 후원에서 놀기만 한 적이 있었다. 첨사(詹事) 배권(裴權)이 간언하였다.

"가밀은 황후께서 총애하는 자이니, 일단 갈등이 생기면 위험합니다."

태자가 따르지 않았다. 가밀은 황후에게 태자를 헐뜯어 말하였다.

"태자가 가씨(賈氏)를 제거하기 위해서 사사로이 재물을 축적하여 소인들과 작당을 벌이고 있습니다. 만약 폐하께서 돌아가시면 태자가 황위에 오를 터이니, 양씨(楊氏)의 전례에 따라 저희들을 죽이고 황후를 폐위하여 금용성(金墉城)에 가둘 것입니다. 이는 손바닥을 뒤집는 것만큼 쉬운 일일 뿐입니다. 차라리 먼저 일을 도모하여 말을 잘 듣는 유순한 자를 태자로 세우는 것이 안전을 꾀하는 길입니다."

황후가 그 말을 받아들여, 태자의 단점을 널리 알리고 소문을 퍼뜨렸다. 또한 황후가 임신한 것처럼 꾸며 볏짚과 출산용품을 안으로 들이고 매부인 한수(韓壽)의 아들을 데려다 길러 태자를 대체하려 하였다. 이때 조정과 민간에서 모두 가 황후가 태자를 해치려는 뜻이 있다는 것을 알게 되었다. 중호군(中護軍) 조준(趙俊)이 태자에게 황후를 폐위하라고 청하였지만, 태자가 듣지 않았다.

12월, 태자의 큰 아들인 사마반(司馬彪)의 병이 깊어지자, 태자가 기도를 올려 복을 구하였다. 가 황후가 그 사실을 듣고 거짓으로 태자에게 황제가 슬퍼한다고 알리고 조정에 들어오라 하였다. 태자가 조정에 이르자 황후는 만나지 않은 채 별실에서 대기하도록 한 후, 시녀를 시켜서 황제가 내리는 것이라 하여 술 석 되를 가져다주며 다 마시라 하였다. 태자는 결국 크게 취하였다. 황후는 황문랑(黃門郎) 반악(潘岳)이 초안을 쓴 글을 가져와 취한 태자에게 보여 주며, 황제의 명이니 따라서 쓰라고 하였다. 태자가 따라 쓴 글은 태반이 제대로 된 글자가 아니었기 때문에, 황후가 개칠하여 완성한 후 황제에게 보여 주었다.

황제는 식건전(式建殿)에 행차하여 대신을 불러들인 후 태자가 쓴 글을 보여 주었다. 태자를 폐위하여 서인(庶人)으로 강등한 후 금용성에 유폐하였으며, 태자의 친모인 사숙비(謝淑妃)는 죽였다.

初, 廣城君郭槐以賈后無子, 常勸后使慈愛太子. 賈謐驕縱, 數無禮於太子, 廣城君常切責之. 及廣城病, 臨終, 執后手, 令盡忠於太子, 言甚切至. 又曰: "趙粲、賈午, 必亂汝家事. 我死後, 勿復聽入. 深記吾言." 后不從, 更與粲、午謀害太子. 太子幼有令名, 及長, 不好學, 惟與左右嬉戲. 賈后復使黃門輩誘之, 爲奢靡威虐, 由是名譽浸減, 驕慢益彰. 太子性剛, 知賈謐恃中宮驕貴, 不能假借之. 謐時爲侍中, 至東宮, 或捨之, 於後庭游戲. 詹事裴權諫曰: "謐, 后所親昵, 一旦[23]交構, 則事危矣." 不從. 謐譖太子於后曰: "太子多畜私財以結小人者, 爲賈氏也. 若宮車晏駕, 彼居大位, 依楊氏故事, 誅臣等, 廢后於金墉城,

23 저본에는 조선 태조의 피휘여서 '朝'로 되어 있지만 원래의 '旦'으로 바로잡는다.

如反手耳. 不如早圖之, 更立慈順者, 可以自安." 后納其言, 乃宣揚太子之短, 布於遠近. 又詐爲有娠, 內藁物、產具, 取妹夫韓壽子養之, 欲以代太子. 于時, 朝野咸知賈后有害太子之意, 中護軍趙俊請太子廢后, 太子不聽. 十二月, 太子長子虨病篤, 太子爲之禱祝求福. 賈后聞之, 乃詐稱帝不豫, 召太子入朝. 旣至, 后不見, 置于別室, 遣婢以帝命賜酒三升, 使盡飮之, 遂大醉. 后使黃門郎潘岳作書草, 因太子醉, 稱詔使書之. 其字半不成, 后補成之, 以呈帝. 帝幸式乾殿, 召公卿入, 示之. 廢爲庶人, 幽於金墉城, 殺其母謝淑妃.

—민회태자(愍懷太子)가 술에 취해서 따라 쓴 글의 자세한 내용은 앞의 「참신편(讒臣篇)」에 나온다.—

**신은 이렇게 생각합니다.** 가밀(賈謐)은 황후의 친척으로서 참소하여 결국 태자를 폐위하도록 하였습니다. 이러하니 나라의 뿌리가 흔들리지 않을 수 있었겠습니까?

영강(永康) 원년(300), 태자가 폐위되자 사람들은 마음속으로 분노하였다. 우위독(右衛督) 사마아(司馬雅)와 상종독(常從督) 허초(許超)는 모두 동궁(東宮)의 업무를 맡았었는데, 전중랑(殿中郎) 사의(士猗) 등과 함께 가 황후(賈皇后)를 폐위하고 태자를 복위할 계획을 논의하였다. 하지만 장화(張華)와 배외(裴頠)는 일상의 안락을 위해 자리를 보전하는 것만 중시하였기 때문에 함께 변란을 실행하기 어려웠다. 우군장군(右軍將軍) 조왕(趙王) 사마륜(司馬倫)이 군권을 장악하고 있었는데, 성정이 탐욕스러워서 그 힘을 빌린다면 거사할 수 있었다. 이에 손수(孫秀)에게 말하였다.

"황후가 흉악무도하여 가밀(賈謐) 등과 함께 태자를 무함(誣陷)하여 폐위하도록 만들었습니다. 지금 나라에는 적통을 잇는 후계자가 없어서 장차 사직(社稷)이 위태로우니, 대신들이 앞으로 큰일을 벌일 것입니다.

그런데 공께서는 황후를 모시면서 가씨(賈氏)와 곽씨(郭氏)와 친분이 두텁다는 소문이 있습니다. 공께서는 태자를 폐위하는 것도 미리 알고 있었다고 합니다. 만약 하루아침에 일이 벌어지면 공에게도 화가 이르게 될 터이니, 어찌 먼저 도모하지 않습니까?"

손수가 승낙하여 사마륜에게 말을 전하자 사마륜이 그 의견을 받아들였다. 사태가 발생하자 손수가 사마륜에게 말하였다.

"태자는 총명하고 용맹하니, 만약 동궁으로 돌아가게 된다면 반드시 다른 사람의 통제를 받지 않을 것입니다. 차라리 시간을 조금 두고 지켜보다가 가 황후가 태자를 살해하면 움직여 황후를 폐위하십시오. 이는 태자를 위하여 복수를 한 것이니, 단지 화를 면할 뿐만 아니라 공이 뜻을 얻을 수 있는 방법이기도 합니다."

사마륜이 옳다고 여겼다. 손수는 사람들을 시켜 양쪽을 이간시키는 작전을 벌였다. 궁중에 황후를 폐위하고 태자를 복위하려는 움직임이 있다는 소문을 낸 것이다. 가 황후가 그 소문을 듣고 몹시 두려워했다. 사마륜과 손수는 가밀 등에게 태자를 제거하여 백성들의 희망을 끊어 버리라고 사주하였다.

황후는 태의령(太醫令) 정거(程據)에게 독약을 만들게 한 후,

황문(黃門) 손려(孫慮)에게 거짓 조서를 내려 허창(許昌)에 가서 태자를 독살하게 하였다. 태자가 복용하려 하지 않자, 손려가 약을 빻는 절구공이로 때려 살해하였다. 조사관이 서인(庶人)의 예에 따라 장례를 치를 것을 건의하였지만, 황후는 표(表)를 올려 광릉왕(廣陵王)의 자격으로 장례를 치르자고 청하였다.

永康元年, 太子旣廢, 衆情憤怒. 右衛督司馬雅、常從督許超, 皆當給事東宮, 與殿中郎士猗等謀廢賈后, 復太子. 以張華、裴頠安常保位, 難以行權. 右軍將軍趙王倫執兵柄, 性貪冒, 可假以濟事. 乃說孫秀曰: "中宮凶妬無道, 與賈謐等共誣廢太子. 今國無嫡嗣, 社稷將危, 大臣將起大事, 而公名奉事中宮, 與賈郭親善, 太子之廢, 皆云預知, 一朝事起, 禍必相及, 何不先謀之乎?" 秀許諾, 言於倫, 倫納焉. 事起, 孫秀言於倫曰: "太子聰明剛猛, 若還東宮, 必不受制於人. 不若遷延緩期, 賈后必害太子, 然後廢賈后, 爲太子復讎, 豈徒免禍, 更可得志." 倫然之. 秀因使人行反間, 言殿中人欲廢皇后, 迎太子. 賈后聞之, 甚懼. 倫、秀因遣謐等早除太子, 以絶民望. 后使太醫令程據和毒藥. 矯詔使黃門孫慮至許昌毒太子. 太子不肯服, 慮以藥杵椎殺之. 有司請以庶人禮葬, 賈后表請以廣陵王禮葬之.

여름 4월, 조왕(趙王) 사마륜(司馬倫)이 조서(詔書)를 위조하여 군대를 이끌고 들어왔다. 가밀(賈謐)을 서종(西鐘) 아래에서 참하고 가 황후(賈皇后)를 체포한 후 폐위하여 서인(庶人)으로 강등하고 건시전(乾始殿)에 유폐하였다. 상서(尙書)에 조서를 내려 가씨(賈氏)를 따르던 무리를 잡아들여 죽였다.

얼마 후, 상국(相國)에 오른 사마륜은 상서(尙書) 유홍(劉弘)에게 거짓 조서를 내려 가 황후에게 금설주(金屑酒)[24]를 하사하니,

황후가 금용성(金墉城)에서 죽었다. 죽은 태자에게는 '민회(愍懷)' 라는 시호(諡號)를 내렸다.

夏四月, 趙王倫矯詔將兵入, 斬賈謐於西鐘下, 收賈后, 廢爲庶人, 幽之於建始殿. 詔尙書, 捕賈氏親黨斬之. 未幾, 相國倫矯詔遣尙書劉弘齎金屑酒賜賈后, 死於金墉城. 諡故太子曰'愍懷'.

**신은 이렇게 생각합니다.** 진(晉)나라는 정당하지 못한 방법으로 천하를 얻었기 때문에 나라를 세운 기반이 튼튼하지 못하였습니다. 게다가 연달아 권력을 잡은 외척은 죄다 잔학무도하여 나라를 망하는 길로 끌고 갔습니다. 민회태자(愍懷太子)는 가 황후(賈皇后)에게 죽임을 당하였고, 가 황후는 조왕(趙王)에게 찬탈을 당하였습니다. 이 때문에 여러 왕들이 거병하여 서로 번갈아 공격하고 토벌하게 되었습니다.

유연(劉淵)과 석륵(石勒)이 이끄는 이민족이 이때를 틈타 쳐들어와 결국 중원을 장악하였습니다. 진나라 사람들이 벌인 골육상잔(骨肉相殘)은 융적(戎狄)이 쳐들어오기 전의 일로서, 융적은 손쉽게 진나라를 멸할 수 있었습니다. 그러므로 양씨(楊氏)와 가씨(賈氏)가 바로 이러한 혼란의 조짐이었던 것입니다.

『신당서(新唐書)』「외척전(外戚傳)」 서문에서 말하고 있다.

---

24 옛날 황제가 죽음을 명할 때 내리는 술이다.

"모든 외척의 성패는 그 집안 주인의 덕[主德]이 어떠한지에 달려 있다. 주인이 현명하면 영광을 함께하고, 주인이 그렇지 못하면 먼저 화를 입는다. 그리하여 태종(太宗)은 친인척들을 감찰하고 상과 하사품을 깎았다. 정관(貞觀) 연간에는 패가망신한 외척이 없었다.

하지만 고종과 중종 두 황제 때에는 권력의 칼자루가 조금씩 후비와 외척들에게 넘어가 조정에 분란이 생겼고, 무씨(武氏)와 위씨(韋氏) 집안사람들은 애 어른 할 것 없이 모두 목이 잘렸고 같은 날 칼날에 피를 묻히게 되었다.

현종(玄宗) 초년에는 가까운 친척에게도 법이 집행되어 안팎으로 근신하며 법도를 어기지 않았다. 천보(天寶) 연간에는 영명함을 빼앗겨 정사를 양 귀비(楊貴妃)의 집안에 맡겨 두니, 반란을 불러일으켜 천하를 거의 잃을 뻔하였다. 양씨(楊氏)를 주륙하여 그 종족을 남기지 않으니 대체로 수십 년 동안의 총애가 하루아침의 비참함을 보상하지 못하고, 좋은 집과 두터운 재물도 같이 참수되는 비극을 구하지 못하니 어찌 슬프지 않겠는가!

대종(代宗)과 덕종(德宗) 이하는 환관들이 총애를 독차지하여, 후궁들이 비록 많더라도 밝게 빛나는 현달한 가문이 없었으니 역시 칼과 톱으로 일족이 도륙당할 일도 없었다. 그러므로 복을 많이 받은 자는 잔혹한 화를 입고 이름이 적게 불리는 자는 책임도 가볍다고 하였으니, 세상의 이치가 바로 그러하다."

『唐外戚傳』序: "凡外戚成敗, 視主德何如. 主賢則共其榮, 主否則先受其禍. 故太宗檢貴倖, 裁賞賜. 貞觀時, 戚里無敗家. 高、中二宗, 柄移豔私, 產亂朝廷, 武、韋諸族, 耄嬰頸血, 一日同汙鐵刃. 玄宗初年, 法行近親, 裏表脩敕. 天寶奪明, 委政妃宗, 階召反虜, 遂喪天下. 楊氏之誅, 噍類不遺, 蓋數十年之寵, 不償一日之慘, 甲第厚貲, 無救同坎之悲, 寧不哀哉! 代、德而降, 閹尹參嬖, 後宮雖多, 無赫赫顯門, 亦無刀鋸大戮. 故用福甚者得禍酷, 取名少者蒙責輕. 理所固然云."

당(唐)나라 무후(武后)는 이미 칭제(稱帝)하였다가, 당나라를 주(周)나라로 바꾸었다. 무승사(武承嗣)를 위왕(魏王)으로 삼고 무삼사(武三思)를 양왕(梁王)으로 삼았으며, 나머지 무씨 집안사람 가운데 군왕(郡王)이 된 자가 여럿이었다. 무승사와 무삼사는 친왕(親王)이자 재상이었는데, 나아가 태자가 되려 하자 적인걸(狄仁傑)이 반대하여 그만둘 수밖에 없었다. 여러 무씨들은 각각 벼슬을 맡아 방자하게 횡포를 부렸다. 나중에 장간지(張柬之)가 태자를 모시기 위해 무후의 총애를 받던 장역지(張易之)와 장창종(張昌宗)을 주살하였다. 다시 태자를 맞아 복위시키고 주나라를 당나라로 바꾸고 연호를 신룡(神龍) 원년으로 고쳤다. 이에 낙주장사(洛州長史) 설계창(薛季昶)이 장간지와 경휘(敬暉)에게 말하였다.

"비록 두 흉적을 제거하였으나, 무승사와 무삼사가 아직 살아 있습니다. 풀을 깎으면서 뿌리를 뽑지 않으면 결국 다시 살아납니다."

두 사람이 말하였다.

"대세는 이미 정해졌고 그들은 도마 위의 고깃덩어리에 불과한데, 무슨 일을 벌일 수 있겠소?"

설계창이 탄식하며 말하였다.

"내가 죽을 곳을 알지 못하겠구나."

조읍위(朝邑尉) 유유구(劉幽求) 또한 환언범(桓彦範)에게 말하였다.

"무삼사가 아직 살아 있으니, 공들은 결국 묻힐 땅이 없을 것입니다. 만일 서둘러 도모하지 않으면 배꼽을 물어뜯으려 해도 따라잡지 못합니다."

하지만 듣지 않았다.

상관완아(上官婉兒)는 무후 때 첩여(婕妤)가 되어 궁중에서 권력을 휘두르며 무삼사와 내통하는 무씨의 무리였다. 무삼사를 위후(韋后)에게 천거하여 궁궐로 불러들이니 주상이 결국 무삼사와 함께 정사를 의논하게 되었다. 장간지 등은 모두 무삼사에게 제압당하였다.

주상은 위후와 무삼사에게 쌍륙 놀이를 시키고 자신은 옆에서 점수를 매긴 적이 있었다. 그러다가 결국 무삼사가 위후와 정을 통하게 되어 다시 무씨가 세력을 떨치었다. 장간지 등은 수시로 주상에게 여러 무씨들을 주살할 것을 청하였으나 듣지 않았다. 장간지 등이 다시 말하였다.

"혁명의 시기에 종실의 여러 이씨들이 주륙을 당해 거의 사라졌습니다. 지금 하늘과 땅의 신령들의 도움을 받아 반정(反正)을 할 수 있었습니다. 그런데 무씨들이 분수에 넘치는 관직과 작위를 받아 예전처럼 편안하게 지내고 있으니, 어찌 가까운 자들이 기대하는 것을 저버리십니까! 원컨대 그 녹봉과 작위를 눌러 깎아내시어 천하를 위로하소서."

주상은 그래도 듣지 않았다. 장간지 등은 평상을 어루만지며 탄식하고 분통을 터트리기도 하고, 손으로 쳐서 피를 흘리기도 하며 말하였다.

"주상께서 옛날에 영왕(英王)으로 계실 때는 용감하고 굳세다는 칭송을 들었다. 내가 여러 무씨들을 주살하지 않은 이유는, 주상으로 하여금 직접 주살하도록 하여 천하에 권위를 드높이고자 함이다. 그런데 지금은 오히려 이러한 꼴이 되었으니 기회가 이미 사라졌다. 다시 어찌 될지 알 만하다."

주상이 여러 차례 무삼사의 집에 행차하자, 감찰어사(監察御史) 최교(崔皎)가 몰래 소를 올려 간언하였다.

"나라의 운명이 지금 되돌아왔지만, 측천무후는 여전히 서궁에 계시어 사람들의 마음이 오히려 그쪽으로 가서 모이고 있습니다. 주나라의 옛 신하들이 지금 조정에 그대로 늘어서 있는데 폐하께서는 어찌하여 가벼이 밖으로 놀러 다니시며 곧 닥칠지 모를 화를 살피지 않으십니까!"

주상이 이 말을 누설하여 무삼사의 무리가 최교에게 이를 갈았다. 무삼사를 사공(司空)이자 동중서문하(同中書門下) 3품—재상이다.—으로 삼았다. 경휘 등이 백관을 거느리고 표를 올렸다.

"천수(天授) 연간 혁명을 할 때—천수는 무후 연호다— 종실은 주살되거나 귀양을 가 거의 사라졌는데, 어찌 다시 여러 무씨들을 나란히 책봉하십니까? 오늘 하늘의 명을 새롭게 하면서, 무씨를 봉해 세우는 것이 옛날과 같고 모두 도성에 살게 하시니 개벽 이래 이러한 이치는 없었습니다. 원컨대 폐하께서는 사직을 헤아리시어 그들의 왕작(王爵)을 강등시켜 내외를 편안하게 하소서."

주상이 허락하지 않았다.

唐武后旣稱帝, 改唐爲周, 立承嗣爲魏王, 三思爲梁王, 餘爲郡王者數人. 承嗣、三思以親王又爲宰相, 又求爲太子, 賴狄仁傑言而止. 諸武各任事恣橫. 後張柬之尊奉太子, 誅后所幸張易之、昌宗, 迎太子復位, 改周爲唐, 改神龍元年. 洛州長史薛季昶謂張柬之、敬暉曰: "二凶雖除, 産祿猶在, 去草不去根, 終當復生." 二人曰: "大事已定, 彼猶机上肉耳, 夫何能爲?" 季昶歎曰: "吾不知死所矣." 朝邑尉劉幽求亦謂桓彦範曰: "武三思尙存, 公輩終無葬地. 若不早圖, 噬臍無及." 不從. 有上官婉兒者, 在武后時爲婕妤, 用事於中, 三思通焉, 故黨於武氏. 又薦三思於韋后, 引入禁中, 上遂與三思圖議政事, 張柬之等皆受制於三思矣. 上使韋后與三思雙陸, 而自居旁, 爲之點籌, 三思遂與后通. 由是, 武氏之埶復振. 張柬之等數勸上誅諸武, 不聽. 柬之曰: "革命之際, 宗室諸李誅夷略盡. 今賴天地之靈, 陛下返正, 而武氏濫官僭爵, 安堵如故, 豈遠近所望耶? 願頗抑損其祿位, 以慰天下." 又不聽. 柬之等或撫床歎憤, 或彈指出血, 曰: "主上昔爲英主, 時稱勇烈, 吾所以不誅諸武者, 欲使上自誅之, 以張天子之威耳. 今反如此, 事埶已去, 知復柰何!" 上數幸三思第, 監察御史崔皎密疏諫曰: "國命初復, 則天在西宮, 人心猶有附會. 周之舊臣, 列居朝廷, 陛下柰何輕有外遊, 不監豫且之禍!" 上洩之, 三思之黨切齒. 以武三思爲司空、同中書門下三品. 敬暉等帥百官上表, 以爲"天授革命之際, 宗室誅竄殆盡, 豈得與諸武並封! 今天命惟新, 而諸武封建如舊, 並居京師, 開闢以來未有斯理. 願陛下爲社稷計, 降其王爵, 以安內外." 不許.

무삼사와 위후는 밤낮으로 경휘 등을 참소하였다.

"공적을 믿고서 권력을 전횡하니 장차 사직에 해롭습니다."

주상이 이 말을 믿었다. 무삼사 등은 이를 기화로 주상에게 계획을 올렸다.

"경휘 등을 왕으로 책봉하여 정사를 그만두게 한다면, 밖으로는 공신을 높이고 총애한다는 명예를 잃지 않으면서, 안으로는 권력을 빼앗을 수 있습니다."

주상이 그렇다고 여겨, 경휘를 평양왕(平陽王)으로, 환언범을 부양왕(扶陽王)으로, 장간지를 한양왕(漢陽王)으로, 원서기(袁恕己)를 남양왕(南陽王)으로, 최현휘(崔玄暉)를 박릉왕(博陵王)으로 삼았다. 동시에 이들 모두 지정사(知政事)에서 물러나게 하였다. 무삼사는 백관들에게 명해 다시 측천의 정치를 복구하게 하고 무씨에 부회하지 않는 사람을 배척하였으며, 오왕(五王)에게 쫓겨난 사람들을 다시 불러들이니, 나라의 대권이 모두 무삼사에게 돌아갔다.

三思與韋后日夜譖暉等云: "恃功專權, 將不利於社稷." 上信之. 三思等因爲上書策: "不若封惲等爲王, 罷其政事, 外不失尊寵功臣, 內實奪之權." 上以爲然. 以敬惲爲平陽王, 桓彦範爲扶陽王, 張柬之爲漢陽王, 袁恕己爲南陽王, 崔玄暉爲博陵王, 並罷知政事. 三思令百官復修則天之政, 不附武氏者斥之. 爲五王所逐者復之, 大權盡歸三思矣.

장간지는 양주(襄州)로 귀향하여 병을 치료하게 해 달라고 간청하였다.

張柬之請歸襄州養疾.

같은 해 11월, 측천무후가 붕어하며 유언을 남겼다.

"황제의 칭호는 떼어 버리고 측천태성황후(則天太聖皇后)라 칭하라."

신룡(神龍) 2년 봄 정월, 무삼사는 경휘, 환언범, 원서기가 여전히 도성에 있자 이를 꺼려 각각 활주(滑州), 낙주(洛州), 예주(豫州) 세 곳의 자사(刺史)로 내보냈다.

是年十一月, 則天崩. 遺制: "去帝號, 稱則天太聖皇后." 二年, 春正月, 武三思以敬暉、桓彦範、袁恕己尙在京師, 忌之, 出爲滑、洛、豫三州刺史.

무삼사가 위후와 더불어 밤낮으로 그치지 않고 경휘 등을 참소하여 모두 폄적을 당하였다. 처사 위월장(韋月將)이 상서를 올려 무삼사가 몰래 궁궐에서 황후와 정을 통하였으며 반드시 역모를 일으킬 것이라 아뢰었다. 주상이 크게 노해 위월장을 참하라고 명하였다. 황문시랑(黃門侍郎) 송경(宋璟)이 진상을 조사할 것을 청하자 주상은 더욱 분노하여 건도 쓰지 않고 신발도 신지 않은 채 옆문으로 나가 송경에게 말하였다.

"짐이 이미 참하라 하였는데, 아직도 시행하지 않은 것이냐?"

송경이 말하였다.

"어떤 사람이 궁중에서 무삼사가 사사로이 간통한 것을 발고하였는데, 폐하께서 그 진상을 조사하지 않으시고 그 사람을 주살하라 하셨습니다. 신은 천하의 사람들이 이 일을 수근거릴까 두렵습니다."

완강하게 조사를 청하였지만, 주상이 허락하지 않았다. 송경이 말하였다.

"위월장을 꼭 참하시려거든, 먼저 신을 참하소서. 그렇지 않으면 신은 끝내 명을 받들 수 없습니다."

주상은 분노가 조금 풀리자, 위월장에게 곤장형을 내리고 영남으로 유배를 보냈다가 가을이 지나자 참수하였다.

武三思與韋后日夜譖敬暉等不已, 皆坐貶. 處士韋月將上書, 告武三思潛通宮掖, 必爲逆亂. 上大怒, 命斬之. 黃門侍郎宋璟奏請推按, 上益怒, 不及整巾履履, 出側門, 謂璟曰: "朕謂已斬, 乃未耶?" 璟曰: "人言中宮私於三思, 陛下不問而誅之, 臣恐天下必有竊議." 固請按之, 上不許. 璟曰: "必欲斬月, 將請先斬臣! 不然, 臣終不敢奉詔." 上怒少解, 乃命與杖, 流嶺南, 過秋分斬之.

무삼사(武三思)가 송경을 미워하여 검교(檢校) 패주자사(貝州刺史)로 내쫓았다.

武三思惡宋璟, 出之, 檢校貝州刺史.

무삼사가 정음(鄭愔)으로 하여금 경휘 등이 역모를 꾸몄다고 고발하도록 시켰다. 경휘는 애주(崖州)로, 환언범은 농주(瀧州)로, 장간지는 신주(新州)로, 원서기는 두주(竇州)로, 최현휘는 백주(白州)로 쫓아내어 실권이 없는 사마(司馬)로 삼았다.

武三思使鄭愔告敬暉等逆謀, 貶暉崖州、彦範瀧州、柬之新州、恕己竇州、玄暉白州, 並司馬員外置.

무삼사(武三思)가 몰래 사람을 시켜 황후의 더러운 행실을 천진교(天津橋)에서 공개하고 황후의 폐위를 청하게 하였다. 주상이 크게 노해 어사대부(御史大夫) 이승가(李承嘉)에게 명해 그 사실을 끝까지 밝혀내도록 하였다. 이승가가 보고서를 올렸다.

"경휘·환언범·장간지·원서기·최현휘가 사람을 시켜 그렇게 하도록 하였습니다. 황후를 폐위하라 하고 있으나 실은 역모를 꾸민 것이니, 청컨대 그들을 멸족하소서."

주상은 일찍이 경휘 등에게 사형을 면해 주는 특권을 내린 적이 있었기 때문에 허락하지 않았다. 결국 경휘 등을 경주(瓊州)나 양주(瀼州) 등으로 유배를 보내었다.

武三思陰令人疏皇后穢行於天津橋, 請加廢黜. 上大怒, 命御史大夫李承嘉窮竅其事. 承嘉奏: "敬暉等使人爲之, 雖云廢后, 實謀大逆, 請族誅之." 上以惲等嘗賜鐵券, 許以不死, 乃長流暉等於瓊、瀼諸州.

무삼사는 태자에게 넌지시 일러 경휘 등을 멸족해야 한다는 표를 올리게 하였는데, 주상이 허락하지 않았다. 중서사인(中書舍人) 최식(崔湜)이 무삼사에게 말하였다.

"경휘 등이 훗날 북쪽으로 돌아오면, 결국 화를 입으실 것입니다. 차라리 조서를 위조하여 사신을 보내 죽이는 것이 좋습니다."

무삼사(武三思)가 누구를 사신으로 보내는 것이 좋을지 묻자 최식은 대리정(大理正) 주이용(周利用)을 추천하였다. 이에 섭우대(攝右臺) 시어사(侍御史)로 임명해 파견하였다. 그런데 장간지와 최현휘는 이미 죽은 뒤였다. 환언범은 귀주(貴州)에서 만나 극악무도한 방법으로 죽였다. 경휘와 원서기 역시 마찬가지였다.

三思又諷太子上表, 請夷暉等三族, 上不許. 中書舍人崔湜說三思曰: "暉等異日北歸, 終爲後患, 不如遣使矯制殺之." 三思問誰可使者, 湜薦大理正周利用, 乃命攝右臺侍御史以往. 柬之、玄暐已死, 遇彦範於貴州, 殺之, 極其慘毒. 暉、恕己亦然.

무삼사가 오왕(五王)을 죽인 후에는 권력이 군주를 능가하여 항상 이렇게 말하였다.

"나는 세상에서 어떤 사람을 선인이라고 하는지, 어떤 사람을 악인이라고 하는지 모르겠다. 단지 나에게 잘해 주면 선인이고, 나에게 잘못하면 악인일 뿐이다."

武三思旣殺五王, 權傾人主, 常言: "我不知世間何者謂之善人, 何者謂之惡人; 但於我善者則爲善人, 於我惡者則爲惡人耳."

경룡(景龍) 원년, 황후는 태자 이중준(李重俊)을 자기가 낳지 않았다는 이유로 미워하였다. 무삼사는 더욱 태자를 꺼렸다. 상관완아는 무삼사에게 받은 은혜 때문에, 매번 조칙을 내려 무씨를 받들었다. 안락공주(安樂公主)와 부마 무숭훈(武崇訓)은 항상 태자를 능멸하며 어느 때는 노비라 부르기도 하였다. 무숭훈은 또 안락공주로 하여금 태자를 폐위하고 자신을 황태녀(皇太女)로 세우게끔 주상을 설득하라고 시켰다. 태자는 이러한 태도에 불만이 쌓였다.

가을 7월, 태자는 좌우림(左羽林) 대장군 이다조(李多祚) 등과 함께 조서를 위조하여 우림군의 기병 천 명을 동원하여 무삼사와 무숭훈을 그 집에서 죽이고, 그들과 친한 무리 십여 명을 죽였다. 태자 이중준은 또한 상관완아를 죽이려 하였지만 이기지 못하고 결국 호위병들에게 살해당하였다.

景龍元年, 皇后以太子重俊非其所生, 惡之. 武三思尤忌太子. 上官婕妤以三思故, 每下制敕, 推尊武氏. 安樂公主與駙馬武崇訓常陵侮太子, 或呼爲奴. 崇訓又教公主言於上, 請廢太子, 立己爲皇太女. 太子積不能平. 秋七月, 太子與左羽林大將軍李多祚等, 矯制發羽林千騎兵, 殺武三思、崇訓于其第, 并親黨十餘人. 重俊又欲誅婕妤, 不克, 爲衛兵所殺.

경룡 2년, 주상은 안락공주를 좌위중랑장 무연수(武延秀)에게 시집보냈다. 원래 무숭훈이 공주를 모실 때, 무연수가 여러 차례 잔치에서 시중을 들었다. 무연수는 용모가 뛰어나고 가무를 잘하여 공주가 좋아하였다. 무숭훈이 죽자 결국 무연수로써 공주를 모시게 하였다.

二年, 上以安樂公主適左衛中郎將武延秀. 初, 武崇訓之尙公主也, 延秀數得侍宴. 延秀美姿儀, 善歌舞, 公主悅之. 及崇訓死, 遂以延秀尙焉.

경룡 3년, 정주(定州)의 낭급(郎岌)이 상서하여 위후가 장차 역모를 일으킬 것이라 말하였다. 위후는 주상에게 곤장을 쳐서 낭급을 죽여야 한다고 말하였다. 허주(許州)의 사병참군(司兵參軍) 연흠융(燕欽融)이 다시 상서를 올렸다.

"위후는 음란하고 나라의 정사에 관여하며 그 집안이 강성합니다. 또 안락공주·무연수·종초객(宗楚客)은 종묘와 사직을 위해하려 계획하고 있습니다."

주상은 연흠융을 불러 면전에서 힐난하였다. 연흠융은 머리를 조아리며 항변하면서 정신과 안색을 조금도 흐트러지지 않았다. 주상이 아무 말이 없자, 종초객이 조서를 위조하여 비기(飛騎)로 하여금 연흠융을 때려죽이게 하였다. 주상이 비록 진상을 끝내 알아내지는 못하였지만, 속마음은 매우 언짢았다. 이때부터 위후와 그 무리는 걱정하며 두려워하기 시작하였다.

三年, 定州人郎岌上言韋后將爲逆亂. 后白上, 杖殺之. 許州司兵參軍燕欽融復言: "皇后淫亂, 干預國政, 宗族强盛. 安樂公主、武延秀、宗楚客圖危宗社." 上召欽融面詰之. 欽融頓首抗言, 神色不撓. 上默然, 宗楚客矯制, 令飛騎撲殺之, 上雖不窮問, 意頗怏怏不悅. 由是韋后及其黨始憂懼.

안락공주는 황후가 섭정을 하여 자신을 황태녀로 삼기를 바라고 있었다. 결국 둘의 뜻이 맞아 주상이 먹는 떡에 독을 넣기로 하였다. 6월 임오(壬午)일에 중종이 붕어하였다. 위후는 비밀리에 상을 알리지 않고, 자신이 정사를 총괄하였다. 여러 관부의 병사 5만 명을 소집하여 위첩(韋捷)·위선(韋璿)·위기(韋錡)·위파(韋播) 등에게 나누어 이끌도록 하였다.

황후가 조정에 나와 섭정을 하니 무연수 등과 여러 위씨들은 모두 함께 위후에게 무후의 전례를 따를 것을 권하였다. 남북 위군(衛軍)과 대각(臺閣)의 핵심부서는 모두 위씨의 자제들이 맡았고, 널리 무리를 모아 안팎으로 결연하였다. 그리고 깊이 꺼리던 상왕(相王)을 제거하기로 계획하였다.

상왕의 아들 임치왕(臨淄王) 이융기(李隆基)는 우선 노주(潞州)로 피신해 있다 나와서 도성에서 은밀하게 능력 있는 용사들을 모아 사직을 바로잡고 회복할 방법을 모색하였다. 당시 위파 등은 만기의 병사들을 채찍으로 매질하여 권위를 세우려 하였기에 모든 만기가 그들을 원망하였다. 과의(果毅) 갈복순(葛福順)과 진현례(陳玄禮)가 이융기를 찾아와 하소연하니 이융기는 여러 위씨를 죽일 계획을 넌지시 알렸다. 이에 만기는 모두 기뻐하며 죽음으로써 힘을 다하겠다고 청하였다.

이에 이융기는 군사를 불러 모아 궁궐로 들어가서 위선 등의 목을 베어 기세를 올렸고, 드디어 위후·안락공주·무연수·상관완아 등도 참하였다. 이융기는 위씨 가운데 궁중에 있거나 궁문을 지키는 자들을 찾아서 잡아들였고, 더불어 평소 위후가 가까이 신임하였던 자들도 모두 체포하여 참하였다. 위후는 시신은 기시하고, 무씨는 주살하거나 유배를 보내 없애 버렸다. 예종이 즉위하여 임치왕 이융기는 태자가 되었다. 무삼사와 무숭훈의 관작과 시호를 추삭하였으며, 부관참시하고 분묘는 평평하게 만들었다. 또한 죽은 태자 이중준의 위호를 추복하였고, 경휘·환언범·최현휘·장간지·원서기 등의 죄를 씻어 관작을 회복하였다. 위후를 서인으로 추폐하였고 안락공주도 패역서인으로 강등하였다.

安樂公主欲皇后臨朝, 自爲皇太女. 乃合謀, 於餠餤進毒. 六月壬午, 中宗崩. 韋后秘不發喪, 自總庶政. 徵諸府兵五萬, 使韋捷、韋璿、韋錡、韋播等分領之. 皇后臨朝攝政. 武延秀等及諸韋, 共勸韋后請遵武后故事, 南北衛軍、臺閣要官皆以韋氏子弟領之, 廣聚徒衆, 中外連結. 深忌相王謀去之. 相王子臨淄王隆基, 先罷潞州別駕, 在京師陰聚才勇之士, 謀匡復社稷. 韋播等數搒捶萬騎, 欲以立威, 萬騎皆怨. 果毅葛福順、陳玄禮見隆基訴之, 隆基諷以誅諸韋, 皆踴躍請以死自效. 於是, 勒兵入斬韋璿等以狥, 又斬韋后、安樂公主、武延秀、上官婕妤等, 捕索諸韋在宮中及守諸門幷諸韋 親黨. 及素爲韋后所親信者, 皆誅之. 尸韋后於市. 武氏宗屬誅死, 流竄殆盡. 睿宗卽位, 以臨淄王隆基爲太子. 追削武三思、崇訓爵謚, 斲棺暴尸, 平其墳墓, 追復故太子重俊位號. 雪敬暉、桓彦範、崔玄暐、張柬之、袁恕己等罪, 復其官爵. 追廢韋后爲庶人, 安樂公主爲悖逆庶人.

**신은 이렇게 생각합니다.** 무조(武曌)는 하늘의 강상(綱常)을 거슬러 그 참람이 극에 달하였습니다. 이때 여러 무씨들이 왕작을 받고 재상의 도장을 달고 안팎으로 포진하여 방자하고 흉폭하게 굴었는데, 무승사와 무삼사가 그 정점이었습니다. 태자 자리를 노리고 신기를 엿보았으나 다행히 충현들이 다시 나라를 회복시키니 중종이 태자에 복위할 수 있었습니다. 얼마 후 오왕(五王)이 떨쳐 일어나 장역지(張易之)와 장창종(張昌宗)을 주살하였고, 황제를 맞이하여 천명을 되돌렸습니다.

이때를 맞아 무조가 당나라의 사직을 옮기고 종실을 멸하려 하였던 죄를 나열하여 종묘에 고하고, 무조를 별궁에 유폐한 후 그 종족을 주멸해야 마땅하였습니다. 하지만 여러 현자들이 기회를 놓쳐, 중종을 영명한 군주로 여기고 무삼사의 무리를 주살하지 않았고 오히려 중종의 손을 빌리려 하였습니다. 얼마 후 위후를 이용해 나아가 원수에게 아첨하니, 이로써 다시 정권을 장악하여 충신을 도륙하고 궁중을 어지럽혀 위후가 시역을 하는 재앙을 이루었습니다.

대저 무조가 혁명을 한 이후 삼신(三辰)을 가린 것이 20여 년이었습니다. 다행히 현종(玄宗)이 번왕으로 있으면서 떨치고 일어나 내란을 토벌하니, 이로써 무씨와 위씨를 도륙하여 거의 살려두지 않았고, 사람과 귀신들의 원통함을 깨끗이 씻었습니다. 그것을 천고에 드리워 영원히 황후의 무리에게 경고할 만합니다. 이 때문에 신은 이것을 하나의 편으로 엮은 것입니다.

이상은 '외가가 교만할 때 화가 있음[外家驕恣之禍]'에 대해 논하였습니다.

**신은 이렇게 생각합니다.** 서한(西漢)의 외척 가운데 그 권력과 총애로 인해 패가망신한 자가 열여섯이지만, 신이 이 책에서 설명한 것은 여씨(呂氏)와 왕씨(王氏)뿐입니다. 후한(後漢)에서 당(唐)나라까지는 외척 가운데 그 끝을 지키지 못한 자가 매우 많습니다. 신이 이 책에서 후한시기의 양씨(梁氏)와 두씨(竇氏), 진(晉)나라의 양씨(楊氏)와 가씨(賈氏), 당나라의 무씨(武氏)와 위씨(韋氏)만을 기록한 것은 특히 그 폐해가 심하였기 때문입니다. 군주가 이를 거울삼을 수 있다면, 반드시 그 외가를 보전하는 방법을 생각할 것입니다. 외가가 이를 거울로 삼을 수 있다면, 반드시 자신을 보전하는 방법을 생각할 것입니다. 진실로 예전의 일을 모두 설명하지 않아도 후대에서 그 영원한 거울로 삼기에 충분합니다.

# 제가의 요체
## –공적 체계를 통한 사적 권력의 억제–

김광일

## 1. 제가의 요체[齊家之要]의 자리

『대학연의(大學衍義)』는 남송(南宋)의 진덕수(眞德秀, 1178~1235)가 경연(經筵)의 강론 내용을 바탕으로 찬집한 제왕학의 교재로서, 소정(紹定) 2년(1229)에 완성하여 단평(端平) 원년(1234) 이종(理宗)에게 진상한 책이다.[1] 송대 지식인들은 『예기(禮記)』의 한 편인 「대학(大學)」의 의미를 새롭게 발견하여 그곳에서 천명한 격물(格物)·치지(致知)·성의(誠意)·정심(正心)·수신(修身)·제가(齊家)·치국(治國)·평천하(平天下)라는 여덟 조목을 군주가 자신을 수양하고 천하를 다스리는 방법적 원칙으로 파악하였는데, 진덕수의 『대학연의』는 경전과 사서 등에서 그와 관련된 구체적 내용을 모으고 선별하여 「대학」에서 제시한 핵심적 원론에 살을 붙이고 있다. 이렇게 「대학」이라는 짤막한 글이 『대학연의』 43권이라는 육중한 제왕학 교과서로 재탄생하게 된다. 이를테면 『대학연의』는 「대학」의 격물·치지·성의·정심·수신·제가라는 여섯 조목에 대한 자세한 부연설명이자 방대한 주석이라 할 수 있다. 『대학연의』의 전체적인 구조를 간명하게 살펴보면 표 1과 같다.

---

1 眞德秀, 朱仁求 點校, 2010, 「尙書省箚子」, 「進『大學衍義』表」, 「中書門下省時政記房申狀」, 『大學衍義』, 上海: 華東師範大學出版社 참조.

표 1. 『대학연의』의 전체 구조

| | 권차 | 편명 | | 주요내용 |
|---|---|---|---|---|
| 벼리[綱] | 1 | 제왕이 정치하는 차례[帝王爲治之序] | | 천하를 다스리는 순서에 대한 총론 |
| | 2~4 | 제왕이 학문하는 근본[帝王爲學之本] | | 역대 제왕들은 무엇을 어떻게 배웠는가 |
| 그물코[目] | 5~14 | 격물치지의 요체[格物致知之要] | 도술을 밝힘[明道術] | 천리와 인륜을 깨달아 옳고 그름을 판하는 능력 |
| | 15~24 | | 인재를 분별함[辨人才] | 인재를 변별하는 능력 |
| | 25~26 | | 정치의 요체를 살핌[審治體] | 다스림의 근본구조를 통찰하는 능력 |
| | 27 | | 백성의 실정을 살핌[察民情] | 백성들의 실정을 이해하는 능력 |
| | 28~30 | 성의정심의 요체[誠意正心之要] | 경외함을 높임[崇敬畏] | 공경하고 두려워하는 태도 |
| | 31~34 | | 안일과 욕심을 경계함[戒逸欲] | 안일과 욕심을 경계하는 태도 |
| | 35 | 수신의 요체[修身之要] | 언행을 삼감[謹言行] | 조심스런 언행 |
| | | | 위의를 바르게 함[正威儀] | 위엄 있는 자세 |
| | 36~37 | 제가의 요체[齊家之要] | 배필을 중요하게 여김[重妃匹] | 황후와 후궁의 위상 |
| | 38~40 | | 집안의 다스림을 엄격하게 함[嚴內治] | 황후와 환관의 정치개입 |
| | 41~42 | | 나라의 후계자를 정함[定國本] | 태자의 선정과 교육 |
| | 43 | | 척속을 교화시킴[敎戚屬] | 외척의 전횡 |

우선 진덕수는 『대학연의』를 총론 성격의 "벼리[綱]"와 각론인 "그물코[目]"로 구성하였다. "벼리[綱]"에서는 제왕이 천하를 다스리는 순서를 전체적으로 논의하면서 「대학」의 삼강령(三綱領)인 '명명덕(明明德)', '친민(親民)', '지어지선(止於至善)'과 관련된 내용을 설명하였는

데, 배움[學]이란 무엇이며 역대 제왕들은 무엇을 어떻게 배웠는지를 살폈다. 이는 제왕이란 생물학적 혈통에 의해 결정되는 것이 아니라 끊임없는 배움의 과정을 통해 탄생하는 것임을 강조하여 현실의 군주를 배움의 공간으로 끌어들이기 위한 장치였던 것이다.

'그물코[目]'는 그러한 배움의 구체적인 내용을 「대학」의 여덟 조목의 체계에 맞추어 배치한 것이다. '격물치지의 요체[格物致知之要]'에서는 천리와 인륜을 깨달아 옳고 그름을 판단하는 능력[明道術], 인재를 변별하는 능력[辨人才], 다스림의 근본구조를 통찰하는 능력[審治體], 백성들의 실제 삶을 이해하는 능력[察民情]을 제왕이 갖추어야 할 근본적인 소양으로 제시한다. '성의·정심의 요체[誠意正心之要]'는 하늘의 뜻을 공경하고 두려워하고[崇敬畏] 스스로 게으름과 욕심을 제어하는[戒逸欲] 태도를 다루고 있다. '수신의 요체[修身之要]'는 격물치지와 성의정심과 같은 제왕의 내면적 능력이 그 신체를 통해 드러나는 상황에 대해 다루고 있는데, 제왕이라면 항상 조심스런 언행과 위엄 있는 자세를 유지해야 한다고 말한다. '몸통[體]'과 '쓰임[用]'이라는 성리학적 개념으로 설명하자면 여기까지가 "몸통"이다.[2]

『대학연의』의 '몸통' 부분에서는 군주 개인이 내면에 갖추어야 할 소양에 대해 설명하고 있다면, '쓰임'은 군주가 자신의 외부와 어떠한 관계를 설정해야 하는가에 대해 논의하고 있다. 그런데 표 1에서도 알 수 있듯이 진덕수는 『대학연의』에서 자신이 '쓰임'이라고 부른 '나라를 다스림[治國]'과 '온 세상을 평화롭게 함[平天下]'에 대해서는 다루지

---

2 眞德秀, 「尙書省箚子」, "蓋其所謂格物致知誠意正心修身者, 體也; 其所謂齊家治國平天下者, 用也. 人主之學, 必以次爲據依, 然後體用之全, 可以默識矣."

않는다. 단지 '집안을 가지런히 함[齊家]'의 항목만을 설정하고 있을 뿐이다. 군주 개인의 외부로서 '집안'만 존재하는 것이 아니라 '나라'와 '온 세상'이라는 더 큰 동심원도 있는데, 어찌하여 진덕수는 '집안'에서 논의를 멈춘 것일까?

사실 이것이 바로 『대학연의보(大學衍義補)』를 찬집한 구준(丘濬)의 문제의식이었다. 구준은 『대학연의』를 미완성인 책으로 파악하고, 그물코 하나가 뜯어진 그물과 서까래 하나가 빠진 집의 비유를 이용하여 이 책의 불완전함을 넌지시 비판하면서 '나라'와 '온 세상'과 관련된 열두 사항을 추가하고 있다.[3] 『대학연의보』가 비록 제목에 '보충[補]'이라는 겸손한 표현을 사용하고 있지만, 이 책에서 보충한 "치국평천하의 요체[治國平天下之要]의 경우 정치·행정·경제·외교·국방 등 군주 개인이 아닌 국가의 행위를 의제로 삼고 있으며 그 분량도 『대학연의』의 네 배 정도다. 이렇게 보면 『대학연의』가 군주와 관련된 핵심적 내용을 담지 못하고 있다는 느낌이 든다.

하지만 언뜻 불완전하게 보이는 『대학연의』의 체계는 진덕수가 품었던 고도의 기획에 의한 것이 아니었을까? 그러한 기획 속에서 군주 개인이 철저히 갖추어야 할 소양과 몰라도 되거나 몰라야 하는 것을 구분한 다음, 앞엣것만 강조하여 제시하고 뒤엣것은 감추는 방법이

3 丘濬, 「序」, 『大學衍義補』(東京大學 東洋文化硏究所 所藏 正德本), "譬則網焉, 網固不止乎一目, 然一目或解則網有不張; 譬則室焉, 室固不止乎一榱, 然一榱或虧則室有不具" 此臣所以不揆愚陋, 竊仿眞氏所衍之義, 而於齊家之下又補以'治國平天下之要'也. 其爲目凡十有二, 曰正朝廷(其目六)、曰正百官(其目十有一)、曰固邦本(其目十有一)、曰製國用(其目十有一)、曰明禮樂(其目六)、曰秩祭祀(其目七)、曰崇敎化(其目十有一)、曰備規製(其目十有六)、曰愼刑憲(其目十有四)、曰嚴武備(其目十有六)、曰馭夷狄(其目九)、曰成功化(其目一)."

『대학연의』의 편집전략이 아니었을까?

개인의 내면이라는 특정한 한계선을 설정하여 그 안쪽 영역으로 제왕이 배워야 할 내용을 제한하고 그 외부에 대해서는 논의에서 철저히 배제하는 것이 진덕수의 의도였다. 일단 '몸통[體]'이 크고 올바르면 그 '쓰임[用]'도 자연히 크고 올바르기 때문에, 군주가 그 '몸통'의 수양에만 힘쓰면 결국 온 세상이 저절로 평화로워진다는 것이 송대 지식인들의 기본적인 논리였다. 말하자면 『대학연의보』에서 보충한 내용은 군주가 수양해야 할 주제가 아니었던 것이다. 군주가 힘쓸 것은 「대학」에서 제시한 격물·치지·성의·정심·수신을 통한 내면의 수양만으로 충분하다.

이 점을 고려하면 질문을 바꿀 필요가 있다. 즉, 『대학연의』에 "왜 '나라[治國]'와 '온 세상[平天下]'에 대한 논의는 없는가?"가 아니라 "왜 '집안[齊家]'에 대한 논의가 들어 있는가?"를 물어야 한다. 이 물음은 단지 특정한 책의 체계에 대한 것이 아니다. 교육과 수양을 통해 성왕(聖王)이 되는 성리학의 이념과, 혈통을 통해 전제권이 세습되는 군주제의 현실 사이의 어긋남이 주는 곤혹감을 반영하고 있기 때문이다. '집안'은 바로 이와 같은 이념과 현실의 괴리가 극명하게 드러나는 공간이다. 진덕수가 형식적 불균형을 무릅쓰고 '쓰임[用]'의 부분에서 '집안'의 문제를 다루지 않을 수 없었던 이유도 여기에 있을 것이다. 이 때문에 『대학연의』「제가의 요체」에서는 황후·환관·태자·외척의 문제를 자세하게 논의한다.

## 2. 황후 · 환관 · 태자 · 외척의 문제

### (1) 황후

『대학연의』「배필을 중요하게 여김[重妃匹]」(권36~38)은 황후 선정의 원칙과 그와 관련된 역사적 경험에 대한 논의다.

권36에서는 우선 『시경』「주남(周南)·관저(關雎)」를 인용하여 군주가 배필을 맞이하는 대원칙을 제시한다. 「주남·관저」는 『시경』의 첫머리에 나오는 시인데, 역대로 '후비(后妃)의 덕'을 노래한 것으로 해석하였다. 다음으로 『시경』「문왕지습(文王之什)」의 「대명(大明)」과 「사제(思齊)」를 인용하여 태임(太任)과 태사(太姒)의 고사를 설명한다. 태임은 주(周)나라 문왕(文王)의 어머니이고 태사는 문왕의 후비인데, 역대로 요조숙녀의 역사적 실례이자 현모양처(賢母良妻)의 원형으로서 존숭을 받았다. 또한 역사서에서 한(漢)나라 현종(顯宗)의 후비인 명덕황후(明德皇后) 마씨(馬氏)와 당(唐)나라 태종(太宗)의 후비인 문덕황후(文德皇后) 장손씨(長孫氏)의 행실과 일화를 소개하면서 이상적인 후비의 모습으로 제시한다. 이상적인 후비의 모습과 대비되는 인물이 한나라 무제(武帝) 때의 위후(衛后)와 성제(成帝) 때의 조후(趙后)다. 이 둘은 모두 미모와 기예로 군주의 마음을 사로잡아 황후에 올랐다가, 세월이 흘러 미모가 쇠하자 버림을 받고 결국 자살로 삶을 마감한다는 공통점이 있다. 또한 뒷부분에 송(宋)나라 범조우(范祖禹)가 원우(元祐) 5년(1090)에 올린 「후비의 선정을 논의하며 태황태후에게 올리는 소[論立后上太皇太后疏]」의 전문(全文)을 인용하여, 군주의 개인적 감정에 의해 황후를 선정하였을 때 국가에 미치는 해악을 지적하고 유가적 원칙에 따르는 후비 선정을 주장한다.

권37은 '비빈의 바로잡고 경계하는 의견을 경청함[賴規警之益]', '정실과 첩의 구분을 명확하게 함[明嫡媵之辨]', '황후를 쉽게 폐위하고 삭탈하는 잘못을 멈춤[懲廢奪之失]'이라는 항목을 설정하고 있다. '비빈의 바로잡고 경계하는 의견을 경청함[賴規警之益]'에서는 주(周) 선왕(宣王)의 강후(姜后), 제(齊) 애공(哀公)의 진 현비(陳賢妃), 초(楚) 장왕(莊王)의 번희(樊姬), 한(漢) 성제(成帝)의 반 첩여(班揵妤), 당(唐) 태종(太宗)의 서혜(徐惠) 등 군주의 잘못된 태도와 실정을 비판하였던 후비와 후궁의 사례를 소개하고 있다. 진덕수가 생각하는 어진 후비의 역할이란 실제 정치에 간여하지 않으면서 유가적 이념에 바탕하여 군주를 비판하고 설득하는 것이다. '정실과 첩의 구분을 명확하게 함[明嫡媵之辨]'에서는 후비와 후궁 사이의 위상에 대해서 논의하고 있다. 진덕수는 『춘추좌씨전』에 나오는 신유(辛有)의 간언, 위(衛) 장공(莊公)의 후비 장강(莊姜)의 이야기, 한(漢) 문제(文帝)의 애첩 신(愼)의 고사에서 알 수 있는 것처럼, 후비와 후궁의 역할과 위상을 명확하게 하지 않으면 국가적 혼란이 발생할 수 있다고 경고한다. '황후를 쉽게 폐위하고 삭탈하는 잘못을 멈춤[懲廢奪之失]'에서는 정실인 후비를 결국 폐출하고 하였을 때 후궁을 후비로 삼았을 때 생기는 문제에 대해서 서술하고 있다. 당(唐) 고종(高宗)이 무조(武曌)를 총애하여 왕 황후(王皇后)와 소 숙비(蕭淑妃)를 폐출하였다가 무조가 주(周)나라의 황제로 등극하는 결과를 초래하였다. 이를 통해 진덕수는 후비를 쉽게 폐위하면 나라와 정권이 패망할 수 있다고 경고한다.

권38은 '궁정의 내외를 구분함[宮闈內外之分]'과 '후비의 국정 참여를 경계함[宮闈預政之戒]'이라는 내용으로 구성되어 있다. '궁정의 내외를 구분함[宮闈內外之分]'에서는 『예기(禮記)』의 「혼의(昏義)」를 인용하여 황후의 역할을 규정하면서 여순(女順)의 개념에 대해 간략하게 설명하고 있다. 또한 「곡례(曲禮)」의 "밖의 말이 문지방 안으로 들어오지 않으며, 안의 말이 문지방 밖으로 나가지 않는다."라는 말을 통해 전조에 대한 후정의 개입을 막는 방법을 제시한다. 두 번째 부분은 '후비의 국정 참여를 경계함[宮闈預政之戒]'이다. 앞부분의 「배필을 중요하게 여김[重妃匹]」에서 주로 공식적인 후비를 내팽개치고 여색을 탐해 국가 시스템을 무너뜨리는 어리석은 군주[昏君]에 대해 다루고 있다면, 여기에서는 합법적 형식을 통해 태후나 황후가 '조정에 나아가 황제의 역할을 대리하는[臨朝稱制]' 상황을 검토하고 있다.

『대학연의』에서 태후를 다루는 관점은 공적 권력의 사유화 문제를 사고하는 데에 큰 시사를 준다. 태후는 임금에게 갑작스럽게 유고가 발생하여 통치가 불가능한 경우, 새로운 임금을 지명하거나 섭정할 수 있는 합법적 권리를 부여받는다. 「집안의 다스림을 엄격하게 함」에서 다루는 대부분의 태후들은 이러한 합법적 권리를 이용해 '예외상황'을 선포하고 새로 임금을 옹립하거나[立君] 폐위하는[廢君] 방법을 통해 자신의 권력을 확대하여 지속성을 유지하려 한다. 이와 같은 상황을 경계하는 것이 권38의 주된 내용이다.

### (2) 환관

「집안의 다스림을 엄격하게 함」의 두 번째 주제는 환관의 문제로서 권39와 권40에서 다루고 있다. 이 부분은 청대(淸代) 조익(趙翼)의 『이십이사차기(二十二史箚記)』의 환관 관련 부분과 더불어 전통시기 중국의 대표적인 환관론이라고 할 수 있다. 『대학연의』「집안의 다스림을 엄격하게 함」에서는 역사적으로 큰 영향을 미친 환관들과 그와 관련된 사건을 소개할 뿐만 아니라, 당시 지식인들의 상소나 대책을 수록하고 환관과 관련된 후대의 논의를 소개하고 있다.

우선 권39에서는 '내신이 충성스럽고 신중할 때 생기는 복[內臣忠謹之福]'이라는 항목을 설정하여 일곱 명의 환관을 다루고 있다. 이를 통해 이상적 환관의 모델을 제시하고 있는데, 모두 집안의 노복[家奴]이라는 자신의 정체성을 깊게 인식하고 그 직분을 넘어서는 행위는 절대 하지 않는다는 공통점이 있다. 충성의 결과로 얻은 총애를 이용해 공적 영역에 영향을 끼치지 않는 모습이 환관의 이상적인 모습이라는 것이다.

'내신이 정치에 간여할 때 생기는 재앙[內臣預政之禍]'에서는 춘추시기 제(齊) 환공(桓公)의 유초(孺貂)와 진(秦)나라의 조고(趙高)부터 서술을 시작하지만, 송대(宋代) 이전 환관의 발호와 전횡이 가장 심각하였던 후한대(권39)와 당대 후기(권40)를 주로 다루고 있다. 권39에서는 『후한서(後漢書)』「환관전(宦官傳)」 서문을 인용하여 한대(漢代) 환관 권력이 확대되는 역사적 과정을 추적하고, 환관 전횡의 문제를 지적하는 다양한 상소문이나 대책문을 끌어와 지식인들의 저항을 묘사한다.

권40은 군주를 빈번히 옹립하고 시해하고 폐위하였던 것으로 악명이 높은 당대(唐代) 후기의 환관사를 정리하는 부분이다. 권39와 유사한 형식으로 『신당서(新唐書)』의 「환자전(宦者傳)」 서문을 통해 당대 환관의 전횡의 배경과 전개에 대해서 개술하고 범조우(范祖禹)의 논평을 덧붙인 다음, 고역사(高力士) 이후 여러 환관들에 대해 다룬다.

특히 환관이 조정과 군부의 직책을 맡게 되는 제도적인 부분에 대해서 주목하고 있다. 후한대(後漢代)의 환관들이 봉작(封爵)의 방법으로 자신들의 영향력을 확대하였다면, 당대의 환관들은 공적 영역에서 요직을 담당하는 방법으로 권력을 장악한다. 그들이 역대 어느 왕조의 환관들보다 큰 권력을 누렸던 것은 군대의 사령관이라 할 수 있는 관군용사(觀軍容使)와 근위병의 수장인 신책군(神策軍) 중위(中尉)를 맡게 되어 조정의 병권을 장악하였기 때문이라는 것이 진덕수의 기본적인 관점이다. 마지막으로 '감로지변(甘露之變)'과 최윤(崔胤) 주도의 환관 소탕 과정을 자세히 서술하면서 환관 전횡이 당나라의 멸망의 주요 원인이라는 점을 강조한다.

흥미로운 점은 『대학연의』가 한대와 당대의 환관사를 재구성하면서 일종의 구조적 동일성을 강조하고 있다는 점이다. 군주가 환관을 통해 정치를 행하면 관료와 지식인들의 입지가 좁아져 국가적 혼란이 일어나고, 결국 강력한 군벌이 등장하여 왕조의 멸망으로 이어진다는 것이다. 한대와 당대에 보이는 환관 발호의 이러한 구조적 동일성을 재구성함으로써, 진덕수는 관료와 지식인들에게 환관 권력의 위험성을 경고하고 있다.

### (3) 태자

『대학연의』「제가의 요체」의 세 번째 항목은 '나라의 후계자를 정함[定國本]'으로서 권41과 권42에서 다루고 있는데, 주로 세습왕조에서 후계자 선정의 원칙, 교육 방법, 정치적 위상 등에 대해서 논의한다. 권41에서는 '나라의 후계자를 세우는 계획은 마땅히 미리 마련해야 함[建立之計宜蚤]'과 '태자를 깨우치고 가르치는 방법은 마땅히 미리 준비해야 함[諭教之法宜豫]'의 내용으로 구성되어 있다. 우선 진덕수는 태자를 일찍 세우지 않으면 국가적 혼란이 일어날 수 있다고 경고하면서, 그 구체적인 예로 춘추시대 제(齊)나라 환공(桓公)과 경공(景公) 사후에 벌어진 왕자의 난에 대해서 기술한다. 또한 북송(北宋) 인종(仁宗) 때와 남송(南宋) 고종(高宗) 때의 일을 소개하면서 신하들과 논의하여 후계권력을 미리 정하는 것이 송나라의 전통이라고 역설한다.

태자를 세운 다음에는 미래의 권력자에 대한 교육도 필수적이다. '태자를 깨우치고 가르치는 방법은 마땅히 미리 준비해야 함[諭教之法宜豫]'에서는 유가의 태자교육론인 『예기(禮記)』「문왕세자(文王世子)」와 『신서(新書)』「보부(保傅)」를 인용하여 교육의 내용인 예악(禮樂)과 교육 담당자인 태부(太傅)·소부(少傅)·사(師)·보(保) 등에 대해 설명한다. 또한 황로술(黃老術)이나 법가(法家)의 학설을 태자가 접하였을 때 생기는 폐해를 한나라 조조(曹錯), 진나라 강총(江總) 등의 사례를 들어 설명한다. 마지막으로 당나라 헌종(憲宗) 시기의 원진(元稹)의 상소를 인용하여 태자 측근의 문제를 제기한다.

권42에서는 '적서의 구분은 마땅히 명백해야 함[嫡庶之分宜辨]'과 '폐위하고 삭탈하는 잘못은 마땅히 살펴야 함[廢奪之失宜監]'을 주요한 내용으로 다루고 있는데, 이는 세습왕조의 권력구조와 깊은 관련이 있다. 세습왕조에서는 현재의 권력을 쥔 군주는 미래의 권력인 태자를 통제할 필요성이 있는데, 그 극단적인 형태가 태자의 지위를 박탈하는 것이다. 세습왕조에서 태자의 건립과 폐위가 빈번한 것도 본질적으로 권력의 향방을 둘러싼 갈등으로 해석할 수 있다. 이와 같은 난점을 해소하기 위해서 진덕수가 제시하는 방법은 우선 적서(嫡庶)의 구별을 명확하게 하는 것이다. 적장자(嫡長子)를 우대하는 것은 단지 군주 개인의 사사로운 감정에 따르는 것이 아니라 지위 고하를 분별하고 반역의 혼란을 방비하기 위한 방법이다. 진덕수는 주(周)나라 환왕(桓王)과 제(齊)나라 희공(僖公), 한(漢)나라 성제(成帝), 오(吳)나라 손권(孫權), 당(唐)나라 태종(太宗) 때의 고사를 들어, 태자와 그 밖의 왕자 사이에 대우와 지위에 차등을 두지 않았을 때 생기는 혼란에 대해 언급한다. 더욱 심각한 문제는 이미 책봉한 태자를 폐위하는 경우에 발생한다. 주나라 유왕(幽王)이 태자를 폐위하였다가 결국 나라가 멸망하였던 사건을 시작으로, 중국의 역사에서 수많은 군주들이 태자를 폐위하는데 그러한 결정이 야기한 혼란은 국가의 존망을 위협하기도 하였다. 이와 같은 상황에서 지식인들은 태자의 폐위를 막기 위해 적극적으로 노력하는데, 한나라 고조(高祖) 때의 장양(張良)과 상산사호(商山四皓), 당(唐) 덕종(德宗) 때의 이필(李必) 등이 대표적인 사례다.

## (4) 외척

왕조체제에서 군주가 즉위하여 아직 권력이 공고하지 못한 상황에서 태후의 집안인 외척은 새로운 군주에게 든든한 지지기반의 역할을 한다. 이러한 역할을 바탕으로 외척은 점차 자신의 권력을 확장해 나간다. 이 때문에 외척들은 군주를 시해한 후 의도적으로 어린 군주를 옹립하는 방법으로 국가의 비상상황을 직접 조작하여 자신들의 권력을 더욱 강화하는 일도 빈번하였으며, 심지어 국가의 권력을 찬탈하는 경우도 있었다.

권43에서는 천하를 좌지우지하였던 대표적인 외척 집단이 어떻게 자신들의 권력을 확대해 가는지를 역사 속에서 치밀하게 추적하고 있다. 우선 '외가가 겸손하고 근신할 때 복이 생김[外家謙謹之福]'이라는 주제로 한(漢) 문제(文帝) 때 두후(竇后)의 형제인 두장군(竇長君)과 두광국(竇光國), 후한(後漢) 광무제(光武帝) 때의 번굉(樊宏)과 번조(樊儵) 등 군주와의 사적 관계를 이용해 자신들의 권력을 확대하지 않은 외척을 소개하면서, 이상적인 외척의 모습을 제시한다. 하지만 서술 분량을 기준으로 보면 진덕수가 '외가가 교만할 때 화가 있음[外家驕恣之禍]'에 중점을 두고 있다는 것을 쉽게 알 수 있다. 후한(後漢) 장제(章帝)의 후비인 두 태후(竇太后)의 그 형제인 두헌(竇憲)과 두독(竇篤)이 전횡하였고, 순제(順帝) 양 황후(梁皇后)의 오빠인 양기(梁冀)는 자신을 '발호장군(跋扈將軍)'이라 지칭한 질제(質帝)를 짐독으로 시해하기까지 하였다. 진덕수는 그 밖에 진(晉)나라 때의 양(楊)씨와 가(賈)씨 일가, 당(唐)나라 때의 무(武)씨와 위(韋)씨 등과 관련된 역사적 실례를 들어 외척 권력이 확대되면서 발생한 재난을 자세하게 서술한다.

## 3. 「집안의 다스림을 엄격하게 함[嚴內治]」의 내용과 서사구조

이렇듯 『대학연의』「제가의 요체」에서는 사적 권력이 공적인 국가체계에 틈입하는 약한 고리에 대해서 날카로운 문제를 제기한다. 특히 환관의 정치개입 문제를 주로 다루고 있는 「집안의 다스림을 엄격하게 함[嚴內治]」에서는 이러한 문제의식이 더욱 명확하게 드러나 있다. 아래에서는 「집안의 다스림을 엄격하게 함」의 내용과 구조를 자세하게 분석함으로써, 사적 권력이 공적 체계를 무력화하는 과정과 그에 대한 진덕수의 문제의식을 살펴본다.

### (1) 「집안의 다스림[內治]」의 개념

'집안'이란 특정한 개인을 가장 근거리에서 둘러싸고 있는 외부로서, 대체로 혈연·혼인·생활이라는 사적 관계로 구성된다. 그런데 세습을 통해 최고의 권력을 이양하는 군주제의 경우, 군주의 집안은 사적 영역과 공적 영역이 중첩되어 있는 이중적 성격을 띠고 있다. 기본적으로 군주가 생활을 영위하는 사적 공간이지만, 다른 한편으로는 천하의 후계권력을 재생산하는 공적 공간이기도 하다.

『대학연의』「제가의 요체」는 후비·환관·태자·외척을 다루면서 이 문제에 대해 논의하고 있다. 「배필을 중요하게 여김[重妃匹]」과 「나라의 후계자를 정함[定國本]」에서는 후비와 태자의 공적 성격을 어느 정도 긍정하지만, 「집안의 다스림을 엄격하게 함」과 「척속을 교화시킴[教戚屬]」에서는 환관과 외척을 철저하게 사적 존재로 규정한다. 특히 혈연이나 혼인으로 연결되지 않지만 최고 권력자의 바로 옆에 존재한다는 이유로 공적 체계에 침투하여 결국 그 시스템의 작동을 멈추게 할 수 있는 환관에 대해서는 가장 강력한 경계의 목소리를 내고 있다.

『대학연의』「집안의 다스림을 엄격하게 함」에서 다루고 있는 '내치'란 중국의 전통적인 궁정배치인 '전조후정(前朝後廷)'에서 후정(後廷)과 관련된 부분이다. 궁정은 나라의 정사를 논의하고 집행하는 기관[前朝]이기도 하지만 황제의 거소[後廷]이기도 하다. 전조가 군주의 공적 역할이 발휘되는 공간이라면 후정은 군주가 먹고 자고 마시고 즐기는 일상생활을 영위하는 사적 공간이다. 그런데 여러 가지 이유로 후정이 전조에 영향을 미치는 경우가 있다. 『대학연의』의 「집안의 다스림을 엄격하게 함」은 이 점에 대해 문제를 제기하면서 역사의 흐름

**표 2. '제가의 요체 2' 「집안의 다스림을 엄격하게 함」**

| 권차 | 편명 | 내용 | 항목수 |
|---|---|---|---|
| 38 | 궁정의 내외를 구분함 [宮闈內外之分] | 황후의 역할 규정 | 2 |
| | 후비의 국정 참여를 경계함 [宮闈預政之戒] | 황후가 정치에 간여하였을 때 발생하는 혼란상 | 12 |
| 39 | 내신이 충성스럽고 신중할 때 생기는 복[內臣忠謹之福] | 훌륭한 환관의 모델 제시 | 7 |
| | 내신이 정치에 관여할 때 생기는 재앙[內臣預政之禍] | 주로 후한대(後漢代) 환관의 발호와 전횡 | 15 |
| 40 | 내신이 정치에 관여할 때 생기는 재앙[內臣預政之禍] | 당대(唐代) 환관의 발호와 전횡 | 15 |

속에서 그 원인을 분석하고 해결책을 제시한다.

후정의 힘이 비정상적인 경로를 통해 확대되면서 전조의 일에 개입하는 사태는 크게 두 가지다. 첫째는 태후의 권력이 정치를 좌우하는 것이고, 둘째는 환관이 발호하여 결국 조정의 시스템을 마비시키는 것이다. 「집안의 다스림을 엄격하게 함」에서는 형식적으로 이 두 가지 경우로 나누어 '집안'의 문제를 서술하고 있다.

## (2) 태후의 정치 간여

우선 『대학연의』 권38에서는 태후의 정치 간여 문제를 다루는데, 이 부분은 크게 두 가지 세목으로 구성되어 있다. '궁정의 내외를 구분함[宮闈內外之分]'에서는 『예기(禮記)』의 「혼의(昏義)」를 인용하여 황후의 역할을 규정하면서 여순(女順)의 개념에 대해 간략하게 설명하고 있다. 이곳에서 전조의 '육관(六官)'과 대비되는 '육궁(六宮)'의 역할을

표 3. 「집안의 다스림을 엄격하게 함」 '궁정의 내외를 구분함[宮闈內外之分]'의 내용

| 순번 | 내용 | 출전 | 비고 |
|---|---|---|---|
| 1 | 황후의 역할과 여순(女順)의 개념 | 『예기』「혼의」 | 총론 |
| 2 | 황제와 황후의 역할과 위상을 엄격하게 구분해야 함 | 『예기』「곡례」 | |

언급하여 '천하의 내치'를 담당하는 후비(后妃)의 공적 기능을 어느 정도 긍정하지만, '여순'과 관련성이 있어야 한다는 제한을 명확히 하고 있다. 또한 「곡례(曲禮)」의 "밖의 말이 문지방 안으로 들어오지 않으며, 안의 말이 문지방 밖으로 나가지 않는다."[4]라는 말을 통해 전조에 대한 후정의 개입을 막는 방법을 제시한다.

두 번째 부분은 '후비의 국가대사에 참여함을 경계함[宮闈預政之戒]'이다. 「제가의 요체 1」의 「배필을 중요하게 여김[重妃匹]」에서는 주로 공식적인 후비를 내팽개치고 여색을 탐해 국가 시스템을 무너뜨리는 어리석은 군주[昏君]에 대해 다루고 있다면, 여기에서는 합법적 형식을 통해 태후나 황후가 '조정에 나아가 황제의 역할을 대리하는[臨朝稱制]' 상황을 검토하고 있다. 특히 군주가 유고를 당하거나 너무 어려서 태후가 합법적인 절차를 통해 권력을 부여받은 경우에 대해 주로 논의한다.

여기에서는 총 아홉 명의 태후의 사적에 대해 검토하고 있는데, 그 서술 분량을 기준으로 전한 시기의 여태후(呂太后)·후한의 여섯 태후·당대의 무후(武后)의 경우로 나눌 수 있다. 태후(太后)의 임조칭제

4 『大學衍義』 권40, "「曲禮」曰: 外言不入於梱, 內言不出於梱."

표 4. 「집안의 다스림을 엄격하게 함」 '후비의 국정참여를 경계함[宮閫預政之戒]'의 내용

| 순번 | 내용 | 출전 | 비고 |
|---|---|---|---|
| 1 | 후비의 정치간여 금지를 규정한 제(齊) 환공(桓公)의 규구(葵丘)의 맹약 | 『춘추곡량전(春秋穀梁傳)』 희공(僖公) 9년 | 총론 |
| 2 | 여 태후(呂太后): 한(漢) 고조(高祖)의 황후 | 『한서(漢書)』 권97상, 『자치통감(資治通鑑)』 권13 | 인물 사건 |
| 3 | 왕정군(王政君): 원제(元帝)의 황후, 왕망(王莽)의 고모, 『한서』 반표(班彪)의 사론(史論) 부기 | 『한서』 권98 | 인물 |
| 4 | 『후한서』 「황후기」 범엽(范曄)의 사론 | 『후한서(後漢書)』 권10상 | 총론 |
| 5 | 두 태후(竇太后): 장제(章帝)의 황후, 두헌(竇憲)과 두독(竇篤)의 누이 | 『자치통감』 권47 | 인물 |
| 6 | 등 태후(鄧太后): 화제(和帝)의 황후 범엽의 사론 부기 | 『후한서』 권10상 | 인물 |
| 7 | 염 태후(閻太后): 안제(安帝)의 황후, 염현(閻顯)의 누이 | 『후한서』 권10하 | 인물 |
| 8 | 양 태후(梁太后): 순제(順帝)의 황후, 양기(梁冀)의 누이 | 『후한서』 권10하 | 인물 |
| 9 | 두 태후(竇太后): 환제(桓帝)의 황후, 두무(竇武)의 딸 | 『후한서』 권10하 | 인물 |
| 10 | 하태후(何太后): 영제(靈帝)의 황후, 하진(何進)의 누이 | 『후한서』 권10하 | 인물 |
| 11 | 후비의 정치간여를 금지한 위(魏) 문제(文帝)의 조칙(詔勅) | 『삼국지(三國志)』 권2 | 총론 |
| 12 | 무후(武后): 당(唐) 고종(高宗)의 황후, 『신당서』 「후비전(后妃傳)」의 사론 부기 | 『신당서(新唐書)』 권76 | 인물 |

(臨朝稱制) 기간이 길어지면 태후 자신이 강화된 권력을 이용해 공적 시스템을 붕괴시킬 수도 있지만, 대개 자신의 친정 집안이나 환관 권력의 확대로 이어진다. 「집안의 다스림을 엄격하게 함」의 서술에 따르면, 한대 태후들이 임조칭제를 통해 대개 외척의 권력을 증대시켰고,

당대 무후의 경우 기존의 황실을 무너뜨리고 아예 새로운 왕조를 개창하였다.

여성과 남성에게 사회적으로 부여된 성역할을 천륜(天倫)으로 생각하고 있다는 점을 일단 차치하면, 『대학연의』에서 태후를 다루는 관점은 공적 권력의 사유화 문제를 사고하는 데에 큰 시사를 준다. 태후가 이러한 권력을 쥐게 되는 것은 어쩌면 세습왕조의 근본적 한계이기 때문이다. 태후는 군주에게 갑작스럽게 유고가 발생하여 통치가 불가능한 경우, 새로운 군주를 지명하거나 섭정할 수 있는 합법적 권리를 부여받는다. 「집안의 다스림을 엄격하게 함」에서 다루는 대부분의 태후들은 이러한 합법적 권리를 이용해 "예외상황"을 선포하고 새로 군주를 옹립하거나[立君] 폐위하는[廢君] 방법을 통해 자신의 권력을 확대하여 지속성을 유지하려 한다.

### (3) 환관의 전횡

「집안의 다스림을 엄격하게 함」의 두 번째는 환관의 문제로서 『대학연의』의 권39와 권40에서 다루고 있다. 이 부분은 조익(趙翼)의 『이십이사차기(二十二史箚記)』의 환관 관련 부분과 더불어 전통시기 중국의 대표적인 환관론이라고 할 수 있다. 『대학연의』 「집안의 다스림을 엄격하게 함」에서는 역사적으로 큰 영향을 미친 환관들과 그와 관련된 사건을 소개할 뿐만 아니라, 당시 지식인들의 상소나 대책을 수록하고 환관과 관련된 후대의 논의를 소개하고 있다.

우선 권39에서는 "내신이 충성스럽고 신중할 때 생기는 복[內臣忠謹之福]"이라는 항목을 설정하여 춘추시기 제나라의 환관이었던 피

표 5. 「집안의 다스림을 엄격하게 함」 '내신이 정사에 간여할 때 생기는 재앙[內臣預政之禍]'(1)의 내용

| 순번 | 내용 | 출전 | 비고 |
|---|---|---|---|
| 1 | 유초(孺貂): 춘추시기 제 환공의 사인(寺人), 군사기밀의 누설 | 『춘추좌씨전』 희공 2년 | 인물 |
| 2 | 조고(趙高): 진시황 때 중거부령(中車府令), 이세황제(二世皇帝)에게 엄법각률(嚴法刻律)의 시행을 건의 | 『자치통감』 권7 | 인물 |
| 3 | 『후한서』 「환관전」 서문, 후한시기까지의 환관사(宦官史)를 간략하게 총괄 | 『후한서』 권108 | 총론 |
| 4 | 정중(鄭衆): 화제(和帝) 영원 연간의 중상시, 외척 두헌 형제 숙청에 큰 공을 세움. 후한대 환관 정치개입의 시초 | 『자치통감』 권48 | 인물 |
| 5 | 중장통(仲長統) 『창언(昌言)』, 환관들의 참소로 대신들이 실각하는 현실을 비판 | 『자치통감』 권49 | 시론 |
| 6 | 손정(孫程): 안제(安帝) 때의 중상시, 외척 염현(閻顯) 숙청, 순제(順帝) 옹립, 십구후(十九侯) | 『자치통감』 권51 | 인물 |
| 7 | 이고(李固)의 대책(對策), 장강(張綱)의 상소(上疏) | 『자치통감』 권51 | 시론 |
| 8 | 5후(당형, 단초, 좌관, 서황, 구애), 외척 양기(梁冀) 주살, 이운(李雲)의 상서(上書), 이운과 두중(杜衆)의 옥사 | 『자치통감』 권58 | 인물<br>사건<br>시론 |
| 9 | 주목(朱穆)의 상소와 간쟁 | 『자치통감』 권58 | 시론<br>사건 |
| 10 | 당인(黨人)의 형성, 유질(劉瓆)과 성진(成瑨) 옥사 | 『자치통감』 권55 | 사건 |
| 11 | 1차 당고지화: 장성(張成)의 풍각점(風角占) 사건이 계기가 됨, 범방(范滂) 등 200여 명의 사인(士人)이 연루 | 『자치통감』 권55, 권56 | 사건 |
| 12 | 두무(竇武)의 환관 제거 실패, 진번(陳蕃)·두무·두 태후(竇太后)의 실각 | 『자치통감』 권56 | 사건 |
| 13 | 2차 당고지화(黨錮之禍): 이응(李膺)·범방 등 환관 전횡을 비판한 사인(士人)들에 대한 탄압 | 『자치통감』 권56 | 사건 |
| 14 | 십상시(十常侍)의 전횡: 황건적의 난, 장균(張鈞)의 상소 | 『자치통감』 권58 | 사건<br>시론 |
| 15 | 십상시의 숙청: 하진(何進)의 환관 숙청 실패, 원소(袁紹)·동탁(董卓)의 등장, 한(漢)나라 멸망 | 『자치통감』 권59 | 사건 |

**표 6. 「집안의 다스림을 엄격하게 함」 '내신이 충성스럽고 신중할 때 생기는 복[內臣忠謹之福]'의 내용**

| 순번 | 내용 | 출전 | 비고 |
|---|---|---|---|
| 1 | 피(披): 춘추시기 진(晉)의 환관, 진 문공(文公)에게 변란 계획을 알림 | 『춘추좌씨전』 희공 24년 | 인물 |
| 2 | 사유(史游): 한(漢) 원제(元帝) 때의 황문령(黃門令), 『급취편(急就篇)』의 작자 | 『후한서』 권108 | 인물 |
| 3 | 양하(良賀): 한 순제(順帝) 때의 중상시(中常侍), 무맹(武猛) 추천을 사양함 | 『후한서』 권108 | 인물 |
| 4 | 여강(呂强): 영제(靈帝) 때 중상시, 봉작(封爵)을 사양하고 간언을 올림, 채옹(蔡邕)의 등용을 청함 | 『후한서』 권108 | 인물 |
| 5 | 유정량(劉貞亮): 왕숙문(王叔文)을 숙청, 당(唐) 헌종(憲宗) 즉위의 정책공신(定策功臣)이었지만 정사에 간여하지 않음 | 『신당서』 권207 | 인물 |
| 6 | 마존량(馬存亮): 원화(元和) 연간의 내시성(內侍省) 수장, 좌신책군(左神策軍) 중위(中尉), 장소(張韶)의 난 진압, 태화(太和) 연간 왕수징(王守澄)의 송신석 탄압 제지, 『신당서』 「환자 상(宦者上)」의 사론(史論) 부기 | 『신당서』 권207<br>『자치통감』 권244 | 인물 |
| 7 | 엄준미(嚴遵美): 관군용사(觀軍容使) 역임, 소종(昭宗) 때 신책군 중위 사양 | 『신당서』 권207 | 인물 |

(披), 후한대의 사유(史游)·양하(良賀)·여강(呂强), 당대의 유정량(劉貞亮)·마존량(馬存亮)·엄준미(嚴遵美) 등 총 일곱 명의 환관을 다루고 있다. 이를 통해 이상적 환관의 모델을 제시하고 있는데, 모두 집안의 노복[家奴]이라는 자신의 정체성을 깊게 인식하고 그 직분을 넘어서는 행위는 절대 하지 않는다는 공통점이 있다.

가령 당대의 마존량은 원화(元和) 연간에 좌신책군(左神策軍) 중위(中尉)의 직책으로 장소(張韶)의 난에서 경종(敬宗)을 보호하는 공을 세웠지만 당시 여타 환관들과 달리 전횡하지 않고 지방 감군(監軍)으로 물러난다. 이처럼 본분에만 충실하여 목숨을 걸고 군주에게 충성하지만 그 충성의 결과로 얻은 총애를 이용해 공적 영역에 영향을 끼치지 않는 모습이 환관의 이상적인 모습이다.

'내신이 정사에 간여할 때 생기는 재앙[內臣預政之禍]'에서는 춘추시기 제 환공의 유초(孺貂), 진(秦)나라의 조고(趙高)부터 서술을 시작하지만, 송대 이전 환관의 발호와 전횡이 가장 심각하였던 후한대(권39)와 당대 후기(권40)를 주로 다루고 있다.

이 부분에서는 『후한서』「환관전(宦官傳)」 서문을 인용하여 한대 환관 권력이 확대되는 역사적 과정을 추적하고, 환관 전횡의 문제를 지적하는 다양한 상소문이나 대책문을 끌어와 지식인들의 저항을 묘사한다. 특히 권력을 쥔 환관들이 지식인들을 가혹하게 탄압한 사건이라고 할 수 있는 '당고지화(黨錮之禍)' 사건의 경과를 자세히 그려내면서 환관과 지식인의 문제를 환기한다.

권40은 군주를 빈번히 옹립하고 시해하고 폐위하였던 것으로 악명이 높은 당대의 환관사를 정리하는 부분이다. 권39와 유사한 형식으로 『신당서(新唐書)』의 「환자전(宦者傳)」 서문을 통해 당대 환관의 전횡의 배경과 전개에 대해서 개술하고 범조우(范祖禹)의 논평을 덧붙인 다음, 고역사(高力士) 이후 여러 환관들에 대해 다룬다. 특히 환관이 조정과 군부의 직책을 맡게 되는 제도적인 부분에 대해서 주목하고 있다. 후한대의 환관들이 봉작(封爵)의 방법으로 자신들의 영향력을 확대하였다면, 당대 환관들은 공적 영역에서 요직을 담당하는 방법으로 권력을 장악한다. 그들이 역대 어느 왕조의 환관들보다 큰 권력을 누렸던 것은 군대의 사령관이라 할 수 있는 관군용사(觀軍容使)와 근

표 7. 「집안의 다스림을 엄격하게 함」 '내신이 정사에 간여할 때 생기는 재앙[內臣預政之禍]'(2)의 내용

| 순번 | 내용 | 출전 | 비고 |
|---|---|---|---|
| 1 | 『신당서』「환자(宦者)」 서문: 당대(唐代) 환관사(宦官史)의 총괄, 범조우(范祖禹)의 논평 인용 | 『신당서』 권207<br>『당감(唐鑑)』 권8 | 총론 |
| 2 | 고역사(高力士): 당 현종(玄宗) 때의 환관, 현종의 총애를 받음, 조서(詔書)와 상주(上奏)가 고역사를 통하게 됨. 범조우의 논평 인용 | 『신당서』 권207<br>『당감』 권9 | 인물 |
| 3 | 이보국(李輔國): 숙종(肅宗)·대종(代宗) 연간의 환관, 장(張) 황후의 살해, 범조우의 논평 인용 | 『신당서』 권207<br>『당감』 권11 | 인물 |
| 4 | 정원진(程元振): 이보국과 함께 장 황후 살해, 대종 옹립, 유항(柳伉)의 상소, 대종의 정원진 숙청 | 『신당서』 권207 | 인물<br>시론 |
| 5 | 어조은(魚朝恩): 숙종 연간 관군용사, 범조우의 논평 인용, 대종 연간 신책군의 수장, 영태(永泰) 연간 판국자감(判國子監), 북사옥(北司獄)을 통해 사유재산 강탈 | 『신당서』 권184, 권207<br>『자치통감』 권220<br>『당감』 권11 | 인물 |
| 6 | 신책군 호군중위(護軍中尉): 덕종(德宗) 연간 두문장(竇文場)과 곽선명(霍仙鳴)이 좌우신책군 호군중위를 맡게 된 이후로 환관이 근위군을 장악 | 『신당서』 권207 | 사건 |
| 7 | 토돌승최(吐突承璀): 헌종(憲宗) 때 좌신책군 중위, 백거이(白居易)의 상주, 진홍지(陳弘志)의 헌종 시해 | 『자치통감』 권238, 권241 | 인 물<br>사건 |
| 8 | 경종(敬宗) 시해: 환관 유극명(劉克明)과 격구장군 소좌명(蘇佐明)의 범행, 추밀사(樞密使) 왕수징(王守澄)의 문종(文宗) 옹립 | 『자치통감』 권243 | 사건 |
| 9 | 유분(劉蕡)의 대책(對策): 태화(太和) 2년, 호인(胡寅)의 논평 | 『자치통감』 권243<br>『독사관견(讀史管見)』 권25 | 시론 |
| 10 | 송신석(宋申錫)의 실각: 문종과 송신석의 환관 숙청 계획이 사전에 누설됨, 왕수징의 음모로 실패 | 『자치통감』 권244 | 사건 |

| | | | |
|---|---|---|---|
| 11 | 감로사변(甘露事變): 문종과 이훈(李訓)·정주(鄭注) 등의 환관 숙청 계획, 우선 왕수징 제거, 이훈의 조급한 움직임으로 결국 실패, 신책군 중위 구사량(仇士良)이 이훈·정주 등 관련자 주멸, 감로사변 이후 문종의 일화 | 『자치통감』 권245<br>『신당서』 권207 | 사건 |
| 12 | 전령자(田令孜): 희종(僖宗) 연간의 신책군 중위, 황소(黃巢)의 난, 후창업(侯昌業)·맹소도(孟昭圖)의 상소 | 『자치통감』 권252 | 인물<br>사건 |
| 13 | 양복공(楊復恭): 소종(昭宗)을 옹립, 퇴진을 요구받고 반란을 획책 | 『자치통감』 권258 | 인물 |
| 14 | 환관의 소탕: 최윤(崔胤)이 강경책을 주도, 유계술(劉繼述)이 소종을 유폐시킴, 이계소(李繼昭) 등 '삼사상(三使相)'의 등장, 소종의 봉상(鳳翔) 파천, 주전충(朱全忠)의 출병, 환관들의 주멸 | 『자치통감』 권262 | 사건 |
| 15 | 당대(唐代) 환관 전횡에 대한 사마광(司馬光)·구양수(歐陽脩)의 논평 | 『자치통감』 권263<br>『신오대사(新五代史)』 권36 | 총론 |

위병의 수장인 신책군(神策軍) 중위(中尉)를 맡게 되어 조정의 병권을 장악하였기 때문이라는 것이 진덕수의 기본적인 관점이다. 마지막으로 "감로지변(甘露之變)"과 최윤(崔胤) 주도의 환관 소탕 과정을 자세히 서술하면서 환관 전횡이 당나라의 멸망의 주요 원인이라는 점을 강조한다.

흥미로운 점은 『대학연의』가 한대와 당대의 환관사를 재구성하면서 일종의 구조적 동일성을 강조하고 있다는 점이다.

1) 특정한 세력을 제압하거나 군주의 신체적·정치적 안위를 지키기 위해 환관에 의존하게 된다: 태후 섭정과 외척의 발호(한대), 안사(安史)의 난 이후 지방 세력의 성장과 잦은 변란(당대)

2) 군주권이 환관들에게 분산되어 환관들의 권력이 확대된다: 봉작(한대), 병권장악(당대)

3) 결국 환관의 권력이 군주권을 압도하여 입군(入君)·시군(弑君)·폐군(廢君)하는 사태가 빈번히 발생한다: 순제(順帝) 옹립 등(한대), 헌종(憲宗)·경종(敬宗) 시해 등(당대)

4) 지식인들이 저항하지만 결국 환관들의 승리로 귀결된다: 당고지화(한대), 감로지변(당대)

5) 전국적인 민중반란이 일어난다: 황건적(黃巾賊)의 난(한대), 황소(黃巢)의 난(당대).

6) 군벌들의 환관 소탕: 원소(袁紹), 동탁(董卓)(한대), 주전충(朱全忠)(당대)

7) 왕조의 멸망: 조조(曹操)(한대), 주전충(朱全忠)(당대)

진덕수는 이렇게 동일한 구조를 통해 한대와 당대의 환관 서사를 구성하여 환관 발호와 전횡의 위험성을 극적으로 표현하고 있다. 『후한서』「환관전」에서 한대 환관 발호의 시발점인 조등(曹騰)과 한나라의 종지부를 찍은 조조의 관계를 언급하면서 "네가 어떤 것으로 인해 흥성하였으면 바로 그것에 의해 망한다."라는 속담을 인용한다.[5] 그런데 이와 유사하게 당대 환관 구사량(仇士良)에게 겁박을 받은 최신유(崔愼由)와 주전충(朱全忠)의 힘을 빌려 환관들을 소탕한 최윤(崔胤)의 부자 관계를 두드러지게 환기하고 있다.[6] 『대학연의』에서 감로사변의

5 『後漢書』「宦官傳」序文, "自曹騰說梁冀, 竟立昏弱. 魏武因之, 遂遷龜鼎. 所謂君以此始, 必以此終, 信乎其然矣!"

6 『新唐書』卷207 참조.

경위와 그 이후의 일화에 대해서는 거의 『자치통감』을 이용하고 있는데, 특별히 최신유의 고사만을 『신당서』에서 인용하고 있다는 점을 고려하면 진덕수의 의도적인 서사 구성이 더욱 분명해진다.

## 3. 환관의 존재론

### (1) 환관 거세의 정치적 의미

일반적으로 환관이 환기하는 일차적 이미지는 생식능력의 부재다. 가령 중국의 환관 문화사를 전문적으로 다루고 있는 미타무라 다이스케의 『환관: 측근정치의 구조』의 제1장은 「만들어진 제3의 성」으로서, 거세(去勢)나 궁형(宮刑)과 같은 남성의 생식능력 제거의 관점에서 환관에 대한 논의를 시작하고 있다.[7] 전한 시기에 환관의 직에 사대부를 충임(充任)한 것을 떠올리면 생식능력의 부재가 환관의 필요조건이 아니라는 점을 알 수 있지만, 거세된 남성에게 환관의 임무를 맡기는 것은 동서고금을 막론하고 그 유래가 깊은 것도 사실이다.

특히 중국의 경우 갑골문 에 보이는 것처럼 강족(羌族) 포로를 잡아 거세하여 군주의 시종으로 삼았다는 기록을 보면,[8] 거세된 환관의 이미지는 상대(商代)까지 거슬러 올라간다. 이와 같이 생식능력이 없는 남성을 환관으로 두는 이유에 대해서는 미타무라 다이스

7 三田村泰助(1963), 미타무라(1995) 참조.

8 시라카와(2008: 261) 참조.

케의 경우 군주의 독점욕·정복욕·과시욕의 관점에서 설명한다. 하지만 이 문제는 군주 개인의 욕망의 차원에서 접근하기보다는 세습군주제라는 정치체제의 문제와 연관지어 생각할 필요가 있다. 환관 거세는 본질적으로 세습왕조의 정통성 혼란에 대한 공포감에서 기인하기 때문이다.

이러한 공포감을 상징적으로 보여 주는 예가 진(秦)나라 장신후(長信侯) 노애(嫪毒)의 고사다.[9] 상국(相國) 여불위(呂不韋)는 노애를 엄인(閹人)으로 속이고 진왕(秦王) 영정(瀛政)의 생모인 선태후(宣太后) 조희(趙姬)의 환관으로 들여보낸다. 결국 조희와 노애 사이에 두 아이가 태어나고, 노애 자신의 아이를 군주로 삼기 위한 반란을 획책하다 실패한다.

이 이야기는 환관과 거세의 문제에서 매우 중요한 점을 시사한다. 세습 왕조에서 종실(宗室)은 후계 권력을 예비하는 집단으로서, 그들이 갖는 사회적 권력의 힘은 결국 생물학적·유전적 정통성에서 나온다. 그런데 그러한 정통성을 보증할 수 없다면 세습 왕조의 정통성 자체가 기반에서 흔들리게 된다. 궁중에서 생활하면서 항상 군주와 황후의 주변에 위치하는 존재가 생식 능력을 갖는다는 것은 왕조의 정통성을 무너뜨릴 수 있는 위험요소라 할 수 있다. 이 때문에 환관의 거세는 종실의 위험요소를 제거한다는 측면에서 암묵적으로 당연한 것으로 받아들여지게 된다. 생식불능이라는 환관의 신체적 특성에 대한 사회적인 천시가 적극적으로 조장되었다는 것도 유사한 맥락일 것이다. 요컨대 환관의 거세는 권력을 세습하는 왕조국가의 성립과 궤를 같이한

9 「呂不韋列傳」, 『史記』 卷85; 「秦始皇本紀」, 『史記』 卷6 참조.

다고 판단할 수 있다.

### (2) 「집안의 다스림을 엄격하게 함」의 접근법

그런데 『대학연의』의 환관론에서는 환관의 이러한 신체적 특징에 대해서 언급하거나 비하하는 내용을 거의 찾을 수 없다. 『신당서』「환자전」 서문을 인용한 부분에서 환관의 성정을 간략하게 언급하고 있는데, 이 경우도 거세된 남성에 대한 편견을 언뜻 드러낼 뿐이지 중심적인 의제로 제시하지 않는다.

> 환관들은 양기(陽氣)가 얼마 남지 않아 굳건하지 못하며 연약한 감정을 쉽게 바꾸기 때문에, 총애를 받으면 위를 존중하지 않고 무섭게 대하면 원한을 품는다. 환관들에게 권력을 빌려주면 전횡하고 재앙이 닥치면 달려와 가까워지려 하며, 형세가 풀리면 서로 공격하고 위급하면 하나로 뭉친다. 이는 소인들이 항상 하는 짓거리이다.[10]

구양수(歐陽脩)가 비록 환관들의 양기가 굳건하지 못하다는 것을 거론하고 있기는 하지만 이 논의의 방점은 환관들의 교활하고 음험한 행태에 있다. 이는 소인(小人)의 일반적인 모습이지 특별히 환관만의 특성은 아니다. 『대학연의』에서는 환관들의 신체적 특성보다는 그들이 처한 조건과 그 행태에 대해서 주목한다.

---

10 『大學衍義』 권40, "跡其殘氣不剛, 柔情易遷, 褻則無上, 怖則生怨, 借之權則專, 爲禍則迫而近, 緩相攻, 急相一, 此小人常勢也."

> 대체로 환관들은 궁궐을 출입하기 때문에 군주가 어렸을 때부터 장성할 때까지 그들과 친하게 지내니, 삼공(三公)이나 육경(六卿)이 때에 맞추어 입궁하여 군주 알현하면서 벌벌 떠는 것과는 다르다. 거기에 또 천성적으로 민첩하고 말을 잘 하며 안색을 잘 살펴 의중을 잘 받들어 모시니, 명령을 받으면 거스르는 잘못을 저지르지 않고 일을 시키면 마음에 꼭 들게 처리한다.
>
> 만약 스스로 총명한 군주여서 상황을 명확하게 파악하고 생각과 걱정을 깊고 멀리 하여 환관에게 시중드는 일 말고 다른 일을 맡기지 않는 경우가 아니라면, 가까운 자를 날로 친근하게 대하고 멀리 있는 자를 날로 소원하게 여기기 마련이다. 환관들이 달콤한 말이나 애처로운 언어로 부탁을 하니 군주가 그 말을 들어주고, 죄 없는 사람을 참소하고 헐뜯는 말을 해도 군주가 들어준다. 이 때문에 내쫓고 상벌을 내리는 권력이 환관들에게 옮겨 가도 군주는 스스로 깨닫지 못한다. 마치 잘 익은 술을 마시는 것과 같이 그 맛에 빠지면 취하는 것도 잊는다.[11]

『자치통감』에서 사마광(司馬光)은 환관들이 신체적 특징에 대한 편견을 배제하고 그들의 조건과 행동 양태를 냉철하게 분석하고 있다. 환관들은 기본적으로 군주가 사적 공간에서 많은 시간을 함께 지내는 존재다. 공적인 자리에서 최고권력자를 대면하는 대신(大臣)들이 군주를 어려워하여 대면하는 자리에서 "벌벌 떠는" 것과 달리, 환관들은 군주에게 사적인 자리에서 친근하게 다가갈 수 있는 유리한 조건을 부여받는다. 또한 선천적인 성격과 후천적인 단련을 통해 군주의 의중과 심리상태를 정확하게 꿰뚫는 능력을 갖추고 군주의 마음이 흡족할

---

11 『大學衍義』 권40; 『資治通鑑』 권263, "蓋以出入宮禁, 人主自幼及長, 與之親狎, 非如三公六卿, 進見有時, 可嚴憚也. 其間復有性識儇利, 語言辨給, 善伺侯顏色, 承迎志趣, 受命則無違迕之患, 使令則有稱愜之效. 自非上智之主, 燭知物情, 慮患深遠, 侍奉之外, 不任以事, 則近者日親, 遠者日疎. 甘言悲辭之請有時而從, 浸潤膚受之愬有時而聽, 於是黜陟刑賞之政, 潛移於近習而不自知. 如飲醇酒, 嗜其味而忘其醉也."

수 있게끔 완벽한 일처리 솜씨를 보인다. 이러한 상황에서 군주는 환관에 대한 의존도를 점차 높이게 마련이다. 환관에 대한 의존은 "마치 잘 익은 술을 마시는 것과 같이 그 맛에 빠지면 취하는 것도 잊을" 만큼 중독성이 강하다.

그렇지만 환관들의 그와 같은 배려와 일처리 솜씨는 군주의 사적 영역으로 엄격히 제한하여야 하는 "작은" 일이다. 구양수 역시 사마광과 유사한 논평을 하는데, 특히 군주가 환관들의 "작은 배려"와 "작은 신뢰"에 의지하다가 결국 그 둘의 관계가 전도되는 상황을 지적한다.

> 대개 환관들은 군주의 신변에서 능숙하게 일을 처리하고 마음 씀도 오로지 참는 것을 잘 하니, 작은 배려로 남의 마음에 쏙 들고 작은 신뢰로 남의 마음을 사로잡는다. 그리하여 군주가 마음으로 믿고 친근하게 대한다. 환관들에게 이미 신뢰를 주면 그 복을 잃을까 두려워 손에 꼭 쥐려고 한다. 비록 조정에 충성스런 신하와 훌륭한 선비들이 있어도 군주는 그들과의 거리가 이미 멀다고 느껴서, 차라리 일상생활과 식사를 할 때 항상 앞뒤좌우에서 모시는 사람들에게 의존하게 된다.
>
> 이 때문에 앞뒤좌우에서 모시는 사람들이 날마다 더욱 친해지면 충성스런 신하와 훌륭한 선비들은 날마다 더욱 소원해져서 군주의 위세는 날마다 더욱 약해진다. 위세가 약해지면 화가 닥칠까 두려운 마음이 날마다 더욱 절실해지지만, 환관들의 권력은 더욱 공고해진다. 군주의 안위가 환관들의 기쁘거나 화난 감정에 좌우되고 재앙과 우환이 거대한 장막 뒤에 가려져 있으니, 예전에 이른바 믿는 자들이 결국 걱정거리가 되는 것이다.[12]

12 『大學衍義』卷40; 『新五代史』卷38: "蓋其用事也近而習, 其爲心也專以忍, 能以小善中人之意, 小信固人之心, 使人主心信而親之, 待其已信, 然後懼以禍福而把持之. 雖有忠臣碩士列於朝廷, 而人主以爲去已疎遠, 不若起居飮食前後左右之親爲可恃也. 故前後左右者日益親, 則忠臣碩士日益疎, 而人主之勢日益孤. 勢孤則懼禍之心日益切, 而把持者日益牢. 安危出其喜怒, 禍患伏於帷闥, 則嚮之所謂可恃者, 乃所以爲患也."

진덕수는 환관의 존재이유를 완전히 부정하지 않는다. 환관을 군주의 일상적인 사적 생활을 옆에서 도와주는 존재로 이해하는데, 이는 궁중의 후정에서 담당하는 정당한 업무이기 때문이다. 뿐만 아니라, 외척의 발호·궁중의 변란·지방의 반란·외적의 침입 등 군주의 권력과 안위를 위협하는 일도 빈번히 발생하는데, 그러한 상황에서 군주의 권력과 생명을 일차적으로 지켜 주는 존재가 바로 환관이다. 군주의 입장에서는 자신을 이 자리에 올린 사람, 나 자신을 배신하지 않을 사람, 나를 지켜 주는 사람으로서 환관을 인식할 수도 있다.

그래서 환관에게 "시중드는 일 말고 다른 일을 맡겨" 공적인 권력을 쥐어주어 자신의 정치적 역량을 강화하고 싶은 욕망에 사로잡히게 된다. 말하자면 군주가 환관을 통해 정치적 자아의 확대를 꾀하는 것이다.[13] 『대학연의』에서는 이를 "환관에게 권력을 빌려주면 전횡한다[借之權則專]",[14] "환관들에게 위세를 빌려주다[借以聲光]",[15] "환관에게 권력과 위세를 빌려주어서는 아니 되는 이유[中人之不可假以威權]",[16] "군주가 권력을 빌려주고[然皆假人主之權]", "내쫓고 상벌을 내리는 권력을 옮겨 주다[黜陟刑賞之柄移]"[17] 등 "권력이나 위세를 빌려주거나 옮겨 주는 것"으로 표현한다.

하지만 군주가 환관에 의존하여 자신의 정치적 자아를 확장하다 보면 조정의 신료나 재야의 지식인들과 같은 공적 영역의 정치 세력과

---

13 余華青(1993: 283～285), 金鐸民(2009: 267～270), 柳浚炯(2012: 308～312) 참조.

14 歐陽修, 『新唐書』「宦者傳」.

15 眞德秀, 『大學衍義』 卷40, 代宗 부분 按語.

16 范祖禹, 『唐鑑』 卷8.

17 司馬光, 『資治通鑑』 卷268.

점차 소원해지게 되고 결국 자기 자신도 고립되는 상황에 처할 수 있다. 그리하여 "어리석은 군주는 환관을 총애하다 속아 넘어가고 똑똑한 군주는 소홀히 대하다 화를 입게 되는"[18] 악순환이 반복된다. 「집안의 다스림을 엄격하게 함」에서는 군주가 환관에게 권력을 빌려주다가 환관의 권력을 제어할 수 없게 되어 점차 파국으로 치닫게 되는 과정을 역사 속에서 치밀하게 추적하고 있다.

### (3) 환관권력 확대의 역사적 과정

『대학연의』에서는 '내신이 정사에 간여할 때 생기는 재앙[內臣預政之禍]'의 첫 번째 사례로서, 제나라 환관인 유초(孺貂)가 다어(多魚)에 군사기밀을 누설하였다는 『춘추좌씨전』 희공(僖公) 2년의 기록을 들고 있다. 군주의 측근에서 수집한 기밀을 외국에 넘기는 상황을 특기하는 것이다. 하지만 『대학연의』가 주목하는 것은 유초의 경우처럼 일개 환관의 개인적이고 일회적인 사건이 아니라 환관권력이 확대되는 과정과 구조로서, 이것을 역사의 흐름 속에서 파악하기 위해 주로 후한대와 당대 후기의 상황을 집중적으로 서술한다.

#### 1) 후한대

전한대에는 진나라의 관제에 따라 환관의 직인 중상시(中常侍)를 두지만 모두 사인(士人)을 선발하여 충임하고 기밀을 보고하는 역할을 맡

---

18 歐陽修, 『新唐書』 「宦者傳」, "小人之情, 猥險無顧藉, 又日夕侍天子, 狎則無威, 習則不疑. 故昏君蔽於所昵, 英主禍生所忽."

기고, 특히 황제가 이궁(離宮)이나 별관(別館)에 머무를 때 조정과의 연계를 위한 메신저로 활용한다. 그런데 후한대에는 태후가 섭정하는 경우가 많아지면서 중상시를 모두 엄인(閹人)으로 채운다. 또한 화제(和帝) 때 환관 정중(鄭衆)이 외척인 두헌(竇憲) 형제를 숙청하는 데에 공을 세워 작위를 받고 등(鄧) 태후가 임조칭제하는 수단으로서 엄인 환관의 활용 빈도가 높아지면서, "환관이 손에는 왕의 작위를 쥐고 입에는 하늘의 뜻을 머금게 되어, 더 이상 궁전의 쪽 길에서 잡일을 처리하거나 규방의 창문과 내실의 쪽문을 지키는 업무에 국한되지 않게 되었다."[19]

이후 손정(孫程)과 조등(曹騰) 등이 염현(閻顯)과 양기(梁冀)와 같은 외척을 척결하고 새로운 군주를 옹립하는 과정에 깊이 개입하면서 권력을 더욱 확대한다. 당시 사람들은 권력을 쥔 환관들을 '십구후(十九侯)'나 '오후(五侯)' 등으로 부른 것에서 알 수 있듯이 환관들은 주로 작위를 내려 받아 자신들의 권력기반을 강화한다. 환관들이 공적 영역에 진출하여 다른 세력이 넘보지 못할 권력을 부여받게 되자 그들에 대한 비판의 목소리 역시 점차 커진다. '당고지화'는 그러한 비판세력에 대한 환관들의 대대적인 탄압 사건이라 할 수 있다. 처음에 환관들은 태후의 섭정이나 친위 쿠데타 등 '예외상황'에서 권력을 확대하였는데, 이제 직접 '예외상황'을 결정하고 선포하기에 이르렀다. "주권자란 예외상황을 결정하는 자"(슈미트, 2010: 16)라는 카를 슈미트의 정의에 따르면, 환관들이 스스로 '주권자'로 등장하게 된 것이다.

19 『後漢書』, 「宦官傳」, "不得不委用刑人, 寄之國命, 手握王爵, 口含天憲, 非復掖庭永巷之職, 閨牖房闥之任也."

환관들이 비판세력을 탄압하는 데에 사용한 구체적인 방법은 비판세력이 "무리를 지어 반란을 획책한다"는 허구적 위협을 만들어 내는 것이었다. 특히 비판적 지식인들에게 '무리[黨人]'와 '반란[不軌]'이라는 고깔을 씌우고 군주로 하여금 대대적인 진압을 유도하였다. 사실 '황건적의 난'이 발생하고, 심지어 황건적과 결탁한 환관들이 발각되는 상황에서, '당인의 반란'이라는 허구적 위협의 창출은 환관들이 자신들에게 닥친 실재하는 위험을 피하는 최적의 방법이었다.

특히 자신들에게만 의존하는 어리석은 군주에게 사태의 진상을 은폐하는 것은 어려운 일이 아니었다. 후한대 유명한 십상시(十常侍) 가운데 핵심인물인 장양(張讓)과 조충(趙忠)은 영제(靈帝)가 각각 '아버지'와 '어머니'로 부를 정도로 어렸을 때부터 의존하던 환관이었다. 낭중(郎中) 장균(張鈞)이 십상시의 전횡을 고발하는 상소를 올렸을 때의 일화는 영제와 십상시 간의 관계를 잘 보여 준다.

> 낭중 장균이 상서하여 말하였다.
>
> "장각(張角)이 병사들을 모아 반란을 일으키자 만백성이 기꺼이 그에 호응하는 근본적인 원인은 모두 십상시에게 있습니다. 십상시는 자신의 형제, 자제, 사돈, 빈객들에게 주군(州郡)을 차지하게 하여, 백성들의 고혈을 빼앗아 재산을 불리고 있습니다. 원통한 백성들이 하소연할 곳조차 없자 한데 모여 도적이 된 것입니다. 마땅히 십상시를 참수하여 그 머리를 남교(南郊)에 걸어두어 백성들에게 용서를 구해야 합니다. 또한 사자(使者)를 파견하여 이 사실을 천하에 알린다면 군사를 동원할 필요도 없이 도적떼들이 사라질 것입니다."
>
> 황제가 장균의 글을 여러 상시에게 보여 주자, 모두 관을 벗고 맨발로 고개를 조아리며 스스로 낙양(洛陽)의 조옥(詔獄)에 들어가겠다고 애원하였다. 또한 자신들의 재산을 내어 군비에 보태겠다고 하였다. 황제가 조서를 내려 상시들로 하여금 관을 쓰고 신을 신고서 이전처럼 업무를 보라고 하였다. 그리고는 장균에게 화를 내며 말하였다.

"이 자식은 진짜 미친놈이다. 십상시 중에서 착한 사람이 설마 하나도 없겠는가!"

어사가 황제의 뜻에 따라 결국 장균이 황건적의 도술을 배웠다고 무고하였고, 잡혀서 취조를 당하다 옥에서 죽었다.[20]

영제는 십상시의 전횡을 고발하는 보고서를 받고서도 십상시에 대한 믿음을 거두지 않고 반대로 고발자를 '진짜 미친놈[眞狂子]'로 여겨 처형한다. 영제는 옆에서 보필하는 십상시와 거리감을 유지하지 못하고 장균이 그들을 공격하자 자신을 공격한다고 여겼다. 군주가 환관과 한 몸이 된 지 얼마 후 한(漢)나라는 멸망한다.

### 2) 당대 후기

당대 환관 권력의 확대는 제국이 비교적 안정적 풍요를 구가하였던 개원(開元) 연간부터 시작한다. 현종(玄宗)은 친왕(親王)의 신분 때부터 환관 고역사(高力士)를 신임하여 황제에 즉위한 이후에도 조정의 보고서와 서류를 모두 고역사를 통해 올리도록 하였다. 보고가 올라가고 황명이 내려오는 통로를 고역사가 장악하자, 자신들의 능력과 현종의 총애를 통해 관직에 오른 사람들도 모두 고역사와의 친분을 통해 고위직에 오를 수 있게 된다. 범조우의 논평처럼 "만기(萬機)를 살피는 중

---

20 『資治通鑑』 卷50, "郎中張鈞上書曰: "竊唯張角所以能興兵作亂, 萬民所以樂附之者, 其源皆由十常侍多放父兄、子弟、婚親、賓客典據州郡, 辜榷財利, 侵掠百姓. 百姓之冤, 無所告訴, 故聚爲盜賊. 宜斬十常侍, 縣頭南郊, 以謝百姓. 遣使者布告天下, 可不須師旅而大寇自消." 帝以鈞章示諸常侍, 皆免冠徒跣頓首, 乞自致雒陽詔獄, 並出家財以助軍費. 有詔, 皆冠履視事如故. 帝怒鈞曰: "此眞狂子也! 十常侍固當有一人善者不?" 御史承旨, 遂誣奏鈞學黃巾道, 收掠, 死獄中.

임을 한갓 환관에게 맡김으로써" 군주와 사적 관계를 맺은 존재가 공적인 체계를 압도하게 된 것이다.

당대 환관의 권력이 본격적으로 확대된 계기는 안사(安史)의 난 이후 발생한 잦은 변란이었다. 군주의 안위가 위태롭게 하는 전란 속에서 환관들은 군주의 생명을 보호하는 임무를 훌륭하게 수행함으로써 신임을 얻는다. 이보국(李輔國)·정원진(程元振)·어조은(魚朝恩)·두문장(竇文場)·곽선명(霍仙鳴) 등의 환관은 모두 위급상황에서 군주의 목숨을 지키는 공로를 세웠고, 이 때문에 당대 후기의 황제들은 병권을 그들에게 맡겨 자신의 신변을 보호하고 지방세력을 억제하려 하였다.

숙종(肅宗)은 안경서(安慶緖)를 토벌할 절도사 연합군을 조직하면서 곽자의(郭子儀)와 이광필(李光弼) 등 유력 장군들을 견제하기 위하여 어조은을 '관군용선위처치사(觀軍容宣慰處置使)'로 임명해 사령관의 임무를 맡긴다. 그 이후 관군용사(觀軍容使)에 환관을 임명하게 된다. 또한 경원(涇原) 절도사가 반란을 일으켰을 때 두문장이 덕종(德宗)의 호위 임무를 훌륭하게 수행하였는데, 이를 계기로 좌우 신책군의 수장인 중위를 환관이 맡게 됨으로써 근위병에 대한 지휘권도 환관들이 쥐게 된다.

이렇게 조정의 병권을 장악한 환관들은 자신들의 권력을 이용하여 국가의 시스템을 하나씩 무너뜨리면서도 거리낌이 없었다. 작게는 자신의 병력을 동원하여 민간인들을 잡아 가두고 재산을 강탈하는 폭력배와 같은 행태를 보이기도 하고(어조은), 크게는 스스로 예외상황을 결정하여 황후를 시해하고(이보국·정원진) 나아가 군주를 시해하거나(진홍지·유극명) 폐위(구사량·유계술)하기도 하고 반란을 일으키기도 하였

다.(정원진·양복공)

군주가 환관에게 권력을 나누어 주어 자신의 정치적 안위를 확보하려고 하자, 환관들도 그러한 기회를 이용해 자신의 영향력을 최대한 확대한다. 다시 말해, 군주는 환관을 통하여 자신의 정치적 자아의 확대를 꾀하였지만, 결과적으로 환관들이 군주를 이용해 권력을 장악하게 되었던 것이다. 이런 상황에서 거대한 권력으로 등장한 환관 세력을 제거하는 것도 쉽지 않게 된다. 가령 대종(代宗)은 이보국을 처단하면서 공적인 경로를 통한 것이 아니라 몰래 자객을 보내어 살해하는 방법을 쓴다. 소종(昭宗)이 양복공(楊復恭)의 반란을 진압할 때는 여러 지역의 병력을 총동원하고서야 이길 수 있었다. 진덕수의 빈정거리는 말투를 인용하자면 "단지 집안의 노복을 물리치는 일이었는데도 적국과 전쟁을 벌이는 듯하였다."[21]

상황이 이렇게 되자 어느 누구에게도 군주의 권위를 요구할 수 없게 되었다. 경종(敬宗) 때는 한갓 염서(染署)의 직공 장소(張韶)가 점쟁이 소현명(蘇玄明)의 말을 믿고 궁중에서 변란을 일으키는 황당한 사건도 벌어진다. 경종은 얼마 후 환관 유극명(劉克明)과 격구장군(擊毬將軍) 소좌명(蘇佐明)과 한밤중에 술을 마시다 살해당하고 만다. 감로사변 이후 문종(文宗)은 환관들에게 유폐되어 최신유(崔愼由)가 보는 앞에서 자신의 잘못을 하나하나 지적당하는 치욕을 당하기도 한다. 소종(昭宗)의 경우, 양복공을 숙청하였지만 결국 유계술(劉繼述) 등 환관들에게 유폐를 당하고 나중에는 한전회(韓全誨) 등에게 포로와 같이 끌려다니기도 하였다.

---

21 『大學衍義』 권40, "擧數鎭之兵以攻之, 僅而能克以家奴之賤, 敢於拒捍如敵國."

당대 후기 환관들에게 군주란 시봉(侍奉)의 대상이 아니라 단지 자신들의 권력을 보증할 텅 빈 기호에 지나지 않았다. 양복공이 양수량(楊守亮)에게 보낸 편지에는 환관들의 이와 같은 의식이 극명하게 드러나 있다.

> 나중에 양복공은 화주자사(華州刺史) 한건(韓建)의 병사들에게 잡혔다. 결국 조정으로 압송하여 독류수(獨柳樹)에서 베어 죽였다. 이무정(李茂貞)은 양수량에게 남긴 양복공의 편지를 압수하여 조정에 바쳤다. 그 편지에는 자신이 관직에서 물러나는 이유를 밝히고 있었다.
>
> "나는 위험과 고난을 뚫고 수왕(壽王)을 황제로 세웠는데 존귀한 자리에 오른 후에는 즉위의 책서(策書)를 정한 나라의 원로[定策國老]를 내치니, 제자가 되어 이렇게 스승에게 배은망덕한 천자[負心門生天子]가 있을 수 있는가!"[22]

양복공의 편지에 나오는 수왕(壽王)은 소종(昭宗)으로서, 소종을 자신의 힘으로 옹립하였다는 사실을 강조하고 있다. 그리하여 자신을 소종의 즉위를 정한 정책국로(定策國老)로 규정하고 소종은 자신이 발탁한 제자로 호명한다.

헤겔에 따르면 시종의 눈에 영웅은 존재하지 않는다. "그것은 시종의 주인이 영웅이 아니어서가 아니라, 시종이 시종에 지나지 않기 때문이다." 아무리 위대한 영웅이라도 그와 사적 생활을 함께 하는 시종의 눈으로 보면 먹고 마시고 성내고 기뻐하는 일반적인 사람과 다를 바가 없다는 뜻이다. 그런데 당대의 환관들은 헤겔이 말한 시종의 한

---

22 『資治通鑑』 卷258, "後爲華州韓史兵所獲, 獻闕下, 斬於獨柳. 李茂貞獻復恭遺守亮書, 訴致仕之由云: '吾於荊榛中立壽王卽昭宗也, 纔得尊位, 廢定策國老, 有如此負心門生天子!'"

계를 훌쩍 뛰어넘어 자신이 최고 권력자를 만들어 낸다는 자부심까지 갖게 되었다. 이제 환관들이 사적 영역을 통해 키운 힘을 이용해 공적 영역에서 권력을 장악할 뿐만 아니라 모든 것을 사적인 관계로 전화시킨 것이다.

## 4. 지식인의 문제의식

### (1) 「집안의 다스림을 엄격하게 함」의 또 다른 주인공

「집안의 다스림을 엄격하게 함」은 본적으로 환관 권력이 확대되는 역사적 과정을 중심적 주제로 서술하고 있지만, 환관 전횡을 비판하는 지식인들의 목소리와 저항 운동을 적지 않은 분량으로 배치하여 수록하고 있다. 환관의 전횡은 결국 정치적인 문제이자 사회적인 문제여서 사회의 다른 영역과 끊임없이 갈등을 빚을 수밖에 없는 구조이기 때문이다. 그런데 여타 다른 영역에 비해 특히 지식인들의 저항을 특히 강조하고 있다는 점을 고려하면, 「집안의 다스림을 엄격하게 함」의 내용 구성은 근본적으로 진덕수의 편집 의도를 깊이 반영한 것이라고 판단할 수 있다. 진덕수는 사실 환관의 문제 자체만큼이나 그에 대한 지식인들의 행동과 저항에 더 관심이 있는 듯하다.

환관들의 권력 확장에 대한 공적 영역의 대응은 크게 두 가지 방향으로 나타난다. 첫째는 군주·대신·외척 등 조정에서 어느 정도 실권을 가진 세력이 환관을 몰아내려는 움직임이다. 예를 들어 후한대의 경우 1차 당고지화 이후 태부(太傅) 진번(陳蕃)과 대장군(大將軍) 두무

(竇武) 등이 환관을 소탕하려다 실패한 사건, 대장군 하진(何進)이 십상시(十常侍) 제거를 도모하다가 역습을 받은 일, 원소(袁紹)의 환관 섬멸 등을 들 수 있다. 당대에는 황제 자신이 암살 등의 방법으로 환관 숙청을 주도한 적도 있고, 이훈(李訓)·정주(鄭注)·최윤(崔胤) 등과 같이 관리를 중용하여 환관 문제를 해결하려고 한 적도 있었다. 그런데 『대학연의』는 이와 같은 움직임에 대해 성급한 권력투쟁에 불과한 것으로 평가하면서 다소 냉소적으로 바라본다.

둘째는 조정 관리들이나 재야 지식인들의 대응이다. 이들은 조정에서 별다른 실권이 없기 때문에 주로 상소(上疏)나 대책(對策)이라는 글쓰기를 통해 환관들의 전횡을 비판하다가 탄압을 받아 목숨을 잃기도 한다. 『대학연의』에서는 환관들의 참소로 대신들이 실각하는 현실을 비판하는 중장통(仲長統)의 『창언(昌言)』, 번풍(樊豐)을 비판하다 파직되어 결국 음독자살한 태위(太尉) 양진(楊震), 이고(李固)의 대책과 장강(張綱)의 상소, 이운(李雲)과 두중(杜衆)의 옥사(獄事), 주목(朱穆)의 상소와 간쟁(諫諍), 당고지화로 탄압을 받은 여러 지식인들의 기개, 장균의 상소와 옥사, 유항(柳伉)의 상소, 백거이(白居易)의 상주(上奏), 유분(劉蕡)의 대책, 후창업(侯昌業)·맹소도(孟昭圖)의 상소와 피살 등을 기록하고 있다. 특히 죽음조차 두려워하지 않는 지식인들의 거침없는 기개를 잘 드러내고 있다.

당 광덕(廣德) 연간에 토번(吐蕃)과 당항(黨項)이 침입하여 도성이 함락되고 대종(代宗)이 급히 섬주(陝州)로 파천하는 일이 있었다. 이때 태상박사(太常博士)이자 한림대조(翰林待詔)였던 유항이 상소한다.

> 견융(犬戎)이 수만 명의 병사를 이끌고 와 관(關)을 부수고 농(隴) 지역을

넘어와 진(秦) 땅과 위수(渭水)를 거쳐 빈(邠) 땅과 경수(涇水)를 지나 칼에 피 한 방울 묻히지 않고 도성에 들어왔습니다. 하지만 대책을 세워야 할 신하들은 한 마디도 하지 않고 힘써 막아야 할 군사들은 한 차례도 싸우지 않으니, 졸병들은 소리를 지르며 궁궐을 약탈하고 황릉을 불사르고 있습니다. 이는 장수들이 폐하를 등진 것입니다.

사사명(史思明)의 아들 사조의(史朝義)가 멸망한 이후로, 폐하께서는 자신의 지혜와 힘으로 모든 것을 해낼 수 있다고 생각하시어 공신을 멀리하고 측근들에게 정사를 위임하셨습니다. 이로써 큰 재앙이 날마다 달마다 자라나는데도 조정의 신하들은 감히 간언을 올려 폐하의 마음을 되돌리려 하지 않습니다. 이는 공경(公卿)들이 폐하를 등진 것입니다.

폐하께서 처음 도성을 나서실 때 백성들이 무서운 기세로 관청의 창고를 약탈하며 서로 죽였습니다. 이는 도성의 백성들이 폐하를 등진 것입니다. 10월 초하루부터 각 도(道)의 군사를 모집하였는데, 40일이 지나도록 관중으로 들어온 군사가 단 한 명도 없습니다. 이는 모든 지역 사람들이 폐하를 등진 것입니다.

폐하께서는 지금의 병통이 어디에서 온 것이라 생각하십니까? 천하의 사람들은 마음으로 원통해하고 있습니다. 폐하께서 훌륭한 사람들을 멀리하고 환관들만 등용하며 장수와 대신을 이간하시니, 나라가 망할 지경에 이르렀습니다.

종묘와 사직을 보존하려 하신다면 반드시 정원진(程元振)의 목을 베어 그 사실을 신속하게 천하에 알리십시오. 모든 내사(內使)들을 각 지역으로 내보내 그곳에 속하게 하시고, 폐하께서는 호위부대인 신책군을 각 대신들에게 내주십시오. 그 다음 각종 존호를 삭탈하시고 조서를 내려 폐하의 허물을 자책하시며 의병을 독려하십시오. 비빈들을 물러나게 하고 장수와 재상을 새롭게 임용하시옵소서.

이렇게 하시고도 병사들이 모이지 않고 사람들이 감응하지 않으면, 제 집안 일족을 주살하시옵소서. 저는 그것으로 사죄하겠습니다.[23]

---

23 『新唐書』 卷207, "犬戎以數萬衆犯關度隴, 歷秦、渭, 掠邠、涇, 不血刃而入京師. 謀臣不奮一言, 武士不力一戰, 提卒叫呼, 劫宮闈, 焚陵寢, 此將帥叛陛下也. 自朝義之滅, 陛下以爲智力所能, 故疏元功, 委近習, 日引月長以成大禍, 羣臣在廷無一犯顔回慮者, 此公卿叛陛下也. 陛下始出都, 百姓塡然奪府庫, 相殺戮, 此三輔叛陛下也. 自十月朔召諸道兵,

『신당서』에서는 대종이 목숨을 건 유항의 상소를 읽고 곧바로 조서를 내려 정원진을 숙청하였다고 서술하고 있다.[24] 대종이 평소에 환관들을 경계하는 마음이 있었기도 하였지만, 외적의 도성 함락이라는 비상 상황에서 논리와 결기를 갖춘 글이 최고 권력자의 마음을 움직였다고 평가할 수 있다. 하지만 대부분의 저항 주체들이 비극적인 결말을 맞이한다.

> 범방(范滂)이 하옥될 때 그 어머니가 헤어지는 마지막 말을 남겼다.
>
> "너는 지금 이응과 두밀과 이름을 나란히 하였으니, 죽어도 무슨 회한이 있겠는가?"
>
> 범방은 무릎을 꿇고 어머니의 가르침을 받고서 두 번 절을 올리고 물러나서 그 아들을 돌아보며 말하였다.
>
> "너에게 나쁜 짓을 하라고 시키고 싶지만, 나쁜 짓을 해서는 안 된다. 너에게 착한 일을 하라고 시키고 싶지만, 아비 역시 착한 일을 하다 이렇게 되었구나."
>
> 길을 가던 사람들 가운데 이 말을 듣고 눈물을 흘리지 않는 사람이 없었다.[25]

인용한 부분은 2차 당고지화에서 탄압을 당한 범방이 마지막으로

---

盡四十日, 無隻輪入關者, 此四方叛陛下也. 陛下視今日病何由至此乎? 天下之心, 乃恨陛下遠賢良, 任宦豎, 離間將相, 而幾於亡. 必欲存宗廟社稷, 獨斬元振首, 馳告天下, 悉出內使隸諸州, 陛下持神策兵付大臣, 然後削尊號, 下詔引咎, 率德勵行, 屛嬪妃, 任將相. 如此而兵不至, 人不感, 請赤臣族以謝."

24 『新唐書』卷207, "疏聞, 帝顧公議不與, 乃下詔盡削元振官爵, 放歸田里. 帝還, 元振衣婦衣私入京師, 圖不軌. 御史劾按, 長流溱州, 行至江陵死."

25 『資治通鑑』권56, "范滂詣獄, 其母與之訣, 曰: '汝今得與李、杜齊名, 死亦何恨!' 滂跪受教, 再拜而辭. 顧其子曰: '吾欲使汝爲惡, 惡不可爲; 使汝爲善, 則我不爲惡.' 行路聞之, 莫不流涕."

가족과 헤어지는 장면인데, 저항적 지식인의 회한과 내적 갈등을 잘 보여 주고 있다. 진덕수는 그들의 결기 있는 행동과 비극적인 결말에 따듯한 눈길을 보내고 있다.

### (2) 환관문제의 해결방법

『대학연의』에서는 환관의 전횡 문제를 다루면서 실권자들의 무력행사를 통한 즉각적 해결보다는 지식인들의 지속적인 문제제기를 더 중시하는 태도를 보인다. 이 문제는 환관이라는 특정한 세력의 제거를 통해 해결할 수 있는 것이 아니기 때문이다. 환관이 군주의 확대된 정치적 자아로 기능하는 상황에서 섣불리 환관을 제거하려고 하면, 두무·진번·하진·정주·이훈·최윤의 경우와 같이 환관의 역습을 받아 실패하거나 원소·주전충을 불러들이는 경우처럼 황실 자체의 붕괴로 이어진다. 이는 마치 "마치 횃불로 좀벌레를 태워죽일 때 나무도 함께 타는 상황"[26]과 같다.

결국 진덕수는 통치체제의 변화만이 환관전횡 문제의 근본적인 해결책이라고 판단한다. 『대학연의』에서 인용하고 있는 여러 상소나 대책을 분석하면 그 점을 더욱 명확히 알 수 있다. 특히 '유분하제(劉蕡下第)'의 고사로 유명한 유분(劉蕡)의 대책은 지식인들의 관점을 종합적으로 대변하고 있다.

폐하께서는 마땅히 먼저 걱정하셔야 할 것은 궁중의 정변입니다. 궁중에

---

26 『新唐書』「宦者傳」, "譬猶灼火攻蠹, 蠹盡木焚, 渠不哀哉!"

정변이 나면, 사직이 위태로워지고 천하가 기울어지며 해내가 혼란스러워집니다. 폐하께서 장차 찬탈하고 시역하는 사태가 늘어나는 것을 막으시려면, 바른 자리에 거하시면서 바른 사람들을 가까이해야 합니다. 칼과 톱으로 사람들을 고문하는 천인들을 멀리하시고 강직한 신하를 가까이 두시면, 대신들은 그 임무에 전심할 수 있고 백관들은 그 직무를 잘 처리할 수 있을 터이니, 어찌 총신들 대여섯 명에게 천하의 정사를 총괄하게 할 필요가 있겠습니까. 재앙은 쑥대가 자란 담에서 번성하고, 간신은 장막 안에서 생겨납니다. 저는 조절(曹節)과 후람(侯覽)이 오늘날 다시 태어날까 두렵습니다.

충현(忠賢)은 마음속에 다른 뜻을 품지 않지만, 환관들은 황제를 폐하고 세우는 권력을 갖고 싶어 합니다. 선제로 하여금 그 마지막을 바르게 하지 못하게 몰아넣었으며, 폐하로 하여금 그 시작을 바르게 하지 못하게 이끌고 있습니다. 폐하께서는 어찌 사악한 무리들이 창궐하는 길을 막아 참람하는 신하들을 내치지 않으십니까? 어찌 환관들의 겁박하고 위협하는 마음을 제압하여 옛날처럼 수위와 청소 같은 궁중의 허드렛일만 하게 하시지 않으십니까? 마땅히 경계해야 할 것을 경계하고, 마땅히 걱정해야 할 것을 걱정해야 합니다. 앞에서 잘 다스리지 못하였다면 뒤에서라도 잘 다스려야 합니다. 그 시작이 바르지 않았다면, 그 마지막이라도 바르게 해야 합니다.

폐하께서 진실로 국권을 재상들에게 위임하고, 병권(兵權)을 장수들에게 쥐어 주실 수 있다면, 진실한 마음이 전해져 폐하의 자애를 모두 믿을 것입니다. 법은 마땅히 한결같아야 하며, 관직은 마땅히 그 명분에 맞아야 합니다. 지금 외신(外臣)과 내신(內臣)의 직분을 나누고 남사(南司)와 북사(北司)의 기관을 세웠는데, 남에서 죄를 지으면 북으로 도망가고 밖에서 형벌을 바르게 처리해도 안에서 법률을 깨뜨립니다. 법령이 여러 문에서 나오니 백성들이 어떻게 할 바를 모르게 되었습니다.

지금 하관(夏官)은 병적을 몰라 단지 조정의 명령을 받잡을 뿐입니다. 육군(六軍)에는 군사(軍事)를 전혀 모르는 자들이 임명되어 단지 진급에만 신경 쓰고 있습니다. 관군용사(觀軍容使)는 모두 환관이 맡는 일이 되었고, 군사기밀은 모두 내신들의 직분이 되었습니다. 환관들은 머리에 무사의 고깔을 쓰고서 문관들을 원수와 같이 미워하여, 문관이 군문에 한 발짝이라도 들이면 농부가 잡초를 보듯이 경멸합니다. 무사의 위세를 펼치면서 위로는 군주를 억압하고, 천자의 명령을 빌리면서 아래로는 호걸들을 제어합니다. 간사함을 숨기고 기회

> 만 엿볼 뿐, 절개를 지켜 죽음도 불사하는 의리는 없습니다.
>
> 제가 이런 말을 하면 큰 재앙이 따르리라 것을 모르지 않습니다. 제 계책이 실행되더라도 결국 저는 주륙을 당하겠지요. 하지만 사직이 위태로운 상황이 안타깝고 백성들의 곤궁한 삶이 너무나 불쌍해서, 차마 구차하고 비겁하게 폐하의 총애를 훔치려 할 수는 없었습니다."[27]

유분의 대책을 요약하면 다음과 같다.

첫째, 환관의 직능을 군주의 사적 영역으로 엄격히 제한해야 한다. 환관 조직의 규모를 대폭적으로 줄이고, 군주의 일상생활을 돕거나 궁중의 청소와 빨래 같은 허드렛일을 하는 것으로 업무를 엄격히 제한해야 한다.

둘째, 국사를 공론화해야 한다. 환관이 권력을 확장하는 주된 방법은 기밀을 독점적으로 다루거나 황명 출납의 통로를 장악하기 때문이다. "재앙은 쑥대가 자란 담에서 번성하고, 간신은 장막 안에서 생겨난다."

셋째, 군주와 조정 사이의 신뢰를 회복해야 한다. 군주는 환관을

---

27 『資治通鑑』 卷243, "陛下宜先憂者, 宮闈將變, 社稷將危, 天下將傾, 海內將亂"; "陛下將杜簒弑之漸, 則居正位而近正人. 遠刀鋸之賤, 親骨鯁之直, 輔相得以專其任, 庶職得以守其官, 奈何以褻近五六人總天下大政? 禍稔蕭墻, 姦生帷幄, 臣恐曹節、侯覽復生於今日"; "忠賢無腹心之寄, 閽寺恃廢立之權, 陷先君不得正其終, 致陛下不得正其始"; "陛下何不塞陰邪之路, 屛褻狎之臣, 制侵陵迫脇之心, 復門戶掃除之役. 戒其所宜戒, 憂其所宜憂. 既不能治於前, 當治於後; 既不能正其始, 當正其終"; "陛下誠能揭國權以歸相, 持兵柄以歸將, 則心無不達, 行無不孚矣"; "法宜畫一, 官宜正名. 今分外官、中官之員, 立南司、北司之局, 或犯禁於南, 則亡命於北; 或正刑於外, 則破律於中. 法出多門, 人無所措"; "今夏官不知兵籍, 止於奉朝請; 六軍不主兵事, 止於養勳階. 軍容合中官之政, 戎律附內臣之職. 首一戴武弁, 疾文吏如仇讎; 足一蹈軍門, 視農夫如草芥. 張武夫之威, 上以制君父; 假天子之命, 下以御英豪. 有藏姦觀釁之心, 無伏節死難之義"; "臣非不知言發而禍應, 計行而身戮, 蓋痛社稷之危, 哀生人之困, 豈忍姑息時忌, 竊陛下一命之寵哉?"

통하지 않고 유능한 인재들을 직접 만나서 신뢰를 회복하면 조정의 관리들에게 책임과 권한을 제도적으로 나누어 줄 수 있게 된다.

유분의 대책은 일차적으로 환관 문제에 대한 해결책을 제시한 것이지만, 특히 "공공선을 증진하기 위해 관료체제 밖에서 무엇을 할 수 있을지 주목하였던"(박영도, 2014: 35) 송대 지식인의 목소리를 미리 대변하는 것이기도 하다. "신유가들은 국가적 공공성 내부에서 군신협치 내지 공치를 요구하는 것에 그치지 않고, 전체 사회적 차원에서 국가적 공공성과 국가 밖의 공동체적-윤리적 공공성 간의 협치를 추구"(같은 책, 35)하였는데, 유분의 주장은 이러한 "전체 사회적 차원"의 협치를 통해 환관의 문제를 해결할 것을 요구하고 있다.

## 5. 결론: 공적 체계를 통한 사적 권력의 억제

『대학연의』「집안의 다스림을 엄격하게 함」에서 묘사하는 한대와 당대의 환관들은 군주의 권력과 안위를 지키는 존재로 등장하여 결국 공적인 체계를 무너뜨리고 자신들이 군주를 폐위하고 옹립하는 역할을 맡는다. 문제는 이렇게 등장한 "주권자"가 아무런 공적 정당성을 확보하지 못하고 있다는 점이다. 환관이 주권을 장악하는 유일한 근거는 단지 군주와 맺은 사적인 관계다.

『대학연의』의 문제의식은 바로 이 지점에 있다. 특히 「제가의 요체」는 공적인 정당성을 갖추지 못한 채 군주와 사적인 관계를 통해 권력을 장악하는 존재에 대해서 집중적으로 논의한다. 『대학연의』가 격물·치지·성의·정심·수신의 영역에 그치지 않고 제가의 항목을 구성한 이유는 황후·내신·태자·외척 등 집안의 요소들은 본질적으로 군주의 자아가 확장된 것으로 파악하기 때문이다.

사실 환관의 권력을 키우는 것은 군주 자신이다. 군주는 천하의 권력을 사유화하려는 욕심과 자신의 정치적·신체적 안위를 위협받는다는 두려움으로 인해 환관에게 의존한다. 실제 한대와 당대의 역사를 살펴보면 환관이 권력을 확대할 수 있었던 것도 군주의 권력과 생명을 위협하는 사태를 통해서였다. 그러한 역사적 경험을 통해 군주는 환관을 자신과 한 몸으로 인식하고 자신의 권력을 빌려주었기 때문이다. 특히 당대에는 안사(安史)의 난 이후 중앙정부의 시스템이 작동하지 않자, 환관들에게 병권을 넘겨주어 정권의 안위를 맡긴다.

하지만 공적 시스템의 견제를 받지 않는 환관의 권력은 결국 군주권 자체를 자신들이 좌우하게 된다. 이러한 상황에서 혼군(昏君)이 즉위하면 환관들이 마음대로 이전의 군주를 시해하거나 폐위하여 새로운 군주를 옹립하는 조건이 조성된다. 결국 그렇게 확장된 사적 권력의 폭주를 통제하지 못하면 특정한 정권뿐만 아니라 국가와 공적인 질서 자체가 무너지는 파국을 맞게 되는 것이다.

그러한 파국을 막는 것이 지식인의 역할이다. 『대학연의』에서 환관의 문제를 다루면서 지식인들의 결기 있는 저항의 모습을 적지 않은 분량으로 배치한 것은 바로 지식인들을 공적 체계를 보장할 최후의 보루로 여겼기 때문이다. 사실 『대학연의』는 그 표적독자로 군주를 일차적으로 상정하고 있지만, 어쩌면 지식인들에 대한 호소의 의미가 더 크다. 사적 영역이 공적 영역에 침투하여 국가의 시스템을 붕괴시키는 엄중한 사태에서 그 책임을 전적으로 군주에게만 돌릴 수 없다는 것이 진덕수의 생각이었다. 진덕수는 사적 권력 확대를 억제하기 위한 공적 기제가 붕괴된 상황에서 지식인들의 결기 있는 행동을 끊임없이 촉구하고 있다. 이 점을 고려하면 『대학연의』「집안의 다스림을 엄격하게 함」의 진정한 주인공은 지식인이라 할 수 있다.

# 참고문헌


『高麗史』

『高麗史節要』

『舊唐書』

『국역 홍재전서』

『國朝寶鑑』

『論語集註』

『論語』

『唐書』

『大明律直解 名例律』

『大學衍義』

『大學衍義補』(正德本, 東京大學 所藏)

『大學衍義輯略』

『大學章句』

『東坡全集』

『類選』

『孟子』

『毛詩』

『文選』

『保民篇』(奎9883)

『史記』

『三國志』

『三峯集』

『尙書精義』

『書經』

『成宗實錄』

『聖學格物通』(奎中4849)

『聖學要語』(奎33)

『宋史』

『宋史紀事本末』

『肅宗實錄』

『新唐書』

『新五代史』

『晏子春秋』

『呂氏家塾讀詩記』

『易傳』

『燕山君日記』

『列仙傳』

『禮記』

『禮記集說』

『元史』

『儀禮經傳通解』

『二程粹言』

『仁祖實錄』

『資治通鑑』

『戰國策』

『前漢書』

『貞觀政要』

『定宗實錄』

『周易』
『朱子大全』
『中庸九經衍義』
『中庸九經衍義別集』
『中宗實錄』
『晉書』
『眞西山讀書記乙集上大學衍義』(奎中505)
『春秋』
『春秋穀梁傳』
『春秋臣傳』
『春秋左氏傳』
『春秋左傳』
『春秋胡傳附錄纂疏』
『太祖實錄』
『太宗實錄』
『退溪集』
『韓非子』
『漢書』
『翰苑集』
『海東文獻總錄』
『皇極經世書』
『淮南子』
『孝經』

강지은, 2007, 「서계 박세당의 「대학사변록(大學思辨錄)」에 대한 재검토: 『대학장구대전(大學章句大全)』의 주자주(朱子註)에 대한 비판적 고찰의 의미를 중심으로」, 『한국실학연구』 13(0): 303~331.

곽덕환, 2016, 「태평천국의 난에서 나타난 공상적 평등사상 연구」, 『東亞人文學』 35: 375~396.

국민대통합위원회, 2016, 「2016년도 국민통합에 관한 국민의식조사」.

권상우, 2014, 「주자학에서 '도덕적 경영'에서 '경영적 도덕'으로 패러다임의 전환에 관한 연구: 진덕수의 『대학연의』에서 구준의 『대학연의보』로」, 『유교사상문화연구』 55: 67~94.

權延雄, 1981, 「朝鮮 成宗朝의 經筵」, 『韓國史의 諸問題』, 시사영어사.

______, 1987, 「宋代의 經筵」, 『東亞史의 比較研究』, 일조각.

금장태, 2001, 『『성학십도』와 퇴계철학의 구조』, 서울대학교출판부.

김가람, 2014, 「『治平要覽』의 편찬 및 그 목적」, 『한국사학사학보』 29: 105~139.

______, 2015, 「『치평요람』의 한국사에 대한 접근」, 『한국사학사학보』 31: 5~36.

金慶洙, 1994, 「『治平要覽』에 대한 研究」, 『湖西史學』 21·22: 1~48.

김광민, 2016, 「수기와 치인」, 『道德教育研究』 28(1): 1～20.

김광웅, 2017, 『이승만 정부 그리고 공유정부로 가는 길』, 서울: 기파랑.

김광일, 2015, 「환관과 지식인: 진덕수 『대학연의』 「엄내치」의 구조와 의미」, 『중어중문학』 60: 43～73.

김기주, 2009, 「이상사회에서의 일(working)과 노동(labour)」, 『철학연구』 111: 99～120.

김도일, 2014, 「주자(朱子)의 『대학(大學)』 해석에 있어서의 실천의 문제: 왜 지어지선(止於至善)은 독립된 강령인가?」, 『퇴계학보』 136: 289～318.

김문조 등, 2015, 「한국형 사회 갈등 실태 진단」, 국민대통합위원회 연구보고서.

김미영, 2004, 「'인심도심설'을 둘러싼 주자학과 양명학의 공공성 확보논쟁」, 『철학』 79: 5～28.

김병섭, 2015, 「대항해시대의 국가지도자 이순신」, 김병섭 편저, 『대항해시대의 국가지도자 이순신』, 서울대학교출판문화원.

김병섭·최성주·최은미, 2015, 「국민행복, 삶의 질, 공공서비스 관계 연구」, 『한국행정학보』 49(4): 97～122.

金鐸民, 2009, 「後漢의 尙書와 外戚·宦官」, 『中國古中世史研究』 제21집: 235～284.

김성윤, 2004, 「조선시대 대동사회론의 수용과 전개」, 『조선시대사학보』 30: 5～59.

김세정, 2004, 「왕양명의 유기체적 대동사회와 친민정치론」, 『동서철학연구』 34: 227～251.

金昭姬, 2007, 「중국본 『大學衍義』의 판본학적 연구」, 『서지학보』 31: 245～282.

김순희, 2016, 「『治平要覽』考」, 『서지학연구』 33: 189～215.

김영수, 2012, 『난세에 답하다: 사마천의 인간 탐구』, 알마(문학동네).

김영우, 2014, 「율곡 사상에 대한 다산의 이해와 비판적 계승」, 『율곡학연구』 28: 59～86.

金容坤, 1994, 『朝鮮前期 道學政治思想研究』, 서울대학교 박사학위논문.

金庚坤, 2016, 「이상 사회 구현을 위한 정조의 경전 해석학」, 『儒教思想文化研

究』 65: 107～128.
김인곤, 2004, 「플라톤 『국가』」, 『철학사상』 별책 제3권 제8호, 서울대학교 철학사상연구소.
김인호, 1998, 「여말선초 군주수신론과 『대학연의(大學衍義)』」, 『역사와 현실』 29: 72～107.
김재경, 2015, 「서(恕)와 죄수의 딜레마」, 『동양철학연구』 83: 9～40.
김종열, 1986, 「중국의 '천하사상': 그 철학적 기초와 역사적 전통의 형성」, 『중국학논총』 3: 5～38.
金鍾錫, 2013, 「星湖 李瀷의 公共哲學과 그 實踐」, 『철학논총』 72: 47～62.
金駿錫, 1981, 「朝鮮前期의 社會思想」, 『동방학지』 29.
김진성, 2006, 「『大學』의 經典 解釋學的 研究」, 『유교사상문화연구』 25: 125～160.
김철운, 2001, 『유가가 보는 평천하의 세계』, 철학과 현실사.
金恒洙, 1981, 「16세기 士林의 性理學 理解」, 『한국사론』 7.
______, 1994, 「조선 전기의 성리학」, 『한국사』 8, 한길사.
南智大, 1993, 『朝鮮初期 中央政治制度研究』, 서울대학교 박사학위논문.
杜維明, 1984, 「栗谷의 聖學」, 『제3회 국제학술회의 논문집』, 한국정신문화연구원.
드 베리 지음, 표정훈 옮김, 1998, 『중국의 '자유'전통』, 이산출판사.
柳浚炯, 2012, 「唐代 宦官 문제의 재인식」, 『中國史研究』 제77집: 283～326.
리 슈에청(Li Xuecheng) 저, 정세경 역, 2015, 『최고의 리더는 어떻게 사람을 움직이는가: 14억 중국의 마음을 사로잡은 인문학 리더십』, 라의눈.
明 世宗, 1527, 「御製重刊大學衍義序」, 『大學衍義』, 민창문화사.
文喆永, 1991, 「朝鮮前期 儒學思想의 歷史的 特性」, 『韓國思想史大系』 4, 한국정신문화연구원.
______, 2000, 『高麗中·後期 儒學思想 研究』, 서울대학교 박사학위논문.
미타무라 타이스케, 하혜자 역, 1995, 『환관: 측근정치의 구조』, 나루.
민홍석, 2013, 「묵자(墨子)의 이상사회론」, 『인문학연구』 90: 139～163.
朴吉洙, 2015, 「性命의 관점에서 본 선진 유학의 행복 관념」, 『유교사상문화연구』 61: 129～160.

박병련, 1999, 「朝鮮朝 '修己治人'論의 思想史的 變容과 實學思想」, 『한국행정학보』 32(4): 173~187.
박성규, 2004, 「대학」, 『철학사상』 별책 제3권 1호, 서울대학교 철학사상연구소.
박세일, 2017, 『지도자의 길』, 미발행 유고.
http://www.sundayjournal.kr/news/articleView.html?idxno=14550
박정원, 2008, 「修己와 治人 개념을 통한 철학교육적 인간상 탐구」, 『철학윤리교육연구』 24(40): 29~50.
박종목, 2013, 「다산(茶山) 사회개혁론의 철학적 기반」, 『법철학연구』 16(3): 207~248.
박준, 2013, 『한국 사회갈등 현주소』, 『제2차 국민대통합 심포지엄』, 전국경제인연합회.
박평선, 2015, 「孔子 大同思想의 實現 主體와 方法」, 『동양고전연구』 61: 439~470.
朴漢濟, 1994, 「後漢末·魏晉時代 士大夫의 政治的 指向과 人物評論」, 『역사학보』 143: 67~148.
박현모, 2013, 「세종의 『치평요람』 편찬의 정치사상」, 『한국정치학회보』 47: 5~27.
배병삼, 1997, 「조선시대 정치적 리더십론: 수기치인과 무위이치론을 중심으로」, 『한국정치학회보』 34(4): 49~68.
______, 2013, 「유교의 공과 사」, 『동서사상』 14: 95~120.
백준철, 2014, 「최한기의 이상사회론에 대한 고찰: 『대학』 팔조목 중 수신, 제가, 치국, 평천하를 중심으로」, 『한국철학논집』 40: 127~150.
사마광 지음, 권중달 옮김, 2011, 『자치통감』, 푸른역사.
徐根植, 2008, 「『大學』 解釋을 통해 본 朱子의 格物致知論」, 『동양고전연구』 33: 359~384.
______, 2016, 「주자의 『대학장구』를 통해 본 平天下의 세계」, 『동양고전연구』 63: 169~193.
서신혜, 2011, 『조선인의 유토피아』, 문학동네.
서영조, 2002, 「맑스의 이상사회론」, 『정치사상연구』 7: 135~156.
소진형, 2015, 「『대학』의 평천하(平天下) 개념과 성리학적 정치공동체의 기초」,

『한국정치연구』 24(1): 1～26.

송양섭, 2013, 「반계 유형원의 “公” 이념과 이상국가론」, 『조선시대사학보』 64: 45～79.

宋榮培, 1999, 「儒教의 ‘理想的 社會’觀과 平和의 倫理」, 『儒教思想研究』 11: 5～26.

______, 2013, 「강유위(康有爲) 인(仁)의 철학과 대동(大同) 유토피아」, 『철학연구』 48: 91～119.

순자·한비자, 안외순 역해, 2005, 『순자·한비자』, 타임기획.

슈미트, 카를 저, 김황 역, 2010, 『정치신학』, 그린비.

시라카와 시즈카 지음, 고인덕 옮김, 2008, 『漢字의 世界: 중국문화의 원점』, 솔.

신운용, 2005, 「安重根의 ‘東洋平和論’과 伊藤博文의 ‘極東平和論’」, 『역사문화연구』 23: 131～177.

신창호, 2009, 「治人의 차원에서 본 『大學』에서 『聖學輯要』로의 학문적 심화」, 『동양고전연구』 36: 375～402.

신춘호, 2015, 「덕치의 목적과 난점: 주희와 진량의 왕패논쟁에 관한 고찰」, 『도덕교육연구』 27(1): 69～91.

안외순, 2009, 「『대학』의 정치철학: 자기성찰과 혈구행정의 정치」, 「한국철학논집」 27: 327～361.

안중근, 1910, 「동양평화론」, 국가보훈처(1996) 발간, 『21세기와 동양평화론』, 47～57.

양방주, 2004, 「원시儒家의 평화 사상: ‘大同’과 ‘平天下’」, 『東아시아研究論叢』, 15(1): 161～181.

오상무, 1996, 「『노자』 ‘小國寡民’에 대한 새로운 이해」, 『동양철학』 제7집: 85～118.

吳錫源, 1999, 「儒教의 大同社會와 平和精神」, 『유교사상문화연구』 11: 61～75.

오세근, 2013, 「동원의 정치 리더십에서 감응의 정치 리더십으로의 프레임 전화: 유교적 정치 리더십 구상과 전망을 중심으로」, 『사회사상과 문화』 28: 81～136.

오세진, 2013, 「『大學衍義』에서 修養論과 經世論의 관계 연구」, 연세대학교 대학원 석사학위논문.

오은영, 2017, 「심리적이면서 가치평가적인 행복개념」, 『철학논집』 50: 137~163.

오항녕, 2006, 「조선초기 『治平要覽』 편찬 배경과 성격」, 『한국사학사학보』 13: 5~33.

유지기 저, 오항녕 역, 2012, 『사통』, 역사비평사.

윤대식, 2005, 「맹자의 왕도주의에 내재한 정치적 의무의 기제」, 『한국정치학회보』 39(3): 7~32.

윤사순, 2012, 「다산 정약용의 탈성리학적 실학의 대성」, 『공자학』, 한국공자학회, 5~51.

尹貞粉, 1990, 「15세기 관료층의 국가관: 「大學衍義補」의 "正朝廷"편을 중심으로」, 『德成女大論文集』 19: 47~66.

______, 1992, 『大學衍義補研究: 15世紀 中國經世思想의 한 分析』, 연세대학교 박사학위논문.

윤지원·김원명, 2014, 「莊子의 幻想: 그가 꿈꾸는 無何有之鄕」, 『哲學論叢』 75: 439~454.

이경무, 2004, 「『대학』에 있어서 '선후'와 '지'의 의미」, 『범한철학』 35: 191~214.

이광률, 2003, 「주자철학에 있어 '경, 지, 행' 공부의 구조적 이해」, 『범한철학』 31: 5~35.

이규상, 2009, 「『노자』 '小國寡民'의 정치철학적 지향」, 『대동철학』 46: 25~46.

이기동, 1997, 「율곡 수기론의 인성교육적 의미」, 『율곡학연구』 3: 253~275.

______, 2013, 「욕심 버리고 본심 찾아 明明德 행복세상 만들기」, 『신동아』 3월호.

李東熙, 1988a, 「王陽明과 李退溪」, 『東洋哲學研究』 9: 59~90.

______, 1988b, 「晦齋 李彦迪의 經學思想」, 『朝鮮朝 儒學思想의 探究』, 여강신서.

이두찬, 2005, 「율곡 '수기론'의 사회철학적 의미」, 『한국사상사학』 24: 313~343.

李範鶴, 1997, 「眞德秀 經世理學의 成立과 그 背景: 남송후기 이학의 관학화와 그 의의」, 『韓國學論叢』 20.

李丙燾, 1987, 『韓國儒學史』, 아세아문화사.

이부형, 2016, 「사회적 갈등의 경제적 효과 추정과 시사점」, 『한국경제주평』 2016.11.11.

이삼성, 2011, 「'제국'개념의 고대적 기원」, 『한국정치학회보』 45(1): 5~33.

______, 2014, 「제국 개념의 동아시아적 기원 재고」, 『국제정치논총』 54(4): 37~74.

이상호, 2007, 「유교의 悅樂에 관한 硏究」, 『동양철학연구』 49: 115~150.

李碩圭, 1996, 「朝鮮初期의 天人合一論과 災異論」, 『진단학보』 81: 89~106.

이연도, 2012, 「근현대 중국 이상사회론의 철학적 탐구」, 『인문과학연구』 33: 401~421.

李永慶, 1997, 「栗谷 大同社會論의 倫理的 性格」, 『儒教思想硏究』 9: 331~356.

李佑成, 1994, 「『治平要覽』 解題」, 『治平要覽』(栖碧外史海外蒐佚本), 亞細亞文化社.

______, 1995, 「治平要覽」, 『韓國古典의 發見』, 한길사.

이종성, 2016, 「율곡 대동사회론의 철학적 지향과 해석의 전환」, 『동서철학연구』 81: 55~81.

李泰鎭, 1987, 「李晦齋의 聖學과 仕宦」, 『韓國思想史學』.

______, 1997, 「고려·조선중기 天災地變과 天觀의 변천」, 『韓國思想史方法論』.

張淑必, 1992, 『栗谷 李珥의 聖學硏究』, 高大民族文化硏究所.

장원태, 2008, 「군자와 소인, 대체와 소체, 인심과 도심」, 『철학연구』 81: 1~21.

장현근, 1994, 「先秦政治思想에서 '法'의 의미」, 『한국정치학회보』 27(2): 75~96.

______, 1995, 「동양사상과 세계시민: 중국 天下思想과 儒家의 大同論」, 『유럽연구』 3: 231~260.

______, 2012, 「초기유가 '화동(和同)' 논의의 정치철학적 의미」, 『동양정치사상사』 11(1): 7~29.

______, 2014, 「덕의 정치인가, 힘의 정치인가: 맹자 왕패(王霸)논쟁의 정치 기획」, 『정치사상연구』 20(1): 65~86.

全樂熙, 1990, 「東洋政治思想의 論理와 理想: 儒家를 중심으로」, 『한국정치학회보』 23(2): 121~137.

전병욱, 2015a, 「生死에 대한 원초적 욕망을 넘어서: 鄭道傳의 유교적 행복론」, 『동양철학연구』 84: 7~38.

______, 2015b, 「“혈구지도”에 대한 해석을 통해 본 주자의 공동체 윤리」, 『동양철학연구』, 83: 187~219.

전인갑, 2012, 「제국에서 제국성(帝國性) 국민국가로(1): 제국의 구조와 이념」, 『中國學報』 65: 161~183.

정상봉, 2015, 「개인과 공동체의 관계에 대한 유가적 성찰: 和而不同을 중심으로」, 『통일인문학』 61: 523~545.

정영호·고숙자, 2014, 「사회갈등지수 국제비교 및 경제성장에 미치는 영향」, 보건사회연구원 연구보고서.

정예지·김문주·이수정, 2012, 「윤리적 리더십과 진성 리더십에 대한 이론적 고찰」, 『리더십연구』 3(3): 85~108.

정재훈, 1998, 「朝鮮前期 『大學』의 이해와 聖學論」, 『진단학보』 86: 101~136.

______, 2005, 『조선전기 유교정치사상 연구』, 태학사.

______, 2015, 『영조의 독서와 학문』, 한국학중앙연구원 출판부.

정해식 외, 2016, 「사회통합지수 개발 연구」, 보건사회연구원 보고서.

정해왕, 2012, 「朱熹의 三綱領·八條目의 의미와 문제」, 『한국민족문화』 45: 171~203.

정혜진, 2013, 「『大學』에서의 삼강령과 팔조목: 교육과 정치의 관련」, 『道德教育研究』 25(3): 195~210.

趙南旭, 2005, 「세종의 정치이념과 『大學衍義』」, 『유교사상문화연구』 23: 27~55.

______, 2009, 「공맹(孔孟)의 정치론(政治論)과 그 의의(意義)」, 『퇴계학논총』 15: 189~218.

______, 2011, 「孔孟의 國際平和 理論」, 『유교사상문화연구』 45: 199~225.

주경철, 2015, 『유토피아: 농담과 역설의 이상사회』, 사계절.

池斗煥, 1993a, 「朝鮮前期 君子 小人 論議: 『大學衍義』王安石論 중심으로」, 『泰東古典研究』 9: 3~36.

______, 1993b, 「朝鮮前期 『大學衍義』 이해과정」, 『泰東古典研究』 10: 337~364.

지준호, 2011, 「성리학의 발전에 있어서 대학연의의 사상사적 위치」, 『동양고전연구』 45: 391～418.

______, 2014, 「공자의 도덕교육론: 인격과 정치의 문제를 중심으로」, 『한국철학논집』 40: 203～224.

眞德秀, 1983, 『大學衍義』(朝鮮影印), 正文社.

眞德秀 저, 辛承云·李霜芽·張喜成·趙埈暭 역, 2015, 『譯註 大學衍義』(1～3), 전통문화연구회.

진덕수 저, 이한우 역, 2014, 『대학연의』(상·하), 해냄.

崔錫起, 2002, 「貞山 李秉休의 『大學』 解釋과 그 意味」, 『南冥學研究』 14: 349～387.

______, 2010, 「창강 김택영의 『대학』 해석」, 『한문학보』 22: 484～486.

崔承熙, 1982, 「世宗朝의 文化와 政治」, 『世宗朝 文化의 再認識』.

______, 1985, 「朝鮮 太祖의 王權과 政治運營」, 『震檀學報』 60.

______, 1991, 「太宗朝의 王權과 政治運營體制」, 『國史館論叢』 30.

______, 1994, 「世宗朝의 王權과 政治運營體制」, 『韓國史研究』 87.

______, 1995, 「개국초 왕권의 강화와 국정운영체제」, 『한국사』 22, 국사편찬위원회.

최정묵, 2011, 「『대학』의 삼강령 팔조목을 통해 본 유학의 체계」, 『동서철학연구」 62: 5～31.

최진묵, 2015, 「고대 중국의 '제국'적 특성: 이념적 측면에서의 고찰」, 『인문논총』 72(3): 13～44.

피쉬, 외르크·디터 그로·루돌프 발터 저, 황승환 옮김, 2010, 「'제국주의' 형성기까지의 '임페리움'」, 오토 브루너·베르너 콘체·라인하르트 코젤렉 엮음, 『코젤렉의 개념사 사전』, 푸른역사.

하병주, 1984, 「알, 파라비(Abu Nasr al Farabi)의 '이상국가론'」, 『한국중동학회논총』 5: 89～113.

한완상, 2013, 『한반도는 아프다』, 한울.

함성득, 2017, 『제왕적 대통령의 종언』, 서울: 섬앤섬.

허남진·신정근, 2000, 「고대 유가에 나타난 인간의 특성과 이상사회: <고립>에서 <참여>로 이르는 기나긴 여정」, 『동아문화』 38: 39～68.

홍승표, 2005, 「유교 정치사상과 새로운 정치의 모색」, 『한국학논집』 32: 115~148.

환관(桓寬) 저, 김한규 외 역, 2002, 『염철론(鹽鐵論)』, 소명출판사.

황갑연, 2009, 「'恕'를 중심으로 한 유가철학의 이상사회」, 『양명학』 23: 431~459.

황금중, 2013, 「대학의 공부 강목(綱目)에 대한 주희(朱熹)의 이해」, 『한국교육사학』 35(1): 209~245.

高令印·陳其芳, 1986, 『福建朱子學』, 福建人民出版社.

歐陽修, 1987, 『新五代史』, 北京: 中華書局.

歐陽修·宋祁, 1975, 『新唐書』, 北京: 中華書局.

金正明 編, 1964, 「伊藤特派大使內謁見始末」, 『日韓外交資料集成』 6 上, 國學資料院.

方詩銘, 2007, 『中國歷史紀年表』, 上海: 上海人民出版社.

范曄, 1987, 『後漢書』, 北京: 中華書局.

范祖禹, 1985, 『唐鑑』, 北京: 中華書局.

司馬光, 1989, 『資治通鑑』 北京: 中華書局.

司馬遷, 1959(1999), 『史記』, 北京: 中華書局.

沈德符, 1619, 『萬曆野獲編』. 「章楓山封事」. http://blog.csdn.net/iammerryz/article/details/8800645.

余華青, 1993, 『中國宦官制度史』, 上海: 上海人民出版社.

李焯然, 1987, 「聖人之學與帝王之學」, 『儒學國際學術討論會論文集』, 齊魯書社.

張撝之·沈起煒·劉德重 主編, 1999, 『中國歷代人名大辭典』, 上海: 上海古籍出版社.

朱鴻林, 1985, 「理論型的經世之學—眞德秀《大學衍義》之用意及其著作背景」, 『食貨月刊』(復刊) 15: 16~27.

眞德秀, 1983~1986, 『大學衍義』(文淵閣四庫全書 影印本), 臺灣: 臺灣商務印書館.

眞德秀, 孔子文化大全編輯部 編輯, 1991, 『大學衍義』(元刻本影印), 濟南: 山東友誼書社.

眞德秀, 朱仁求 點校, 2010,『大學衍義』, 上海: 華東師範大學出版社.
向世陵·馮禹, 1991,『儒家的天論』, 濟南: 齊魯書社.

三田村泰助, 1963,『宦官: 側近政治の構造』, 東京: 中央公論社.

Acemoglu, Daron & James A. Robinson, 2012, *Why Nations Fail: The Origins of Power, Prosperity, and Poverty*, Crown Business. 최완규 옮김,『국가는 왜 실패하는가』, 시공사.

Ahlquist, John S. & Margaret Levi, 2011, "Leadership: What It Means, What It Does, and What We Want to Know About It," *Annual Review of Political Science* 14: 1~24.

Alderfer, C. P., 1969, "An Empirical Test of a New Theory of Human Needs," *Organizational Behavior and Human Performance* 4(2): 142~175.

Alessandro, M., M. Lafuente, & Carlos Santiso, 2013, "The Role of the Center of Government," *A Literature Review*, Inter American Development Bank.

Ball, R. & K. Chernova, 2008, "Absolute Income, Relative Income, and Happiness," *Social Indicators Research* 88(3): 497~529.

Bass, B. M., 1985, *Leadership and Performance beyond Expectations*, NY: Free Press.

Brown, M. E. & L. K. Treviño, 2006, "Ethical Leadership: A Review and Future Directions," *The Leadership Quarterly* 17(6): 595~616.

Burns, J. M., 1978, *Leadership*, NY: Harper & Row.

Collins, Jim, 2001, *Good to Great: Why Some Companies Make the Leap, and Others Don't*.『좋은 기업을 넘어 위대한 기업으로』, 이무열 역, 김영사.

Gardner, W. L., C. C. Cogliser, K. M. Davis, & M. P. Dickens, 2011, "Authentic Leadership: A Review of the Literature And Research Agenda," *Leadership Quarterly* 22(6): 1120~1145.

Goffee, Rob & Gareth Jones, 2005, "Managing Authenticity: The Paradox of Great Leadership," *Harvard Business Review* 83(12): 86~94.

Easterlin, R. A., 1974, "Does Economic Growth Improve the Human Lot?

Some Empirical Evidence," P. A. David & M. W. Reder (eds.), *Nations and Households in Economic Growth: Essays in Honour of Moses Abramovitz*, New York: Academic Press Inc.

______, 2001, "Income and Happiness: Towards a Unified Theory," *Economic Journal* 111(473): 465~484.

Hagerty, M. R. & R. Veenhoven, 2003, "Wealth and Happiness Revisited: Growing National Income Does Go with Greater Happiness," *Social Indicators Research* 64(1): 1~27.

Harrer, G. A., 1918, "Cicero on Peace and War," *The Classical Journal* 14(1): 26~38.

Helliwell, John, Richard Layard, & Jeffrey Sachs, 2016, *World Happiness Report 2016*, vol. I, United Nation.

Hodgson, G. M., 1995, "The Political Economy of Utopia," *Review of Social Economy* 53(2): 195~214.

Kelley, R. E., 1988, "In Praise of Followers," *Harvard Business Review* 66: 142~148.

Kernis, M. H. & B. M. Goldman, 2006, "A Multicomponent Conceptualization of Authenticity: Theory and Research," M. P. Zanna (ed.), *Advances in Experimental Social Psychology* 38: 283~357.

Klijn, E-H. & C. Skelcher, 2007, "Democracy and Governance Networks: Compatible or not?," *Public Administration*, 85(3): 587~608.

Klosko, George, 1981, "Implementing the Ideal State," *Journal of Politics* 43(2): 365~389.

Maslow, A. H., 1987, *Motivation and Personality*, 3rd ed., New York: Harper & Row.

OECD, 2017, *How's Life?*, 2017 Measuring Well-being: Measuring Well-being.

Smart, Geoff & Randy Street, 2008, *Who: The A Method for Hiring*, Random House Publishing Group.

Swiss Federal Department of Defence, Civil Protection and Sports (DDPS), 2004, *Swiss Neutrality*, 4th edition.

Veenhoven, R., 1991, "Is Happiness Relative?," *Social Indicators Research* 24(1): 1~34.

Welsch, Heinz, 2008, "The Social Costs of Civil Conflict: Evidence from Surveys of Happiness," *Kyklos* 61(2): 320~340.

# 진덕수 연보

| | |
|---|---|
| 순희(淳熙) 5년(1178, 1세): | 복건(福建) 포성(浦城) 선양(仙陽)에서 출생. |
| 경원(慶元) 5년(1199, 22세): | 진사과(進士科) 급제, 검남주(劍南州) 판관(判官)으로 출사. |
| 개희(開禧) 원년(1205, 28세): | 박학굉사과(博學宏詞科) 급제, 복주(福州) 지주(知州) 겸 복건안무사(福建安撫使) 소규(蕭逵)의 막료(幕僚)로 활동. |
| 개희 2년(1206, 29세): | 입조(入朝)하여 국자감(國子監) 학정(學正)에 임명. |
| 가정(嘉定) 원년(1208, 30세): | 태학박사(太學博士)로 승진. 당시의 권력자 사미원(史彌遠)을 비판하는 상소를 올림. 이후 비서감(秘書監) 정자(正字), 교서랑(校書郎), 기왕부(沂王府) 교수(敎授), 학사원권직(學士院權直), 비서랑(秘書郎), 저작좌랑(著作佐郎) 등을 역임. |
| 가정 7년(1214, 37세): | 강동로(江東路) 전운부사(轉運副使)로 전출. |
| 가정 12년(1219, 42세): | 융흥(隆興) 지부(知府) 겸 강서안무사(江西安撫使)로 승진. |
| 가정 13년(1220, 43세): | 모친상으로 관직에서 물러남. |
| 가정 15년(1222, 45세): | 담주(潭州) 지주(知州) 겸 호남안무사(湖南按撫使)에 임명. |
| 가정 17년(1224, 47세): | 윤8월, 영종(寧宗)이 사망하고 이종(理宗)이 즉위. 9월, 이종이 진덕수를 임안(臨按)으로 불러들여 예부시랑(禮部侍郎) 겸 직학사원(直學士院) 시독(侍讀)에 제수함. 하지만 진덕수는 사미원에 대한 불만의 표현으로 지방관에 머물 것을 청원함. |
| 보경(寶慶) 원년(1225, 48세): | 6월, 임안으로 가서 직학사원을 사직하고 예부시랑만을 맡음. 그 후 여러 차례 사직을 청함.<br>11월, 파직을 당함. 파직 후 고향에서 저술에 몰두함. |
| 소정(紹定) 4년(1231, 54세): | 6월, 위료옹(魏了翁)과 함께 관직을 회복함. |

| | |
|---|---|
| 소정 5년(1232, 55세): | 천주(泉州) 지주(知州)에 임명. |
| 소정 6년(1233, 56세): | 10월, 사미원 사망. 진덕수는 복주 지주 겸 복건안무사로 승진. |
| 단평(端平) 원년(1234, 57세): | 4월, 호부상서(戶部尙書)에 임명. |
| | 9월, 임안에 도착한 후 한림학사(翰林學士) 겸 시독(侍讀)에 임명. |
| 단평 2년(1235, 58세): | 3월, 참지정사(參知政事)로 승진. |
| | 4월, 병이 깊어져 병가를 청함. |
| | 5월 25일, 진덕수 사망. |
| | 향년 58세. 은청광록대부(銀靑光祿大夫)에 추증(追贈). 시호(諡號)는 문충(文忠). |

# 주요 등장인물

가모(賈模, ?~299): 진(晉)나라 평양(平陽) 양릉(襄陵) 사람으로 자는 사범(思範)이다. 혜제의 황후였던 가남풍(賈南風)의 오빠로, 그녀에게 열성적으로 충간해서 천하가 안정되니 시중(侍中)에 발탁되었다. 장화(張華), 배위(裵頠)와 함께 충심으로 정치를 보좌하여 광록대부(光祿大夫)가 더해졌다. 권세를 한 몸에 누려 부귀가 왕공(王公) 못지않았다. 성격이 광폭하였던 가남풍이 나중에 그의 충간에 염증을 내자 사직하고, 얼마 뒤 화병과 노환으로 죽었다.

가밀(賈謐, ?~300): 서진(西晉) 남양(南陽) 도양(堵陽) 사람으로 자는 장심(長深)이고, 한수(韓壽)의 아들이다. 가충(賈充)이 후사(後嗣)가 없자 그를 후사로 삼았다. 산기상시(散騎常侍)와 비서감(秘書監)을 지냈고, 국사(國史)를 관장하였다. 가후(賈后)와 태자(太子)를 모함하려다가 조왕(趙王) 사마륜(司馬倫)에게 주살당하였다.

가의(賈誼, BC 200~BC 168): 전한 하남(河南) 낙양(洛陽) 사람이다. 가 태부(賈太傅) 또는 가 장사(賈長史), 가생(賈生)으로도 불린다. 시문에 뛰어나고 제자백가에 정통하였다. 문제(文帝)의 총애를 받아 약관의 나이로 최연소 박사가 되었다. 진(秦)나라 때부터 내려온 율령(律令)과 관제(官制), 예악 등의 제도를 개정하고 전한의 관제를 정비하기 위한 많은 의견을 제시하였다. 이후 많은 개혁을 건의하였으나, 주발(周勃)과 관영(灌嬰) 등 당시 고관들의 시기를 받아 장사왕(長沙王)의 태부(太傅)로 좌천되었다. 4년 뒤 복귀하여 문제의 막내아들 양회왕(梁懷王)의 태부가 되었지만 왕이 낙마하여 급서하자 애도한 나머지 한 해 뒤 33살로 죽었다. 저서에 『신서(新書)』 10권과 『가장사집(賈長沙集)』이 있다. 진(秦)나라가 망한 까닭을 논한 「과진론(過秦論)」이 유명하다.

가충(賈充, 217~282): 위말서진초(魏末西晉初) 때 평양(平陽) 양양(襄陽) 사람으로 자는 공려(公閭)다. 위나라에서 상서랑(尙書郎)을 지냈다. 위나라 말의 실권자 사마소(司馬昭)의 복신(腹臣)이 되어 사마씨가 위나라를 대신하는 음모에 가담하였다. 두예(杜預) 등과 함께 『진율령(晉律令)』을 편찬하여 천하에 시행하였다. 두 딸이 태자비(太子妃)와 제왕비(齊王妃)가 되었는데, 태자비는 혜제(惠帝)의 가 황후(賈皇后)가 되어 횡포가 심해 팔왕(八王)의 난을 촉발시켜 서진(西晉)이 망하는 계기가 되었다.

가표(賈彪): 후한 영천(潁川) 정릉(定陵) 사람으로 자는 위절(偉節)이다. 환제(桓帝) 연희(延熹) 9년(166) 당화(黨禍)가 일어나자 "내가 서쪽으로 가지 않으면 대화(大禍)가 풀리지 않는다."라고 말한 뒤 낙양(洛陽)에 들어가 교위(校尉) 두무(竇武)를 설득해 마침내 환제가 대사령(大赦令)을 내리도록 하여 사림(士林)의 화를 막은 것으로 유명하다. 나중에 당고(黨錮)의 화를 당해 사직하고 집에서 죽었다. 현신(賢臣)과 충신(忠臣)의 도리를 보여 주는 인물로 인용된다.

강원(姜嫄): 유태씨(有邰氏)의 딸로 제곡(帝嚳)의 아내이며 주(周)나라 시조인 후직(后稷)의 어머니다. 한나라 유향이 지은 열녀전 모의전에 등장하는데 중국의 여인들 중에 귀감이 되는 어머니의 상으로 소개되고 있다.

강총(江揔, 江摠, 江總, 519~594): 남조 진(陳)나라 제양(濟陽) 고성(考城) 사람으로 자는

총지(總持)고, 강부(江紑)의 아들이다. 학문에 열중해 문채가 있었고, 양(梁) 무제(武帝)의 칭송을 들었다. 진(陳) 후주(後主)가 즉위하자 상서령(尙書令)이 되었다. 그러나 정무는 돌보지 않고 후주와 함께 후원에서 연회에만 골몰하면서 염정시를 써내 압객(狎客)으로 불렸다. 수나라 때 상개부(上開府)직에 있다가 강도(江都)에서 죽었다. 세칭 강령(江令)으로 불린다. 문집 30권이 있었지만 없어졌고, 명나라 때 만들어진『강령군집(江令君集)』이 전한다.

강충(江充, ?~BC 91): 본래 조(趙)나라 사람으로 본명은 제(齊)였는데, 부모와 형제가 살해당하자 이름을 고치고 장안으로 도망쳤다. 훌륭한 외모로 인하여 무제로부터 "연(燕)나라와 조(趙)나라에는 참으로 기이한 선비가 많다."라는 칭찬을 받으며 중용되었다. 뒤에 무제가 병들자 강충은 여태자(戾太子)가 저주(咀呪)한 때문이라고 속여 무고(巫蠱) 사건을 일으켜 수많은 사람을 죽게 하였다. 이에 격분한 여태자는 그를 죽이고 자살하였는데, 뒤에 무제는 여태자의 억울함을 깨닫고는 강충의 삼족을 멸하였다.

강후(姜后): 서주(西周) 선왕(宣王)의 부인이고, 제후(齊侯)의 딸이다. 현명하고 덕행이 있었다. 왕이 일찍이 자리에 누웠다가 늦게 일어나자 죄를 청하면서 군왕이 색을 좋아하고 덕(德)을 잊었으니 자신의 죄라고 말하였다. 이에 왕이 정치에 전념하여 주나라가 중흥하게 되었다.

강후(絳侯) → 주발

걸(桀): 하나라의 마지막 군주로, 포악하고 사치스러웠다. 걸이 현재의 산동성 쪽에 있는 유시씨(有施氏)를 공격하자, 유시씨는 걸의 공격을 돌리기 위해 말희(妹喜)를 진상하였다. 말희는 걸의 여자가 되어 유시 사람들의 복수를 위해서 걸의 사치를 부추겼다. 하루는 걸이 전국에서 잡아들인 소녀들과 춤판을 벌인 후 술을 한 잔씩 하사하였는데, 여자들이 매우 많았으므로 술을 따르는 데 시간이 많이 들었다. 이에 말희는 일일이 술을 따르는 것을 기다리는 것이 지루하므로, 술로 연못을 만들고, 연못 둘레에 고기의 숲을 만들어 즐기자고 제안하였다. 여기에서 주지육림(酒池肉林)이라는 성어가 생겼다. 충신이었던 관용봉(關龍逄)의 간언을 물리치고 계속 황음을 일삼다가 결국 하나라의 제후이자 제후의 우두머리 격인 방백(方伯)이었던 은(殷)의 탕(湯)에게 쫓겨 도망가다가 죽었다.

경감(景監): 진(秦)의 중국 통일 기틀을 마련한 상앙을 효공에게 추천한 환관이다.

경포(黥布, ?~BC195): 중국 한나라의 무신으로 육(六) 땅 평민 출신이다. 성은 영(英)이고 이름은 포(布)이다.

계우(季友): 노 장공의 막내 동생으로 삼환씨(三桓氏) 중 계손씨(季孫氏)를 열었다. 노(魯) 희공(僖公)을 옹립하고 이어 상국이 되어 노나라에 치세가 오도록 하였다.

고담(顧譚): 삼국시대 동오의 관료로, 고소의 아들이며, 자는 자묵(子默)이다.

고선지(高仙芝, ?~755): 당나라에서 활동한 고구려 유민 출신의 장군으로 고사계(高舍鷄)의 아들이다. 당나라의 사진절도사(四鎭節度使)·안서절도사(安西節度使)를 지냈다.

고소자(高昭子): 춘추시대 제나라의 대부로 이름은 장(張)이다. 정경(正卿) 고언(高偃)의 아들이다. 고소자는 국혜자와 함께 제나라의 국정을 전단하다가 대부 전걸(田乞)에 의해 살해당하였다.

고역사(高力士, 684~762): 본명(本名)은 풍원일(馮元一)으로 고주(高州) 양덕(良德) 출신이다. 698년에 환관이 되었고, 환관(宦官) 고연복(高延福)의 양자(養子)가 되어 고역사(高力士)로 개명하였다. 이후 현종(玄宗)이 임치왕(臨淄王)이던 시절부터 심복(心腹)이 되었고, 현종이 즉위한 후에는 권세(權勢)를 누렸다. 숙종(肅宗)이 즉위하자 이보국의 탄핵을 받아 무주(巫州)로 유배되었다가 현종이 죽은 뒤에 사면되었다. 그러나 현종의 죽음 소식을 듣고 7일 동안 음식을 끊고 슬퍼하다가 죽었다.

곡영(谷永, ?~BC 8): 전한 경조(京兆) 장안(長安) 사람이다. 본명은 병(並)이고, 자는 자운(子雲)이며, 곡길(谷吉)의 아들이다. 원제(元帝) 건소(建昭) 연간에 태상승(太常丞)에 올랐고, 여러 차례 상서하여 재이(災異)의 발생을 조정의 득실과 관련지어 추론하였다. 성제(成帝) 때 광록대부급사중(光祿大夫給事中)이 되었다. 황태후와 측근들은 곡영이 재이의 논리로 성제를 설득하자 그를 달갑지 않게 여겼다.

공광(孔光, BC 65~BC 5): 전한 사람으로 공자의 14대손이며, 공패(孔霸)의 작은 아들이다. 한전제(限田制)와 노비 제한 방안을 제안하였지만 대신들의 반대로 실행하지 못하였다. 평제(平帝) 때 왕망(王莽)도 예를 갖추어 존대하였고, 뛰어난 제자들이 많았지만 한 사람도 천거하지 않았다.

공손무지(公孫無知, BC 729~BC 685): 춘추시대 제나라 제15대 후작으로 제 희공의 아우 이중년의 아들이다. 양공(襄公)을 시해하고 임금 자리를 빼앗았다가 얼마 지나지 않아 그 역시 살해당한다.

공손홍(公孫弘, BC 200~BC 121): 전한 치천(菑川) 설현(薛縣) 사람으로 자는 계(季) 또는 차경(次卿)이다. 나이 60까지 가난하게 살다가 무제(武帝) 건원(建元) 원년(BC 140) 현량(賢良)에 추천되어 박사(博士)에 올랐다가 흉노(匈奴)의 일로 파직되었다가 10년 뒤인 원광(元光) 5년(BC 130) 현량대책(賢良對策)에 제일(第一)로 뽑혀 박사가 되고, 내사(內史)와 어사대부(御史大夫) 등을 역임하였다. 검소하게 살아 집안에 재산을 남겨두지 않았다. 유교를 중국의 공식적인 이념으로 확립하는 데 이바지하였지만 곡학아세(曲學阿世)의 양면성을 보인 학자로 나이 여든 살에 승상의 자리에서 물러났다. 호무생(胡毋生)에게 춘추공양학을 전수받았다. 저서에 옥함산방집일서(玉函山房輯佚書)에 수록된 『공손홍서(公孫弘書)』가 있다.

공영달(孔穎達, 574~648): 당나라의 유학자로 자는 중달(仲達)이다. 수나라 양제 때 명급제하여 태학조교(太學助敎)가 되고 당나라 건국 후 국자박사(國子博士)와 국자좨주(國子祭酒) 등을 역임하였다. 당시 유명한 경학자인 유작(劉焯)에게 배웠다. 『춘추좌씨전』, 『모시(毛詩)』, 『예기』와 정현주(鄭玄注)의 『상서(尙書)』, 왕필주(王弼注)의 『주역』에 밝았고, 역산(曆算)에도 뛰어났다. 당 태종의 명을 받아 남학파와 북학파의 경학을 절충하여 『오경정의(五經正義)』를 찬술하였다.

공위(孔緯, ?~895): 당나라 기주(冀州) 사람. 자는 화문(化文)이고, 공규(孔戣)의 손자다. 선종(宣宗) 대중(大中) 13년(859) 진사(進士)가 되고, 감찰어사(監察御史)와 한림학사(翰林學士), 지제고(知制誥), 어사중승(御史中丞) 등을 역임하였다.

공자(孔子, BC 551~BC 479): 노나라 사람으로 본명은 공구이며, 유학의 창시자다. 아버지는 숙량흘이고 어머니는 안징재다. 가난하고 천하게 자란 공자는 키가 9척 6촌이나 될 정도로 키가 컸다. 20살 때부터 계(季)씨 가문 창고지기로 일하였고 가축 사육일도 맡았지만 주나라 관제와 예법을 꾸준히 공부하면서 예(禮) 전문가로 유명해지기 시작하였다. 35살 때 노나라에서 내란이 일어나 소공이 제나라로 망명하자 공자도 제나라로 떠났다가 2년 뒤 귀국하였다. 공자가 48살 때 계손씨의 가신 양호가 정권을 잡자 공자는 정치에서 물러나 본격적으로 제자를 가르치기 시작하였다. 공자는 사공(司空)과 대사구(大司寇)를 지내기도 하였지만 삼환씨 세력을 타도하려다가 실패하여 제자들과 함께 고국을 떠났다. 이후 공자는 여러 나라를 돌아다녔지만 등용되지 못하고 14년 만인 68살 때 노나라로 귀국하여 악(樂)을 정비하고 제자를 가르치며 문헌을 정리하는 데 전념하였다. 가장 아끼는 제자 안연을 떠나보낸 슬픔 가운데에서도 공자는 BC 481년 『춘추(春秋)』를 완성하였다. 72살 때는 역시 아끼던 제자 자로가 위나라에서 일어난 정변에 휘말려 피살되었다. 공자는 노나라 성 북쪽 사수(泗水) 가에 묻혔다. 제자들이 모두 3년 동안 상복을 입었다.

곽광(霍光, ?~BC 68): 전한 하동군(河東郡) 평양현(平陽縣) 사람으로 한(漢) 무제(武帝)의 두터운 신임을 받은 명신이다. 흉노 정벌의 영웅인 곽거병(霍去病)과는 배다른 형제 사이다.

곽괴(郭槐): 서진 개국공신인 가충(賈充)의 후처이며, 몰래 뇌물을 주면서 양 황후를 뇌물로 딸인 가남풍(賈南風)을 태자비로 만들어 팔왕의 난을 일으킨 단초를 제공하였다.

곽선명(霍仙鳴): 당 덕종 때의 환관으로 군사대권을 행사하였다.

곽자의(郭子儀, 697~781): 당나라 화주(華州, 하남성) 정현(鄭縣) 사람으로 분양왕(汾陽王)에 봉해져서 곽분양(郭汾陽)이라고도 한다. 현종(玄宗) 때 삭방절도사(朔方節度使)가 되어 안녹산의 난을 토벌하여 하북의 10여 군을 회복하였고, 하북(河北)에서 사사명(史思明)을 격파하였다. 숙종(肅宗)이 즉위하자 관내하동부원수(關內河東副元帥)가 되어 회흘군(回紇軍)과 연합하여 장안과 낙양을 수복하였다. 그 공으로 중서령(中書令)에 발탁되고, 나중에 분양군왕(汾陽郡王)에 봉해졌다. 부귀공명과 다복(多福)을 누렸다고 하여, 팔자 좋은 사람을 '곽분양 팔자'라고 한다.

관숙(管叔, ?~BC 114?): 서주(西周) 때의 사람이다. 성은 희(姬)고, 이름은 선(鮮)이다. 문왕(文王)의 셋째 아들이자 주공(周公) 단(旦)의 형이며, 무왕(武王)의 동생이다. 무왕이 은(殷)나라를 멸하고 동생들을 봉하였을 때 채숙(蔡叔) 도(度)와 함께 은나라 주왕(紂王)의 아들 무경(武庚)을 감시하여 하남(河南)을 다스렸다. 채숙, 무경과 함께 반란을 일으켰지만 함께 죽음을 당하였다.

관영(灌嬰, ?~BC 176): 전한의 개국공신으로 승상을 역임하였다. 고조 사후, 혜제가 즉위하는 데 역할을 하였으며, 여 태후가 죽자 주발, 진평과 함께 고조의 아들 대왕을 황제로 세웠는데, 곧 문제다.

관중(管仲, ?~BC 645): 춘추시대 제(齊)나라 사람이다. 이름은 이오(夷吾)이고, 자는 중(仲)이다. 처음에 공자(公子) 규(糾)를 섬겼다가 제(齊) 양공(襄公)이 피살되자 투옥되었다. 그때 포숙아가 관중을 추천하자, 환공이 발탁하여 경(卿)에 올랐다. 군사력을 강화하고, 상업과 수공업의 육성을 통하여 부국강병을 꾀하였다. 대외적으로는 제후와 아홉 번 회맹(會盟)하여 환공에 대한 제후의 신뢰를 얻게 하였고, 초(楚)나라를 누르려고 하였다. 저서에 『관자(管子)』가 있는데, 후세 사람들에 의해 가필된 것으로 여겨진다.

관지보(管至父): 춘추시대 제(齊)나라 대부(大夫)다. 양공(襄公)이 그에게 규구(葵丘)에서 수(戍)자리를 서도록 하면서 다음 해 오이가 익으면 교체하겠다고 하였다. 때가 되어도 교체가 되지 않자 화가 나서 반란을 일으켜 양공을 살해한 뒤 무지(無知)를 세웠다.

광형(匡衡): 전한 동해군(東海郡) 승현(承縣) 사람으로 자는 치규(稚圭)다. 집안은 가난하였지만 공부하기를 좋아하였다. 후창(後蒼)을 좇아 『제시(齊詩)』를 배웠고, 문학에 능하였으며 『시(詩)』에 정통하였다. 상서를 올려 시정(時政)을 논하였는데, 경의(經義)와 잘 맞았다. 육경(六經) 외에도 『논어』와 『효경』을 숭상하였다. 사단(師丹)과 복리(伏理), 만창(滿昌) 등에게 학문을 전수하여 광씨제시학(匡氏齊詩學)을 개창하였다.

괵석보(虢石父): 주나라 유왕 때 남의 비위를 잘 맞추어 아첨에 능하고 재물을 탐하는 간신이다. 유왕이 총애하여 국정을 맡겼으나 신후(申后)를 폐하고 태자는 신국(申國)으로 쫓아 버리고 포사를 정비로 백복(伯服)을 태자로 세웠다. 이로 인해 유왕은 신후(申侯)의 침략으로 사망하였다.

구사량(仇士良, 781～843): 당나라 순종(純宗) 헌종(憲宗) 때 환관으로 감로사변(甘露事變) 이후 세력을 잡고 방자해져 조신(朝臣)을 체포해 살해하는 등 조정을 마음대로 휘둘렀다. 20여 년 동안 갖은 탐학을 다 저지르면서 두 명의 왕과 한 명의 왕비, 네 명의 재상을 살해하였다. 나중에 질병으로 사직을 요청하고, 얼마 뒤 죽었다.

구양수(歐陽脩, 1007～1072): 송나라 길주(吉州) 여릉(廬陵) 사람이다. 자는 영숙(永叔)이고, 호는 취옹(醉翁) 또는 육일거사(六一居士)이며, 시호는 문충(文忠)이다. 당송팔대가(唐宋八大家)의 한 사람으로 손꼽힌다. 인종(仁宗) 천성(天聖) 8년(1030) 진사가 되어 이후 여러 관직을 역임하였다. 영종(英宗) 초에 영종의 아버지 복왕(濮王)을 추존해 황(皇)으로 삼아야 한다는 복의지쟁(濮議之爭)을 일으켰다. 저서로 『구양문충공집(歐陽文忠公集)』 153권과 『육일사(六一詞)』, 『집고록(集古錄)』이 있고, 『신당서(新唐書)』와 『오대사기(五代史記)』의 편자이기도 하다.

국혜자(國惠子): 춘추시대 제(齊)나라 사람으로 대부(大夫)를 지냈다. 경왕(景王)의 명령을 받아 고소자(高昭子)와 함께 도(荼)를 태자로 세웠는데, 그가 안유자(晏孺子)다. 나중에 그와 고소자가 전걸(田乞)과 포목(鮑牧) 등의 공격을 받자 거(莒)나라로 달아났다.

급암(汲黯, ?～BC 112?): 전한 복양(濮陽) 사람이다. 무제(武帝) 때의 간신(諫臣)으로, 자는 장유(長孺)다. 무제 때 주작도위(主爵都尉)가 되었고, 구경(九卿)의 한 사람이 되었다. 사람 됨됨이가 충간을 좋아하고 정쟁(廷諍)을 거침없이 제기하였는데, 무제가 속으로는 욕심이 많았지만 겉으로 인의(仁義)를 많이 베푼 것도 그의 힘이 컸다. 무제가 그를 두고 사직(社稷)을 지탱하는 신하라 칭송하였다.

기리계(綺里季): 전한 초기 때 은사(隱士)로 상산사호(商山四皓)의 한 사람이다. 고조(高祖)가 초빙하였지만 나오지 않다가 여후(呂后)가 장량(張良)의 계책을 빌려 네 사람을 초빙해 태자를 보필하게 하였다. 고조가 이를 보고 태자를 폐하겠다는 논의를 중지시켰다.

난왕(赧王, ?～BC 256): 주나라의 37대 왕으로, 신정왕(愼靚王)의 아들이다. 재위 기간은 59년으로 주나라에서 가장 오랫동안 재위한 군주다. 난왕은 서주 무공에 의지하다가 진나라의 공격을 받자, 서주 무공과 함께 진나라에 항복하였다.

노(魯) 애공(哀公, ?~BC 468, 재위 BC 494~BC 468): 중국 춘추시대 노나라 왕이며 정공(定公)의 아들이다. 노나라는 약한 나라로, 국내적으로는 삼환(三桓)이라고 하는 공족3가(公族三家)의 세력이 강하였고, 대외적으로는 오(吳)·제(齊)나라의 공격으로 국력을 펴지 못하였다. 공자가 위(衛)나라에서 노나라로 돌아와서 그에게 좋은 방책을 권하였으나 듣지 않았다. 월(越)나라의 도움으로 삼환씨를 제거하려다 오히려 왕위에서 쫓겨나 유산지(有山氏)에서 죽었다.

노기(盧杞, ?~758?): 중국 당(唐)나라 때의 권신(權臣)으로 자(字)는 자량(子良)이다. 덕종(德宗) 때 정승으로 전횡(專橫)을 일삼아 당시 정사를 문란하게 하였다. 말재주가 좋았다지만 귀신같은 외모에 대한 콤플렉스로 시기심이 많아 현능(賢能)한 사람을 미워해 자기와 어긋나는 사람이면 사지로 몰아넣었다.

노식(盧植, ?~192): 한의 장수이자 유학자로 탁군 탁현 사람이며 자는 자간(子幹)이다. 어린 시절에 정현과 함께 마융에게 학문을 익혔다. 그는 유비와 공손찬의 스승으로 유명하다.

노포(魯褒): 서진(西晉) 남양(南陽) 사람으로 화폐 권력과 화폐 숭배를 비판한 「전신론(錢神論)」을 지어 세상을 풍자하였다.

뇌수(牢修): 후한 하내(河內) 사람으로 술사(術士) 장성(張成)의 제자다. 장성이 이응(李膺)에게 잡혀 살해당하자 환관(宦官)의 뜻을 엿보아 상서를 올려 이응 등을 무고하였다

누조(嫘祖): 황제(黃帝)의 아내로 오제(五帝)의 한 사람인 고양(高陽)을 낳았다. 그녀는 양잠(養蠶)을 발명하여 '누조시잠(嫘祖始蠶)'으로 불린다.

단경(段熲): 후한 무위(武威) 고장(姑臧) 사람으로 자는 기명(紀明)이다. 서역도호(西域都護)를 지낸 단회종(段會宗)의 종증손(從曾孫)다. 용맹하기로 이름을 떨쳤지만 사례교위(司隸校尉) 양구(楊球)의 모함을 받아 귀양 가서 죽었다.

단초(單超, ?~160): 후한 하남(河南) 출신의 환관으로 환제(桓帝) 초에 중상시(中常寺)가 되었다. 양기(梁冀)가 정권을 쥐자 황제가 항상 불편하였는데, 그와 밀모하여 조서를 내려 양기와 그 종족들을 불러들여 모두 주살(誅殺)하였다

달기(妲己): 상(商) 주왕(紂王)의 총비(寵妃)로 성(姓)은 기(己), 자(字)는 달(妲)이다. 『사기(史記)』에 따르면 유소씨(有蘇氏) 제후(諸侯)의 딸로 용모가 선녀와 같고 노래와 춤을 잘하였는데, 주왕이 소부락(蘇部落)을 정벌 시에 주왕의 포로로 궁에 들어와 귀비(貴妃)가 되었다. 음탕하기가 이를 데 없어 주지육림(酒池肉林), 포락지형(炮烙之刑) 등의 용어가 주왕과 달기에서 비롯되었다고 전한다.

당(唐) 경종(敬宗, 809~826, 재위 824~826): 당(唐)의 제13대 황제다. 목종(穆宗)의 죽음으로 갑자기 즉위하였는데, 어려 철이 들지 않아 정사에 태만하였다. 황제가 된 지 2년 만에 환관에게 살해되었다.

당 고종(高宗, 재위 649~683): 이름은 이치(李治)이며, 당나라의 제3대 황제다. 자는 위선(爲善)이고, 태종의 아홉 번째 아들이다. 34년 동안 재위하였고, 시호는 천황대제(天皇大帝)다. 즉위한 뒤 태종의 옛 제도를 많이 계승하였다. 서돌궐(西突厥)을 평정하였고, 고구려를 공격하였다. 나중에 왕 황후(王皇后)를 폐하고 무측천(武則天)을 황후에 임

명하였다.

당 대종(代宗, 726~779, 재위 762~779): 당(唐)의 8대 황제다. 황제가 된 이듬해에 안사의 난이 진압되었다. 그러나 같은 해에 토번이 공격해 와 장안이 잠시 동안 점령되기도 하였다. 불교에 심취하여 불교 사찰에 많은 토지와 면세혜택을 주었는데, 이 때문에 재정이 악화되었다.

당 덕종(德宗, 742~805, 재위 779~805): 이름은 이괄(李适)이며, 대종(代宗)의 장자다. 안사(安史)의 난으로 천하병마총수로서 사조의(史朝義)를 토벌하고 764년에 황태자가 되었다. 779년 황제로 즉위하였고, 그 이듬해 재상 양염(楊炎)의 의견을 받아들여 종래의 조용조제(租庸調制)를 폐지하고 양세법(兩稅法)을 시행하여 재정충실을 꾀하였다.

당 무종(武宗, 814~846, 재위 841~846): 당(唐)의 15대 황제다. 경종(景宗)과 문종(文宗)의 이복동생으로 문종이 환관에게 살해되자 황제가 되었다. 도교를 좋아하였고, 회창(會昌) 5년(845)에는 불교 억제책을 전국적으로 실시하였다. 장수를 도와주는 단약을 지나치게 먹다가 중독으로 사망하였다.

당 문종(文宗, 809~840, 재위 826~840): 이름은 이앙(李昂)이다. 당나라의 제14대 황제로 목종(穆宗)의 둘째 아들이고, 경종(敬宗)의 동생이다. 경종 보력(寶曆) 2년(826) 환관 왕수징(王守澄) 등이 옹립하여 제위에 올랐다. 처음에는 올바른 정치를 하고자 고민하여 궁녀 3천 명을 출궁(出宮)하고, 오방응견(五坊鷹犬)을 방출하며, 불필요한 관료 1,200여 명을 내보내 정치가 청명하다는 소리를 들었다. 나중에 환관이 정권을 쥐고 흔들자 이훈(李訓)과 정주(鄭注) 등을 등용하여 감로사변(甘露事變)을 발동시켜 환관들을 모두 죽일 계획을 세웠다. 그러나 일이 실패하여 이훈과 정주 등은 피살되고, 황제 역시 연금되었다. 14년 동안 재위하였고, 시호는 원성소헌황제(元聖昭獻皇帝)다.

당 숙종(肅宗, 711~762, 재위 756~762): 당나라의 현종(玄宗)의 세 번째 아들로 제7대 황제다. 안사의 난으로 영무로 가는 도중 금군의 추대로 황제에 올랐다. 7년의 재위기간 동안 환관 이국보(李國輔), 어조은(魚朝恩) 등을 총애하여 병화(兵禍)가 끊이지 않았다.

당 태종(太宗, 599~649, 재위 626~649): 당나라 제2대 황제로 이름은 이세민이다. 실질적으로 당나라를 세운 영웅이나, 태자의 견제에 현무문의 변을 일으켜 형과 동생을 죽이고 황제가 되었다. 뛰어난 장군이자, 정치가와 전략가와 예술가이기까지 하였으며, 중국 역대 황제 중 최고의 성군으로 불리어 그가 다스린 시기를 정관의 치라고 일컫는다.

당 헌종(憲宗, 778~820, 재위 805~820): 당(唐)의 제11대 황제다. 아버지인 순종(順宗)의 양위를 받아 즉위하였다. 순종을 퇴위시킨 환관을 견제하고, 지방의 번진에도 환관을 감군(監軍)으로 파견하여 적극적인 통제를 실시하였다. 저항하는 번진은 무력으로 토벌하여 당 왕조의 일시적인 안정을 가져왔다. 그러나 불교와 도교에 심취하고, 금단(金丹)을 남용하다가 조급증과 빠져 자주 화를 내고 주변의 환관을 벌주다가 환관 왕수징(王守澄)과 진홍지(陳弘志)에게 시해되었다.

당 현종(玄宗, 685~762): 당(唐)의 제6대 황제로 별호는 명황(明皇)이며, 본명은 이융기(李隆基)다. 당 태종 이세민 이후 전반기에는 번영을 이끌었으나, 후반기에는 양 귀비에 빠져서 안사의 난을 당하여 당나라의 쇠퇴를 가져온 황제다.

당 희종(僖宗, 862~888, 재위 873~888): 중국 당나라의 제18대 황제이며 이름은 이현(李

儇)이다. 환관들에 의해 옹립되어 즉위하였다. 그러나 희종은 어려서 정사를 돌볼 수가 없었고, 이후 황제로서의 아무런 실권도 없이 유흥에 빠져 환관들이 정사를 전횡하였으며, 지방의 절도사들이 세력을 확대하는 계기가 되었다.

당형(唐衡): 후한 영천(穎川) 언(郾) 사람으로 환제(桓帝) 초에 소황문사(小黃門史)가 되었다. 단초(單超)와 서황(徐璜), 구원(具瑗), 좌관(左悺) 등과 함께 권신(權臣) 양기(梁冀)를 주륙(誅戮)하고 중상시(中常侍)로 옮겼다가 여양후(汝陽侯)에 봉해졌다. 등급을 넘어 다섯 형제가 같은 날 봉해져서 '오후(五侯)'라 불렸다. 권력을 믿고 교만 방자한 데다가 백성들을 심하게 수탈하였다.

독고 황후(獨孤皇后, 543~602): 문헌황후 독고씨(文獻皇后 獨孤氏)이며, 수나라 최초의 황후다. 원래 이름은 독고가라(獨孤伽羅)이다. 질투심이 강하여 수 문제로 하여금 후궁을 셋 이상 두지 못하게 하였고, 첩을 총애하는 대신들에게 벌을 내리거나 파직시킬 것을 건의하기도 하였다. 또한 아들들이 첩을 두는 것도 싫어하였다. 말을 잘 듣지 않는 장남 양용 대신 차남 양광을 태자로 세우는 데 기여했다. 영안궁에서 한질로 사망하였다.

동선(董宣): 후한(後漢) 광무제(光武帝) 때의 직신(直臣)으로 낙양령(洛陽令) 재직 시에 법을 엄격히 집행하기로 이름이 난 사람이었다. 그는 황친국척(皇親國戚)이 법을 어기면 똑같이 엄하게 처벌하였다. 호양공주의 노비가 사람을 죽이자 공주 앞에서 즉결 처벌함으로써 지조의 대명사가 되었다.

동원공(東園公): 진말 한초 때 기리계(綺里季), 하황공(夏黃公), 그리고 녹리선생과 함께 상산사호(商山四皓) 중의 한 명이다.

동중서(董仲舒, BC 176?~BC 104): 전한 신도(信都) 광천(廣川) 사람이다. 젊어서 『춘추공양전(春秋公羊傳)』을 공부하였다. 경제(景帝) 때 박사(博士)가 되었다. 무제(武帝) 때 현량대책(賢良對策)으로 백가(百家)를 몰아내고 유술(儒術)만을 존중할 것을 주장하였는데, 무제가 받아들여 이후 2천 년 동안 유학(儒學)이 정통 학술로 자리하는 계기를 만들었다. 학문은 유학을 중심으로 하면서도 음양오행(陰陽五行)과 천인감응(天人感應)이 같은 신학적 체계를 갖추고 있었다. 저서에 『동자문집(董子文集)』과 『춘추번로(春秋繁露)』 등이 있다.

동탁(董卓, ?~192): 중국 후한 말의 장군 겸 정치가로 자는 중영(仲穎)이며 양주(凉州) 농서군(隴西郡) 임조현(臨洮縣) 사람이다. 변방에서 무공을 쌓았다. 영제 사후 십상시의 난 등 정치적 혼란을 틈타 정권을 잡았다. 소제를 폐하고 부패, 살인, 약탈, 도굴, 방화, 축재 등 온갖 폭정을 휘둘렀다. 관리들의 대규모 무장 항명사태인 반동탁 연합군이나 각종 암살 시도가 있었고 결국 사도(司徒) 왕윤(王允)의 모략으로 부장 여포(呂布)에게 살해되었다. 이후 대표적인 악인으로 두루 회자되었다.

두광국(竇廣國, ?~BC 151): 전한 신도(信都) 관진(觀津) 사람으로 자는 소군(少君)이고, 문제(文帝) 두 황후(竇皇后)의 동생이다. 어릴 때 집안이 가난하여 남에게 팔려 갔다. 누이가 황후가 되었다는 사실을 듣고 상서(上書)하여 돌아와 형 두장군(竇長君)과 함께 전택(田宅)을 하사받았다. 주발(周勃) 등이 절행(節行)이 있는 사람을 뽑아 스승으로 삼아 두장군 형제를 가르치니 모두 장안(長安)에 살면서도 항상 겸손하고 검소하여 부귀로서 남에게 교만하지 않아 퇴양군자(退讓君子)로 일컬어졌다. 외척(外戚)을 등용하지 않은 예로서, 외척이 복이 된 예로서 자주 거론된다.

두교(杜喬, ?~147): 후한 하내(河內) 임려(林慮) 사람으로 자는 숙영(叔榮)이다. 순제(順帝) 때 광록대부(光祿大夫)가 되어 이고(李固)를 칭찬하였다. 아울러 대장군(大將軍) 양기(梁冀)의 계부(季父)와 일당들이 뇌물을 받은 죄를 탄핵하였다. 질제(質帝)가 죽자 이고와 함께 연장자인 청하왕(淸河王) 유산(劉蒜)을 옹립할 것을 주장하였다. 환제(桓帝)가 즉위하자 태위(太尉)가 되었다. 양기의 자제 다섯 사람과 중상시(中常侍) 등이 공도 없이 모두 봉작(封爵)된 일을 간하였다가 참소를 받아 옥사하였다. 소인배로 인해 배척되는 군자를 지칭할 때 인용되는 인물이기도 하다.

두무(竇武, ?~168): 후한 부풍(扶風) 평릉(平陵) 사람으로 자는 유평(游平)이다. 환제가 죽은 뒤 어린 영제(靈帝)가 즉위하자 문희후(聞喜侯)에 봉해지고 대장군(大將軍)이 되어 정치를 보좌하였다. 진번(陳蕃) 등과 협력하여 환관 조절(曹節)과 왕보(王甫) 등을 몰아내려다 탄로가 나서 살해되었다.

두밀(杜密, ?~169): 후한 영천(潁川) 양성(陽城) 사람으로 자는 주보(周甫)다. 환제(桓帝) 때 불려 상서령(尙書令)이 되고, 하남윤(河南尹)을 거쳐 태복(太僕)에 올랐다. 연희(延熙) 9년(166) 당고(黨錮)로 면직되고 돌아왔다. 이응(李膺)과 명성을 나란히 해 당시 '이두(李杜)'로 불렸다. '팔준(八俊)' 가운데 한 사람으로 "천하에 뛰어난 신하로 두주보가 있다.[天下良輔杜周甫]"라는 칭송을 들었다. 영제(靈帝) 초에 두무(竇武)가 정권을 잡았을 때 다시 태복이 되어 환관을 모살하려고 하다가 실패한 뒤 투옥되어 자살하였다.

두영(竇嬰): 전한 신도(信都) 관진(觀津) 사람으로 자는 왕손(王孫)이고, 문제(文帝) 두 황후(竇皇后)의 조카다. 무제(武帝) 초에 승상(丞相)에 임명되었다가 사직하였는데, 나중에 전분(田蚡)과 사이가 나빠져 그의 모함을 받아 살해당하였다.

두예(杜預, 222~284): 서진(西晉) 경조(京兆) 두릉(杜陵) 사람으로 사마소(司馬昭)의 매부(妹夫)다. 가충(賈充)이 율령을 제정하였을 때 주해(註解)를 달았다. 형주제군사(荊州諸軍事)를 총괄하면서 오나라를 공격하여 여러 차례 전투에서 전공이 높아 당양현후(當陽縣侯)에 봉해졌다. 전쟁이 없을 때는 경학을 연구하는 일에 몰두하였는데, 특히 『춘추(春秋)』에 뛰어나 스스로 좌전벽(左傳癖)이 있다고 말하였다. 저서 『춘추좌씨경전집해(春秋左氏經傳集解)』는 후세에 유통되는 『좌전(左傳)』의 주본(注本)이 되었고, 십삼경주소(十三經注疏)에 편입되었다.

두 태후(竇太后, ?~97): 후한 제3대 황제 장제(章帝)의 황후로 광무제(光武帝, 世祖)를 섬겼던 권신 두융(竇融)의 증손녀다. 화제(和帝) 때 섭정(攝政)이 되어 일가족이 외척으로서 권력을 휘둘렀다.

두헌(竇憲, ?~92): 후한 부풍(扶風) 평릉(平陵) 사람으로 제3대 황제 장제(章帝, 肅宗)의 황후 두씨의 오빠다. 화제(和帝)가 즉위하고, 두 황후(태후)가 수렴청정하자 시중이 되어 두 태후와 함께 정치를 마음대로 하였다. 나중에 죄를 지어 갇히자 스스로 흉노(匈奴) 토벌에 나서 북선우(北單于)를 대파하는 공을 세워 거기장군(車騎將軍)이 되었다. 교만해져 횡포를 부리다 황제가 친정(親政)을 하려고 하자 황제를 죽이려다 발각되어 자살하였다.

두흠(杜欽): 외척으로 실권자였던 대장군 왕봉(王鳳)의 막하로 들어간 이후, 여색과 천재지변 및 황제의 물음에 곡진하게 간언을 올리기도 하였다. 그러나 주로 왕봉의 신변을 보호할 목적으로 유세객 역할을 담당하여, 경조윤(京兆尹) 왕장(王章)을 조옥(詔獄)에서 죽게 하였다.

등우(鄧禹, 2~58): 후한 남양(南陽) 신야(新野) 사람으로 광무제(光武帝) 유수(劉秀)와 가깝게 지냈다. 광무제가 즉위한 뒤 대사도(大司徒)에 오르고 찬후(酇侯)에 봉해졌으며, 여러 지역을 다니며 항복을 유도해 부대가 '백방(百方)'이라 불렸다. 이후 여러 번 적미군(赤眉軍)에 패하자 대사도에서 면직되었다. 다시 우장군(右將軍)으로 복직하여 연잠(延岑)을 격파하였다. 명제(明帝) 때 태부(太傅)에 올랐다. 시호는 원(元)이다.

등통(鄧通): 전한 촉군(蜀郡) 남안(南安) 사람으로 문제(文帝)의 총애를 받았지만, 무능(無能)하였다고 한다. 동산(銅山)을 하사받고 주전(鑄錢)을 허가받아 그가 주조한 등씨전(鄧氏錢)이 세상에 유포되었다. 나중에 '등통'은 동전의 대칭(代稱)이 되었다. 관상을 보니 평생 가난할 팔자라고 하여 문제가 동전을 주조할 수 있는 권리를 주었지만, 결국 가난하게 살다 죽었다고 한다.

등 황후(鄧皇后): 후한 화제(和帝)의 황후인데 훌륭한 인품을 지녀 많은 덕정(德政)이 있었다고 한다.

마요(馬廖, ?~92): 후한 부풍(扶風) 무릉(茂陵) 사람으로 자는 경평(敬平)이고, 마원(馬援)의 아들이다. 명제(明帝)가 죽자 유조(遺詔)를 받아 문금(門禁)을 지켰고, 위위(衛尉)에 올랐다. 황태후에게 상서를 올려 절약 검약할 것을 권하였다. 사람됨이 질박하고 근신(謹愼)하여 권세나 명성에 연연하지 않았다.

마원(馬援, BC 14~AD 49): 후한 섬서성 무릉(茂陵) 사람으로 자는 문연(文淵)이다. 왕망(王莽) 때 신성대윤(新城大尹)과 한중랑태수(漢中郎太守)가 되었다. 왕망이 망한 뒤 광무제(光武帝)에게 귀순하여 외효를 격파하였다. 이후에는 복파장군(伏波將軍)에 임명되어 교지(交阯, 북베트남) 지방에서 봉기한 징칙(徵側)과 징이(徵貳) 자매의 반란을 평정하였다. 노령에 남방의 무릉만(武陵蠻)을 토벌하러 갔다가 진중에서 병들어 죽었다.

마존량(馬存亮): 당나라 경종(敬宗) 때의 환관으로 장소(張韶)의 난 때 어쩔 줄 모르는 황제를 업고 우군군영으로 잠시 피난하여 강예전(康藝全)으로 하여금 반란군을 토벌하게 한다. 당나라 때의 환관 가운데 충근(忠謹)으로 칭송을 듣는 사람은 그와 서문계현(西門季玄), 엄준미(嚴遵美) 세 사람뿐이다.

말희(妹喜): 하(夏)나라 걸왕의 공격으로부터 벗어나기 위해 유시씨(有施氏)가 진상한 여자로 걸왕의 마음을 송두리째 빼앗아 마침내 하나라를 멸망케 하였다. 걸이 전국에서 잡아들인 여자들에게 일일이 술을 따르는 것을 기다리는 것이 지루하므로, 말희가 술로 연못을 만들고, 연못 둘레에 고기의 숲을 만들어 즐기자고 제안하였다. 여기에서 주지육림이라는 성어가 생겼다. 달기(妲己), 포사(褒姒)와 함께 나라를 망친 요부로 널리 알려져 있다.

매복(梅福): 전한 구강(九江) 수춘(壽春) 사람으로 자는 자진(子眞)이다. 성제(成帝) 때 왕장(王章)이 왕봉을 비난하다가 살해당하자 신하들 가운데 감히 말을 꺼내는 사람이 없었는데, 그만이 상서하여 간언하였다. 왕망(王莽)이 정권을 잡자 은거하여 살았다.

명덕황후(明德皇后) 마씨(馬氏, 40~79): 후한 제2대 황제 명제의 황후로 복파장군 마원(馬援)의 딸이다. 사촌오빠 마엄의 추천으로 13세에 태자 유장(劉莊)의 후궁으로 입궁했다. 유장이 명제로 즉위하자 그녀도 귀인(貴人)으로 봉해졌다. 친자식은 없었지만 함께 입궁한 가씨의 아들 유달(劉炟)을 친자식처럼 정성껏 길렀다. 황후가 되어서도 명제에게 법의 관용을 베풀 것을 여러 차례 권하였다. 그녀는 외척의 세력이 커지면 조정에 문제가 생긴다며 오빠들을 제후로 책봉하는 데 반대하였다.

몽의(蒙毅): 진(秦)나라 장수 몽염(蒙恬)의 동생으로, 많은 전공(戰功)을 세워 상경(上卿)에 이르렀다. 조고의 죄를 엄하게 다스릴 것을 주장하다가 실패하고 나중에 진시황이 죽은 뒤에 조고에게 피살되었다.

무사확(武士彠): 당나라 병주(幷州) 문수(文水) 사람으로 무측천(武則天)의 아버지다. 이연을 따라 병사를 일으켜 경성(京城)을 평정할 때 공을 세웠다. 당나라가 건국된 뒤 광록대부(光祿大夫)에 임명되고 태원군공(太原郡公)에 봉해졌다.

무삼사(武三思, ?~707): 측천무후(則天武后)의 이복 오빠 무원경(武元慶)의 아들이고, 무사확(武士彠)의 손자다. 아부를 잘해 무측천의 신임을 얻었고, 여러 차례 그의 집에 행행하는 등 포상과 하사품이 대단히 많았다. 중종(中宗)이 복위한 뒤 위후(韋后)와 상관소용(上官昭容)과 사통(私通)하고, 황태자 이중준(李重俊)을 제거하려다가 태자의 거병으로 부자가 함께 참형되었다.

무승사(武承嗣, ?~698): 무사확(武士彠)의 손자다. 처음에 상의봉어(尙衣奉御)에 임명되어 무주공(武周公)을 이어받았다. 관직은 문창좌상(文昌左相)과 동봉각난대삼품(同鳳閣鸞臺三品)에 이르고, 지내사사(知內史事)를 겸한 뒤 태자태보(太子太保)까지 올랐지만 울화병으로 죽었다.

무연수(武延秀, ?~710): 무승사(武承嗣)의 둘째 아들이다. 어머니는 대방인(帶方人)이었고, 아내는 돌궐묵철(突厥默啜)의 딸이었다. 당시 종형(宗兄) 무숭훈(武崇訓)이 공주와 결혼하였다. 무삼사(武三思)가 죽은 뒤 위후(韋后)가 그와 사통하였고, 위후가 패하자 안락공주와 함께 참수되었다. 나중에 패역서인(悖逆庶人)으로 강등되었다.

무왕(武王, ?~BC 1043): 성(姓)은 희(姬)이고 이름은 발(發)이다. 문왕(文王)의 아들로 서백(西伯)의 직위를 이었다. 상나라를 정벌하여 목야(牧野) 전투에서 대승을 거두어 주왕조를 건설하였다. 호(鎬)를 도읍으로 정하고, 아버지인 희창(姬昌)에게 문왕(文王)이라는 시호(諡號)를 부여하였다. 또한 상(商)의 유민(遺民)을 통제하기 위해 주왕(紂王)의 아들인 무경(武庚)을 상의 수도였던 은(殷)에 머무르게 하였다. 그리고 이를 통제하기 위해 그 주위에 자신의 3명의 아우들을 분봉(分封)하였다. 무왕은 주(周)를 건국한 지 3년 만에 병사하였다.

무후(武后, 624~705): 당나라 제3대 황제 고종(高宗)의 황후다. 이름은 조(曌)고, 병주(幷州) 문수(文水) 사람이다. 14살 때 태종(太宗)의 후궁이 되었지만 황제가 죽자 비구니가 되었는데, 고종의 눈에 띄게 되어 다시 총애를 받았다. 그 후 간계를 써서 황후 왕씨(王氏)를 모함하여 쫓아내고 영휘(永徽) 6년(655) 황후가 되었다. 몇 년 뒤 고종의 건강을 핑계로 스스로 정무를 맡아 보며 독재 권력을 휘둘렀고, 홍도(弘道) 원년(683) 고종이 죽자 자신의 아들 중종(中宗)과 예종(睿宗)을 차례로 즉위시켰다. 천수(天授)

원년(690) 스스로 성신황제(聖神皇帝)라 칭하며 나라 이름도 주(周)로 고치고 16년 동안 재위하였다. 신룡(神龍) 원년(705) 재상 장간지(張柬之) 등의 주장대로 중종에게 황위를 선양(禪讓)하였고, 그해 병에 걸려 죽었다. 시호는 측천황후(則天皇后)다.

문언박(文彦博, 1006~1097): 중국 북송 때의 정치가로 왕측의 난을 평정하였다. 부필 등과 영종 옹립에 진력하였다. 네 명의 황제를 섬기면서 장상(將相)으로만 50년을 재임해 정계의 원로로 활동하였다. 시호는 충렬(忠烈)이다.

문왕(文王): 주(周)나라의 첫 번째 임금이다. 성(姓)은 희(姬)씨고, 이름은 창(昌)이다. 고공단보(古公亶父)의 손자이자 무왕(武王)의 아버지이고, 계력(季歷)의 아들이다. 섬서성 기산(岐山)에서 장안(長安) 부근 풍읍(豊邑)으로 도읍을 옮겼다. 현인(賢人)과 인재를 널리 받아들여 동해의 여상(呂尙)과 초인(楚人) 자웅(鬻熊), 고죽국(孤竹國)의 백이(伯夷)·숙제(叔齊), 은신(殷臣) 신갑(辛甲) 등이 찾아왔다. 50년 동안 재위하였다. 덕으로 만민(萬民)을 다스려 제후와 천하의 백성들이 모두 그를 따랐다고 한다.

민회태자(愍懷太子, 278~300): 서진(西晉) 혜제(晉惠帝)의 맏아들로 이름은 사마휼(司馬遹)이다. 민회는 시호다. 무제(武帝) 때 광릉왕(廣陵王)에 봉해졌다. 혜제가 즉위하자 황태자가 되었지만 가후(賈后)에 의해 폐위되어 서인(庶人)이 되었다. 사마륜(司馬倫)이 가후를 죽이고자 해서 슬쩍 그 계획을 흘렸다. 가후가 두려워해 조서를 꾸며 사마휼을 죽여 중망(衆望)을 끊어 버렸다. 가후가 죽은 뒤 다시 태자로 책봉되었다.

반고(班固, 32~92): 후한 시대의 역사가다. 자는 맹견으로 지금의 섬서성 함양 지역인 부풍군 안릉 출신이다. 화제의 명으로 『한서』를 집필하다가 사망하였다. 화제는 그 여동생 반소(班昭)에게 반고가 하던 일을 마무리지어 완수하도록 하였지만, 반소 역시 일을 마치지 못한 채 사망하였다. 화제는 반고와 같은 군에 살았고 그의 문하였던 마속(馬續)에게 『한서』의 미완성 부분을 완성하도록 명하였다고 한다.

반 부인(潘夫人, ?~252?): 회계(會稽) 구장(句章) 사람으로 손권(孫權)의 처이다. 뒤에 황후(皇后)로 책봉되었다. 반 황후(潘皇后), 오대제황후(吳大帝皇后)로 불린다.

반악(潘岳, 247~300): 서진(西晉) 형양(滎陽) 중모(中牟) 사람으로 자는 안인(安仁)이다. 성격이 경박하고 이익을 좇아 가밀(賈謐)에게 아첨하며 섬겼는데, 24우(友)의 우두머리를 맡았다. 조왕(趙王) 사마륜(司馬倫)이 정권을 장악하였을 때 주살(誅殺)되었다. 문학적 재능이 뛰어나 육기(陸機)와 함께 서진문학의 대표적 작가로 병칭되었다. 아내의 죽음을 겪고 지은 「도망시(悼亡詩)」 3수, 「서정부(西征賦)」와 「금곡집시(金谷集詩)」, 「추흥부(秋興賦)」 등이 유명하다. 저서에 『반황문집(潘黃門集)』이 있다.

반 첩여(班婕妤, BC 48~AD 2): 한나라 성제(成帝)의 후궁으로서, 여러 편의 부(賦)를 지은 유명한 작가이기도 하다. 반황(班況)의 딸이자, 반초(班超), 반고(班固), 반소(班昭)의 고모할머니였지만, 정작 본인의 이름은 알려져 있지 않다. 성제 즉위 후 소사(少使)로 입궁한 후 성제의 총애를 받아 첩여(婕妤)에 오른다. 첩여란 한대(漢代) 비빈(妃嬪)의 작위 중 하나다.

반표(班彪, 3~54): 후한 부풍(扶風) 안릉(安陵) 사람으로 자는 숙피(叔皮)고, 반고(班固)의 아버지다. 후한 초에 무재(茂才)로 천거되어 서령(徐令)에 임명되었지만 병 때문에 사직하였다. 이후 역사 연구에 몰두하여 많은 자료를 수집하고 여러 사실을 종합 정리하여『사기후전(史記後傳)』60여 편을 편찬하였다.『한서(漢書)』를 편찬하려다가 마무리 하지 못하고 죽자 아들 반고와 딸 반소(班昭)가 뜻을 이어 완성하였다. 사부에는「남해부(覽海賦)」와「도이소(悼離騷)」등이 있다.

방현령(房玄齡, 579~648): 당나라 제주(齊州) 임치(臨淄, 산동성) 사람으로 태종(太宗, 李世民)의 세력에 가담, 측근으로 활약하였다. 고조 무덕(武德) 연간에 장손무기(長孫無忌) 등과 함께 현무문(玄武門)의 변(變)을 획책하였다. 태종이 즉위하자 중서령(中書令)이 되고, 형국공(邢國公)에 봉해졌다. 15년 동안 재상으로 있으면서 성실하고 공평한 태도로 일관하였기 때문에 두여회(杜如晦)와 더불어 현상(賢相)이라는 칭송을 받았고, '방모두단(房謀杜斷)'이라 불렸다. 정관지치(貞觀之治)를 이루는 데 기여하였다.

배도(裴度, 765~839): 당나라 하동(河東) 문희(聞喜) 사람이고 자는 중립(中立)이다. 덕종(德宗) 정원(貞元) 5년(789) 진사에 올랐다. 헌종(憲宗) 원화(元和) 때 사봉원외랑(司封員外郎)과 중서사인(中書舍人), 어사중승(御史中丞)을 지냈고, 번진(藩鎭)을 없앨 것을 강력하게 주장하였다. 절도사를 억압하고, 환관에 대해서도 강경책을 취하여 헌종과 목종, 경종(敬宗), 문종의 4조에 걸쳐 활약하였다.

배외(裴頠, 267~300): 서진 하동 문희 사람으로 자는 일민(逸民)이며, 배수의 막내아들이고 부인은 왕융의 딸이다. 밝은 식견이 있으면서 박학해 어릴 때부터 이름이 알려졌다.

백거이(白居易, 772~846): 중당(中唐)의 시인으로 자는 낙천(樂天)이고, 호는 향산거사(香山居士), 취음선생(醉吟先生)이다. 원진(元稹)과 더불어 신악부(新樂府) 운동(運動)을 전개하였다. 벼슬은 한림학사(翰林學士), 좌찬선대부(左贊善大夫)를 지냈다. 주요 저서에는『장한가(長恨歌)』,『비파행(琵琶行)』등이 있다.

백금(伯禽): 서주(西周) 노(魯)나라의 국군(國君)으로 금보(禽父)라고도 부른다. 주공(周公) 희단(姬旦)의 맏아들이다. 성왕(成王)이 상엄(商奄)의 땅과 은민(殷民)으로 백금을 노나라에 봉하여 도읍을 곡부(曲阜)로 정하였는데, 46년 동안 재위하였다.

백이(伯夷): 이름은 윤(允)으로 상(商)나라 말기 고죽국(孤竹國) 제7대 군주인 아미(亞微)의 장자다. 상나라가 망하자 주나라의 벼슬을 하는 것은 부끄러운 일이라 하여 동생 숙제와 함께 수양산(首陽山)에 들어가 고사리를 캐어 먹고 살다가 그것조차도 주나라 땅의 것이라 하여 굶어 죽었다고 한다. 오늘날까지 청빈한 사람의 본보기가 되고 있다.

백지정(白志貞, ?~787): 당나라 태원(太原) 사람으로 본명은 수규(琇珪)다. 덕종(德宗)이 심복으로 삼아 신책군사(神策軍使)에 임명하였는데, 황제의 의중을 잘 살펴 말에 복종하지 않는 경우가 없었다. 이회광(李懷光)이 모반을 일으키며 그의 간악함을 성토하자 은주사마(恩州司馬)로 폄적(貶謫)되었다.

번조(樊儵, ?~67): 후한 남양(南陽) 호양(湖陽) 사람으로 시중(侍中) 정공(丁恭)에게『춘추공양전(春秋公羊傳)』엄씨학(嚴氏學)을 배우고, 그것을 산정(刪定)하였는데, 번씨학(樊氏學)으로 불렸다. 명제(明帝) 영평(永平) 원년(58) 장수교위(長水校尉)에 임명되고, 연후(燕侯)로 옮겨 봉해졌다.

번희(樊姬): 초(楚) 장왕(莊王)의 부인으로 사냥한 고기를 먹지 않음으로써 사냥을 자주 나가는 장왕의 허물을 고쳤다.

범방(范滂, 137~169): 후한 말기 여남(汝南) 정강(征羌) 사람으로 이응(李膺), 두밀(杜密)과 함께 당시 청렴한 선비로 꼽혔다. 환제(桓帝) 때 환관(宦官)의 부패를 공격하다가 당인(黨人)을 끌어 모은다는 죄목으로 파직되었다. 석방되었을 때 여남과 남양(南陽)의 사대부들이 마중 나와 수레만 수천 대였다고 한다. 그 뒤 영제(靈帝) 때 당인이 죽임을 당하자 범방은 스스로 옥(獄)에 나아갔다. 이때 그의 어머니가 "너는 지금 이백(李白), 두보(杜甫)와 명성이 같으니 죽은들 무엇이 한이 되겠느냐?"라고 하였다고 한다.

범엽(范曄, 398~446): 남조시대 송나라 순양(順陽) 사람으로 예서(隸書)에 능하였고, 음률에 정통하였다. 역사 연구에 몰두하여 10여 년의 각고 끝에 『후한서(後漢書)』를 편찬하였는데, 후한 시대에 관한 최고의 역사서로 평가받는다.

범저(范雎): 전국시대 위(魏)나라의 변설가(辨說家)로 범차(范且) 또는 범수(范睢)라고도 한다. 위상(魏相) 위제(魏齊)를 위해 일하다가 모함으로 쫓겨난 후 진(秦)나라에 가서 상국(相國)을 지냈다. 원교근공(遠交近攻) 정책을 제안하였는데, 이것은 후에 진나라가 육국(六國)을 통일하게 되는 기초가 되었다.

범조우(范祖禹, 1041~1098): 북송 성도(成都) 화양(華陽) 사람이다. 자는 순보(淳甫) 또는 몽득(夢得)이다. 정호(程顥)와 정이(程頤)를 사사하였으며, 사마광의 학문을 추종하였다. 『중용(中庸)』을 중시하여 성(誠)과 성에 이르는 구체적인 방법인 충서(忠恕)를 강조하였다. 저서에 『논어설(論語說)』과 『당감(唐鑑)』이 있는데, 이정(二程)의 설을 수용한 것이 많다. 『당감』은 당나라 고조에서 소선제(昭宣帝)까지 삼백 년 동안의 정치적 득실을 논한 책이다. 그 밖의 저서에 『중용론(中庸論)』과 『범태사집(范太史集)』이 있다.

복생(伏生): 제남(濟南) 출신으로 이름이 승(勝), 자는 자천(子賤)이다. 그는 진(秦)나라 때 박사를 지냈으며 『상서(尙書)』에 정통하였다. 시황제(始皇帝)의 분서갱유(焚書坑儒) 때 『상서』가 사라질 것을 염려하여 벽 속에 감추었다가 진이 멸망하고 한(漢)이 들어서자 비로소 벽 속에서 『상서』를 꺼냈다. 90세가 넘은 나이에도 한(漢) 문제(文帝)의 명을 받아 제자들에게 『상서』를 가르쳤다.

봉서(封諝, ?~184): 후한 영제(靈帝) 때의 환관으로, 중상시(中常寺)와 영락궁태복(永樂宮太僕)을 지냈다. 황건적 마원의(馬元義)에게 뇌물을 받고 내응할 것을 약속하였다가 일이 누설되어 주살(誅殺)당하였다.

부의(傅毅, ?~90?): 후한 부풍(扶風) 무릉(茂陵) 사람으로 자는 무중(武仲)이다. 장제(章帝) 때 낭중(郎中)에 임명되어 반고(班固), 가규(賈逵)와 함께 내부장서(內府藏書)를 교정하였다. 명제가 죽은 뒤 그의 공적을 찬양한 「현종송(顯宗頌)」 10편을 지어 바침으로써 조정에 문명이 알려졌다. 이후 화제(和帝) 때 두헌(竇憲)이 대장군(大將軍)에 오르자 사마(司馬)가 되었다. 시, 부(賦), 뇌(誄), 송(頌) 등 모두 28편을 지었다. 현존하는 것으로 「무부(舞賦)」와 「칠격(七激)」이 비교적 유명하다.

비간(比干): 상나라 말기의 충신으로 주왕에게 충간하다가 살해당하였다. 이름은 비(比)이고, 간(干)이라는 나라에 봉(封)해져 비간(比干)이라고 불린다.

사광(師曠): 춘추시대 진(晉)나라 평공(平公) 때 악사(樂師)를 지냈다. 전하는 말로 태어날 때부터 장님이었는데, 음률(音律)을 잘 판별하였고 소리로 길흉(吉凶)까지 점쳤다고 한다. 제(齊)나라가 진나라를 침공하였는데, 새소리를 듣고 제나라 군대가 이미 후퇴한 것을 알아냈다.

사단(師丹, ?~3): 전한 말기 낭야(琅邪) 동무(東武, 산동성 제성(諸城)) 사람으로 광형(匡衡)을 사사하였다. 효렴(孝廉)으로 천거되어 낭(郎)이 되었다. 애제(哀帝) 때 좌장군(左將軍)에 오르고 왕망(王莽)을 대신해 대사마(大司馬)오른 뒤 고락후(高樂侯)에 봉해졌다. 토지와 노비를 제한적으로 소유하도록 하고 불법적인 겸병(兼併)을 억제하자고 주장하였지만 뜻을 이루지는 못하였다. 복리(伏理), 만창(滿昌) 등과 함께 『제시(齊詩)』를 배웠고, 제시사씨학(齊詩師氏學)의 개창자다.

사단(史丹, ?~BC 14): 전한 노국(魯國) 사람으로 원제(元帝) 때 부음(父蔭)으로 부마도위시중(駙馬都尉侍中)이 되어 태자(太子)의 집을 지켰다. 원제가 병에 걸려 태자를 바꾸려고 하자 눈물을 흘리며 충간하여 이를 저지하였다. 성제(成帝)가 즉위하자 장락위위(長樂衛尉)가 되고, 우장군(右將軍)으로 옮겼으며, 관내후(關內侯)에 봉해졌다.

사마광(司馬光, 1019~1086): 북송중기의 정치가이자 역사가로서 왕안석의 '신법'에 반대한 구법당(舊法黨)의 영수로서 『자치통감』을 저술하였다. 자는 군실(君實)이고 섬주(陝州) 하현(夏縣, 지금의 섬서성) 출신이다.

사마량(司馬亮, ?~291): 서진(西晉) 여남왕(汝南王)이다. 사마의(司馬懿)의 아들이자 진(晉) 무제(武帝)의 숙부로 팔왕의 난에 가담하였다가 살해되었다.

사마륜(司馬倫, 249?~301): 중국 서진의 황족이자 무장으로 조왕(趙王)이었다. 사마륜은 글을 잘 못 읽을 정도로 백치(白痴)였고, 난폭하였다. 팔왕의 난 때 가장 먼저 군대를 이끌고 상경하여 궁으로 들어와서 가 황후와 혜제를 폐위하고 자신이 황제가 되었다. 자신이 신임하는 인물만 벼슬을 내려 기용하였기 때문에 사마륜의 친인척은 물론 그의 노비, 시종들까지도 고위직에 오르는 상황이 벌어졌다. 이러한 상황에서 관습(管襲)을 살해한 제왕 사마경의 거병 열세에 몰리다가 그 가족과 함께 죽임을 당하였다.

사마소(司馬昭): 삼국시대 위나라의 대신 사마의(司馬懿)의 둘째 아들로, 자는 자상(子上) 또는 자상(子尙)이다. 위의 황제 조모(曹髦)가 사병 300명을 동원하여 자신을 제거할 계략을 꾸미는 것을 눈치 채고 이를 빌미로 황제를 폐위시키고 조환(曹奐)을 황제로 옹립함으로써 권력을 장악하여 사마의와 함께 진(晉)나라를 세우는 기반을 마련하였다.

사백(史伯): 서주(西周) 말기 때 유왕(幽王) 때 태사(太史)를 지냈는데, 일명 태사백(太史伯) 또는 태사백양(太史伯陽)이라고 한다. 희우(姬友)와 정치를 논하면서 천하 만물의 복잡성을 오행설(五行說)로 풀이하였다. 유왕이 포사(褒姒)와 음행을 일삼는 등 어지러운 것을 보고 희우가 그에게 어느 곳으로 가야 목숨을 구할 수 있겠냐고 묻자 제락하영(濟洛河潁) 사이로 가라고 일러주었다. 이 말에 따라 희우는 하수(河水)와 낙수(洛水) 부근으로 가 정(鄭)나라를 세우고 환공(桓公)이 되었다고 한다.

사유(史游): 전한 때 사람으로 원제(元帝) 때 황문령(黃門令)을 지냈다. 서예에 밝았고, 예서체의 틀을 고쳐 초서의 초기 형태인 장초서(章草書)를 개발하였다. 초서의 창시자로 알려져 있다. 저서에 『급취편(急就篇)』이 있는데, 아동들을 위한 글자 학습서다.

사사명(史思明, ?~761): 당나라 영이주(寧夷州) 돌궐족(突厥族) 사람으로 처음 이름은 솔간(窣干)이었지만, 현종(玄宗)이 '사명'이라는 이름을 내렸다. 안녹산(安祿山)과 동향으로, 안경서(安慶緖)가 안녹산을 죽이고 칭제(稱帝)하자 당나라로 귀순해서 범양장사(范陽長史)와 하북절도사(河北節度使)를 지냈다. 숙종(肅宗)이 그를 살해하려 하자 반기를 들어 얼마 후 대연황제(大燕皇帝)라 칭하였다. 아들 사조의(史朝義)에게 살해당하였다.

사조의(史朝義, ?~763): 아버지 사사명을 죽이고 황제로 자칭하였으나 763년 당과의 싸움에서 패한 뒤 자살하였다. 이로써 안녹산으로부터 시작된 안사의 난이 8년 만에 종식되었다.

상관완아(上官婉兒): 당 고종 때 재상(宰相)으로 측천무후의 폐위를 도모하다 오히려 측천무후에 의해 일가족이 몰살당한 상관의(上官儀)의 손녀다. 친인척들이 몰살당하는 과정에서 거의 유일하게 살아남은 상관완아는 뛰어난 글재주 등을 인정받아 측천무후의 총애를 받아 막강한 권세를 누린 것으로 알려졌다.

상관의(上官儀, 608~664): 당나라 초기 섬주(陝州) 섬현(陝縣) 사람으로 자는 유소(遊韶)다. 태종 때 급제하여 고종(高宗) 때 동동서대시랑(同東西臺侍郎)에 올랐다. 고종에게 무측천(武則天)을 폐하라는 간언을 올렸다가 그녀의 미움을 샀다. 폐태자(廢太子) 이충(李忠)과 함께 무측천을 몰아내려고 하다가 투옥되어 죽었다. 태종이 작시(作詩)할 때 상담역을 지냈고, 육조(六朝)의 화려함을 계승하여 섬세한 기교를 구사한 시풍은 당시 상관체(上官體)라 불리면서 크게 유행하였다.

상신(商臣): 춘추시대 초(楚) 목왕(穆王)의 이름으로 아버지 초(楚) 성왕(成王)을 시해하고 스스로 임금이 되어 12년간 재위하였다.

상앙(商鞅, ?~BC 338): 전국시대 진(秦)나라 사람으로 위앙(衛鞅) 또는 공손앙(公孫鞅)이라고도 한다. 위(衛)나라 공족(公族) 출신으로 일찍부터 형명학(刑名學)을 좋아하여 조예가 깊었다. 진(秦)나라로 가서 효공(孝公)에게 채용되었고, 후일 진제국(秦帝國) 성립의 기반을 세웠다. 그 공적으로 열후에 봉해지고 상(商, 섬서성 상현)을 봉토로 받으면서 상앙이라 불렸다. 재상으로 있으면서 엄격한 법치주의 정치를 펴 많은 사람들의 원한을 샀는데, 효공이 죽자 반대파에 의해 거열형(車裂刑)에 처해졌다. 그가 썼다고 하는 『상군서(商君書)』는 각 편마다 성립연대가 달라 전국시대 말기 법가(法家)들의 손으로 이루어졌다는 설도 있다.

서문계현(西門季玄): 당나라 선종(宣宗) 때의 환관으로 관군용사(觀軍容使)를 지냈고, 의종(懿宗) 때는 신책군중위(神策軍中尉)가 되었다. 성격이 강직하고 굳세어서, 당나라 환관 가운데 충근(忠謹)으로 칭송을 듣는 사람은 그와 마존량(馬存亮), 엄준미(嚴遵美) 세 사람뿐이다.

서방(徐防): 후한 패국(沛國) 질현(銍縣) 사람으로 명제(明帝) 때 효렴(孝廉)으로 천거되어 상서랑(尙書郎)에 올랐다. 안제(安帝) 초에 용향후(龍鄕侯)에 봉해졌지만 얼마 뒤 재이(災異)로 파면되었다. 가학인 역학(易學)을 연구하였다.

석륵(石勒, 274~333): 자는 세룡(世龍)이고 시호는 명제(明帝)이고, 묘호는 고조(高祖)이다. 산서성(山西省) 무향현(武鄕縣)에 들어와 살고 있던 흉노족(匈奴族) 갈종(羯種) 추장의 아들로 태어났다. 흉노의 유연(劉淵)이 한국(漢國)을 세우자 장군으로 임명되어, 산동·하남(河南)의 경영을 맡았다(307). 진(晉)의 장군 왕준(王浚)을 멸하여 왕위에 올라, 국호를 조(趙)라 하고, 양국(襄國, 邢臺)을 도읍으로 삼았다. 328년 전조(前趙)의 유요(劉曜)를 낙양(洛陽)에서 무찌르고, 329년 전조를 멸한 뒤 세력이 화북 일대에 미쳤다. 불승 불도징(佛圖澄)에 귀의하였다.

석숭(石崇, 249~300): 서진(西晉) 발해(渤海) 남피(南皮) 사람으로 오(吳)나라를 정벌한 공으로 안양향후(安陽鄕侯)에 봉해졌다. 항해와 무역으로 돈을 많이 모았다. 녹주(綠珠)를 사랑하였고, 하양(河陽) 금곡(金谷)에 별장을 두고 호사를 다해 그의 이름은 후세에 '부자'를 비유하는 말로 쓰였다. 가밀(賈謐)이 주륙되었을 때 같은 당으로 면직되었다. 사마륜(司馬倫)이 정권을 잡았을 때 중서령(中書令) 손수(孫秀)가 찾아와서 애첩인 녹주를 보고는 마음에 들어 자기에게 달라고 하였지만 주지 않았는데, 이에 앙심을 품은 손수가 사마륜의 조서를 고쳐 죽이고 집안 전체도 화를 당하였다.

석현(石顯): 중국 한(漢)나라 때의 환관으로 원제(元帝)가 즉위하자 홍공(弘恭)을 대신하여 중서령(中書令)이 되었는데, 원제가 병이 들자 대소 정사(政事)를 모두 결정하는 등 권세가 높았다. 승상 광형(匡衡) 등의 고발로 파면되어 처자와 함께 고향으로 돌아가던 중에 죽었다.

선왕(宣王, ?~BC 782): 성은 희(姬)씨고, 이름은 정(靜, 靖)이며, 여왕(厲王)의 아들이다. 여왕이 나라 사람들에 의해 쫓겨났을 때 소공(召公)의 호가(虎家)에 숨어 있다가 여왕이 죽자 귀국하여 즉위하였다. 소목공(召穆公)과 방숙(方叔), 윤길보, 중산보(仲山甫) 등에게 안팎의 정치를 맡기자 왕의 교화(敎化)가 크게 일어나 주나라 초기의 성대한 모습을 회복하였다고 한다.

선초(單超, ?~160): 후한 때의 환관으로 환제(桓帝) 초에 중상시(中常寺)가 되었다. 양기(梁冀)가 정권을 쥐자 황제가 항상 불편하였는데, 그와 밀모하여 조서를 내려 양기와 그 종족들을 불러들여 모두 주살(誅殺)하였다. 신풍후(新豊侯)에 봉해졌다. 총애를 믿고 교만 방자해져 불법을 빈번하게 자행하였다.

설도형(薛道衡, 540~609): 수나라 하동(河東) 분음(汾陰) 사람으로 자는 현경(玄卿)이고, 설효통(薛孝通)의 아들이다. 시문을 잘 지었고, 문장과 재능으로 당시 이름이 높았다. 양제(煬帝)가 즉위하자 『고조문황제송(高祖文皇帝頌)』을 올렸는데, 지난 왕조를 찬미하여 현 왕조를 헐뜯는 뜻이 숨어 있다고 하여 몹시 미워하였다. 규정(閨情)에 관한 시와 변새시(邊塞詩)를 많이 썼다. 저서에 후세 사람이 편집한 『설사례집(薛司隷集)』이 있다.

성왕(成王): BC 11세기 무렵의 사람으로 이름은 송(誦)이며, 무왕(武王)의 아들이다. 무왕이 죽었을 때 성왕이 어렸으므로 무왕의 아우 주공(周公) 단(旦)이 섭정(攝政)이 되었다. 이를 계기로 상나라 왕족 무경(武庚)과 무왕의 아우인 관(管)·채(蔡) 형제의 반란이 일어났다. 주공은 이를 진압하고 다시 성왕과 함께 동이(東夷)로 원정하였다. 주공은 섭정 7년에 성왕에게 정사를 넘겨주었다. 미자(微子) 계(啓)를 송(宋)나라에, 강숙(康叔)을 위(衛)나라에 봉하는 등 주나라의 기초를 다지고, 주공 단과 소공(召公) 석(奭)의 보좌를 받아 치세에 힘썼다.

성진(成瑨, ?~166): 후한 홍농(弘農) 사람으로 자는 유평(幼平)이다. 환제(桓帝) 때 선행을 포상하고 잘못된 부분을 바로잡으면서 조부(朝府)에 새 바람을 불러일으켰다. 나중에 환제의 유모 중관귀인(中官貴人)의 외친 장범(張汎)을 죽였다가 투옥된 뒤 죽었다.

소공(召公): 주(周) 문왕(文王)의 아들이자 무왕(武王)의 아우로 '소공(邵公)', '소강공(召康公)', '태보소공(太保召公)'으로도 불린다. 무왕을 도와 상(商)나라를 멸망시키고, 연(燕)

나라의 시조(始祖)가 되었다. 처음에 도읍을 소(召)로 삼았기 때문에 소공(召公) 혹은 소백(召伯)으로 불렸다. 성왕(成王) 때에 태보(太保)가 되었고, 주공(周公)과 섬원(陝原)을 경계로 동쪽 지방은 주공이 관리하고, 섬원의 서쪽은 소공이 관리하였다.

소욱(蘇勗): 경조(京兆) 무공(武功) 사람으로 당(唐) 고조(高祖)의 딸 남창공주(南昌公主)와 혼인하였다. 642년 전후하여 이태(李泰)의 권유로 『괄지지(括地志)』 편찬에 참여하였다. '진왕부십팔학사(秦王府十八學士)' 중 한 사람이다.

소하(蕭何, ?~BC 193): 한(漢) 고조 때의 명재상(名宰相)이다. 장양(張良)·한신(韓信)·조참(曹參)과 함께 고조의 공신(功臣) 중의 한 사람으로 재상 때에 진의 법률을 버리고 『율구장(律九章)』을 만들었다.

손권(孫權, 182~252): 삼국(三國)시대 동오(東吳)의 초대황제로 오군(吳郡) 하비(下邳)에서 태어나 부친 손견(孫堅) 및 형 손책(孫策)과 더불어 강동(江東)에서 기반을 다졌다. 208년 유비(劉備)와 연합하여 적벽(赤壁)에서 조조의 군대를 격퇴시켰다. 위나라와 촉나라가 각각 칭제(稱帝)하자 229년에 황제로 칭하고, 농관(農官)을 설치하고 둔전(屯田)을 실시하고 산월(山越)을 평정하여 군현(郡縣)을 설치하였다.

손수(孫壽, ?~159?): 후한(後漢)의 권신(權臣)인 양기(梁冀)의 처(妻)로 탐욕스럽게 굴었는데, 나중에 양기가 죄를 얻어 환제에게 주살당할 때 부부가 죄에 연루되는 것을 두려워해서 함께 자살하였다.

송(宋) 고종(高宗, 1107~1187): 금나라 군대가 휘종과 흠종을 포로로 잡아가자 남경(南京)에서 즉위하였다. 이어 장강(長江)을 건너 임안(臨安)에 남송(南宋)을 세웠다. 종상(鍾相)과 양요(楊么) 등의 반란을 진압하고 악비(岳飛)와 한세충(韓世忠) 등을 기용하였다. 그러나 화의를 구해 재상 진회(秦檜)와 함께 악비를 살해한 뒤 금나라에게 영토를 떼어 주고 납공(納貢)하였다. 36년 동안 재위하였고, 저서에 『한묵지(翰墨志)』가 있다.

송 인종(仁宗, 1010~1063, 재위 1022~1063): 북송의 제4대 황제로 휘는 정(趙禎), 초휘는 수익(受益)으로, 진종의 여섯 번째 아들이다. 13세의 나이에 황제로 즉위하였으나 나이가 어려 황태후 유씨가 오랫동안 섭정하였다.

송 효종(孝宗, 1127~1194, 재위 1162~1189): 남송 제2대 황제로 이름은 조신(趙昚)이다. 그는 원래 고종(高宗)의 아들이 아니었고, 송(宋) 태조(太祖)의 후손으로 조광윤의 둘째 아들 조덕방(趙德芳)의 6대손이다. 평소 검약하고 내정개혁에 힘을 쏟아 건순지치(乾淳之治)라는 태평성대를 이룩하였다. 이 시기는 남송의 국력이 가장 강하였다.

송경(宋璟, 663~737): 당나라 형주(邢州) 남화(南和) 사람으로 무측천(武則天) 때 거듭 승진하여 좌대어사중승(座臺御史中丞)에 올랐다. 태평공주(太平公主)의 눈 밖에 나서 초주자사(楚州刺史)로 쫓겨났다가 현종(玄宗) 초에 형부상서(刑部尙書)에 임명되었다. 승상이 되자 부역(賦役)을 완화하고 형벌을 간략하게 줄이는 등 정책을 잘 유지하여 요송(姚宋)으로 불린 현상(賢相)이었다.

송수(宋綬): 송수가 당대 조칙류를 수집해 둠으로써 아들 송민구(宋敏求)가 당나라 황제들의 조령을 항목별로 편집하여 1070년 당대조령집(唐代詔令集)』을 편찬할 수 있었다. 이는 당나라 역사 제도의 기본적 사료(史料)다. 송민구는 『신당서』도 편찬하였다.

송신석(宋申錫): 당 문종(827~840)의 재상으로 청빈하고 신중하였지만 환관을 제거하려다 실패하여 왕수징에게 반역을 모의하였다고 무고를 받아 좌천되었다가 죽었다.

수(隋) 문제(文帝, 541~604, 재위 581~604): 수나라의 초대 황제로 이름은 양견(楊堅)이고, 묘호는 고조(高祖)다. 후한의 학자 양진(楊震)의 자손으로, 수국공(隋國公) 양충(楊忠)의 아들이다. 북주(北周) 정제(靜帝)의 선양을 받아 수나라를 세우고 장안(長安)을 수도로 정하여 대흥성(大興城)이라 하였다. 587년 후량(後梁)을 멸망시키고, 2년 뒤 진(陳)나라를 멸망시켜 서진(西晉) 말년 이후 3백여 년에 걸친 분열을 마감하고 천하통일을 이루었다.

수 양제(煬帝, 569~618): 수나라의 제2대 황제다. 본명은 양광(楊廣)으로 문제의 둘째 아들이다. 중국의 수많은 황제들 속에서도 가장 폭군으로 손꼽히는 자다. 만리장성을 수축하고 대운하를 완성하였다. 3차례 고구려를 침입하였으나 대패하였고 이로 인해 각지에서 민란이 일어나 수나라가 멸망에 이르게 되었다. 강도(江都)를 남순(南巡)하던 중 신하 우문화급(宇文化及)에게 살해되었다.

숙손통(叔孫通, ?~BC 194?): 전한(前漢) 설현(薛縣) 출신의 유생으로 호는 직사군(稷嗣君)이다. 한나라의 고조를 섬겨 조의(朝儀)를 제정(制定)하였다. 혜제(惠帝) 때, 봉상경(奉常卿)으로서 종묘(宗廟) 등의 의법(儀法)을 정하고, 태자(太子) 태부(太傅)가 되었다.

숙제(叔齊): 상(商)나라 말기 고죽국(孤竹國) 임금의 아들로 주(周)나라 무왕(武王)이 주왕(紂王)을 치려고 하였을 때 형 백이(伯夷)와 함께 무왕에게 간하였으나, 받아들여지지 않고 주(周)의 천하가 되자 수양산(首陽山)에 숨어 살다가 굶어 죽었다. 형과 함께 백이숙제로 함께 불린다.

순우연(淳于衍): 후한 선제(宣帝) 때의 여시의(女侍醫)로 곽광의 처 현아(顯兒)에게 매수되어 임신한 황후 허평군(許平君)을 독살하였다가 발각되어 죽었다.

순우장(淳于長, ?~BC 8?): 전한 위군(魏郡) 원성(元城) 사람으로 성제(成帝)가 조비연(趙飛燕)을 황후로 만드는 데 두움을 주었다. 성제가 신세를 졌다고 여겨 먼저 관내후(關內侯)의 작위를 주고 이어 정릉후(定陵侯)에 봉하였다. 나중에 교만 방자해졌다가 성제의 의심을 받고 낙양(洛陽)의 옥사에 연계되어 옥중에서 죽었다.

순익(荀翌, ?~168): 후한 말의 팔준(八俊)의 한 사람으로 순욱(荀昱)이라고도 한다. 168년에 두무와 함께 환관을 주살할 것을 모의하다가 환관들에게 살해당하자 겨울 10월에 조절이 영제를 부추겨 순익을 포함해 우방, 이웅, 두밀, 주우, 적초, 유유, 범방 등을 잡아들이라고 해 체포되어 주살되었다.

신경기(辛慶忌, ?~BC 12?): 전한(前漢) 성제 때의 무장(武將)으로 적도(狄道) 사람이다. 시랑(侍郎), 교유(校尉), 금성장사(金城長史), 무제(茂才), 낭중(郎中), 거기장(車騎將), 장액태수(張掖太守), 주천태수(酒泉太守), 집금오(執金吾), 좌장군(左將軍) 등을 역임하였다. 신경기가 목숨을 걸고 성제에게 간쟁하여 주운(朱雲이 사면 받을 수 있었다. 여기서 시위소찬(尸位素餐)의 고사가 생겼다.

신도가(申屠嘉, ?~BC 155): 전한 양국(梁國) 사람으로 항우(項羽)를 공격하여 도위(都尉)가 되었다. 혜제(惠帝) 때 회양수(淮陽守)를 지냈다. 문제(文帝) 때 승상(丞相)에 임명되었는데, 사람됨이 청렴하고 강직하였다. 행신(幸臣) 등통(鄧通)이 어전에서 희롱을 부리자 죄를 물어 참수하려고 하였는데, 문제가 급히 사면을 해 모면하였다. 경제(景

帝) 초에 조조(晁錯)가 법령(法令)을 고쳤을 때 전례를 근거로 참수하려고 하다가 뜻을 이루지 못하자 피를 토하고 죽었다.

신백(申伯): 서주(西周) 선왕(宣王) 때의 어진 재상으로, 선왕의 외숙(外叔)이다. 주나라의 경사(卿士)가 되어 외교 관계를 활성화시킨 공으로 사(射) 땅에 봉해졌다.

신불해(申不害, ?~BC 337?): 전국시대 정(鄭)나라 경(京, 하남성 형양현) 사람이다. 법가(法家)를 대표하는 인물로, 정나라에서 하급관리로 일하다가 한(韓)나라의 소후(昭侯)를 섬겨 나라를 태평하게 다스렸다. 황로(黃老) 사상을 기본으로 삼아 신하들을 통제하는 방식을 강조하였다. 즉 신하에게 관직을 맡기되 명분에 맞게 실효를 책임지게 하고, 군주는 신하를 감독하면서 생사여탈권(生死與奪權)을 쥐어 군주 전제 정치를 강화한다는 것이었다.

신생(申生): 진(晉) 헌공(獻公)의 맏아들이며, 진 혜공과 진 문공의 맏형이다. 여희(驪姬)의 참소로 헌공이 자신을 죽이려고 하자 자결하였다. 사후 공태자라는 시호를 받았다.

신유(辛有): 주(周)의 대부로 평왕(平王)이 낙읍으로 도읍을 옮길 무렵 이천(伊川) 땅을 지나다가, 사람들이 들 가운데서 머리를 풀어 헤치고 제사 지내는 것을 보고는 '100년도 못 가서 이 지역은 오랑캐의 땅이 되고 말리라.' 하였는데, 그 말대로 되었다고 한다.

신후(申侯): 신국(申國)의 제후로서 주나라 유왕이 포사에 빠져서 신후(申侯)의 딸 신후(申后)를 폐하고 태자 의구(宜臼)를 쫓아내자 이에 분노한 신후가 견융족(犬戎族))과 연합해 주 유왕을 공격하여 시해하는 사건이 벌어졌다. 의구(宜臼)가 평왕(平王)으로 동쪽의 낙읍에서 즉위하였으나 왕권이 쇠퇴하였다.

신후(申后): 주나라 유왕의 정비(正妃)로 유왕이 포사를 총애함으로써 쫓겨났다.

안경서(安慶緖, ?~759): 당나라 영주(營州) 유성(柳城) 호(胡) 사람으로 초명은 인집(仁執)이고, 안녹산의 둘째 아들이다. 안녹산이 난을 일으켜 대연황제(大燕皇帝)를 칭하자 진왕(晉王)에 봉해졌다. 안녹산이 동생 안경은(安慶恩)을 편애하자 불안을 느껴 숙종(肅宗) 지덕(至德) 2년(757) 안녹산을 죽이고 반란군을 통솔하면서 재초(載初)로 연호를 바꾸었다. 당나라 군대가 낙양과 장안을 수복하자 호남(湖南)의 업(鄴)으로 달아나 안녹산의 부장 사사명(史思明)에게 구원을 요청하였는데, 오히려 살해되었다.

안녹산(安祿山 703?~757): 당나라 영주(營州) 유성(柳城) 호(胡) 사람으로 돌궐계의 잡호(雜胡) 출신이다. 유주절도사(幽州節度使) 장수규(張守珪)가 남다르게 여겨 편장(偏將)에 발탁하고 양자로 삼았다. 전공을 세워 현종(玄宗)과 양귀비(楊貴妃)의 총애를 받아 평로(平盧)와 범양(范陽), 하동(河東)의 세 절도사(節度使)를 겸하였다. 재상 양국충(楊國忠)과 반목하여 천보(天寶) 14년(755) 겨울 범양에서 반란을 일으켜 이후 낙양(洛陽)과 장안(長安)을 함락하였다. 다음 해 나라 이름을 대연(大燕)이라 하고 자칭 웅무황제(雄武皇帝)라 부르면서 성무(聖武)란 연호를 썼다. 아들 안경서(安慶緖)에게 피살되었는데, 나이 50여 살이었다.

안유자(晏孺子): 제나라 경공이 죽고 애첩 예희(芮姬)의 아들로 이름이 도(荼)다. 그가 임금자리에 오르자 곧 전걸(田乞)과 포목(鮑牧) 등의 공격을 받고 거(莒)나라로 달아났다.

양광(楊廣) → 수 양제

양국충(楊國忠, ?~756): 당나라 중기 포주(蒲州) 영락(永樂) 사람으로 본명은 쇠(釗)고, 양

귀비(楊貴妃)의 당형(堂兄)이다. 15사(使)를 지휘하면서 탁지(度支) 관련 일을 전담하였고, 금중(禁中)을 출입하면서 총애를 받았다. 이임보(李林甫)와 결탁, 재정적 수완을 발휘함으로써 현종에게 중용되고, 국충(國忠)이란 이름도 이 무렵 현종이 하사하였다. 뇌물로 인사(人事)를 문란케 하고, 중앙정계를 자신의 일파로 메웠으며, 백성으로부터 재물을 수탈하는 등 부정과 불법을 자행하였다. 안녹산과의 반목으로 안사(安史)의 난을 자초하였다. 14년(754) 안녹산이 양국충을 주살(誅殺)한다는 명분으로 난을 일으키자 현종을 따라 사천(四川) 지방으로 달아나다가 마외역(馬嵬驛)에서 살해되었다.

양 귀비(楊貴妃, 719~756): 현종(玄宗)의 애첩으로 절세미인에 총명하여 현종의 마음을 사로잡아 황후 이상의 권세를 누렸다. 안사의 난이 일어나 도주하던 중 살해되었다.

양기(梁冀, ?~159): 후한 안정(安定) 오씨(烏氏) 사람으로 두 여동생을 순제(順帝)와 환제(桓帝)의 비로 바쳤다. 여동생인 양 태후(梁太后)와 함께 황제를 마음대로 없애고 세웠는데, 특히 8살의 질제를 독살하고, 이고(李固)와 두교(杜喬)를 죽이자 세상이 모두 두려워하였다. 여동생 양 태후(梁太后)와 양 황후(梁皇后)가 죽자, 환제에 의해 포위되었는데, 아내 손수(孫壽)와 함께 자살하였다. 재산은 모두 몰수되었다.

양복공(楊復恭): 당 소종(昭宗)을 옹립한 환관으로 소종이 환관을 싫어하자, 황제가 우리와 같은 대원로(大元老)에 거역하는 것은 은혜를 모르는 문생천자(門生天子)라며 전횡하다가 왕행유(王行瑜)의 군대에 체포되어 장안으로 송환되어 처형당하였다.

양소(楊素, ?~606): 수나라 홍농(弘農) 화음(華陰) 사람으로 수 문제 양견(楊堅)을 좇아 천하를 평정하고 수나라를 세우는 데 크게 공헌하였다. 평소 지략이 많고 사술(詐術)에 능해 친척이나 측근들을 중요 관직에 배치하였다. 양제(煬帝)의 즉위에도 큰 공헌을 하였지만 경원시되었다. 뒤에 맏아들 양현감(楊玄感)이 반란을 일으켰다.

양오(梁五): 춘추시대 진(晉) 헌공의 폐신(嬖臣)으로 여희(驪姬)에게 뇌물을 받고 태자 신생(申生)을 모살(謀殺)하고 공자 중이(重耳)와 이오(夷吾)를 몰아냈다.

양왕(襄王, ?~BC 619, 재위 BC 652~BC 619): 주나라의 제18대 왕으로 이름은 정(鄭)이다. 제17대 혜왕(惠王)이 후비(後妃)인 혜후(惠后)에게서 낳은 왕자 희대(姬帶)를 총애하여 그에게 태자의 지위를 넘기려 하였지만 당시의 패자인 제(齊)나라 환공(桓公)의 도움으로 양왕은 태자의 지위를 유지하여 왕위에 오를 수 있었다. 희대가 융(戎)과 적(翟)의 세력을 끌어들여 반란을 일으키자 진(秦)나라 목공(穆公)과 진(晋)나라 문공(文公)의 도움을 받아 토벌하였다. 양왕은 진나라 문공을 제후들의 우두머리인 백(伯)으로 봉하였고, 진나라에 하내(河內)의 양번(楊樊) 지방을 주었다. 이로써 진나라 문공은 패자가 되었고, 제나라 환공의 뒤를 이어 이른바 '춘추오패(春秋五霸)' 가운데 한 명으로 불리게 되었다.

양용(楊勇): 수 문제의 큰아들로 태자였지만 동생 양광(후일 수 양제)의 참소로 문제와의 사이가 멀어져 태자에서 폐위되었다.

양준(楊駿, ?~291): 남북조시대 진(晉) 무제(武帝)의 장인으로, 무제가 죽고 혜제(惠帝)가 즉위하자 국정을 도맡아서 자기의 친당(親黨)만을 등용하는 등 정권을 전횡하다가 가후(賈后)에게 미움을 받아 삼족(三族)이 주멸(誅滅)당하였다.

양진(楊震, 59~124): 한나라 안제(安帝) 때의 명신으로 자가 백기(伯起)다. 형주자사, 동래

태수, 사도(司徒) 등의 직을 역임한다. 성격이 강직하고, 황제에게도 직언을 하였으며, 불의와 타협하지 않았다. 학식이 고명하여 '관서공자(關西孔子)'라 일컬어졌으며, 벼슬이 태위(太尉)까지 이르렀다.

양하(良賀): 한나라 순제(順帝) 때 중상시(中常侍)로 청렴하고 검소하며 겸손하여 중국 역대의 모범적인 환관으로 손꼽히고 있다. 함부로 사람을 추천하지 않기로 유명하다.

양후(穰侯, ?~BC 265): 전국시대 진(秦) 소왕(昭王)의 외삼촌으로 양(穰) 땅에 봉해졌다. 네 번이나 정승에 올라 어린 소왕을 대신해 정치를 하여 진나라를 강성하게 키웠다.

어조은(魚朝恩): 당 숙종 때 환관 이보국이 죽자 그는 환관 동수를 매수하여 황제의 밀지를 열람하는가 하면 전횡을 일삼았던 환관이다.

여강(呂强): 후한 영제 때 환관으로 중상시(中常侍)를 지냈다. 채옹(蔡邕)이 상서를 올려 죄를 얻게 되자 채옹을 변호하고 황건적의 난이 일어나자 영제에게 탐관오리를 제거하고 당인(黨人)들을 사면하자는 건의를 하여 관철시킨다. 후에 환관 조충(趙忠), 하운(夏惲) 등의 모함을 받아 자살한다. 후세에 충간을 하는 환관으로 평가받는다.

여록(呂祿, ?~BC 180): 전한 고조의 외척이며 여후의 사촌으로, 여후가 태황태후로 임조칭제하면서 여태, 여산과 함께 남북군을 통제해 여씨 일족의 전제에 일조하였다. 여후가 여러 여씨들을 왕과 제후로 세우려 하면서 여록도 주허후 유장을 사위로 삼고 제후로 봉해졌다. 여후 사후에 일족과 함께 유장에게 살해당하였다.

여산(呂産, ?~BC 180): 전한 고조의 외척 여씨 일족의 일원이자 이성 제후왕으로 여후의 조카로 여택의 아들이다. 여후가 병들어 위급해지자 상국(相國)이 되어 남군(南軍)을 장악하였으나 여후가 죽은 뒤 반란을 모의하였다가 유장(劉章)에게 살해당하였다.

여상(呂尙): 강태공의 본명으로 문왕(文王), 무왕(武王)을 도와 주(周)나라를 건국하였다.

여생(呂甥): 진(晉) 혜공의 잔당으로 극예(郤芮) 등과 함께 궁실에 불을 질러 놀란 문공이 나올 때를 기다렸다가 암살하려는 음모를 꾸몄다가 내시 피의 고발로 문공에게 죽었다.

여이간(呂夷簡, 979~1044): 북송 수주(壽州, 지금의 안휘성 수현) 사람으로 인종(仁宗)이 즉위하자 우간의대부(右諫議大夫)와 참지정사(參知政事)를 역임하였다. 인종이 곽후(郭后)를 폐위하는 것을 찬성하여 간언을 올린 간관 공도보(孔道輔) 등을 축출하고, 범중엄(范仲淹)의 언사를 문제 삼아 붕당이라 지적하면서 폄적하는 등 관료들과 대립하였다. 10년 이상 인종을 보좌한 재상으로 실무에 밝았다.

여조겸(呂祖謙, 1137~1181): 남송 무주(婺州) 금화(金華) 사람이다. 조적(祖籍)은 수주(壽州)이고, 자는 백공(伯恭)이며, 호는 동래선생(東萊先生)이다. 임지기(林之奇)와 왕응진(汪應辰) 등에게 사사하였으며, 주희(朱熹), 장식(張栻) 등과 사귀며 폭넓은 학식을 갖추었다. 저서에 『여씨가숙독시기(呂氏家塾讀詩記)』 32권과 『동래선생좌씨박의(東萊先生左氏博議)』 25권, 『여동래선생문집(呂東萊先生文集)』 40권, 『역대제도상설(歷代制度詳說)』 등이 있으며, 주희와의 공저(共著)인 『근사록(近思錄)』은 특히 유명하다.

여태자(戾太子): 한 무제의 아들로 '무고(巫蠱)의 옥사'로 강충을 죽이고 자살하였다.

여 황후(呂皇后, 呂后): 전한 고조 유방(劉邦)의 황후로 이름은 치(稚)고, 고후(高后)로도 불린다. 유방이 한(漢)을 세우는 데 큰 역할을 하였다. 아들 혜제를 황제로 옹립하는 과정에서 고조의 애첩 척 부인을 고조 사후에 사람돼지[人彘]로 만들어 버렸으며, 유방의 옛 신하들을 배척하고 여씨들을 제후에 봉해 군사력을 장악하는 등 전횡을 부리다가 집정 8년 만에 죽었다. 사후에 여씨 일족들이 난을 일으키려다 주발(周勃)과 진평(陳平)에 의해 모두 주살(誅殺)되었다.

여희(驪姬): 주(周)나라 여융(驪戎)의 딸로 진(晉)나라 헌공(獻公)의 폐비(嬖妃)가 되어 아들 혜제(奚齊)·탁자(卓子)를 낳자, 태자 신생(申生)을 모살(謀殺)하고 자기 소생을 왕위에 앉혔다.

연칭(連稱, ?~BC 686): 춘추시대 제(齊) 양공(襄公) 때 대부(大夫)를 지냈다. 관지보(管至父)와 함께 규구(葵丘)에 수(戍)자리를 섰지만 복귀하라는 명령서가 오지 않자 교체를 청하였지만 허락하지 않았다. 결국 관지보와 함께 반란을 일으켜 양공을 살해하였다.

연흠융(燕欽融): 당 중종 때의 허주사병참군언사로 제2의 측천무후를 꿈꾸는 위 황후의 비리를 중종에게 상주하였다가 대전 앞에서 위 황후의 심복 종초객(宗楚客)에게 살해당한다.

염제(炎帝): 중국 상고시대 강(姜)씨 시조신(始祖神)으로 여름을 지배하는 전설적 제왕이다.

염 태후(閻太后, 96~126): 후한(後漢) 안제의 황후로 순제와 환제의 종숙모(從叔母)다. 재색(才色)을 갖추었지만 투기와 질시가 심해, 궁인(宮人) 이씨(李氏)가 황자(皇子) 유보(劉保)를 낳자 이씨를 짐살(鴆殺)하였다. 또 강경(江京) 등과 태자 유보를 참소하여 폐하여 제음왕(濟陰王)이 되도록 하였다. 안제가 죽자 태후(太后)로 의(懿)를 앞세워 정치를 전단하다가 순제가 된 유보에 의해 유폐되었다.

염현(閻顯): 한(漢)나라 순제(順帝) 때 염 태후(閻太后)의 동생인데 태후와 함께 난을 일으켜 찬탈하고자 하다가 피살되었다.

오한(吳漢, ?~44): 후한의 개국공신으로 자가 자안(子顔)이고, 완현(宛縣, 지금의 하남성 남양군(南陽郡)) 출신이다. 일찍이 말 장수를 하다가 광무제 유수(劉秀)에게 귀순하여 동마(銅馬), 청독(靑犢) 등의 농민군(農民軍)을 평정하여 큰 공을 세웠다. 광무제 즉위 후에 대사마(大司馬)로 임명되었고, 광평후(廣平侯)로 봉해졌다. 시호는 충후(忠侯)이고, '운태이십팔장(雲台二十八將)' 중 한 사람이다.

왕계(王季): 고공단보(古公亶父)의 막내아들이며 문왕 창(昌)의 아버지다. 태백(太伯)과 우중(虞仲)이라는 두 형이 있었으나, 뛰어난 인덕(人德)을 인정받아 고공단보의 후계자가 되었다. 아들 창(昌)과 손자인 무왕 발(發)에 이르러 주 왕조를 세웠다.

왕근(王根, ?~BC 7): 전한 동평릉(東平陵) 사람으로 원제(元帝)의 황후 왕정군(王政君)의 서제(庶弟)다. 성제(成帝) 때 정권을 잡은 5년 동안 교만 사치하고 탐욕스러워 뇌물 수만 금을 받아먹었다. 그사이 부 태후(傅太后)에게도 뇌물을 받고 황제에게 정도왕(定陶王), 즉 애제(哀帝)를 태자로 삼아야 한다고 건의하였다. 애제가 즉위하자 이천호(二千戶)에 봉해졌지만 해광(解光)에게 탄핵을 당해 면직되었다가 얼마 뒤 죽었다.

왕담(王譚, ?~BC 17): 왕봉(王鳳)의 이모제(異母弟)다. 성제(成帝) 태후(太后)의 서제(庶弟)로 평아후(平阿侯)에 봉해졌고, 같은 날 그의 동생 네 사람도 열후(列侯)가 되어 세상에서 오후(五侯)라 불렀다.

왕릉(王陵, ?~BC 181): 전한 사수(泗水) 패현(沛縣) 사람으로 수천 명을 모아 귀의하여 유방을 따라 각지에서 전투를 벌였다. 한나라 건립 후 고조(高祖) 때 우승상(右丞相)이 되었다. 직언(直言)을 잘하여 여후(呂后)가 여러 여씨들을 왕으로 앉히려는 것에 반대하여 정쟁(廷爭)을 벌이다가 해직되고 태부(太傅)로 옮겼다.

왕망(王莽, BC 45∼AD 25): 전한의 관료이자 신(新)나라의 황제로, 자는 거군(巨君)이며 위군(魏郡) 원성현(元城縣) 사람이다. 황제 즉위 전의 작위는 안한공(安漢公)이며, 원후(元后)의 성씨가 왕씨여서 이를 계기로 정계에 진출하기 시작하였다. 선양을 받아 신나라를 건국했으나 장안(長安)의 미앙궁(未央宮)에서 부하에게 찔려 죽음으로써 건국한 지 15년에 멸망하고, 광무제에 의해 후한이 건국되었다.

왕봉(王鳳, ?∼BC 22): 한(漢) 성제(成帝) 때의 외척으로 원제(元帝)의 황후 왕정군(王政君)의 오빠다. 그를 시초로 하여 정권을 보좌한 11년 동안 왕씨들이 조정을 장악하였다.

왕숙문(王叔文, 758∼806): 당나라 월주(越州) 산음(山陰) 사람으로 순종(順宗)이 즉위하자 신임을 받아 유종원(柳宗元), 유우석(劉禹錫) 등과 함께 개혁정치를 펼쳤다. 궁시(宮市)나 오방소아(五坊小兒)와 같은 폐정(廢政)을 없앴고, 염철사(鹽鐵使)가 매달 올리던 선여(羨餘) 등도 폐지하였다. 후세 사람들이 이런 개혁을 '영정혁신(永貞革新)'이라 불렀다. 환관 구문진(俱文珍)이 순종을 퇴위시키고 헌종(憲宗)을 옹립하면서 투주사호참군(渝州司戶參軍)으로 쫓겨난 뒤 다음 해 피살되었다.

왕숭(王崇, ?∼3): 전한시대 왕준(王駿)의 아들로, 어사(御史)와 군수(郡守)를 역임하면서 청렴하다는 평을 들었다. 애제(哀帝) 때 어사대부(御史大夫)에 올랐다. 병을 핑계로 왕망(王莽)을 피해 귀향하였다. 그해 말에 부비(傅婢)가 넣은 독에 중독되어 죽었다.

왕음(王音, ?∼BC 15): 전한 위군(魏郡) 원성(元城) 사람으로 대장군 왕봉(王鳳)에게 아부하여 어사대부(御史大夫)에 올랐다. 성제(成帝) 때 왕봉이 죽으면서 그의 추천으로 대사마(大司馬)와 거기장군(車騎將軍)에 오르고 상서(尚書)의 일을 대행하였다. 위세와 권력은 왕봉만 못하였다.

왕입(王立, ?∼3): 원제(元帝) 황후(皇后)의 서제(庶弟)로 대사마(大司馬) 위장군(衛將軍) 왕상(王商)이 죽자 순서상 당연히 정치를 보좌해야 하였지만 죄가 있어 지방으로 나갔다가 애제(哀帝) 때 경사(京師)로 돌아왔다. 평제(平帝)가 즉위하고 왕망(王莽)이 정권을 잡자 그를 꺼려해 핍박하여 자살하도록 만들었다. 시호는 황(荒)이다.

왕장(王章, ?∼BC 24): 전한 후기의 관료로, 자는 중경(仲卿)이며 태산군 거평현(鉅平縣) 사람이다. 왕봉(王鳳)의 전횡을 탄핵하다가 거꾸로 대역죄에 걸려 죽었다.

왕정군(王政君, BC 70∼BC13): 전한 원제(元帝)의 황후로 왕망(王莽)의 고모다. 18살 때 액정(掖庭)에 들어가 가인자(家人子)가 되었다. 원제가 즉위하자 황후가 되었다. 성제가 즉위한 뒤 황태후에 올랐다. 오빠 왕봉(王鳳)이 대사마대장군(大司馬大將軍)이 되어 상서(尚書)의 일을 관장하였다. 애제(哀帝)가 즉위하자 태황태후(太皇太后)에 올랐다. 평제(平帝) 때 임조(臨朝)하여 정치를 왕망에게 맡겼다. 왕망이 칭제(稱帝)하자 안양후(安陽侯) 왕순(王舜)을 시켜 국새(國璽)를 전해 줄 것을 요청하였는데, 태후가 국새를 땅에 내던졌다고 한다.

왕증(王曾, 978∼1038): 송나라 청주(青州) 익도(益都) 사람으로 인종(仁宗) 때의 재상이다. 태후의 친인척의 발호를 억제하다가 청주지주로 쫓겨났다가 다시 재상(宰相)에 올라 기국공(沂國公)에 봉해졌다. 저서에 『왕문정공필록(王文正工筆錄)』이 있다.

왕진(王縉, 700∼781): 당나라 하동(河東) 사람으로 왕유(王維)의 동생이다. 어릴 때부터 공부하기를 좋아해서 형 왕유와 함께 문명(文名)을 떨쳤다. 시어사(侍御史)와 무부원외랑(武部員外郎)을 지냈다. 안사(安史)의 난 때 이광필(李光弼)을 도와 태원을 지켰으며, 나중에 하남부원수(河南副元帥)가 되었다. 태자빈객(太子賓客)까지 올랐다.

요(堯)임금: 전설상의 임금으로 이름은 방훈(放勳)이다. 처음에 도(陶)에서 살다가 나중에 당(唐)으로 옮겨 살아 도당씨(陶唐氏)로 불리며, 역사에서는 당요(唐堯)라 부른다. 관청을 설치해 시령(時令)을 관장하게 하고 역법(曆法)을 정하였다고 한다. 곤(鯀)에게 명령해 홍수를 다스리게 하였지만 성공하지 못하였다. 사악(四嶽)에 물어보아 순(舜)을 선발하고 후계자로 정하였다. 순의 행실을 3년 동안 지켜보다가 순에게 섭정(攝政)하게 하였다. 요가 죽은 뒤 순이 자리를 이었다.

용봉(龍逢): 하나라의 현신(賢臣)인 관용봉(關龍逢)인데, 걸왕(桀王)의 무도(無道)함을 간(諫)하다가 피살되었다.

우문술(宇文述): 수나라 대군(代郡) 무천(武川) 사람으로 자는 백통(伯通)이다. 본래 성은 파야두(破野頭)로 선비족이었는데, 주인의 성을 따라 우문씨로 고쳤다. 양제(煬帝)가 즉위하는 데 기여해서 허국공(許國公)에 봉해져서 조정(朝廷)에 참여하였다. 성격이 탐욕스러워서 집안에는 재물이 항상 넘쳐흘렀고, 누군가 진귀한 물건을 가지고 있다는 소문을 들으면 반드시 빼앗았다.

우승유(牛僧孺, 779~847): 당나라 헌종(憲宗) 때 대책을 올려 실정에 대해 조목조목 지적하여 이길보(李吉甫)의 배척을 받아 오랫동안 서용(敍用)되지 못하였다. 목종(穆宗)의 신임을 받아 재상이 되었다. 무종(武宗)이 즉위하고 이덕유가 재상이 되자 실권을 잃고 한때 지방으로 좌천되어 떠돌았는데, 선종(宣宗)이 즉위하자 다시 돌아와 태자소사(太子少師)로 있었다.

우(禹)임금: 하(夏) 왕조의 시조다. 성은 사(姒)씨고, 이름은 문명(文命)이다. 『사기(史記)』 하본기(夏本記)에 따르면, 전욱(顓頊)의 손자이며 곤(鯀)의 아들이다. 요(堯)임금의 치세에 대홍수가 발생하여 순(舜)이 그에게 치수(治水)를 명령하였다. 13년 동안의 치수사업에 성공해 천하를 9주(州)로 나누고 공부(貢賦)를 정하였다. 순이 죽자 제위를 계승하였는데, 나라 이름을 하(夏)로 고치고 안읍(安邑)에 도읍하였다. 치세(治世) 10년 만에 회계(會稽)에서 죽자 제후(諸侯)의 추대로 아들 계(啓)가 천자가 되었는데, 이때부터 천자 자리를 세습화하여 하 왕조가 시작되었다.

우지녕(于志寧, 588~665): 당나라 태종 때 중서시랑(中書侍郎) 겸 태자좌서자(太子左庶子)로 있으면서 태자 이승건(李承乾)이 자주 과오를 범하자 상서를 올려 간절하게 충고하였다. 태자가 화를 내고 자객 두 사람을 보내 살해하려 하였는데, 자객들이 그의 생활이 검소한 것을 보고 차마 죽이지 못하였다. 시중(侍中)에까지 오르고 감수국사(監修國史)가 되었다. 저서에 『간원(諫苑)』과 문집이 있다.

원소(袁紹, ?~202): 영제(靈帝)가 죽자 조조(曹操)와 함께 당시 정치적 부패의 요인인 환관들을 일소하고 정권을 독차지한 동탁(董卓)에 대한 토벌군을 일으켰다. 하북(河北)을 중심으로 강력한 세력을 구축해 조조와 관도에서 대결전을 벌여 대패하여 분사하였다

원안(袁安, ?~92): 후한 여남(汝南) 여양(汝陽) 사람으로 명제(明帝) 때 초군태수(楚郡太守)가 되었다. 당시 초왕 유영(劉英)이 모반을 꾀해 연루자가 수천 명에 이르렀는데, 그가

무협의자를 잘 골라내 석방된 사람이 수백 명에 이르렀다. 하남윤(河南尹)으로 옮겨 엄격하고 분명하게 다스려 더욱 이름이 조정에 알려졌다. 화제(和帝)가 즉위하자 외척 두씨(竇氏)가 권력을 잡아 횡행하였는데, 그는 원칙을 지키며 흔들리지 않았다.

원재(元載, ?~777): 당나라 봉상(鳳翔) 기산(岐山) 사람으로 자는 공보(公輔)다. 현종(玄宗) 천보(天寶) 초에 출세하여 숙종(肅宗) 때 거듭 승진하여 호조시랑(戶曹侍郎)이 되고, 탁지(度支)와 강회전운사(江淮轉運使) 등을 지냈다. 이보국(李輔國)에게 붙어 동중서문하평장사(同中書門下平章事)에 임명되었다. 이보국이 죽자 내시들과 어울리면서 황제의 뜻을 염탐해 비위를 잘 맞추었다. 권력을 쥐고 불법을 자행하면서 충신들을 배척하고 무도하게 참람한 일을 서슴지 않았고, 결국 자살을 명받았다.

원진(元稹, 779~831): 중국 당대 중기의 문인, 시인, 재상이다. 백거이와 문학관을 같이하여 두보(杜甫)를 추존하였다. 백거이가 신제악부에 치중한 반면 원진은 고제악부에 치중하였다.

위(衛) 장공(莊公, ?~BC 478): 춘추시대 위나라의 국군(國君)으로 영공(靈公)의 아들이다. 태자로 있을 때 영공의 부인 남자(南子)를 죽이려고 하다가 실패하고 진(晉)나라로 달아났다. 영공이 죽자 위나라에 들어와 출공(出公)을 핍박해 노(魯)나라로 내쫓고는 국군이 되었다. 국군이 된 뒤 진나라를 배반하였다. 진나라가 위나라를 포위하자 나라 사람들에게 쫓겨나 융주(戎州)에 있다가 다시 달아나 기씨(己氏)의 집에 들어갔는데, 기씨에 의해 살해되었다. 3년 동안 재위하였다.

위 혜왕(惠王, BC 400~BC 334): 전국시대 위나라의 국군(國君)으로 양(梁) 혜왕(惠王)으로도 불린다. 이름은 앵(罃)이고, 무후(武侯)의 아들이다. 즉위한 뒤 대량(大梁)으로 천도하고 봉택(逢澤) 회의를 소집해 후(侯)에서 왕(王)으로 호칭을 바꾸었다. 자신을 낮추고 폐백을 후하게 하여 현자(賢者)를 초빙하자 추연(鄒衍)과 순우곤(淳于髡), 맹가(孟軻, 孟子) 등이 대량으로 몰려들었다. 맹자가 일찍이 왕에게 인의(仁義)를 행하라고 권하였지만 쓰지 못하였다. 36년 동안 재위하였다.

위(魏) 무후(武侯, ?~BC 370): 전국시대 위나라의 국군(國君)으로 문후(文侯)의 아들이다. 한(韓)나라, 조(趙)나라와 진(晉)나라 영토를 삼분하였다. 16년 동안 재위하였다.

위(魏) 무제(武帝, 155~220): 후한 말기 패국(沛國) 초현(譙縣) 사람으로 이름은 조조(曹操)다. 자는 맹덕(孟德)이고, 아들 조비(曹丕)에 의해 무제(武帝)로 추존되었다. 어릴 때부터 권모술수에 능하였고, 황건적(黃巾賊) 토벌에 공을 세우고 두각을 나타내어 마침내 헌제(獻帝)를 옹립하고 종횡으로 무략(武略)을 휘두르게 되었다. 위왕(魏王)에 봉해져 정치상의 실권은 잡았지만 스스로는 제위에 오르지 않았다. 문학을 사랑하여 많은 문인들을 불러들였고, 자신도 두 아들 조비(曹丕), 조식(曹植)과 함께 시부(詩賦)의 재능이 뛰어나, 이른바 건안문학(建安文學)의 흥성을 가져오게 하였다.

위 문제(文帝, 187~226): 삼국시대 위(魏)나라의 초대 황제로 이름은 조비(曹丕)며, 조조(曹操)의 둘째 아들이다. 후한의 헌제(獻帝)로부터 양위 받아 황제에 즉위하였다. 시부(詩賦)에 능하여 『전론(典論)』을 저술하였고, 문학의 독자적 가치를 선언하였다. 또 제유(諸儒)들에게 최초의 유서(類書) 『황람(皇覽)』을 편집하게 하였다. 시호는 문제(文帝)다. 제위 기간은 7년이다.

위무기(魏無忌, ?~BC 243): 신릉군(信陵君)이라고도 부르며, 전국시대 위(魏) 소왕(昭王)의 아들이다. 진(秦)나라가 조(趙)나라의 수도 한단(邯鄲)을 침공할 때 조(趙)의 평원군 승(平原君勝)이 신릉군에게 간곡히 구원을 청하자 위왕(魏王)의 반대를 무릅쓰고 진비를 죽이면서까지 군사를 거느리고 가 조나라를 구하였다.

위자부(衛子夫, ?~BC 91): 전한 무제(武帝)의 황후다. 본래 평양공주 집안의 가녀(歌女)였는데, 무제가 총애하여 태자 거(據)를 낳고 황후가 되었다. 무고지화(巫蠱之禍) 때 태자가 강충(江充)을 죽이고 자살하자 그녀도 곧 자살하고 말았다.

위징(魏徵, 580~643): 자는 현성(玄成)이고, 시호는 문정(文貞)이다. 당 태종 때 간의대부(諫議大夫) 등의 요직을 역임한 뒤 나중에 재상으로 중용되었다. 직간(直諫)을 거듭해 황제의 분노를 샀지만 조금도 흔들림이 없었다. 『주서(周書)』와 『수서(隋書)』, 『유례(類禮)』와 『군서치요(群書治要)』 등의 편찬에 크게 공헌하였다.

위처후(韋處厚): 당나라 경조(京兆) 사람으로 자는 덕재(德載)다. 벼슬은 중서시랑(中書侍郎)과 동중서문하장평사(同中書門下章平事)에 이르고, 영창군공(靈昌郡公)에 봉해졌다. 헌종(憲宗), 목종(穆宗), 경종(敬宗), 문종(文宗) 네 황제를 섬긴 현상(賢相)으로 이름이 높았으며, 천성이 학문을 좋아하여 장서(藏書)가 만 권(萬卷)에 이르렀다 한다.

위희(衛姬): 춘추시대 제(齊) 환공(桓公)의 부인으로 위후(衛侯)의 딸이다. 환공이 음악(淫樂)을 좋아하자 정위지음(鄭衛之音)을 듣지 말라고 충고하였다. 환공이 관중(管仲)과 영척(寧戚)을 기용해 패도(霸道)를 시행하자 제후들이 모두 입조하였는데, 위(衛)나라만 유독 오지 않자 장차 정벌하려고 하였다. 환공의 얼굴빛이 달아오르고 목소리가 들떠 있는 것을 보고 위나라를 칠 마음을 먹었다고 판단해 마루에서 내려가 두 번 절하고 위나라를 대신해 벌을 받겠다고 청하자 환공이 이를 보고 감동해 뜻을 접었다.

유강(劉康, ?~BC 23): 전한 원제(元帝)의 둘째 아들로 정도왕(定陶王)이다. 그의 아들이 후사가 없는 성제(成帝)의 황태자가 되어 후일 애제(哀帝)가 된다. 재예(材藝)가 많았고, 성음(聲音)을 익혀 정통하였다. 애제가 즉위하자 추존하여 공황(共皇)이 되었다.

유거(劉據) → 한(漢) 선제(宣帝)

유경(劉慶, 78~107): 후한(後漢) 제3대 황제 장제(章帝)의 서자로 두 황후(竇皇后)의 음모에 의하여 황태자에서 폐위되고 청하왕(淸河王)이 되었다. 그러나 그는 아들 유호(劉祜)가 제6대 황제 안제(安帝)가 되는 것을 생전에 지켜보았다.

유굉(劉宏) → 한 영제(靈帝)

유극명(劉克明): 환관으로 당 경종(敬宗)을 시해하였다.

유량(庾亮, 289~340): 동진(東晉) 영천(潁川) 언릉(鄢陵) 사람이다. 자는 원규(元規)이고, 누이가 명제(明帝)의 황후다. 왕돈(王敦)이 반란을 일으키자 여러 장수들과 함께 전봉(錢鳳)에 대항하였다. 왕도(王導) 등과 함께 성제(成帝)를 옹립하여 중서령(中書令)이 되고 정권을 장악하였다. 도간이 죽자 강형(江荊) 등 여섯 개 주(州)의 제군사(諸軍事)를 총괄하고, 무창(武昌)으로 옮겨 주둔하면서 병권을 장악하였다.

유방(劉邦) → 한 고조(高祖)

유보(劉輔, ?~84): 광무제(光武帝)의 아들로 경서(經書)를 좋아하였으며, 경씨역학(京氏易學)과 『효경』, 『논어』 및 도참(圖讖) 등을 잘 해설하였다. 오경(五經)에도 널리 통해

『오경론(五經論)』을 저술하였는데, 당시 사람들이 패왕통론(沛王通論)이라 불렀다.

유보(劉保) → 한 순제(順帝)

유분(劉蕡, ?~842?): 당나라 경종(敬宗), 문종(文宗) 때 사람으로 환관들이 극도로 미워해 유주사호참군(柳州司戶參軍)으로 좌천시켰고, 재직 중 죽었다. 문장을 잘 지었고, 춘추학(春秋學)에 밝았다. 저서에 『유분책(劉蕡策)』이 있다.

유순(劉詢) → 한 선제(宣帝)

유연(劉淵, ?~310, 재위 304~310): 5호16국시대 한(漢, 前趙)나라의 창립자다. 흉노 선우(單于)의 자손으로 중국 고전에도 능통하였다. 흉노좌부수(匈奴左部帥)를 세습하였다. 소년 시절 낙양(洛陽)에 인질로 끌려와 경사(經史)를 익히고 권력자들과도 교유하였다. 서진(西晉) 말에 팔왕(八王)의 난에 편승하여 황제라 칭하고 남하하여 평양(平陽)으로 도읍을 옮기고 진나라의 서울 낙양을 공격하였다. 6년 동안 재위하고 죽었다.

유영(劉英): 후한(後漢) 광무제(光武帝) 유수(劉秀)와 허 미인(許美人) 사이에서 태어났다. 황로학(黃老學)에 정통하였고, 최초로 불교 사원인 부도사(浮屠祠)를 건립하였다. 후에 명제(明帝)가 왕위(王位)를 삭탈하여 자살하였다.

유왕(幽王, BC 795~BC 771, 재위 BC 782~BC 771): 서주(西周)의 12대 왕이다. 포사(褒姒)를 총애하여 신후(申后)와 태자 의구(宜臼)를 폐하고 포사와 아들 백복(伯服)을 왕비와 태자로 책봉하자 이에 격분한 신후(申后)의 아버지 신후(申侯)로부터 공격을 받고 견융(犬戎)의 침입으로 여산(驪山) 기슭에서 살해되었다. 그가 살해됨으로써 의구가 평왕(平王)이 되었다. 이후 견융이 수도 호경으로 자주 침범하자 수도를 낙양으로 옮기게 되었고, 결국 서주(西周)시대는 막을 내렸다.

유장(劉章, ?~BC 177): 전한 고조(高祖) 유방(劉邦)의 손자로 여 태후(呂太后) 때 주허후(朱虛侯)에 봉해지고, 여록(呂祿)의 딸을 아내로 맞았다. 여 태후가 정권을 천단할 때 연회가 열렸는데, 군법에 따라 술을 돌렸는데, 여씨 한 사람이 술을 피해 달아나니 그가 쫓아가 죽였다. 이때부터 여씨들이 그를 두려워하였다. 여 태후가 죽은 뒤 주발(周勃) 등과 함께 여씨 일족을 죽이고 유항(劉恒)을 맞아 문제(文帝)로 옹립하였다.

유종원(柳宗元, 773~819): 중국 당나라의 문장가·시인이다. 자는 자후(子厚)이며 당송 8대가의 한 사람이다. 관직에 있을 때 한유(韓愈) 등과 친교를 맺었다. 왕숙문(王叔文)의 신정(新政)에 참여하였으나 실패하여 변경지방으로 좌천되었다.

유찬(劉纘) → 한 질제(質帝)

유창(劉暢, ?~103): 후한 명제(明帝)의 아들로 어릴 때부터 교만하고 제멋대로여서 법도(法度)를 따르지 않았다. 화제(和帝) 때 양상(梁商)이 상서를 올려 무도하다고 탄핵하자 그가 두려워하며 양왕(梁王)에서 물러날 것을 자청해 생명을 보전하였다.

유향(劉向, 77?~BC 6): 전한 말기 패현(沛縣) 사람으로 유흠(劉歆)의 아버지다. 『춘추곡량(春秋穀梁)』을 공부하였고, 음양휴구론(陰陽休咎論)으로 시정(時政)의 득실을 논하면서 여러 차례 외척이 권력을 잡는 일에 대해 경계하였다. 환관 홍공(弘恭)과 석현(石顯)이 전권을 휘두르는 것에 반대하면서 퇴진시키려고 하였지만 참언을 받아 투옥되었다. 성제(成帝)가 즉위하자 임용되어 광록대부(光祿大夫)를 거쳐 중루교위(中壘校尉)에 이르렀다. 춘추전국시대로부터 한나라 때 이르기까지 사람들의 언행을 분류하여 『신서(新序)』와 『설원(說苑)』을 편찬하였다. 『시경』과 『서경』에 나타난 여인들 중 모범과 경계로 삼을 만한 사례를 모아 『열녀전(列女傳)』을 저술하였다.

유협(劉協) → 한 헌제(獻帝)

유흠(劉歆, BC 53?~BC 23): 전한 말기 패현(沛縣) 사람이다. 자는 자준(子駿)인데, 나중에 이름을 수(秀), 자를 영숙(穎叔)으로 고쳤다. 유향(劉向)의 아들이다. 젊었을 때 『시경』과 『서경』에 정통하였고, 글을 잘 지었다. 왕망이 칭제(稱帝)한 뒤에는 국사(國師)가 되어 가신공(嘉新公)에 봉해졌다. 나중에 왕망을 죽이려다가 음모가 발각되자 자살하였다. 육예(六藝)의 여러 서적을 7종으로 분류한 『칠략(七略)』을 썼는데, 그 내용의 상당수가 『한서(漢書)』 「예문지(藝文志)」로 편입되었다. 그 밖에 『삼통역보(三統曆譜)』, 『유자준집(劉子駿集)』이 있다.

육가(陸賈, BC 240?~BC 170?): 전한 초기 초(楚) 사람으로, 고조(高祖) 유방(劉邦)을 좇아 천하를 통일하는 데 크게 공헌하였다. 사신으로 남월(南越)에 가서 남월왕 조타(趙佗)로 하여금 칭신(稱臣)하도록 하였다. 돌아와 태중대부(太中大夫)에 임명되었다. 12편으로 구성된 『신어(新語)』를 지었는데, 덕에 의한 왕도정치를 존중하고, 힘에 의한 패도정치를 배격하여 정치의 요체는 수신(修身)에 있다고 주장하였다.

육기(陸機, 260~303): 서진(西晉) 오군(吳郡) 오현(吳縣) 사람으로, 할아버지 육손(陸遜)은 삼국 시대 오(吳)나라의 재상이었다. 진(晉) 무제(武帝) 때 낙양(洛陽)으로 나가 장화(張華)의 인정을 받았다. 혜제(惠帝) 때 정국이 혼란하여 팔왕(八王)의 난이 일어나자 이에 휘말려 동생과 함께 사마영에게 죽임을 당하였다.

육손(陸遜, 183~245): 삼국시대 오(吳)나라 오현(吳縣) 사람으로 손책(孫策)의 사위다. 여몽(呂蒙)과 함께 공안(公安)을 함락하고 관우(關羽)를 사로잡아 죽였다. 후일 태자 손화(孫和)와 노왕 패가 서로 다투자 여러 차례 상서를 올려 태자를 변호한 일로 손권의 책망을 받은 뒤 울분을 품고 죽었다.

육운(陸雲, 262~303): 육기(陸機)의 동생으로 형과 함께 명성을 나란히 해 '이륙(二陸)' 또는 '기운(機雲)'으로 불렸다. 팔왕(八王)의 난 때 형과 함께 싸우다 피살당하였다. 가밀(賈謐) 24우(友) 가운데 한 사람이었다.

윤길보(尹吉甫): 서주(西周) 선왕(宣王) 때 대신으로 혜백길보(兮伯吉父)라고도 한다. 윤(尹)은 벼슬 이름이다. 선왕 때 험윤(玁狁)이 침략하여 괴롭히자 험윤을 태원(太原)까지 추격하였다가 돌아왔다. 훌륭한 재상의 전형으로 손꼽힌다.

윤훈(尹勳, ?~168): 후한 하남(河南) 공(鞏) 사람으로 환제(桓帝) 때 양기(梁冀)를 주륙하는 일에 참여하여 도향후(都鄉侯)에 봉해졌다. 영제(靈帝) 초에 두무(竇武) 등이 환관을 죽이려던 일 때문에 연루되어 하옥되자 자살하였다.

이강(李絳, 764~830): 당(唐) 헌종(憲宗) 및 문종(文宗) 때 명신(名臣)으로 자는 심지(深之), 시호는 정(貞)이다. 중서시랑(中書侍郎)과 동중서문하평장사, 산남서도절도사(山南西道節度使)에 올랐고, 조군공(趙郡公)에 봉해졌다. 지나치게 강직하고 비리를 미워한 탓에 결국 병란(兵亂)을 만나 살해되었다.

이고(李固, 94~147): 동한(東漢) 시기의 대신(大臣)으로 사도(司徒) 이합(李郃)의 아들이다. 대장군(大將軍) 양기(梁冀)의 추천으로 종사중랑(從事中郎), 형주자사(荊州刺史), 태산

태수(太山太守), 태위(太尉) 등을 역임하였지만 질제(質帝) 사후에 환제(桓帝)의 옹립 문제를 놓고 논쟁하다가 양기의 무고로 살해당하였다.

이광필(李光弼, 708~764): 당나라 영주(榮州) 유성(柳城) 사람으로 아버지는 거란(契丹)의 추장이었다. 숙종(肅宗)이 즉위하자 호부상서에 올랐고, 동중서문하평장사 겸 절도사를 지냈다. 안사(安史)의 난을 평정하였고, 곽자의(郭子儀)와 함께 '이곽(李郭)'으로 불렸다. 대종(代宗) 때 임회군왕(臨淮郡王)에 봉해졌다.

이극(里克): 진(晉) 헌공(晉獻公) 때 권신으로 무공과 전략에 뛰어나 우(虞)·괵(虢)을 정벌하는 데 절대적인 공을 세웠다. 그러나 진나라의 내란에 휩싸여 혜공(惠公) 이오에 의해 사사(賜死)되었다.

이무정(李茂貞, 856~924): 황소(黃巢)의 난을 진압한 공으로 신책군지휘사(神策軍指揮使)에 올랐다. 소종(昭宗) 때 조정에서 병권(兵權)을 장악하였다. 일찍이 환관 양복공(楊復恭) 등을 살해하였고, 여러 차례 군사를 이끌고 경사(京師)에 들어와 재상 등을 살해하고 궁실과 시장에 불을 질렀다. 주온(朱溫, 後梁太祖)에 대항하다 고립되어 할거하다 후량을 멸한 후당(後唐) 장종(莊宗) 때 칭신하여 진왕(秦王)에 봉해졌다.

이보국(李輔國, 705~763): 당나라 때의 환관으로 본명은 정충(靜忠)이다. 처음에는 고역사(高力士)를 섬기다가 나중에 동궁(東宮, 후의 숙종(肅宗))의 시중을 들었다. 양국충(楊國忠)을 주살하는 데 참여하였다. 숙종 즉위 후에는 원수부행군사마(元帥府行軍司馬)에 발탁되고, 호국(護國)이란 이름을 하사받았는데, 나중에 보국으로 이름을 고쳤다. 지덕(至德) 연간에 성국공(郕國公)에 봉해지고, 대종(代宗) 즉위 후에는 상보(尙父)로 받들어지고 박릉군왕(博陵郡王)에 봉해졌다. 이후 횡포가 심해지자 대종이 자객을 보내 살해하였다. 태부(太傅)에 추증되었고, 시호는 추(醜)다.

이사(李斯, ?~BC 208): 전국시대 말기 초(楚)나라 사람으로 순자(荀子)에게 학문을 배웠다. 진(秦)나라의 승상 여불위(呂不韋)에게 발탁되었고, 진시황 26년 천하를 통일하자 승상(丞相)에 올랐다. 시황제가 죽은 뒤 환관 조고(趙高)와 공모하여 조서를 고쳐 막내아들 호해(胡亥)를 황제로 옹립하고 시황제의 맏아들 부소(扶蘇)와 장군 몽염(蒙恬)을 자살하게 하였다. 조고의 참소로 투옥되어 요참형(腰斬刑)에 처해졌고, 삼족(三族)이 죽임을 당하였다.

이세적(李世勣) → 이적

이영(李瑛): 당 현종의 둘째 아들로, 715년 황태자가 되었으나 737년 무혜비의 모함으로 폐서인된 뒤 살해되었다.

이오(夷吾): 진(晉) 헌공(獻公)의 아들로 진(秦)나라에 망명해 있다가 대부 이극(里克)에 의해 군주로 옹립되니 혜공(惠公)이 되었다. 혜공은 즉위 후 이극에게 "그대가 없었더라면 나는 군주가 될 수 없었을 것이다. 하지만 그대는 두 명의 진나라 군주를 죽였다. 그러니 내가 어찌 그대의 군주가 될 수 있겠나?"라며 이극에게 죽음을 강요하였다.

이윤(伊尹): 상(商)나라 사람으로 이름이 이(伊)고, 윤(尹)은 관직 이름이다. 일명 지(摯)라고도 한다. 노예였다가 유신씨(有莘氏)의 딸이 시집갈 때 잉신(媵臣)으로 따라갔다가 탕(湯)왕의 인정을 받아 등용되었다. 하(夏)나라를 멸하고 상나라를 건국하는 데 큰 공을 세워서 재상이 되었다. 탕왕이 죽은 뒤 외병(外丙)과 중임(仲壬) 두 임금을 보좌하였다.

태갑(太甲)이 왕위에 올라 정사를 돌보지 않고 탕왕의 법을 따르지 않자 그를 동(桐)으로 축출하고 잠깐 섭정하다가 태갑이 잘못을 뉘우치자 다시 왕위에 올렸다.

이융기(李隆基) → 당(唐) 현종(玄宗)

이응(李膺, 110~169): 후한 영천(穎川) 양양(襄陽) 사람으로 자는 원례(元禮)다. 처음에 효렴(孝廉)으로 천거되어 청주자사(青州刺史)를 하다 나중에 하남윤(河南尹)이 되어 태학생 곽태(郭泰) 등과 교유하면서 환관들의 집정을 반대하였다. 환제(桓帝) 때 사례교위(司隸校尉)가 되어 환관의 횡포를 규탄하다 당고(黨錮)의 화를 당하였다.

이의부(李義府, 614~666): 당나라 고종 때 중서시랑을 지낸 간신으로 다른 사람과 이야기할 때는 반드시 미소를 지으며 선량한 얼굴을 하지만 마음속은 각박하고 간사하여 음험한 계책으로 다른 사람들을 해쳤다. 그래서 사람들은 이의부의 웃음 속에는 칼이 숨겨져 있다고 말하였다. 여기서 소중유도(笑中有刀)라는 성어가 생겼다.

이임보(李林甫, ?~752): 당나라 종실(宗室)로 현종 때의 재상이다. 사람 됨됨이가 겉과 속이 달라 친한 듯이 보이지만 갖은 음모와 중상모략을 일삼아 '구밀복검(口蜜腹劍)'이라 불렸다. 교활하고 권술(權術)에 능하였다. 환관이나 비빈들과 친해 황제의 동정을 일일이 살피고 주대(奏對)에 응해 유능하다는 평을 들었다. 조정에 있는 19년 동안 권력을 장악해 멋대로 정책을 시행해 사람들이 눈을 흘기며 꺼렸다.

이적(李勣, 594~669): 조주(曹州) 이호(離狐) 사람으로 본명은 서세적(徐世勣)인데, 당나라 고조(高祖) 이연(李淵)에게 이씨(李氏) 성을 하사받고, 당(唐) 태종(太宗) 이세민(李世民)의 이름을 기휘(忌諱, 황제의 이름을 피함)하여 이적(李勣)으로 개명하였다. 이세민을 따라 사방을 평정하였고, 뒤에 당나라가 영토를 확장할 때에 큰 공을 세웠다.

이치(李治) → 당 고종(高宗)

이필(李泌, 722~789): 경조(京兆) 사람으로 자는 장원(長源)이다. 당 현종(玄宗)에게 인정을 받아 대조한림(待詔翰林)이 되었으나, 양국충(楊國忠)의 시기로 인해 은거하였다. 안녹산(安祿山)의 난 때 당 숙종(肅宗)의 부름을 받고 군사에 관한 자문을 하였으나 또다시 이보국(李輔國) 등의 무고로 형악(衡嶽)으로 은거해야 하였다. 대종(代宗)이 즉위한 뒤에 한림학사(翰林學士)가 되었다. 또다시 원재(元載), 상곤(常袞)의 배척을 받아 외관(外官)으로 나갔다가 뒤에 재상(宰相)이 되었다.

장각(張角, ?~184): 후한 말기 거록(鉅鹿) 사람으로 황건적(黃巾賊)을 이끌었다. 태평도(太平道)의 창시자로 10여 년 동안 무리가 수십만 명에 이르렀다. 두 동생과 함께 농민을 규합하여 반란을 일으켰지만 병사하였고, 반란군도 황보숭(皇甫嵩)에 진압되었다.

장간지(張柬之, 625~706): 적인걸(狄仁傑)의 추천을 받아 측천무후(則天武后)에게 등용되었지만 노환으로 쇠약해진 측천무후에게 양위할 것을 압박해 중종(中宗)을 복위시키고, 당(唐)의 국호(國號)를 회복하였다. 하지만 중종(中宗)이 복위한 뒤, 실권을 장악한 위 황후(韋皇后)에게 견제받고 신주사마(新州司馬)로 좌천되어 울분 속에 죽었다

장강(莊姜): 춘추시대 위(衛) 장공(莊公) 정실부인으로 장공이 첩에게 마음을 빼앗겨 어질면서도 불행하게 되었다.

장구령(張九齡, 673~740): 당나라 소주(韶州) 곡강(曲江) 사람으로 자는 자수(子壽)이고, 일명 박물(博物)로 불렸다. 재상 장열(張說)의 추천을 받아 중서사인(中書舍人)을 거쳐

동중서문하평장사(同中書門下平章事)에 이르렀다. 이임보(李林甫)의 모함으로 재상직에서 물러나 형주장사(荊州長史)가 되었다. 뒷날 안녹산의 난이 발생하자 현종은 장구령의 충간을 수용하지 못한 것을 몹시 후회하였다. 장구령의 문장은 실용을, 시는 청담(清談)을 중요시하였으며, 뒤에 산수시의 개척에 큰 영향을 끼쳤다. 작품「감우시(感遇詩)」는 시격이 강건(剛健)하여 칭송을 받았다. 저서에 『곡강집(曲江集)』이 있다.

장소(張韶): 당 경종(敬宗) 때 궁중의 염색 직공으로 점쟁이인 소현명(蘇玄明)의 말을 듣고, 갑자기 백십여 명의 직공들을 데리고 반란을 일으켰지만 금방 진압 당하였다.

장손무기(長孫無忌, ?~659): 당나라 초기 하남(河南) 낙양(洛陽) 사람으로 자는 보기(輔機)다. 장손성(長孫晟)의 아들이고, 태종 장손후(長孫后)의 오빠다. 경사(經史)를 널리 섭렵하여 일찍이 『수서(隋書)』의 여러 지(志)를 편찬하였다. 고조 무덕(武德) 9년(626) 이세민(李世民)의 제위 찬탈에 공로가 있었고, 나중에 조국공(趙國公)에 봉해졌다. 정관(貞觀) 말에 황명을 받들어 고종(高宗)을 옹립하였다. 다시 황명으로 율학(律學)을 전공한 관리들과 함께 『당률』의 조목을 해석하여 『당률소의(唐律疏義)』를 편찬하였다. 무측천(武則天)을 황후로 삼으려는 고종의 뜻에 반대하다 검주(黔州)로 추방되었고, 이후 목매 자살하였다.

장양(張良, ?~BC 186): 한(漢)나라 창업(創業)의 공신(功臣)으로 자는 자방(子房)이다. 유방(劉邦)이 함양(咸陽)에 입성하였을 때 번쾌(樊噲)와 함께 유방에게 궁실의 부고(府庫)를 봉하고 패상(霸上)으로 철군할 것을 권하였다. 영포(英布)와 팽월(彭越)과 연대하고 한신(韓信)을 등용하는 등 계책을 올렸다. 또 항우(項羽)를 공격하여 완전히 궤멸시킬 것을 건의하였다. 혜제의 즉위에 실질적인 도움을 주기도 하였다. 말년에 은거하여 몸을 보존하였다. 소하(蕭何)·한신(韓信)과 함께 한나라 창업의 삼걸(三桀)이라 불렸다.

장우(張禹, ?~BC 5): 전한 하내(河內) 지현(軹縣) 사람으로 원제(元帝) 때 태자에게 『논어』를 가르쳐 광록대부(光祿大夫)가 되고, 관내후(關內侯)와 영상서사(領尙書事) 등을 지냈다. 성격은 사치스럽고 탐욕스러워 주운(朱雲)이 영신(佞臣)이라 지목하였다. 노론(魯論)에 근본하고 제론(齊論)을 가미한 『논어장구(論語章句)』를 저술하였는데, 『장후론(張侯論)』이라 부르기도 한다. 현존하는 『논어』는 정현(鄭玄)이 『장후론』과 고론(古論)을 혼합한 것이다.

장준(張浚, 1094~1164): 송나라 한주(漢州) 금죽(錦竹) 사람으로, 자는 덕원(德遠), 시호는 충헌(忠獻)이다. 세칭 자암(紫巖) 선생이라 불렸다. 장준은 장식(張栻)의 아버지다. 1163년(효종 1)에 추밀사에 임명되어 북벌을 주관하였다가 부리(符離)의 전투에서 패전하였다. 그러나 다시 재상이 되어 주화파(主和派)를 강력히 배척하였다.

장한(章邯, ?~BC 204): 진(秦)의 명장으로 진승과 오광의 반란을 진압하였으나 항우에게 투항하여 삼진 중 옹왕에 봉해져 한왕 유방을 견제하였으나 유방에게 패해 자결하였다. 진(秦)이 멸망한 가장 직접적인 계기는 장한의 항복 때문이라 할 수 있다.

장화(張華, 232~300): 서진의 대신이며, 범양(范陽) 출신으로 자는 무선(茂先)이다. 학식에 뛰어나 명성이 높았다. 혜제(惠帝) 때는 사공(司空)이 되었는데 조왕(趙王) 사마윤(司馬倫)의 반란 때 살해당하였다. 장재(張載), 장협(張協)과 함께 삼장(三張)으로 불렸다.

저수량(褚遂良, 596~658): 당나라 초기의 3대 서예가다. 절강성 사람으로 당 태종의 서예를 지도하였으며 왕희지의 글씨를 수집하는 임무를 맡았다. 예서(隸書)와 해서(楷書)에 능하였고 고종(高宗) 때 우복야(右僕射)를 역임하였으나 무후(武后) 때 담주도독(潭州都督)으로 좌천되었다.

적인걸(狄仁傑, 630~700): 당나라 병주(幷州) 태원(太原) 사람으로 병주도독부법조(幷州都督府法曹)를 거쳐 대리승(大理丞)이 되어 당시 옥사에 연루되어 있던 1만 7천 명을 처리하여 공평하고 너그럽다는 칭송을 들었다. 고종과 중종, 예종 때 여러 관직을 역임하고, 저주자사(州刺史)를 지냈다. 측천무후(測天武后)가 무삼사(武三思)를 후계자로 세우려는 것을 막고 중종(中宗)을 옹위함으로써 당조(唐朝)의 회복에 공을 세웠다. 무자비하고 독단적인 무후를 잘 구슬리고 충고하여 정치가 제대로 진행되도록 하였는데, 무후 역시 청렴결백(淸廉潔白)하고 강직하며 식견이 높은 그를 인정하여 그가 추천하는 인재는 두말없이 발탁하였다고 한다. 그가 추천한 인물들이 실권을 장악하게 되자 주위에서 적인걸에게 "천하의 도리가 모두 공(公)의 문하에 있구료[桃李滿天下."라고 말하였다. 도리만천하(桃李滿天下)는 자기 사람이 중요한 요소마다 배치되어 있는 모습을 비유한 것인데, 후일에는 우수한 제자나 후배를 많이 배출한 사람을 가리키는 말로 쓰였다.

전걸(田乞): 춘추시대 제(齊)나라 사람이다. 그의 조상은 진(陳)나라 14대 군주 여공(厲公)의 아들 완(完)으로 진(陳)나라에서 제(齊)나라로 도망쳐 성을 전(田)으로 고쳤다. 그는 대부로 있으면서 백성에게서 가을에 곡식을 받을 때에는 작은 말[斗]로 저울을 달아 받고 봄에 대부해 줄 때에는 큰 말[斗]로 달아 주어서 인심을 얻었다. 제 경공이 죽자 안유자 대신 양생을 도공을 옹립하였다.

전분(田蚡): 전한 내사(內史) 장릉(長陵) 사람으로 무제(武帝)의 총애를 받아 태위(太尉)를 거쳐 승상(丞相)이 되었다. 미천할 때 두영(竇嬰)을 섬겼는데, 출세하고 두영이 세력을 잃자 무고하여 두영과 관부(灌夫)를 살해하였다. 외척으로 두 태후(竇太后)에 의해 파직되었지만 그녀가 죽은 뒤 복직되어 무제의 유학 장려 정책에 크게 기여하였다.

전종(全琮, ?~249): 삼국시대 오(吳)나라 장군으로 관우(關羽)가 번(樊)과 양양(襄陽)을 포위하자 관우를 칠 계책을 아뢰었다. 산민(山民)이 반란을 일으키자 항복을 권유해 만여 명의 목숨을 구하였다.

정고(丁固, 198~273): 삼국시대 오(吳)나라 회계(會稽) 산음(山陰) 사람으로 어려서 아버지를 잃고 어머니를 지극한 효성으로 섬겼다. 처음에 상서(尙書)가 되었다가 정위(廷尉)와 좌어사대부(左御史大夫)를 지냈다.

정도왕(定陶王) → 유강(劉康)

정이(程頤, 1033~1107): 송(宋)나라 낙양(洛陽) 출신의 대유학자로, 주돈이(周敦頤)의 제자다. 18세에 태학(太學)에서 '안자호학(顔子好學)'을 논한 것으로 유명하다. 사서(四書)를 유학을 연구하는 표지(標指)로 삼고, 육경에 통달하였으며, 궁리(窮理)를 학문의 본위로 삼았다.

정중(鄭衆, ?~114): 후한 때의 환관(宦官)으로 근면 성실하였고 심지가 굳었다. 장제(章帝) 때 중상시(中常侍)가 되었다. 화제(和帝) 초에 두 태후(竇太后)가 정권을 잡자 외척인 대장군(大將軍) 두헌(竇憲) 형제가 불궤(不軌) 음모를 꾸미자 두헌을 죽인 공으로 대장추(大長秋)가 되고 소향후(鄛鄕侯)에 봉해져 정치에 간여하였다. 후한 때 환관이 권력을 휘두르게 된 것은 그때부터였다.

제(齊) 경공(景公, ?~BC 490): 춘추시대 제나라의 국군(國君)으로 이름은 저구(杵臼)다. 제(齊) 장공(莊公)의 이복동생이다. 대부 최저(崔杼)가 장공을 살해하고 그를 세워 군주로 삼았고, 즉위한 뒤에 최저를 우상(右相), 경봉(慶封)을 좌상(左相)으로 삼았다. 재위하면서 대신들이 서로 죽이는 등 조정이 극히 혼란하였는데, 궁실 짓기를 좋아하며, 세금을 무겁게 매기고 혹형을 가하는 등 사치가 끝이 없어 백성들의 고통이 심하였다. 나중에 안영(晏嬰)을 정경(正卿)에 임명하면서 조금씩 나아졌다. 재위 기간은 58년이고, 시호는 경(景)이다.

제 도공(悼公, ?~BC 485): 춘추시대 말기 제나라의 국군(國君). 이름은 양생(陽生)이고, 경공(景公)의 아들이다. 안유자(晏孺子)를 살해한 전걸(田乞)에 의해 국군으로 추대되었다. 전걸을 재상으로 삼으니 이때부터 전씨가 제나라의 정치를 독점하였다. 원정치가 엉망이어서 제나라 사람에게 죽임을 당하였다. 4년 동안 재위하였다.

제 애공(哀公): 서주(西周) 때 제나라의 국군(國君)으로 이름은 불진(不辰)이다. 기후(紀侯)가 주(周) 이왕(夷王)에게 참언을 하여 주나라 사람들이 애공을 삶아 죽였다.

제 환공(桓公, ?~BC 643): 춘추시대 제나라의 국군(國君)이다. 성은 강(姜)씨고, 이름은 소백(小白)이다. 춘추시대 최초의 패주(霸主)다. 처음에 거(莒)로 달아났다가 양공이 피살되자 거에서 귀국해 즉위하였다. 관중(管仲)을 재상에 등용하여 개혁을 통해 부국강병을 시도하였다. 북쪽으로 융적(戎狄)을 정벌하고 그들이 중원을 넘보는 것을 막았고, 남쪽으로는 초(楚)나라를 억제하여 소릉(召陵)에서 회맹하도록 하였다. 여러 차례 제후들을 회합하여 맹약을 세우는 등 위망(威望)을 떨쳤다.

제 양공(襄公, ?~BC 686): 춘추시대 제나라의 국군(國君)으로 이름은 제아(諸兒)고, 장공(莊公)의 손자다. 대부 연칭(連稱)과 관지보(管至父)가 채구(蔡丘)로 수(戍)자리를 나갔다가 교체되지 못하자 홧김에 공손무지(公孫無知)를 따라 난을 일으켜 살해당하였다.

제오륜(第五倫): 후한 경조(京兆) 장릉(長陵) 사람인데 효렴(孝廉)으로 천거되어 나중에 회계태수(會稽太守)가 되었다. 재직하면서 무축(巫祝)을 검사해 금지하고 밭갈이 하는 소를 도살하는 것을 막아 백성들이 편안하게 생업에 종사할 수 있었다. 관료로서 정백(貞白)하다는 칭송을 들었는데, 나중에 늙고 병들었다는 이유로 사직하고 귀향하였다.

조(趙) 성후(成侯, ?~BC 350): 전국시대 조나라의 국군(國君)으로 이름은 종(種)이다. 재위 기간 중에 한(韓)나라, 위(魏)나라와 함께 진(晉)나라를 삼분하였다. 25년 동안 재위하였다.

조고(趙高): 진(秦)나라의 환관이다. 시황제(始皇帝)가 순시 중 사망하자 승상 이사(李斯)와 함께 유소를 위조하여 시황제의 장남인 부소(扶蘇)와 장군 몽염(蒙恬)을 죽이고 막내 호해(胡亥)를 이세 황제(二世皇帝)로 앉혔다. 이후 이사마저 죽이고 권력을 농단하였다. 그 후 전국에서 반란이 일어났는데, 반란군이 수도로 쳐들어오자 이세를 죽이고 부소의 아들인 자영(子嬰)을 황제로 세우려다가 자영에게 도리어 살해되었다.

조등(曹騰): 조조(曹操)의 할아버지로, 안제(安帝) 때 환관이 되고, 순제(順帝) 때 중상시(中

常侍)에 올랐다. 태복(太僕) 주보(州輔) 등과 함께 환제(桓帝)를 옹립하여 비정후(費亭侯)에 봉해졌다. 궁정에서 30여 년을 있으면서 네 명의 황제를 보필하였다.

조변(趙抃, 1008~1084): 송나라 구주(衢州) 서안(西安) 사람으로 탄핵을 할 때 권력자를 두려워 않고 잘못을 따져 철면어사(鐵面御史)로 불렸다. 신법(新法)에 반대하였다가 항주지주(杭州知州)로 쫓겨난 후 청주(青州), 월주(越州) 등을 지주(知州)로 전전하였다.

조비연(趙飛燕, BC 45~BC 1): 한(漢)나라 성제(成帝)의 황후로 태생이 미천하나 가무(歌舞)에 뛰어난 절세미인으로서, 여동생 합덕(合德)과 함께 후궁(後宮)이 되어 임금의 총애를 서로 다투었다. 성제가 죽은 후 합덕은 자살하였으며, 조비연도 평제(平帝) 때에 서민(庶民)으로 내침을 받고 자살하였다.

조절(曹節, ?~181): 후한 남양(南陽) 신야(新野) 사람으로 환제(桓帝) 때 환관이 되어 소황문(小黃門)을 거쳐 중상시(中常寺)로 옮겼고, 영제(靈帝)가 즉위하자 장안향후(長安鄕侯)에 봉해졌다. 조서(詔書)를 고쳐 대장군(大將軍) 두무(竇武)와 태부(太傅) 진번(陳蕃)을 살해하였다. 부형과 자제들이 모두 공경(公卿)과 수령(守令)이 되어 천하에 가득 차서 음란하고 난폭하기 그지없었다. 또 환관 후람(侯覽)과 함께 당인(黨人) 이응(李膺)과 두밀(杜密) 등 백여 명을 잡아들여 투옥한 뒤 처형하였다.

조조(晁錯, BC 200~BC 154) 성을 조(鼂)라고도 쓴다. 전한 영천(潁川) 사람이다. 신불해(申不害)와 상앙(商鞅)의 형명학(刑名學)을 익혔다. 제후의 영지를 삭감하도록 주장하였는데, 이것이 경제(景帝)에 의해 채용되었다. 그러나 이를 빌미로 오초칠국(吳楚七國)의 난이 일어나자 정적 원앙(袁盎) 등의 회유책으로 장안에서 관복(官服)을 입은 채 참형되었다. 저서에 『조착(晁錯)』이 있었지만 없어졌고, 편집본이 전한다.

조참(朝參, ?~BC 190): 전한 사수(泗水) 패현(沛縣) 사람이다. 원래 진(秦)나라의 옥리(獄吏)였지만, 소하(蕭何)가 주리(主吏)로 삼았다. 진나라 말 소하와 함께 유방(劉邦)을 따라 병사를 일으켜 한신(韓信)과 더불어 주로 군사 면에서 활약하였다. 제(齊)나라의 상(相)으로 있을 때 개공(蓋公)이 말한 황로지술(黃老之術)을 받아들여 청정무위(清淨無爲)한 자세로 국정을 운영하여 나라가 안정되고 백성들이 모이게 되었다. 고조가 죽은 뒤 소하의 추천으로 상국(相國)이 되어 혜제(惠帝)를 보필하였다. 소하가 만든 정책을 그가 충실히 따라 '소규조수(蕭規曹隨)'라는 말이 나왔다. 즉 '소하가 제정한 규정을 조참이 따른다'는 말로 예전부터 내려오던 제도를 그대로 사용하거나 이어가는 것을 말할 때 사용된다. 조참의 시호는 의(懿)다.

조최(趙衰): 진(晉)나라 대부(大夫)로 조최 이후 집안이 크게 융성하여 춘추시대 말기에 이르러 진나라를 실질적으로 지배하던 6경(六卿) 중 하나가 된다.

조충(趙忠, ?~189): 중국 후한 말의 환관이다. 189년 십상시의 난 때 취화루 아래에서 하진(何進)의 동생 하묘(何苗)에게 살해당하였다.

조합덕(趙合德, ?~BC 7?): 전한(前漢)시대 자매인 조비연(趙飛燕)과 더불어 성제의 후궁(後宮)이 되었다.

종자(宗資): 후한 말기 효렴(孝廉)으로 천거를 받아 어사중승(御史中丞)과 여남태수(汝南太守) 등을 지냈다. 맹씨역학(孟氏易學)과 상서구양씨학(尙書歐陽氏學)에 뛰어났다.

좌웅(左雄, ?~138): 후한 안제(安帝) 때 효렴(孝廉)으로 추천되어 기주자사(冀州刺史)를 거쳐 순제(順帝) 때 의랑(議郎)이 되었다. 구경박벌제(九卿撲罰制)의 폐지를 간하여 장차 정사가 안정이 되자 대각(臺閣)에서 그를 '고상한 인물'로 높여 받들었다고 한다.

주거(朱據, 194~250): 삼국시대 동오(東吳)의 무장으로 손권(孫權)으로부터 여몽(呂蒙), 장온(張溫)의 뒤를 이을 인재로 주목받았지만 지나치게 정직하여 피살되었다.

주공(周公): 주(周)나라 때의 정치가로서, 주 왕조를 세운 문왕(文王)의 아들이며, 무왕(武王)의 동생이었다. 본명은 단(旦)이고, 무왕과 무왕의 어린 아들인 성왕(成王)을 도와서 주 왕조의 기틀을 마련하였다.

주목(朱穆): 후한(後漢) 환제(桓帝) 때 시어사(侍御史)가 되어 환관의 비리를 고발하면서 환관들을 모두 쫓아내고 널리 덕 있는 인재들을 등용하자고 충간하다 받아들여지지 않자 마음의 병을 얻어 죽었다. 충간자(忠諫者)의 비유로 인용된다.

주발(周勃, ?~BC 169): 전한 초기 사수(泗水) 패(沛) 사람으로 시호는 무후(武侯)다. 유방(劉邦)을 좇아 여러 차례 진나라 군대와 항우(項羽)를 격파하여 천하를 평정하였다. 한나라 초기 유방을 따라 한신(韓信)과 진희(陳豨) 및 노관(盧綰)의 반란을 진압하였다. 질박하면서도 강직하였고, 돈후(敦厚)하였다. 여후(呂后)가 죽은 뒤 진평(陳平)과 함께 여씨들을 주살(誅殺)하고 한나라 왕실을 안정시켰다. 문제(文帝)를 옹립한 뒤 우승상(右丞尙)에 올랐다. 이후 병을 핑계로 사직하였다.

주아부(周亞夫, ?~BC 143): 주발의 아들로 승상을 역임하였으며, 작위는 조후(條侯)다. 한(漢) 문제(文帝) 때 주아부가 세류(細柳)에 주둔할 때의 고사가 유명하다. 오·초 칠국의 반란을 평정하였으나 말년에 주아부의 아들이 반역죄로 참소받아 이에 연루되어 정위의 심문을 받다가 피를 토하고 굶어 죽었다

주운(朱雲): 전한 노(魯, 산동성) 사람으로 원제(元帝) 때 박사(博士)가 되었다. 강직해서 여러 차례 상서를 올려 조정 대신들이 시위소찬(尸位素餐)하는 것을 비판하였다가 결국 금고(禁錮)를 당하고 원제(元帝) 때야 풀려났다. 성제(成帝) 때 간신 장우(張禹)를 참수해야 한다고 주청하였다가 황제의 화를 샀는데 좌장군 신경기(辛慶忌)가 목숨을 걸고 간쟁해 사면을 받을 수 있었다. 이후 다시는 관직에 나가지 못하였다. 대궐의 난간을 부러뜨린 직신으로 유명하다.

주전충(朱全忠, 852~912): 송주(宋州) 탕산(碭山) 사람으로 당나라 희종(僖宗) 때 당나라에 항복하여 '전충'이란 이름을 하사받았다. 황소군을 격파하고 진종권(秦宗權)을 물리쳤으며 이극용(李克用)에 항거한 공으로 양왕(梁王)에 봉해지고, 선무(宣武)와 선의(宣宜), 호국(護國), 충무(忠武) 네 진(鎭)의 절도사(節度使)가 되었다. 당(唐)나라 애제(哀帝) 이축(李柷)을 폐위시키고, 후량(後梁)을 세웠는데, 후인들은 그를 양(梁) 태조(太祖)로 부른다. 이로써 당나라는 289년 만에 끝나고, 중국은 오대십국(五代十國) 시기로 들어갔다. 재위 중에 농업 발전을 중시하고, 세금을 함부로 징수하지 않도록 하였다. 그러나 성격이 잔인하여 밥 먹듯이 사람을 죽였고, 음란무도하여 며느리까지 범하였다.

주창(周昌, ?~BC 192): 전한 초기의 군인으로, 패현(沛縣) 사람이다. 어사대부를 지냈으며, 개국공신 서열 16위로 분음후(汾陰侯)에 봉해졌다. 성품이 강직하고 직언을 잘 해 소하, 조참 등도 주창을 멀리하였다. 한 고조가 자신이 죽은 후 조왕의 안전을 걱정하여 주창을 조나라의 상국(相國)으로 삼았는데, 이 때문에 여후의 미움을 받아 독살당하였다.

주체(朱泚, 742~784): 유주 평창사람이다. 노기가 가혹한 정사를 펴서 마침내 건중 4년(783) 경원지방의 군대가 난을 일으키게 되었고 이들이 주체를 주군으로 받들자 자칭 대진 황제가 되었다.

주허후(朱虛侯) → 유장

주희(朱熹, 1130~1200): 송나라 휘주(徽州) 무원(婺源) 사람이다. 자는 원회(元晦) 또는 중회(仲晦)이고, 호는 회암(晦庵)과 회옹(晦翁) 등이다. 존칭하여 주자(朱子)라 한다. 불교와 노자의 학문에도 흥미를 가졌지만, 24살 때 이동(李侗)을 만나 사숙하면서 유학에 복귀하여 그의 정통을 계승하게 되었다. 정호(程顥)와 정이(程頤)의 학문을 계승하고 주돈이(周敦頤)와 장재(張載) 등의 학설을 차용하여 북송 이래 이학을 집대성하였다. 백록동서원(白鹿洞書院)과 악록서원(岳麓書院)에서 50여 년 동안 강학하였다. 그 학파를 민학(閩學) 또는 고정학파(考亭學派), 정주학파(程朱學派)라 부르는데, 한탁주(韓侂冑)에 의해 위학(僞學)이라 하여 금지 처분을 받기도 하였다. 저서에 『사서장구집주(四書章句集注)』, 『이락연원록(伊洛淵源錄)』, 『명신언행록(名臣言行錄)』, 『자치통감강목(資治通鑑綱目)』, 『시집전(詩集傳)』, 『초사집주(楚辭集注)』 등이 있다. 이후 후세 학자들이 『주자어류(朱子語類)』와 『주문공문집(朱文公文集)』을 정리하였다.

중이(重耳) → 진(晉) 문공(文公)

중장통(仲長統, 179~220): 후한 산양(山陽) 고평(高平) 사람으로 자는 공리(公理)다. 뜻이 크고 기개가 있어 직언(直言)을 서슴지 않으면서도 자신의 절개를 자랑하지 않아 당시의 사람들이 광생(狂生)이라 불렀다. 헌제(獻帝) 때 상서랑(尙書郎) 순욱(荀彧)이 그의 명성을 듣고 상서랑(尙書郎)으로 천거하였다. 나중에는 조조(曹操)의 군사(軍師)로 참여하였다. 『후한서(後漢書)』 본전 중에 「이란(理亂)」과 「손익(損益)」, 「법계(法誡)」 등의 몇 편이 실려 있다.

진(晉) 문공(文公, BC 697~BC 628): 춘추오패(春秋五覇)의 한 사람으로, 이름은 중이(重耳)이다. 헌공(獻公)의 둘째 아들이다. 아버지가 총희(寵姬) 여희(驪姬)의 참소를 믿고 태자 신생(申生)을 죽이자, 19년 동안 떠돌았다. 헌공이 죽었지만 동생 이오(夷吾)가 진나라의 왕위에 올라 혜공(惠公)이 되어 진나라로 돌아올 수 없었다. 혜공이 죽자 진 목공(秦穆公)의 도움으로 귀국해서 즉위하였다. 호언(狐偃)·조쇠(趙衰)·선진(先軫) 등 어진 신하를 등용해서 난국을 수습하고 국력을 강화시켰다. 성복(城濮) 전투에서 초(楚)·진(陳)·채(蔡) 세 나라의 군대를 대파하고, 천토(踐土)에서 제후를 회합해 패주(覇主)로 자리하였다.

진 헌공(獻公, 재위 BC 676~BC 651): 진(晋)나라의 21대 군주로 휘는 궤제(詭諸)다. 군주권을 위협하는 곡옥백의 자손들을 주살하고 곽(霍), 위(魏), 우(虞), 괵(虢) 등을 병탄하여 진나라를 강성하게 만들었으나, 말년에 첩 여희와 그 아들 해제를 총애하여 해제의 즉위에 방해되는 다른 아들들을 탄압하였다가 그 반작용으로 진 문공 즉위 전까지 나라가 혼란에 빠지는 단초를 만들었다.

진(秦) 소왕(昭王, BC 324~BC 251): 이름은 직(稷) 또는 칙(則)이다. 무왕(武王)의 이복동생이다. 동진(東進) 정책을 펼쳐 한(韓)나라와 조(趙)나라, 위(魏)나라, 초(楚)나라 등과 싸워 승리를 거두었다. 주(周) 난왕(赧王)의 항복을 받고, 산동(山東)의 여섯 나라가 맺은 합종책(合縱策)을 와해시키면서 세력이 더욱 커졌다. 진나라가 이후 전국을 통일하는 데 기초를 닦았다. 56년 동안 재위하였고, 시호는 소양(昭襄)이다.

진시황(秦始皇, BC 259~BC 210): 조(趙)나라 수도 한단(邯鄲)에서 태어났다. 성은 영(嬴)이고, 씨(氏)는 조(趙), 이름은 정(政)이다. 진(秦)나라의 황제로 장양왕(莊襄王)의 아들이다. 13세에 왕위를 계승하여 39세에 황제로 칭하였다. 삼공구경(三公九卿) 제도로 국가를 다스리고 군현제(郡縣制)를 실시하였다. 동시에 문자와 수레, 도량을 통일하였다. 대외적으로 흉노(匈奴)를 공격하고, 남월(百越)을 정벌하였으며, 만리장성(萬裏長城)을 축성하고, 서남(西南)의 교통로를 개척하였다.

진 이세(二世, BC 229 ?~BC 207, 재위 BC 210~BC 207): 진시황의 열여덟째 아들로, 진시황이 죽자 조고(趙高)와 이사(李斯)의 도움으로 황제가 되었다. 이름은 호해(胡亥)이며, 대규모 토목사업을 벌이고 환관 조고의 전횡을 방임하여 민심을 잃었으며 진을 멸망의 길로 몰아넣었다.

진 효공(孝公, BC 381~BC 338, 재위 BC 361~BC 338): 이름은 거량(渠梁)이고, 헌공(獻公)의 아들이다. 21살 때 아버지의 뒤를 이어서 즉위하였다. 상앙(商鞅)을 임용하여 변법(變法)을 실천하고 분봉제(分封制)와 세습제(世襲制)를 철폐하였다. 또한 군공(軍功)에 따라 작위(爵位)를 주는 제도를 시행하였으며, 도로를 개통해 전국적으로 현(縣)을 설치하였다. 이때부터 진나라는 날로 강성해지기 시작하였다. 주(周)나라 천자로부터 처음으로 봉작(封爵)을 받고, 유력한 제후로서의 지위를 확립하여 뒷날 진시황이 천하를 통일하는 기초를 쌓았다. 재위는 24년이다.

진(晉) 무제(武帝, 236~290, 재위 266~290): 이름은 사마염(司馬炎)으로 진나라의 황제이고, 사마소(司馬昭)의 아들이다. 종실(宗室) 사람들을 두루 제후에 봉하고 사족(士族) 문벌제도를 강화시키는 한편 새로 만든 율령(律令)을 반포하고 제도를 제정하면서 관품(官品)의 등급과 점전(占田) 수량 등을 정하였다. 만년에는 일락(佚樂)에 빠져 사마충(司馬衷)을 태자로 삼는 등 죽은 뒤에 벌어질 화근을 양성하였다. 묘호는 세조(世祖)다.

진 원제(元帝, 276~322): 이름은 사마예(司馬睿)이고 자는 경문(景文)이며, 사마의(司馬懿)의 증손이다. 처음에 낭야왕(琅邪王)을 습봉하였다. 회제(懷帝) 때 평동장군(平東將軍)과 도독양주강남제군사(都督揚州江南諸軍事), 가절(假節) 등에 임명되고, 건업(建鄴)을 지켰다. 민제(愍帝)가 즉위하자 좌승상이 더해지고 승상에 올랐으며, 대도독중외군사(大都督中外軍事)가 되었다. 유요(劉曜)의 공격으로 민제가 죽고 서진(西晉)이 망하자, 건강(建康)에서 동진(東晉) 황제로 즉위하였다. 대장군 왕돈(王敦)이 유외(劉隗)와 조협(刁協)을 토벌한다는 명분으로 무창(武昌)에서 병사를 일으켜 석두성(石頭城)까지 공격해 오자 그를 받아들였으나 왕돈의 전횡으로 근심과 울분 속에 죽었다. 6년 동안 재위하였고, 묘호는 중종(中宗)이다.

진 혜제(惠帝, 259~306): 무제(武帝)의 다섯째 아들로 성격이 어리석고 우매하였다. 즉위 초부터 여러 왕들이 서로 다투어 팔왕지란(八王之亂)이 일어나 기강은 무너지고 뇌물수수가 공공연하게 행해졌다. 성도왕(成都王) 사마영(司馬穎)의 위협을 받아 업(鄴)에 갔다가, 다시 하간왕(河間王) 사마옹(司馬顒)의 호위를 받으며 장안(長安)에 들어갔지만, 나중에 동해왕(東海王) 사마월(司馬越)이 맞아 낙양(洛陽)으로 돌아갔다. 17년 동안 재위하였으며 사마월에게 독살당하였다.

진(陳) 선제(宣帝, 530~582): 진욱(陳頊). 남조 진나라의 황제로 문제(文帝)의 동생이다. 북제(北齊)가 혼란한 틈을 타 대장 오명철(吳明徹)을 파견하여 회남(淮南)의 실지(失地)를 회복하였다. 북주(北周)가 제(齊)를 멸망시키자 다시 장강(長江)을 지켰지만 국토는 날로 좁아졌다. 14년 동안 재위하였다.

진번(陳蕃, ?~168): 후한 말의 정치가로 자는 중거(仲擧)이며 여남군(汝南郡) 평여현(平輿縣) 사람이다. 이고(李固)의 천거로 의랑(議郎)이 되고, 예장태수(豫章太守)와 대홍려(大鴻臚), 광록훈(光祿勳) 등을 역임하였다. 영제(靈帝)가 즉위하자 태부(太傅)가 되고, 고양후(高陽侯)에 봉해졌다. 외척 두무(竇武)와 함께 환관 조절(趙節), 왕보(王甫) 등을 몰아내려다 발각되어 궁 안으로 돌입하였지만 살해당하였다. 이때 나이 70여 살이었다.

진숙보(陳叔寶, 553~604): 남조 진나라 선제(宣帝)의 맏아들로, 진나라의 마지막 군주다. 재위할 때 궁실을 크게 짓고 종일 총비(寵妃) 사신(詞臣)들과 연회를 열면서 정치는 등한시하였다. 염사(艶詞)를 짓고 새로운 음률을 입히면서 「옥수후정화(玉樹後庭花)」와 「임춘락(臨春樂)」 등과 같은 곡을 지었다. 스스로 장강(長江)이 견고한 것을 믿어 수나라의 대군이 남하하였을 때도 술을 마시고 시를 짓는 일을 멈추지 않았다. 수나라 군대가 건강(建康)으로 돌입하자 포로로 잡혀 장안(長安)으로 압송되었는데, 그래도 시주(詩酒)를 그치지 않아 수(隋) 문제(文帝)가 "정말 배알도 없다.[全無心肝]"라고 말할 정도였다. 낙양(洛陽)에서 병사하였다. 저서에 명나라 사람이 편집한 『진후주집(陳後主集)』이 있다.

진평(陳平, ?~BC 178): 전한의 정치가(政治家)로 하남(河南) 사람이다. 황로(黃老)의 술(術)을 배워 한나라 고조를 섬겼다. 공(功)으로 혜제(惠帝) 때 좌승상이 되어 주발(周勃)과 여씨(呂氏) 일족을 죽여 한실(漢室) 부흥에 공을 이루었다.

채숙(蔡叔) 서주(西周) 때의 사람이다. 문왕(文王)의 다섯째 아들이고, 이름은 도(度)다. 무왕(武王)의 동생이고, 채(蔡)에 봉해졌다. 관숙(管叔), 무강(武康)과 함께 연합하여 주왕(紂王)의 아들 무경(武庚)을 받들어 모반하였다가 주공에게 쫓겨나 죽었다. 나중에 성왕이 그의 아들 호(胡)를 채에 봉하였는데, 채나라의 시조가 되었다.

채옹(蔡邕, 132~192): 후한 영제(靈帝) 때 낭중(郎中)이 되고, 동관(東觀)에서 교정에 종사한 뒤 의랑(議郎)으로 옮겼다. 상서를 올려 조정의 득실을 논하다가 환관들의 핍박을 받아 강해(江海)에서 10여 년 동안 칩거하였다. 동탁(董卓)이 발탁되었다가 동탁이 죽임을 당한 뒤 사도(司徒) 왕윤(王允)에게 체포되어 옥사하였다.

척 부인(戚夫人), 척희(戚姬, ?~BC 194?): 전한 제음(濟陰) 도정(陶定) 사람이다. 한(漢) 고조(高祖)가 총애하던 부인으로, 조왕(趙王) 여의(如意)를 낳았다. 고조가 죽자 여후(呂后)에게 수족(手足)이 잘리고, 눈알을 뽑히고는 측소(厠所)에 감금되어 인체(人彘, 인간돼지)라 모욕을 당하다가 죽었다.

초(楚) 장왕(莊王, ?~BC 591, 재위, BC 614~BC 591): 춘추시대 초나라 국군(國君)으로 춘추오패(春秋五覇)의 한 사람이다. 즉위한 뒤 손숙오(孫叔敖)를 기용하여 내정을 정비하고 수리(水利)를 일으켜 초나라를 중흥시켰다. 진(陳)나라와 정(鄭)나라, 송나라 등 오랜 전통을 지닌 나라들에게 압박을 가하였지만 멸망시키지는 않았다. 절영지회

(絶纓之會)라는 고사성어가 생길 만큼 포용력이 있었다. 23년 동안 재위하였다.

최윤(崔胤, 854~904): 당나라 청하(淸河) 무성(武城) 사람으로 자는 창하(昌遐)다. 소종(昭宗) 때 진사가 되고, 거듭 승진하여 동중서문하평장사(同中書門下平章事)가 되었다. 평소 주온(朱溫, 朱全忠)과 사이가 좋아 주온의 힘으로 네 차례 재상에 올라 '최사입(崔四入)'으로 불렸다. 주온이 장차 찬탈할 욕심을 가진 것을 알고 병권을 장악하여 방비를 다지려고 하였는데, 주온의 사주를 받은 주온의 아들 주우량(朱友諒)에게 살해당하였다.

최인(崔駰, ?~92): 후한 탁군(涿郡) 안평(安平) 사람으로 문장을 잘 지어 반고(班固), 부의(傅毅)와 이름을 나란히 하였다. 화제(和帝) 초에 거기장군(車騎將軍) 두헌(竇憲)의 수하로 있으면서 두헌이 정권을 장악하고 교만해지자 여러 차례 충고하였지만 두헌이 듣지 않자 귀향하였다. 경전은 물론 백가(百家)의 훈고(訓詁)에 이르기까지 두루 능통하였다.

탕왕(湯王): 상나라를 창건한 왕으로, 이름은 이(履) 또는 천을(天乙), 태을(太乙)이고, 탕은 자이다. 하(夏)나라 걸왕(桀王)이 학정(虐政)을 하자 제후 대부분이 유덕(有德)한 성탕에게 복종하게 되었다. 걸왕은 성탕을 하대(夏臺)에 유폐시켜 죽이려 하였지만, 돈을 받고 용서하였다. 탕왕은 이윤(伊尹) 등의 도움을 받아 걸왕을 유융(有娀)과 명조(鳴條)에서 격파하고 패사(敗死)시켰다. 그리고 박(亳)에 도읍하여 국호를 상(商)이라 정하여, 제도와 전례(典禮)를 정비하였다.

태강(太姜): 주나라 태왕의 부인으로 자식을 바르게 키우고 지혜와 덕이 높아 칭송되었으며 태왕이 나라를 다스리는 데 조력자였다. 한나라 때 유향(劉向)이 지은 『열녀전』 첫편인 모의전(母儀傳)에 등장한다.

태사(太姒): 주(周) 문왕(文王)의 정비(正妃)로 어진 후비(后妃)로 칭송된다.

태임(太任): 주(周) 왕계(王季)의 비(妃)이며 문왕(文王)의 어머니로 성품이 단정하고 덕행이 뛰어났다.

태호(太昊): 복희씨(伏羲氏) 또는 포희씨로 불리기도 하는데, 삼황오제(三皇五帝)의 한 사람으로 수인씨(燧人氏)를 대신하여 왕이 되었고, 성은 풍(風)씨다. 처음으로 팔괘(八卦)를 그리고 글자를 만들었다고 전해진다.

포사(褒姒): 중국 서주의 마지막 왕인 유왕의 애첩으로 유왕은 그녀를 웃기려고 거짓 봉화(봉수)를 올려 군사와 제후들을 놀라게 하여 포사를 웃겼다 한다. 유왕의 총애를 받자 소생 백복(伯服)을 태자로 만들기 위해 태자(太子) 의구(宜臼)를 쫓아내고 유왕으로 하여금 신후(申后)를 폐비하게 하였다가 신후(申候)의 반격으로 유왕이 피살되는 등 서주를 망하게 하였다.

포숙(鮑叔): 춘추시대 제(齊)나라 사람으로 포숙아(鮑叔牙)라고 하기도 한다. 젊어서 관중(管仲)과 친하게 사귀었는데, 관중의 집이 가난하고 어머니가 연로하여 항상 관중을 도와주면서 막역지교(莫逆之交)를 나누었다. 나중에 제나라가 혼란에 빠지자 공자 소백(小白)을 따라 거(莒)로 달아났고, 관중은 공자 규(糾)를 따라 노(魯)나라로 달아났다. 양공이 피살되자 규와 소백이 군주의 자리를 다투었는데, 관중이 소백의 귀로를 습격하여 화살로 소백의 허리띠를 맞추었다. 소백이 죽은 척하고는 먼저 귀국하여 왕위에 오르니, 그가 환공(桓公)이다. 환공이 그를 재상으로 삼으려고 하자 사양하고 투옥된 관중을 석방해 그를 재상의 자리에 앉히라고 권하였다. 환공이 그 말을 따라 관중을 재상에 임명하였다. 여기서 관포지교(管鮑之交)라는 고사성어가 생겼다.

필만(畢萬): 춘추시대 진(晉)나라 사람으로 진(晉) 헌공(獻公)을 도와 경(耿)나라와 곽(霍)나라, 위(魏)나라를 멸망시켰다. 위지(魏地)에 봉해져서 대부(大夫)가 되었다.

하무(何武, ?~3): 전한 촉군(蜀郡) 비현(郫縣) 사람으로 성제(成帝) 말에 어사대부(御史大夫)가 되었다가 다시 대사공(大司空)을 지냈고, 범향후(氾鄉侯)에 봉해졌다. 평제(平帝) 때 왕망(王莽)이 정권을 잡자 자신을 지지하지 않는 사람을 해치려고 하였는데, 무고를 받아 자살하였다.

하진(何進, ?~189): 후한 영제(靈帝) 때 영제가 누이 하 태후를 총애하자 관직을 받아 시중(侍中) 등을 지냈다. 황건적(黃巾賊)의 난이 발생한 뒤 대장군(大將軍)까지 지냈다. 장각(張角) 등의 거사 계획을 와해시키고 신후(愼侯)에 봉해졌다. 원소(袁紹)와 함께 환관들을 주살하려 하였지만 하태후의 만류로 중지하였다가 중상시(中常侍) 장양(張讓)과 단규(段珪) 등에게 속아 장락궁(長樂宮)에서 죽임을 당하였다.

하창(何敞, ?~105?): 후한 부풍(扶風) 평릉(平陵) 사람으로 화제(和帝) 때 시어사(侍御史)가 되어 여러 차례 두헌(竇憲)의 죄과에 대해 간언을 올렸다. 미움을 받아 외직으로 나갔다가 일에 연루되어 죄를 짓고는 집에서 죽었다. 『예기』와 『춘추』 등에 능통하였다.

한(韓) 의후(懿侯, 재위 BC 374~BC 363): 전국시대 한나라의 군주다. 조(趙) 성후(成侯)와 연합해 위나라를 공격해 곤경에 빠뜨리기도 하였다.

한(漢) 경제(景帝, BC 188~BC 141, 재위 BC 157~BC 141): 전한의 제4대 황제다. 자주 법령을 바꾸고 제후왕의 세력을 억압하였기 때문에 기원전 154년 오(吳)와 초(楚) 등 7국의 난이 일어났지만 주아부(周亞夫)의 힘으로 난은 평정되고, 이를 계기로 관리를 파견해 중앙집권제를 공고히 하였다. 후한의 창시자인 광무제와 삼국시대의 촉한의 창시자 유비는 경제의 먼 후손이라고 자칭하였다.

한 고조(高祖, BC 247?~BC 195, 재위 BC 206~BC 195): 전한의 초대 황제로 패(沛) 사람이다. 진말에 진승(陳勝)이 반란을 일으키자 이에 호응해 거병하고 패공(沛公)으로 불렸다. 처음에 항량(項梁)에 속하였다가 항우(項羽)와 함께 반진(反秦) 세력의 주력이 되었다. 얼마 뒤 항우와 피나는 결전 끝에 한(漢)을 건설하였다. 진나라의 제도를 받아들여 중앙집권제를 채택하였고 8년 동안 재위하였다.

한 광무제(光武帝, BC 6~AD 57, 재위 25~57): 이름은 유수(劉秀)이다. 남양(南陽) 채양(蔡陽) 사람으로, 후한의 초대 황제다. 자는 문숙(文叔)이고, 고조(高祖) 유방(劉邦)의 9세손이다. 건무(建武) 원년(25) 제위에 올라 낙양(洛陽)에 도읍을 정하였으며, 36년에 천하를 완전히 통일하였다. 조정에서는 상서(尙書)의 직권을 강화하고, 지방에서는 군권(軍權)을 장악한 도위(徒尉)를 폐지하는 등 중앙집권을 강화시켰다. 유학을 장려하고, 명분과 절의를 존중하였고, 선비를 우대하는 등 후한의 예교주의적(禮敎主義的)인 정치 방침을 확립하였다.

한 명제(明帝, 28~75, 재위 57~75): 이름은 유장(劉莊)이며, 묘호는 현종(顯宗)이고, 후한의 2대 황제다. 일찍이 낭중(郎中) 채음(蔡愔) 등을 천축(天竺)에 보내 불법(佛法)을 구하였고, 영평(永平) 10년(67) 채음(蔡愔)과 사문(沙門) 섭마등(攝摩騰), 축법란(竺法蘭) 등을 낙양(洛陽)에 오게 하여 백마사(白馬寺)를 세우고, 두 스님에게 『사십이장경(四十二章經)』을 편역하게 하면서, 중국에 처음으로 불교가 전파되도록 하였다. 형벌을 좋아해 법령이 엄격하고 냉혹하였고, 아울러 유술(儒術)을 좋아해 직접 벽옹(辟雍)에 나가 경서를 강독하였다. 대외적으로는 북쪽의 흉노를 평정하고, 무력과 회유책으로 중앙아시아에 대한 지배력을 확립하였다. 또 반초(班超)를 서역(西域)에 파견해서 친선을 도모하였다.

한 무제(武帝, BC 156~BC 87): 이름은 유철(劉徹)이다. 전한의 제5대 황제이고 경제(景帝)의 열한 번째 아들로, 시호는 세종(世宗)이다. 동중서(董仲舒)의 건의를 받아들여 태학을 세우고 오경박사(五經博士)를 두어 유학을 장려하여 국교로 존숭하여 이후 2천년 동안 유학(儒學)이 정통 학술로 자리 잡는 계기를 만들었다. 또한 제후왕에 대한 통제를 강화하여 중앙집권체제를 완성하고, 적극적인 대외정책을 펼쳐 비단길을 개척하였다. 봉선(封禪)을 행하고 신선(神仙)을 구하는 한편 토목 공사를 크게 벌여 요역이 많아졌다.

한 문제(文帝, BC 202~BC 157, 재위 BC 180~BC 157): 고조(高祖) 유방(劉邦)의 넷째 아들로 이름은 유항(劉恒)이다. 처음에 대왕(代王)에 책봉되었다가 여씨(呂氏)의 난이 평정된 뒤 태위(太尉) 주발(周勃)과 승상 진평(陳平) 등의 옹립으로 제위에 올랐다. 고조의 군국제(郡國制)를 계승하고, 전조(田租)와 인두세(人頭稅)를 감면하였다. 가혹한 형벌을 폐지하였고, 흉노에 대한 화친(和親) 정책 등으로 민생 안정과 국력 배양에 힘을 기울였다. 그의 치세는 뒤를 이은 경제(景帝)와 함께 '문경지치(文景之治)'로 불린다. 시호는 효문황제(孝文皇帝)다. 23년 동안 재위하였다.

한 선제(宣帝, BC 91~BC 49): 이름은 유순(劉詢)으로 전한의 제7대 황제다. 할아버지 여태자(戾太子) 유거(劉據)가 무고(巫蠱)의 일에 걸려 자살하고 부모가 모두 해를 당하자 민간에서 길러졌다. 이 때문에 민심의 동정을 잘 알았다. 소제(昭帝)가 죽자 곽광(霍光)이 창읍왕(昌邑王) 유하(劉賀)를 영입하였지만 얼마 뒤 황음(荒淫)하다는 이유로 폐위하고 그를 맞아 옹립하였다. 즉위한 뒤 통치에 마음을 쏟아 현능(賢能)한 사람을 기용하고 이치(吏治)를 중시하여 패도(霸道)와 왕도(王道)를 적절하게 사용해 명실상부한 정치를 꾀하였다. 25년 동안 재위하였다.

한 성제(成帝, BC 52~BC 7, 재위 BC 33~BC 7): 이름은 유오(劉驁)이다. 전한의 제9대 황제이고, 자는 태손(太孫)이며, 원제(元帝)의 맏아들이다. 외척 왕씨(王氏)들이 정권을 잡아 외할아버지 왕봉(王鳳)과 왕숭(王崇), 왕상(王商), 왕근(王根) 및 외삼촌 왕망(王莽) 등이 모두 봉후(封侯)되어 고위직에 올랐다. 정치는 부패하고 백성들은 떠돌아다녀서 이로 인해 민중들의 항쟁이 야기되었다.

한 소제(昭帝, BC 94~BC 74): 전한의 제6대 황제로 무제(武帝)의 아들이다. 어린 나이로 즉위하여 통치 기간 동안 곽광(霍光)이 정치를 보필하였다. 무제의 정책을 이어받아 둔전(屯田)으로 주민을 이주시키고, 여러 차례 흉노(匈奴)와 오란(烏蘭)에 병력을 보내 공격하였다.

한 순제(順帝, 115~144): 후한의 제7대 황제로 안제(安帝)의 맏아들이다. 영녕(永寧) 초에 황태자가 되고, 연광(延光) 3년(124) 폐위되어 제음왕(濟陰王)이 되었다. 안제가 죽은 뒤 환관 손정(孫程) 등이 맞이해 즉위하니 나이 11살이었다. 손정 등 19사람을 열후(列侯)에 봉하였다. 19년 동안 재위하였다.

한 안제(安帝, 94~145): 후한의 제6대 황제로 장제(章帝)의 손자이고, 청하왕(淸河王) 유경(劉慶)의 아들이다. 상제(殤帝)가 죽자 등 태후(鄧太后)가 영입하여 화제(和帝)의 후사로 삼고 즉위시키니 나이 13살이었다. 태후가 임조(臨朝)하고, 권력은 등씨(鄧氏)가 쥐게 되었다. 섭(葉)에 갔다가 어가(御駕)에서 죽었다. 19년 동안 재위하였다.

한 애제(哀帝, BC 26~BC 1, 재위 BC 7~BC 1): 전한의 제10대 황제로 이름은 유흔(劉欣)이다. 원제(元帝)의 손자다. 즉위 초 외척 왕씨(王氏)의 권력을 박탈하고 왕망(王莽)과 왕근(王根)을 대사마(大司馬)에서 파직하였으며, 왕황(王況)을 서인(庶人)으로 만들었다. 공광(孔光)과 사단(師丹), 하무(何武) 등을 등용해 한전법(限田法)을 발포하였으나 시행하지는 못하였다. 얼마 뒤 외척 부씨(傅氏)와 정씨(丁氏)를 기용해 정치를 보좌하도록 하고, 방사(方士)의 말을 들어 진성유태평황제(陳聖劉太平皇帝)로 이름을 고쳤다. 나중에 동현(董賢)을 총애해 포상을 끝도 없이 내려 조정이 날로 쇠퇴해 갔다.

한 영제(靈帝, 156~189): 이름은 유굉(劉宏)이다. 중국 후한(後漢)의 제12대 황제로 해독정후(解瀆亭侯) 유장과 동 태후의 아들이다. 당숙인 제11대 황제인 환제(桓帝) 유지(劉志)가 슬하에 자식이 없자 후계자로 지목되어 13세의 나이로 168년에 제위에 올랐다. 시호는 효령황제(孝靈皇帝)다. 즉위하였을 때 환관 십상시(十常侍)들이 황제의 귀와 눈을 막고 국정을 멋대로 처리하여 곳곳에서 반란의 조짐이 보였다. 결국 184년에 황건적의 난이 발발하였다. 얼마 안 가서 이 반란은 진정되었으나 어머니 동 태후와 부인 하 황후(何皇后), 하 황후 오빠 대장군 하진(何進) 간의 암투에 휘말리다가 사망하였다. 영제의 재위기간이 끝남과 동시에 군웅할거시대가 열리게 되고 삼국시대로 이어졌다.

한 원제(元帝, BC 75~BC 33): 이름은 유석(劉奭)으로 전한의 제8대 황제이자 선제(宣帝)의 맏아들이다. 성격이 부드럽고 어질어 유학(儒學)을 좋아하였다. 일찍이 선제 때 형벌이 너무 엄격하자 유생(儒生)을 등용할 것을 건의하였다. 즉위한 뒤 소망지(蕭望之)와 공우(貢禹), 설광덕(薛廣德) 등 유생을 기용해 승상(丞相)으로 삼았다. 또 외척 허씨(許氏)와 사씨(史氏), 환관 홍공(弘恭)과 석현(石顯) 등을 등용해서 환관과 외척이 번갈아 정권을 장악하는 정국을 만들었다. 통치하는 동안 부역과 세금이 많으며, 변방이 불안하고 백성들은 유리걸식하였다. 재위 기간은 16년이다.

한 장제(章帝, 57~88, 재위 75~88) 후한의 제2대 황제 명제(明帝)의 아들로 이름은 유달(劉炟), 묘호는 숙종(肅宗)이다. 정식 시호는 효장황제(孝章皇帝)이다. 세금을 감면하고 유교를 진흥시켰으며, 정부 지출을 줄임으로써 문화를 발달시켰다. 명제에 이어 후한의 황금 시기를 이루었다고 한다.

한 질제(質帝, 138~146): 장제의 현손으로 이름은 유찬(劉纘)이며, 8살에 즉위하여 1년 만에 세상을 떴다. 어린 나이에 즉위하였기 때문에 양 태후가 섭정을 한 것이다. 질제는 어린데도 총명하고 지혜로웠다고 한다.

한 충제(沖帝, 143~145): 후한의 순제(順帝)의 맏아들이다. 2살 때 즉위해서 양 태후(梁太

后)가 섭정하고, 양기(梁冀)가 정치를 전단하였다. 1년 동안 재위하였다.

한 평제(平帝 BC 9~AD 5, 재위 1~5): 전한의 제11대 황제로 이름은 유간(劉衎)이다. 원제(元帝)의 손자로 9세 때 애제(哀帝)가 죽자 태황태후(太皇太后) 왕씨(王氏)가 왕망(王莽)을 대사마(大司馬)로 삼고 황제로 옹립하였다. 태황태후가 임조(臨朝)하면서 왕망이 정권을 장악하였고, 결국 왕망에게 독살당하였다.

한 헌제(獻帝, 181~234, 재위 189~220): 후한 영제(靈帝)의 둘째 아들로 동탁(董卓)에 의해 황제로 옹립되었다. 수도를 장안(長安)으로 옮겼지만, 이미 한 왕실은 유명무실한 존재가 되어 갔다. 왕윤(王允)이 동탁을 주살하자 이각(李傕)의 위협을 당하였다. 조조(曹操)가 이각을 쫓아내고 그를 허도(許都)로 맞으니, 권력은 조조에게로 돌아갔다. 조조가 죽고 아들 조비(曹丕)가 한나라를 대신해 칭제(稱帝)하자 폐위되어 산양공(山陽公)이 되고, 후한은 멸망하였다. 31년의 재위 기간 동안 황건적의 난을 비롯하여 농민 반란이 잇달았고, 환관과 관료, 외척, 지방호족의 세력다툼이 끊이지 않았다.

한 현종(顯宗) → 한 명제(明帝)

한 화제(和帝, 79~105): 후한 장제(章帝)의 넷째 아들로 10살 때 즉위하여 두 태후(竇太后)가 섭정하고 두헌(竇憲) 등이 권력을 장악하였다. 영원(永元) 4년(92) 환관 정중(鄭衆)과 모의하여 두헌의 대장군 인수(印綬)를 회수하고 얼마 뒤 자살하게 하였다. 14년(102) 정중을 소향후(鄛鄕侯)에 봉하였는데, 후한의 환관이 봉후(封侯)되는 예는 여기서 시작되었다. 17년 동안 재위하였다.

한 환제(桓帝, 132~167): 후한 장제(章帝)의 증손이고, 여오후(蠡吾侯) 유익(劉翼)의 아들이다. 처음에는 양 태후(梁太后)가 임조(臨朝)하여 양기(梁冀)가 정권을 잡았다. 환관 단초(單超) 등이 양기를 죽이고 조정을 좌지우지하였다. 166년 세가대족(世家大族)들이 태학생(太學生)들과 연합하여 환관 정치를 반대하자 이응(李膺) 등 2백여 명을 체포하였다. 이것이 당고지화(黨錮之禍)다. 21년 동안 재위하였다.

한기(韓琦, 1008~1075): 북송 상주(相州) 안양(安陽) 사람으로 인종 때 익주(益州)와 이주(利州)에 흉년이 들자 체량안무사(體量按撫使)가 되어 세금을 완화하고 부역을 줄이는 등 조치를 취해 기민(饑民) 90만 명을 구제하였다. 서하(西夏)의 침입을 격퇴하여 변경 방비에도 역량을 과시함으로써 30살에 문무에 걸쳐 명성을 떨쳐 추밀부사(樞密副使)가 되었다. 범중엄, 부필(富弼) 등과 함께 등용되었다. 왕안석(王安石)의 청묘법(青苗法) 실시를 비난하고, 거란이 요구해 온 영토 할양에도 반대하는 등 왕안석과 대립하다가 파직되었다. 저서에 『안양집(安陽集)』이 있다.

한비자(韓非子, BC 280?~BC 233): 전국 말기 한(韓)의 공자로 순자(荀子)에게 배운 중국 고대의 이름난 사상가이자 법가 학파를 대표하는 인물이다. 유가 학설에 반대하면서 군주의 권술(權術)에 대해 논함으로써 훗날 군주가 전제로 신하를 통제하는 데 이론과 방법을 제공하였다. 『고분』, 『오두』, 『내외저(內外儲)』, 『설림(說林)』, 『세난(說難)』 등의 저작으로 역사상 득실의 변화를 종합하였다.

한악(韓偓, 840~923): 당나라 소종(昭宗) 때 급제하여 중서사인(中書舍人)과 병부시랑(兵符侍郎), 한림학사승지(翰林學士承旨)를 역임하였다. 황제가 봉상(鳳翔)에서 돌아오자 기밀(機密)을 처결하였는데, 황제의 뜻에 잘 맞아 여러 차례 재상에 앉히려고 하였지만 모두 사양하였다. 소종(昭宗)의 신뢰가 두터웠고 당나라에 충절을 다하였지만, 주전충(朱全忠)의 미움을 받고 등주사마(鄧州司馬)로 폄적되었다.

항우(項羽, BC 232~BC 202): 진나라 말기에 유방(劉邦)과 함께 진나라를 멸망시키고 중국을 차지하기 위해 다툰 무장이다. 진나라가 혼란에 빠지자 봉기하여 진군을 도처에서 무찌르고 관중으로 들어갔다. 진을 멸망시킨 뒤 서초 패왕이라 칭하였으나 해하에서 한왕 유방에게 패배하자 자살하였다.

해제(奚齊, BC 665~BC 651): 춘추시대 진나라의 임금이다. 형 공태자 신생을 대신하여 진나라의 태자가 되었고 진후를 계승하였으나, 정식으로 즉위하기 전에 이극에게 암살당하였다.

허경종(許敬宗): 당나라 항주(杭州) 신성(新城) 사람으로 자는 연족(延族)이고, 허선심(許善心)의 아들이다. 당나라 초에 진왕부(秦王府) 18학사(學士)의 한 사람으로 활동하였다. 태종 정관(貞觀) 때 저작랑(著作郎)에서 중서사인(中書舍人)까지 오르고 고명(誥命)을 전담하였다. 무측천을 도와 저수량(褚遂良)을 축출하고 장손무기와 상관의(上官儀) 등을 압박해 살해하였다. 이의부 등과 함께 조정을 관장하였다.

허 황후(許皇后, ?~BC 71): 전한 산음(山陰) 창읍(昌邑) 사람으로 이름은 평군(平君)이고, 허광한(許廣漢)의 딸이다. 유순(劉詢, 宣帝)이 민간에 있을 때 결혼해 아내가 되었고, 유석(劉奭, 元帝)을 낳았다. 몇 달 뒤 선제가 즉위하자 첩여(倢伃)가 되고, 얼마 뒤 황후가 되었다. 나중에 병이 들었는데, 곽광(霍光)의 부인이 자기 딸을 세워 황후로 만들려고 하자 여의(女醫) 순우연(淳于衍)을 시켜 독살시켰다.

호광(胡廣, 91~172): 후한 안제(安帝) 때 효렴(孝廉)으로 천거되었는데, 주장(奏章)이 천하제일이었다. 안제와 순제(順帝), 충제(冲帝), 질제(質帝), 환제(桓帝), 영제(靈帝) 등 여섯 황제를 섬겼다. 겸손하고 공손하여 환관과 외척이 집권한 시기에도 큰 탈 없이 벼슬하였는데, 양기(梁冀)의 정책에 부화하여 환제를 세우고는 육양안락향후(育陽安樂鄉侯)에 봉해졌다. 시세(時勢)에 부침(浮沈)하는 사람을 호광에 비유하기도 한다.

호돌(狐突, ?~BC 637): 춘추시대 진(晉)나라 대부(大夫)였는데, 회공(懷公)이 즉위하자 두 아들 모(毛)와 언(偃)이 중이(重耳)를 따라 달아나 진(秦)나라로 갔다. 회공이 화를 내면서 그를 가두고 두 아들을 부르라고 협박하였지만 듣지 않자 결국 살해당하였다.

호안국(胡安國, 1074~1138): 송나라 건주(建州) 숭안(崇安) 사람으로 자는 강후(康侯)고, 시호는 문정(文定)이다. 철종(哲宗) 소성(紹聖) 4년(1097) 진사가 되어 태학박사(太學博士)와 제거호남(提擧湖南), 성도학사(城都學事) 등을 역임하였다.

호인(胡寅, 1098~1156): 송나라 건녕(建寧) 숭안(崇安) 사람이다. 자는 명중(明仲)이고, 학자들은 치당선생(致堂先生)이라 불렀다. 호안국(胡安國)의 조카이며, 휘종(徽宗) 선화(宣和) 3년(1121) 진사(進士)가 되었다. 흠종(欽宗) 정강(靖康) 초에 교서랑(校書郎)이 되고, 좨주(祭酒) 양시(楊時)에게 공부하였다. 관직은 예부시랑겸직학사원(禮部侍郎兼直學士院)까지 올랐다. 진회(秦檜)가 정권을 잡자 몹시 꺼려하여 조정을 비방하고 폄하하였다는 이유로 파직되어 신주(新州)에 안치되었다. 진회가 죽은 뒤 복직하였다. 시호는 문충(文忠)이다. 저서에 『논어상설(論語詳說)』과 『독사관견(讀史管見)』, 『비연집(斐然集)』이 있다.

호해(胡亥) → 진 이세

황보숭(皇甫嵩, ?~195): 후한 영제(靈帝) 때 뽑혀 의랑(議郞)이 되고, 북지태수(北地太守)로 옮겼다. 진국(陳國)과 동군(東郡), 광종(廣宗), 하곡양(下曲陽) 등지에서 황건적을 진압하고, 수령 장량(張梁)과 장보(張寶)를 연이어 패퇴시켰다. 거기장군(車騎將軍)으로 승진하였고 괴리후(槐里侯)에 봉해졌다. 태위(太尉)까지 올랐다.

황소(黃巢, ?~884): 당 희종(僖宗) 때의 반란군 지도자로 수천 명의 추종자들을 모아 여러 차례 반란을 일으켰으며, 879년 광주(廣州)를 점령하고 이후 북쪽으로 방향을 돌려 회수(淮水)를 건너 북상하면서 낙양과 동관(潼關)을 함락하고 장안(長安)에 입성하여 스스로 황제에 올라 국호를 대제(大齊), 연호를 금통(金統)이라 하였다. 884년 장안에서 철수하여 채주(蔡州)를 함락하고 진주(陳州)를 포위하였지만 3백 일 동안 함락시키지 못하였다. 이후 여러 차례 전투에서 패하자 태산(泰山) 낭호곡(狼虎谷)까지 쫓겼는데, 항복하지 않고 자결하였다. 주전충(朱全忠)이 그의 부하였다.

황제(黃帝): 중국 고대 전설상의 임금이다. 성은 공손(公孫) 또는 희수(姬水)에 살아서 희(姬)라 하였으며, 헌원의 언덕에서 살아서 헌원씨(軒轅氏)라고도 한다. 염제(炎帝) 때 제후들 사이에 분쟁이 일어나자 병사들에게 무기 사용법을 가르쳐 판천(阪泉) 들에서 함귀(咸歸)를 물리쳐 해결하였고, 배와 수레를 고안하여 교통을 편리하게 하였다. 당시 지남거(指南車)를 만들어 탁록(涿鹿)의 벌판에서 치우(蚩尤)를 쳐서 평정하자, 제후들이 천자로 받들어 신농씨(神農氏)의 뒤를 이었다. 토덕(土德)의 서기(瑞氣)가 있다고 해서 황제(黃帝)로 일컬어진다. 세상 사람들에게 집을 짓고 배와 수레를 만드는 법과, 양잠과 직면(織綿)을 가르쳤고, 간지법(干支法)·역산(曆算)·문자를 발명하고, 음률을 제정하였다고 한다.

후람(侯覽, ?~172): 후한 환제(桓帝) 초에 중상시(中常寺)가 되어 탐욕과 사치를 부리면서 수만 금의 뇌물을 받았다. 양기(梁冀)를 살해할 때 참여한 공으로 고향후(高鄕侯)에 봉해졌다. 영제(靈帝) 때 독우(督郵) 장검(張儉)이 탄핵하는 상서를 올렸는데, 그 문장은 잘라 없애고 거꾸로 장검이 이응(李膺), 두밀(杜密) 등과 당파를 만든다고 무고하였다. 살해되거나 유배를 당한 사람이 3백여 명에 이르고, 투옥된 사람만도 6, 7백 명에 이르렀다. 나중에 권력을 독점하였다는 이유로 탄핵을 받아 인수(印綬)를 빼앗기자 자살하였다.

후직(后稷): 주 왕조(周王朝)의 전설적 시조다. 농경신(農耕神)으로, 오곡(五穀)의 신이기도 하다. 성(姓)은 희(姬)씨고, 이름은 기(棄)다. 『사기(史記)』 주본기(周本記)에 따르면 유태씨(有邰氏)의 딸로 제곡(帝嚳)의 아내가 된 강원(姜原)이 거인의 발자국을 밟고 잉태하여 아들을 낳았다고 한다. 그것이 불길하다 하여 세 번이나 버렸지만 그때마다 구조되었다고 한다. 나중에 요제(堯帝)의 농관(農官)이 되고 태(邰, 섬서성 무공현(武功縣) 부근)에 책봉되어 후직이 되었다.

# 찾아보기

## 인명

[ㄴ]



[ㄷ]

[ㅅ]

[ㅇ]

## 사항

## 편명

# 발간사

서울대학교 국가리더십연구센터는, 우리나라가 국민들이 바라고 전 세계가 부러워하는 '모범국가'로 발전하는 데 기여하기 위해서 2013년 3월 설립되었다.

어떤 조직, 어떤 사회, 어떤 국가의 흥망과 성쇠는 지도자에 달려 있다고 해도 과언이 아니다. 한 나라가 모범국가로 발전하는 과정의 핵심도 국가의 지도자다. 국가지도자의 비전과 역량에 따라 모범국가로 나아가기도 하고, 형편없는 국가로 머물러 있거나 또는 추락하기도 한다. 그들이 무엇을 시대적 과제로 인지하고 어떤 국가의 비전을 설정하며, 그것을 달성하는 과정에서 어떻게 국민의 지지를 확보하면서 동시에 여러 가지 어려움과 저항을 극복하는지에 따라 모범국가로 나아갈 수도 있고 그렇지 않을 수도 있다. 그것도 한 세대가 아니라 세대를 이어 가면서 각 시대의 국가적 과제를 국가지도자들이 어떻게 설정하고 이를 추진하는지가 중요하다. 각 세대를 책임지는 국가지도자들이 계속해서 보다 나은 국가에 대한 비전을 설계하고 이를 잘 성취할 수 있는 지혜를 가진다면, 우리나라는 그야말로 전 세계가 부러워하는 모범국가로 우뚝 설 수 있을 것이다.

국가리더십연구센터는 바로 그러한 지혜를 연구하고 이를 미래의 지도자들에게 전수하여, 지금부터 70년 뒤에는 우리가 광복 70년 동안 이룩해 왔던 것보다 더 많은 발전을 이룩하고, 그로부터 다시 70년 뒤에는 그야말로 전 세계가 부러워하는 모범국가로 우뚝 서는 데 기여하고자 한다.

이를 위한 사업으로 국가리더십연구포럼, 역사리더십연구포럼, 정책리더십연구포럼을 각각 추진하고 있다. 첫째, 국가리더십연구포럼은 대한민국정부 수립 이후 국가의 발전과 국민의 행복에 기여한, 생존하고 있는 국가지도자들을 초청하여 이들이 격변의 과정에서 무엇을 국정목표와 가치로 설정하고, 이를 달성하기 위해서 어떤 전략과 수단을 사용하였는지, 특히 여러 가지 저항과 어려움을 어떻게 극복하였는지 그 생생한 리더십의 경험을 청취, 정리, 연구하는 동시에 이를 역사적 사료로 후세에 전달하고자 하는 사업이다. 둘째, 역사리더십연구포럼은 중요한 역사적 전환시점에 나라의 발전을 위해 헌신한 역사적 인물을 대상으로 이들이 그 시대를 어떻게 이해하고 무엇을 시대적 비전으로 설정하였으며 이를 어떤 리더십으로 달성하였는지를 연구하는 사업이다. 셋째, 정책리더십연구포럼은 각 정책분야별 역사적 변화의 궤적을 추적하고 향후 전망을 제시하는 사업이다. 대한민국이 '모범국가'로 나아가기 위해서는 우리가 어디에서 와서 현재 어디에 있으며 또 앞으로 어디로 갈지를 파악하는 것이 필요하다. '모범국가'라는 것이 고정된 것이 아니라 전 세계라는 공간과 역사라는 시간에 따라 변화되는 국가의 모양이라고 볼 때, 각 정책영역별 역사적 변동과 전망을 정리함으로써 보다 구체적인 국가발전의 방향을 설정할 수 있을 것이다. 그래서 각 정책분야별로 의미 있는 발전과 개혁이 무엇인지, 이러한 변화가 이루어지는 과정에서 추진세력은 저항세력을 어떻게 극복하는지 정치·경제·사회적 제약조건과 이를 극복하는 전략과 수단을 탐색하는 사업이다.

이러한 세 가지 포럼의 연구 성과를, 동시대와 공유하는 한편 후세에 전해 주기 위해서, 국가리더십연구총서의 형태로 지속적으로 발간하고자 한다. 많은 분들의 관심과 비판, 그리고 격려를 통하여 모범국가로 나아가는 데 조금이라도 기여를 할 수 있으면 하는 마음 간절하다.

국가리더십연구센터 소장 김병섭

## 저자

진덕수(眞德秀, 1178~1235)

송나라 건녕부(建寧府) 포성(浦城) 사람으로 호는 서산(西山)이고, 시호는 문충(文忠)이다. 영종(寧宗) 경원(慶元) 5년(1199) 진사(進士)가 되고, 개희(開禧) 원년(1205) 박학굉사과(博學宏詞科)에 합격하였다. 이종(理宗) 때 예부시랑(禮部侍郎)에 발탁되어 직학사원(直學士院)에 올랐다. 사미원(史彌遠)의 탄핵을 받고 파직되었지만, 나중에 천주(泉州)와 복주(福州)의 지주(知州)를 지냈다. 단평(端平) 원년(1234) 입조하여 호부상서(戶部尙書)에 오르고, 한림학사(翰林學士)와 지제고(知制誥)가 되었다. 다음 해 참지정사(參知政事)에 이르렀는데 얼마 뒤 죽었다. 시정(時政)에 대해 자주 건의하였고, 주소(奏疏)는 수십만 자에 이르렀다. 주자학파(朱子學派)의 대표적 학자로, 『대학연의(大學衍義)』는 『대학장구(大學章句)』에 비견한다는 평을 들었다. 경원당금(慶元黨禁) 이후 정주(程朱)의 이학(理學)이 다시 성행하는 데 공헌한 바가 컸다. 그 밖의 저서에 『당서고의(唐書考疑)』와 『독서기(讀書記)』, 『문장정종(文章正宗)』, 『서산갑을고(西山甲乙稿)』, 『서산문집(西山文集)』 등이 있다.

## 편집·서론

김병섭(서울대학교 행정대학원 교수)

서울대학교에서 경제학사, 행정학석사학위를 취득하고, 미국 조지아 대학교에서 행정학박사 학위를 받았다. 서울대학교 행정대학원 원장, 한국행정학회 회장, 대통령 직속 정부혁신 지방분권위원회 위원장 등을 역임하였다. 현재 서울대학교 행정대학원 교수로 있으며, 서울대학교 평의회의장, 청렴사회민관협의회 공동의장, 국가리더십연구센터장을 맡고 있다. 저서로 『편견과 오류 줄이기: 조사연구의 논리와 기법』, 『정책수단론』, 『휴먼조직론』, 『대항해시대의 국가지도자, 이순신』 등이 있다.

## 역주

**정재훈(경북대학교 사학과 교수)**
서울대학교 국사학과를 졸업하고 같은 대학원에서 박사 학위를 받은 후 경북대학교 사학과 교수로 재직 중이다. 현재 조선의 사상과 문화의 정체성과 특성, 동아시아에서의 위상 등에 관심이 많으며 주로 조선의 국왕(國王), 연행(燕行), 인물과 사상 등에 관한 글을 쓰고 있다. 저서로 『조선전기 유교정치사상연구』, 『조선시대의 학파와 사상』, 『조선의 국왕과 의례』, 『영조의 독서와 학문』, 『조선 국왕의 상징』 등과 역서로 『동호문답』, 『동사』, 『용헌집』이 있고, 조선시대의 인물과 사상 등에 대한 다수의 논문이 있다.

**오항녕(전주대학교 역사문화콘텐츠학과 교수)**
고려대학교 사학과를 졸업하고 동대학원에서 박사 학위를 받았으며, 지곡서당(태동고전연구소)에서 사서삼경(四書三經) 등 한학을 공부하였다. 한국사상사연구소 연구원, 국가기록원 팀장, 국가기록관리위원회 전문위원을 지냈다. 현재 전주대학교 역사문화콘텐츠학과 교수로 재직 중이며, 국가와 공동체, 기억과 기록, 역사와 정치, 제도와 인간이라는 주제를 조선 문명 속에서 연구하고 있다. 저서로 『호모 히스토리쿠스』, 『조선의 힘』, 『기록한다는 것』, 『광해군: 그 위험한 거울』, 『밀양 인디언, 역사가 말할 때』, 『유성룡인가 정철인가』, 『경연』, 『한국사관제도성립사』, 『조선초기 성리학과 역사학』 등이 있고, 역서로 『사통』, 『율곡의 경연일기』, 『문곡집(文谷集)』 등이 있다.

**정호훈(서울대학교 규장각한국학연구원 교수)**
연세대학교 사학과를 졸업하고 동 대학원에서 박사 학위를 받았으며, 서울대학교 규장각한국학연구원의 교수로 재직 중이다. 현재 조선 사람들이 추구하였던 보편 가치가 형성되고 변화하는 양상을 정치사상사, 법사상사의 측면에서 해명하는 것을 과제로 연구하고 있다. 저·역서로는 『조선후기(朝鮮後期) 정치사상연구(政治思想研究)』, 『경민편(警民編): 교화와 형벌의 이중주로 보는 조선』, 『조선의 소학(小學): 주석과 번역』, 『주서백선(朱書百選)』(공역), 『주자봉사(朱子封事)』(공역), 『선각』 등이 있다.

**김광일(서울시립대학교 중국어문화학과 교수)**
서울대학교 중어중문학과를 졸업하고 중국 복단대학(復旦大學)에서 박사 학위를 받았으며, 서울시립대학교 중국어문화학과 교수로 재직 중이다. 현재 '중국 고대 문헌의 전승과 유통'이라는 관점에서 중국문화를 연구하고 있다. 논문으로는 「사라진 중국책, 일본에서 살아남다」, 「문헌학적 관점에서 본 노화(盧和) 『식물본초(食物本草)』」, 「밀양본(密陽本) 『신간명본치가절요(新刊明本治家節要)』의 문헌가치」 등이 있다.